民法典权威解读丛书

丛书主编 龙卫球

中华人民共和国
民法典

·物权编释义·

刘智慧 ◎ 著

ZHONG HUA REN MIN GONG HE GUO
MIN FA DIAN
WU QUAN BIAN SHI YI

中国法制出版社
CHINA LEGAL PUBLISHING HOUSE

总 序

《中华人民共和国民法典》（以下简称《民法典》）由第十三届全国人民代表大会第三次会议通过，标志着中华人民共和国第一部民法典终于浮出水面。《民法典》的出台意义重大，意味着我国民法通过改革开放近四十年的发展提升到一个法典化时期，而法典化以体系成熟、规范稳定为特点。《民法典》可谓凝聚了中华人民共和国成立以来几代人的立法智慧，是我国民法自晚清开始继受发展以来的一个重要里程碑，其立于历史的累积之上，同时具有鲜明的中国特色和临机发挥，可谓当代民法中继受和本土化发展融合极为突出的一个典范。

《民法典》既出，学理解释和司法解释大显身手的大好时机也就到来了。《民法典》立得好固然重要，但是从其终极意义来讲，或者从一部民法典的实施效果来讲，学理解释、司法解释发达不发达、完备不完备，往往更加重要。近期和今后一段时间之内，可以预计关于《民法典》的释义甚至评注乃至更加复杂的各类法律阐释类作品会大量出现，其意义都在于提供学理解释。我国民法学日趋繁荣已然可期。

本丛书起意于此，旨在以学理解释定位，立足法条释义，面向法律适用，力求通过简洁阐释的方法，依次揭示各法条的规范对象和问题，扼要说明其历史演化基础并加以变化对比，明晰其制定理由，剖析理论和立法政策争议，明确若干适用要点等，以及必要时加入典型案例分析，可谓竭力以自己所掌握的方法论为基础，重点在体系解释和目的解释的基础上，提出关于《民法典》逐条式的理解。编者期待，本丛书可以激扬新时代民法解释学的智慧火花，有助于《民法典》的有效实施和准确适用。

龙卫球

2020 年 6 月 5 日

前 言

《中华人民共和国民法典》于2021年1月1日正式施行，迄今已百日有余。民法典作为民族精神的立法表达，标志着一个国家的法治文明。编纂一部符合我国国情、体例科学、结构严谨、规范合理、内容协调一致的民法典，是新中国成立以来几代人的夙愿。这部诞生于世界百年未有大变局之下、具有中国特色、体现时代特点的中国民法典，无论其编纂还是施行都具有划时代的意义。如果说《法国民法典》是19世纪风车水磨时代民法典的代表，《德国民法典》是20世纪工业化社会初期民法典的代表，那么《中华人民共和国民法典》（以下简称《民法典》）则为21世纪互联网高科技时代民法典的代表。无论是其中对隐私权和个人信息、对数据和网络虚拟财产的保护制度，还是确立“绿色原则”等，均彰显着这部法典与时俱进的品格，也揭示了21世纪民法所承载的历史使命。

一

民法以确认和保障民事权利为核心，以保障和救济民事权利为己任，而物权是民事主体享有的重要财产权，物权法律制度“上涉国本，下系民生”，凝结着与人民群众的生活息息相关的物的权属、利用和占有规则。2007年3月16日，第十届全国人民代表大会第五次会议通过了《中华人民共和国物权法》（以下简称《物权法》）。作为《民法典》以历史继受为主、创制发展为辅的编纂指导思想的表征之一，《民法典》物权编共5个分编、20章、258条，其中超过半数条文完全保留《物权法》条文原样未做任何修改，也有近90个虽然有修改但仅是对文字表述或者标点符号等予以非实质性改变的条文，其余为进行了实质性修改的条文或者新增规定。

《民法典》物权编的基本架构和绝大多数规定都是在继受《物权法》和相关司法解释的基础上，按照完善产权保护制度，健全归属清晰、权责明确、保护严格、流转顺畅的现代产权制度的要求，对物权法律制度作了细节完善。整体而言，《民法典》物权编对于《物权法》规定的平等保护、公示公信等物权法的基本原则，以及大部分保护所有权、用益物权、担保物权、占有的具体规则都予以保留，维持了相关制度的稳定性。

《民法典》物权编在诸多方面的修改旨在实现物尽其用、保护物权。例如，为保护不动产物权人的合法权益，强化隐私权保护，明确利害关系人不得公开、非法使用权利人的不动产登记资料（《民法典》第219条）；为保障集体经济组织成员的成员权，规定“集体成员有权查阅、复制相关资料”（《民法典》第264条）；为保护共有权人，在《物权法》关于共有制度的基础上，补充规定了需经共有人同意的共有物处置情况，将变更不动产或动产性质或者用途，纳入需经共有人决议的范围（《民法典》第301条），完善了不动产按份共有人优先购买权利的行使规则（《民法典》第305～306条）；为加强对所有权人的保护，将遗失物公告认领的时间期限由《物权法》规定的“六个月”延长至“一年”（《民法典》第318条）；为充分发挥物的效用，确立添附制度，规定了物权因添附而变动时，物的所有权归属及赔偿、补偿的规则（《民法典》第322条）；为保护住宅建设用地使用权人，明确规定住宅建设用地使用权期限届满的，自动续期；续期费用的缴纳或者减免，依照法律、行政法规的规定办理（《民法典》第359条）等。

此外，值得关注的还有，《民法典》物权编在编纂过程中服从于《民法典》的体系安排，注重与相关编章以及《民法典》之外的其他单行法的衔接。例如，强调依法行使物权恢复请求和物权损害赔偿请求权（《民法典》第237～238条），以与侵权责任编相衔接；《民法典》总则编已经规定了非冲突性责任竞合的基本规则（《民法典》第187条），故物权编就删除了《物权法》侵害物权时可能依法应当承担行政责任和刑事责任的规定（《物权法》第38条），仅保留民事责任的规定（《民法典》第238条）；考虑到农村集体建设用地和宅基地制度改革还在推进过程中，故与《中华人民共和国土地管理法》等作了衔接性规定（《民法典》第361条、第363条）。

二

在物权编的各分编中，担保物权分编的修改最引人注目。结合最高人民法院为与《民法典》配套而制定并同步实施的《最高人民法院关于适用〈中华人民共和国民法典〉有关担保制度的解释》（以下简称《担保制度解释》），担保物权分编在《物权法》相关规定的基础上，进一步完善相关担保交易规则的同时，积极吸收并规范化商事交往中已经成熟的商业习惯，预留制度填补空间，旨在为优化营商环境提供充分的法治保障。《民法典》在担保制度方面的下列修改或者增补尤其值得关注：

1.《民法典》立足于担保实践，鼓励金融创新，扩大了担保合同的范围，构建了立体式的担保体系。《担保法》和《物权法》规定的担保合同只有抵押合同、质押合同、保证合同和定金合同，《民法典》则规定担保合同包括抵押合同、质押合同和其他具有担保功能的合同（《民法典》第388条）。这里所谓“其他具有担保功能的合同”，当然既包括定金合同与保证合同这样的作为债的担保方式的典型担保合同，也包括融资租赁、保理、所有权保留买卖等具有担保功能的非典型担保合同（《担保制度解释》第1条）。这样的立法安排意在突破我国传统的担保观念，且为未来法律继续确立新的典型担保和非典型担保方式留下空间（《担保制度解释》第63条）。对于未经登记的非典型担保（包括法律未提供登记途径的纯粹由当事人意定的非典型担保，也包括法律提供了登记途径但当事人未进行登记的非典型担保），只要不违反法律、行政法规的强制性规定，自然无须否定其合同具有债的效力（《民法典》第153条）。对于法律提供了登记途径且当事人也进行了登记的非典型担保，如《民法典》合同编就规定所有权保留买卖中出卖人的所有权、融资租赁中出租人的所有权，均可以登记，同时规定所有权保留买卖和融资租赁均采登记对抗主义（《民法典》第641条、第745条），而所有权保留买卖和融资租赁均具有担保功能，由此，这些经登记的具有担保功能的权利，即便未被立法明确规定为担保物权，也可以参照适用担保物权的优先顺位规则，即所谓“其他可以登记的担保物权，清偿顺序参照适用前款规定”（《民法典》第414条）。

2.《民法典》不再规定动产抵押和权利质押的具体登记机构，为建立统一的动产和权利担保公示制度留下空间。《担保法》和《物权法》对动产抵押和权利质押担保采用以标的物或者权利的行政归口管理为基础的多元化担保登记体系，呈现一种相对混乱的局面，不利于动产和权利融资担保交易的进行。《民法典》删除了相关内容，为确立统一的动产和权利融资担保公示制度预留了空间，这必将促进动产和权利担保交易的进行。为助力实现《民法典》的这一立法安排，国务院于2020年12月22日发布了《国务院关于实施动产和权利担保统一登记的决定》，与《民法典》同步实施，明确自2021年1月1日起在全国范围内实施动产和权利担保统一登记，只不过纳入动产和权利担保统一登记范围的担保类型包括生产设备、原材料、半成品、产品抵押，应收账款质押，存款单、仓单、提单质押，融资租赁，保理，所有权保留，以及其他可以登记的动产和权利担保，但机动车抵押、船舶抵押、航空器抵押、债券质押、基金份额质押、股权质押、知识产权中的财产权质押暂时不纳入统一登记范围。

3.基于尊重当事人意思自治、发挥物的效用与平衡各方权益的综合考虑，《民法典》修改或增补了部分规则。比如，对于流（质）押条款，《民法典》改变了《物权法》绝对禁止流（质）押条款的态度，规定抵押权人（质权人）在债务履行期限届满前，与抵押人（出质人）约定债务人不履行到期债务时抵押（质押）财产归债权人所有的，只能依法就抵押（质押）财产优先受偿（《民法典》第401条、第428条），这一定程度上既彰显了对当事人设立担保的意思的尊重，保障了担保物权人的优先受偿权，又顾及了弱势的担保人（或债务人）的利益，还可以避免当事人利用流（质）押条款谋取不正当利益。再如，《民法典》明确规定了同类（如抵押权人之间）担保物权或者不同类担保物权（如抵押权人与质权人之间）竞存时的权利实现顺位规则（《民法典》第414~416条）和动产担保中的正常经营买受人规则（《民法典》第404条），修改了抵押人转让抵押物的效力规则（《民法典》第406条），这些规则在尊重当事人意思自治的同时，均有助于促进物尽其用，拓宽债务人的再融资渠道且平衡不同顺位权利人之间的权益。

三

《民法典》物权编所作的创新性规定，无论是针对近年来各地业主大会“成立难”、公共维修资金“使用难”以致影响业主权利行使的问题，激发社区自治的活力，对于建筑物区分所有权制度进行的重大改造；还是基于为贯彻加快建立多主体供给、多渠道保障住房制度的要求，确立“居住权”制度；抑或为合理配置农村土地资源，落实农村集体土地“三权分置”制度，增加土地经营权并确定其流转规则等，都是立足并扎根于我国社会实际，旨在解决现实存在的民生问题。

在建筑物区分所有权制度方面，有四个方面的改造值得关注：(1) 针对维修资金的使用，为发挥维修资金的效用，将维修资金从“沉睡”中唤醒，防止维修资金的滥用，保障业主的知情权与监督权，不仅扩大维修资金的适用范围，规定屋顶、外墙、无障碍设施等也能够利用维修资金进行维修、更新和改造，明确物业服务企业等主体有义务定期公布建筑物及其附属设施的维修资金的筹集、使用情况，增加规定紧急情况下使用维修资金的特别程序（《民法典》第281条），而且在业主共同决定的事项这一问题上，《民法典》将《物权法》中“筹集和使用建筑物及其附属设施的维修资金”（《物权法》第76条第5项）拆分为“筹集”和“使用”两项，并降低使用维修资金所需的决议表决权数（《民法典》第278条）。(2) 为消除制约社区自治开展的障碍，解决业主团体“开会难”“表决难”等问题，鼓励业主参与自治，优化业主团体表决规则，《民法典》降低了通过业主决议的门槛（《民法典》第278条）：首先，将计算表决比例的基数由《物权法》的以全体业主人数和全部专有面积作为计算基准，修改为以参与表决的业主人数与专有部分面积的“双三分之二”作为计算基准；其次，根据共同决定事项对业主的利害关系与重要程度，将决议区分为特别决议与普通决议，并分别设计不同的通过决议所需的表决权数，即特别决议需“双四分之三”，而普通决议仅需“双过半”。(3) 为避免因解释分歧而导致司法实践的同案异判，保障业主的生活质量，《民法典》细化“住宅改变为经营性用房”规则，将《物权法》的“应当经有利害关系的业主同意”（《物权法》第77条）修改为“应当经有利害关系的业主一致同意”（《民法典》第279条），以化解《物权法》实施过程中对于“利害关系业主的同意是全部同意还是多数同意”的解释分歧。(4) 为保护业主的共有权益，吸收司法实践的做法，明确规定“建设单位、物业服务企业或者其他管理人等利用业主的共有部分产生的收入，在扣除合理成本之后，属于业主共有”（《民法典》第282条）。

《民法典》在用益物权分编中新增“居住权”（第14章），对居住权法律关系予以规制，明确规定居住权可以依照合同、遗嘱设立（《民法典》第367条，第371条），以无偿设立为原则（《民法典》第368条），不得转让、继承且原则上设立居住权的住宅不得出租（《民法典》第369条）等。毋庸置疑，这些规定凸显居住权的人身性和保障性，对于助力实现“全体人民住有所居”，满足百姓稳定的生活居住需要，完善住房保障制度具有重要意义。但是，值得关注的是，新增的居住权制度必将对以房屋为中心的相关权利义务关系产生重要影响，而本章的6个条文（第366～371条）既并未能诠释居住权人的全部权利和义务，也无法应对将来实践中可能出现的相关权利冲突，如居住权存续期间房屋的修缮费用由谁负担？居住权的效力是否及于居住权人的家庭成员等共同居住者？居住权与在该房屋上在前或者在后设立的其他物权发生效力冲突时，对何者优先保障？居住权章的规则与《民法典》其他相关各章以及其他相关单行法的规则发生冲突时如何适用法律等……为保障居住权制度价值的顺利实现，这些问题亟待研究澄清。

为深化农村土地制度改革，推进农业农村现代化，贯彻“三权分置”的改革政策，《民法典》在2018年修改的《中华人民共和国农村土地承包法》的基础上，在“土地承包经营权”一章中对《物权法》的相关规定作了大幅更新。本章明确规定了土地承包经营权人向他人流转土地经营权的方式（《民法典》第339条），创设土地经营权为市场化的财产权，允许其入市，使得土地承包经营权人可以在保有承包户身份福利的基础上实现土地经营权的流转；赋予土地经营权人“在合同约定的期限内占有农村土地、自主开展农业生产经营并取得收益”的权利（《民法典》第340条），以助力农业的规模化、集约化经营；规定“流转期限为五年以上的土地经营权，自流转合同生效时设立。当事人可以向登记机构申请土地经营权登记；未经登记，不得对抗善意第三人”（《民法典》第341条），在尊重当事人意思自治的基础上，为土地经营权人稳定经营预期、保障自己的权利提供制度支持。当然，对于本章中的“土地经营权”的性质，目前理论上尚未达成共识，这直接涉及土地经营权纠纷属于物权纠纷还是债权纠纷的定位以及相关的法律适用选择问题，也亟待研究予以明确。

四

法律的生命在于实施。然而，立法总是在对立的利益冲突中艰难地寻求平衡，且好不容易得到的平衡也不断遭受社会发展变化的威胁，需要司法者不断地进行制度的重新塑造。立法机关知道立法时永远无法预见司法中可能遇到的所有问题，所以成文法总是规定一些可以进行与时俱进的解释的甚至解读空间很大的原则。

我国《物权法》的制定和通过历经曲折，《民法典》物权编在编纂过程中对于某些问题也未能达成共识。《民法典》物权编的实施旨在增进百姓福祉，维护人民财产权益，促进社会经济发展，要实现立法者的初衷，一方面需要研究、观察和总结制度实施效果，力求继续完善相关制度，另一方面则需要在制度的实施过程中通过解释帮助司法者在适用中保持专业和理性，通过宣传鼓励劳动者提高依法创造财富的积极性。本书无论是分析条文缘由、阐释条文内容、对条文进行评注，还是梳理关联规范、进行典型案例分析，均意图于解释层面在上述两个方面都略有贡献。最初动笔时对本书的期待是解释者对法律的理解或许可以超越创制者的初衷，但定稿之时，发现如果能够对我国《民法典》的传播略有裨益，也就稍感欣慰了。书中若有不当之处，敬请读者批评指正。

在本书的完成过程中，中国政法大学民商法专业硕士生李卓凡在前期资料收集，中期一起讨论切磋条文内容，后期进行文稿校对等方面做了不少工作，特表示感谢。本书的最初策划源于中国法制出版社的编辑王熹先生，尤其感谢他为本书的最终付印、出版等所进行的辛勤工作。

刘智慧

2021年4月30日

目　录

Contents

第一分编　通　　则

---

① 条文主旨为编者所加，下同。

第五章 国家所有权和集体所有权、私人所有权

第六章 业主的建筑物区分所有权

第七章 相邻关系

第八章　共　有

第九章　所有权取得的特别规定

第三分编 用益物权

第十二章　建设用地使用权

第十三章　宅基地使用权

第十四章　居 住 权

第十九章　留置权

第五分编　占　　有

第二十章　占　　有

第一分编　通　　则

第一章　一般规定

【本章导读】

《民法典》物权编在原来《物权法》[①] 五编制的基础上确立了五个分编。其中，第一分编“通则”是对物权编的纲领性、原则性的规定，也是关于各具体类型的物权所涉及的共同性问题的概括性规定，对其他各分编的规定以及司法实践均具有指导性作用。我国《物权法》即确立了“总则（第一编）—分则（第二编至第四编）”以及“大总则（第一编）—小总则”（第二编至第四编的第一章均为“一般规定”）这样的体系结构，《民法典》物权编延续了这一结构安排。毋庸置疑，在《民法典》物权编规定物权法的总则性内容是符合世界物权立法发展趋势的。在最早完成物权法立法的一些国家中，多没有关于物权法的总则性规定，如德国和瑞士等国的《民法典》物权编中，均没有规定物权法的总则；[②] 但在后来的物权立法中，多开始规定物权法的总则，如《日本民法典》。其中，物权编的总则性内容一般包括物权的定义性规范、物权法的基本原则的规范、物权变动的基本原则以及物权保护的基本原则等。这种总分式的立法结构不仅迎合了法典制定对逻辑结构对称性的要求，而且由此形成的法律规范谱系因其简单明了的结构而便于“找法”，进而有利于法律的适用。

我国《民法典》编纂时，关于物权的定义性规范以及“物权法定原则”被提

---

① 已于 2021 年 1 月 1 日废止。

② 有学者认为，德国民法不规定物权法总则的基本原因是，德国立法者认为，物权基本上可以划分为不动产物权和动产物权，但是在这两种物权中很难抽象出一般性的规定。可参阅孙宪忠：《德国当代物权法》，法律出版社 1997 年版，第 9 页以下。

取公因式规定在了《民法典》总则编，目前物权编第一分编“通则”即对物权法的总则性内容的规定，共 35 条（第 205 ~ 239 条），分三章：第一章主要是对物权编的调整对象、物权法的基本原则以及我国的经济制度的规定；第二章是对物权的设立、变更、转让和消灭的规定；第三章规定了保护物权的方法。其中，物权法的调整范围和基本原则在物权法中具有最为普遍的意义，因此规定在本编之首，作为第一章。本章共 4 条，分别表述了物权编的调整范围、我国的经济制度、物权平等原则、物权公示原则。

第二百零五条　【物权编的调整范围】[①] 本编调整因物的归属和利用产生的民事关系。

【条文理解与适用】

一、本条的缘由

本条是关于物权编调整范围的规定，在《物权法》第 2 条第 1 款规定的基础上修改而成。

二、本条规定的主要内容

本条规定了物权编调整的社会关系。物的归属，是指确定物的所有权人是谁。物的利用，是指对物的占有、使用、收益等发挥物的价值的行为。确定物的所有，是对物进行利用的前提。物的所有权人不论是自己使用物还是将物交给他人使用，都是对物的利用。

《民法典》物权编调整因物的归属和利用产生的社会关系，但并非一般性的调整所有因物的归属和利用而发生的社会关系，作为《民法典》下的分编，其仅调整平等主体之间因物的归属和利用产生的横向社会关系，即本条所称的“民事关系”。社会关系中的纵向关系，如管理活动中管理者与被管理者之间的关系，虽然也涉及物的归属和利用问题，但此类关系主要由行政法、经济法等调整，不属于物权编调整的范围。

三、本条规定特别评注

本条作为《民法典》物权编的第一条，具有提纲挈领的作用，但也有学者主张应删去此条规定。

---

① 条文主旨为编者所加，下同。

一方面，在《民法典》总则编已经提及本法[1]调整的是平等主体之间的人身关系和财产关系之后，再在《民法典》物权编规定调整范围没有立法上的价值，且在立法例中，于“法律文本”中直接规定调整对象也十分罕见，一般选择交给同属民法教义学的判例和学理去解决。[2]

另一方面，将《民法典》物权编的调整范围限定在归属和利用两方面也难以涵盖物权编规制的所有情形。例如，《民法典》物权编规制的担保物权，实现的是物的交换价值，从民法教义学的角度看难以认定为属于对物的归属和利用。同时，物权编还调整占有，但占有作为一种客观上的事实状态，仍然不是权利意义上的归属，法律对它的调整并不构成积极的权利义务。因此，占有无论如何都难以归入“归属与利用”的关系中。[3]

【关联规范】

《民法典》

第一百一十四条　民事主体依法享有物权。

物权是权利人依法对特定的物享有直接支配和排他的权利，包括所有权、用益物权和担保物权。

第二百零六条　【我国基本经济制度与社会主义市场经济原则】国家坚持和完善公有制为主体、多种所有制经济共同发展，按劳分配为主体、多种分配方式并存，社会主义市场经济体制等社会主义基本经济制度。

国家巩固和发展公有制经济，鼓励、支持和引导非公有制经济的发展。

国家实行社会主义市场经济，保障一切市场主体的平等法律地位和发展权利。

---

① 即《民法典》，下同。

② 杜颖、易继明：《中国物权法草案的修改意见：物权定义》，载《法学》2005 年第 9 期；李永军：《物权的本质属性究竟是什么？——〈物权法〉第 2 条的法教义学解读》，载《比较法研究》2018 年第 2 期。

③ 李永军：《物权的本质属性究竟是什么？——〈物权法〉第 2 条的法教义学解读》，载《比较法研究》2018 年第 2 期。

【条文理解与适用】

一、本条的缘由

本条是对我国的基本经济制度与社会主义市场经济原则的表达，在《物权法》第3条规定的基础上修改而成。同时，本条删除了《物权法》第3条中对我国处于社会主义初级阶段的表达，并将我国的分配制度也作为了《民法典》物权编的制度依据。

二、本条规定的主要内容

本条明确规定了我国物权法规则的经济制度依据。具体而言，本条主要规定了下列两个方面的内容：

本条的第1款和第2款主要强调了我国实行的是社会主义市场经济制度。我国作为社会主义国家，实行以公有制为主体、多种所有制经济共同发展的基本经济制度。同时，在财产分配上，我国实行与基本经济制度相适应的以按劳分配为主体，多种分配方式并存的分配制度。所谓按劳分配，即否定了平均主义的“大锅饭”分配体制，而是遵循奖优罚劣，多劳多得的原则，从而鼓励劳动者们创造社会财富，促进社会发展。多种分配方式并存，是指按劳分配与按要素取得报酬的方式并存。按要素取得报酬的分配方式，包括按投入经济过程的资本、土地、技术等要素取得报酬。《民法典》作为一部私法，其同样以鼓励生产、保障公平为原则，因此我国的分配制度同样应当成为贯穿《民法典》物权编的立法原则。

实行社会主义市场经济，重要的一点就是要保障市场主体的平等地位和发展权利，这是实行社会主义市场经济的前提，本条第3款即为对这一理念的明确规定。

三、本条规定特别评注

中国特色社会主义物权制度是由社会主义基本经济制度决定的。因此，本条第1款和第2款明确规定我国的基本经济制度与社会主义市场经济原则，明确我国物权法规则的经济制度依据，不仅是《民法典》物权编具有中国特色的表现，同时也直接影响到物权编具体条款的设置安排。

坚持以公有制为主体，同时鼓励、支持和引导非公有制经济的发展与我国在改革开放前实行的计划经济具有本质不同。改革开放后，市场在社会主义经济中发挥着重要作用，市场经济是人类创造的发展经济的文明成果，能够最大限度地发挥生产者的积极性，可以合理配置资源，创造高效率的经济效益，促进经济繁荣。因此，我国的根本大法《宪法》第15条明确规定我国实行社会主义市场经济。

在制定《物权法》的过程中，对于《物权法》作为私法中调整平等主体间财产关系的重要法律规范，必须建立在符合我国社会主义市场经济的发展要求之上这一理念就已经达成共识。有学者指出，坚持从我国的国情和实际出发是制定《物权法》总的原则之一，《物权法》坚持社会主义基本经济制度与平等保护不同的物权主体所享有的物权是有机统一、不可分离的。前者是社会主义本质的要求，后者是市场经济的要求。① 同时，发展社会主义市场经济也是坚持和完善社会主义基本经济制度的必然要求。在我国所处的社会阶段和基本经济制度没有质的变化的背景下，我国《民法典》物权编的规则设计当然也应首先反映出我国的基本经济制度和立法原则。也就是说，《民法典》物权编同样应以实行社会主义市场经济与保障一切市场主体的平等法律地位和发展权利作为基本原则，故本条第 3 款承继了《物权法》第 3 条第 3 款的规定。

第二百零七条 【平等保护原则】 国家、集体、私人的物权和其他权利人的物权受法律平等保护，任何组织或者个人不得侵犯。

【条文理解与适用】

一、本条的缘由

本条在我国《物权法》第 4 条规定的基础上修改而成。

二、本条规定的主要内容

本条是关于物权受法律平等保护的规定。《民法典》是调整平等主体之间的人身关系和财产关系的法律，平等保护原则也是《民法典》的重要基本原则。《民法典》第 3 条规定："民事主体的人身权利、财产权利以及其他合法权益受法律保护，任何组织或者个人不得侵犯。"第 4 条规定："民事主体在民事活动中的法律地位一律平等。"该两条规定确立了民事权利不受侵犯以及民事主体在民事法律关系中的法律地位一律平等的原则。《民法典》物权编作为《民法典》中对物权法律关系的具体规范，也必然要在物的归属和利用上体现民法的平等保护，因此本条规定了对民事主体的物权予以平等保护的原则。具体而言，平等保护原则主要可以体现在以下三个方面：

---

① 最高人民法院物权法研究小组：《〈中华人民共和国物权法〉条文理解与适用》，人民法院出版社 2007 年版，第 52 页。

首先，平等保护原则是指国家、集体、私人和其他权利人等物权的主体在法律地位上是平等的。也就是说，《民法典》物权编的平等保护原则，是对所有民事主体的平等保护，不受身份的限制。正如有学者所言，“无论民事主体是国家、法人、自然人，都应该受到平等地对待。就自然人而言，平等保护原则强调对所有自然人合法的个人财产进行一体的保护。无论自然人的贫富、强弱，其财产都应该受到平等对待。”①

其次，在民事主体就物权的归属和利用发生冲突的情况下，针对各个民事主体都应当适用平等的规则解决其纠纷。在司法实践中，司法者对物权的归属和利用的判断，应当平等地适用《民法典》物权编的规定，不存在优先适用或例外对待的问题。例如，即使是国有财产和私有财产之间产生纠纷，也应当交由司法机关裁决，平等地请求司法机关确认。

最后，平等保护原则还体现在所有民事主体的物权在受到侵害以后，应当受到《民法典》的平等保护。法律在物权被侵害后的救济上，各个权利人无论在保护的范围还是保护的力度上，都应当是一致的。即使是国有财产，一旦进入流通领域，也必须和其他性质财产一样，适用平等的保护原则解决纠纷。

三、本条规定特别评注

《民法典》物权编重申平等保护原则是对我国基本经济制度的充分体现和重要保障。只有确立平等保护原则，才能建立起良好的财产秩序和交易秩序，促进社会主义市场经济的发展，并最终有利于公有制的发展。有学者指出，《民法典》第206条明确规定“公有制为主体，多种所有制经济共同发展”为我国的基本经济制度，物权法的平等保护原则正是对这种基本经济制度的充分反映和具体体现。一方面，公有制的主体作用体现了我国生产关系的社会主义方向。虽然公有制经济和非公有制经济均为社会主义市场经济的重要组成部分，但它们在国民经济中的地位和作用是不同的，这主要体现在对关系国家安全、国计民生等重要的行业和关键的领域，必须确保国有经济的控制力。但是，这种差异并不意味着在民事法律关系领域的法律地位不同，即不能认为公有制处于优越的民事法律地位，其他所有制则处于次要的民事法律地位。我国基本经济制度允许公有制和多种所有制并存，这就在内容上保障了各种所有制形式之间的民事法律地位平等。另一方面，我国基本经济制度明确了多种所有制的共同发展，而共同发展的基础和前提就是平等保护，这也体现了平等保护是建立和完善社会主义市场经济体制

① 王利明：《平等保护原则：中国物权法的鲜明特色》，载《法学家》2007年第1期。

的必然要求。①

与《物权法》第4条相较，《民法典》本条在强调任何组织和个人不得侵犯他人物权的同时，还特别突出了“平等保护”，体现了《民法典》物权编在《民法典》总则编基础上对《物权法》内容的完善。同时，《民法典》还将《物权法》中的“单位”修改为了“组织”，规范表达了民事主体的范围，扩大了物权平等保护原则的适用范围。

此外，本条在国家、集体、私人之外，还特别将“其他权利人”也作为受平等保护的主体。这是由于本条是从所有制的角度对物权主体予以分类的结果，尚有无法完全纳入“国家”、“集体”和“私人”的权利主体，如公益性基金会等，因此本条将“其他权利人”作为兜底性规定。

【关联规范】

1. **《民法典》**

第二条 民法调整平等主体的自然人、法人和非法人组织之间的人身关系和财产关系。

第三条 民事主体的人身权利、财产权利以及其他合法权益受法律保护，任何组织或者个人不得侵犯。

第一百三十三条 民事法律行为是民事主体通过意思表示设立、变更、终止民事法律关系的行为。

2. **《最高人民法院关于依法平等保护非公有制经济促进非公有制经济健康发展的意见》**

2. ……党的十八届四中全会决定指出，平等是社会主义法律的基本属性。人民法院在依法保障公有制经济发展，不断增强国有经济活力、控制力和影响力的同时，要依法平等保护非公有制经济的合法权益，坚持各类市场主体的诉讼地位平等、法律适用平等、法律责任平等，为各种所有制经济提供平等司法保障。

第二百零八条　【物权公示原则】不动产物权的设立、变更、转让和消灭，应当依照法律规定登记。动产物权的设立和转让，应当依照法律规定交付。

---

① 可参阅王利明：《平等保护原则：中国物权法的鲜明特色》，载《法学家》2007年第1期。

【条文理解与适用】

一、本条的缘由

本条直接源于《物权法》第6条。

二、本条规定的主要内容

本条是关于动产与不动产物权公示方法的原则性规定。物权的设立、变更和消灭均可能导致物权的变动。物权的设立，是指创设一种不存在的物权。物权的变更，是指在物权主体不改变的情况下改变物权的内容。物权的消灭，是指物权的终止，如标的物灭失时，物权随之消灭。物权的转让，实际上是将已经存在的物权在民事主体之间转移，对出让人而言，会导致其物权消灭；对受让人而言，实质上为物权的设立。

所谓物权公示，是指变动物权时，将物权变动的事实通过一定的公示方法向社会公开，从而产生一定的物权权利外观，使第三人知道物权变动的情况，以避免第三人遭受不测损害并保护交易安全。具体而言，确立物权公示原则可以解决《民法典》物权编中两个方面的问题：

1. 明确公示对于物权变动的意义。在物权法中，对于物权人是否享有物权，享有何种物权，物权的内容是否发生了变更，以及物权是否消灭，以什么方式消灭等问题的判断，均属于物权变动的重要问题。而作为物权变动程序规则的公示规则，是判断这些问题的基础依据。对于公示在物权变动中起到的作用，比较法上存在两种立法例：（1）采取公示生效主义，即非经公示不发生物权变动。例如，根据《德国民法典》的规定，只有当权利人与相对人达成物权合意，且不动产在土地登记簿中登记注册，动产完成交付始产生物权变动的效果。（2）采取公示对抗主义，这种模式下物权变动仅依当事人的意思表示即可完成，即只要权利人与相对人达成合意，物权即发生变动，未经公示的，不产生对抗第三人的法律效果。也就是说，此时法定的公示方式并非物权变动的成立或生效要件，而仅作为物权变动的对抗要件。例如，《日本民法典》第177条就规定："不动产物权的得丧及变更，非以登记法为其登记者，不得以之对抗第三人。"

依照本条规定，我国对于物权的变动原则上采公示生效主义，且动产物权和不动产物权要求采用不同的公示方法：对于动产物权，原则上以占有作为权利享有的公示方法，以交付作为物权变动的公示方法，即动产物权变动未交付的，法律不认可发生物权变动的效力；对于不动产物权，一般以登记作为物权享有和变动的公示方法，即除了法律另有规定以外，未经登记，即使当事人之间的合同关系已经成立并生效，就不动产物权的移转也已经达成了合意，也不能导致物权的变动。

2. 赋予物权公示以公信力保护。在市场交易中，如果想要要求自己之外的所有的人负有不妨碍自己行使物权的不作为义务，就必须让广大的义务人清楚地知道谁是权利人，以及权利的内容是什么。因此，需要以一种容易确定，且公众信服的方式明确物权权利人，法律对这种对于公示方式的信赖予以保护，以维护权利人和社会公众的合法权益，维护交易安全，此即所谓公信力。公信力保护的作用主要有两个方面的体现：（1）公信力首先表现为对公示权利的推定力。即除有相反证据证明外，法律推定记载于不动产登记簿的人是该不动产的权利人。如《德国民法典》规定的“在土地登记簿中为了某人登记一项权利的，推定此人享有该权利，在土地登记簿中注销一项权利的，应推定此项权利不复存在”。此即为不动产以登记作为公示方法而产生公信力之体现。（2）公信力的作用还体现在对第三人的信赖保护方面。在交易过程中，难免出现事实物权和权利外观不一致的情形，也就是说占有或登记可能没有真实、准确地反映动产或不动产上的物权归属与内容。此时，如果交易的当事人是信赖占有或登记这一权利外观而从事物权交易，法律应当基于公信力原则对善意的相对人予以保护，以维护交易秩序和安全。反之，此时如果不保护第三人的合理信赖，必然影响交易的正常进行，使经济秩序遭到破坏，最终阻碍经济的发展和社会的进步。

三、本条规定特别评注

法律之所以要求变动物权需要进行公示，是因为如果赋予物权绝对性和排他性效力，则物权的变动对物之关系人影响甚巨，如果没有一定的权利外观予以彰显，第三人无法知悉物权变动的情况，容易遭受不测损害，影响交易安全。从这个意义上看，物权公示原则是物权相较于债权等相对权在物权设立、变更、消灭等情形下重要的区别之一，也是形成物权权利外观进而具有推定力和公信力的前提。

需要注意的是，本条仅就物权变动的公示方法作了原则性的规定，在具体的司法实践中，对本条的理解和适用须结合本法的其他规定及其他法律的规定。对于本条这种仅明确了动产和不动产的公示方法，而没有进一步明确公示与否的法律效果的做法，学界颇置微词。早先针对《物权法》第6条，就有学者提出，我国应当借鉴《德国民法典》规定，在对以法律行为发生的物权变动的公示方法已从适用条件和法律效果上作出一般规定时，无须再沿袭《物权法》第6条，把公示宽泛地当作一种抽象原则予以规定。[1] 这一观点值得关注。《民法典》在这个问

① 朱广新：《物权公示原则的立法表达》，载《法学杂志》2009年第10期。

题上承继了《物权法》的做法，这导致《民法典》本条的原则性规定与之后针对不动产物权变动的《民法典》第209条，以及针对动产物权变动的《民法典》第224条，均规定在“通则”中，有叠床架屋之嫌，而这些规定与物权编各分编针对不同类型的物权变动的公示方法和效果的特别规定之间的关系，也颇费琢磨，极易导致司法实践中的“同案异判”或者“类案异判”的结果。与其如此，倒不如就公示方法和法律效果作出原则性规定之后，只针对特别情形予以规定，作为原则之下法律另有规定的具体规范。

【关联规范】

《最高人民法院关于适用〈中华人民共和国民法典〉物权编的解释（一）》

第十七条　民法典第三百一十一条第一款第一项所称的“受让人受让该不动产或者动产时”，是指依法完成不动产物权转移登记或者动产交付之时。

当事人以民法典第二百二十六条规定的方式交付动产的，转让动产民事法律行为生效时为动产交付之时；当事人以民法典第二百二十七条规定的方式交付动产的，转让人与受让人之间有关转让返还原物请求权的协议生效时为动产交付之时。

法律对不动产、动产物权的设立另有规定的，应当按照法律规定的时间认定权利人是否为善意。

第二章 物权的设立、变更、转让和消灭

【本章导读】

本章主要是关于物权的设立、变更、转让和消灭等物权变动问题的规定。物权会因一定的法律事实而产生、丧失、变更，这种变动直接关系到物权的归属与利用。物权的设立，也即物权的取得，是指创设一个原来不存在的物权。物权的变更，有广义和狭义之分，狭义的物权变更，是指物权在主体不变更的情况下改变物权的内容，如改变用益物权的设定期限或者用途等；广义的物权变更，是指物权主体、客体以及内容各方面的变动。本章所称的物权的变更，仅仅指狭义的物权的变更。一般认为，变更不动产物权的情形常常只限于限制物权，尤其是用益物权。所有权因具有完全绝对性的特征，故无变更其内容的可能。不动产担保物权因具有从属性，一般也无法单独变更。物权的转让，是指将已经存在的物权在民事权利主体之间移转，也包括将物权移转给国家的情形。物权的消灭，是指物权的终止。

本章共24条，分三节对物权的变动规则作了原则性规定。相对而言，在物权变动体系中，动产物权比不动产物权在物权变动的公示方式上较为简单：不动产物权的公示方式是登记，而登记涉及国家专门机关的行为，其构成及过程比较复杂，而占有、交付只涉及当事人自己的行为，在法律上的认定比较容易。本章第一节对不动产登记制度的基本内容作出规定，包括不动产统一登记原则、登记机构的职责、不动产登记的生效时间、登记资料的查询复制、更正登记、异议登记、预告登记以及登记错误时责任承担等；第二节对一般动产物权和船舶、飞行器和机动车等特殊动产物权变动的基本规则、交付的类型等作了规定；第三节主要是对非依法律行为而发生的物权变动作了原则性规定。

第一节 不动产登记

第二百零九条 【不动产物权的登记生效原则及其例外】 不动产物权的设立、变更、转让和消灭，经依法登记，发生效力；未经

登记，不发生效力，但是法律另有规定的除外。

依法属于国家所有的自然资源，所有权可以不登记。

【条文理解与适用】

一、本条的缘由

本条在《物权法》第 9 条规定的基础上略作文字修改形成，没有实质性变化。

二、本条规定的主要内容

本条是关于不动产公示方法和公示效果的原则性规定。不动产，主要包括土地以及房屋、林木等土地附着物。鉴于不动产对整个社会所具有的重大的政治意义、经济意义，在各国物权法上，围绕不动产物权的规则都是最重要的内容。本条是在《民法典》第 208 条规定的基础上进一步就登记对于不动产物权变动的法律效力之原则与例外作了规定。

1. 本条首先对登记对于不动产物权变动的法律效力作了原则性规定。对于不动产以何种方式产生物权变动的效果这一问题，以《民法典》第 208 条规定的物权公示原则作为判断的基础。具体而言，根据是否区分不动产物权变动与原因行为（多数为债权行为），各国立法例上主要有登记生效主义和登记对抗主义两种模式：（1）登记对抗主义以法国和日本为代表。如《法国民法典》第 711 条规定："财产所有权，因继承，生前赠与遗赠及债的效果而取得和转移。"在这种模式下，所有权变动不需要单独的物权行为，因债的效果就可以直接法发生所有权的变动。（2）登记生效主义以德国、瑞士为代表，是指登记有决定不动产物权的变动能否生效的效力。在登记生效主义模式之下，根据物权是采取有因变动还是无因变动，又可进一步分为物权形式主义和债权形式主义两种模式。《德国民法典》采用物权形式主义，将登记在不动产物权变动中的决定性作用发挥到极致，即物权行为与原因行为相分离，单独的作为物权变动的构成要件，只要完成了登记，原因行为是否有效或是被撤销都不影响物权变动的法律效果。《瑞士民法典》采用的是债权形式主义原则，即原则上认为登记作为物权变动的生效要件，无登记就不产生物权变动的效果，但如果不动产物权变动的原因行为（主要指债权行为）无效或者被撤销的，经登记的不动产物权也会相应无效或者被撤销。

对于我国采取的是何种物权变动规则，我国学界主流观点认为，本条第 1 款规定的"不动产物权的设立、变更、转让和消灭，经依法登记，发生效力"，实质上是明确了我国原则上采用登记生效主义原则，即不动产的设立、变更、转让和消灭必须以登记的方式予以公示，只有在登记完成之时，才发生物权变动的法律效果。在登记生效主义原则之下，我国司法实践中又进一步明确了我国原则上采纳的是债权形式主义模式，即“我国不动产物权变动以债权形式主义为主，意思主义为辅；以登记生效为原则，登记对抗为例外。”①

2. 本条也规定了物权变动无须登记的例外情形。本条除了规定不动产物权变动原则上采登记生效主义以外，同时还规定不动产物权的变动不以登记为生效要件的例外情形。

首先是法律规定无须登记即能发生不动产物权变动效力的情形。例如，《民法典》第229条规定：“因人民法院、仲裁机构的法律文书或者人民政府的征收决定等，导致物权设立、变更、转让或者消灭的，自法律文书或者征收决定等生效时发生效力。”这是因为法律文书和征收决定都是具有法律效力的生效文件，本身就具有公示的效力，因此无须再以登记作为物权变动的依据。

其次，因事实行为而发生物权变动的也无需登记即可取得物权。例如，《民法典》第230条规定：“因继承取得物权的，自继承开始时发生效力。”第231条规定：“因合法建造、拆除房屋等事实行为设立或者消灭物权的，自事实行为成就时发生效力。”这些都是自事实行为完成之日起就产生物权变动的效力，无需登记作为生效要件。

最后，对于某些不动产物权变动，法律采取了登记对抗主义的例外规则，未将登记作为物权变动发生效力的条件，仅仅作为能否对抗第三人的依据，这种情形下的不动产物权变动也无须登记。例如，对于土地承包经营权，《民法典》第335条规定：“土地承包经营权互换、转让的，当事人可以向登记机构申请登记；未经登记，不得对抗善意第三人。”对于地役权，《民法典》第374条规定：“地役权自地役权合同生效时设立。当事人要求登记的，可以向登记机构申请地役权登记；未经登记，不得对抗善意第三人。”

特别需要注意的是，本条第2款还特别规定了“依法属于国家所有的自然资源，所有权可以不登记”，即将国家所有的自然资源所有权作为了物权变动无须登记公示的其中一种例外情形。

三、本条规定特别评注

本条对登记之于不动产物权变动的法律效力作了原则性规定，但对于不动产物权登记的性质，理论上一直有公法行为抑或私法行为的争论，出现过行政行为

---

① 最高人民法院民事审判第一庭：《民事审判指导与参考》2016年第1辑，人民法院出版社2016年版，第38页。

说、民事行为说、两种性质兼具说等不同观点。赞成将不动产物权登记定性为民事行为的学者认为，不应当将不动产物权登记行为与国家行政机关行使行政权力进行的登记相混淆，因为“动产登记机构不具有行政权力，其从事的不动产登记行为与政府行政权的行使无关。不动产登记，属于民法上的一种法律事实，将导致某种民法上的物权变动的法律效果发生”。[①] 而且，在司法实践中，将登记定性为行政行为，很容易引发对当事人所有权确权的诉讼请求，结果是不同机关相互推诿，或者出现行政裁判与民事裁判相冲突的情形，对司法权威和公信力造成损害。我国《物权法》采纳了以债权形式主义为主的物权变动模式，在基于法律行为发生的物权变动中，登记标志着转移不动产权利义务关系，因此，登记是确认不动产物权变动并将其公之于众的手段，不动产物权不是登记的产物。不动产物权变动原则上虽需经依法登记始生物权效力，但因物权归属或基础关系所生纠纷，是平等民事主体之间的财产争议，应认定为民事纠纷。司法实践中将不动产登记作为不动产物权变动的构成要件的做法似乎也是将登记行为定性为民事行为的证明。[②] 需要注意的是，目前的主流观点赞成不动产物权登记行为是一种旨在实现而且能够发生民法上重要效果的行政行为。这种观点结合了目前我国不动产物权登记机构的性质、在不动产物权登记中登记机构的主导性地位以及现行法的规定等因素予以综合分析，符合我国目前的不动产物权登记状况。同时，也可以解决民事行为说主张所担心的问题。[③]

本条第 2 款规定：“依法属于国家所有的自然资源，所有权可以不登记。”在《民法典》编纂过程中，对于国家所有的自然资源所有权是否应当登记的问题，存在不同观点。最终《民法典》本条维持了《物权法》“可以不登记”的规定。如此规定主要基于三个方面的考虑：（1）根据《民法典》第 247～252 条的规定，矿藏、水流、海域等自然资源，无居民海岛，城市的土地，法律规定属于国家所有的农村和城市郊区的土地，依法属于国家所有的森林、山岭、草原、荒地、滩涂等自然资源，依法属于国家所有的野生动物资源，无线电频谱资源等，这些均属于国家所有。国家对自然资源的所有权是依照法律规定直接取得的，而非基于法律行为取得，规定无需进行登记，有利于国家对自然资源的所有权的保护。（2）对于专属于国家所有的矿藏、水流、海域等自然资源，无居民海岛，城市的土地，无线电频谱资源等所有权的客体，基于其专属性，根本也不存在通过交易

---

① 梁慧星：《〈物权法〉若干问题》，载《浙江工商大学学报》2008 年第 1 期。

② 杜万华主编：《最高人民法院物权法司法解释（一）理解与适用》，人民法院出版社 2016 年版，第 40 页。

③ 尹飞：《不动产登记行为的性质及其展开》，载《清华法学》2018 年第 2 期。

移转所有权的问题，故而也不可能设立新的所有权，当然也无须进行所有权变动的公示。(3) 有些自然资源本身无法进行登记，所以也可以不进行登记。对于国家所有的自然资源所有权，为加强对国有自然资源的管理和有效利用，有关管理部门根据相关法律规定会对国有自然资源进行资产性登记造册，但需要注意的是，这种资产性登记仅仅是一种管理行为，完全不同于作为不动产物权变动公示方法的登记。

【关联规范】

1. **《土地管理法》**

第十二条　土地的所有权和使用权的登记，依照有关不动产登记的法律、行政法规执行。

依法登记的土地的所有权和使用权受法律保护，任何单位和个人不得侵犯。

2. **《最高人民法院关于人民法院民事执行中查封、扣押、冻结财产的规定》**

第二条　人民法院可以查封、扣押、冻结被执行人占有的动产、登记在被执行人名下的不动产、特定动产及其他财产权。

未登记的建筑物和土地使用权，依据土地使用权的审批文件和其他相关证据确定权属。

对于第三人占有的动产或者登记在第三人名下的不动产、特定动产及其他财产权，第三人书面确认该财产属于被执行人的，人民法院可以查封、扣押、冻结。

第三条　人民法院对被执行人下列的财产不得查封、扣押、冻结：

（一）被执行人及其所扶养家属生活所必需的衣服、家具、炊具、餐具及其他家庭生活必需的物品；

（二）被执行人及其所扶养家属所必需的生活费用。当地有最低生活保障标准的，必需的生活费用依照该标准确定；

（三）被执行人及其所扶养家属完成义务教育所必需的物品；

（四）未公开的发明或者未发表的著作；

（五）被执行人及其所扶养家属用于身体缺陷所必需的辅助工具、医疗物品；

（六）被执行人所得的勋章及其他荣誉表彰的物品；

（七）根据《中华人民共和国缔结条约程序法》，以中华人民共和国、中华人民共和国政府或者中华人民共和国政府部门名义同外国、国际组织缔结的条约、协定和其他具有条约、协定性质的文件中规定免于查封、扣押、冻结的财产；

（八）法律或者司法解释规定的其他不得查封、扣押、冻结的财产。

第二百一十条　【不动产登记机构和不动产统一登记】 不动产登记，由不动产所在地的登记机构办理。

国家对不动产实行统一登记制度。统一登记的范围、登记机构和登记办法，由法律、行政法规规定。

【条文理解与适用】

一、本条的缘由

本条是针对不动产登记机构和国家统一登记制度的规定，直接源于《物权法》第10条。

二、本条规定的主要内容

本条确立了不动产统一登记制度。根据本条第2款的规定，我国对不动产"实行统一登记制度。统一登记的范围、登记机构和登记办法，由法律、行政法规规定。"由此，统一的登记制度主要包括统一登记的范围、统一登记机构、统一登记办法三个方面的内容。

1. 统一登记的范围，主要包括两个具体方面的统一：（1）应当统一明确将哪些物权类型纳入登记的范围，而哪些物权类型可以不登记。例如，对于房屋、土地、林木等不动产，以及可以归个人所有的土地附着物或是自然资源，应当作为特殊的不动产纳入登记的范畴，但国家所有的自然资源所有权无需登记。（2）应当统一明确不同的物权变动的内容应当办理何种登记。例如，设立物权应办理设立登记或者取得登记，变更物权内容应办理变更登记，转让物权应办理转让登记以及使物权消灭的原则上应当办理涂销登记。

2. 统一登记的机构，意味着统一由哪一机构来负责登记事项。从立法例观察，不少国家的立法都规定实行不动产的统一登记制度，但对于具体登记机构的设置，则不尽相同。如德国的不动产登记机构为属于地方法院的土地登记局，瑞士的不动产登记机构大多为各州的地方法院。在《物权法》制定过程中，对于登记机构的设置，学界主要有三种观点：（1）主张由法院负责登记，提出应当"由不动产所在地的县级人民法院统一管辖区域内的不动产登记事务"。[①] 这种主张主要是借鉴德国、瑞士等国家的立法例。（2）主张由行政机关负责登记，以便减轻

---

① 王崇敏：《我国不动产登记制度若干问题探讨》，载《中国法学》2003年第2期。

法院繁重的审查任务，并可以起到行政监督的作用。这种主张主要是借鉴澳大利亚、我国香港特别行政区的立法例。（3）主张应当由公证机构负责不动产物权登记。[①] 针对以上不同观点，《物权法》通过前未能就登记机构的设置达成共识，最终采取了回避的态度。在之后的《不动产登记暂行条例》中，才确定采用由行政机关负责不动产登记。在《民法典》编纂过程中，考虑到我国各地情况比较复杂，且科技的迅速发展可能对登记制度的影响，如果通过《民法典》限定登记机构，可能会使得《民法典》将来无法适应社会的迅速发展，故《民法典》本条第1款承继了《物权法》第10条的登记属地原则，明确“不动产登记，由不动产所在地的登记机构办理”。

3. 统一登记的办法，意味着应当就包括登记申请、登记审查、不动产登记簿的管理、不动产权属证书发放、登记查询等在内的登记程序问题予以统一，同时，就异议登记、预告登记、错误登记的法律后果以及登记收费等方面，也应当统一。只有统一登记办法，才可以明确统一登记的法律效果，使得物权变动具有确定性。

三、本条规定特别评注

在《物权法》制定前，我国的不动产登记呈现“多头登记”的状况，登记部门涉及各个领域。在《物权法》制定过程中，理论界和实务界都认为，不动产物权登记特别是不动产物权登记机构的不统一，必然出现重复登记、登记资料分散、增加当事人负担、资源浪费等弊端，不利于健全登记制度，故应当统一登记。鉴于此，《物权法》第10条便规定了我国对不动产实行统一登记制度，以便于登记公示效力的发挥。《物权法》实施以来，我国的不动产登记制度日趋完善，无论是在便利权利人办理登记，减少交易成本，提高交易效率方面，还是在保障相对人在交易时获得全面的信息，提高登记的公信力等方面，都有了长足的进步，取得了很大的成效。但是，就全国范围来看，目前仍有地方尚未将规范的登记制度辐射到所有不动产物权，如有地方的宅基地使用权登记制度就不够完善，对宅基地的权利归属往往凭借熟人社会的印象，但伴随着宅基地使用权发生变动，就有可能带来潜在的风险。

基于以上现实情况，《民法典》沿袭了《物权法》对登记制度的规定，旨在保障登记在不动产物权变动中的作用和地位的同时，为进一步完善不动产登记制度留出空间。本条在规定“国家对不动产实行统一登记制度”的同时，考虑到统

---

① 最高人民法院物权法研究小组：《〈中华人民共和国物权法〉条文理解与适用》，人民法院出版社2016年版，第75页。

一登记涉及行政管理体制改革，实行统一登记需要有一个过程，故本条第 2 款在规定“国家对不动产实行统一登记制度”的同时，又规定了“统一登记的范围、登记机构和登记办法，由法律、行政法规规定”。2015 年国务院颁布了行政法规《不动产登记暂行条例》，该条例的颁行旨在整合不动产登记职责，规范登记行为。根据 2018 年 9 月 7 日第十三届全国人大常委会公布的立法规划，我国最终会通过《不动产登记法》统一规范不动产登记问题。

【关联规范】

1. 《土地管理法》

第十二条 土地的所有权和使用权的登记，依照有关不动产登记的法律、行政法规执行。

依法登记的土地的所有权和使用权受法律保护，任何单位和个人不得侵犯。

2. 《城市房地产管理法》

第六十一条 以出让或者划拨方式取得土地使用权，应当向县级以上地方人民政府土地管理部门申请登记，经县级以上地方人民政府土地管理部门核实，由同级人民政府颁发土地使用权证书。

在依法取得的房地产开发用地上建成房屋的，应当凭土地使用权证书向县级以上地方人民政府房产管理部门申请登记，由县级以上地方人民政府房产管理部门核实并颁发房屋所有权证书。

房地产转让或者变更时，应当向县级以上地方人民政府房产管理部门申请房产变更登记，并凭变更后的房屋所有权证书向同级人民政府土地管理部门申请土地使用权变更登记，经同级人民政府土地管理部门核实，由同级人民政府更换或者更改土地使用权证书。

法律另有规定的，依照有关法律的规定办理。

3. 《不动产登记暂行条例》

第四条第一款 国家实行不动产统一登记制度。

第七条 不动产登记由不动产所在地的县级人民政府不动产登记机构办理；直辖市、设区的市人民政府可以确定本级不动产登记机构统一办理所属各区的不动产登记。

跨县级行政区域的不动产登记，由所跨县级行政区域的不动产登记机构分别办理。不能分别办理的，由所跨县级行政区域的不动产登记机构协商办理；协商不成的，由共同的上一级人民政府不动产登记主管部门指定办理。

国务院确定的重点国有林区的森林、林木和林地，国务院批准项目用海、用岛，中央国家机关使用的国有土地等不动产登记，由国务院国土资源主管部门会同有关部门规定。

第二百一十一条 【申请不动产登记应提供的必要材料】 当事人申请登记，应当根据不同登记事项提供权属证明和不动产界址、面积等必要材料。

【条文理解与适用】

一、本条的缘由

本条直接源于《物权法》第11条。

二、本条规定的主要内容

本条是对登记时所需提供的必要材料的说明。建立统一的不动产登记制度，就要建立统一的不动产登记办法，明确当事人申请登记时所应提交的材料，以证实其是合法的权利人。为此，本条明确规定了申请不动产登记应当提供必要材料。根据本条规定，"当事人申请登记，应当根据不同登记事项提供权属证明和不动产界址、面积等必要材料"。此外，我国《不动产登记暂行条例》第16条第1款对申请人应当提交的材料作了列举性规定，包括登记申请书，申请人、代理人的身份证明材料和授权委托书，相关的不动产权属来源证明材料、登记原因证明文件、不动产权属证书，不动产界址、空间界限、面积等材料，与他人利害关系的说明材料，法律、行政法规等规定的其他材料。这些材料大致分为两类：（1）不动产物权权属证明材料，即能够证明申请登记的不动产物权为真实合法有效的材料。（2）标明不动产物权标的实际情况的材料，即准确描述不动产的数据、照片、图纸、图像等。

此外，需要注意的是，在实践中，对于以合同等方式实现物权变动的，当事人需提交与权利人订立的有关物权转让的合同；若是经人民法院、仲裁委员会或政府征收决定完成物权变动而申请办理登记的，还应提交有效的法律文书或决定书。[①]

三、本条规定特别评注

登记作为不动产物权变动生效或者产生公示对抗效力的要件，各国对于登记

---

① 可参阅吴高盛：《〈中华人民共和国物权法〉解析》，人民法院出版社2007年版，第25页。

多有较为严格和详细的规定。关于申请不动产权属登记需要向登记机构提供哪些材料的问题，立法例上多由专门的不动产登记法予以规定。从各国不动产登记实践来看，登记申请主要采取书面形式，即提交登记申请书。申请书一般包括申请人的身份、登记的类型、登记的原因、标的等内容。与此同时，申请人还必须提交身份证明、登记原因证明文书（即不动产物权变动原因的证明，如行政许可文件、遗嘱等）、登记义务人的权利证明（即登记义务人的权利证明文书或者登记簿中的权利编号）、申请所涉及第三人的同意证明以及法律规定的其他文书。①

《民法典》本条对当事人应当提交的必要材料仅做了原则性的规定，具体材料的内容因物权种类和物权变动方式差异会有所不同。对于当事人申请登记所需要提供的具体材料，还需要专门的法律、法规进一步明确。目前，我国的不动产登记主要依据《不动产登记暂行条例》这一行政法规的规定执行，而"不动产登记法"已经列入立法规划。毋庸置疑，登记申请材料的统一和规范化有利于提高整个市场不动产交易的成本和效率，进一步提高不动产登记的公信力。

【关联规范】

《不动产登记暂行条例》

第十五条 当事人或者其代理人应当向不动产登记机构申请不动产登记。

不动产登记机构将申请登记事项记载于不动产登记簿前，申请人可以撤回登记申请。

第十六条 申请人应当提交下列材料，并对申请材料的真实性负责：

（一）登记申请书；

（二）申请人、代理人身份证明材料、授权委托书；

（三）相关的不动产权属来源证明材料、登记原因证明文件、不动产权属证书；

（四）不动产界址、空间界限、面积等材料；

（五）与他人利害关系的说明材料；

（六）法律、行政法规以及本条例实施细则规定的其他材料。

不动产登记机构应当在办公场所和门户网站公开申请登记所需材料目录和示范文本等信息。

---

① 屈茂辉：《物权法原理精要与实务指南》，人民法院出版社2008年版，第75页。

第二百一十二条　【不动产登记机构应当履行的职责】登记机构应当履行下列职责：

（一）查验申请人提供的权属证明和其他必要材料；

（二）就有关登记事项询问申请人；

（三）如实、及时登记有关事项；

（四）法律、行政法规规定的其他职责。

申请登记的不动产的有关情况需要进一步证明的，登记机构可以要求申请人补充材料，必要时可以实地查看。

【条文理解与适用】

一、本条的缘由

本条直接源于《物权法》第12条。

二、本条规定的主要内容

本条是对不动产登记机构应当履行登记职责的规定。不动产作为社会财富中最重要的财产，确定不动产的归属必须有严格明确的审查方式。相应地，登记审查制度也是整个不动产登记制度的核心内容之一。

本条对登记机构应当履行的职责作了原则性规定，旨在保障登记机构充分履行职责，尽可能如实、及时、准确地登记不动产物权的有关事项。根据本条规定，登记机构应当履行的职责：（1）查验申请人提供的权属证明和其他必要材料；（2）就有关登记事项询问申请人；（3）如实、及时登记有关事项；（4）法律、行政法规规定的其他职责。

申请登记的不动产的有关情况需要进一步证明的，登记机构可以要求申请人补充材料，必要时可以实地查看。

三、本条规定特别评注

采用不同的登记审查标准，对登记的公信力、登记的效率和质量以及登记错误的责任承担有重要的影响。因此，登记机构应当按照法律规定履行审查职责，避免错误登记的发生，从而保障登记在物权变动中公示作用的发挥。

本条中对登记机构履行职责的规定实则也是对我国采取的是何种审查标准和审查方式的明确。在比较法上，不动产登记存在两种审查形式：形式审查和实质审查。两者的主要区别在于登记机构是否有权对不动产物权变动的原因关系即引起不动产物权变动的原因行为进行审查，以及对申请登记的权利与实体法上的权利关系是否一致进行审查。一般认为，在实质审查主义模式下，登记机关对于登记申请，除须审查登记书件是否完备外，对不动产物权变动的原因与登记申请是否一致，及物权变动的原因是否存在瑕疵，也应当加以审查，经确定后无误方可予以登记。在立法例上，德国、瑞士立法采实质审查主义。[①] 在形式审查主义模式下，登记机关对于登记申请，仅对其所提供的书件及手续是否合法进行审查，而无须判断产生物权变动的原因行为是否具有瑕疵。在立法例上，法国立法采实质审查主义。对于不动产物权登记，形式审查和实质审查各有优势和缺陷。相较而言，实质审查更详细全面地审查每一项登记事项，一定程度上可以减少登记错误的出现，有助于提高登记的公信力。形式审查的最大优点则在于登记的效率高，且有助于减轻登记机构的审查压力。

对于我国《物权法》第 12 条所采取的审查模式，《民法典》本条规定承继了《物权法》的规定。对于本条到底是采取了实质审查还是形式审查的模式，学界有不同解读，主流看法根据我国不动产登记实际认为我国《物权法》第 12 条采取的是形式审查的原则。实际上，从本条规定来看，仅仅是对登记机构应当履行的职责作了原则性规定，并未对我国不动产登记的审查模式给出明确规定。首先，从本条第 1 款第 1 项规定的登记机构需要审查的材料内容来看，本款规定不动产登记需要查验权属证明材料和表明不动产情况的材料以及其他必要材料。权属证明材料，主要是指权利设立、变更、转让和消灭的原因关系，包括不动产物权设立、转让、变更、消灭合同，以及人民法院或者仲裁机关的生效法律文书。显而易见，对于本款的查验，可以解释为仅仅是形式上对提交材料的审查，也可以解释为包括对这些材料的真实合法性的审查。其次，在本条第 1 款第 2 项以及第 2 款中，还赋予了登记机关就登记事项询问申请人、要求申请人提供补充材料以及在必要时实地查看的权力，一方面，这些规定无疑都是以保障登记的真实性为目的，以追求登记准确性和公信力的效果，而只有在实质审查模式下，登记机构才有调查职权，由此似乎可以解释为我国不动产登记制度采取了实质审查的原则；但另一方面，规定中用了“可以”一词，这又意味着并非强制，既“可以”，也“可以不”，由此似乎又可以解释为我国不动产登记制度采取了形式审查的原则。因此，总体而言，目前的本条规定为今后确立适合现实状况的我国不动产登记的审查模式留出了解释的空间。

---

① 江平、李国光：《物权法疑难问题精答》，人民法院出版社 2007 年版，第 67 页。

【关联规范】

《不动产登记暂行条例》

第十七条 不动产登记机构收到不动产登记申请材料，应当分别按照下列情况办理：

（一）属于登记职责范围，申请材料齐全、符合法定形式，或者申请人按照要求提交全部补正申请材料的，应当受理并书面告知申请人；

（二）申请材料存在可以当场更正的错误的，应当告知申请人当场更正，申请人当场更正后，应当受理并书面告知申请人；

（三）申请材料不齐全或者不符合法定形式的，应当当场书面告知申请人不予受理并一次性告知需要补正的全部内容；

（四）申请登记的不动产不属于本机构登记范围的，应当当场书面告知申请人不予受理并告知申请人向有登记权的机构申请。

不动产登记机构未当场书面告知申请人不予受理的，视为受理。

第十八条 不动产登记机构受理不动产登记申请的，应当按照下列要求进行查验：

（一）不动产界址、空间界限、面积等材料与申请登记的不动产状况是否一致；

（二）有关证明材料、文件与申请登记的内容是否一致；

（三）登记申请是否违反法律、行政法规规定。

第十九条 属于下列情形之一的，不动产登记机构可以对申请登记的不动产进行实地查看：

（一）房屋等建筑物、构筑物所有权首次登记；

（二）在建建筑物抵押权登记；

（三）因不动产灭失导致的注销登记；

（四）不动产登记机构认为需要实地查看的其他情形。

对可能存在权属争议，或者可能涉及他人利害关系的登记申请，不动产登记机构可以向申请人、利害关系人或者有关单位进行调查。

不动产登记机构进行实地查看或者调查时，申请人、被调查人应当予以配合。

第二百一十三条 【不动产登记机构的禁止行为】 登记机构不得有下列行为：

（一）要求对不动产进行评估；

（二）以年检等名义进行重复登记；

（三）超出登记职责范围的其他行为。

【条文理解与适用】

一、本条的缘由

本条直接源于《物权法》第 13 条。

二、本条规定的主要内容

本条是对禁止登记机构从事的行为的规定。根据本条规定，登记机构不得要求对不动产进行评估，以及以年检等名义进行重复登记，这是因为在现实生活中登记机构可能会为谋取私利，炮制出评估、年检等诸多名目，收取高额费用，变相乱收费，反而给申请人带来了不便。

三、本条规定特别评注

登记在不动产物权变动中的重要地位赋予了登记机构对申请人的申请登记事项进行审查和调查的权力，但同时也要求登记机构妥善履行职责，应当避免滥用权力给申请人设置重重障碍，避免侵犯申请人的正当权利。为保护申请人的物权权利不受侵害，本条在《民法典》第 212 条规范登记机构应当履行职责的范围的基础上，用列举加抽象兜底的方式规定了禁止登记机构从事的行为，旨在应对登记机构以各种名目从事侵害申请人合法权益的行为，同时也为当事人在权益受到侵害时依法寻求救济提供法律依据。

【关联规范】

《资产评估法》

第二条 本法所称资产评估（以下称评估），是指评估机构及其评估专业人员根据委托对不动产、动产、无形资产、企业价值、资产损失或者其他经济权益进行评定、估算，并出具评估报告的专业服务行为。

第三条 自然人、法人或者其他组织需要确定评估对象价值的，可以自愿委托评估机构评估。

涉及国有资产或者公共利益等事项，法律、行政法规规定需要评估的（以下称法定评估），应当依法委托评估机构评估。

第二百一十四条　【不动产物权变动的生效时间】不动产物权的设立、变更、转让和消灭，依照法律规定应当登记的，自记载于不动产登记簿时发生效力。

【条文理解与适用】

一、本条的缘由

本条直接源于《物权法》第 14 条，明确了我国对于物权变动实行登记生效主义的原则。

二、本条规定的主要内容

本条明确规定了不动产物权发生变动的时间判断规则。在《民法典》第 209 条规定“不动产物权的设立、变更、转让和消灭，经依法登记，发生效力”的基础上，本条再次表达了我国对不动产物权变动原则上采登记生效主义的立场，即当事人订立有关不动产物权设立、变更、转让和消灭的合同后，不发生物权变动的效力，只有在登记完成后，不动产物权才发生变动。所谓不动产物权登记完成，是指登记机构将不动产物权有关事项记载于不动产登记簿。

此外，需要注意的是，本条将登记的范围限定在了“法律规定应当登记”的范围内，这是因为根据《民法典》第 209 条的规定，并非所有的不动产都需要登记，如依法属于国家所有的自然资源，所有权可以不登记。对于此种不动产，就不以记载于不动产登记簿上来确定其物权的变动状况。

三、本条规定特别评注

不动产登记簿是法律规定由不动产物权登记机构管理的不动产物权登记档案。《民法典》第 210 条规定了不动产登记的属地原则，并规定了我国实行统一的不动产登记制度，一个登记区域内原则上只有一份不动产登记簿，记录了该地区所有不动产物权的变动情况。因为不动产登记簿由国家公权力掌握和记录，因此，登记簿具有统一性、公开性、权威性和持久性的特点。同时，一个登记区域内只有一份不动产登记簿，并由国家不动产登记机构长时间保存，其存在以国家公信力作为担保，也能够较为真实地反映出不动产物权的归属和利用情况，将物权变动情况以不动产登记簿形式记载，有利于保障权利人的不动产物权获得国家的长期保障。

此外，本条将不动产物权变动的生效时间表达为“记载于不动产登记簿时”而非不动产登记申请日或是权属证书发放之日，有利于更好地发挥不动产登记的公示公信作用，保障交易中善意第三人的利益。比较法中不少国家也采用将记载于不动产登记簿上的时间作为物权变动的生效时间，如《瑞士民法典》第972条第1款规定："物权在不动产登记簿主簿登记后，始得成立，并依次列顺序及日期。"《德国民法典》第873条规定："为让与土地所有权、在土地所有权上设定物权以及让与该项权利或者再设定其他物权，除法律另有规定外，权利人与相对人关于此权利变更的合意以及将该项变更纳入土地登记簿，为必要条件。"之所以以记载到不动产登记簿的时间作为不动产物权变动的时间，是因为不动产物权登记的意义即在于通过公开交易信息，使第三人知晓不动产的归属情况，因此不动产登记具有公开性，应当允许第三人查询不动产登记的信息。从理论上看，相对人可以查询不动产信息之时正好是不动产物权记载于不动产登记簿的时间，所以本条维持了《物权法》第14条的态度，规定了不动产物权的设立、变更、转让和消灭自记载于不动产登记簿时发生效力。

【关联规范】

1.《不动产登记暂行条例》

第二十一条 登记事项自记载于不动产登记簿时完成登记。

不动产登记机构完成登记，应当依法向申请人核发不动产权属证书或者登记证明。

2.《土地管理法实施条例》

第六条 依法改变土地所有权、使用权的，因依法转让地上建筑物、构筑物等附着物导致土地使用权转移的，必须向土地所在地的县级以上人民政府土地行政主管部门提出土地变更登记申请，由原土地登记机关依法进行土地所有权、使用权变更登记。土地所有权、使用权的变更，自变更登记之日起生效。

依法改变土地用途的，必须持批准文件，向土地所在地的县级以上人民政府土地行政主管部门提出土地变更登记申请，由原土地登记机关依法进行变更登记。

第二百一十五条 【合同效力和物权效力区分】 当事人之间订立有关设立、变更、转让和消灭不动产物权的合同，除法律另有规定或者当事人另有约定外，自合同成立时生效；未办理物权登记的，不影响合同效力。

【条文理解与适用】

一、本条的缘由

本条直接源自《物权法》第 15 条，规定物权变动的效力是否发生不影响债权合同的效力。

二、本条规定的主要内容

本条明确规定了物权变动与物权变动原因的效力应当区分判断。根据本条规定："当事人之间订立有关设立、变更、转让和消灭不动产物权的合同，除法律另有规定或者当事人另有约定外，自合同成立时生效；未办理物权登记的，不影响合同效力。"这实质上是明确了原则上不动产物权登记是物权变动的构成要件，但其并不影响物权变动的原因行为的效力。

本条规定中的"当事人之间订立有关设立、变更、转让和消灭不动产物权的合同"，是指以发生不动产物权变动为目的的基础法律关系，主要是债权合同，属于债权法律关系的范畴，也是引起物权变动的原因。例如，当事人订立房屋买卖合同后，出卖人负有向债权人转移标的物所有权的义务，该房屋买卖合同即为当事人向不动产登记机构申请转让登记的原因，也是引发物权变动法律效果的原因。

三、本条规定特别评注

在当事人签订债权合同后，并不是在任何情况下都能够完成不动产物权登记。如"一房二卖"的情形下，或是出卖人不享有对不动产的所有权时，就无法办理不动产物权转移登记，实现物权变动的法律效果。然而，不应因物权未发生变动而影响对债权合同效力的判断。当事人订立的旨在设立、变更、转让和消灭不动产物权的合同，属于债权合同的范畴，应受债法的合同法规范，无须与登记捆绑在一起。依合同法法理，除非法律有特别规定，合同一经成立，只要不违反合同有效要件，就是有效的合同。因此，即使因客观情势发生变迁，处分不动产但物权变动不可能实现，当事人订立的合同也不因此受影响，即不因物权未变动妨碍债权效力的发生。债权合同有效的情形下，因无法办理不动产物权登记而不能产生物权变动效力的，债权人还可以基于有效合同享有的债权，督促债务人及时履行合同义务，请求债务人依法承担违约责任。适用本条规定，应把握以下三个方面的理念：

1. 物权行为和原因行为相区分的原则是"物债二分"下重要的基本原则，将不动产物权变动的原因与结果进行区分，是由债权与物权的性质决定的。依合同产生的债权债务关系是基于当事人意思自治产生的，对当事人双方具有约束力。合同自双方合意达成之日起就产生效力，属于相对权的范畴，无需公示，合同效力独立存在，也不因为合同履行出现障碍而影响到对合同效力的判断。相比债权，物权原则上是一种绝对权、支配权，具有排他效力，不仅约束双方当事人，更具有对世效力。为保障交易安全，物权的变动必须依赖物权变动中的公示行为，即标的物的交付（动产）或者登记（不动产）。物权变动原则上只能在交付或者登记后才能生效。

2. 将不动产物权变动的原因与结果进行区分，是由我国现行法律关于物权变动的模式决定的。在我国《民法典》编纂过程中，学界对“合同”的概念是仅指债权合同还是包括物权合同在内的广义合同提出过质疑。有学者认为，我国《合同法》[①] 上所说的“合同”实际就是指“债权合同”而不包括“物权合同”，[②] 有学者则主张《民法典》中的合同应采取广义合同的概念，认为合同就是当事人意思表示一致的协议，因此不应完全限于债权债务合同，而是涉及整个民事关系。[③] 按照我国《民法典》现在的体系安排，应当将本条中的合同限定在“债权合同”的范围下。这是因为，按照主流观点，我国目前对物权变动采取的模式是债权形式主义模式，即债权合意加上物权的公示可以引起物权变动，而并未进一步区分物权合意。对于合同概念的定义也放在了《民法典》合同编，而非《民法典》总则编中，这意味着并未将合同概念作为公因式予以提取，故合同的概念定位应该限于合同编下的合同，而非可以作为《民法典》公因式的合同。《民法典》第 465 条第 2 款规定：“依法成立的合同，仅对当事人具有法律约束力，但是法律另有规定的除外。”第 468 条则进一步强调了“非因合同产生的债权债务关系，适用有关该债权债务关系的法律规定；没有规定的，适用本编通则的有关规定，但是根据其性质不能适用的除外。”因此，本条中的“不影响合同效力”，其含义应是在我国采债权形式主义模式下，登记形式的不满足只能影响不动产物权变动的效力，而对债权合意不产生影响，即“不影响合同效力”应当解释为不影响当事人之间债权合同的效力，如此才符合《民法典》整体的体系安排。

3. 区分债权合同效力与物权变动的结果也是诚信原则的体现。诚信是民法中最重要的原则，法律要求当事人诚实守信，不得逃避法律或合同约定的义务。如果不将不动产物权变动的原因与结果进行区分，一旦没有办理物权登记，当事人之间订立的有关设立、变更、转让和消灭不动产物权的合同也随之无效，其结果

---

① 已于 2021 年 1 月 1 日废止。

② 崔建远：《合同法》，北京大学出版社 2013 年版，第 1 页。

③ 王利明：《合同法研究》（第 1 卷），中国人民大学出版社 2015 年版，第 8～10 页。

就会纵容违约的当事人以不履行登记义务的方式逃避合同对其的约束力，守约一方的合法权益因合同无效也无法得到妥善保护，最终的结果就是破坏了市场经济条件下交易的基本规则，不利于社会主义市场经济的发展。

【关联规范】

1. **《民法典》**

第四百六十五条　依法成立的合同，受法律保护。

依法成立的合同，仅对当事人具有法律约束力，但是法律另有规定的除外。

第四百六十八条　非因合同产生的债权债务关系，适用有关该债权债务关系的法律规定；没有规定的，适用本编通则的有关规定，但是根据其性质不能适用的除外。

2. **《最高人民法院关于适用〈中华人民共和国民法典〉物权编的解释（一）》**

第一条　因不动产物权的归属，以及作为不动产物权登记基础的买卖、赠与、抵押等产生争议，当事人提起民事诉讼的，应当依法受理。当事人已经在行政诉讼中申请一并解决上述民事争议，且人民法院一并审理的除外。

3. **《最高人民法院关于审理涉及国有土地使用权合同纠纷案件适用法律问题的解释》**

第八条　土地使用权人作为转让方与受让方订立土地使用权转让合同后，当事人一方以双方之间未办理土地使用权变更登记手续为由，请求确认合同无效的，不予支持。

4. **《最高人民法院关于适用〈中华人民共和国民法典〉有关担保制度的解释》**

第四十三条　当事人约定禁止或者限制转让抵押财产但是未将约定登记，抵押人违反约定转让抵押财产，抵押权人请求确认转让合同无效的，人民法院不予支持；抵押财产已经交付或者登记，抵押权人请求确认转让不发生物权效力的，人民法院不予支持，但是抵押权人有证据证明受让人知道的除外；抵押权人请求抵押人承担违约责任的，人民法院依法予以支持。

当事人约定禁止或者限制转让抵押财产且已经将约定登记，抵押人违反约定转让抵押财产，抵押权人请求确认转让合同无效的，人民法院不予支持；抵押财产已经交付或者登记，抵押权人主张转让不发生物权效力的，人民法院应予支持，但是因受让人代替债务人清偿债务导致抵押权消灭的除外。

第四十六条　不动产抵押合同生效后未办理抵押登记手续，债权人请求抵押人办理抵押登记手续的，人民法院应予支持。

抵押财产因不可归责于抵押人自身的原因灭失或者被征收等导致不能办理抵押登记，债权人请求抵押人在约定的担保范围内承担责任的，人民法院不予支持；但是抵押人已经获得保险金、赔偿金或者补偿金等，债权人请求抵押人在其所获金额范围内承担赔偿责任的，人民法院依法予以支持。

因抵押人转让抵押财产或者其他可归责于抵押人自身的原因导致不能办理抵押登记，债权人请求抵押人在约定的担保范围内承担责任的，人民法院依法予以支持，但是不得超过抵押权能够设立时抵押人应当承担的责任范围。

第五十条 抵押人以划拨建设用地上的建筑物抵押，当事人以该建设用地使用权不能抵押或者未办理批准手续为由主张抵押合同无效或者不生效的，人民法院不予支持。抵押权依法实现时，拍卖、变卖建筑物所得的价款，应当优先用于补缴建设用地使用权出让金。

当事人以划拨方式取得的建设用地使用权抵押，抵押人以未办理批准手续为由主张抵押合同无效或者不生效的，人民法院不予支持。已经依法办理抵押登记，抵押权人主张行使抵押权的，人民法院应予支持。抵押权依法实现时所得的价款，参照前款有关规定处理。

第六十三条 债权人与担保人订立担保合同，约定以法律、行政法规尚未规定可以担保的财产权利设立担保，当事人主张合同无效的，人民法院不予支持。当事人未在法定的登记机构依法进行登记，主张该担保具有物权效力的，人民法院不予支持。

第二百一十六条 【不动产登记簿效力及管理机构】 不动产登记簿是物权归属和内容的根据。

不动产登记簿由登记机构管理。

【条文理解与适用】

一、本条的缘由

本条源于《物权法》第16条，无实质性变化，是对不动产登记簿推定效力和管理机构的规定。

二、本条规定的主要内容

本条明确规定不动产登记簿由登记机构管理，且肯定不动产登记簿具有权利正确性推定效力。不动产登记簿是有效地表明权利人就不动产所享有的权利的源证明文件，能够清晰地展现不动产上的权利变动状况，具有无可争辩的权威性，是具有法律效力的文件。《民法典》第 214 条明确规定依照法律规定应当登记的不动产物权变动自记载于不动产登记簿时生效。既然不动产登记簿作为物权变动登记情况的证明文件，就自然应当成为判断不动产物权归属与内容的根据，这是不动产物权公示原则和认可登记的权利正确性推定力的当然体现，也是保障物权变动安全的必要手段。不动产登记簿作为确定不动产归属和内容的根据，由国家公权力保管可以彰显其权威性，故规定不动产登记簿由登记机构管理。

三、本条规定特别评注

不动产登记簿的作用即在于让外人知晓不动产物权的归属和内容，因此在不动产登记簿上记载某人享有某项物权时，推定该人享有该项权利，其权利的内容也应以不动产登记簿上的记载为准，此所谓登记的权利正确性推定原则，也是不少国家物权法上普遍承认的原则。不动产登记簿权利正确性推定的效果主要体现在法律上的权利推定和证明责任的权利推定两方面。

首先，不动产登记簿记载的权利作为法律拟定的一种事实，具有推定物权法律关系存在的效果，因此，登记的权利人仅需要证明不动产登记簿上曾对物权有过登记，就足以证明依登记内容所记载的物权的存在及该物权的种类、内容和次序。[①] 正所谓有学者所言，“立法者在法律上就某一特定的权利或法律关系不待对有关的要件事实进行证明就直接对其现状是否存在予以推认的情形，即直接根据前提事实而并非要件事实来推定该项权利存在或不存在的法律状态”。[②]

不动产登记簿的推定力也是不动产登记具有公信力的前提，第三人可以通过登记这种权利外观推定不动产物权的归属和内容状况，因此依据登记所表现的物权即便不存在或内容有异，但对于信赖这项公示方法所表现的物权而为物权交易的人，法律仍然承认其具有与真实物权存在相同的法律效果，并加以保护。当然，不动产登记簿的权利正确性推定效力是以国家登记机构的公信力作为支撑的，本条第 2 款规定“不动产登记簿由登记机构管理”就是法律以国家公权力干预私权，从而保障登记簿具有真实性和准确性的表达。由登记机构管理登记簿，旨在督促登记机构依法履行职责，如实记载登记事项，以便更好地实现登记公信力的效果。一般认为，这样规定不仅对确定真实权利人具有重要意义，也“能够使不动产上的物权状态更加清晰，为不动产善意取得制度奠定了基础，有助于维

---

① 程啸：《不动产登记簿之研究》，载《清华法学》2007 年第 4 期。

② 程新文、王丹、司伟：《权属登记与不动产物权确认：法律效果与程序选择》，载最高人民法院民事审判第一庭主编：《民事审判指导与参考》2016 年第 1 辑（总第 65 辑），人民法院出版社 2016 年版，第 38 页。

护交易安全、提高交易效率。”①

其次，不动产登记的推定力除了体现在对法律关系的推定上，还体现在诉讼过程中举证责任的分配上，便于人民法院在解决物权纠纷时确定责任的归属。当当事人就登记簿记载的物权归属和内容存在争议时，在登记簿上记载的物权人无需自己举证，即可首先被推定为是真实权利人。这一方面给予了登记人在程序上保护的优先性，其无需证明对物的归属，就可以被推定为真实权利人。相对人若想推翻这一法律关系，必须拿出证据证明不动产登记簿确有错误，否则将承担败诉的风险。另一方面，对不动产登记簿的记载进行推定只是证明责任或举证负担的规范，与实体权利的归属并不直接相关，因此其与真实权利并不一定相符。若相对人确有证据可以证明登记的名义人非真实权利人的，也可以推翻此种推定力。

【关联规范】

1.《最高人民法院关于适用〈中华人民共和国民法典〉物权编的解释（一）》

第二条 当事人有证据证明不动产登记簿的记载与真实权利状态不符、其为该不动产物权的真实权利人，请求确认其享有物权的，应予支持。

2.《最高人民法院关于人民法院办理执行异议和复议案件若干问题的规定》

第二十五条 对案外人的异议，人民法院应当按照下列标准判断其是否系权利人：

（一）已登记的不动产，按照不动产登记簿判断；未登记的建筑物、构筑物及其附属设施，按照土地使用权登记簿、建设工程规划许可、施工许可等相关证据判断；

（二）已登记的机动车、船舶、航空器等特定动产，按照相关管理部门的登记判断；未登记的特定动产和其他动产，按照实际占有情况判断；

（三）银行存款和存管在金融机构的有价证券，按照金融机构和登记结算机构登记的账户名称判断；有价证券由具备合法经营资质的托管机构名义持有的，按照该机构登记的实际出资人账户名称判断；

（四）股权按照工商行政管理机关的登记和企业信用信息公示系统公示的信息判断；

（五）其他财产和权利，有登记的，按照登记机构的登记判断；无登记的，

---

① 程啸：《不动产登记簿之推定力》，载《法学研究》2010年第3期。

按照合同等证明财产权属或者权利人的证据判断。

案外人依据另案生效法律文书提出排除执行异议，该法律文书认定的执行标的权利人与依照前款规定得出的判断不一致的，依照本规定第二十六条规定处理。

3.《最高人民法院关于人民法院民事执行中查封、扣押、冻结财产的规定》

第二条 人民法院可以查封、扣押、冻结被执行人占有的动产、登记在被执行人名下的不动产、特定动产及其他财产权。

未登记的建筑物和土地使用权，依据土地使用权的审批文件和其他相关证据确定权属。

对于第三人占有的动产或者登记在第三人名下的不动产、特定动产及其他财产权，第三人书面确认该财产属于被执行人的，人民法院可以查封、扣押、冻结。

第三条 人民法院对被执行人下列的财产不得查封、扣押、冻结：

（一）被执行人及其所扶养家属生活所必需的衣服、家具、炊具、餐具及其他家庭生活必需的物品；

（二）被执行人及其所扶养家属所必需的生活费用。当地有最低生活保障标准的，必需的生活费用依照该标准确定；

（三）被执行人及其所扶养家属完成义务教育所必需的物品；

（四）未公开的发明或者未发表的著作；

（五）被执行人及其所扶养家属用于身体缺陷所必需的辅助工具、医疗物品；

（六）被执行人所得的勋章及其他荣誉表彰的物品；

（七）根据《中华人民共和国缔结条约程序法》，以中华人民共和国、中华人民共和国政府或者中华人民共和国政府部门名义同外国、国际组织缔结的条约、协定和其他具有条约、协定性质的文件中规定免于查封、扣押、冻结的财产；

（八）法律或者司法解释规定的其他不得查封、扣押、冻结的财产。

4.《最高人民法院关于适用〈中华人民共和国民法典〉有关担保制度的解释》

第四十七条 不动产登记簿就抵押财产、被担保的债权范围等所作的记载与抵押合同约定不一致的，人民法院应当根据登记簿的记载确定抵押财产、被担保的债权范围等事项。

第二百一十七条 【不动产登记簿与不动产权属证书的关系】

不动产权属证书是权利人享有该不动产物权的证明。不动产权属证书记载的事项，应当与不动产登记簿一致；记载不一致的，除有证据证明不动产登记簿确有错误外，以不动产登记簿为准。

【条文理解与适用】

一、本条的缘由

本条直接源于《物权法》第 17 条，是关于不动产登记簿与不动产权属证书的关系的规定。

二、本条规定的主要内容

本条明确规定了不动产登记簿与不动产权属证书的关系。《民法典》第 216 条已经规定，不动产登记簿是物权归属和内容的依据。在不动产登记过程中，登记机构在审查后认为申请人是物权人的，除了将不动产物权的归属记载到不动产登记簿上，同时还会颁发给权利人不动产权属证书，作为权利人享有该不动产物权的证明。

为了保障权利归属的统一性和准确性，避免出现同一个不动产物权有多个证明文件造成混淆，本条特别规定，不动产登记簿和不动产权属证书记载的内容应当一致。尽管不动产权属证书也是登记机构给权利人的证明文件，但两者在含义和证明力度上有很大差别。总体来看，不动产登记簿的公信力要强于权属证书，除非有确切的证据可以推翻，否则两者不一致时，应当以不动产登记簿记载的权利人和权利内容为准。

三、本条规定特别评注

记载于不动产登记簿作为不动产物权的公示手段，是第三人知晓物权状况的依据，具有公信力。在社会生活和交易过程中，不动产权利人为了证明自己的权利状况，可以出示权属证书。适用本条需要注意以下两个方面：

首先，不动产权属证书只是一种证明，其颁发不具有确认物权的意义，更不能代表物权变动的生效和完成。正如有学者所言，确认不动产物权的归属和内容的根据“应当是不动产登记簿，不动产权属证书只是其外在表现形式。不动产权属证书并不具有代表不动产物权的功能。”① 这是因为，尽管权利人可以以不动产权属证书作为举证其权利人身份的证明，但毕竟该权属证书不能被外界查阅，因此不是一种公示方式。物权的变动原则上须经过公示才能对抗第三人，因此不动产权属证书的移转占有不能作为物权变动的生效要件。不动产权属证书可以作为证明权利的根据，但是权属证书本身不具有权利正确性推定效力，不能直接根据

---

① 唐学兵：《登记要件主义与不动产物权的判断》，载王利明主编：《判解研究》2009 年第 3 辑（总第 47 辑），人民法院出版社 2009 年版，第 79 页。

权属证书就确定物权的归属，因为其不具有推定为真实权利的效力和被他人信赖的公信力，也就是说，第三人基于权属证书而信赖物权变动的，法律不会因此就对其予以保护，此时第三人也不能因此主张构成善意取得。

其次，不动产登记簿和不动产权属证书都可以在民事诉讼中作为证据提出。《民法典》第216条规定了不动产登记簿具有证明效力，本条又进一步规定了不动产权属证书的证据资格。然而，虽然两者都可以作为证据使用，但两者的证明力具有差别。不动产登记簿具有推定力，因此在涉及不动产权属和内容争议的案件审理中，当事人如果分别以“不动产登记簿”和“不动产权属证书”作为支持不同权利人的证据时，除非有证据证明不动产登记簿是错误的，否则法院就应按照《民法典》第216条关于“不动产登记簿”的证据力优于“不动产权属证书”的证据力的原则，确定争讼不动产物权的归属和内容。由此可见，不论是不动产登记簿还是不动产权属证书，都不具有绝对的证据力。在诉讼过程中，对方如果有异议，其应当提出反证；如果异议方举出反证，能够证明不动产登记簿上的记载或权属证书确有错误，登记簿上的记载和权属证书就被推翻，法院就应当依法根据反证认定争议不动产的物权归属和内容。

【关联规范】

1.《不动产登记暂行条例》

第二十一条　登记事项自记载于不动产登记簿时完成登记。

不动产登记机构完成登记，应当依法向申请人核发不动产权属证书或者登记证明。

2.《最高人民法院关于审理房屋登记案件若干问题的规定》

第一条　公民、法人或者其他组织对房屋登记机构的房屋登记行为以及与查询、复制登记资料等事项相关的行政行为或者相应的不作为不服，提起行政诉讼的，人民法院应当依法受理。

第二条　房屋登记机构根据人民法院、仲裁委员会的法律文书或者有权机关的协助执行通知书以及人民政府的征收决定办理的房屋登记行为，公民、法人或者其他组织不服提起行政诉讼的，人民法院不予受理，但公民、法人或者其他组织认为登记与有关文书内容不一致的除外。

房屋登记机构作出未改变登记内容的换发、补发权属证书、登记证明或者更新登记簿的行为，公民、法人或者其他组织不服提起行政诉讼的，人民法院不予受理。

房屋登记机构在行政诉讼法施行前作出的房屋登记行为，公民、法人或者其他组织不服提起行政诉讼的，人民法院不予受理。

第二百一十八条　【不动产登记资料的查询、复制】权利人、利害关系人可以申请查询、复制不动产登记资料，登记机构应当提供。

【条文理解与适用】

一、本条的缘由

本条在《物权法》第18条规定的基础上修改而成。《物权法》第18条规定“申请查询、复制登记资料”，《民法典》在此基础上增加了“不动产”三字，强调是对不动产登记资料的查询、复制的规定。

二、本条规定的主要内容

本条明确规定了可以查询、复制不动产登记资料的主体，即只有权利人和利害关系人才有权查阅、复制登记簿。

所谓权利人，是指在登记簿上记载的对登记的不动产享有名义上的物权的人。权利人对不动产登记簿享有查阅权，而且可以查阅一切登记资料，这是物权人自身权利内容的当然之义。

除了权利人外，利害关系人也可以查阅登记簿。一般而言，因不动产交易、继承、诉讼等涉及的利害关系人均可以作为利害关系人查询、复制不动产登记资料。当然，对于如何判定利害关系人，不动产登记机构有权要求申请人举证证明自己是所登记的不动产物权的利害关系人，不过通常申请人只要初步证明具有利害关系即可，如提交有登记的名义权利人签章的抵押合同。

此外，对于权利人、利害关系人可以查询、复制的登记材料的范畴，我国对土地登记资料和房产登记信息的查询有不同的规定，应当参照相关法律、法规具体判定。大致包括土地登记结果、原始登记资料，包括土地权属来源文件、土地登记申请书、地籍调查表和地籍图等。

三、本条规定特别评注

不动产登记簿设置的目的主要在于向外界公示物的归属情况，以便不特定的人知晓。如果登记机构将不动产登记簿作为保密文件，不允许或者不正当地限制查询，必然无法体现不动产登记簿的公示价值，进而无法实现公示原则维护交易安全的功能。这是本条规定允许申请查询、复制不动产登记资料的主要缘由。但是，并非所有人都与该不动产物权具有利害关系，如果允许全社会的人均可以随意申请查询、复制不动产登记资料，且科以登记机构予以配合的义务，既不必要也会给登记机构的工作带来负担。基于此，各国和地区立法例上对查询登记簿的主体一般会予以立法限制。例如，《瑞士民法典》第970条规定："不动产登记簿是公开的。任何利害关系人，均可在不动产登记簿管理官员在场的情况下，查阅不动产登记簿与其有关的分册及附属证书，或请求摘录其有关内容。任何人不得提出其不知不动产登记簿上登记的抗辩。"《德国土地登记条例》第12条第1款规定："任何能陈述其有合法利益者均有权查阅土地登记簿。这亦同样适用于土地登记簿中用于补充登记所涉及的文本以及尚未完成的登记申请。"《日本不动产登记法》第21条第1款规定："任何人都可以缴纳手续费，而请求交付登记簿的誊本、节本或地图及建筑物所在图的全部或一部的副本。并且，以有利害关系部分为限，可以请求阅览登记簿及其附属文件或地图、建筑物所在图。关于登记事项无变更、某事项未登记、登记簿誊本或节本的记载事项无变更的证明，亦同。"

我国《民法典》本条规定即对申请查询、复制不动产登记簿的主体资格予以限制。作此限制的主要原因在于，物权公示本来的含义或者真正目的，不是要求全社会的人都知道特定不动产的信息，物权公示虽然是针对不特定的人，但登记资料只要能够满足合同双方当事人以外或者物权权利人以外的人中可能和这个物权发生联系的这部分人的要求，就已经达到了登记和物权公示的目的。当然，我国对查询登记簿的主体进行限制除了具有功能性的考虑，还出于信息安全的考虑。不动产作为自然人最重要的财产，其归属和利用与权利人的生活和隐私息息相关，如果允许任何人都可以查询，就会泄漏登记簿记载的权利人的隐私、商业秘密以及其他个人信息数据，这可能会给权利人造成各种损害。基于种种考虑，《民法典》沿袭了《物权法》的规定，登记机构只应当在权利人、利害关系人提出申请查询、复制的情形下提供登记资料。

需要注意的是，在司法实践中，利害关系人范围的确定是一个难题。对于利害关系人的范围，是仅限于法律上的利害关系人还是也包括亲属或经济上的利害关系人，甚至是更广泛的利害关系程度呢？在德国，"利害关系人"的范围非常宽泛，即使是新闻媒体基于舆论监督的功能也是可以查阅登记簿的。对于本条中的利害关系人的范围，有观点认为，这里的利害关系人仅应当指在法律上具有利害关系的人，而不包括近亲属或经济上的利害关系人；也有观点认为，利害关系人应当是指与登记的不动产有一定现实利益关系，并有可能因登记结果而影响其利益存在或实现的人；[①] 还有观点认为，对查阅权主体不能限制过严，否则无法

① 胡康生主编：《中华人民共和国物权法释义》，中国法制出版社2007年版，第57页。

真正实现不动产登记的目的，使登记制度的设立在一定程度上流于形式，故“利害关系人”并不必然具有法律上的利益，经济上的或亲属关系上的利益，有时甚至是一般公众上的利益，也是可以的。[①] 可见我国虽然限定了查询不动产登记簿的主体范围，但对其权利主体的外延则规定上较为原则。

【关联规范】

1.《不动产登记暂行条例》

第二十七条 权利人、利害关系人可以依法查询、复制不动产登记资料，不动产登记机构应当提供。

有关国家机关可以依照法律、行政法规的规定查询、复制与调查处理事项有关的不动产登记资料。

第二十八条 查询不动产登记资料的单位、个人应当向不动产登记机构说明查询目的，不得将查询获得的不动产登记资料用于其他目的；未经权利人同意，不得泄露查询获得的不动产登记资料。

2.《土地管理法实施条例》

第三条 国家依法实行土地登记发证制度。依法登记的土地所有权和土地使用权受法律保护，任何单位和个人不得侵犯。

土地登记内容和土地权属证书式样由国务院土地行政主管部门统一规定。

土地登记资料可以公开查询。

确认林地、草原的所有权或者使用权，确认水面、滩涂的养殖使用权，分别依照《森林法》、《草原法》和《渔业法》的有关规定办理。

3.《最高人民法院关于审理房屋登记案件若干问题的规定》

第一条 公民、法人或者其他组织对房屋登记机构的房屋登记行为以及与查询、复制登记资料等事项相关的行政行为或者相应的不作为不服，提起行政诉讼的，人民法院应当依法受理。

4.《不动产登记暂行条例实施细则》

第九十四条 不动产登记资料包括：

（一）不动产登记簿等不动产登记结果；

（二）不动产登记原始资料，包括不动产登记申请书、申请人身份材料、不

---

① 最高人民法院物权法研究小组：《〈中华人民共和国物权法〉条文理解与适用》，人民法院出版社2007年版，第97页。

动产权属来源、登记原因、不动产权籍调查成果等材料以及不动产登记机构审核材料。

不动产登记资料由不动产登记机构管理。不动产登记机构应当建立不动产登记资料管理制度以及信息安全保密制度，建设符合不动产登记资料安全保护标准的不动产登记资料存放场所。

不动产登记资料中属于归档范围的，按照相关法律、行政法规的规定进行归档管理，具体办法由自然资源部会同国家档案主管部门另行制定。

第九十五条　不动产登记机构应当加强不动产登记信息化建设，按照统一的不动产登记信息管理基础平台建设要求和技术标准，做好数据整合、系统建设和信息服务等工作，加强不动产登记信息产品开发和技术创新，提高不动产登记的社会综合效益。

各级不动产登记机构应当采取措施保障不动产登记信息安全。任何单位和个人不得泄露不动产登记信息。

第九十六条　不动产登记机构、不动产交易机构建立不动产登记信息与交易信息互联共享机制，确保不动产登记与交易有序衔接。

不动产交易机构应当将不动产交易信息及时提供给不动产登记机构。不动产登记机构完成登记后，应当将登记信息及时提供给不动产交易机构。

第九十七条　国家实行不动产登记资料依法查询制度。

权利人、利害关系人按照《条例》第二十七条规定依法查询、复制不动产登记资料的，应当到具体办理不动产登记的不动产登记机构申请。

权利人可以查询、复制其不动产登记资料。

因不动产交易、继承、诉讼等涉及的利害关系人可以查询、复制不动产自然状况、权利人及其不动产查封、抵押、预告登记、异议登记等状况。

人民法院、人民检察院、国家安全机关、监察机关等可以依法查询、复制与调查和处理事项有关的不动产登记资料。

其他有关国家机关执行公务依法查询、复制不动产登记资料的，依照本条规定办理。

涉及国家秘密的不动产登记资料的查询，按照保守国家秘密法的有关规定执行。

第九十八条　权利人、利害关系人申请查询、复制不动产登记资料应当提交下列材料：

（一）查询申请书；

（二）查询目的的说明；

（三）申请人的身份材料；

（四）利害关系人查询的，提交证实存在利害关系的材料。

权利人、利害关系人委托他人代为查询的，还应当提交代理人的身份证明材料、授权委托书。权利人查询其不动产登记资料无需提供查询目的的说明。

有关国家机关查询的，应当提供本单位出具的协助查询材料、工作人员的工作证。

第九十九条 有下列情形之一的，不动产登记机构不予查询，并书面告知理由：

（一）申请查询的不动产不属于不动产登记机构管辖范围的；

（二）查询人提交的申请材料不符合规定的；

（三）申请查询的主体或者查询事项不符合规定的；

（四）申请查询的目的不合法的；

（五）法律、行政法规规定的其他情形。

第一百条 对符合本实施细则规定的查询申请，不动产登记机构应当当场提供查询；因情况特殊，不能当场提供查询的，应当在5个工作日内提供查询。

第一百零一条 查询人查询不动产登记资料，应当在不动产登记机构设定的场所进行。

不动产登记原始资料不得带离设定的场所。

查询人在查询时应当保持不动产登记资料的完好，严禁遗失、拆散、调换、抽取、污损登记资料，也不得损坏查询设备。

第一百零二条 查询人可以查阅、抄录不动产登记资料。查询人要求复制不动产登记资料的，不动产登记机构应当提供复制。

查询人要求出具查询结果证明的，不动产登记机构应当出具查询结果证明。查询结果证明应注明查询目的及日期，并加盖不动产登记机构查询专用章。

第二百一十九条 【利害关系人的禁止义务】 利害关系人不得公开、非法使用权利人的不动产登记资料。

【条文理解与适用】

一、本条的缘由

本条是《民法典》新增条款，旨在保护权利人的信息安全，要求利害关系人在享有查阅、复制不动产登记簿的权利时，同时负有不公开和合理使用的义务。

在《民法典》物权编的一审稿和二审稿中，都将此条表述为“利害关系人不得非法使用、公开权利人的登记资料”。最终《民法典》调整了不得公开和非法使用两个行为的顺序，表述为“利害关系人不得公开、非法使用权利人的不动产登记资料”。

二、本条规定的主要内容

本条明确规定利害关系人对于查阅、复制的不动产登记资料负有不公开和合法使用的义务。《民法典》颁布之前，我国《不动产登记暂行条例》第28条和第32条也规定了未经权利人同意，利害关系人不得泄露查询获得的不动产登记资料；违反国家规定，泄露不动产登记资料、登记信息，或者利用不动产登记资料、登记信息进行不正当活动，给他人造成损害的，除了可能承担损害赔偿责任，还可能承担行政责任或者刑事责任。这些规定均旨在保护权利人的个人信息。

三、本条规定特别评注

本条作为《民法典》新增的条款，是对利害关系人的义务的规制表达。根据本法第218条的规定，我国允许利害关系人查阅、复制不动产登记簿，且立法机关对利害关系人的范畴采取的是较为原则性的概念，解释上可以理解得很宽泛。允许利害关系人查阅、复制不动产登记簿的优势在于登记的公示作用能够体现得更加明显，但其弊端即在于可能会泄漏登记簿记载的权利人的个人信息数据，可能会给权利人造成各种损害。

尽管登记簿的设置本身意义即在于公开，但正如有学者所言，“不动产物权属于民事主体个人财产的重要组成部分，而隐私的范围包括个人资料、私生活范围等，个人财产状况属于重要的个人信息，当然受到隐私权的保护”。① 因此，为了防止窥探个人财产状况，除了要在查阅不动产登记资料的主体上进行限制以外，也就必然还需要科以利害关系人不公开和合理使用的义务，防止权利人信息的泄露，否则对主体的限制也就形同虚设。

在《物权法》颁布后，越来越多的人意识到了登记的重要性，但与此同时也出现了恶意利用登记信息侵犯他人隐私，甚至侵害他人商业秘密的行为。然而，法律赋予利害关系人查阅、复制不动产登记资料的合法性，并不意味着其可以在任何范围内使用登记资料中的信息。如果超越了法律的权限，不仅违反了民法上诚信原则的要求，更可能会出现恶意侵犯隐私权的现象。换言之，尽管不动产登记资料具有公开性，但不能要求社会公众都知晓和传播，更不能将不动产登记簿

---

① 朱岩、高圣平、陈鑫：《中国物权法评注》，北京大学出版社2007年版，第128页。

的公示作用作为权利滥用的工具，非法泄漏甚至出卖个人信息，损害权利人的利益。因此，《民法典》本条规定利害关系人就查询、复制的不动产登记资料负有不公开、合理使用的义务，这是基于法理并符合当前社会实践情形的必然要求。

【关联规范】

《不动产登记暂行条例》

第二十八条 查询不动产登记资料的单位、个人应当向不动产登记机构说明查询目的，不得将查询获得的不动产登记资料用于其他目的；未经权利人同意，不得泄露查询获得的不动产登记资料。

第三十二条 不动产登记机构、不动产登记信息共享单位及其工作人员，查询不动产登记资料的单位或者个人违反国家规定，泄露不动产登记资料、登记信息，或者利用不动产登记资料、登记信息进行不正当活动，给他人造成损害的，依法承担赔偿责任；对有关责任人员依法给予处分；有关责任人员构成犯罪的，依法追究刑事责任。

第二百二十条 【更正登记和异议登记】权利人、利害关系人认为不动产登记簿记载的事项错误的，可以申请更正登记。不动产登记簿记载的权利人书面同意更正或者有证据证明登记确有错误的，登记机构应当予以更正。

不动产登记簿记载的权利人不同意更正的，利害关系人可以申请异议登记。登记机构予以异议登记，申请人自异议登记之日起十五日内不提起诉讼的，异议登记失效。异议登记不当，造成权利人损害的，权利人可以向申请人请求损害赔偿。

【条文理解与适用】

一、本条的缘由

本条在《物权法》第 19 条规定的基础上略作文字修改而成，是对权利人、利害关系人申请更正登记和异议登记的规定。

二、本条规定的主要内容

本条确立了更正登记和异议登记两大制度。

（一）关于更正登记

本条的第1款首先规定了更正登记。更正登记是对不动产登记簿上的瑕疵记载（错误或疏漏）予以改正或者补充而进行的登记。根据更正登记程序启动方式的不同，更正登记分为依申请的更正登记和依职权的更正登记两种方式：依申请的更正登记，是指不动产登记簿记载的名义权利人、真正权利人或者利害关系人申请登记机构对登记记载予以更正；依职权的更正登记，则是指登记机构依据职权对登记记载予以更正。《民法典》本条规定的则是依申请予以更正的方式，即权利人、利害关系人认为不动产登记簿记载的事项错误的，可以申请更正登记；不动产登记簿记载的权利人书面同意更正或者有证据证明登记确有错误的，登记机构应当予以更正。

（二）关于异议登记

本条第2款规定了异议登记。异议登记是真正权利人及利害关系人针对不动产登记簿记载权利的正确性提出异议，从而向登记机构申请的登记。

异议登记虽然可以对真正权利人提供保护，但这种保护应当是临时性的，因为它同时也给不动产物权交易造成了一种不稳定的状态。为使得不动产物权的不稳定状态早日恢复正常，并且促使真实权利人及早行使权利，避免登记记载的名义权利人的利益和正常的交易秩序受到严重影响，法律必须对异议登记的有效期间做出限制。申请人自异议登记有效期间内不提起诉讼，说明异议登记的申请人并不积极行使其权利，法律就没有必要一直维持异议登记的效力。根据本条规定，申请人应当在异议登记之日起15日内起诉解决纠纷，否则异议登记失效。异议登记的失效不需要当事人的申请，且15日为不变期间，只要经过15日异议登记的效力即自动消灭。同时，鉴于异议登记的存在限制了权利人对自己权利的处分，不利于物的经济效益的发挥，故除了在对异议登记的有效期间加以限制以外，本条还规定因异议登记不当而给登记的名义权利人的利益造成损害的，应由异议登记申请人承担赔偿责任。

三、本条规定特别评注

不动产登记簿具有确定物权归属的作用，但其并不总是能够反映物权的真实状况。因此，为了及时改正错误登记，保障不动产登记簿的权利正确性推定和公信力，以及保障真正权利人的物权，应当准许权利人或利害关系人对不动产登记簿的记载提出更正或异议。

更正登记具有两层意义，一方面相当于对原登记的涂销登记，另一方面也相当于真正权利人的初始登记。可见，更正登记可以彻底地终止现实登记的权利正确性推定效力，终局性地终止第三人依据不动产登记簿的记载对现实登记权利的取得。各国多确立了更正登记制度，以弥补登记错误的瑕疵。如《德国民法典》第 894 条规定："土地登记簿记载的土地物权、在此权利上设定的物权、或者依据第八百九十二条第一款确定的处分限制，与真正的权利状态不一致时，其权利未被登记、未被正确登记或者被一个并不存在的权利负担的登记或者权利限制的登记受到损害的人，可以要求因更正登记而涉及其权利者的同意，为更正登记。"《瑞士民法典》第 975 条对不正当的登记也规定了"物权的登记不正当，或正当的登记被不正当地涂销或更改时，物权受到侵害的人，得诉请更正登记。"需要注意的是，本条规定"有证据证明登记确有错误的，登记机构应当予以更正"，但并没有再进一步说明登记机构对申请人提交的证据应当进行形式审查还是实质审查。不过，既然更正登记实质上还意味着登记簿对关涉物权真正权利人的初始登记，因此其审查方式应当与不动产物权在设立、变更、转让、消灭时的审查方式相同，才能保障登记制度的统一性。

与更正登记的最终目的相同，申请异议登记的目的也是涂销原登记。需要注意的是，在原登记的名义权利人与利害关系人发生纠纷时，启动更正登记程序往往需要一定的时间，此时为维护真正权利人的合法权益，避免在这段时间真正权利人的物权受到侵害，法律允许利害关系人提起异议登记，将真正权利人以及利害关系人对不动产登记簿记载的权利所提出的异议记入登记簿。在法律效果上，异议登记同更正登记也有相似之处，即都可以产生中断登记簿的推定力和公信力的法律效果。质言之，如果在登记簿上有异议登记的，不得仅凭登记簿的记载就推定登记的名义权利人享有相应物权，如果登记记载的名义权利人并非真实权利人，第三人也不能因相信登记簿的公信力而主张善意取得，即第三人对登记簿记载的权利的信赖不再受法律保护。因为异议登记能够产生阻碍不动产登记簿推定力和公信力的效果，因此对登记的名义权利人必然会造成影响。对于造成的是何种影响，理论上有处分禁止说和处分效力待定说两种观点。在《物权法》制定过程中，征求意见稿和草案也分别采用了不同的观点。因为理论界和实务界分歧较大，立法者最终未在《物权法》中予以明确，《民法典》编纂中对此也未予特别说明。对此，目前的主流观点采处分效力待定说，认为采这种观点处理纠纷更符合物尽其用和效率的原则。通过将该处分行为定性为效力待定行为，一方面有利于促进交易，另一方面也与无权处分行为属于效力待定行为的观点相吻合。①

---

① 最高人民法院物权法研究小组：《〈中华人民共和国物权法〉条文理解与适用》，人民法院出版社 2007 年版，第 102 页。

综上，本条规定了更正登记和异议登记两种形式，其效力具有一定相似性，都可以阻碍不动产登记簿的权利正确性推定，但更正登记可以实现直接改变原登记权利的权利主体，甚至改变权利的属性和内容；异议登记只是给予利害关系人临时性的保护，不意味着登记簿记载的名义权利人一定非实际权利人。只有进行了更正登记，才真正能够消除登记权利人与实际权利人不一致的情况。

【关联规范】

1. **《最高人民法院关于适用〈中华人民共和国民法典〉物权编的解释（一）》**

第三条　异议登记因民法典第二百二十条第二款规定的事由失效后，当事人提起民事诉讼，请求确认物权归属的，应当依法受理。异议登记失效不影响人民法院对案件的实体审理。

2. **《最高人民法院关于审理房屋登记案件若干问题的规定》**

第六条　人民法院受理房屋登记行政案件后，应当通知没有起诉的下列利害关系人作为第三人参加行政诉讼：

（一）房屋登记簿上载明的权利人；

（二）被诉异议登记、更正登记、预告登记的权利人；

（三）人民法院能够确认的其他利害关系人。

3. **《不动产登记暂行条例实施细则》**

第七十九条　权利人、利害关系人认为不动产登记簿记载的事项有错误，可以申请更正登记。

权利人申请更正登记的，应当提交下列材料：

（一）不动产权属证书；

（二）证实登记确有错误的材料；

（三）其他必要材料。

利害关系人申请更正登记的，应当提交利害关系材料、证实不动产登记簿记载错误的材料以及其他必要材料。

第八十条　不动产权利人或者利害关系人申请更正登记，不动产登记机构认为不动产登记簿记载确有错误的，应当予以更正；但在错误登记之后已经办理了涉及不动产权利处分的登记、预告登记和查封登记的除外。

不动产权属证书或者不动产登记证明填制错误以及不动产登记机构在办理更正登记中，需要更正不动产权属证书或者不动产登记证明内容的，应当书面通知权利人换发，并把换发不动产权属证书或者不动产登记证明的事项记载于登记簿。

不动产登记簿记载无误的，不动产登记机构不予更正，并书面通知申请人。

第八十一条 不动产登记机构发现不动产登记簿记载的事项错误，应当通知当事人在30个工作日内办理更正登记。当事人逾期不办理的，不动产登记机构应当在公告15个工作日后，依法予以更正；但在错误登记之后已经办理了涉及不动产权利处分的登记、预告登记和查封登记的除外。

第八十二条 利害关系人认为不动产登记簿记载的事项错误，权利人不同意更正的，利害关系人可以申请异议登记。

利害关系人申请异议登记的，应当提交下列材料：

（一）证实对登记的不动产权利有利害关系的材料；

（二）证实不动产登记簿记载的事项错误的材料；

（三）其他必要材料。

第八十三条 不动产登记机构受理异议登记申请的，应当将异议事项记载于不动产登记簿，并向申请人出具异议登记证明。

异议登记申请人应当在异议登记之日起15日内，提交人民法院受理通知书、仲裁委员会受理通知书等提起诉讼、申请仲裁的材料；逾期不提交的，异议登记失效。

异议登记失效后，申请人就同一事项以同一理由再次申请异议登记的，不动产登记机构不予受理。

第八十四条 异议登记期间，不动产登记簿上记载的权利人以及第三人因处分权利申请登记的，不动产登记机构应当书面告知申请人该权利已经存在异议登记的有关事项。申请人申请继续办理的，应当予以办理，但申请人应当提供知悉异议登记存在并自担风险的书面承诺。

第二百二十一条 【预告登记】 当事人签订买卖房屋的协议或者签订其他不动产物权的协议，为保障将来实现物权，按照约定可以向登记机构申请预告登记。预告登记后，未经预告登记的权利人同意，处分该不动产的，不发生物权效力。

预告登记后，债权消灭或者自能够进行不动产登记之日起九十日内未申请登记的，预告登记失效。

【条文理解与适用】

一、本条的缘由

本条在《物权法》第20条规定的基础上修改而成，是关于预告登记的申请和效力的相关规定。与《物权法》第20条的规定相比，除了为更加严谨而略有个别文字修改以外，本条以“90日”取代了《物权法》中“三个月”的表述，明确了预告登记的期限，避免因月份天数不一致而造成的实践不统一问题。

二、本条规定的主要内容

本条确立了预告登记制度。我国不动产物权变动原则上采登记生效主义，因此除非法律另有规定，当事人签订的不动产物权变动协议在进行物权变动登记前仅发生债权的效力。然而，交易市场瞬息万变，在现实生活中存在大量在先权利因未办登记而无法得到保护的现象。例如，在“一房二卖”的情形下，买受人没有办理房屋所有权移转登记就只享有债权请求权，不具有排他性，也不享有优先受保护的权利，在出卖人将房屋转卖他人后只能要求损害赔偿，这对买受人的利益维护非常不利。对此，法律通过预告登记的方式保护买受人这种情形下的债权。

预告登记制度是随着债法的不断发展，债权人希望增强债权效力以保护自身权利而产生的。从制度渊源来看，“预告登记是德国中世纪民法创立的制度，发端于早期普鲁士法上的‘异议登记’，后为奥地利、德国、瑞士民法所采纳，并为日本法所继受”。[①] 所谓预告登记，是指为保全一项债权请求权而进行的不动产登记，该项请求权所要达到的目的，是在将来发生不动产物权变动。一般的不动产登记，登记的内容是物权，而预告登记的内容则是将债权请求权物权化，使登记的债权具有对抗第三人的效力，以避免因登记的名义权利人的再次处分而损害债权人的利益。对预告登记的性质，有观点认为其本身虽保障实现的是债权，但既然可以阻碍名义权利人处分，因此预告登记也应当属于物权的范畴。[②] 也有观点认为预告登记系介于债权与物权之间，兼具物权和债权的双重性质。[③]

我国《民法典》延续了《物权法》对于预告登记效力的规定，明确了预告登记的法律效果是“未经预告登记的权利人同意，处分该不动产的，不发生物权效力”。

---

① 王利明：《论民法典物权编中预告登记的法律效力》，载《清华法学》2019年第3期。

② ［德］鲍尔/施蒂尔纳：《德国物权法》，法律出版社2004年版，第419页。

③ 王泽鉴：《民法物权》，中国政法大学出版社2001年版，第128页。

根据本条规定，有两种原因导致预告登记的效力丧失，一是债权消灭，二是自能够进行不动产登记之日起90日内不办理的，预告登记也自动失效。首先，预告登记的产生就是为了保障将来债权的实现，因此原债权请求权的存在是预告登记的前提，债权一旦消灭，预告登记也就失去其存在的基础。此时不需要权利人申请，预告登记即自动失去效力。其次，预告登记的目的主要在于督促权利人在能够转为不动产登记时尽早行使权利，实现请求权指向的物权变动的效果。如果预告登记权利人消极怠于行使权利，既限制了登记的名义不动产权利人对不动产的处分，同时也有悖于“物尽其用，鼓励交易”的民事财产立法宗旨。《德国民法典》第887条设立了以公示催告预告的方式解除预告登记权利人权利的制度。我国则是以90日作为期限，期限届满而不办理不动产登记的，预告登记的效力丧失，原预告登记权利人的债权也就不再享有物权性质的优先效力。

三、本条规定特别评注

预告登记制度是随着债法的不断发展，债权人希望增强债权效力以保护自身权利而产生的。所谓预告登记，是指为保全一项债权请求权而进行的不动产登记，该项请求权所要达到的目的，是在将来发生不动产物权变动。一般的不动产登记，登记的内容是物权，而预告登记的内容则是将债权请求权物权化，使登记的债权具有对抗第三人的效力，以避免因登记的名义权利人的再次处分而损害债权人的利益。对预告登记的性质，有观点认为其本身虽保障实现的是债权，但既然可以阻碍名义权利人处分，因此预告登记也应当属于物权的范畴。[①] 也有观点认为预告登记系介于债权与物权之间，兼具物权和债权的双重性质。[②]

我国法上预告登记的法律效果，主要体现在四个方面：首先，我国并未采取《德国民法典》的相对无效主义，[③] 而是采取了限制处分模式，即不仅原登记的名义不动产权利人不得再处分已经预告登记的不动产，登记机构也不允许原登记的名义不动产权利人办理再处分登记，这相当于“冻结”了不动产登记簿的使用。其次，除了限制处分权以外，预告登记还具有预警效力。正如有学者所言，“预告登记的预警效力与其保全权利的效力及保全顺位的效力是一脉相承的，因此，第三人在同预告登记的义务人进行交易时，通过预告登记可以判断相关的交易风险，其应通过预告登记认识到预告登记权利人日后为本登记的可能性”。[④] 再次，

---

① ［德］鲍尔/施蒂尔纳：《德国物权法》，法律出版社2004年版，第419页。

② 王泽鉴：《民法物权》，中国政法大学出版社2001年版，第128页。

③ 相对无效主义，即只要不损害预告登记权利人的利益，原登记的名义不动产权利人在办理预告登记后仍然可以处分不动产，且该处分有效。可参阅程啸：《不动产登记法研究》（第2版），法律出版社2018年版，第815页。

④ 王利明：《论民法典物权编中预告登记的法律效力》，载《清华法学》2019年第3期。

在买受人已经办理了预告登记的情况下，其登记的效力还可以确保了本登记顺位的优先，即使出卖人“一物二卖”，后买受人也应当依预告登记了解到交易可能失败的风险，因此其不得主张以自身为善意而适用善意取得。最后，预告登记还具有破产保护的效力，可以在不动产物权人陷于破产时对抗其他的债权人而保全自己请求权的目的实现。

【关联规范】

1.《最高人民法院关于适用〈中华人民共和国民法典〉物权编的解释（一）》

第四条 未经预告登记的权利人同意，转让不动产所有权等物权，或者设立建设用地使用权、居住权、地役权、抵押权等其他物权的，应当依照民法典第二百二十一条第一款的规定，认定其不发生物权效力。

第五条 预告登记的买卖不动产物权的协议被认定无效、被撤销，或者预告登记的权利人放弃债权的，应当认定为民法典第二百二十一条第二款所称的“债权消灭”。

2.《最高人民法院关于人民法院办理执行异议和复议案件若干问题的规定》

第二十八条 金钱债权执行中，买受人对登记在被执行人名下的不动产提出异议，符合下列情形且其权利能够排除执行的，人民法院应予支持：

（一）在人民法院查封之前已签订合法有效的书面买卖合同；

（二）在人民法院查封之前已合法占有该不动产；

（三）已支付全部价款，或者已按照合同约定支付部分价款且将剩余价款按照人民法院的要求交付执行；

（四）非因买受人自身原因未办理过户登记。

3.《最高人民法院关于审理房屋登记案件若干问题的规定》

第六条 人民法院受理房屋登记行政案件后，应当通知没有起诉的下列利害关系人作为第三人参加行政诉讼：

（一）房屋登记簿上载明的权利人；

（二）被诉异议登记、更正登记、预告登记的权利人；

（三）人民法院能够确认的其他利害关系人。

4.《不动产登记暂行条例实施细则》

第八十五条 有下列情形之一的，当事人可以按照约定申请不动产预告登记：

（一）商品房等不动产预售的；

（二）不动产买卖、抵押的；

（三）以预购商品房设定抵押权的；

（四）法律、行政法规规定的其他情形。

预告登记生效期间，未经预告登记的权利人书面同意，处分该不动产权利申请登记的，不动产登记机构应当不予办理。

预告登记后，债权未消灭且自能够进行相应的不动产登记之日起3个月内，当事人申请不动产登记的，不动产登记机构应当按照预告登记事项办理相应的登记。

第八十六条 申请预购商品房的预告登记，应当提交下列材料：

（一）已备案的商品房预售合同；

（二）当事人关于预告登记的约定；

（三）其他必要材料。

预售人和预购人订立商品房买卖合同后，预售人未按照约定与预购人申请预告登记，预购人可以单方申请预告登记。

预购人单方申请预购商品房预告登记，预售人与预购人在商品房预售合同中对预告登记附有条件和期限的，预购人应当提交相应材料。

申请预告登记的商品房已经办理在建建筑物抵押权首次登记的，当事人应当一并申请在建建筑物抵押权注销登记，并提交不动产权属转移材料、不动产登记证明。不动产登记机构应当先办理在建建筑物抵押权注销登记，再办理预告登记。

第二百二十二条 【不动产登记错误的损害赔偿责任】 当事人提供虚假材料申请登记，造成他人损害的，应当承担赔偿责任。

因登记错误，造成他人损害的，登记机构应当承担赔偿责任。登记机构赔偿后，可以向造成登记错误的人追偿。

【条文理解与适用】

一、本条的缘由

本条在《物权法》第21条规定基础上略作文字修改而成，是对登记错误赔偿责任承担问题的规定。

二、本条规定的主要内容

本条分两款规定了登记错误致害的赔偿责任承担规则。

本条第 1 款规定的是当事人提供虚假材料申请登记造成他人损害所应当承担的赔偿责任。这种赔偿责任的性质应当属于侵权损害赔偿。登记作为确定不动产物权的基本方式，是真正权利人是否享有物权的重要依据。提供虚假材料导致登记错误造成他人损害，构成侵犯他人物权的行为，应当承担侵权损害赔偿责任。

本条第 2 款规定“因登记错误，造成他人损害的，登记机构应当承担赔偿责任”，但对于登记机构这种情形下应当承担何种性质的赔偿责任、归责原则和救济范围如何等问题，并未予以明确，对此理论上有不同解读。在司法实践中，对于登记错误致害的赔偿责任一般纳入《国家赔偿法》的范畴，采过错责任原则归责，登记机构就登记错误导致的直接经济损失予以赔偿。

此外，根据本条规定，不动产登记机构赔偿后，可以向造成登记错误的人追偿。具体的追偿问题，可以依《民法典》第 62 条第 2 款“法人承担民事责任后，依照法律或者法人章程的规定，可以向有过错的法定代表人追偿”，以及第 1191 条第 1 款中“用人单位承担侵权责任后，可以向有故意或者重大过失的工作人员追偿”的规定予以确定。

三、本条规定特别评注

登记内容正确与否事关重大，不仅影响到交易当事人的权益，也影响到不动产交易的法理基础乃至交易安全与秩序。故因登记错误造成他人损害的，应当承担赔偿责任。比较法上，对于不动产登记机构应当承担过错责任还是无过错责任具有不同的立法例。有采取无过错责任归责方式的，如瑞士、英国等国家。依《瑞士民法典》第 955 条规定，因登记簿错误造成他人损害的，国家应向受害人承担无过错责任，即便造成登记簿错误的原因完全是由于当事人的欺诈所致也不例外。也有采取过错责任归责的，如德国、日本等国家。德国和日本都将登记机构造成他人损害的赔偿责任定性为国家赔偿责任，只有当工作人员具有故意和过失时才进行赔偿。如《德国民法典》第 839 条第 1 款规定：“公务员故意或过失违反其对第三人所担负的职务上的义务的，必须向该第三人赔偿因此而发生的损害。公务员只有过失的，仅在受害人不能以其他方式获得补偿时，才能向该公务员请求赔偿。”日本则在《国家赔偿法》第 1 条第 1 款规定：“行使国家或公共团体权力的公务员，关于其职务行使，因故意或过失违法加害于他人时，国家或公共团体对受害人负赔偿责任。”①

相比之下，我国《物权法》和《民法典》对此均未予以规定，且目前我国也

---

① 可参阅程啸：《不动产登记法研究》，法律出版社 2011 年版，第 598 页。

没有颁布统一的“不动产登记法”，以致对不动产登记错误的归责原则进行系统化论证有相当难度。现已失效的《城市房地产权属登记管理办法》第37条曾规定，因登记机关工作人员过失导致登记不当，致使权利人受到经济损失的，登记机关对当事人的直接经济损失负赔偿责任。《不动产登记暂行条例》第32条采用列举方式，规定“泄露不动产登记资料、登记信息，或者利用不动产登记资料、登记信息进行不正当活动，给他人造成损害的，依法承担赔偿责任”。从这两条规定的内容来看，均采过错责任原则归责，即登记机构只为因其过错导致的登记错误致害承担赔偿责任。需要注意的是，我国现行立法不仅对登记致害的归责原则规定较为含混，对赔偿责任、救济方式等问题也缺乏具体规定。不过，在司法实践中，鉴于我国的不动产登记机构设在行政机关，解释上对于登记错误致害的赔偿责任一般纳入《国家赔偿法》的范畴。而且，我国也在《行政诉讼法》和相关司法解释中规定对房屋登记机构的登记行为不服提起行政诉讼的，人民法院应当受理。

【关联规范】

1.《民法典》

第一千一百六十四条 本编调整因侵害民事权益产生的民事关系。

第一千一百六十七条 侵权行为危及他人人身、财产安全的，被侵权人有权请求侵权人承担停止侵害、排除妨碍、消除危险等侵权责任。

2.《国家赔偿法》

第四条 行政机关及其工作人员在行使行政职权时有下列侵犯财产权情形之一的，受害人有取得赔偿的权利：

（一）违法实施罚款、吊销许可证和执照、责令停产停业、没收财物等行政处罚的；

（二）违法对财产采取查封、扣押、冻结等行政强制措施的；

（三）违法征收、征用财产的；

（四）造成财产损害的其他违法行为。

第五条 属于下列情形之一的，国家不承担赔偿责任：

（一）行政机关工作人员与行使职权无关的个人行为；

（二）因公民、法人和其他组织自己的行为致使损害发生的；

（三）法律规定的其他情形。

第七条 行政机关及其工作人员行使行政职权侵犯公民、法人和其他组织的合法权益造成损害的，该行政机关为赔偿义务机关。

两个以上行政机关共同行使行政职权时侵犯公民、法人和其他组织的合法权益造成损害的，共同行使行政职权的行政机关为共同赔偿义务机关。

法律、法规授权的组织在行使授予的行政权力时侵犯公民、法人和其他组织的合法权益造成损害的，被授权的组织为赔偿义务机关。

受行政机关委托的组织或者个人在行使受委托的行政权力时侵犯公民、法人和其他组织的合法权益造成损害的，委托的行政机关为赔偿义务机关。

赔偿义务机关被撤销的，继续行使其职权的行政机关为赔偿义务机关；没有继续行使其职权的行政机关的，撤销该赔偿义务机关的行政机关为赔偿义务机关。

3. **《不动产登记暂行条例》**

第二十九条　不动产登记机构登记错误给他人造成损害，或者当事人提供虚假材料申请登记给他人造成损害的，依照《中华人民共和国物权法》的规定承担赔偿责任。

第三十条　不动产登记机构工作人员进行虚假登记，损毁、伪造不动产登记簿，擅自修改登记事项，或者有其他滥用职权、玩忽职守行为的，依法给予处分；给他人造成损害的，依法承担赔偿责任；构成犯罪的，依法追究刑事责任。

第三十一条　伪造、变造不动产权属证书、不动产登记证明，或者买卖、使用伪造、变造的不动产权属证书、不动产登记证明的，由不动产登记机构或者公安机关依法予以收缴；有违法所得的，没收违法所得；给他人造成损害的，依法承担赔偿责任；构成违反治安管理行为的，依法给予治安管理处罚；构成犯罪的，依法追究刑事责任。

第三十二条　不动产登记机构、不动产登记信息共享单位及其工作人员，查询不动产登记资料的单位或者个人违反国家规定，泄露不动产登记资料、登记信息，或者利用不动产登记资料、登记信息进行不正当活动，给他人造成损害的，依法承担赔偿责任；对有关责任人员依法给予处分；有关责任人员构成犯罪的，依法追究刑事责任。

4. **《最高人民法院关于审理房屋登记案件若干问题的规定》**

第七条　房屋登记行政案件由房屋所在地人民法院管辖，但有下列情形之一的也可由被告所在地人民法院管辖：

（一）请求房屋登记机构履行房屋转移登记、查询、复制登记资料等职责的；

（二）对房屋登记机构收缴房产证行为提起行政诉讼的；

（三）对行政复议改变房屋登记行为提起行政诉讼的。

第十二条 申请人提供虚假材料办理房屋登记，给原告造成损害，房屋登记机构未尽合理审慎职责的，应当根据其过错程度及其在损害发生中所起作用承担相应的赔偿责任。

第十三条 房屋登记机构工作人员与第三人恶意串通违法登记，侵犯原告合法权益的，房屋登记机构与第三人承担连带赔偿责任。

第二百二十三条 【不动产登记收费标准的确定】 不动产登记费按件收取，不得按照不动产的面积、体积或者价款的比例收取。

【条文理解与适用】

一、本条的缘由

本条源于《物权法》第22条，但删除了第22条中的后半段“具体收费标准由国务院有关部门会同价格主管部门规定”的字样。

二、本条规定的主要内容

本条从正反两个方面规定了不动产登记的费用收取规则。根据本条规定，对于不动产登记，采取按件计费的方式收取登记费用。同时，本条还明确规定不动产登记费不得按照不动产的面积、体积或者价款的比例收取。

三、本条规定特别评注

在法律没有特别规定的情形下，不动产登记作为不动产物权变动的构成要件，是权利人变动物权的必须环节。同时，不动产登记簿需要登记机构进行管理，登记机构受理、审查登记事项也需要一定的成本。因此，如何确定不动产登记费的计算标准，这是在《物权法》制定时就备受关注的问题。

在《物权法》颁布之前，我国不动产登记长期以来是根据财产标的价额的比例收取登记费用。然而，我国的登记机构设在行政机关，并非营利机构，不通过登记业务获取利润，如果采取按标的价额或不动产面积、体积等收取费用，极易造成工作人员徇私舞弊，变相收费。而且，这种收费方式也难以建立统一的标准，故具体收费标准均由省、自治区、直辖市的价格、财政部门核定。在这种背景下，有的部门选择以不动产的面积、体积等的比例作为计费方式，也有的部门则以不动产的价值或者价款的比例收费，不同的核定标准容易造成收费过高，乃至重复收费，最终增加了登记申请人的负担，影响不动产权利人进行登记的主动性和积极性。《物权法》已经规定我国建立统一的不动产登记制度，因此也就有必要进一步制定统一的不动产登记费计算标准，为此《物权法》第22条应运而生。

《民法典》本条延续《物权法》的做法，仍然采取按件计费的方式。这主要是从物权登记程序以及成本支出的角度予以考量的。首先，登记机构在受理权利人的申请时，登记流程并非因不动产标的价额的大小而有简易和烦琐之分。其次，尽管法律赋予了登记机构在必要时去实地考察的权利，但现实中登记机构仍多采用书面审查的方式，因此不动产标的价额大小或者面积、体积大小也一般不会增加登记机构的成本支出。既然登记机构要花费的时间和物力成本都是相对固定的，那么以件收费，不仅符合不动产登记实践中的真实情况，同时也方便有权机关制定简明且确定的标准，为建立统一的不动产登记制度奠定基础。

需要注意的是，《民法典》除了沿袭《物权法》的收费计算标准规则以外，还删除了《物权法》第22条中“具体收费标准由国务院有关部门会同价格主管部门规定”的字样。这主要是因为《民法典》作为基本法，只需将收费的原则性计算标准明确即可，至于如何确定具体收费标准等程序性的问题，不宜由基本法规定，而是由之后可能出台的“不动产登记法”或者“不动产登记条例”等规范性文件进一步明确即可。从这个意义上看，《民法典》本条的删除处理为后续立法留下了空间。

第二节　动产交付

第二百二十四条　【动产物权变动的生效时间】动产物权的设立和转让，自交付时发生效力，但是法律另有规定的除外。

【条文理解与适用】

一、本条的缘由

本条在《物权法》第23条的基础上略作文字修改而成，规定了动产物权的设立和转让的效力发生时间。

二、本条规定的主要内容

《民法典》第208条已经确立了动产物权变动的基本规则，本条进一步明确了交付对于动产物权设立和转让的效力的影响。根据本条规定，我国动产物权变动采交付生效主义原则，需要交付和占有作为公示手段。其中，占有是动产物权享有的公示方式，交付是动产物权变动时的公示方式。也就是说，实现动产物权变动，除非法律另有规定，原则上不仅需要当事人的合意，还需要加上动产的交付。

三、本条规定特别评注

各国和地区立法大多选择将交付作为动产物权变动的公示手段，这是因为动产种类繁多，流转速度快，不可能像不动产一样设置专门的登记簿予以管理。从动产的特性以及社会经济生活的客观状况来看，在大部分场合下能够以交付确定动产的归属和利用状态，交付也是最便于从外部观察的公示手段。因此，法律规定动产物权的设立和转让自交付发生效力，有利于保护动产的交易安全，也有利于保护第三人的合法权益。

对于交付的概念，在不同语境中可以作不同解读，有现实交付、观念交付、拟制交付等。目前的主流观点认为，本条规定中的交付应指现实交付，即动产的直接占有的转移，是指一方将物的直接占有移转给另一方的事实。按此理解，动产的观念交付方式，如占有改定、简易交付以及指示交付，是被包含到“法律另有规定”的除外情形中。[①] 具体而言，本条的“法律另有规定除外”应当包含三种情况：（1）观念交付的三种具体类型，即简易交付、占有改定、指示交付；（2）非基于法律行为的动产物权变动；（3）对担保物权中的抵押权和留置权不适用交付生效主义，如动产抵押权自抵押合同生效时设立，未登记不得对抗善意第三人。

也有观点认为，本条对于动产物权的设立和转让需以交付作为公示方式的规定并非强制性规定，因为不论是观念交付，还是《物权法》第 29 条对因遗赠取得物权以遗赠开始时发生效力的规定，或者是《合同法》第 133 条规定“标的物的所有权自标的物交付时起转移，但法律另有规定或者当事人另有约定的除外”，这些都变通了典型的现实交付形态，实质上也修正了以交付作为动产物权变动的生效要件的模式。尤其是动产所有权的移转，可以不通过现实交付的方式，当事人凭观念交付或约定的其他方式均可以移转所有权。因此，《民法典》本条中的但书条款不包括观念交付引起物权变动的情形，而是主要包括以下两类情况：（1）非基于法律行为而生的动产物权变动；（2）某些基于法律行为而生的动产物权变动，如《海商法》规定以记名背书或空白背书作为生效要件，或是动产抵押权不以交付作为生效要件。[②]

在立法例上，《德国民法典》是在现实交付之外承认观念交付客观上作为动产物权（所有权）交付移转规则的例外而存在。[③] 在我国的司法实践中，最高人

---

① 胡康生主编：《中华人民共和国物权法释义》，中国法制出版社 2007 年版，第 67 页；最高人民法院物权法研究小组：《〈中华人民共和国物权法〉条文理解与适用》，人民法院出版社 2007 年版，第 112 页。

② 崔建远：《再论动产物权变动的生效要件》，载《法学家》2010 年第 5 期。

③ 可参阅聂卫锋：《动产所有权的交付变动规则》，载《国家检察官学院学报》2018 年第 1 期。

民法院的不少公报案例都明确除法律另有规定外，动产物权需交付动产才能发生变动，否定了当事人可以约定排除《物权法》第 23 条适用的观点。我国《民法典》的合同编也删除了《合同法》第 133 条中允许“当事人另有约定”的规定。综上可以认为，在《民法典》的背景下，要想实现动产物权变动，除非法律另有规定，原则上现实交付是唯一的公示方法。对于占有改定、简易交付、指示交付等观念交付方式，只是“观念”上的占有转移，无法对外界产生公示的效果，理解上应当属于本条但书条款所指的范围。

第二百二十五条 【船舶、航空器和机动车物权变动采取登记对抗主义】船舶、航空器和机动车等的物权的设立、变更、转让和消灭，未经登记，不得对抗善意第三人。

【条文理解与适用】

一、本条的缘由

本条在《物权法》第 24 条规定的基础上略作文字修改而成。

二、本条规定的主要内容

本条是对特殊动产物权变动规则的规定，明确了登记对于特殊动产物权变动的法律意义。对于本条规定，理论上有不同解读。通说认为，根据本法第 224 条的规定，原则上动产物权变动以交付作为公示手段，也就是说原则上完成交付时动产物权的设立和转让就发生物权效力，权利人即可以其物权对抗第三人。但从世界范围看，对于船舶、航空器、机动车这些特殊动产（学说上常被称为准不动产），多数国家和地区采取的是登记对抗主义的立法例。《民法典》本条即明确规定了船舶、航空器、机动车等特殊动产的物权变动采取登记对抗主义，即除满足动产需交付的公示方式外，还需要登记，未经登记的，不得以其物权对抗善意第三人。当然，在我国物权变动采不动产登记生效主义、动产交付生效主义的原则下，登记对抗主义的含义和效力需要特别明确。

三、本条规定特别评注

自《物权法》第 24 条实施以来，理论和实践中围绕如何理解该条规定与《物权法》第 23 条规定之间的关系，以及交付与登记在特殊动产物权变动中发挥的作用等问题，一直存在争议。有观点认为，《物权法》第 24 条规定的特殊动产的物权变动规则应当属于第 23 条但书中“法律另有规定的除外”。依据此种观点，特殊动产物权变动应以交付或者登记作为生效要件，即仅通过登记，特殊动产也可以达到物权变动的效果，因为法律既然区别于普通动产将登记也作为这些特殊动产物权变动的要件，就不能简单地再将交付作为其物权变动的唯一要件。从登记对抗主义与登记生效主义本身而言，该学说认为这两者的区分在分析不动产与特殊动产或是普通动产与特殊动产物权变动的要件时是有现实意义的，但对于特殊动产内部而言，则其区分的意义无法彰显；从登记的社会效果来看，为防止出卖人与买受人恶意串通、维护交易安全、稳定物权归属，善意的登记人应该优于受领交付人而取得物权。[①] 总体而言，按照这种观点，《物权法》第 24 条的适用并不是依赖于第23 条中的动产交付而存在，而是可以独立于动产交付生效原则，单独产生物权变动的效力。因此，特殊动产既可以交付作为生效要件，也可以登记作为生效要件，但后者相较于前者具有对抗效力，善意登记人可以优先于受领交付人而取得物权。

另有观点认为，没有经过登记的特殊动产，即使已经交付也仅具有债权的效果。登记作为对抗要件而发生物权变动的效果，在于物权作为绝对权和支配权，其权利特性中就具有排他性，必须得对抗第三人，因此《物权法》第 24 条规定的“未经登记，不得对抗善意第三人”实际上是特殊动产的权利人享有物权，区别于债权的关键。若特殊动产经交付发生物权变动却只在当事人之间发生效力，其物权变动本身也不具有物权变动的现实意义。[②]

相较于前两种观点，主流观点则主张本条不能独立于动产物权变动应当交付生效的原则，从体系解释的解释论来看，《物权法》第 24 条规定的登记对抗并非第23 条所称的“法律另有规定除外”，而是仅对物权效力强弱的规定。[③] 换言之，特殊动产也以交付作为物权变动生效的要件，同时，物权变动的生效是物权产生对抗效力的前提，在“未交付但已登记”时，由于未交付，特殊动产物权变动未生效，也就无所谓登记对抗效力的适用；而在“已交付但未登记”时，受让人取得特殊动产物权，但这种权利不得对抗善意第三人，只有当其完成登记时，才算圆满地享有了可以对抗第三人的物权。[④] 从我国司法实践角度观察，《最高人民法院关于审理买卖合同纠纷案件适用法律问题的解释》的第 7 条第 4 项特别对登记对抗主义作出阐释，出卖人就同一船舶、航空器、机动车等特殊动产订立多重买卖合同，在买卖合同均有效的情况下，买受人均

① 王利明：《特殊动产一物数卖的物权变动原则》，载《法学论坛》2013 年第 6 期。

② 龙俊：《中国物权法上的登记对抗主义》，载《法学研究》2012 年第 5 期。

③ 崔建远：《再论动产物权变动的生效要件》，载《法学家》2010 年第 5 期。

④ 杨代雄：《准不动产的物权变动要件——《物权法》第 24 条及相关条款的解释与完善》，载《法律科学》2010 年第 1 期。

要求实际履行合同的，出卖人将标的物交付给买受人之一，又为其他买受人办理所有权转移登记，已受领交付的买受人请求将标的物所有权登记在自己名下的，人民法院应予支持。很显然，最高人民法院的这一解释与上述学界的主流观点一致，即在特殊动产买卖法律关系中，买受人不仅可以通过交付获得特殊动产的所有权，且在“一物二卖”先有交付后有登记的情况下，仅有登记不具有物权变动的效力，因此先受领交付的买受人可以优先于仅有登记的买受人取得特殊动产的所有权。

《民法典》本条对特殊动产的物权变动规则延续了《物权法》第24条的规定。所以，在《民法典》背景下，特殊动产的物权变动规则没有实质性变化，仍可以解释为并不是在登记时发生效力，其物权变动的生效与一般动产物权一样，原则上还是在交付时发生效力，但是法律对船舶、航空器和机动车等特殊动产规定有登记制度，其物权的变动如果未在登记部门进行登记，就不产生社会公信力，不具有对抗善意第三人的效力。

需要注意的是，对于本条中的“善意第三人”的限定范围，是指不知道也不应当知道物权发生了变动的物权关系相对人，还是包括一般的债权人，我国现行立法未作详细说明，对此理论上主要存在“不能对抗说”“绝对可对抗说”“善意恶意区分说”三种观点。主流观点采“绝对可对抗说”，即无论一般债权人属于善意还是恶意，未登记的物权人都可以对抗之。① 解释上认为这主要是因为所谓“对抗”的含义，其前提应在于同一性质的权利有竞存关系时，特殊动产受让人在权利未经登记时，也享有物权，其与一般债权人的债权没有对抗的可比性，且物权恒优先于债权，此为一项基本原则，所以即使是未登记的特殊动产物权，也要比一般债权优先保护。②《最高人民法院关于适用〈中华人民共和国民法典〉物权编的解释（一）》第6条规定：“转让人转让船舶、航空器和机动车等所有权，受让人已经支付合理价款并取得占有，虽未经登记，但转让人的债权人主张其为民法典第二百二十五条所称的‘善意第三人’的，不予支持，法律另有规定的除外。”这一规定似乎也可以验证在司法实践中基本采学界主流观点。

笔者认为，对此主流观点，还有待进一步商榷。首先，物权并非恒优先于债权，“买卖不破租赁”“预告登记”等制度的确立早就在“物权优先于债权”的原则外制造出了很多例外情形。其次，并非所有的物权都具有排他性，本条中

---

① 龙俊：《中国物权法上的登记对抗主义》，载《法学研究》2012年第5期。

② 王泽鉴：《民法学说与判例研究》（第1册），中国政法大学出版社2005年版，第228页。

"未经登记"的特殊动产的物权变动，不具有对抗善意第三人的效力，实质上就是不具有排他性。这里所谓的"对抗"，应当是可以排斥善意第三人对物提出权利主张，而可以排斥的根源在于物权已经公示，因为未经公示的物权不应当产生让善意第三人尊重的效力。在我国法律背景下，未经登记的动产抵押权、未经登记的地役权等，虽然不具有排他性，但不能因此否认其属于物权。这些不具有排他性的物权，对于物权人而言，其仍然具有对物进行支配的权利，但当包括一般债权人在内的善意第三人的权利与未经登记不具有排他性的物权在权利行使上发生冲突时，就应当重新衡量予以定夺，而不应简单继续适用"物权优先于债权"的原则。

综上，可以预见，无论是在理论上还是实务中，对于本条的含义以及其与《民法典》物权编第224条在适用上的关系，无法因《民法典》的颁行而盖棺论定，还需要在司法中进一步解释明确。

【关联规范】

1. **《海商法》**

第九条 船舶所有权的取得、转让和消灭，应当向船舶登记机关登记；未经登记的，不得对抗第三人。

船舶所有权的转让，应当签订书面合同。

第十三条 设定船舶抵押权，由抵押权人和抵押人共同向船舶登记机关办理抵押权登记；未经登记的，不得对抗第三人。

船舶抵押权登记，包括下列主要项目：

（一）船舶抵押权人和抵押人的姓名或者名称、地址；

（二）被抵押船舶的名称、国籍、船舶所有权证书的颁发机关和证书号码；

（三）所担保的债权数额、利息率、受偿期限。

船舶抵押权的登记状况，允许公众查询。

2. **《民用航空法》**

第十四条 民用航空器所有权的取得、转让和消灭，应当向国务院民用航空主管部门登记；未经登记的，不得对抗第三人。

民用航空器所有权的转让，应当签订书面合同。

第十六条 设定民用航空器抵押权，由抵押权人和抵押人共同向国务院民用航空主管部门办理抵押权登记；未经登记的，不得对抗第三人。

3.《最高人民法院关于适用〈中华人民共和国民法典〉物权编的解释（一）》

第六条 转让人转让船舶、航空器和机动车等所有权，受让人已经支付合理价款并取得占有，虽未经登记，但转让人的债权人主张其为民法典第二百二十五条所称的“善意第三人”的，不予支持，法律另有规定的除外。

第二百二十六条 【简易交付】动产物权设立和转让前，权利人已经占有该动产的，物权自民事法律行为生效时发生效力。

【条文理解与适用】

一、本条的缘由

本条在《物权法》第25条规定的基础上修改而成。与《物权法》第25条相比，本条将“权利人已经依法占有该动产”改作“权利人已经占有该动产”，在前提上不再要求“依法”；同时，对采简易交付方式下物权变动发生效力的时间，将“自法律行为生效时发生效力”增改为“自民事法律行为生效时发生效力”。

二、本条规定的主要内容

本条是对观念交付中简易交付规则的规定。简易交付又称为“无形交付”，是交付的一种特殊情形。对于一般动产的交付而言，是指出让人将标的物的直接占有转移给受让人，以占有移转的方式完成对外界的公示，达到物权变动的效果。然而，在实践中还存在一种情形，即受让人在与出让人达成物权变动的协议之前受让人就已经占有了该动产。此时如果仍要坚持只有移转直接占有才成立交付的规则，就需要受让人先将动产的占有返还给出让人，出让人再转移直接占有给受让人，如此程序过于烦琐，也不符合市场交易追求效率的考量。在这种情况下，“观念交付”的概念应运而生，即法律规定在某些特殊情形下，无需实现直接占有的移转，而是以物权变动的合意代替现实交付，虽然缺乏明显的外部变动特征以作为公示手段，但同样可以发生物权变动的效力。

根据本条规定，动产物权设立和转让前，权利人已经占有该动产的，物权自民事法律行为生效时发生效力。《民法典》本条在完善《物权法》第25条规定的基础上确立了简易交付制度，肯定了简易交付的效力。

三、本条规定特别评注

比较法上不少国家和地区在现实交付之外也承认了此种简易交付的物权变动效力。如《德国民法典》第929条规定：“受让人已占有该物的，仅须转让所有权的合意而生效。”《日本民法典》第182条第2款规定：“受让人或其代理人现实支配占有物时，占有权的让与，可以仅依当事人的意思表示而进行。”这些规定均是为了避免手续繁杂引发的成本，满足交易边界和效率的需要，从而承认了物权变动合意达成，就发生物权变动的效力。

需要注意的是，对于构成简易交付的前提条件，本条删除了《物权法》第25条需以“依法”占有为前提中的“依法”字样，实质扩大了简易交付的适用情形。这一改变的核心在于简易交付的成立不再要求在双方物权变动合意达成前受让人的占有为合法。对于达成物权变动合意前受让人非法占有标的物是否可以适用简易交付，理论上有不同观点：一种观点认为，“占有必须合法，如果非法的占有仍可以适用简易交付的规则，势必保护非法占有人，引发更大的纠纷”；另一种观点则认为，“简易交付本身就是为了交易的便捷而产生的制度，至于受让人占有的原因可以不予考虑”。[①] 很显然，《物权法》采取的是上述第一种观点，而《民法典》则改采上述第二种观点，即占有的合法与否不影响物权变动的效力。应当说，《民法典》的这一修改是适当的。因为不论受让人的先行占有是否“依法”，是基于保管、租赁、委托等合法行为，抑或基于盗窃、侵占等非法行为，若是在受让人非法占有后，双方达成合意，出让人愿意出卖给受让人完成物权转移，那就对双方的利益都没有损害，不需要法律对先前占有的合法性再行干涉；若是双方未达成合意，也就无简易交付应用的空间，非法占有人的非法占有行为自然会受相关法律的调整，对非法占有人产生不利益。同时，从我国司法实践来看，审判实践中也没有必要花费过多精力去查明受让人先行占有动产的合法性。因此，早在《民法典》颁布之前，就有观点强调了只要是受让人先行占有了动产，不论其占有原因为何，都可以适用简易交付，且在司法实践领域对简易交付也早就适当脱离了“依法占有”的限制。[②]

对于采简易交付方式完成物权变动的时间节点，本条规定为“自民事法律行为生效时”，也即双方达成了移转物权的合意时。简易交付实际上是以当事人之间物权让与的合意代替动产的现实交付。需要特别注意的是，与德国、日本等很多国家和地区认为“只要当事人之间存在物权让与的合意，即可替代现实交付发生物权变动的效力，而不强调物权合意必须生效”不同，本条要求必须自民事法律行为生效时，物权才发生变动，因此对于一些合同成立但并未生效的情形，达成合意的时间和物权变动的时间并不一致。简易交付虽缺乏在达成物权让与合意后的形式上的交付，但标的物已由受让人实际占有，交付的目的已经达到，物权

---

① 王利明：《物权法研究》，中国人民大学出版社2016年版，第355页。

② 最高人民法院物权法研究小组：《〈中华人民共和国物权法〉条文理解与适用》，人民法院出版社2007年版，第67页。

的变动和变动后的状态具有明确的外部表征，都在事实上满足了物权变动的公示要件，因此赋予其与现实交付相同的法律效果。

第二百二十七条 【指示交付】动产物权设立和转让前，第三人占有该动产的，负有交付义务的人可以通过转让请求第三人返还原物的权利代替交付。

【条文理解与适用】

一、本条的缘由

本条在《物权法》第26条规定的基础上修改而成。与《物权法》第26条相比，本条将“第三人依法占有该动产”改作“第三人占有该动产”，在前提上不再要求“依法”。

二、本条规定的主要内容

本条是对观念交付中的指示交付规则的规定。指示交付又称为返还请求权的让与，是指如果在进行物权变动时，让与人的动产由第三人占有，让与人可以将其享有的对第三人的返还请求权让与给受让人，以代替现实交付。指示交付与简易交付同样没有传统交付形式中直接占有的转移，当事人之间对动产的直接占有关系并未发生改变，出让人与受让人之间只是转让了无形的返还请求权，故而难以从占有外观被外界知晓，因此指示交付被认为是一种观念上的交付。指示交付与简易交付的不同之处主要在于，简易交付的受让人已经对让与的动产形成直接占有，因此具有一定的公示效果，但在指示交付发生时，物的直接占有还在第三人处，故而指示交付的公示作用更弱。《民法典》本条在完善《物权法》第26条规定的基础上确立了指示交付制度，肯定了指示交付的效力。

根据本条规定，动产物权设立和转让前，第三人占有该动产的，负有交付义务的人可以通过转让请求第三人返还原物的权利代替交付。由此，指示交付的前提在于“第三人占有该动产”。结合指示交付的立法目的和适用情形，本条中的第三人应当指能够对该动产进行直接占有和直接控制的一方。

三、本条规定特别评注

在适用本条的过程中，有以下三个问题需要关注：

首先，鉴于《物权法》第26条中对第三人占有“合法”性的要求有作茧自缚之嫌，使一些本应通过指示交付来解决动产物权变动的问题无法如愿，因此《民法典》删除了这一要求。这一立法处理有利于解决在原有《物权法》规定

“依法”占有才适用指示交付所不能解决的两个问题：其一，在转让人非间接占有人时，可让与其基于侵权行为或不当得利而生的返还请求权；其二，在第三人对标的物的占有原有本权基础，但其后本权不复存在，导致第三人无权占有标的物的情况下，若指示交付需第三人“依法”占有，则须由转让人从占有动产的第三人之处收回动产，再交给受让人，徒增周折和成本。

其次，指示交付需由出让人转让请求第三人返还原物的权利，即转让返还请求权。出让人能够转让返还请求权，其法理基础在于出让人至少已经取得对标的物的间接占有，对转让物可以行使事实上的支配力，因此有权将其返还请求权转让给他人。问题在于，对于这种返还请求权的性质是债权请求权还是物权请求权，理论上主要存在两种不同的观点。一种观点认为，其性质应为债权请求权，因为“物权与物权请求权不可分离。所有物返还请求权并非独立的请求权，它只是为实现所有权的圆满状态而发生，不能与所有权分离而单独转让”，所以通过转让返还请求权从而达到转移所有权的效果，有前提和结论颠倒的嫌隙。[①] 与之相反，另一种观点认为，其性质应为物权请求权，因为若认定为债权请求权，则依债权转让，需要通知债务人才对债务人发生效力。同时，“受让人取得标的物所有权或其他物权之后，他可以向债务人主张标的物的所有权或其他物权，以此来对抗债务人”。只有将其请求权定位为物权请求权，才能保证受让人可以对抗第三人，从而发生物权变动的效果。[②] 在比较不同学说后，《物权法》制定中的主流观点认为，根据第三人是无权占有还是有权占有不同，“指示交付中要求第三人返还原物的请求权，既包括物权的返还请求权，也包括债权的返还请求权”。[③]

最后，对于指示交付完成的时间是向受让人与出让人达成协议之日起还是自第三人接收到通知之日起，理论上也有不同观点。有学者认为应当自让与通知到达起生效，如《物权法草案（二审稿）》第 32 条曾规定：“动产物权设立、转让前，第三人占有该动产的，可以通过转让向第三人返还原物的请求权代替交付。转让向第三人返还原物请求权的，出让人应当通知第三人。物权自出让人通知第三人时发生效力。”但是，《最高人民法院关于适用〈中华人民共和国民法典〉物权编的解释（一）》第 17 条第 2 款规定，“当事人以民法典第二百二十七条规定的方式交付动产的，转让人与受让人之间有关转让返还原物请求权的协议生效时为动产交付之时”。这一规定与学界通说的观点是统一的。目前学界通说更倾向

① 庄加园：《基于指示交付的动产所有权移转——兼评〈中华人民共和国物权法〉第 26 条》，载《法学研究》2014 年第 3 期。

② 崔建远：《再论指示交付及其后》，载《河南财经政法大学学报》2014 年第 4 期。

③ 王胜明，姚红：《中华人民共和国物权法解读》，中国法制出版社 2007 年版，第 57～60 页。

于认为，出让人是否向占有财产的第三人作出指示、第三人是否接到了让与通知，并非指示交付的构成要件。[①] 对此，有学者曾经提出，《民法典》物权编有必要吸收这一规则，在本条中进一步明确在交付义务人与受让人之间达成指示交付协议时，物权发生变动。[②]

第二百二十八条 【占有改定】 动产物权转让时，当事人又约定由出让人继续占有该动产的，物权自该约定生效时发生效力。

【条文理解与适用】

一、本条的缘由

本条源于《物权法》第 27 条。相较于《物权法》第 27 条，《民法典》以“当事人约定”替代了原条文中的“双方又约定”，在表达意思相同的基础上，进一步明确了约定的对象为旨在实现动产物权转让的当事人。

二、本条规定的主要内容

本条是对动产以“观念交付”中的占有改定方式实现物权变动的规定。占有改定，是指转让动产物权时，让与人与受让人约定，由让与人继续占有该动产，受让人取得该动产的间接占有，以代替现实交付。从占有改定的概念可以看出，占有改定在权利外观上不实现直接占有的移转，不改变形式上当事人双方对物的占有状况，也不具有指示交付可以使受让人取得对第三人的返还请求权的结果，因此更难被外界知晓，在观念交付中其公示效力也就最弱。占有改定的出现主要是针对当事人之间除物权转让的合意外，还存在如保管、租赁等其他法律关系时，出让人还有继续占有该动产的需要，此时如果要求必须移转直接占有，则动产在当事人之间来回往返，显然会使交易关系复杂化，也增加了许多不必要的烦累。因此大陆法系国家和地区多确立占有改定制度，如《德国民法典》第 930 条规定：“物由所有权人占有的，可以通过所有权人与受让人之间约定的法律关系使受让人因此取得间接占有而代替交付。”《民法典》本条在完善《物权法》第 27 条规定的基础上确立了占有改定制度，肯定了占有改定的效力。

根据本条规定，动产物权转让时，当事人又约定由出让人继续占有该动产

---

① 孙宪忠主编：《中国物权法：原理释义和立法导读》，经济管理出版社 2008 年版，第 160 页；王利明：《我国民法典物权编的修改与完善》，载《清华法学》2018 年第 2 期。

② 王利明：《我国民法典物权编的修改与完善》，载《清华法学》2018 年第 2 期。

的，物权自该约定生效时发生效力。占有改定的关键在于对占有概念的把握，特别涉及了出让人与受让人之间的间接占有和直接占有的转换。占有，是指对物进行控制和管领的事实状态。按照是否具有现实意义上的直接控制和管领，可以将占有分为直接占有和间接占有。前者是指占有人无需任何占有媒介，可以现实地在物理意义上直接控制标的物，后者则是指通过某种法律关系形成了占有媒介关系，虽然占有人没有实际控制标的物，但对标的物仍具有法律意义上的掌控力。在占有改定情形下，首先需要让与人在转让动产物权时为该动产的直接占有人或间接占有人，若让与人自身都不是标的物的占有者，也就谈不上将其占有转让给受让人。

对于依占有改定而发生物权变动的时间节点，本条规定自约定生效时发生效力。此约定应解释为物权变动的转让合同。所谓“发生效力”，具有双层含义，既包括当事人就物权转让的合意产生效力，即物权转移到了受让人手中，也包括双方约定的由出让人继续占有该标的的占有媒介关系发生效力。

三、本条规定特别评注

在适用本条的过程中，有以下三个问题需要关注：

首先，当受让人虽不能对物予以直接控制，但依据占有媒介关系对物具有控制力和支配力时，也可以构成占有改定，此时受让人成为出让人间接占有下更上级的占有人，同样实现了占有的移转。在占有改定中，受让人经占有改定的合意变成了标的物的间接占有人，对该标的物享有返还请求权。

其次，占有改定适用的范围一般限定在动产所有权的移转，而不包括用益物权或是担保物权。本条的适用前提也是“动产物权转让时”，而不包括动产物权的设立。因此，解释上对于动产质权等，不能以占有改定的方式产生物权设立的效力。对于占有改定的构成要件，一般认为需包括：其一，占有改定前，出让人已经通过直接或间接占有的方式占有了动产，并且希望继续占有动产。其二，出让人与受让人达成所有权转让的合意，即当事人之间存在移转所有权的约定或是协议。如果只是达成了让受让人继续占有该动产的债权协议，但没有约定所有权变动，只能认为当事人之间形成了债的关系，而不能由此认定当事人之间通过占有改定发生所有权的移转。其三，让与人与受让人之间还需具有某种具体法律关系作为占有媒介，即通过约定由转让人继续占有标的物。只有这样，原本应因物权变动而获得直接占有的受让人才能转变为间接占有人。

最后，占有改定情形下所有权的移转仅仅是通过当事人的合意在观念中完成的，缺乏可被公示的权利外观。因此，占有改定能否适用善意取得一直是被学界关注的问题。对此，有持肯定观点者，其理由主要在于：其一，在善意取得的构成要件中，规定需“已经交付给受让人”，但此交付未排除观念交付；其二，如果在善意取得中，先受让人往往也是通过占有改定从出让人手中取得所有权，那么自无排除后受让人以同样方式取得所有权的理由；其三，先买受人因信赖出让人而承担的风险，是自己选择的结果，完全符合私法的意思自治原则，并且如果要避免风险，其完全可以要求现实交付。[①] 也有持否定观点者，认为占有改定本身没有任何公示效果，允许通过占有改定完成所有权变动无异于将动产物权变动完全依赖于当事人的意志，因此反对将占有改定适用善意取得。[②]《最高人民法院关于适用〈中华人民共和国民法典〉物权编的解释（一）》第 17 条采纳了否定观点，应当说这是司法对于所有权静的安全的保护与交易安全动的安全的保护进行整体衡量的考虑。

第三节 其他规定

第二百二十九条 【法律文书、征收决定导致物权变动效力发生时间】 因人民法院、仲裁机构的法律文书或者人民政府的征收决定等，导致物权设立、变更、转让或者消灭的，自法律文书或者征收决定等生效时发生效力。

【条文理解与适用】

一、本条的缘由

本条源于《物权法》第 28 条。相较于《物权法》第 28 条，《民法典》本条将“仲裁委员会”改为“仲裁机构”；为避免语词重复累赘，删除了原有条文中其中一处对征收决定的作出主体予以限定的“人民政府”，直接表述为“自法律文书或者征收决定等生效时发生效力”。

二、本条规定的主要内容

本条是对因公权力等非法律行为而引发物权变动的特殊情形的规定。根据本条规定，因人民法院、仲裁机构的法律文书或者人民政府的征收决定等，导致物权设立、变更、转让或者消灭的，自法律文书或者征收决定等生效时发生效力。

---

① 胡康生主编：《中华人民共和国物权法释义》，中国法制出版社 2007 年版，第 76 页。
② 屈茂辉：《物权法原理精要与实务指南》，人民法院出版社 2008 年版，第 135 ~ 136 页。

首先，人民法院、仲裁机构的法律文书可以不经交付和登记就产生物权变动的效力。需要注意的是，并不是所有涉及物权变动的法律文书都可以直接发生物权变动的效力。能够导致物权变动的人民法院判决或者仲裁委员会的裁决等法律文书，应是直接为当事人创设或者变动物权的判决书、裁决书、调解书，如使原所有权人恢复所有权以及共有物分割的裁决等。此类设权或者确权判决书、裁决书、调解书本身，具有与登记、交付等公示方法相同的形成力，因而依据此类判决书、裁决书、调解书而进行的物权变动，无需再进行一般的物权公示而直接发生效力。

其次，人民政府的征收决定可以不经交付和登记就产生物权变动的效力。国家征收，是国家取得财产的特殊方式，按照《土地管理法》的规定，国家征收土地，县级以上人民政府要进行公告。这与交付、登记一样，都可以对外界起到一定的公示作用。因此自征收决定作出之日起，就可以直接发生物权变动的效力。

最后，尽管因公权力致使物权变动的其本身生效文书就有一定的公示作用，但如人民法院判决或仲裁机构裁定书等，其公示作用往往是针对当事人之间，对当事人以外的第三人来说公示力和公信力较弱。因此，《民法典》第 232 条还进一步规定，依特殊原因导致不动产物权变动的，虽然可以直接因此发生物权效力，但是想要处分该不动产的，必须办理登记，即先办理确权，再办理转让登记。依法属于国家所有的自然资源，所有权可以不登记，因此人民政府的征收决定生效之时即生物权变动的效力。

三、本条规定特别评注

物权变动可以依法律行为进行，此时应遵守动产交付、不动产登记的原则。同时，物权变动还可以非依法律行为产生。非因法律行为发生的物权变动无需遵循公示原则，此时就需要法律对物权变动的原因和时间作出特殊规定。

本条是对因公权力等非法律行为导致物权变动的规定。不少国家或者地区的立法例上均有关于依公法行为取得物权的规范。需要注意的是，鉴于征收可能对民事权利主体的物权造成严重侵害，各国或者地区的立法例中多规定了实行征收的严格条件。比如，德国《基本法》第 14 条第 3 款规定："剥夺所有权只有为公共福利的目的才能被允许。剥夺所有权只有依照法律或者法律的原因进行，而且该法律对损害赔偿的方式和措施有所规定。该赔偿必须在对公益利益和当事人的利益进行公平地衡量之后确定。对损害赔偿额的高低有争议时可以向地方法院提起诉讼。"

【关联规范】

1.《国有土地上房屋征收与补偿条例》

第十三条 市、县级人民政府作出房屋征收决定后应当及时公告。公告应当载明征收补偿方案和行政复议、行政诉讼权利等事项。

市、县级人民政府及房屋征收部门应当做好房屋征收与补偿的宣传、解释工作。

房屋被依法征收的，国有土地使用权同时收回。

2.《最高人民法院关于适用〈中华人民共和国民法典〉物权编的解释（一）》

第七条 人民法院、仲裁机构在分割共有不动产或者动产等案件中作出并依法生效的改变原有物权关系的判决书、裁决书、调解书，以及人民法院在执行程序中作出的拍卖成交裁定书、变卖成交裁定书、以物抵债裁定书，应当认定为民法典第二百二十九条所称导致物权设立、变更、转让或者消灭的人民法院、仲裁机构的法律文书。

3.《最高人民法院关于适用〈中华人民共和国民事诉讼法〉的解释》

第四百九十三条 拍卖成交或者依法定程序裁定以物抵债的，标的物所有权自拍卖成交裁定或者抵债裁定送达买受人或者接受抵债物的债权人时转移。

4.《最高人民法院关于人民法院民事执行中拍卖、变卖财产的规定》

第二十六条 不动产、动产或者其他财产权拍卖成交或者抵债后，该不动产、动产的所有权、其他财产权自拍卖成交或者抵债裁定送达买受人或者承受人时起转移。

5.《最高人民法院、国土资源部、建设部关于依法规范人民法院执行和国土资源房地产管理部门协助执行若干问题的通知》

二十七、人民法院制作的土地使用权、房屋所有权转移裁定送达权利受让人时即发生法律效力，人民法院应当明确告知权利受让人及时到国土资源、房地产管理部门申请土地、房屋权属变更、转移登记。

国土资源、房地产管理部门依据生效法律文书进行权属登记时，当事人的土地、房屋权利应当追溯到相关法律文书生效之时。

第二百三十条 【因继承取得物权的生效时间】因继承取得物权的，自继承开始时发生效力。

【条文理解与适用】

一、本条的缘由

本条在《物权法》第 29 条规定的基础上修改而成。

二、本条规定的主要内容

本条是对因继承而发生物权变动的法律规定，明确了因继承取得物权时物权变动的时点。继承开始属于法律事实中的事件，继承引起的物权变动，属于基于法律行为以外的原因引起的物权变动情形。根据我国《民法典》继承编第 1121 条第 1 款的规定，继承从被继承人死亡时开始。被继承人死亡后，其民事权利能力即告终止，权利主体归于消灭，其生前享有的包括动产、不动产所有权等财产权利在法律上也归于消灭。此时，被继承人与继承人之间自然不可能按照一般的物权变动原则进行交付或者登记。因此，如果要求此时被继承人的遗产经过登记或交付才能实现物权变动，势必会在一段时间内置被继承人的遗产于无主状态。为此，本条特别规定因继承取得物权的，继承开始时直接发生物权变动的效力，不需要遵守物权公示原则。具体而言，在不存在继承人丧失继承权、也不存在被继承人立有遗嘱的情形下，如果继承人为一人，遗产由该继承人单独取得物权；如果继承人为多人，遗产就归全体继承人共同继承，在遗产分割前，遗产归全体继承人共有。

继承包括法定继承和遗嘱继承。对于因法定继承引起的物权变动，当然属于基于法律行为以外的原因引起的物权变动。其不需要意思表示，因被继承人的死亡而根据法律规定自动产生法律效果，除非继承人放弃继承。但是，对于遗嘱继承而言，遗嘱是自然人生前按照自己的意愿处分自己财产的一种单方法律行为。既然属于法律行为，为何可以不经交付或登记呢？这主要是考虑到相对于因法律行为而发生的物权变动是双方合意的结果，正如有学者所言，“基于法律行为的物权变动，就其本质而言是与交易密切相关的”，[①] 而遗嘱仅是单方的意思表示，且继承人最终并非直接基于遗嘱在未经交付或登记的情形下取得物权，而是基于法律的直接规定才最终能在继承开始时取得物权，故将其归于非基于法律行为取得物权的范畴，取得物权的生效时间始于被继承人死亡。

三、本条规定特别评注

《民法典》本条删除了《物权法》第 29 条因受遗赠取得物权的，从受遗赠开始时发生效力的规定。对于这一删除的缘由，学界有不同的解读。有观点认为其

---

① 王利明：《物权法研究》（上下卷），中国人民大学出版社 2016 年版，第 266 页。

原因主要在于遗赠和继承具有不同的法律性质，遗赠属于双方法律行为，不仅需要遗赠人具有赠与的意思表示，还需要受赠人愿意接受遗赠，从而使遗赠发生效力。这种观点显然值得商榷，因为这一则是混淆遗赠和赠与的表现，二则也未能明确遗赠与遗嘱继承的关系。尽管《民法典》第 1124 条规定：“继承开始后，继承人放弃继承的，应当在遗产处理前，以书面形式作出放弃继承的表示；没有表示的，视为接受继承。受遗赠人应当在知道受遗赠后六十日内，作出接受或者放弃受遗赠的表示；到期没有表示的，视为放弃受遗赠。”这一规定旨在显示遗赠和遗嘱继承不同，但毋庸置疑，无论是遗赠还是遗嘱继承，其均源于被继承人的遗嘱，而遗嘱是单方法律行为。有学者曾经指出，因遗赠引起的物权变动，本质上虽然属于依据法律行为发生的物权变动，但就物权变动的生效时间而言，遗赠也并非在受遗赠人接受遗赠的意思表示作出时生效，而仍然与继承相同，效力的发生实质上溯至被继承人死亡时。也正是在这个意义上，《物权法》第 29 条才将遗赠与继承导致的物权变动合并规定。①

如果必须为这一删除找寻一个理由，也许这样的解释最具有合理性：因应《民法典》第 1124 条的规定，鉴于本规定旨在体现继承开始后，对于继承，接受继承是常态，但对于受遗赠，放弃受遗赠是常态，故本条对于二者作了相反的推定。从通常情形看，如果受遗赠人在知道受遗赠后六十日内②做出拒绝受遗赠的表示，但此时若根据法律规定物权已经在被继承人死亡时发生变动，就会导致在受遗赠开始（即被继承人死亡时）物权变动发生效力后，又因为受赠人的放弃再次发生物权变动，徒增成本，不符合物权法所追求的效用原则。

【关联规范】

《民法典》

第一千一百二十一条第一款　继承从被继承人死亡时开始。

第一千一百二十四条　继承开始后，继承人放弃继承的，应当在遗产处理前，以书面形式作出放弃继承的表示；没有表示的，视为接受继承。

受遗赠人应当在知道受遗赠后六十日内，作出接受或者放弃受遗赠的表示；到期没有表示的，视为放弃受遗赠。

第一千一百三十三条　自然人可以依照本法规定立遗嘱处分个人财产，并可

---

① 孙宪忠：《中国物权法总论》，法律出版社 2018 年版，第 366 页。

② 本条用的是“知道”字样，但从受遗赠开始（即被继承人死亡时）到知道受遗赠六十日内，时间短则六十日，长则不可估量。

以指定遗嘱执行人。

自然人可以立遗嘱将个人财产指定由法定继承人中的一人或者数人继承。

自然人可以立遗嘱将个人财产赠与国家、集体或者法定继承人以外的组织、个人。

自然人可以依法设立遗嘱信托。

第二百三十一条 【因事实行为设立或者消灭物权的生效时间】因合法建造、拆除房屋等事实行为设立或者消灭物权的，自事实行为成就时发生效力。

【条文理解与适用】

一、本条的缘由

本条源于《物权法》第30条。

二、本条规定的主要内容

本条是对事实行为作为物权变动原因的法律规定。

物权变动的原因，是指引起物权变动的法律事实，一般包括民事法律行为、事实行为和法律的直接规定。其中的事实行为，是指不以意思表示为要素的能够产生民事法律后果的法律事实。事实行为区分于自然事件，一方面，事实行为是有人的意思参与的行为，另一方面，又需要这种行为可以产生某种民事上的法律关系，如建造、添附、抛弃等都属于能够引起物权变动的事实行为。根据本条规定，因合法建造、拆除房屋等事实行为设立或者消灭物权的，自事实行为成就时发生效力，而不需要遵循一般的物权公示方法。由此，实践中存在的合法建造房屋但未经登记的情形，就不能简单地将以这类行为形成的建筑物作为无主财产对待；拆除房屋作为一种事实行为，因物权为对物的支配权，房屋一经拆除，标的物归于灭失，除非有特别情形，否则物权也随之消灭。

三、本条规定特别评注

对于因建造房屋而取得物权的，本条特别强调了建筑的房屋应为“合法”建造。对于违章建造的房屋建造人能否取得所有权，学界存有争议。有学者认为，只要是自己出资建造的建筑物，即使是违章建筑，建造人也能原始取得该建筑物的所有权。[1] 也有学者否定违章建筑在民法上的权利地位，认为“民法上关于违

---

① 可参阅谢在全：《民法物权论》（上），中国政法大学出版社1999年版，第96页。

章建筑，系一个相对特定权利人之一定利益，其利益标的则为定着物，但该利益系因不具民法上的合法性，例如属于因过失的越界建筑，而无法受到民法上如权利一般保护者，皆足以该当之”。[①] 在《民法典》编纂过程中，也有学者认为不宜将本条理解为对违法建筑之物权地位的绝对否定，而是赋予法官在个案中依据建造行为所违反的具体规范的目的，就违法建筑的物权法地位作出独立判断的权力，从而主张删除本条对“合法”的限制。[②]《民法典》本条沿袭《物权法》的“合法建造”的规定，没有作出具体说明，但在最高人民法院第八次会议纪要中，则采取“避免为违章建筑确权”的态度，由此可见司法实践对违章建造人享有所有权基本持否定态度。

通过合法建造房屋导致的物权设立，是基于法律事实，行为人付出了劳动、材料，因此其建筑物自动被物权法保护。但需要注意的是，因其缺乏登记，如果允许其进一步转让或变更而不加以登记，很容易导致物权归属陷入混乱。因此对因事实行为而取得的不动产，也要遵循本法第 232 条的规则，处分不动产物权需要办理登记，否则不再发生物权变动的效力。

第二百三十二条　【非依民事法律行为享有的不动产物权变动】 处分依照本节规定享有的不动产物权，依照法律规定需要办理登记的，未经登记，不发生物权效力。

【条文理解与适用】

一、本条的缘由

本条在《物权法》第 31 条的基础上略作文字修改而成。

二、本条规定的主要内容

本条是对非因法律行为而享有不动产物权的权利人处分其不动产物权时，非经登记不发生物权变动效力的规定。根据本条规定，在适用本条的过程中应特别注意下列两个问题：

其一，非经登记不发生物权变动效力的是针对权利人对不动产的处分行为，而非基于非法律行为而直接获得物权的权利人。因此，不动产物权的归属在登记

① 陈重见：《违章建筑之所有物返还请求权与时效取得》，载《台湾法学杂志》2010 年第 153 期。

② 黄忠：《违法建筑的私法地位之辨识——〈物权法〉第 30 条的解释论》，载《当代法学》2017 年第 5 期。

前就已经确定。权利人为处分不动产而去登记机构登记的，并不是物权的设立登记，因而产生的不是创设物权的效力，而是将已经发生的不动产物权变动对外予以宣示，学理上将该种登记称为“宣示登记”。根据《不动产登记暂行条例实施细则》第24条的规定，只有在权利人先办理了不动产首次登记后，其想要转让处分的受让人才能进一步办理转让登记。

其二，非因法律行为而享有物权的权利人，如果其不处分该物权，则法律不强制权利人进行登记，也给予其法律上的充分保护。

三、本条规定特别评注

《民法典》本条在未改变《物权法》第31条原意的基础上，在措辞上稍作简化，突出了非因法律行为变动不动产物权者，非经登记不产生物权变动效力的法律后果。本条所称的“依照本节规定享有的不动产物权”，主要是指非依法律行为，如因公权力、继承或合法建造等事实行为而享有不动产物权。虽然此种物权的享有无需公示即可发生效力，但这毕竟缺乏外界可知晓的权利外观，很容易造成法律物权和事实物权不一致的情况，这一缺陷在权利人将未登记的不动产物权予以处分时表现得格外明显。如果允许非因法律行为享有的物权一直游离在登记规则之外，随着交易的不断进行，不动产的权利外观和事实上物权的分离，就会使不动产物权陷入公众不可知晓的局面，有的不动产物权记载在登记簿，有的不动产物权则无法从登记簿上体现，最后的结果是导致不动产登记制度也将随之瓦解。为了保护交易安全和秩序，保护交易第三人的合法信赖，法律应当在适当环节，促使物权公示原则在该种物权变动中及时回归，即要求不动产物权取得人在进一步处分物权前，先进行登记，以充分贯彻不动产物权变动以登记为公示方法的原则，维护第三人的利益和交易安全。

【关联规范】

1.《城市房地产管理法》

第三十八条 下列房地产，不得转让：

（一）以出让方式取得土地使用权的，不符合本法第三十九条规定的条件的；

（二）司法机关和行政机关依法裁定、决定查封或者以其他形式限制房地产权利的；

（三）依法收回土地使用权的；

（四）共有房地产，未经其他共有人书面同意的；

（五）权属有争议的；

（六）未依法登记领取权属证书的；

（七）法律、行政法规规定禁止转让的其他情形。

第三十九条 以出让方式取得土地使用权的，转让房地产时，应当符合下列条件：

（一）按照出让合同约定已经支付全部土地使用权出让金，并取得土地使用权证书；

（二）按照出让合同约定进行投资开发，属于房屋建设工程的，完成开发投资总额的百分之二十五以上，属于成片开发土地的，形成工业用地或者其他建设用地条件。

转让房地产时房屋已经建成的，还应当持有房屋所有权证书。

2.《**不动产登记暂行条例实施细则**》

第二十四条 不动产首次登记，是指不动产权利第一次登记。

未办理不动产首次登记的，不得办理不动产其他类型登记，但法律、行政法规另有规定的除外。

第三章　物权的保护

【本章导读】

物权的保护，是指在物权受到侵害的情况下，依照法律规定的方式恢复物权的完满支配状态，或者说是使得物权人可以行使的权利恢复至完满状态。在现代社会，因物权对于国家、社会以及个人均有着重要作用，故各国或者地区均确立了较为完善的物权保护制度。一般而言，从赖以保护的直接法律依据来看，可以将物权的保护分为物权的公法保护和物权的私法保护。所谓物权的公法保护，是指直接依据行政法、刑法等公法规范来追究侵害者的责任，以达到保护物权人利益的目的。物权的私法保护，是指直接依据民法追究侵权者的民事责任，以达到恢复物权的完满支配状态的目的。公法保护和私法保护在法律依据、追究责任的程序和方式等方面有着显著的区别。

本章主要是对物权的私法保护方式的规定，共7条。其中，第233条规定了当事人解决物权争议的方式；第234～238条规定了保护物权的具体方式；第239条确立了保护物权的各种具体方式之间的适用关系规则。

第二百三十三条　【物权保护争讼程序】物权受到侵害的，权利人可以通过和解、调解、仲裁、诉讼等途径解决。

【条文理解与适用】

一、本条的缘由

本条源于《物权法》第32条。

二、本条规定的主要内容

本条是法律对物权受到侵害时权利人可以采取的救济手段的规定。根据本条规定，物权受到侵害的，权利人可以通过和解、调解、仲裁的方式解决争议，也可以通过诉讼等途径解决。

“和解”也称协商，是指物权纠纷发生后，由当事人就物权争议的问题进行协商，双方都作出一定的让步，在彼此都认为可以接受的情况下，在互相理解和谅解的基础上自愿解决物权纠纷的一种方式。和解在当事人之间进行，一般没有外界参与，有一定的灵活性。在解决物权争议的各种方式中，和解的成本一般最低。

所谓“调解”，是指当事人自愿将物权争议提交给第三者，由第三者主持，在互相理解和谅解的基础上进行协商解决争议的方式。调解与和解的主要区别在于调解由第三者主持，而和解则由当事人直接进行。

“仲裁”，也称公断，是指根据有关法律的规定或者当事人的协议，当事人将物权争议提交给仲裁机构并由仲裁机构作出裁决的方式。仲裁分为国内仲裁和涉外仲裁两种。根据《仲裁法》的相关规定，申请仲裁必须有仲裁协议，即通过协议中订立的仲裁条款或以其他书面方式达成的请求仲裁的协议。仲裁协议有两种类型：一种是各方当事人在争议发生前订立的，表示愿意将将来可能发生的争议提交仲裁机构解决的协议；另一种是当事人在争议发生后订立的表示愿意将物权争议提交仲裁机构解决的协议。仲裁协议的内容一般包括请求仲裁的意思表示、仲裁事项、选定的仲裁机构等。

“诉讼”，是指当事人为了解决物权纠纷而依法向人民法院提出请求的行为。主动提出该请求的当事人称为原告，受原告控告的当事人称为被告。

三、本条规定特别评注

当物权受到侵害时，法律为权利人提供了全面的救济方式，国家既给予权利人公力救济的保护途径，也允许当事人以私力救济的方式维护自己的权利。

所谓公力救济，是指物权人在权利受到侵害时向国家的司法机关，主要是法院提出保护的请求，依据法院判决的强制力达到物权保护的目的。根据我国《民事诉讼法》的规定，起诉必须具备以下实质条件：（1）原告是与本案有直接利害关系的自然人、法人或者其他组织；（2）有明确的被告；（3）有具体的诉讼请求和事实、理由；（4）属于人民法院受理民事诉讼的范围和受诉人民法院的管辖。此外，当事人起诉还要向人民法院提交起诉状。于本条而言，公力救济主要是指权利人通过提起诉讼，由法院进行裁判并赋予强制效力的救济方式。

此外，法律也允许当事人为提高效率、减少不必要的成本采取私力救济的方式。具体到物权的自力救济，是指物权人在其权利被侵害时以自己的行为而不是请求国家来恢复物权的完满状态的保护方式，本条中的和解、调解、仲裁等均属于自力救济方式。

上面四种解决物权争议的方式各有特点。对于当事人应当优先选择何种救济方式，本条没有规定顺序，实际上是允许当事人根据实际情况选择其中一种或者几种方式。由此可见《民法典》尊重当事人在物权受到侵害时对救济程序的选择权，当事人可以任意选择有效的救济方式以维护自身利益，从而最大限度保护当事人的意思自治。当然，在权利人选择的某种救济方式没有成功时，当事人也可以再选择其他方式。权利人在私力救济后未能停止侵害又提起诉讼的，法院也应当受理。需要注意的是，如果当事人一旦选择了仲裁的方式，就不能再向人民法院起诉。

【关联规范】

1. **《土地管理法》**

第十四条 土地所有权和使用权争议，由当事人协商解决；协商不成的，由人民政府处理。

单位之间的争议，由县级以上人民政府处理；个人之间、个人与单位之间的争议，由乡级人民政府或者县级以上人民政府处理。

当事人对有关人民政府的处理决定不服的，可以自接到处理决定通知之日起三十日内，向人民法院起诉。

在土地所有权和使用权争议解决前，任何一方不得改变土地利用现状。

2. **《农村土地承包法》**

第五十五条 因土地承包经营发生纠纷的，双方当事人可以通过协商解决，也可以请求村民委员会、乡（镇）人民政府等调解解决。

当事人不愿协商、调解或者协商、调解不成的，可以向农村土地承包仲裁机构申请仲裁，也可以直接向人民法院起诉。

3. **《最高人民法院关于审理涉及农村土地承包经营纠纷调解仲裁案件适用法律若干问题的解释》**

第一条 农村土地承包仲裁委员会根据农村土地承包经营纠纷调解仲裁法第十八条规定，以超过申请仲裁的时效期间为由驳回申请后，当事人就同一纠纷提起诉讼的，人民法院应予受理。

第二条 当事人在收到农村土地承包仲裁委员会作出的裁决书之日起三十日后或者签收农村土地承包仲裁委员会作出的调解书后，就同一纠纷向人民法院提起诉讼的，裁定不予受理；已经受理的，裁定驳回起诉。

第三条 当事人在收到农村土地承包仲裁委员会作出的裁决书之日起三十日内，向人民法院提起诉讼，请求撤销仲裁裁决的，人民法院应当告知当事人就原纠纷提起诉讼。

第二百三十四条　【物权确认请求权】因物权的归属、内容发生争议的，利害关系人可以请求确认权利。

【条文理解与适用】

一、本条的缘由

本条源于《物权法》第33条。

二、本条规定的主要内容

本条是对物权确认请求权的规定。当多人就一项财产的所有权或他物权发生争议时，就会使真正的物权人的物权处于不稳定状态，影响其正常行使物权。只有通过法院或其他有权确认物权的国家机关在法律上重新明确物权人的物权，排除其他人的争议后，真正的物权人才能正常地行使物权。由此可见，确认物权请求权所针对的问题是民事主体之间就物权认定方面发生的争议。而且，在某些情况下，确认物权还是给物权以其他法律保护的前提。本条规定的物权确认请求权可以与《民事诉讼法》中的确认之诉相衔接，从而为民事诉讼程序提供实体权利的支持。

根据本条规定，当物权归属不明或对物权是否存在发生争执时，利害关系人可以向法院提起诉讼或者向其他有权确认物权的国家机关提出请求确认物权。请求确认物权包括请求确认所有权和请求确认他物权。请求确认所有权之争执通常发生在物的真正所有人与非所有人之间，而请求确认他物权之争执通常发生在他物权人与所有人或他物权人与其他人之间。在实践中，物权人行使确认请求权常常针对两种类型的争议：一种类型是就某人是否对某物享有物权发生争议；另一种类型是就物权的支配范围发生争议。

物权确认请求权的行使主要需满足两个条件：其一，能够提出物权确认请求的主体是利害关系人。利害关系人不一定是物权人，在物权的归属和内容不清或发生争议时，利害关系人可以是任何与物权的客体就物权的归属和内容有物权法律关系的人。其二，利害关系人想要提出确权请求，只能向有关权力机关或法律授权的专门机构提出。这与第237条规定“物权受到侵害的，权利人可以通过和解、调解、仲裁、诉讼等途径解决”有明显不同。法律之所以规定物权确权只能向公权力机关提出，是因为对物的归属和物权存在与否，不是当事人之间协商可以决定的。物权的归属和内容，不仅涉及当事人的权利，更关系到整个社会财产的分配，因此法律对于物权确权有明确的规定，民事主体不能自己决定，而只能提出请求，然后由行政机关、人民法院或者仲裁机构居中裁决。

三、本条规定特别评注

本条明确规定利害关系人享有物权确认请求权。对于物权确认请求权是否属于物权请求权的一种，理论界曾存争议。有学者主张物权确认请求权属于物权请求权，[①] 也有学者认为物权确认请求权虽然是物权保护的一种方法，但不属于物权请求权，而是物权请求权成立的前提，只是“确认物权请求权，常常是其他物权请求权行使的前提条件，或者是其他物权请求权提起的前提条件，因此在实践中，在提起其他物权请求权时，可能会同时提起确认物权请求权”[②]。甚至还有学者认为物权确认请求权的性质应是一种诉权。[③]

无论持哪种观点，都应当承认物权确认请求权和其他的以救济为功能的物权请求权存在差别。从权利保护功能上看，物权请求权是当物权受到侵害时的救济方式，其存在的逻辑基础是物权存在且归属确定；而物权确认请求权虽然常常与物权请求权同时提起，但其解决的是物权的权利人是谁以及物权的权利内容为何的问题，与物权请求权旨在发生使物权恢复到圆满状态的结果不同，物权确认请求权不产生任何实体法权利的变化，仅仅是公权力对利害关系人享有权利的认可。基于此，有学者指出，“物权确认请求权不是基于物权本身而产生，而是基于程序制度而享有，它属于程序上的权利”[④]。也正因如此，物权请求权或许可以通过私力救济的方式解决，但物权确认请求权却必须通过公权力认定，有规范的法定程序。在我国，由于土地、房屋等不动产设有专门的行政部门主管，因此有关不动产物权的争执也可先申请行政主管部门解决，如对行政主管部门的处理不服，再向人民法院起诉。这是因为，请求确认物权的争执直接涉及物权是否存在以及如何归属的问题，与其他不涉及物权是否存在及归属问题的请求不同，通常不能由当事人之间自己解决，只能由有权确认物权的国家机关解决。尤其是不动产物权，由于建立有严格的登记管理制度，只能由法院和主管机关配合解决。

对于物权确认请求权是否受诉讼时效的限制问题，学界观点有分歧。目前，否定物权确认请求权适用诉讼时效的观点认为，假如物权确认请求权因诉讼时效期间届满而消灭，那么物权的归属和内容就会长期处于不确定的状态，还会导致各方当事人对标的物争夺不休，从而使标的物得不到正常的利用，不利于社会经

---

① 参见王利明主编：《中国物权法草案建议稿及说明》，中国法制出版社 2001 年版，第 206～210 页。

② 何志主编：《物权法判解研究与适用》，人民法院出版社 2004 年版，第 135 页。

③ 参见梁慧星：《物权法草案（第二次审议稿）若干条文的解释与批判》，载《民商法学》2005 年第 8 期。

④ 崔建远：《物权法》，中国人民大学出版社 2014 年版，第 113 页。

济秩序的稳定。[1] 在《民法典》明确规定部分物权请求权不适用诉讼时效的背景下，似乎可以解读出有部分物权请求权可以适用于诉讼时效，但对于物权确认请求权是否适用于诉讼时效的问题，基于学界对此观点存在较大分歧，《民法典》没有作出明确规定。因此，在对于物权确认请求权的性质还未达成理论共识的情形下，对于物权确认请求权是否适用诉讼时效制度的问题仍有待进一步研究。

【关联规范】

《最高人民法院关于适用〈中华人民共和国民法典〉物权编的解释（一）》

第二条 当事人有证据证明不动产登记簿的记载与真实权利状态不符、其为该不动产物权的真实权利人，请求确认其享有物权的，应予支持。

第二百三十五条 【返还原物请求权】 无权占有不动产或者动产的，权利人可以请求返还原物。

【条文理解与适用】

一、本条的缘由

本条源于《物权法》第34条。

二、本条规定的主要内容

本条是对权利人在物被他人无权占有时享有返还原物请求权的规定。适用本条需要把握下列三个方面：

首先，本条中的返还原物请求权行使的前提在于物处于被无权占有人占有的状态，即请求权人应向现实的无权占有人请求。其中，这里的无权占有人既可以是直接占有人，也可以是间接占有人。所谓无权占有，是指占有人的占有不具有本权的依据。所谓本权，是指基于法律上的原因，可对物进行占有的权利。所有权人对自己物的占有、质权人对质物的占有都是有本权的占有，与此相反，对于遗失物、埋藏物、盗赃物等的占有则属于无权占有。返还原物请求权只针对无权占有，即无权占有人在本权人请求返还原物时，有返还的义务，并以原物本来的状态予以返还。需要说明的是，本条中的返还原物请求权，主要是指所有人的返

① 李建华、杨代雄、赵军：《论我国物权请求权诉讼时效制度的立法选择——兼评〈中华人民共和国民法（草案）〉的相关规定》，载《法学评论》2003年第5期。

还原物请求权，用益物权人和担保物权人的返还原物请求权是所有人返还原物请求权的派生，单纯因占有而享有的返还请求权不适用本条，而适用本编第 462 条的特别规定。需要注意的还有，请求权人不得向占有辅助人提出返还请求。所谓占有辅助人，是指在占有的过程中起到辅助作用，但并无实际管领物的支配力的人。对此，请求权人应直接向有主导力的无权占有人提出，但是，如果占有辅助人与恶意占有人共谋转移占有并造成原物损害的，也可以对占有辅助人提起损害赔偿之诉。

其次，本条中的返还原物请求权必须以物或物权的现实存在为前提。权利人主张返还原物请求权想要达到的目的即在于恢复其对物的圆满支配状态。物权的存在以物的存在为前提，如果物权客体灭失，物权一般也就随即消灭，此时权利人只能请求无权占有人承担损害赔偿责任。如果物受到了毁损，但依旧存在的，权利人仍然可以主张返还原物请求权，同时，物权人也可以请求无权占有人承担修理、恢复原状等责任。如果物权人遭受了损失，还可以请求无权占有人承担侵权赔偿责任。对于在物受到重大毁损且难以修补的情形下，权利人能否请求返还原物的问题，理论上有不同观点。有观点认为，“如果原物仍然存在，但遭受的损失无法修补，或者修补的成本高于原物的价值，或者修补后从根本上改变了物的基本性质和特征，不再具有原有的功能，权利人不愿意继续获得该物，那么权利人也可以要求赔偿损失，不再要求返还原物”,[①] 这一观点值得肯定。从权利人主张返还原物请求权想要达到的目的来看，即使原物经修补后不再具有原有的性状和功能，但只要原物现实存在，法律上就不应剥夺权利人的返还原物请求权，当然，这一返还原物请求权并不排斥权利人同时行使损害赔偿请求权。

最后，本条的返还原物请求权的行使主体须为物权人，或者依法律规定得行使返还原物请求权的人，如破产管理人、失踪人的财产代管人等。对于因债权关系产生的有权占有人如保管人、承租人等则不能成为本条的返还原物请求权的主体。需要注意的是，并非所有的物权人都可以成为返还原物请求权的权利人。例如，当物权人为限制物权人时，其是否具有返还原物请求权就要受其存续时间和限制物权性质的影响。以建设用地使用权为例，在建设用地使用权使用期限内，权利人得向无权占有人主张返还原物，但期限届满就不再享有返还原物请求权了。再如，留置权与质权以占有的存在为前提，因此当物被无权占有人占有时，其可以基于留置权或者质权成为返还原物请求权人，但抵押权因不以物的占有为前提，故不能独立行使返还原物请求权。

---

① 王利明：《物权法研究》，中国人民大学出版社 2016 年版，第 201 页。

三、本条规定特别评注

物权人的物被他人侵占，物权人有权请求返还原物，使物复归于物权人事实的支配。返还原物权请求权是权利人在其物权被侵害时最直接的救济方式。因此，各国立法例多对返还原物请求权予以规定。如《德国民法典》第985条规定，所有权人可以要求占有人返还其物。第986条规定，占有人或者作为其权利来源的间接占有人对所有权人有权占有时，占有人可以拒绝将物返还。间接占有人对所有权人无权将占有让与占有人的，所有权人可以要求占有人将物返还于间接占有人，或者在间接占有人不能或者不愿重新承担占有时，所有权人可以要求将物返还于自己。《瑞士民法典》第948条也规定了“物品的所有人可以向占有或持有物品的人要求返还所有物；在提出返还请求之后，如果由于占有或持有物品之人的行为丧失了对物品的占有或持有，则物品的所有人还可以向他们提起返还所有物之诉”。需要注意的是，《民法典》本条与“占有”分编第462条规定的“返还原物请求权”在适用方面存在差异。

此外，对于返还原物请求权是否适用诉讼时效，理论上一直存在争议。综观各国民法典，也有不同立法例。有规定不适用诉讼时效的，如《意大利民法典》第948条第3款规定：“返还所有物之诉不因时效而消灭，但是，基于时效取得所有权的情况不在此限。”也有规定返还已登记财产的所有权不适用诉讼时效的，如《德国民法典》第902条第1款规定，由已登记的权利所产生的请求权，不因超过时效而消灭。我国司法实践中曾普遍认为物权请求权不适用诉讼时效，因为“返还原物请求权关系到物权人的根本利益，在标的物被他人侵占的情况下，如果物权人不享有返还原物请求权，则尽管其享有所有权，但由于其无法对该标的物进行支配、享有其利益，故该物权实为空洞权利，不能保障物权的合法行使。由于我国现行法上的诉讼时效期间规定得比较短，又没有取得时效制度，如果也同样毫无例外地适用现行的诉讼时效制度，将造成极大的不公平，甚至鼓励巧取豪夺等行为发生，故也不应适用诉讼时效”。[①] 我国《民法典》明确规定不动产物权和登记的动产物权的权利人请求返还财产的不受诉讼时效限制，解释上对“未登记的动产物权的权利人请求返还财产的是否适用诉讼时效”有不同认识，还需要作进一步研究。

---

① 最高人民法院民事审判第二庭：《最高人民法院关于民事案件诉讼时效司法解释理解与适用》，人民法院出版社2008年版，第73页。

【关联规范】

《民法典》

第一百七十九条 承担民事责任的方式主要有：

（一）停止侵害；

（二）排除妨碍；

（三）消除危险；

（四）返还财产；

（五）恢复原状；

（六）修理、重作、更换；

（七）继续履行；

（八）赔偿损失；

（九）支付违约金；

（十）消除影响、恢复名誉；

（十一）赔礼道歉。

法律规定惩罚性赔偿的，依照其规定。

本条规定的承担民事责任的方式，可以单独适用，也可以合并适用。

第一百九十六条 下列请求权不适用诉讼时效的规定：

（一）请求停止侵害、排除妨碍、消除危险；

（二）不动产物权和登记的动产物权的权利人请求返还财产；

（三）请求支付抚养费、赡养费或者扶养费；

（四）依法不适用诉讼时效的其他请求权。

第二百三十六条 **【排除妨害、消除危险请求权】**妨害物权或者可能妨害物权的，权利人可以请求排除妨害或者消除危险。

【条文理解与适用】

一、本条的缘由

本条源于《物权法》第35条。

二、本条规定的主要内容

本条是对权利人排除妨害请求权和预防妨害请求权的规定。在法律上，妨害有两种含义：一是尚未实际发生但将来必然会发生的妨害；二是现实的妨害。前一种妨害又被称为危险。对于前一种妨害，权利人得享有预防妨害请求权，对于后一种现实的妨害，则表现为排除妨害请求权。[①] 根据本条规定，物权遭受妨害或可能遭受妨害的，权利人有权请求相对人排除妨害、预防妨害。权利人适用本条行使排除妨害、预防妨害（所谓消除危险）请求权，需要把握以下四个方面：

首先，能够行使以上排除妨害请求权和预防妨害请求权的权利人并非所有物权人，权利人因享有的物权内容不同，在物权受到侵害时，请求权的权利人也有一定的区别：当特定的物上没有设定他物权的情形下，请求权由所有人行使；当物上设有他物权，且物由他物权人占有或者使用时，他物权人往往能够最快、最清楚地了解物的状态，此时他物权人可以优先请求排除妨害、预防妨害，如果不需要实际移交特定的物，则由所有权人行使请求权。

其次，只有当权利人的物权受到不法妨害或者有发生妨害的危险，且这种妨害或危险并非短暂且还未消除时，权利人才能请求排除妨害或预防妨害。如果妨害有法定事由或者约定事由，权利人则有容忍的义务；如果这种妨害只是短暂而为，或者已经结束、撤销的，物权人也不能提起请求排除妨害或者预防妨害的请求权，而只能就妨害导致的结果请求承担损害赔偿等责任。

再次，物作为物权的客体，排除妨害、预防妨害请求权的行使必须以物的存在为前提。如果特定的物已经毁损或者灭失，权利人只能请求相对人修理、重作、更换，或者赔偿损失，而不能行使排除妨害请求权或是预防妨害请求权。

最后，还应注意排除妨害请求权与预防妨害请求权在成立要件、适用情形以及法律后果等均存在一定差异。排除妨害请求权所对应的“妨害”应是指已经现实存在的妨害。对于排除妨害请求权的相对人，应当包括行为妨害人和状态妨害人：所谓行为妨害人，是指依自己行为对他人的物权为妨害之人；所谓状态妨害人，是指持有或经营某种妨害他人物权的物或设施之人。有学者指出，状态妨害人对妨害的“状态”在某种程度上须负责。[②] 构成排除妨害请求权，应当满足三个条件：其一，被妨害的标的物仍然存在，如果标的物已经毁损、灭失，只能要求损害赔偿，而不能提出行为禁令。其二，妨害人以占有以外的方法妨害物权人行使物权。如果妨害人是以占有的方式侵犯权利人的物权，应当主张返还原物而非排除妨害请求权。其三，妨害必须是非法的，超出了理性人可以或者应当忍受

---

① 即本条中的消除危险请求权。传统民法中称为妨害预防请求权或妨害防止请求权，称“消除危险请求权”容易被与同规定于《民法典》的“高度危险作业”等“危险”表述混淆，故这里以传统民法称谓予以阐释。

② 崔建远：《物权法》，中国人民大学出版社 2017 年版，第 132 页。

的容忍限度。如果是因为相邻关系对他人不动产予以必要的使用，或是基于不可抗力等，则因为缺乏违法性而不得主张。需要注意的是，排除妨害请求权不要求妨害人必须具有故意或者过失。

物权人行使预防妨害请求权的前提，是在相对人的行为或者设施状态对自己享有物权的客体有造成妨害发生的危险。需要注意的是，这种妨害发生的危险是可以合理预见的而不是主观臆测的一种可能，且应当是持续存在的。在此基础之上，预防妨害请求权是指权利人对将要妨害或损害自己物权客体的行为或设施请求消除妨害发生危险的权利，如随时可能倾倒的电线杆将要砸坏权利人的房屋。

三、本条规定特别评注

各国立法例基本规定了在物权遭受妨害时的物权保护方式。如《德国民法典》第 1004 条规定了排除和停止侵害请求权："所有权人受到除剥夺或者扣留占有以外的其他方式的妨害时，可以要求妨害人排除妨害。所有权有继续受妨害之虞的，可以提起停止妨害之诉。"在《民法典》编纂过程中，立法者曾有在排除妨碍或者消除危险之后增加"停止侵害"之意，从而与我国《民法典》第 179 条"承担民事责任的方式主要有：（一）停止侵害；（二）排除妨碍；（三）消除危险"规定的民事责任承担方式相对应，但最终《民法典》本条还是沿袭了《物权法》第 35 条的规定，未将停止侵害作为物权请求权的一种类型，同时将排除妨害与预防妨害（消除危险）两种请求权规定在一个条文。未增加停止侵害，主要是考虑到如果行使排除妨害请求权，就可以实现行使停止侵害请求权的后果了。

【关联规范】

1. **《民法典》**

第一百七十九条 承担民事责任的方式主要有：

（一）停止侵害；

（二）排除妨碍；

（三）消除危险；

（四）返还财产；

（五）恢复原状；

（六）修理、重作、更换；

（七）继续履行；

（八）赔偿损失；

（九）支付违约金；

（十）消除影响、恢复名誉；

（十一）赔礼道歉。

法律规定惩罚性赔偿的，依照其规定。

本条规定的承担民事责任的方式，可以单独适用，也可以合并适用。

第一百九十六条　下列请求权不适用诉讼时效的规定：

（一）请求停止侵害、排除妨碍、消除危险；

（二）不动产物权和登记的动产物权的权利人请求返还财产；

（三）请求支付抚养费、赡养费或者扶养费；

（四）依法不适用诉讼时效的其他请求权。

2.《最高人民法院关于适用〈中华人民共和国民事诉讼法〉的解释》

第一百七十条　民事诉讼法第一百零六条第三项规定的情况紧急，包括：

（一）需要立即停止侵害、排除妨碍的；

（二）需要立即制止某项行为的；

（三）追索恢复生产、经营急需的保险理赔费的；

（四）需要立即返还社会保险金、社会救助资金的；

（五）不立即返还款项，将严重影响权利人生活和生产经营的。

第二百三十七条　【修理、重作、更换或者恢复原状请求权】 造成不动产或者动产毁损的，权利人可以依法请求修理、重作、更换或者恢复原状。

【条文理解与适用】

一、本条的缘由

本条在《物权法》第36条的基础上略作文字修改而成。

二、本条规定的主要内容

本条是关于修理、重作、更换或者恢复原状请求权的规定。本条将修理、重作、更换或者恢复原状请求权一并规定为保护物权的方式，根据本条规定，造成不动产或者动产毁损的，权利人可以依法请求修理、重作、更换或者恢复原状。需要明确的是，本条适用的前提在于动产或不动产受到了损害，且标的物尚未灭失。因为如果物已经灭失，则物权的客体已不存在，就不再适用本条，而应当适用本法第238条损害赔偿的规定。

对于修理、重作、更换请求权的行使，权利人应当视具体情况的不同而选择恰当的方式。修理一般取决于标的是否有修复的可能和必要。如果有形财产已被毁损，无法修复，或者虽可修复，但权利人已不需要，或是修理的费用远远大于重作或者更换的费用，则不宜采取修理的方法。重作主要是对于工作生活所必需或具有特殊意义的特定物，在已经无法修复且在市场上无法购买到可替代物时所采取的补救方法。适用更换的情形一般是，被毁损的有形物属于能够被替换的种类物，侵害人可以用自己的或者从市场上购买的相同产品替换被毁损的物品，也可以通过赔偿的方式给予权利人更换与被毁损的物品相同的金钱数额，由权利人自己在市场上购买替代物品。从这个意义上看，更换的责任形式已经接近于损害赔偿的责任形式。

对于恢复原状请求权与修理、重作、更换请求权的关系，理论和实务中存有争议，但可以明确的是，其一，并不是所有的动产和不动产通过修理、重作都可恢复原状；其二，当修理、重作、更换或者恢复原状不能完全弥补特定物的损害，权利人可同时要求赔偿损失。

三、本条规定特别评注

立法例上多将恢复原状规定为物权被侵害后的补救措施。如依《瑞士民法典》第707条的规定：（1）为土地的耕作或居住及饮用水供给所必要的泉、井的水被污染或被引走的，受害人可请求恢复原状；（2）除上述情形外，非因正当的特殊原因，不得请求恢复原状。

对于恢复原状是否属于物权请求权，学界素有争议。反对者认为，由于恢复原状请求权包含请求赔偿的内容，在归责原则上如果适用无过错责任原则，将与损害赔偿请求权适用的过错原则发生冲突而不可调和。[①] 同时，恢复原状在客观上是不可能的，如房屋既毁，即便修复还原，亦已非原物，故恢复原状属于损害赔偿的一种方式，不属于物权请求权。[②] 有学者则认为，确立恢复原状请求权的基础在于承认物权人对恢复原状或价格赔偿有选择权，当毁损物不可替代时，加害人不能直接以金钱赔偿损失，而应当努力修缮。是请求恢复原状还是请求赔偿损失，主动权在于物权人。因此，恢复原状应当作为一项独立的物权请求权，这对于保护物权具有重要的意义。[③]

需要注意的是，将修理、重作、更换与恢复原状并列规定的这种方式未见其

---

① 尹田：《论物权请求权的制度价值——兼评〈中国物权法草案建议稿〉的相关规定》，载《法律科学》2001年第4期。

② 崔建远：《物权法》，中国人民大学出版社2014年版，第119页。

③ 杨立新：《物权法》，中国人民大学出版社2016年版，第31页。

他立法例，为我国自《民法通则》[1] 以来的做法的延续。立法者如此设计，旨在为权利人在保护方式上提供更加充分的选择，体现物尽其用的立法导向，引导人们树立创建节约型社会的法律意识。

【关联规范】

《民法典》

第一百七十九条　承担民事责任的方式主要有：

（一）停止侵害；

（二）排除妨碍；

（三）消除危险；

（四）返还财产；

（五）恢复原状；

（六）修理、重作、更换；

（七）继续履行；

（八）赔偿损失；

（九）支付违约金；

（十）消除影响、恢复名誉；

（十一）赔礼道歉。

法律规定惩罚性赔偿的，依照其规定。

本条规定的承担民事责任的方式，可以单独适用，也可以合并适用。

第二百三十八条　【物权损害赔偿请求权】侵害物权，造成权利人损害的，权利人可以依法请求损害赔偿，也可以依法请求承担其他民事责任。

【条文理解与适用】

一、本条的缘由

本条在《物权法》第37条以及《民法通则》第117条第3款“受害人因此遭受其他重大损失的，侵害人并应当赔偿损失”的基础上略作文字修改而成。

---

[1] 已于2021年1月1日失效。

二、本条规定的主要内容

本条是对损害赔偿和其他民事责任请求权的规定。根据本条规定，侵害物权，造成权利人损害的，权利人可以依法请求损害赔偿，也可以依法请求承担其他民事责任。适用本条需要把握行使损害赔偿请求权的条件：其一，需要具有损害事实。侵害物权，造成权利人损害，是行使损害赔偿请求权的前提。其二，侵害物权的行为与损害结果之间应当具有因果关系。一般认为，这种因果关系应属于相当因果关系，即应当以一般人能够认知和预见的情形以及行为人的特别认知、预见的情形为判断基础，如果一般理性人可以预见或者行为人自身可以预见的，就认为满足了相当因果关系的要件。① 相当因果关系，包括直接因果关系和间接因果关系。直接因果关系是指侵害行为必然引起侵害物权结果，间接原因虽然对侵害结果也起到直接作用，但其原因力比直接原因弱，与侵害物权的结果较远而形成间接因果关系。但不论是直接因果关系还是间接因果关系，都应当承担相应的损害赔偿责任。其三，无过错则无责任。一般而言，侵害物权需要加害人主观具有过错。过错既包括故意，也包括过失，在我国司法实践中，判断行为人是否有过错，通常会以行为人是否按照一个谨慎、理性的人那样行为或不行为为标准。

三、本条规定特别评注

损害赔偿也是保护物权的一种方式。《德国民法典》第989条即规定了诉讼拘束发生后的损害赔偿："占有人自诉讼拘束发生时起，因其过失致物毁损、灭失或者由于其他原因致不能返还其物而造成的损害，对所有权人负其责任。"损害赔偿请求权的性质为债权请求权。从大陆法系各地的立法例来看，多把损害赔偿置于债法中规定。为了将物权保护方式体系化，我国《民法典》本条延续了《物权法》的规定。

【关联规范】

《民法典》

第一百七十九条 承担民事责任的方式主要有：

（一）停止侵害；

（二）排除妨碍；

（三）消除危险；

① 可参阅杨立新：《侵权损害赔偿》，法律出版社2010年版，第99~102页。

（四）返还财产；
（五）恢复原状；
（六）修理、重作、更换；
（七）继续履行；
（八）赔偿损失；
（九）支付违约金；
（十）消除影响、恢复名誉；
（十一）赔礼道歉。
法律规定惩罚性赔偿的，依照其规定。
本条规定的承担民事责任的方式，可以单独适用，也可以合并适用。

第二百三十九条　【物权保护方式的单用和并用】本章规定的物权保护方式，可以单独适用，也可以根据权利被侵害的情形合并适用。

【条文理解与适用】

一、本条的缘由

本条在《物权法》第38条基础上修改而成。相较于《物权法》第38条，《民法典》本条删除了《物权法》第38条第2款的“侵害物权，除承担民事责任外，违反行政管理规定的，依法承担行政责任；构成犯罪的，依法追究刑事责任”。

二、本条规定的主要内容

本条是对以上物权保护方式适用做出的说明。从保护物权的实际出发，本节对侵害或妨害物权的行为规定了返还原物，消除危险，排除妨害，修理、重作、更换，恢复原状，损害赔偿等责任方式。同时，相对应地赋予权利人请求权。根据本条规定，不同的请求权可以单独适用，也可以合并适用。其中，合并适用实质上是对请求权聚合的规定。请求权聚合，是指行为人实施某一侵权行为，违反两个或两个以上法律规范，构成并承担两个或两个以上法律责任，相应地，受害人享有两个或者两个以上的请求权，可以根据实际情况同时提起不同的物权请求权或债权请求权，使行为人同时承担不同的民事责任。

在诸种保护方式中，除请求确认物权必须以诉讼方式向法院或向有权确认物权的国家机关提出外，其余请求均既可以向侵权人提出，也可以由物权人以诉讼的方式向法院提出。当这些请求以诉讼方式向法院提出时，分别为确认之诉、物权之诉、债权之诉。其中，请求确认物权，以在法律上重新明确物权人享有的权利为目的，属于确认之诉中的一种；请求返还原物、请求排除妨害和预防妨害和以回复物权为目的，属于给付之诉中的一类独立诉讼——物权之诉；请求赔偿损失，以请求损害赔偿之债的债务人履行债务为目的，属于给付之诉中的另一类诉讼——债权之诉中的一种诉讼。

三、本条规定特别评注

法律为权利人在物权受到侵害时提供了各种救济方式，同时权利人可以选择适用其中一种或几种救济方式，以最全面地保障自己的合法利益。当然，尽管权利人可以选择不同的请求权，但不同的请求权根据性质和构成要件的不同应当具体选择适用不同的情形。例如，物权请求权不完全适用诉讼时效，而损害赔偿请求权则适用诉讼时效，一旦诉讼时效经过，就难以和物权请求权合并行使。再如，在物已灭失的情形下，就不得再请求修理或者重作、返还；侵害物权而应承担损害赔偿责任的，加害人主观上一般需要具有过错，行为人对物及物权若尽到善良管理人的义务，并有法定排除责任的事由，权利人则不能适用请求权聚合。

此外，与《物权法》第 38 条规定相比，《民法典》本条删除了对于民事责任、行政责任和刑事责任聚合的规定。这主要是考虑到民法作为私法，应仅规定当事人承担的民事责任。为保证各部门法各司其职，加强民法适用的专业性，对侵害物权还应承担行政和刑事责任的，留待相应部门法具体规定和解决，不再作引致性规定。

【关联规范】

《民法典》

第一百七十九条 承担民事责任的方式主要有：

（一）停止侵害；

（二）排除妨碍；

（三）消除危险；

（四）返还财产；

（五）恢复原状；

（六）修理、重作、更换；

（七）继续履行；

（八）赔偿损失；

（九）支付违约金；

（十）消除影响、恢复名誉；

（十一）赔礼道歉。

法律规定惩罚性赔偿的，依照其规定。

本条规定的承担民事责任的方式，可以单独适用，也可以合并适用。

第二分编　所有权

第四章　一般规定

【本章导读】

所有权是所有权人对自己的不动产或者动产依照法律规定所享有的全面的支配权，即对其所有物享有的占有、使用、收益和处分的权利。所有权是物权的核心和基础，用益物权、担保物权等他物权都是在所有权的基础上产生的。本编共分六章对所有权予以规定。其中，第四章是关于所有权的一般规定，紧接着第五章则根据所有权的不同主体，将所有权分为国家所有权、集体所有权和私人所有权，物权法对这些不同主体的所有权实行平等保护，这是物权法确定的合法财产平等一体保护的原则的要求。值得注意的是，物权法把容易发生权利冲突的几组关系，即建筑物区分所有权、相邻关系以及共有作为彼此并列的单独章节（分别为第六章、第七章、第八章），对于这几个方面涉及的权利义务关系予以高度关注。本编第九章在前述章节有关所有权内容的基础上，对于所有权取得中的特殊问题予以特别规定，涉及善意取得制度以及遗失物、漂流物、埋藏物等所有权的归属确定问题。

本章作为所有权的开篇章，用了6条（第240～245条），对所有权的定义及基本内容，所有权人设定他物权，专属于国家所有的动产和不动产，征收、征用，以及耕地特殊保护等作了规定。特别需要注意的是，本章在征用的条件中增加了“疫情防控”的内容，以因应2020年全球暴发新冠肺炎疫情的情形，强调了在疫情防控中为集中物力战胜疫情，紧急征用私人不动产和动产的必要性。

第二百四十条　【所有权的定义】所有权人对自己的不动产或者动产，依法享有占有、使用、收益和处分的权利。

【条文理解与适用】

一、本条的缘由

本条源于《物权法》第39条。

二、本条规定的主要内容

本条是对所有权的定义及基本内容的规定。所有权作为一般的支配权，是用益物权、担保物权等他物权的源泉。与所有权不同，他物权仅在使用、收益上于一定范围内对物具有支配权。根据本条规定，占有、使用、收益、处分为所有权的权能。所谓占有，是指对于财产的实际管领或控制。占有是对物进行利用处分的前提，也是所有权人享有物权最直接的体现。使用，是指权利主体对财产的运用，发挥财产的使用价值。收益，是指通过对财产的占有、使用等取得经济效益。处分，是指财产所有人对其财产在事实上和法律上的最终处置。

对于所有权的权能，传统民法理论还认为，所有权的权能可以分为积极权能和消极权能。积极权能，是指所有人对物的支配，本条所列举的占有、使用、收益、处分即积极权能的体现。消极权能，指所有权人在法律限制内，有排除他人干涉的权利。我国《民法典》物权编也规定了任何人不得侵犯物权，此即所有权消极权能的体现。

三、本条规定特别评注

立法例上对于所有权的定义主要有抽象概括主义和具体列举主义两种模式。抽象概括主义是指不直接规定所有权的定义、具体列举所有权的权能，而是从积极方面和消极方面规定所有人对物有为使用、收益、处分等各种行为的权利，以及禁止他人对所有人之物为侵夺、妨害或者干扰行为。在立法例上，《德国民法典》《瑞士民法典》等被认为采用的是抽象概括主义的法技术，如《德国民法典》第903条规定，以不违反法律和第三人的权力为限，物的所有人得随意处分其物，并排除他人的任意干涉。具体列举主义是指在定义所有权时，列举所有人对于其物的使用、收益和处分等各项权利，明确规定所有权的权能。就域外立法例而言，《法国民法典》《日本民法典》《意大利民法典》采用的就是具体列举主义方式界定所有权。如法国就规定，“所有权是指，以完全绝对的方式，享有与处分物的权利，但法律或条例禁止的使用除外”。

需要注意的是，尽管《民法典》本条规定延续自《民法通则》以来的规制模式，规定所有权具有占有、使用、收益、处分这四项权能，但这不代表所有权是占有、使用、收益和处分等各种权能在量上的总和。所有权是一个整体的权利，所有权人对标的物享有统一的支配力，即使个别权能因设置负担无法行使，也不影响所有权的性质。当在动产或不动产上设置用益物权或是担保物权时，不是对所有权的分割，而是创设了一种新的物权。

第二百四十一条　【所有权人设立他物权】所有权人有权在自己的不动产或者动产上设立用益物权和担保物权。用益物权人、担保物权人行使权利，不得损害所有权人的权益。

【条文理解与适用】

一、本条的缘由

本条源于《物权法》第40条。

二、本条规定的主要内容

本条是对所有权人设定他物权的规定。所有权是唯一的完全物权，也是其他物权的本源和基础。用益物权和担保物权的行使，都须以所有权的存在为前提，只有先存在所有权，才能派生出他物权。所有权人在所有物上为他人设定用益物权或是担保物权也是行使所有权的具体体现。用益物权和担保物权都是对他人的物进行利用，因此也合称为他物权。相较于所有权完整地拥有占有、使用、收益、处分的四项权能，用益物权和担保物权都只能拥有其中一种或是几种权能，因此他物权也被称为限制物权。

根据本条规定，所有权人有权在自己的不动产或者动产上设立用益物权和担保物权，但用益物权人、担保物权人行使权利，不得损害所有权人的权益。首先，所有权人能够在所有物上设定他物权，实际是确认了所有权权能可以根据所有权人的意志与所有权发生分离，这种分离同样是所有权人行使所有权，实现对物的支配，进而达到物尽其用的方式，体现了所有权人的意志，也是现代市场经济条件下所有权发展的必然趋势。就分离方式而言，他物权有法定他物权和意定他物权两种，可以通过法律规定取得（如留置权），也可以通过与所有权人约定取得（如地役权、抵押权等），本条规定的是通过后者取得他物权的方式。

其次，在所有权人设定用益物权和担保物权后，他物权优先于所有权行使，所有权人不得阻碍他物权人行使法律限制内的权能，当然他物权人亦不得损害所有权人的利益。这既体现在他物权人不得超越设定权利的权限支配标的物，且应依据标的物的性质和用途妥善使用，不得损害所有权人的合法利益，也体现在用益物权在期限届满或者担保物权在债权实现后，他物权人应将标的物返还所有权人或者涂销权利，以恢复所有权人对标的物的全面支配状态。如果因他物权人行使他物权而损害所有权人利益的，他物权人可能承担侵权责任、违约责任或是不当得利返还责任。

三、本条规定特别评注

在现代社会对物的所有和利用的关系中，无论大陆法系的民法还是英美法系的财产法，均强调对物的利用。因此，用益物权和担保物权在物权法中越来越重要，物的有效利用成为立法关注的中心。为适应我国市场经济发展的不同需求，用益物权和担保物权体系可能会出现新的物权类型，如商业实践中出现的不动产质押、让与担保、特殊抵押等，如何对待这些新的他物权类型，构建我国的用益物权和担保物权体系，也是《民法典》编纂过程中颇具争议的问题。

【关联规范】

《土地管理法》

第十条　国有土地和农民集体所有的土地，可以依法确定给单位或者个人使用。使用土地的单位和个人，有保护、管理和合理利用土地的义务。

第二百四十二条　【国家专有】法律规定专属于国家所有的不动产和动产，任何组织或者个人不能取得所有权。

【条文理解与适用】

一、本条的缘由

本条在《物权法》第 41 条的基础上修改而成。主要是将带有行政色彩的“任何单位和个人不能取得所有权”修改为了“任何组织或者个人不能取得所有权”，规范了私权主体的称谓。

二、本条规定的主要内容

本条是关于国家对于特定动产和不动产享有专有权的规定。我国实行以公有制为主体，多种所有制经济共同发展的基本经济制度。公有制即代表着全民所有或是国家所有。我国《宪法》第 9 条第 1 款规定，“矿藏、水流、森林、山岭、草原、荒地、滩涂等自然资源，都属于国家所有，即全民所有；由法律规定属于集体所有的森林和山岭、草原、荒地、滩涂除外”；第 10 条规定，“城市的土地属于国家所有。农村和城市郊区的土地，除由法律规定属于国家所有的以外，属于集体所有；宅基地和自留地、自留山，也属于集体所有……任何组织或者个人不得侵占、买卖或者以其他形式非法转让土地”；第 12 条规定，“社会主义的公共财产神圣不可侵犯。国家保护社会主义的公共财产。禁止任何组织或者个人用任何手段侵占或者破坏国家的和集体的财产”。这都体现出国家对一些重要财产和资源实行专有，不允许其他任何组织和个人取得所有权。在此基础上，《土地管理法》《森林法》《草原法》等对主要自然资源的权属进行了明确规定，《民法典》作为私法也进一步强调规定专属国家所有的财产，任何组织或者个人不能取得所有权。在《民法典》物权编明确保护国家所有权，其主要目的在于对国家所有权进行更加全面的保护，防止出现土地等自然资源和其他资源私有化的问题。

三、本条规定特别评注

对于矿产资源、水、文物等资源，许多国家和地区都以法律明文规定属于国家专有，如《智利民法典》第 591 条规定，即使矿藏的土地表层为社团或私人所有，国家仍为所有金矿、银矿、铜矿、汞矿、锡矿、宝石矿及其他化石的所有人。《墨西哥民法典》也规定矿藏以及特定条件下的水归国家所有。

国家取得专有财产无需遵守一般的物权变动公示方式，且国家专有的财产属于禁止流通物，如果当事人就这些财产订立转移所有权的合同，应属无效行为。需要说明的是，国家专有是指任何组织和个人不能对专属国家所有的财产取得所有权，但这并不意味着组织和个人不能利用这些财产，更不意味着这些财产不能参与到民事交易中来。恰恰相反，国家通过设定用益物权或者准物权等途径，可以使组织或者个人取得对国有财产的使用权，如土地承包经营权、建设用地使用权等，从而实现国家所有权。

第二百四十三条　【征收】为了公共利益的需要，依照法律规定的权限和程序可以征收集体所有的土地和组织、个人的房屋以及其他不动产。

征收集体所有的土地，应当依法及时足额支付土地补偿费、安置补助费以及农村村民住宅、其他地上附着物和青苗等的补偿费用，并安排被征地农民的社会保障费用，保障被征地农民的生活，维护被征地农民的合法权益。

征收组织、个人的房屋以及其他不动产，应当依法给予征收补偿，维护被征收人的合法权益；征收个人住宅的，还应当保障被征收人的居住条件。

任何组织或者个人不得贪污、挪用、私分、截留、拖欠征收补偿费等费用。

【条文理解与适用】

一、本条的缘由

本条源于《物权法》第42条。相较于《物权法》第42条，《民法典》本条在措辞和对被征收人的保护上予以更明确的规定，以“组织”代替了“单位”的称谓，同时在第2款增添了应“及时”足额支付土地补偿费和对“农村村民住宅”予以补偿的规定，第3款以“应当依法给予征收补偿”代替了“应当依法给予拆迁补偿”的说法。

二、本条规定的主要内容

本条是对国家为公共利益征收集体或私人财产的规定。为使政府顺利完成其社会公共管理的职能，各国和地区法律多赋予政府征收私有财产的权力。但由于政府征收会导致私有财产的丧失，会对所有权人造成损害，因此征收虽然是被许可的行为，但为防止政府滥用征收措施损害个人的利益，各国和地区法律都对政府的征收行为进行严格控制。

首先，进行征收必须是为了公共利益的需要。公共利益的内容本身在法律上是一个弹性条款，具有不确定性和一定程度上的开放性特点。一般认为，公共利益是有关国家安全、促进国民经济和社会发展等涉及社会多数人的利益，但在不同领域内、不同情形下，公共利益的内涵并不相同。① 基于此，尽管有学者主张公共利益的说法过于抽象，应当明确界定，但立法者经反复研究，没有在《民法典》物权编对公共利益予以统一的具体界定，而是分别由《土地管理法》《城市房地产管理法》等单行法律规定。

其次，对于征收的对象，本条限定在了土地、房屋等不动产。这是因为动产一般都有很多替代物品，政府无需通过征收的方式取得。由于我国实行土地的社会主义公有制，即土地归国家所有或者集体所有，因此征收的对象限于集体的土地以及组织或者个人的房屋或其他不动产。

---

① 王利明：《物权法研究》（上下卷），中国人民大学出版社2016年版，第406页。

再次，征收需要有严格的法定程序，明确征收、征用的条件和程序有利于弥补公共利益认定模糊的缺陷。《国有土地上房屋征收与补偿条例》规定了征收的程序，包括确定公共利益的程序、征收决定的作出程序、补偿方案制定程序、强制搬迁程序、争议解决机制以及救济程序等，以保障征收和拆迁的有序进行，切实保护被征收人的合法权益。

最后，征收后必须依法作出补偿。即便是为了公共利益，也不能毫无对价地剥夺私有财产，因此本条第 2 款和第 3 款分别对征收土地和房屋后的补偿作出规定。就世界各国和地区的实践做法来看，关于征收的补偿标准，存在各种不同的补偿模式。对于我国的补偿标准，有学者认为应采用合理补偿的方式，即权衡公益的需要，参考当事人的财产状况给予适当的补偿数额。① 现实生活中，存在一些征收机关不及时给予补偿或补偿金额太低，远低于征收标的的现象，对此，《民法典》又特别强调了对被征收人补偿的及时性以及增添了对农村村民住宅的补偿，扩大了补偿范围，以更好地保护被征收人的利益。同时，行政机关依法征收、征用私人财产，是行使行政职权的行政行为，如果自然人、法人或者其他组织认为行政机关未依法征收、征用，或者征收、征用未予补偿、补偿不到位，可以通过提起行政诉讼维护自己的合法权益。

关于征收补偿款的落实问题。现实中，有时征收后补偿款不能落实到位，不仅拖欠征收款的情况常有发生，而且存在补偿款被个别政府或者组织、个人以各种名义截留，甚至被贪污、挪用、私分的现象。对此，本条重申“任何组织和个人不得贪污、挪用、私分、截留、拖欠征收补偿费等费用”。

三、本条规定特别评注

2004 年 3 月通过的宪法修正案明确规定：“国家为了公共利益的需要，可以依照法律规定对土地实行征收或者征用并给予补偿。”这是宪法为了更好地处理私有财产保护与公共利益需要之间的关系而确立的我国征收、征用制度。在我国，除《宪法》外，对于土地征收进行规定的法律还有《土地管理法》和《城市房地产管理法》等。

【关联规范】

1. **《民法典》**

第一百一十七条 为了公共利益的需要，依照法律规定的权限和程序征收、

① 王利明：《物权法研究》（上下卷），中国人民大学出版社 2016 年版，第 410 页。

征用不动产或者动产的，应当给予公平、合理的补偿。

2.《土地管理法》

第二条　中华人民共和国实行土地的社会主义公有制，即全民所有制和劳动群众集体所有制。

全民所有，即国家所有土地的所有权由国务院代表国家行使。

任何单位和个人不得侵占、买卖或者以其他形式非法转让土地。土地使用权可以依法转让。

国家为了公共利益的需要，可以依法对土地实行征收或者征用并给予补偿。

国家依法实行国有土地有偿使用制度。但是，国家在法律规定的范围内划拨国有土地使用权的除外。

第四十六条　征收下列土地的，由国务院批准：

（一）永久基本农田；

（二）永久基本农田以外的耕地超过三十五公顷的；

（三）其他土地超过七十公顷的。

征收前款规定以外的土地的，由省、自治区、直辖市人民政府批准。

征收农用地的，应当依照本法第四十四条的规定先行办理农用地转用审批。其中，经国务院批准农用地转用的，同时办理征地审批手续，不再另行办理征地审批；经省、自治区、直辖市人民政府在征地批准权限内批准农用地转用的，同时办理征地审批手续，不再另行办理征地审批，超过征地批准权限的，应当依照本条第一款的规定另行办理征地审批。

第四十七条　国家征收土地的，依照法定程序批准后，由县级以上地方人民政府予以公告并组织实施。

县级以上地方人民政府拟申请征收土地的，应当开展拟征收土地现状调查和社会稳定风险评估，并将征收范围、土地现状、征收目的、补偿标准、安置方式和社会保障等在拟征收土地所在的乡（镇）和村、村民小组范围内公告至少三十日，听取被征地的农村集体经济组织及其成员、村民委员会和其他利害关系人的意见。

多数被征地的农村集体经济组织成员认为征地补偿安置方案不符合法律、法规规定的，县级以上地方人民政府应当组织召开听证会，并根据法律、法规的规定和听证会情况修改方案。

拟征收土地的所有权人、使用权人应当在公告规定期限内，持不动产权属证明材料办理补偿登记。县级以上地方人民政府应当组织有关部门测算并落实有关费用，保证足额到位，与拟征收土地的所有权人、使用权人就补偿、安置等签订协议；个别确实难以达成协议的，应当在申请征收土地时如实说明。

相关前期工作完成后，县级以上地方人民政府方可申请征收土地。

第四十八条 征收土地应当给予公平、合理的补偿，保障被征地农民原有生活水平不降低、长远生计有保障。

征收土地应当依法及时足额支付土地补偿费、安置补助费以及农村村民住宅、其他地上附着物和青苗等的补偿费用，并安排被征地农民的社会保障费用。

征收农用地的土地补偿费、安置补助费标准由省、自治区、直辖市通过制定公布区片综合地价确定。制定区片综合地价应当综合考虑土地原用途、土地资源条件、土地产值、土地区位、土地供求关系、人口以及经济社会发展水平等因素，并至少每三年调整或者重新公布一次。

征收农用地以外的其他土地、地上附着物和青苗等的补偿标准，由省、自治区、直辖市制定。对其中的农村村民住宅，应当按照先补偿后搬迁、居住条件有改善的原则，尊重农村村民意愿，采取重新安排宅基地建房、提供安置房或者货币补偿等方式给予公平、合理的补偿，并对因征收造成的搬迁、临时安置等费用予以补偿，保障农村村民居住的权利和合法的住房财产权益。

县级以上地方人民政府应当将被征地农民纳入相应的养老等社会保障体系。被征地农民的社会保障费用主要用于符合条件的被征地农民的养老保险等社会保险缴费补贴。被征地农民社会保障费用的筹集、管理和使用办法，由省、自治区、直辖市制定。

第四十九条 被征地的农村集体经济组织应当将征收土地的补偿费用的收支状况向本集体经济组织的成员公布，接受监督。

禁止侵占、挪用被征收土地单位的征地补偿费用和其他有关费用。

3. **《城市房地产管理法》**

第六条 为了公共利益的需要，国家可以征收国有土地上单位和个人的房屋，并依法给予拆迁补偿，维护被征收人的合法权益；征收个人住宅的，还应当保障被征收人的居住条件。具体办法由国务院规定。

第九条 城市规划区内的集体所有的土地，经依法征收转为国有土地后，该幅国有土地的使用权方可有偿出让，但法律另有规定的除外。

4. **《行政诉讼法》**

第十二条 人民法院受理公民、法人或者其他组织提起的下列诉讼：

……

（十一）认为行政机关不依法履行、未按照约定履行或者违法变更、解除政府特许经营协议、土地房屋征收补偿协议等协议的；

……

5.《国有土地上房屋征收与补偿条例》

第一条 为了规范国有土地上房屋征收与补偿活动，维护公共利益，保障被征收房屋所有权人的合法权益，制定本条例。

第二条 为了公共利益的需要，征收国有土地上单位、个人的房屋，应当对被征收房屋所有权人（以下称被征收人）给予公平补偿。

第三条 房屋征收与补偿应当遵循决策民主、程序正当、结果公开的原则。

第二百四十四条 【保护耕地与禁止违法征地】 国家对耕地实行特殊保护，严格限制农用地转为建设用地，控制建设用地总量。不得违反法律规定的权限和程序征收集体所有的土地。

【条文理解与适用】

一、本条的缘由

本条源于《物权法》第43条。

二、本条规定的主要内容

本条是关于保护耕地、禁止违法征地的规定。耕地是国家宝贵的自然资源。根据本条规定，国家对耕地实行特殊保护，应当严格限制农用地转化为建设用地，控制建设用地总量。适用本条应当注意下列三个方面：

首先，国家实行耕地总量控制。我国《土地管理法》第30条第1款即规定“国家保护耕地，严格控制耕地转为非耕地”。省、自治区、直辖市人民政府应当严格执行土地利用总体规划和土地利用年度计划，采取措施，确保本行政区域内耕地总量不减少；耕地总量减少的，由国务院责令在规定期限内组织开垦与所减少耕地的数量与质量相当的耕地，并由国务院土地行政主管部门会同农业行政主管部门验收。个别省、直辖市确因土地后备资源匮乏，新增建设用地后，新开垦耕地的数量不足以补偿所占用耕地的数量的，必须报经国务院批准减免本行政区域内开垦耕地的数量，进行易地开垦。

其次，国家严格保护基本农田，实行占用耕地补偿制度。国家基本农田是指根据一定时期人口和国民经济对农产品的需求以及对建设用地的预测而确定的在土地利用总体规划期内未经国务院批准不得占用的耕地。基本农田如国务院确定的粮、棉、油生产基地内的耕地，有良好的水利与水土保持设施的耕地，正在实施改造计划以及可以改造的中、低产田、蔬菜生产基地，等等。非农业建设经批准占用耕地的，应当按照“占多少，垦多少”的原则，由占用耕地的组织负责开垦与所占用耕地的数量和质量相当的耕地。

最后，要将农业用地改为建设用地，必须进行严格的审批程序。本条第2句规定了不得违反法律规定的权限和程序征收集体所有的土地。法律对征收的限制主要体现在征收的依据、程序以及对征收土地的补偿上。征收土地必须是为了社会公共利益的需要。征收必须依法取得批准。在征收后，必须依法对被征地单位进行补偿。对于征收过程，必须向社会公开，接受社会的监督。建设占用土地涉及农用地转为建设用地的，应当办理农用地转用审批手续。省、自治区、直辖市人民政府批准的道路、管线工程和大型基础设施建设项目、国务院批准的建设项目占用土地，涉及农用地转为建设用地的，由国务院批准。在土地利用总体规划确定的城市和村庄、集镇建设用地规模范围内，为实施该规划而将农用地转为建设用地的，按土地利用年度计划分批次由原批准土地利用总体规划的机关批准。在已批准的农用地转用范围内，具体建设项目用地可以由市、县人民政府批准。其他建设项目占用土地，涉及农用地转为建设用地的，由省、自治区、直辖市人民政府批准。

三、本条规定特别评注

珍惜、合理利用土地和切实保护耕地是我国的基本国策。各级人民政府应当采取措施，全面规划，严格管理，保护、开发土地资源，制止非法占用耕地的行为。我国《宪法》《土地管理法》等有关法律法规一直坚持节约土地、保护耕地的立场，本条规定是这一立场在私法领域的具体体现。

【关联规范】

《土地管理法》

第三十条 国家保护耕地，严格控制耕地转为非耕地。

国家实行占用耕地补偿制度。非农业建设经批准占用耕地的，按照“占多少，垦多少”的原则，由占用耕地的单位负责开垦与所占用耕地的数量和质量相当的耕地；没有条件开垦或者开垦的耕地不符合要求的，应当按照省、自治区、直辖市的规定缴纳耕地开垦费，专款用于开垦新的耕地。

省、自治区、直辖市人民政府应当制定开垦耕地计划，监督占用耕地的单位按照计划开垦耕地或者按照计划组织开垦耕地，并进行验收。

第三十一条 县级以上地方人民政府可以要求占用耕地的单位将所占用耕地耕作层的土壤用于新开垦耕地、劣质地或者其他耕地的土壤改良。

第三十二条 省、自治区、直辖市人民政府应当严格执行土地利用总体规划和土地利用年度计划，采取措施，确保本行政区域内耕地总量不减少、质量不降低。耕地总量减少的，由国务院责令在规定期限内组织开垦与所减少耕地的数量与质量相当的耕地；耕地质量降低的，由国务院责令在规定期限内组织整治。新开垦和整治的耕地由国务院自然资源主管部门会同农业农村主管部门验收。

个别省、直辖市确因土地后备资源匮乏，新增建设用地后，新开垦耕地的数量不足以补偿所占用耕地的数量的，必须报经国务院批准减免本行政区域内开垦耕地的数量，易地开垦数量和质量相当的耕地。

第三十三条　国家实行永久基本农田保护制度。下列耕地应当根据土地利用总体规划划为永久基本农田，实行严格保护：

（一）经国务院农业农村主管部门或者县级以上地方人民政府批准确定的粮、棉、油、糖等重要农产品生产基地内的耕地；

（二）有良好的水利与水土保持设施的耕地，正在实施改造计划以及可以改造的中、低产田和已建成的高标准农田；

（三）蔬菜生产基地；

（四）农业科研、教学试验田；

（五）国务院规定应当划为永久基本农田的其他耕地。

各省、自治区、直辖市划定的永久基本农田一般应当占本行政区域内耕地的百分之八十以上，具体比例由国务院根据各省、自治区、直辖市耕地实际情况规定。

第三十六条　各级人民政府应当采取措施，引导因地制宜轮作休耕，改良土壤，提高地力，维护排灌工程设施，防止土地荒漠化、盐渍化、水土流失和土壤污染。

第三十七条　非农业建设必须节约使用土地，可以利用荒地的，不得占用耕地；可以利用劣地的，不得占用好地。

禁止占用耕地建窑、建坟或者擅自在耕地上建房、挖砂、采石、采矿、取土等。

禁止占用永久基本农田发展林果业和挖塘养鱼。

第三十八条　禁止任何单位和个人闲置、荒芜耕地。已经办理审批手续的非农业建设占用耕地，一年内不用而又可以耕种并收获的，应当由原耕种该幅耕地的集体或者个人恢复耕种，也可以由用地单位组织耕种；一年以上未动工建设的，应当按照省、自治区、直辖市的规定缴纳闲置费；连续二年未使用的，经原批准机关批准，由县级以上人民政府无偿收回用地单位的土地使用权；该幅土地原为农民集体所有的，应当交由原农村集体经济组织恢复耕种。

在城市规划区范围内，以出让方式取得土地使用权进行房地产开发的闲置土地，依照《中华人民共和国城市房地产管理法》的有关规定办理。

第三十九条 国家鼓励单位和个人按照土地利用总体规划，在保护和改善生态环境、防止水土流失和土地荒漠化的前提下，开发未利用的土地；适宜开发为农用地的，应当优先开发成农用地。

国家依法保护开发者的合法权益。

第四十条 开垦未利用的土地，必须经过科学论证和评估，在土地利用总体规划划定的可开垦的区域内，经依法批准后进行。禁止毁坏森林、草原开垦耕地，禁止围湖造田和侵占江河滩地。

根据土地利用总体规划，对破坏生态环境开垦、围垦的土地，有计划有步骤地退耕还林、还牧、还湖。

第四十一条 开发未确定使用权的国有荒山、荒地、荒滩从事种植业、林业、畜牧业、渔业生产的，经县级以上人民政府依法批准，可以确定给开发单位或者个人长期使用。

第四十二条 国家鼓励土地整理。县、乡（镇）人民政府应当组织农村集体经济组织，按照土地利用总体规划，对田、水、路、林、村综合整治，提高耕地质量，增加有效耕地面积，改善农业生产条件和生态环境。

地方各级人民政府应当采取措施，改造中、低产田，整治闲散地和废弃地。

第四十三条 因挖损、塌陷、压占等造成土地破坏，用地单位和个人应当按照国家有关规定负责复垦；没有条件复垦或者复垦不符合要求的，应当缴纳土地复垦费，专项用于土地复垦。复垦的土地应当优先用于农业。

第二百四十五条 【征用】 因抢险救灾、疫情防控等紧急需要，依照法律规定的权限和程序可以征用组织、个人的不动产或者动产。被征用的不动产或者动产使用后，应当返还被征用人。组织、个人的不动产或者动产被征用或者征用后毁损、灭失的，应当给予补偿。

【条文理解与适用】

一、本条的缘由

本条在《物权法》第44条的基础上修改而成。相较于《物权法》第44条，本条以“组织”代替了“单位”的称谓，同时在征用条件中加入了“疫情防控”的情形。

二、本条规定的主要内容

本条是对于国家征用的规定。征用是国家强制使用组织、个人的财产。这里的强制使用，是指不必得到所有权人的同意，在国家有紧急需要时即直接使用。根据本条规定，国家征用组织、个人的不动产和动产的原因，是抢险救灾、疫情防控等在社会整体利益遭遇危机、有紧急需要的情况。在此种情况下法律许可征用组织和个人的财产。组织、个人的不动产或者动产被征用或者征用后毁损、灭失的，应当给予补偿。

征收和征用都是通过法定权限和程序对组织和个人财产所有权的一种限制。因为两者对财产的限制不同，所以在适用的情形、对象以及法律效果方面均有不同。

首先，两者的适用情形不同。征收是基于公共利益的需要，征用则强调适用的紧急性，是基于抢险救灾、疫情防控等紧急需要。需要注意的是，相较于《物权法》第44条，《民法典》本条在征用条件中增加了“疫情防控”的情形。2020年全球暴发的新冠肺炎疫情直接威胁人民的生命财产安全。这次疫情让立法者意识到，在疫情防控下为集中物力战胜疫情，紧急征用私人不动产和动产具有必要性，故本条将“疫情防控”作为紧急需要的一种情形明确予以列举。

其次，两者的适用对象也不同。征收主要适用于不动产，而动产因为一般具有替代物，征收并非取得所有权的唯一方式，所以征收往往不适用于动产；征用的对象不仅包括不动产，也包括动产。

最后，两者的法律效果也不同。征收的法律后果是国家取得所有权，所有权自人民政府的征收决定生效时即发生转移；而征用的法律后果则是国家取得使用权，在紧急情况消失后，国家应当将财产返还组织或者个人。

因为征收和征用的不同特征，对于征用动产或不动产后，给予被征用人的补偿也不同。征用不剥夺被征用人的所有权，因此被征用的不动产或者动产使用后，应当返还被征用人。与征收的补偿是对标的物的价值进行合理补偿不同，征用补偿则主要考虑被征用人所受到的损失，征用只有在标的物灭失或损坏时，才基于标的物的价值给予合理补偿。

三、本条规定特别评注

我国2004年通过的宪法修正案明确规定：“国家为了公共利益的需要，可以依照法律规定对土地实行征收或者征用，并给予补偿。”我国此前的法律法规对征收、征用不加区分，把国家强制取得公民和法人的财产权的行为称为“征用”。

宪法修正案对征收和征用概念作了区别规定，恢复了这两个概念的应有含义。征收、征用在一定程度上限制了组织和个人的私有财产权，故必须依照法律规定的程序进行征用，防止征用制度的滥用，以平衡公共利益需要同私有财产保护之间的关系。

【关联规范】

《民法典》

第一百一十七条　为了公共利益的需要，依照法律规定的权限和程序征收、征用不动产或者动产的，应当给予公平、合理的补偿。

第五章　国家所有权和集体所有权、私人所有权

【本章导读】

公有制为主体、多种所有制经济共同发展的基本经济制度，是中国特色社会主义制度的重要支柱，也是社会主义市场经济体制的根基。公有制的地位决定了物权法有必要对国家所有权和集体所有权进行规定，一则反映所有制关系和满足现存财产关系的需要，二则廓清国家所有权和集体所有权的具体权利归属，稳定有关财产关系。因此，尽管我们强调对于所有权的平等保护，但也对有些财产在客体、取得方法、保护方法等方面的特殊性加以反映。而且，平等保护与物权法中对国家所有权和集体所有权作出专门规定并不矛盾。

本章共 25 条（第 246～270 条），对国家所有权、集体所有权和私人所有权作了规定。所有权是所有制在法律上的表现，是物权的核心和制度基础，物权编全面、准确地体现我国的基本经济制度，对国家所有权、集体所有权和私人所有权进行相应的规定，这是物权编具有中国特色的反映。其中，国家所有权部分的条文内容主要涉及矿藏、水流、海域、无居民海岛、无线电频谱资源、国防资产的归属，土地的归属，森林、山岭、草原、荒地、滩涂等自然资源的归属，野生动植物资源、文物的归属；铁路、公路、电力设施、电信设施和油气管道等基础设施的归属；国有资产的管理及法律保护等；集体所有权部分的条文内容主要涉及集体所有权的客体范围，集体所有权的行使，集体所有的财产的法律保护等；私人所有权部分的条文内容主要涉及私人合法财产的范围，私人合法财产的法律保护，营利法人以及营利法人以外的法人的权利，以及社会团体法人、捐助法人的财产受法律保护的问题。

第二百四十六条　【国家所有权】法律规定属于国家所有的财产，属于国家所有即全民所有。

国有财产由国务院代表国家行使所有权。法律另有规定的，依照其规定。

【条文理解与适用】

一、本条的缘由

本条在《物权法》第45条的基础上略作标点修改而成。

二、本条规定的主要内容

本条是关于国有财产范围、国家所有权的性质和国家所有权行使的规定。在我国，依所有制将财产所有权分为国家、集体和个人所有权三种形态。国家所有权，是指国家对国有财产的占有、使用、收益和处分的权利，是全民所有制在法律上的体现。

本条首先对国有财产的范围进行了概括性规定，明确法律规定属于国家所有的财产，属于国家所有即全民所有。这里的“法律”，包括依据宪法、法律、行政法规。例如，《民法典》第247条至第254条即明确规定矿藏、水流、海域、无线电频谱资源、城市的土地、国防资产等属于国家所有；法律规定属于国家所有的铁路、公路、电力设施、电信设施和油气管道等基础设施、文物、农村和城市郊区的土地、野生动植物资源，属于国家所有；除法律规定属于集体所有的外，森林、山岭、草原、荒地、滩涂等自然资源，属于国家所有。

我国是社会主义国家，依《宪法》第9条第1款规定，矿藏、水流等自然资源，都属于国家所有，即全民所有。本条进一步与宪法相衔接，明确了国家所有即全民所有的性质。

我国《土地管理法》《矿产资源法》《草原法》等法律，均明确规定由国务院代表国家行使所有权。“国家”“全民”是空泛的概念，更多地体现了象征意义，难以具体实施对国家所有权的管理。本条确认国务院作为我国最高的行政机关代表国家行使所有权，从法律上确认了除国务院外的任何部门和地方任何一级政府都不能成为国家所有权的主体，保障了由国务院统一行使国家所有权，体现了国家所有权行使的统一性。需要注意的是，根据本条规定，对于国家所有权问题，现行法律、行政法规没有明确规定的，可以在制定或者修改有关法律时作出具体规定。

三、本条规定特别评注

《民法典》规定由国务院代表行使国家所有权，与我国现行的管理体制相一致，目的在于坚持和完善我国公有制为主体、多种所有制经济共同发展的基本经济制度，保障公有制经济的巩固和发展，鼓励、支持和引导非公有制经济的发展，保护国家的、集体的、私人的合法权益。

【关联规范】

《土地管理法》

第二条　中华人民共和国实行土地的社会主义公有制，即全民所有制和劳动群众集体所有制。

全民所有，即国家所有土地的所有权由国务院代表国家行使。

任何单位和个人不得侵占、买卖或者以其他形式非法转让土地。土地使用权可以依法转让。

国家为了公共利益的需要，可以依法对土地实行征收或者征用并给予补偿。

国家依法实行国有土地有偿使用制度。但是，国家在法律规定的范围内划拨国有土地使用权的除外。

第二百四十七条　【矿藏、水流和海域的国家所有权】矿藏、水流、海域属于国家所有。

【条文理解与适用】

一、本条的缘由

本条源于《物权法》第 46 条。

二、本条规定的主要内容

本条是对矿藏、水流、海域所有权等归属的规定。根据本条规定，矿藏、水流、海域等自然资源属于国家所有。

矿藏是指矿产资源，即存在于地壳内部或者地表的，由地质作用形成的，在特定的技术条件下能够被探明和开采利用的，呈固态、液态或气态的自然资源。矿藏由国家所有，任何组织和个人未经允许都不得私自开采。国家对于矿藏所有权的利用可以依法由国家机关组织开采，也可以依法由其他组织和个人采挖。其他组织和个人想要勘查、开采矿产资源，必须依法申请、经批准取得探矿权、采矿权，并办理登记。依照规定，民事主体可以依法取得开发和经营矿藏的权利，其性质为采矿权。采矿权是一种他物权，民事主体享有采矿权不影响国家对矿藏的所有权，采矿权期限届满后，民事主体应将矿藏返还国家。

水流是对江、河等的统称。我国《水法》第 2 条第 2 款规定：“本法所称水资源，包括地表水和地下水。”第 3 条规定：“水资源属于国家所有。水资源的所有权由国务院代表国家行使。农村集体经济组织的水塘和由农村集体经济组织修建管理的水库中的水，归各该农村集体经济组织使用。”水流是我国最宝贵的自然资源之一，是实现可持续发展的重要物质基础。只有严格依照宪法的规定，坚持水流属于国家所有，即全民所有，才能保障我国水资源的合理开发、利用、节约、保护，满足各方面对水资源日益增长的需求，适应国民经济和社会发展的需要。

海域，是指中华人民共和国内水、领海的水面、水体、海床和底土。这是一个空间资源的概念，是对传统民法中“物”的概念的延伸与发展。《海域使用管理法》第 2 条第 1 款、第 2 款规定：“本法所称海域，是指中华人民共和国内水、领海的水面、水体、海床和底土。本法所称内水，是指中华人民共和国领海基线向陆地一侧至海岸线的海域。”第 3 条规定，海域属于国家所有，国务院代表国家行使海域所有权。任何单位或者个人不得侵占、买卖或者以其他形式非法转让海域。因此，任何组织或者个人使用海域，必须依法取得海域使用权。

三、本条规定特别评注

作为自然资源的重要组成部分，矿藏、水流、海域在国家经济社会发展中具有极其重要的地位。对于重要的自然资源，许多国家和地区都以法律明文规定属于国家所有，如《智利民法典》第 591 条规定，即使矿藏的土地表层为社团或私人所有，国家仍为所有金矿、银矿、铜矿、汞矿、锡矿、宝石矿及其他化石的所有人。《墨西哥民法典》也规定矿藏以及特定条件下的水归国家所有。对于这些重要的自然资源，我国《宪法》已经明确规定国家享有所有权。如《宪法》第 9 条第 1 款规定：“矿藏、水流、森林、山岭、草原、荒地、滩涂等自然资源，都属于国家所有，即全民所有；由法律规定属于集体所有的森林和山岭、草原、荒地、滩涂除外。”《民法典》及《矿产资源法》《水法》《海域使用管理法》等相关单行法对此也予以强调。

【关联规范】

1.《矿产资源法》

第三条 矿产资源属于国家所有，由国务院行使国家对矿产资源的所有权。地表或者地下的矿产资源的国家所有权，不因其所依附的土地的所有权或者使用权的不同而改变。

国家保障矿产资源的合理开发利用。禁止任何组织或者个人用任何手段侵占或者破坏矿产资源。各级人民政府必须加强矿产资源的保护工作。

勘查、开采矿产资源，必须依法分别申请、经批准取得探矿权、采矿权，并办理登记；但是，已经依法申请取得采矿权的矿山企业在划定的矿区范围内为本企业的生产而进行的勘查除外。国家保护探矿权和采矿权不受侵犯，保障矿区和勘查作业区的生产秩序、工作秩序不受影响和破坏。

从事矿产资源勘查和开采的，必须符合规定的资质条件。

2.《煤炭法》

第三条 煤炭资源属于国家所有。地表或者地下的煤炭资源的国家所有权，不因其依附的土地的所有权或者使用权的不同而改变。

3.《水法》

第三条 水资源属于国家所有。水资源的所有权由国务院代表国家行使。农村集体经济组织的水塘和由农村集体经济组织修建管理的水库中的水，归各该农村集体经济组织使用。

4.《海域使用管理法》

第三条 海域属于国家所有，国务院代表国家行使海域所有权。任何单位或者个人不得侵占、买卖或者以其他形式非法转让海域。

单位和个人使用海域，必须依法取得海域使用权。

第二百四十八条 【无居民海岛的国家所有权】 无居民海岛属于国家所有，国务院代表国家行使无居民海岛所有权。

【条文理解与适用】

一、本条的缘由

本条是《民法典》的新增条款。

二、本条规定的主要内容

本条明确了无居民海岛的归属。海岛，是指四面环海水并在涨潮时高于水面的自然形成的陆地区域，包括有居民海岛和无居民海岛。根据本条规定，无居民海岛由国家所有，国务院代表国家行使无居民海岛所有权。

根据《宪法》第9条的规定，“矿藏、水流、森林、山岭、草原、荒地、滩涂等自然资源，都属于国家所有，即全民所有；由法律规定属于集体所有的森林和山岭、草原、荒地、滩涂除外”。无居民海岛作为一种自然资源，没有法律特别规定属于集体，因此其应当归属国家。我国《海岛保护法》第4条也强调“无居民海岛属于国家所有，国务院代表国家行使无居民海岛所有权”。

无居民海岛的所有权由国务院代表行使。我国《海岛保护法》第5条第2款对此予以明确规定："国务院海洋主管部门负责全国无居民海岛保护和开发利用的管理工作。沿海县级以上地方人民政府海洋主管部门负责本行政区域内无居民海岛保护和开发利用管理的有关工作。"国务院作为全国最高行政机关，便于代表国家对无居民海岛进行统一支配和使用。

三、本条规定特别评注

本条旨在进一步加强公法和私法的衔接，在私法上也明确无居民海岛的归属，加强对于无居民海岛的管理和利用。需要注意的是，在明确无居民海岛由国家行使所有权的基础上，我国还应加强和完善无居民海岛有偿使用制度。2016年《国务院关于全民所有自然资源资产有偿使用制度改革的指导意见》明确规定，要"明确无居民海岛有偿使用的范围、条件、程序和权利体系，完善无居民海岛使用权出让制度，探索赋予无居民海岛使用权依法转让、出租等权能。研究制定无居民海岛使用权招标、拍卖、挂牌出让有关规定"，从而加强对海岛资源的利用。

【关联规范】

《海岛保护法》

第四条 无居民海岛属于国家所有，国务院代表国家行使无居民海岛所有权。

第五条 国务院海洋主管部门和国务院其他有关部门依照法律和国务院规定的职责分工，负责全国有居民海岛及其周边海域生态保护工作。沿海县级以上地方人民政府海洋主管部门和其他有关部门按照各自的职责，负责本行政区域内有居民海岛及其周边海域生态保护工作。

国务院海洋主管部门负责全国无居民海岛保护和开发利用的管理工作。沿海县级以上地方人民政府海洋主管部门负责本行政区域内无居民海岛保护和开发利用管理的有关工作。

第二十八条 未经批准利用的无居民海岛，应当维持现状；禁止采石、挖海砂、采伐林木以及进行生产、建设、旅游等活动。

第二百四十九条 【国家所有土地的范围】城市的土地，属于国家所有。法律规定属于国家所有的农村和城市郊区的土地，属于国家所有。

【条文理解与适用】

一、本条的缘由

本条源于《物权法》第 47 条。

二、本条规定的主要内容

本条是对国家所有土地范围进行的规定。土地是国家最重要的资源，是所有生产和生活赖以依托的物质基础。土地所有权，是指土地所有者对其所有的土地依法享有的占有、使用、收益和处分的权利。我国实行土地公有制。我国《宪法》《土地管理法》等对土地所有权的归属及范围有明确规定。例如，我国《宪法》第 10 条第 1 款、第 2 款明确规定："城市的土地属于国家所有。农村和城市郊区的土地，除由法律规定属于国家所有的以外，属于集体所有；宅基地和自留地、自留山，也属于集体所有。"《民法典》以私法形式进一步明确土地所有权的归属和范围。根据本条规定，我国土地所有权的权利主体只限于国家和农民集体，私人以及其他主体不得成为土地所有人。具体而言，城市的土地全部由国家所有，除农民集体所有的农村用地外，法律规定的其他国家所有的农村和城市郊区的土地，也归国家所有。

三、本条规定特别评注

因为要保证土地所有权的权利主体不变更，所以无论是在国家和集体之间，还是国家和个人之间，均不得以买卖、赠与、互易等任何形式进行土地所有权的交易，对于国家所有的土地，集体或个人只能通过获得使用权的方式进行利用。这是由我国社会主义国家的性质决定的，是我国维护土地所有权稳定的法律保证措施。

对于土地所有权的范围，许多国家都有相应规定。如 1804 年的《法国民法典》第 552 条规定："土地所有权并包含该地上空和地下的所有权。"这一规定将土地所有人对土地的权利无限延伸，容易导致对国家和社会公共利益的妨害。有鉴于此，《德国民法典》第 905 条规定："土地所有人的权利扩及于地面上的空间和地面下的地层，但所有人不得禁止在其对排除干涉不具有利益的高度或深度范围内进行的干涉。"一般认为，我国土地所有权的范围及于平面和地下。对于地下权益与地上权益不一致的情形，如地下埋藏的文物，并不因文物的归属而改变文物所依附的土地所有权的性质。

【关联规范】

1.《土地管理法》

第二条 中华人民共和国实行土地的社会主义公有制，即全民所有制和劳动群众集体所有制。

全民所有，即国家所有土地的所有权由国务院代表国家行使。

任何单位和个人不得侵占、买卖或者以其他形式非法转让土地。土地使用权可以依法转让。

国家为了公共利益的需要，可以依法对土地实行征收或者征用并给予补偿。

国家依法实行国有土地有偿使用制度。但是，国家在法律规定的范围内划拨国有土地使用权的除外。

第九条 城市市区的土地属于国家所有。

农村和城市郊区的土地，除由法律规定属于国家所有的以外，属于农民集体所有；宅基地和自留地、自留山，属于农民集体所有。

2.《土地管理法实施条例》

第二条 下列土地属于全民所有即国家所有：

（一）城市市区的土地；

（二）农村和城市郊区中已经依法没收、征收、征购为国有的土地；

（三）国家依法征收的土地；

（四）依法不属于集体所有的林地、草地、荒地、滩涂及其他土地；

（五）农村集体经济组织全部成员转为城镇居民的，原属于其成员集体所有的土地；

（六）因国家组织移民、自然灾害等原因，农民成建制地集体迁移后不再使用的原属于迁移农民集体所有的土地。

第二百五十条　【国家所有的自然资源】 森林、山岭、草原、荒地、滩涂等自然资源，属于国家所有，但是法律规定属于集体所有的除外。

【条文理解与适用】

一、本条的缘由

本条源于《物权法》第 48 条。

二、本条规定的主要内容

本条是对森林、山岭、草原、荒地、滩涂等自然资源归属问题的规定。我国《宪法》即明确规定："矿藏、水流、森林、山岭、草原、荒地、滩涂等自然资源，都属于国家所有；由法律规定属于集体所有的森林和山岭、草原、荒地、滩涂除外。"我国相关部门法也强调规定，矿藏、水流的所有权只能归属于国家，森林、山岭、草原、荒地、滩涂既能成为国家所有权的客体，也能成为集体所有权的客体。《民法典》本条从私法角度对此予以衔接性规定。根据本条规定，自然资源的所有权人只能是国家和集体，个人不能享有自然资源的所有权；除集体所有的森林、山岭、草原、荒地、滩涂外，此类自然资源都归国家所有。

需要注意的是，除对所有权归属的原则性规定外，各部门法也单独就每一项自然资源的具体归属情况和相关程序予以详细规定。例如，《森林法》第 14 条规定，森林资源属于国家所有，由法律规定属于集体所有的除外。国家所有的森林资源的所有权由国务院代表国家行使。国务院可以授权国务院自然资源主管部门统一履行国有森林资源所有者职责。第 15 条规定，林地和林地上的森林、林木的所有权、使用权，由不动产登记机构统一登记造册，核发证书。国务院确定的国家重点林区（以下简称重点林区）的森林、林木和林地，由国务院自然资源主管部门负责登记。森林、林木、林地的所有者和使用者的合法权益受法律保护，任何组织和个人不得侵犯。森林、林木、林地的所有者和使用者应当依法保护和合理利用森林、林木、林地，不得非法改变林地用途和毁坏森林、林木、林地。由此可见，森林、山岭、草原、荒地、滩涂等自然资源的所有权人一般为国家，但其他集体经济组织在法律规定的范围内也可以享有所有权，而林木则可以成为个人所有权的客体。

三、本条规定特别评注

森林、山岭、草原、荒地、滩涂等自然资源是土地以外的重要生产资料，是特殊类型的财产，《民法典》本条是从私法的角度予以宣示性衔接规定。

【关联规范】

1.《森林法》

第十四条 森林资源属于国家所有，由法律规定属于集体所有的除外。

国家所有的森林资源的所有权由国务院代表国家行使。国务院可以授权国务院自然资源主管部门统一履行国有森林资源所有者职责。

第十五条 林地和林地上的森林、林木的所有权、使用权，由不动产登记机构统一登记造册，核发证书。国务院确定的国家重点林区（以下简称重点林区）的森林、林木和林地，由国务院自然资源主管部门负责登记。

森林、林木、林地的所有者和使用者的合法权益受法律保护，任何组织和个人不得侵犯。

森林、林木、林地的所有者和使用者应当依法保护和合理利用森林、林木、林地，不得非法改变林地用途和毁坏森林、林木、林地。

2.《草原法》

第九条 草原属于国家所有，由法律规定属于集体所有的除外。国家所有的草原，由国务院代表国家行使所有权。

任何单位或者个人不得侵占、买卖或者以其他形式非法转让草原。

3.《民族区域自治法》

第二十七条 民族自治地方的自治机关根据法律规定，确定本地方内草场和森林的所有权和使用权。

民族自治地方的自治机关保护、建设草原和森林，组织和鼓励植树种草。禁止任何组织或者个人利用任何手段破坏草原和森林。严禁在草原和森林毁草毁林开垦耕地。

4.《森林法实施条例》

第二条 森林资源，包括森林、林木、林地以及依托森林、林木、林地生存的野生动物、植物和微生物。

森林，包括乔木林和竹林。

林木，包括树木和竹子。

林地，包括郁闭度 0.2 以上的乔木林地以及竹林地、灌木林地、疏林地、采伐迹地、火烧迹地、未成林造林地、苗圃地和县级以上人民政府规划的宜林地。

第二百五十一条　【国家所有的野生动植物资源】法律规定属于国家所有的野生动植物资源，属于国家所有。

【条文理解与适用】

一、本条的缘由

本条源于《物权法》第 49 条。

二、本条规定的主要内容

本条是关于法律规定属于国家所有的野生动植物资源专属于国家所有权客体的规定。野生动植物资源也是国家重要的自然资源。根据本条规定，法律规定属于国家所有的野生动植物资源，属于国家所有权的客体。《宪法》第 9 条第 2 款明确规定："国家保障自然资源的合理利用，保护珍贵的动物和植物。禁止任何组织或者个人用任何手段侵占或者破坏自然资源。"《民法典》本条从私法角度对野生动植物资源的归属进行强调规定。

此外，我国对于野生动物和野生植物也有专门的部门法予以保护。例如，对于野生动物和野生植物的概念，根据《野生动物保护法》第 2 条的规定，"野生动物，是指珍贵、濒危的陆生、水生野生动物和有重要生态、科学、社会价值的陆生野生动物"；根据《野生植物保护条例》第 2 条的规定，"野生植物，是指原生地天然生长的珍贵植物和原生地天然生长并具有重要经济、科学研究、文化价值的濒危、稀有植物。药用野生植物和城市园林、自然保护区、风景名胜区内的野生植物的保护，同时适用有关法律、行政法规"。需要注意的是，野生动植资源所有权与野生动植物所有权并不相同。野生动植物资源是一个广义的法律概念，是对所有野生动植物以及野生动植物产品的总称。我国并不排斥集体和个人依法开发、利用野生动物资源时所享有的合法权益。

三、本条规定特别评注

野生动植物是国家宝贵的资源，是人类生产生活的重要物质基础，人类的衣食住行都与其密切相关。同时，野生动植物资源还是重要的战略资源，保存着丰富的遗传基因，为人类的生存与发展提供了广阔的空间。野生动植物资源在国民经济和社会发展中具有非常重要的地位。明确法律规定属于国家所有的野生动植物资源归属国家，既有利于防止其他组织和个人进行滥杀，以保护我国的野生动植物资源，也有利于更加合理地利用野生动植物资源，发挥其科研、经济等价值。

【关联规范】

1.《野生动物保护法》

第二条 在中华人民共和国领域及管辖的其他海域，从事野生动物保护及相关活动，适用本法。

本法规定保护的野生动物，是指珍贵、濒危的陆生、水生野生动物和有重要生态、科学、社会价值的陆生野生动物。

本法规定的野生动物及其制品，是指野生动物的整体（含卵、蛋）、部分及其衍生物。

珍贵、濒危的水生野生动物以外的其他水生野生动物的保护，适用《中华人民共和国渔业法》等有关法律的规定。

第三条 野生动物资源属于国家所有。

国家保障依法从事野生动物科学研究、人工繁育等保护及相关活动的组织和个人的合法权益。

2.《渔业法》

第三十七条 国家对白鳍豚等珍贵、濒危水生野生动物实行重点保护，防止其灭绝。禁止捕杀、伤害国家重点保护的水生野生动物。因科学研究、驯养繁殖、展览或者其他特殊情况，需要捕捞国家重点保护的水生野生动物的，依照《中华人民共和国野生动物保护法》的规定执行。

3.《陆生野生动物保护实施条例》

第二条 本条例所称陆生野生动物，是指依法受保护的珍贵、濒危、有益的和有重要经济、科学研究价值的陆生野生动物（以下简称野生动物）；所称野生动物产品，是指陆生野生动物的任何部分及其衍生物。

4.《水生野生动物保护实施条例》

第二条 本条例所称水生野生动物，是指珍贵、濒危的水生野生动物；所称水生野生动物产品，是指珍贵、濒危的水生野生动物的任何部分及其衍生物。

5.《野生植物保护条例》

第二条 在中华人民共和国境内从事野生植物的保护、发展和利用活动，必须遵守本条例。

本条例所保护的野生植物，是指原生地天然生长的珍贵植物和原生地天然生长并具有重要经济、科学研究、文化价值的濒危、稀有植物。

药用野生植物和城市园林、自然保护区、风景名胜区内的野生植物的保护，同时适用有关法律、行政法规。

第十条 野生植物分为国家重点保护野生植物和地方重点保护野生植物。

国家重点保护野生植物分为国家一级保护野生植物和国家二级保护野生植物。国家重点保护野生植物名录，由国务院林业行政主管部门、农业行政主管部门（以下简称国务院野生植物行政主管部门）商国务院环境保护、建设等有关部门制定，报国务院批准公布。

地方重点保护野生植物，是指国家重点保护野生植物以外，由省、自治区、直辖市保护的野生植物。地方重点保护野生植物名录，由省、自治区、直辖市人民政府制定并公布，报国务院备案。

第二百五十二条 【无线电频谱资源的国家所有权】 无线电频谱资源属于国家所有。

【条文理解与适用】

一、本条的缘由

本条源于《物权法》第50条。

二、本条规定的主要内容

本条是对无线电频谱资源所有权归属的规定。无线电频率是自然界存在的一种电磁波，是一种看不见、摸不着的有限的自然资源。国务院和中央军委颁布的《无线电管理条例》第1条规定："为了加强无线电管理，维护空中电波秩序，有效开发、利用无线电频谱资源，保证各种无线电业务的正常进行，制定本条例。"第3条规定："无线电频谱资源属于国家所有。国家对无线电频谱资源实行统一规划、合理开发、有偿使用的原则。"按照《民法典》本条和《无线电管理条例》的规定，无线电频谱只能成为国家所有权的客体，不能成为集体所有权和个人所有权的客体。无线电频谱资源的所有权属于国家，国务院代表国家行使所有权，其他集体组织或者个人在符合法律规定的条件下在一定范围内享有使用权。

三、本条规定特别评注

随着科技的发展，新的财产形态，如计算机网络、无线电频谱资源的作用为人们所认识并得到开发和利用。特别是随着近年来无线电事业的发展，无线电技术广泛应用于国民经济各个领域，确定无线电频谱资源的国家专有对于保护频谱资源十分必要。法律规定无线频谱资源属于国家所有，有利于保证各种无线电业务的正常运行，防止各种无线电业务、无线电台站和系统之间的相互干扰，从而更充分、合理、有效地利用无线电频谱资源。

【关联规范】

《无线电管理条例》

第三条 无线电频谱资源属于国家所有。国家对无线电频谱资源实行统一规划、合理开发、有偿使用的原则。

第二百五十三条 【国家所有的文物的范围】 法律规定属于国家所有的文物，属于国家所有。

【条文理解与适用】

一、本条的缘由

本条源于《物权法》第51条。

二、本条规定的主要内容

本条是关于文物所有权归属的规定。根据本条规定，法律规定属于国家所有的文物由国家所有。由此可见，并非所有的文物都由国家所有。《文物保护法》第5条规定，中华人民共和国境内地下、内水和领海中遗存的一切文物，属于国家所有。古文化遗址、古墓葬、石窟寺属于国家所有。国家指定保护的纪念建筑物、古建筑、石刻、壁画、近代现代代表性建筑等不可移动文物，除国家另有规定的以外，属于国家所有。国有不可移动文物的所有权不因其所依附的土地所有权的改变而改变。下列可移动文物，属于国家所有：（1）中国境内出土的文物，国家另有规定的除外；（2）国有文物收藏单位以及其他国家机关、部队和国有企业、事业单位等收藏、保管的文物；（3）国家征集、购买的文物；（4）公民、法人和其他组织捐赠给国家的文物；（5）法律规定属于国家所有的其他文物。属于国家所有的可移动文物的所有权不因其保管、收藏单位的终止或者变更而改变。国有文物所有权受法律保护，不容侵犯。

除法律规定应当由国家所有的文物外，《宪法》第13条第1款规定："公民的合法的私有财产不受侵犯。"《文物保护法》第6条规定："属于集体所有和私人所有的纪念建筑物、古建筑和祖传文物以及依法取得的其他文物，其所有权受法律保护。文物的所有者必须遵守国家有关文物保护的法律、法规的规定。"可见，对于一些由集体或个人祖传文物以及依法取得的其他文物等，其他民事主体也可以依法成为文物的所有权人。但即便文物归个人所有，一切机关、组织和个人都有依法保护文物的义务。在文物进行交易流转或是物权转让时，应首先确定该文物是否属于国家所有。如果是法律规定由国家所有的文物，则属于国家规定的禁止流通物，转让合同无效；如不属于，则应当严格按照《文物保护法》和有关文物保护的法律、法规规定进行流转交易。

三、本条规定特别评注

文物属于国家重要的自然资源。鉴于文物的特殊价值性，《民法典》规定法律规定属于国家所有的文物，由国家取得所有权，即其他组织和个人不能成为这些文物的所有权人。部分文物的国家所有可以确保文物的安全。加强对文物的保护，有利于开展科学研究工作，继承我国优秀的历史文化遗产。

根据《文物保护法》第2条的规定，在中华人民共和国境内，下列文物受国家保护：（1）具有历史、艺术、科学价值的古文化遗址、古墓葬、古建筑、石窟寺和石刻、壁画；（2）与重大历史事件、革命活动或者著名人物有关的以及具有重要纪念意义、教育意义或者史料价值的近代现代重要史迹、实物、代表性建筑；（3）历史上各时代珍贵的艺术品、工艺美术品；（4）历史上各时代重要的文献资料以及具有历史、艺术、科学价值的书稿和图书资料；（5）反映历史上各时代、各民族社会制度、社会生产、社会生活的代表性实物。具有科学价值的古脊椎动物化石和古人类化石同文物一样受国家保护。这一规定界定了受国家保护的文物的范围。

【关联规范】

《文物保护法》

第五条　中华人民共和国境内地下、内水和领海中遗存的一切文物，属于国家所有。

古文化遗址、古墓葬、石窟寺属于国家所有。国家指定保护的纪念建筑物、古建筑、石刻、壁画、近代现代代表性建筑等不可移动文物，除国家另有规定的以外，属于国家所有。

国有不可移动文物的所有权不因其所依附的土地所有权或者使用权的改变而改变。

下列可移动文物，属于国家所有：

（一）中国境内出土的文物，国家另有规定的除外；

（二）国有文物收藏单位以及其他国家机关、部队和国有企业、事业组织等收藏、保管的文物；

（三）国家征集、购买的文物；

（四）公民、法人和其他组织捐赠给国家的文物；

（五）法律规定属于国家所有的其他文物。

属于国家所有的可移动文物的所有权不因其保管、收藏单位的终止或者变更而改变。

国有文物所有权受法律保护，不容侵犯。

第二百五十四条　【国防资产、基础设施的国家所有权】国防资产属于国家所有。

铁路、公路、电力设施、电信设施和油气管道等基础设施，依照法律规定为国家所有的，属于国家所有。

【条文理解与适用】

一、本条的缘由

本条源于《物权法》第52条。

二、本条规定的主要内容

本条是对国防资产的国家所有权和属于国家所有的基础设施的规定。本条第1款规定了国防资产归国家所有。根据《国防法》第40条第1款的规定，国家为武装力量建设、国防科研生产和其他国防建设直接投入的资金、划拨使用的土地等资源，以及由此形成的用于国防目的的武器装备和设备设施、物资器材、技术成果等属于国防资产。《国防法》第42条第1款规定，国家保护国防资产不受侵害，保障国防资产的安全、完整和有效。

本条第2款规定了铁路、公路等基础设施，如法律规定应为国家所有的，应当属于国家所有权的客体。当然，随着市场经济的发展，基础设施资源的主体也逐渐多元化。如《电力法》第13条规定，电力投资者对其投资形成的电力，享有法定权益。并网运行的，电力投资者有优先使用权；未并网的自备电厂，电力投资者自行支配使用。关于电信设施，对应当属于国有的铁路、公路、电力设施、电信设施和油气管道等基础设施，按照国家所有权原则处理；除此以外，对应当属于其他投资主体的，按照“谁投资，谁受益”的原则处理。

三、本条规定特别评注

国防资产是保障国家安全的重要资源，因此必须将其所有权把握在国家手中，由国务院代表国家行使所有权。

铁路、公路、电力设施、电信设施和油气管道等基础设施都是直接关系国计民生的重要的基础设施，是关系国民经济命脉和国家安全的重要资源，因此法律规定为国家所有的，也应当由国家取得所有权。

【关联规范】

1. **《国防法》**

第四十条　国家为武装力量建设、国防科研生产和其他国防建设直接投入的资金、划拨使用的土地等资源，以及由此形成的用于国防目的的武器装备和设备设施、物资器材、技术成果等属于国防资产。

国防资产属于国家所有。

2. **《铁路法》**

第二条　本法所称铁路，包括国家铁路、地方铁路、专用铁路和铁路专用线。

国家铁路是指由国务院铁路主管部门管理的铁路。

地方铁路是指由地方人民政府管理的铁路。

专用铁路是指由企业或者其他单位管理，专为本企业或者本单位内部提供运输服务的铁路。

铁路专用线是指由企业或者其他单位管理的与国家铁路或者其他铁路线路接轨的岔线。

3. **《石油天然气管道保护法》**

第三条　本法所称石油包括原油和成品油，所称天然气包括天然气、煤层气和煤制气。

本法所称管道包括管道及管道附属设施。

第五十八条　本法所称管道附属设施包括：

（一）管道的加压站、加热站、计量站、集油站、集气站、输油站、输气站、配气站、处理场、清管站、阀室、阀井、放空设施、油库、储气库、装卸栈桥、装卸场；

（二）管道的水工防护设施、防风设施、防雷设施、抗震设施、通信设施、安全监控设施、电力设施、管堤、管桥以及管道专用涵洞、隧道等穿跨越设施；

（三）管道的阴极保护站、阴极保护测试桩、阳极地床、杂散电流排流站等防腐设施；

（四）管道穿越铁路、公路的检漏装置；

（五）管道的其他附属设施。

第二百五十五条　【国家机关的物权】国家机关对其直接支配的不动产和动产，享有占有、使用以及依照法律和国务院的有关规定处分的权利。

【条文理解与适用】

一、本条的缘由

本条源于《物权法》第53条的规定。

二、本条规定的主要内容

国家机关，包括各级国家权力机关、政府机关、审判机关、检察机关等。我国《民法典》第97条规定，有独立经费的机关和承担行政职能的法定机构从成立之日起，具有机关法人资格，可以从事为履行职能所需要的民事活动。国家机关所直接支配的国有财产，是国家机关正常开展工作所必备的条件。根据本条规定，国家机关对其直接支配的国有财产可以依法占有、使用以及依法处分。理解本条应把握以下三个方面：

首先，国家机关只是被国家授权具体支配财产的主体，可以享有所有权人的部分权利，但其并非直接支配不动产或各动产的所有权人，只有国家才对国有财产享有所有权。

其次，凡是国家机关直接支配的财产，都应当是国有财产。国家机关对其直接支配的国有财产享有的权利，必须由法律和国务院的相关规定确定。特别需要注意的是，根据本条规定，国家机关对其直接支配的财产享有占有、使用和依法处分的权利，而没有收益权，因此，除非法律或行政法规规定，否则国家机关不能利用国有财产从中获取利益，这是由国家机关的职能和这类国家财产的本质属性决定的。

最后，国家机关虽然对其直接支配的动产、不动产享有占有、使用的权利，但其处分权却明显受到限制，国家机关对这部分财产行使处分权必须有相关法律和行政法规的规定作为依据。

三、本条规定特别评注

国家所有作为我国一种重要的所有制形式，也必然要参与到我国的民事生活中，发挥相应的国家所有权的功能。由于《民法典》的本质属于私法范畴，因此尽管国家财产所有权和国家行政权常常难以分开，国家所有权的行使也常常借助国家机关行使行政权的形式实现，但本条规定对国家财产所有权的保护仍然是突出其作为民事权利的特点，即所有权人的占有、使用以及依法处分的权利。

【关联规范】

《民法典》

第九十六条　本节规定的机关法人、农村集体经济组织法人、城镇农村的合作经济组织法人、基层群众性自治组织法人，为特别法人。

第九十七条　有独立经费的机关和承担行政职能的法定机构从成立之日起，具有机关法人资格，可以从事为履行职能所需要的民事活动。

第九十八条　机关法人被撤销的，法人终止，其民事权利和义务由继任的机关法人享有和承担；没有继任的机关法人的，由作出撤销决定的机关法人享有和承担。

第二百五十六条　【国家举办的事业单位的物权】国家举办的事业单位对其直接支配的不动产和动产，享有占有、使用以及依照法律和国务院的有关规定收益、处分的权利。

【条文理解与适用】

一、本条的缘由

本条源于《物权法》第54条。

二、本条规定的主要内容

本条是对国家举办的事业单位对其直接支配的财产的权利的规定。《民法典》第58条第1款、第2款规定："法人应当依法成立。法人应当有自己的名称、组织机构、住所、财产或者经费。法人成立的具体条件和程序，依照法律、行政法规的规定。"国家举办的事业单位，是指国家通过财政划拨或者行政划拨的方式动用国有财产开办的事业单位。国有事业单位的财产也是国有资产的重要组成部分。理解本条应把握两个方面：其一，国家举办的事业单位可直接支配的财产不属于事业单位所有，而属于国家所有；其二，根据本条规定，国家举办的事业单位对其直接支配的动产和不动产享有占有、使用等物权权利，但对其支配的动产和不动产进行收益或是处分，须有法律和行政法规的规定作为依据。

三、本条规定特别评注

对于国家举办的事业单位直接支配的财产的性质，一方面，行政事业性国有财产不投入商品生产经营，而投入公共产品生产，在性质上属于非经营性国有资产；另一方面，由于国家举办的事业单位与国家机关的性质不同，国家举办的事业单位在一定条件下可以通过特定的创收活动而获得非经营性财产，在一定意义上又具有市场配置的性质，因此相较于前一条中国家机关所直接支配的不动产或是动产，事业单位直接支配的财产其性质更为复杂。

相较于国家机关而言，本条赋予国家举办的事业单位一定的自主支配权，可以依照法律规定以出租等方式取得收益，同时通过出卖、互易等方式进行处分，这有利于充分调动事业单位的积极性和责任感，更好地利用和发挥国家财产的效用。

【关联规范】

1. **《民法典》**

第八十七条 为公益目的或者其他非营利目的成立，不向出资人、设立人或者会员分配所取得利润的法人，为非营利法人。

非营利法人包括事业单位、社会团体、基金会、社会服务机构等。

第八十八条 具备法人条件，为适应经济社会发展需要，提供公益服务设立的事业单位，经依法登记成立，取得事业单位法人资格；依法不需要办理法人登记的，从成立之日起，具有事业单位法人资格。

第八十九条 事业单位法人设理事会的，除法律另有规定外，理事会为其决策机构。事业单位法人的法定代表人依照法律、行政法规或者法人章程的规定产生。

2. **《事业单位登记管理暂行条例》**

第六条 申请事业单位法人登记，应当具备下列条件：

（一）经审批机关批准设立；

（二）有自己的名称、组织机构和场所；

（三）有与其业务活动相适应的从业人员；

（四）有与其业务活动相适应的经费来源；

（五）能够独立承担民事责任。

第七条　申请事业单位法人登记，应当向登记管理机关提交下列文件：

（一）登记申请书；

（二）审批机关的批准文件；

（三）场所使用权证明；

（四）经费来源证明；

（五）其他有关证明文件。

第二百五十七条　【国有企业出资人制度】 国家出资的企业，由国务院、地方人民政府依照法律、行政法规规定分别代表国家履行出资人职责，享有出资人权益。

【条文理解与适用】

一、本条的缘由

本条源于《物权法》第55条。

二、本条规定的主要内容

本条是关于国有企业出资人制度的规定。国家出资的企业，即国有企业，是指国家以各种形式的投资所形成的企业，主要包括：（1）资产完全归国家所有，不具有公司形态的企业法人；（2）国有全资公司，即国有资产投资主体单独投资设立的有限责任公司；（3）国有控股企业，即国有资产投资主体参与投资，居于控股地位而设立的公司；（4）国有参股企业，即国有资产投资主体参与投资，不居控股地位而设立的公司；（5）中外合资经营企业，即国有资产投资主体与外商在中国境内共同投资设立的企业；（6）中外合作经营企业，即国有资产投资主体与外商在中国境内共同投资设立的契约式企业。根据本条规定，国有企业由国务院、地方人民政府依法代表国家履行出资人职责，享有出资人收益。

理解本条应把握两个方面：其一，国家是国有企业的出资人，国务院与地方人民政府都只是分别代表国家履行出资人职责，享有出资人权益。其中，履行出资人职责，是指政府作为出资人，应保证资金到位、尊重企业经营者的经营自主权。享有出资人收益，是指按照股权份额享有收益权，参与企业重大事项决策权和选聘企业经营管理层的权利。其二，国务院和地方人民政府代表不同的国家出资企业。国务院代表的应当是对关系国民经济命脉和国家安全的大型国有及国有控股、国有参股企业，重要基础设施和重要自然资源等领域的国有及国有控股、国有参股企业，履行出资人职责。地方人民政府（即省、自治区、直辖市人民政府和设区的市、自治州级人民政府）分别代表国家对由国务院履行出资人职责以外的国有及国有控股、国有参股企业，履行出资人职责。

三、本条规定特别评注

国有企业是我国国民经济的支柱。为调动中央和地方人民政府的积极性，应当根据法律和行政法规的规定，由国务院和地方人民政府分别代表国家履行出资人职责，享有出资人权益，如资产收益、重大决策以及选择经营管理者等，以加强对国有资产的管理，确保国有资产保值增值。

【关联规范】

1. **《公司法》**

第六十四条 国有独资公司的设立和组织机构，适用本节规定；本节没有规定的，适用本章第一节、第二节的规定。

本法所称国有独资公司，是指国家单独出资、由国务院或者地方人民政府授权本级人民政府国有资产监督管理机构履行出资人职责的有限责任公司。

第六十五条 国有独资公司章程由国有资产监督管理机构制定，或者由董事会制订报国有资产监督管理机构批准。

2. **《企业国有资产法》**

第一条 为了维护国家基本经济制度，巩固和发展国有经济，加强对国有资产的保护，发挥国有经济在国民经济中的主导作用，促进社会主义市场经济发展，制定本法。

第二条 本法所称企业国有资产（以下称国有资产），是指国家对企业各种形式的出资所形成的权益。

第三条 国有资产属于国家所有即全民所有。国务院代表国家行使国有资产所有权。

第四条 国务院和地方人民政府依照法律、行政法规的规定，分别代表国家对国家出资企业履行出资人职责，享有出资人权益。

国务院确定的关系国民经济命脉和国家安全的大型国家出资企业，重要基础设施和重要自然资源等领域的国家出资企业，由国务院代表国家履行出资人职责。其他的国家出资企业，由地方人民政府代表国家履行出资人职责。

第五条 本法所称国家出资企业，是指国家出资的国有独资企业、国有独资公司，以及国有资本控股公司、国有资本参股公司。

第六条 国务院和地方人民政府应当按照政企分开、社会公共管理职能与国有资产出资人职能分开、不干预企业依法自主经营的原则，依法履行出资人职责。

3.《企业国有资产监督管理暂行条例》

第三条　本条例所称企业国有资产，是指国家对企业各种形式的投资和投资所形成的权益，以及依法认定为国家所有的其他权益。

第四条　企业国有资产属于国家所有。国家实行由国务院和地方人民政府分别代表国家履行出资人职责，享有所有者权益，权利、义务和责任相统一，管资产和管人、管事相结合的国有资产管理体制。

第五条　国务院代表国家对关系国民经济命脉和国家安全的大型国有及国有控股、国有参股企业，重要基础设施和重要自然资源等领域的国有及国有控股、国有参股企业，履行出资人职责。国务院履行出资人职责的企业，由国务院确定、公布。

省、自治区、直辖市人民政府和设区的市、自治州级人民政府分别代表国家对由国务院履行出资人职责以外的国有及国有控股、国有参股企业，履行出资人职责。其中，省、自治区、直辖市人民政府履行出资人职责的国有及国有控股、国有参股企业，由省、自治区、直辖市人民政府确定、公布，并报国务院国有资产监督管理机构备案；其他由设区的市、自治州级人民政府履行出资人职责的国有及国有控股、国有参股企业，由设区的市、自治州级人民政府确定、公布，并报省、自治区、直辖市人民政府国有资产监督管理机构备案。

国务院，省、自治区、直辖市人民政府，设区的市、自治州级人民政府履行出资人职责的企业，以下统称所出资企业。

第六条　国务院，省、自治区、直辖市人民政府，设区的市、自治州级人民政府，分别设立国有资产监督管理机构。国有资产监督管理机构根据授权，依法履行出资人职责，依法对企业国有资产进行监督管理。

企业国有资产较少的设区的市、自治州，经省、自治区、直辖市人民政府批准，可以不单独设立国有资产监督管理机构。

第七条　各级人民政府应当严格执行国有资产管理法律、法规，坚持政府的社会公共管理职能与国有资产出资人职能分开，坚持政企分开，实行所有权与经营权分离。

国有资产监督管理机构不行使政府的社会公共管理职能，政府其他机构、部门不履行企业国有资产出资人职责。

第二十一条　国有资产监督管理机构依照法定程序决定其所出资企业中的国有独资企业、国有独资公司的分立、合并、破产、解散、增减资本、发行公司债券等重大事项。其中，重要的国有独资企业、国有独资公司分立、合并、破产、解散的，应当由国有资产监督管理机构审核后，报本级人民政府批准。

国有资产监督管理机构依照法定程序审核、决定国防科技工业领域其所出资企业中的国有独资企业、国有独资公司的有关重大事项时，按照国家有关法律、规定执行。

第二十二条 国有资产监督管理机构依照公司法的规定，派出股东代表、董事，参加国有控股的公司、国有参股的公司的股东会、董事会。

国有控股的公司、国有参股的公司的股东会、董事会决定公司的分立、合并、破产、解散、增减资本、发行公司债券、任免企业负责人等重大事项时，国有资产监督管理机构派出的股东代表、董事，应当按照国有资产监督管理机构的指示发表意见、行使表决权。

国有资产监督管理机构派出的股东代表、董事，应当将其履行职责的有关情况及时向国有资产监督管理机构报告。

第二十三条 国有资产监督管理机构决定其所出资企业的国有股权转让。其中，转让全部国有股权或者转让部分国有股权致使国家不再拥有控股地位的，报本级人民政府批准。

第二十四条 所出资企业投资设立的重要子企业的重大事项，需由所出资企业报国有资产监督管理机构批准的，管理办法由国务院国有资产监督管理机构另行制定，报国务院批准。

第二十五条 国有资产监督管理机构依照国家有关规定组织协调所出资企业中的国有独资企业、国有独资公司的兼并破产工作，并配合有关部门做好企业下岗职工安置等工作。

第二十六条 国有资产监督管理机构依照国家有关规定拟订所出资企业收入分配制度改革的指导意见，调控所出资企业工资分配的总体水平。

第二十九条 国有资产监督管理机构依照国家有关规定，负责企业国有资产的产权界定、产权登记、资产评估监管、清产核资、资产统计、综合评价等基础管理工作。

国有资产监督管理机构协调其所出资企业之间的企业国有资产产权纠纷。

第二百五十八条 【国有财产的保护】 国家所有的财产受法律保护，禁止任何组织或者个人侵占、哄抢、私分、截留、破坏。

【条文理解与适用】

一、本条的缘由

本条在《物权法》第56条规定的基础上略作文字修改而成。

二、本条规定的主要内容

本条是关于保护国家财产所有权的禁止性的规定。理解本条规定，应把握下列两个方面：

首先，本条中的国家所有的财产，不仅包括国家拥有所有权的财产，而且包括国家依法投入企业的动产和不动产。同时，国家的财政收入、外汇储备和其他国有资金也属于国家所有的财产。

其次，对于侵犯国家财产所有权的形式，本条列举了侵占、哄抢、私分、截留、破坏。所谓侵占，是指以非法占有为目的，未经国家的授权或者有权单位的同意而占有国家财产。所谓哄抢，是指以非法占有为目的抢夺国有财产。所谓私分，是指未经有权部门的批准而将国有财产分配给个人或者组织所有。所谓截留，是指将本应上交国家的利税和其他财物以各种借口少交或者不交。侵占、哄抢、私分、截留、破坏国有财产的，应当承担返还原物、恢复原状、赔偿损失等民事责任。

三、本条规定特别评注

国有财产是国家经济、政治、文化、社会发展的物质基础。我国《宪法》第12条明确规定："社会主义的公共财产神圣不可侵犯。国家保护社会主义的公共财产。禁止任何组织或者个人用任何手段侵占或者破坏国家的和集体的财产。"对于国有财产的保护应否受《民法典》规制，在《物权法》制定时就存在理论上的争议。有学者认为私法的调整对象是平等主体之间的关系，因此其保护的对象也应限定在民法财产的范畴内，一些根本不进入民事领域的国有财产就不应该成为私法规定的对象。[①] 依这一观点，也不应当将国家所有权规定在《民法典》物权编中。最终，《民法典》物权编延续了《物权法》的设计，根据《宪法》关于保护公共财产的规定，为防止国有财产流失，进而巩固和发展公有制经济，除在公法上的规制外，从私法的角度加大了对国有资产的保护力度，规定了相关条文与有关国有资产监管的法律相衔接。

---

① 朱岩、高圣平、陈鑫：《中国物权法评注》，北京大学出版社2007年版，第232页。

第二百五十九条　【国有财产管理法律责任】履行国有财产管理、监督职责的机构及其工作人员，应当依法加强对国有财产的管理、监督，促进国有财产保值增值，防止国有财产损失；滥用职权，玩忽职守，造成国有财产损失的，应当依法承担法律责任。

违反国有财产管理规定，在企业改制、合并分立、关联交易等过程中，低价转让、合谋私分、擅自担保或者以其他方式造成国有财产损失的，应当依法承担法律责任。

【条文理解与适用】

一、本条的缘由

本条源于《物权法》第 57 条。

二、本条规定的主要内容

本条是关于国有财产管理法律责任的规定。本条第 1 款主要是明确规定履行国有财产管理、监督职责的机构及其工作人员应当依法切实履行职责，其指向的是特定主体，即国有财产管理、监督机构及其工作人员。其中，履行国有财产管理、监督职责的机构，是指依据 2003 年 3 月第十届全国人大一次会议通过的决议，在中央、省级、市（地）级三级即国务院，省、自治区、直辖市人民政府，设区的市、自治州人民政府专门设立的国有资产监督管理机构，工作人员则是专指上述机构的工作人员。

本条第 1 款中规定的法律责任，是指国有财产管理、监督机构及其工作人员的责任。如果工作人员滥用职权，玩忽职守，造成国有财产损失，不仅要承担民事责任，还可能承担刑事责任和行政责任。

需要注意的是，本条第 2 款中规定的责任主体并不限于国有财产管理、监督机构及其工作人员，而是包括国有财产管理、监督机构及其工作人员、国家出资的企业的负责人及其工作人员以及其他实施了本款规定的行为的人员。同时，本款采取列举的方式具体规定了几种具有普遍性的违反国有财产管理规定的方式，以示警醒。在此基础上，以“以其他方式造成国有财产损失的”作为概括，说明无论以何种方式造成国有财产损失，均应依法承担责任。

三、本条规定特别评注

加大对国有财产的保护力度，切实防止国有财产流失，是巩固和发展公有制经济的重要内容。国家作为一个抽象的民事主体，对于国家所有的财产的管理和监督需要由具体的机构和工作人员实施，这就要求履行国有财产管理、监督职责的机构及其工作人员依法履行职责，以巩固和发展公有制经济为主体，多种所有制经济共同发展的国家基本经济制度。要有效防止国有资产流失，仅仅在《民法典》中作警示性规定是不够的，必须进一步加强立法机关的监督机制，完善对国有资产的监管制度，建立客观、公开的定价机制以及重大国有资产处置的信息披露制度等，严格追究相关主管人员的民事责任、行政责任和刑事责任。

【关联规范】

1.《企业国有资产法》

第六十八条　履行出资人职责的机构有下列行为之一的，对其直接负责的主管人员和其他直接责任人员依法给予处分：

（一）不按照法定的任职条件，任命或者建议任命国家出资企业管理者的；

（二）侵占、截留、挪用国家出资企业的资金或者应当上缴的国有资本收入的；

（三）违反法定的权限、程序，决定国家出资企业重大事项，造成国有资产损失的；

（四）有其他不依法履行出资人职责的行为，造成国有资产损失的。

第六十九条　履行出资人职责的机构的工作人员玩忽职守、滥用职权、徇私舞弊，尚不构成犯罪的，依法给予处分。

第七十条　履行出资人职责的机构委派的股东代表未按照委派机构的指示履行职责，造成国有资产损失的，依法承担赔偿责任；属于国家工作人员的，并依法给予处分。

第七十一条　国家出资企业的董事、监事、高级管理人员有下列行为之一，造成国有资产损失的，依法承担赔偿责任；属于国家工作人员的，并依法给予处分：

（一）利用职权收受贿赂或者取得其他非法收入和不当利益的；

（二）侵占、挪用企业资产的；

（三）在企业改制、财产转让等过程中，违反法律、行政法规和公平交易规则，将企业财产低价转让、低价折股的；

（四）违反本法规定与本企业进行交易的；

（五）不如实向资产评估机构、会计师事务所提供有关情况和资料，或者与资产评估机构、会计师事务所串通出具虚假资产评估报告、审计报告的；

（六）违反法律、行政法规和企业章程规定的决策程序，决定企业重大事项的；

（七）有其他违反法律、行政法规和企业章程执行职务行为的。

国家出资企业的董事、监事、高级管理人员因前款所列行为取得的收入，依法予以追缴或者归国家出资企业所有。

履行出资人职责的机构任命或者建议任命的董事、监事、高级管理人员有本条第一款所列行为之一，造成国有资产重大损失的，由履行出资人职责的机构依法予以免职或者提出免职建议。

第七十二条 在涉及关联方交易、国有资产转让等交易活动中，当事人恶意串通，损害国有资产权益的，该交易行为无效。

第七十三条 国有独资企业、国有独资公司、国有资本控股公司的董事、监事、高级管理人员违反本法规定，造成国有资产重大损失，被免职的，自免职之日起五年内不得担任国有独资企业、国有独资公司、国有资本控股公司的董事、监事、高级管理人员；造成国有资产特别重大损失，或者因贪污、贿赂、侵占财产、挪用财产或者破坏社会主义市场经济秩序被判处刑罚的，终身不得担任国有独资企业、国有独资公司、国有资本控股公司的董事、监事、高级管理人员。

2. **《企业国有资产监督管理暂行条例》**

第三十六条 国有资产监督管理机构不按规定任免或者建议任免所出资企业的企业负责人，或者违法干预所出资企业的生产经营活动，侵犯其合法权益，造成企业国有资产损失或者其他严重后果的，对直接负责的主管人员和其他直接责任人员依法给予行政处分；构成犯罪的，依法追究刑事责任。

第二百六十条 【集体财产范围】 集体所有的不动产和动产包括：

（一）法律规定属于集体所有的土地和森林、山岭、草原、荒地、滩涂；

（二）集体所有的建筑物、生产设施、农田水利设施；

（三）集体所有的教育、科学、文化、卫生、体育等设施；

（四）集体所有的其他不动产和动产。

【条文理解与适用】

一、本条的缘由

本条源于《物权法》第58条。

二、本条规定的主要内容

本条是关于集体财产范围的规定。理解本条应把握以下两个方面：

首先，《民法典》第250条已经规定“森林、山岭、草原、荒地、滩涂等自然资源，属于国家所有，但是法律规定属于集体所有的除外”，故本条第1项明确土地、森林、山岭、草原、荒地、滩涂可以成为集体所有权的客体。集体所有权包括农民集体所有权和城镇集体所有权。本项中的“集体所有”应是指农民集体所有。因为城镇集体所有权主要是针对城镇集体企业财产的所有权问题，其中并不涉及“土地和森林、山岭、草原、荒地、滩涂”的所有权。根据《民法典》及各部门法规定，农村和城市郊区的土地，除由法律规定属于国家所有的外，属于集体所有；宅基地和自留地、自留山，也属于集体所有；除了土地以外，森林、山岭、草原、荒地、滩涂等自然资源，根据法律规定，也可以属于集体所有。

其次，集体所有权的客体的财产范围非常广泛，除法律规定专属于国家的矿藏、水流、海域、无线电频谱资源、城市的土地、国防资产外，建筑物以及基础设施等都可以成为集体所有权的客体，法律并没有特别限制。因此，本条在第2项和第3项具体列举了不动产和动产之后，第4项又对集体所有权的其他客体作了概括性规定。

三、本条规定特别评注

集体经济是公有制经济的重要组成部分，集体所有权同国家所有权一样，是建立在生产资料公有制基础上的所有权法律制度，是我国所有权制度中的重要类型之一。

与国家所有权相比较，集体所有权的重要特点之一就体现在主体具有多样性。正如有学者提出的，“国家所有权的主体具有统一性和唯一性，而集体所有权并非只有集体，各个具体的集体所有制组织都是独立的集体所有权的权利主体，每个集体组织仅对属于自己组织的财产享有所有权”。[①]

与国家所有权客体的无限广泛性和专有性相比，并非任何种类的财产均可以

---

① 杨立新：《物权法》，中国人民大学出版社2013年版，第68页。

成为集体所有权的客体，尤其是集体组织不得拥有国家专有财产、专有资源以及涉及国计民生的重要财产的所有权，故明确集体财产的范围对集体所有权的保护和集体经济的发展至关重要。本条采用列举加概括的方式，对集体所有的动产和不动产的范围予以明确。

【关联规范】

《土地管理法》

第十一条 农民集体所有的土地依法属于村农民集体所有的，由村集体经济组织或者村民委员会经营、管理；已经分别属于村内两个以上农村集体经济组织的农民集体所有的，由村内各该农村集体经济组织或者村民小组经营、管理；已经属于乡（镇）农民集体所有的，由乡（镇）农村集体经济组织经营、管理。

第二百六十一条　【农民集体所有财产归属及重大事项集体决定】 农民集体所有的不动产和动产，属于本集体成员集体所有。

下列事项应当依照法定程序经本集体成员决定：

（一）土地承包方案以及将土地发包给本集体以外的组织或者个人承包；

（二）个别土地承包经营权人之间承包地的调整；

（三）土地补偿费等费用的使用、分配办法；

（四）集体出资的企业的所有权变动等事项；

（五）法律规定的其他事项。

【条文理解与适用】

一、本条的缘由

本条在《物权法》第59条规定的基础上略作文字修改而成。

二、本条规定的主要内容

本条是对农民集体所有财产归属以及重大事项集体决定的规定。根据本条第1款规定，农民集体所有的不动产和动产，属于本集体成员集体所有。本款中的“本集体成员集体所有”，是指本集体组织成员按照法律的规定，对依法属于集体所有的财产共同享有占有、使用、收益和处分的权利。值得注意的是，不能把集体组织成员对集体所有财产的共同占有、使用、收益等同于共同所有，因为成员集体所有实质上是一种公有制状态，不同于法律上的共有。具体而言，集体所有的不动产和动产，虽然属于本集体成员集体所有，但每一个集体成员不享有单独支配财产的权利，不能以自己的名义行使所有权，不能请求分割集体财产，也无权擅自处置集体财产。

本条第 2 款分五项针对需要本集体成员依照法定程序决定的事项作了规定。这里的“法定程序”，是指基层群众组织的民主议定程序。民主议定程序是农村社会实现村民自治、发展农村基层民主的制度形式。考虑到部门法针对不同事项就民主议定程序有具体规定，因此本条仅规定“应当依照法定程序”。对于应依照法定程序决定的事项，本条采用了列举加概括的方式。

前两项是农村土地承包权方案及土地承包权人调整的问题。农村土地是集体成员基本生存的重要保障，因此，土地承包方案的确定以及将土地发包给本集体以外的组织或者个人承包，直接关系到本集体成员的根本利益，应当由本集体成员依法定程序决定。同时，土地承包经营权一经确立，原则上不得进行调整，除非满足了法律规定的特殊情形，且经过民主议定程序。

本条第 3 项是对土地补偿费等费用的使用、分配办法作出的规定。土地补偿费等费用是在因征地而导致集体所有权灭失时的各种补偿费用。集体土地灭失是对本集体经济组织成员权利的侵害，因此土地补偿费等费用应由集体成员共同享有。在实践生活中，存在个别村委会或是村干部私分土地补偿费等费用的现象，为杜绝因使用、分配不公而损害广大农民权益的情况发生，有必要对土地补偿费等费用的使用、分配办法予以确定，设置民主议决程序。

本条第 4 项是对集体企业所有权变动的规定。集体企业是指由集体财产出资设立的企业，集体企业的设立不仅可以促进本集体经济发展，同时也解决了大量农业人口的就业问题。集体出资的企业收益当然属集体成员集体所有。如果对该企业进行出让或者抵押等处分行为，必须经过本集体成员讨论决定，不能由该企业负责人或者本集体管理人擅自做主。

最后，为避免以上列举不完整，本款第 5 项采用兜底条款的方式概括了法律规定的其他应当依法定程序由集体成员决定的事项，为集体成员权益提供更全面的保障。

三、本条规定特别评注

农民集体所有的特征就是集体财产集体所有、集体事务集体管理、集体利益集体分享。对于土地的承包方式、承包地的调整、土地补偿费等费用的使用和分配办法、集体企业所有权的变动等涉及农民集体成员个人利益的事项，立法明确规定均需经过集体成员依照法定程序决定，目的主要在于保护集体组织成员的合法权益。本条规定应当依照法定程序由农民集体成员决定的事项的范围，有利于农民集体组织的管理规范化，也有利于增强农民的民主管理意识。

【关联规范】

1.《农村土地承包法》

第十九条 土地承包应当遵循以下原则：

（一）按照规定统一组织承包时，本集体经济组织成员依法平等地行使承包土地的权利，也可以自愿放弃承包土地的权利；

（二）民主协商，公平合理；

（三）承包方案应当按照本法第十三条的规定，依法经本集体经济组织成员的村民会议三分之二以上成员或者三分之二以上村民代表的同意；

（四）承包程序合法。

第二十条 土地承包应当按照以下程序进行：

（一）本集体经济组织成员的村民会议选举产生承包工作小组；

（二）承包工作小组依照法律、法规的规定拟订并公布承包方案；

（三）依法召开本集体经济组织成员的村民会议，讨论通过承包方案；

（四）公开组织实施承包方案；

（五）签订承包合同。

第二十八条 承包期内，发包方不得调整承包地。

承包期内，因自然灾害严重毁损承包地等特殊情形对个别农户之间承包的耕地和草地需要适当调整的，必须经本集体经济组织成员的村民会议三分之二以上成员或者三分之二以上村民代表的同意，并报乡（镇）人民政府和县级人民政府农业农村、林业和草原等主管部门批准。承包合同中约定不得调整的，按照其约定。

2.《村民委员会组织法》

第二十四条 涉及村民利益的下列事项，经村民会议讨论决定方可办理：

（一）本村享受误工补贴的人员及补贴标准；

（二）从村集体经济所得收益的使用；

（三）本村公益事业的兴办和筹资筹劳方案及建设承包方案；

（四）土地承包经营方案；

（五）村集体经济项目的立项、承包方案；

（六）宅基地的使用方案；

（七）征地补偿费的使用、分配方案；

（八）以借贷、租赁或者其他方式处分村集体财产；

（九）村民会议认为应当由村民会议讨论决定的涉及村民利益的其他事项。

村民会议可以授权村民代表会议讨论决定前款规定的事项。

法律对讨论决定村集体经济组织财产和成员权益的事项另有规定的，依照其规定。

第二百六十二条　【行使集体所有权的主体】对于集体所有的土地和森林、山岭、草原、荒地、滩涂等，依照下列规定行使所有权：

（一）属于村农民集体所有的，由村集体经济组织或者村民委员会依法代表集体行使所有权；

（二）分别属于村内两个以上农民集体所有的，由村内各该集体经济组织或者村民小组依法代表集体行使所有权；

（三）属于乡镇农民集体所有的，由乡镇集体经济组织代表集体行使所有权。

【条文理解与适用】

一、本条的缘由

本条在《物权法》第60条的基础上略作修改而成。在《物权法》第60条规定的基础上，《民法典》本条在第1项、第2项增添了村集体经济组织、村民委员会、村民小组应“依法”行使权利的规定。

二、本条规定的主要内容

本条是对代表农民集体行使所有权的主体的规定。根据本条规定，分三种情形由不同集体组织来行使集体所有权。

首先，属于村农民集体所有的，由村集体经济组织或者村民委员会依法代表集体行使集体所有权。对于村集体的财产，原则上应当由村集体经济组织行使所有权，如村民小组等。同时，村民委员会作为对村集体所有土地等财产具有经营、管理职能的常设机构，在没有村集体经济组织或组织不健全时，本条规定也可以由村民委员会行使集体所有权。

其次，分别属于村内两个以上农民集体所有的，由村内各该集体经济组织或者村民小组依法代表集体行使所有权。一般认为，这里的“分别属于村内两个以上农民集体所有”，主要是指该农民集体所有的土地和其他财产在改革开放以前就分别属于两个以上的生产队，现在其土地和其他集体财产仍然分别属于相当于原生产队的各该农村集体经济组织或者村民小组的农民集体所有。① 村民小组，是指行政村内的由村民组成的自治组织。对于分别属于两村以上农民集体享有的财产，应当是村内集体经济组织行使所有权，集体经济组织不健全的，由村民小组代表行使。

最后，属于乡镇农民集体所有的，由乡镇集体经济组织代表集体行使所有权。这一规定是针对两种情形特别规定的：一是指改革开放以前，原来以人民公社为核算单位的土地，在公社改为乡镇以后仍然属于乡镇农民集体所有；二是在人民公社时期，公社一级掌握的集体所有的土地和其他财产仍然属于乡镇农民集体所有。②

三、本条规定特别评注

集体所有权的权利主体是集体，而非集体的成员，所以集体所有权不是由每个集体组织的成员分别来行使所有权；但集体是一个抽象的主体，所以法律规定由集体组织代表全体成员行使所有权。也就是说，不论是村民小组还是村民委员会，都不是集体财产的所有人，只能代表集体行使所有权，因此也应当依照法定程序对集体负责。相较于《物权法》第60条，《民法典》本条在代表集体行使所有权前增添了“依法”两字，旨在强调不论是哪一级集体经济组织或者村民委员会、村民小组代表集体行使所有权，都应受到一定的程序规范制约，不能损害被代表的本集体成员的集体利益。

【关联规范】

1. **《民法典》**

第九十六条 本节规定的机关法人、农村集体经济组织法人、城镇农村的合作经济组织法人、基层群众性自治组织法人，为特别法人。

第九十九条 农村集体经济组织依法取得法人资格。

---

① 胡康生：《中华人民共和国物权法释义》，法律出版社2007年版，第143页。
② 胡康生：《中华人民共和国物权法释义》，法律出版社2007年版，第143页。

法律、行政法规对农村集体经济组织有规定的，依照其规定。

第一百条　城镇农村的合作经济组织依法取得法人资格。

法律、行政法规对城镇农村的合作经济组织有规定的，依照其规定。

2.《土地管理法》

第十一条　农民集体所有的土地依法属于村农民集体所有的，由村集体经济组织或者村民委员会经营、管理；已经分别属于村内两个以上农村集体经济组织的农民集体所有的，由村内各该农村集体经济组织或者村民小组经营、管理；已经属于乡（镇）农民集体所有的，由乡（镇）农村集体经济组织经营、管理。

3.《农村土地承包法》

第十三条　农民集体所有的土地依法属于村农民集体所有的，由村集体经济组织或者村民委员会发包；已经分别属于村内两个以上农村集体经济组织的农民集体所有的，由村内各该农村集体经济组织或者村民小组发包。村集体经济组织或者村民委员会发包的，不得改变村内各集体经济组织农民集体所有的土地的所有权。

国家所有依法由农民集体使用的农村土地，由使用该土地的农村集体经济组织、村民委员会或者村民小组发包。

4.《村民委员会组织法》

第八条　村民委员会应当支持和组织村民依法发展各种形式的合作经济和其他经济，承担本村生产的服务和协调工作，促进农村生产建设和经济发展。

村民委员会依照法律规定，管理本村属于村农民集体所有的土地和其他财产，引导村民合理利用自然资源，保护和改善生态环境。

村民委员会应当尊重并支持集体经济组织依法独立进行经济活动的自主权，维护以家庭承包经营为基础、统分结合的双层经营体制，保障集体经济组织和村民、承包经营户、联户或者合伙的合法财产权和其他合法权益。

第二百六十三条　【城镇集体财产权利】城镇集体所有的不动产和动产，依照法律、行政法规的规定由本集体享有占有、使用、收益和处分的权利。

【条文理解与适用】

一、本条的缘由

本条源于《物权法》第61条。

二、本条规定的主要内容

本条是关于城镇集体财产所有权的规定。集体所有权包括农民集体所有权和城镇集体所有权两种形式，本条规定的是城镇集体所有权。城镇集体所有权的内容，包括对本集体所有财产所享有的占有、使用、收益和处分的权利。城镇集体所有权的客体只能是属于该城镇集体所有的不动产和动产。需要注意的是，如果城镇集体企业已经改制为有限责任公司或者股份有限公司、个人独资企业或者合伙企业的，就不适用本条，而分别适用《公司法》《个人独资企业法》或者《合伙企业法》的有关规定。

三、本条规定特别评注

城镇集体所有权是集体所有权的一项重要内容，对于城镇集体所有权的主体，学界历来存在不同观点。有观点认为，城镇集体企业财产权的主体应当是集体本身；有观点则认为，应当是集体经济组织的全体成员；还有观点认为，我国城镇集体企业是由国家兴办的，应当由国家所有。[①] 这是因为相较于农民集体所有权而言，城镇集体所有权情况非常复杂，集体企业经过几十年的发展，财产权的来源经历了多重变化，简单地以最初的出资来界定财产权归属是不妥当的。同时，城镇集体所有权也不宜简单地界定为集体成员所有。因为一方面，城镇集体财产作为经营资产，变动比较大，不像农村的集体财产相对比较固定；另一方面，农村集体组织的成员也相对比较稳定，而城镇集体企业的人员变动性比较大，成员也不是相对固定的，所以不能简单地界定为集体成员所有。

此外，城镇集体所有权的主体也不能认定为国家所有。因为一些城镇集体财产并非由国家出资，所以不能将城镇集体财产统一界定为国有资产。正是基于城镇集体财产主体的复杂性，本条对城镇集体财产所有权没有像农民集体财产所有权一样规定属于本集体成员集体所有，而是选择待时机成熟后再由法律、行政法规具体规定。

【关联规范】

1. **《民法典》**

第九十六条 本节规定的机关法人、农村集体经济组织法人、城镇农村的合作经济组织法人、基层群众性自治组织法人，为特别法人。

第一百条 城镇农村的合作经济组织依法取得法人资格。

---

① 可参阅王利明：《物权法研究（上）》，中国人民大学出版社2013年版，第539页。

法律、行政法规对城镇农村的合作经济组织有规定的，依照其规定。

2.《城镇集体所有制企业条例》

第四条 城镇集体所有制企业（以下简称集体企业）是财产属于劳动群众集体所有、实行共同劳动、在分配方式上以按劳分配为主体的社会主义经济组织。

前款所称劳动群众集体所有，应当符合下列中任一项的规定：

（一）本集体企业的劳动群众集体所有；

（二）集体企业的联合经济组织范围内的劳动群众集体所有；

（三）投资主体为两个或者两个以上的集体企业，其中前（一）、（二）项劳动群众集体所有的财产应当占主导地位。本项所称主导地位，是指劳动群众集体所有的财产占企业全部财产的比例，一般情况下应不低于51%，特殊情况经过原审批部门批准，可以适当降低。

第六条 集体企业依法取得法人资格，以其全部财产独立承担民事责任。

集体企业的财产及其合法权益受国家法律保护，不受侵犯。

第二百六十四条 【集体财产状况的公布】农村集体经济组织或者村民委员会、村民小组应当依照法律、行政法规以及章程、村规民约向本集体成员公布集体财产的状况。集体成员有权查阅、复制相关资料。

【条文理解与适用】

一、本条的缘由

本条在《物权法》第62条规定的基础上修改而成，主要是在条文最后增设了“集体成员有权查阅、复制相关资料”的规定。

二、本条规定的主要内容

本条是关于代表农民集体行使所有权的组织公布集体财产状况义务的规定。根据本条规定，集体经济组织或者村民委员会、村民小组应当主动依照法律、行政法规、章程和村规民约的规定，向本集体成员公布集体财产状况。这里的“公布集体财产的状况”，主要包括集体所有财产总量的变化、所有权变动的情况、集体财产使用情况以及集体财产分配情况等涉及集体成员利益的重大事项。

对于公布集体财产的具体程序，可以依《村民委员会组织法》第28条第1款的规定，“召开村民小组会议，应当有本村民小组十八周岁以上的村民三分之二以上，或者本村民小组三分之二以上的户的代表参加，所作决定应当经到会人员的过半数同意”；以及第3款的规定，“属于村民小组的集体所有的土地、企业和其他财产的经营管理以及公益事项的办理，由村民小组会议依照有关法律的规定讨论决定，所作决定及实施情况应当及时向本村民小组的村民公布”。

除相关组织主动履行公开义务外，本条还规定了集体成员有权查阅、复制相关资料，从而实现村务公开。

三、本条规定特别评注

代表农民集体行使集体财产所有权的组织，包括农村集体经济组织和城镇集体企业，也包括行使所有权的村民委员会、村民小组，本条规定以上主体应当向本集体成员公布集体财产状况，这实际上是确认了村务公开的原则，以进一步保护农民的知情权。毋庸置疑，保障农民的知情权是实行民主管理的前提。

与《物权法》第62条相较，本条新增规定了集体成员有权查阅、复制相关资料。这一新增规定主要考虑到，现行法对于代表农民集体行使农村集体所有权时的公开义务过于原则，且对于具体应该如何公开、公开的内容和详略程度等也没有统一的标准，这直接导致现实中许多集体成员难以真正履行监督权，也难以保障集体财产的所有权。因此，本条规定有助于进一步保证集体成员的知情权，以减少集体经济组织、村民委员会或村民小组玩忽职守、滥用职权等谋取私利的现象。

【关联规范】

1.《村民委员会组织法》

第二十八条 召开村民小组会议，应当有本村民小组十八周岁以上的村民三分之二以上，或者本村民小组三分之二以上的户的代表参加，所作决定应当经到会人员的过半数同意。

村民小组组长由村民小组会议推选。村民小组组长任期与村民委员会的任期相同，可以连选连任。

属于村民小组的集体所有的土地、企业和其他财产的经营管理以及公益事项的办理，由村民小组会议依照有关法律的规定讨论决定，所作决定及实施情况应当及时向本村民小组的村民公布。

第三十条 村民委员会实行村务公开制度。

村民委员会应当及时公布下列事项，接受村民的监督：

（一）本法第二十三条、第二十四条规定的由村民会议、村民代表会议讨论决定的事项及其实施情况；

（二）国家计划生育政策的落实方案；

（三）政府拨付和接受社会捐赠的救灾救助、补贴补助等资金、物资的管理使用情况；

（四）村民委员会协助人民政府开展工作的情况；

（五）涉及本村村民利益，村民普遍关心的其他事项。

前款规定事项中，一般事项至少每季度公布一次；集体财务往来较多的，财务收支情况应当每月公布一次；涉及村民利益的重大事项应当随时公布。

村民委员会应当保证所公布事项的真实性，并接受村民的查询。

2. **《土地管理法》**

第四十九条 被征地的农村集体经济组织应当将征收土地的补偿费用的收支状况向本集体经济组织的成员公布，接受监督。

禁止侵占、挪用被征收土地单位的征地补偿费用和其他有关费用。

第二百六十五条 【集体财产的保护】 集体所有的财产受法律保护，禁止任何组织或者个人侵占、哄抢、私分、破坏。

农村集体经济组织、村民委员会或者其负责人作出的决定侵害集体成员合法权益的，受侵害的集体成员可以请求人民法院予以撤销。

【条文理解与适用】

一、本条的缘由

本条源于《物权法》第63条。

二、本条规定的主要内容

本条规定了对集体所有的财产的法律保护以及集体经济组织成员在合法权益受到侵害时享有的司法救济权。本条中的“集体所有的财产”，既包括不动产，也包括动产。对于侵犯集体所有的财产的行为，本条通过列举的方式概括了侵占、哄抢、私分、破坏四种情形。侵占，是指以非法占有为目的的未经集体成员授权而占有集体财产。哄抢，是指以非法占有为目的，组织、参与多人一起强行抢夺集体财产的行为。私分，是指违反集体财产分配管理规定，擅自将集体财产按人头分配给部分集体成员的行为。破坏，是指故意毁坏集体财产，致使其不能发挥正常功效的行为。行为人有以上不法行为的，属于对集体财产所有权的侵犯，权利人有权提起诉讼维护自身权益。对于提起诉讼的主体，集体成员可以个人名义或根据《民事诉讼法》及相关司法解释有关代表人诉讼制度的规定，推选代表人提起诉讼。这是因为对集体财产的侵害会直接导致对成员个人利益的损害；集体财产的灭失，也就意味着成员利益的丧失，所以每个成员都可以提起诉讼维护集体的合法权益。

根据本条第2款的规定，农村集体经济组织、村民委员会或者其负责人作出的决定侵害集体成员合法权益的，受侵害的集体成员享有请求人民法院予以撤销的权利。需要注意的是，这里的享有撤销权的主体，应当是实际遭受损害的集体组织成员，其他集体成员不得以维护集体利益的名义提出撤销。对于撤销权的客体，本条规定应为集体经济组织、村民委员会或其负责人违反法律、章程对集体财产作出的处置决定。也就是说，如果是通过村民大会等形式依法定程序作出的决定，当然不属于本条所规定的可被撤销的对象。

三、本条规定特别评注

集体所有权是宪法和法律规定的社会主义公有财产权形式，是应当确认和平等保护的重要所有权类型，法律禁止任何组织和个人侵犯。为了保护集体组织经济组织成员的合法权益，防止集体经济组织或者村民委员会的管理人利用职务便利作出侵害集体成员合法权益的决定，本条赋予了集体经济组织成员撤销权。

第二百六十六条　【私人所有权】私人对其合法的收入、房屋、生活用品、生产工具、原材料等不动产和动产享有所有权。

【条文理解与适用】

一、本条的缘由

本条源于《物权法》第64条。

二、本条规定的主要内容

本条是对私人享有的不动产和动产所有权的规定。根据本条规定，私人对其合法取得的动产和不动产享有所有权。一方面，这意味着私人只能对其合法获得的财产享有所有权，对以贪污、侵占、抢夺、诈骗、盗窃、走私等方式非法获取的财产，法律不予保护其权利；另一方面，私人享有的所有权的权能包含占有、使用、收益、处分，在合法的范围内，私人对其所有的财产可以随意地处理，法律都会提供保护。

私人所有权的主体可以是自然人、法人以及非法人组织。私人所有权的范围比较广泛，本条主要采用了具体列举的方式。其中，合法的收入，是私人取得财产的重要来源，指私人在法律许可的范围内，用自己的劳动或其他方法所取得的收入。房屋是私人的重要不动产，任何人不得强行占有和破坏。如果因公共利益等必须占用或拆除私人的房屋，国家有权征用或者征收，但应严格遵守有关规定，给房屋所有人以妥善安置和合理的补偿。生产工具是人们用以改变劳动对象的手段，用以将劳动者的劳动传导到劳动对象上去，是劳动资料中最重要的因素。原材料则是私人用以生产的重要物质基础，同样是私人所有权的重要组成部分。

三、本条规定特别评注

私人所有权是私人所有制在法律上的反映。我国《民法典》物权编从三种所有制形态的分类出发，分别确定国家和集体、私人所有权。对于私人所有权的客体，考虑到采用列举方法难免有疏漏，本条沿用《物权法》的设计，采用的是具体列举加概括性兜底的立法方式，兼顾全面性和灵活性的需要，较为合理。

第二百六十七条　【私有财产的保护】私人的合法财产受法律保护，禁止任何组织或者个人侵占、哄抢、破坏。

【条文理解与适用】

一、本条的缘由

本条在《物权法》第66条规定的基础上略作文字修改而成。

二、本条规定的主要内容

本条是关于私有财产权保护的规定。根据本条规定，私人享有的合法权益受法律保护，禁止任何组织或者个人侵占、哄抢、破坏。理解本条，可以从下列三个方面进行把握：

首先，法律对任何所有权形式均予以平等保护，这体现了不同主体在私法地位上的法律地位平等。法律对私人合法财产的保护与对国有财产和集体财产的保护都处于平等地位，没有等级高下之分。

其次，法律对私人的合法财产实行全面保护，不仅要保护有形财产，还扩大到对无形财产的保护。

最后，本条是对保护私人财产的原则性规定，在具体措施上，《民法典》各编都从不同角度全面保护了私人财产权益。在私人财产遭受侵害时，受侵害人可以运用《民法典》规定的对物权予以保护的各种方法，包括物权请求权和债权请求权的保护方法，以获得救济。

三、本条规定特别评注

《民法典》对于所有权的保护不仅体现在对国家所有权和集体所有权的保护上，同时也体现在对私人合法财产的保护上。尽管在《民法典》编纂过程中有学者认为在《宪法》已经对私人财产保护作了明确规定的背景下，《民法典》无须再行规定，但这样的重复规定具有宣示对所有权予以平等保护的价值，可以增加市场主体的安全感。

【关联规范】

《民法典》

第一百一十三条 民事主体的财产权利受法律平等保护。

第一百一十四条 民事主体依法享有物权。

物权是权利人依法对特定的物享有直接支配和排他的权利，包括所有权、用益物权和担保物权。

第二百六十八条 【企业出资人的权利】 国家、集体和私人依法可以出资设立有限责任公司、股份有限公司或者其他企业。国家、集体和私人所有的不动产或者动产投到企业的，由出资人按照约定或者出资比例享有资产收益、重大决策以及选择经营管理者等权利并履行义务。

【条文理解与适用】

一、本条的缘由

本条在《物权法》第67条规定的基础上略作标点修改而成。

二、本条规定的主要内容

本条是关于企业出资人的权利的规定。所谓出资人，就是向企业投入资本的人。根据本条规定，国家、集体和私人都可以成为出资人，各类投资主体可以依法设立不同的企业模式，投资主体依照有关约定或出资比例享有相应的资产收益、重大决策以及选择经营管理者等投资者权益并承担相应的义务。其中，资产收益，是指出资人有权通过企业盈余分配从中获得红利。参与重大决策，是指出资人通过股东会或者股东大会等作出决议的方式决定企业的重大行为。企业的重大行为一般包括企业资本的变化，如增加或者减少注册资本、利润分配和弥补亏损、公司的预算和决算事项；企业的融资行为，如发行公司债券，企业的对外投资，向他人提供担保等；以及企业购置或者转让主要资产，变更主要业务，企业的合并、分立、变更组织形式，企业的解散、清算，修改企业章程等。上述权利的行使，出资人应当遵循章程或者法律规定的方式。选择经营管理者，是指出资人有权通过股东会或者股东大会作出决议，选举或者更换公司的董事或者监事，决定董事或者监事的薪酬，通过董事会来聘任或者解聘经理等企业高级管理人员。

以上是出资人享有的主要权利，除此之外，出资人还享有知情权等其他权利，且当董事、高级管理人员违反法律或公司章程时，出资人也有权向法院提起诉讼。当然，出资人不但享有上述权利，还要履行相应的义务。如按照约定或者章程的规定，按期、足额地缴纳出资；不得滥用出资人的权利干涉企业正常的经营活动等。

三、本条规定特别评注

本条延续《物权法》的立场，允许不同投资主体在行使自己的投资者权利以及履行义务时，可以不必拘泥于法律规定的标准，通过意思自治自由约定权利享有和义务承担的方式，可以按照出资比例，也可以不按照出资比例来确定，体现了立法对当事人意思自治的尊重。

【关联规范】

1. **《民法典》**

第一百二十五条 民事主体依法享有股权和其他投资性权利。

2. **《公司法》**

第四条 公司股东依法享有资产收益、参与重大决策和选择管理者等权利。

第二十七条 股东可以用货币出资，也可以用实物、知识产权、土地使用权等可以用货币估价并可以依法转让的非货币财产作价出资；但是，法律、行政法规规定不得作为出资的财产除外。

对作为出资的非货币财产应当评估作价，核实财产，不得高估或者低估作价。法律、行政法规对评估作价有规定的，从其规定。

第二百六十九条 【法人财产权】 营利法人对其不动产和动产依照法律、行政法规以及章程享有占有、使用、收益和处分的权利。

营利法人以外的法人，对其不动产和动产的权利，适用有关法律、行政法规以及章程的规定。

【条文理解与适用】

一、本条的缘由

本条在《物权法》第68条规定的基础上修改而成。相较于《物权法》第68条，《民法典》本条以“营利法人”代替了“企业法人”，实现了与《民法典》总则编中对法人的分类的衔接，规范了本条的适用范围。

二、本条规定的主要内容

本条是关于法人财产权的规定。本条第1款规定了营利法人的财产权。根据我国《民法典》第76条的规定，所谓营利法人，是指“以取得利润并分配给股东等出资人为目的成立的法人”，包括有限责任公司、股份有限公司和其他企业法人等。根据本条第1款的规定，营利法人对其不动产和动产依照法律、行政法规以及章程享有占有、使用、收益、处分的权利。法人作为独立的民事主体，一经成立就可以实现对法人财产的自主支配，出资人个人不能直接对其投入的资产进行支配，这是营利法人实现自主经营、自负盈亏，独立承担民事责任的物质基础。

本条第2款是对非营利法人财产权的规定。非营利法人是涵盖社会团体法人、事业单位法人以外的其他不以分配利润为目的的组织。对于营利法人之外的法人，其设立程序往往需要国家主管机关批准并进行登记才能成立。非营利法人不同于营利法人，其不将营利分配给成员，终止后也不将剩余财产分配给成员。对于这类法人，法律同样对其不动产和动产给予保护，并适用有关法律、行政法规和章程的规定。与营利法人相比，本条款只是概括性地规定了非营利法人的财产权，而没有具体列举其权利的权能，这主要是考虑到非营利法人不仅立法会有特别规制，而且其章程中往往对其设立目的、财产支配方式等也予以特别限制，因此其不像营利法人那样对其动产和不动产享有完全和充分的占有、使用、收益和处分的权利。

三、本条规定特别评注

本条有下列两个方面值得关注：

首先，《民法典》总则编没有采用《民法通则》关于企业法人与非企业法人分类的做法，而采营利法人、非营利法人与特别法人的分类，本条以营利法人代替原有企业法人的概念，与我国《民法典》总则编营利法人和非营利法人的分类相衔接，是《民法典》体系化的具体体现。

其次，与国家所有权、集体所有权相比，本条没有直接规定营利法人的所有权，而是直接列举规定了所有权的四项权能。对此，有学者认为，这体现了营利法人享有的财产权是受限制的财产权。因为营利法人行使其财产权要受到严格的限制，还不是一种完全的所有权，或者说是受到严格限制的所有权。① 具体来看，《民法典》规定“所有权人对自己的不动产或者动产，依法享有占有、使用、收益和处分的权利”，此处对所有权内容的规定，只提到“依法”限制，而营利法人除受到法律的限制，还受章程规定的约束，如重大投资决策要经过董事会乃至股东会批准等，因此不能说可以实现对其财产的全面支配。在此基础上，本条也没有直接承认营利法人的所有权，而是以所有权的四项权能代替。

【关联规范】

1. **《民法典》**

第五十八条　法人应当依法成立。

法人应当有自己的名称、组织机构、住所、财产或者经费。法人成立的具体条件和程序，依照法律、行政法规的规定。

设立法人，法律、行政法规规定须经有关机关批准的，依照其规定。

第五十九条　法人的民事权利能力和民事行为能力，从法人成立时产生，到法人终止时消灭。

第六十条　法人以其全部财产独立承担民事责任。

第七十六条　以取得利润并分配给股东等出资人为目的成立的法人，为营利法人。

营利法人包括有限责任公司、股份有限公司和其他企业法人等。

2. **《公司法》**

第三条　公司是企业法人，有独立的法人财产，享有法人财产权。公司以其全部财产对公司的债务承担责任。

有限责任公司的股东以其认缴的出资额为限对公司承担责任；股份有限公司的股东以其认购的股份为限对公司承担责任。

第二百七十条　【社会团体法人、捐助法人合法财产的保护】社会团体法人、捐助法人依法所有的不动产和动产，受法律保护。

---

① 王利明：《物权法研究》，中国人民大学出版2016年版，第503～505页。

【条文理解与适用】

一、本条的缘由

本条在《物权法》第69条规定的基础上修改而成。相较于《物权法》第69条，本条以社会团体法人和捐助法人代替了社会团体的概念，旨在与《民法典》总则编中对法人的分类予以衔接。

二、本条规定的主要内容

本条是关于社会团体法人、捐助法人财产权受法律保护的规定。社会团体法人是指基于会员共同意愿，为公益目的或者会员共同利益等非营利目的依法设立，按照其章程开展活动的非营利性社会组织；捐助法人是指为公益目的以捐助财产依法设立的基金会、社会服务机构以及宗教活动场所等非营利性社会组织。

社会团体法人和捐助法人都是独立的民事主体，具有自己的名称、机构、住所，有必要的财产和经费，能够独立地承担民事责任，这就需要对其不动产和动产享有所有权。社会团体法人和捐助法人对其依法所有的财产享有直接的支配权，不受他人非法干涉。任何组织和个人都不得侵占、挪用、哄抢、破坏和任意调拨社会团体法人和捐助法人依法所有的财产，且非经法律规定的权限和程序，不得征收、征用。任何组织或者个人侵害社会团体法人和捐助法人的财产的，该法人都有权向人民法院提起诉讼，要求侵害人承担返还财产、赔偿损失等法律责任。

三、本条规定特别评注

法律保护各类社会团体法人、捐助法人的财产权，对于发展我国的科学、文化、教育事业，促进国家的安定团结以及加强国际交往等，都非常有必要。本条的立法目的即在于此。

【关联规范】

1. **《民法典》**

第九十条 具备法人条件，基于会员共同意愿，为公益目的或者会员共同利益等非营利目的设立的社会团体，经依法登记成立，取得社会团体法人资格；依法不需要办理法人登记的，从成立之日起，具有社会团体法人资格。

第九十二条 具备法人条件，为公益目的以捐助财产设立的基金会、社会服务机构等，经依法登记成立，取得捐助法人资格。

依法设立的宗教活动场所，具备法人条件的，可以申请法人登记，取得捐助法人资格。法律、行政法规对宗教活动场所有规定的，依照其规定。

2.《社会团体登记管理条例》

第二条 本条例所称社会团体，是指中国公民自愿组成，为实现会员共同意愿，按照其章程开展活动的非营利性社会组织。

国家机关以外的组织可以作为单位会员加入社会团体。

第二十六条 社会团体的资产来源必须合法，任何单位和个人不得侵占、私分或者挪用社会团体的资产。

社会团体的经费，以及开展章程规定的活动按照国家有关规定所取得的合法收入，必须用于章程规定的业务活动，不得在会员中分配。

社会团体接受捐赠、资助，必须符合章程规定的宗旨和业务范围，必须根据与捐赠人、资助人约定的期限、方式和合法用途使用。社会团体应当向业务主管单位报告接受、使用捐赠、资助的有关情况，并应当将有关情况以适当方式向社会公布。

社会团体专职工作人员的工资和保险福利待遇，参照国家对事业单位的有关规定执行。

第六章　业主的建筑物区分所有权

【本章导读】

随着社会经济技术条件的提高，人们的居住环境发生很大改变，对土地的利用逐渐从平面向立体发展。高层建筑越来越多，建筑物作为一个整体，可以单独成为物权的客体，也可以被划分为不同部分，由不同主体各自拥有其专有部分，享有专有权，并对该建筑物及其附属物的共同部分享有共有权，即多个主体共同分享同一建筑物，建筑物区分所有权制度应运而生。

本章即关于建筑物区分所有权的规定，共有 17 个条文（第 271～287 条），主要围绕建筑物区分所有权的内容，分别就建筑物区分所有人对专有部分的专有权、共有权和共同管理权的权利内容、限制和行使进行了规定。理解本章，应当特别注意针对实践中出现的新情况和新问题，对相关规定所作的修改和增补，如建筑物区分所有人对需要共同决定的重大事项的范围及表决程序的规则，有关业主、业主大会、业主委员会以及物业服务企业之间的关系的规则。

第二百七十一条　【建筑物区分所有权】业主对建筑物内的住宅、经营性用房等专有部分享有所有权，对专有部分以外的共有部分享有共有和共同管理的权利。

【条文理解与适用】

一、本条的缘由

本条源于《物权法》第 70 条。

二、本条规定的主要内容

本条是关于建筑物区分所有权内容的概括性规定。根据本条规定，建筑物区分所有权的内容主要包括业主（即区分所有人）对专有部分的所有权，对共有部分的共有权以及共同管理的权利三方面。

首先，业主对建筑物内的住宅、经营性用房等专有部分享有所有权，即可以进行占有，使用、收益、处分。业主对专有部分的专有权是建筑物区分所有权的基础和主导性因素，业主丧失专有权的，对建筑物的共有权和共同管理权也就不复存在。

其次，业主对建筑物的共有部分享有共有权。共有部分，是指除专有部分以外，由业主所拥有的单独所有部分以外的建筑物的其他部分，业主对于此部分的权利称为共有权。之所以在建筑物区分所有权中设计区分所有人对共有部分的共有权，主要是为了区分所有人基于对共有部分的使用、收益，最终实现其专有部分的功能。对于建筑物区分所有权中共有权的权利主体为何的问题，理论上有业主大会、业主委员会以及全体业主三种观点。对此，通说认为共有权的权利主体应为业主大会或是全体业主。[①] 当然，即使采这一观点，但因为业主人数众多，不可能都实际参与到对共有财产的管理中，因此通常需要由业主通过业主委员会或其委托的物业服务企业来实际行使管理权。此外，还需要注意的是，享有专有部分所有权的业主可以对共有部分进行合理利用，但如果超过了法定的适用范围，则会构成侵权。

最后，业主对建筑物的共有部分享有共同管理权。一般认为，此种共同管理权属于从专有所有权中因身份衍生出的社员权，从属于专有权。即只要取得了专有部分所有权，自然就具有对共有部分的共同管理权。同样，如果转让了专有部分所有权，其对共有部分的管理权也随之转归受让人。当然，共同管理权既不能脱离专有所有权而单独转让，业主也不能仅保留管理权而转让专有所有权。

三、本条规定特别评注

本条对于建筑物区分所有权的内容的规定，有三个问题值得关注：

其一，对于建筑物区分所有权的权利性质，一般理解为是一种特殊的复合型不动产所有权。本条延续《物权法》采“三元说”的观点，认为建筑物区分所有权是专有部分的专有权、共有部分的共有权以及因共有关系而产生的管理权三者的结合。

其二，对于建筑物区分所有权，应当将业主与业主之外的房屋承租人、借用人、管理人等区分，后者被我国司法实践称为物业使用人。鉴于物业使用人往往也是直接与建筑物利益相关者，我国《最高人民法院关于审理建筑物区分所有权纠纷案件适用法律若干问题的解释》（以下简称《建筑物区分所有权解释》）第 16 条特别规定物业使用人可以根据法律、法规、管理规约、业主大会

① 王利明：《物权法研究》（第四版），中国人民大学出版社 2016 年版，第 571 ~572 页。

或者业主委员会依法作出的决定，以及其与业主的约定，享有相应权利，承担相应义务。

其三，对于建筑物区分所有权中的共有的性质，学界有认为应属于按份共有者，也有认为属于共同共有者，还有认为建筑物区分所有中的共有在性质上既不是按份共有，也不是共同共有，而是第三种共有形式。[①] 从我国现行法对建筑物区分所有权所规定的规则来看，第三种观点可资赞同。首先，业主享有共有权的性质不同于按份共有。尽管业主对于共有部分修缮的费用以及其他费用在没有约定时要按照一定的比例确定，但这不同于按份共有。因为业主对于区分所有建筑物的共有部分并不享有特定的份额，也不得要求单独分割共有部分，且也不存在业主单独转让、抛弃其持有份的问题，也不能在该比例上单独设定负担。其次，此种共有权也不同于共同共有。共同共有往往基于相互依赖的共同关系，如婚姻关系、合伙关系等，而建筑物区分所有权人居住在一起并非形成一种特殊的共同关系，共有财产也不是基于共同关系产生的，而是从专有部分的所有权中派生出来的。因此，建筑物区分所有权中的共有权的性质也并非共同共有。

【关联规范】

《最高人民法院关于审理建筑物区分所有权纠纷案件适用法律若干问题的解释》

第一条 依法登记取得或者依据民法典第二百二十九条至第二百三十一条规定取得建筑物专有部分所有权的人，应当认定为民法典第二编第六章所称的业主。

基于与建设单位之间的商品房买卖民事法律行为，已经合法占有建筑物专有部分，但尚未依法办理所有权登记的人，可以认定为民法典第二编第六章所称的业主。

第十六条 建筑物区分所有权纠纷涉及专有部分的承租人、借用人等物业使用人的，参照本解释处理。

专有部分的承租人、借用人等物业使用人，根据法律、法规、管理规约、业主大会或者业主委员会依法作出的决定，以及其与业主的约定，享有相应权利，承担相应义务。

---

① 王利明：《物权法研究》（第三版）（上），中国人民大学出版社2013年版，第592页。

第二百七十二条　【业主对专有部分的专有权】业主对其建筑物专有部分享有占有、使用、收益和处分的权利。业主行使权利不得危及建筑物的安全，不得损害其他业主的合法权益。

【条文理解与适用】

一、本条的缘由

本条源于《物权法》第71条。

二、本条规定的主要内容

本条是对建筑物区分所有权中业主的专有部分所有权及行使限制的规定。本条中的专有权，是指业主对建筑物专有部分所享有的所有权。基于专有部分区分所有建筑物所具有的构造上与使用上的独立性特征，业主于建筑物专有部分上成立的所有权和其他一般客体的所有权一样，属于单独所有权，因此本条规定业主对建筑物专有部分享有占有、使用、收益、处分的权利，意指享有所有权的完整权能。

本条的但书规定对业主行使权利时应履行的义务进行了说明。之所以对业主行使专有所有权予以限制，主要原因在于区分所有建筑物中的专有部分作为建筑物的重要组成部分，与共有部分不可分离，并非具有完全的独立性，因此业主行使专有所有权时不得危及建筑物的安全，不得损害其他业主的合法权益。例如，区分所有人拆除自己专有部分的承重墙、在自己专有部分放置易燃、易爆物品等，从而危及整个建筑物的安全。

三、本条规定特别评注

本条的适用有两个问题需要关注：其一，业主对专有部分可以独立支配，故而对于建筑物专有部分的判断对确定专有所有权的范围非常关键。有学者认为，“专有部分是否能单独使用，有无独立的经济效用，应就其有无明确性、间隔性、通行直接性，以及存否专用设备和共用设备等因素加以判断”。[①] 也有学者进一步提出，建筑物的专有部分由一定平面的长度与一定立体的厚度构成，与其他专有部分或共用部分以墙壁、天花板、地板相间隔。[②] 从业主对于专有部分享有所有权的角度看，专有部分，应当是指通过建筑物的区分，可以独立发挥经济生活功能的特定部分。对此，司法实践中可以依《建筑物区分所有权解释》第2条的规

---

① 崔建远：《物权法》（第四版），中国人民大学出版社2017年版，第192页。

② 李延荣、周珂：《房地产法》（第五版），中国人民大学出版社2016年版，第63页。

定予以判定。根据该规定，在构造上、利用上具有独立性，能够明确区分，可以排他使用，能够登记成为特定业主所有权的客体的房屋，以及车位、摊位等特定空间等均可以认定区分所有建筑物的专有部分。

其二，在实践中，对于专有权所有权行使的限制常常与相邻关系结合在一起。例如，在专有部分增建夹层可能会危及建筑物的安全，因装修影响到其他业主的采光、通风或是正常休息的，实际上也是影响到了全体区分所有权人的共同利益。在业主共居一栋楼的情况下，违反相邻关系给其他业主造成的影响往往比独栋情形下的危害更大，因此也就格外需要业主遵守相应义务。如果业主行使权利危害到其他业主的合法权益的，其他业主可以要求其停止侵害，排除妨碍，恢复原状，赔偿损失。

【关联规范】

1. **《物业管理条例》**

第五十二条 业主需要装饰装修房屋的，应当事先告知物业服务企业。

物业服务企业应当将房屋装饰装修中的禁止行为和注意事项告知业主。

2. **《最高人民法院关于审理建筑物区分所有权纠纷案件适用法律若干问题的解释》**

第二条 建筑区划内符合下列条件的房屋，以及车位、摊位等特定空间，应当认定为民法典第二编第六章所称的专有部分：

（一）具有构造上的独立性，能够明确区分；

（二）具有利用上的独立性，可以排他使用；

（三）能够登记成为特定业主所有权的客体。

规划上专属于特定房屋，且建设单位销售时已经根据规划列入该特定房屋买卖合同中的露台等，应当认定为前款所称的专有部分的组成部分。

本条第一款所称房屋，包括整栋建筑物。

第四条 业主基于对住宅、经营性用房等专有部分特定使用功能的合理需要，无偿利用屋顶以及与其专有部分相对应的外墙面等共有部分的，不应认定为侵权。但违反法律、法规、管理规约，损害他人合法权益的除外。

第二百七十三条 【业主对共有部分的共有权及义务】 业主对建筑物专有部分以外的共有部分，享有权利，承担义务；不得以放弃权利为由不履行义务。

业主转让建筑物内的住宅、经营性用房，其对共有部分享有的共有和共同管理的权利一并转让。

【条文理解与适用】

一、本条的缘由

本条在《物权法》第72条规定的基础上修改而成。

二、本条规定的主要内容

本条是关于业主对建筑物中共有部分的权利义务的规定。根据本条规定，共有权的权利义务包括两部分内容：一是业主对专有部分以外的共有部分享有共有权利并承担相应义务；二是业主对专有部分以外的共有部分享有共同管理的权利。

首先，业主对专有部分以外的共有部分享有共有权并承担相应义务。共有部分主要包括专有部分以外的走廊、楼梯、过道、电梯、外墙面、水箱、水电气管线等共有部分，以及对道路、绿地、公用设施、物业管理用房以及其他公共场所等共有部分。业主对区分所有权建筑物享有共有权，同时也要对区分所有建筑物共有部分承担维护、维修，以及有关物业管理等义务。根据业主和共有部分的密切程度，这里的共有权利义务可能是全体业主对建筑物整体所共同享有的权利以及应承担的义务，如对公共道路、绿地所享有的使用权以及承担修缮、改良义务；也可能是部分业主于某共有部分上设定专用使用权而产生的权利义务，如收取某一共有部分上的广告租金等。共有人对共有部分的权利主要体现为使用权和收益权，以及要求对共有部分的保存、修缮、改良的权利，对于因共有产生的义务，主要包括按照共有部分的本来用途使用共有部分，以及承担因共有财产花费的费用或是负担，如日常维修和更新土地或楼房的共同部分及公共设备等。共有所有权的权利义务是互动的关系，相互间亦具有整体性和不可分割性。因此本条特别规定，业主不得以放弃权利而不履行义务。

其次，业主对共有部分还享有共同管理权。此种权利属于一种社员权，是指业主参与对共同事务和共有财产的管理。对于共同管理权的行使，应当依据法律规定和相关的管理规约。在建筑物区分所有权的权利构成中，专有所有权是主导性权利，故本条第2款规定，业主转让专有部分所有权时，对于共有所有权和共同管理权也一并转让，即承继专有部分所有权的人，也就同时取得了对区分所有建筑物共有部分的共有权和管理权。

三、本条规定特别评注

本条规定的意义主要在于明确业主对专有部分以外的共有部分既享有权利，

又承担义务。这一方面要求业主不得在保留专有部分所有权的同时，转让其共有部分的权利；另一方面，也要求业主更不能以放弃共有部分的权利为理由而拒绝履行相应义务。

【关联规范】

1.《**物业管理条例**》

第六条 房屋的所有权人为业主。

业主在物业管理活动中，享有下列权利：

（一）按照物业服务合同的约定，接受物业服务企业提供的服务；

（二）提议召开业主大会会议，并就物业管理的有关事项提出建议；

（三）提出制定和修改管理规约、业主大会议事规则的建议；

（四）参加业主大会会议，行使投票权；

（五）选举业主委员会成员，并享有被选举权；

（六）监督业主委员会的工作；

（七）监督物业服务企业履行物业服务合同；

（八）对物业共用部位、共用设施设备和相关场地使用情况享有知情权和监督权；

（九）监督物业共用部位、共用设施设备专项维修资金（以下简称专项维修资金）的管理和使用；

（十）法律、法规规定的其他权利。

第七条 业主在物业管理活动中，履行下列义务：

（一）遵守管理规约、业主大会议事规则；

（二）遵守物业管理区域内物业共用部位和共用设施设备的使用、公共秩序和环境卫生的维护等方面的规章制度；

（三）执行业主大会的决定和业主大会授权业主委员会作出的决定；

（四）按照国家有关规定交纳专项维修资金；

（五）按时交纳物业服务费用；

（六）法律、法规规定的其他义务。

第二十七条 业主依法享有的物业共用部位、共用设施设备的所有权或者使用权，建设单位不得擅自处分。

2.《**最高人民法院关于审理建筑物区分所有权纠纷案件适用法律若干问题的解释**》

第三条 除法律、行政法规规定的共有部分外，建筑区划内的以下部分，也应当认定为民法典第二编第六章所称的共有部分：

（一）建筑物的基础、承重结构、外墙、屋顶等基本结构部分，通道、楼梯、大堂等公共通行部分，消防、公共照明等附属设施、设备，避难层、设备层或者设备间等结构部分；

（二）其他不属于业主专有部分，也不属于市政公用部分或者其他权利人所有的场所及设施等。

建筑区划内的土地，依法由业主共同享有建设用地使用权，但属于业主专有的整栋建筑物的规划占地或者城镇公共道路、绿地占地除外。

第二百七十四条　【建筑区划内的道路、绿地等场所和设施属于业主共有财产】建筑区划内的道路，属于业主共有，但是属于城镇公共道路的除外。建筑区划内的绿地，属于业主共有，但是属于城镇公共绿地或者明示属于个人的除外。建筑区划内的其他公共场所、公用设施和物业服务用房，属于业主共有。

【条文理解与适用】

一、本条的缘由

本条在《物权法》第73条规定的基础上略作文字修改而成。

二、本条规定的主要内容

本条是关于建筑区划内的道路、绿地、其他公共场所、公用设施和物业服务用房归属的规定，主要包括下列两个方面的内容：

首先，本条明确了业主对建筑区划内的道路、绿地、其他公共场所、公用设施和物业服务用房原则上享有法定共有权。明确道路、绿地等公共部分由业主共有，意味着非经业主共同表决决定，他人不得擅自改变以上公共区域的用途，也不得处分或进行收益。这对保护业主的权利具有重要意义。因为业主在购买房屋时，小区内的道路设计、绿地面积以及基础设施等均是重要的考虑因素，特定公共区域的有无和大小，可能会直接决定业主是否订立房屋买卖合同或者直接影响到房屋买卖的价格。在业主购买专有部分住宅、经营性用房之时，该部分共有配套的成本已分摊入房价款之中，自动记录到房屋所依附的土地之内，转化为全体业主共有，服务于公共目的，成为小区整体环境的组成部分，构成共有物业的相关内容，应由业主共同享有所有权。因此，如果此时不经业主同意，改变了原有设施的用途，或者进行收益，将可能造成对业主的重大利益的损害。而且，既然建筑区划内的道路、绿地、其他公共场所、公用设施和物业服务用房属于业主共有，业主亦不能随意改变建筑区划内道路、绿地的规划，不能于其上私搭乱盖其他建筑，影响道路或绿地功能的使用，不能单独对这些共有部分进行占有、使用、收益与处分。

其次，本条还规定有但书内容，即属于城镇公共道路、属于城镇公共用地或是明示为个人的绿地除外。这是因为，城镇公共道路、城镇公共绿地的法律属性为市政公用场地，依法规定其所有权属于国家，故由相应的政府行政主管部门行使管理权限，承担建设、维护、更换等义务，不属于业主共有权的内容。对于个人明示的绿地，主要针对的是出售房屋时，约定部分绿地属于该单元业主专有使用的情形。此时该绿地与业主的专有部分所有权一起移转，属于个人所有权的附属部分，不属于业主共有。

三、本条规定特别评注

本条明确道路、绿地、其他公共场所、公用设施和物业服务用房原则上属于业主共有权范畴。由此可知，建筑物区分所有权的共有权的客体，包括建筑区划内的道路、绿地、物业服务用房等，但不包括位于建筑区划内的城镇公共道路和城镇公共绿地以及那些明确归属个人的绿地。

【关联规范】

1. **《物业管理条例》**

第三十七条 物业管理用房的所有权依法属于业主。未经业主大会同意，物业服务企业不得改变物业管理用房的用途。

第三十八条 物业服务合同终止时，物业服务企业应当将物业管理用房和本条例第二十九条第一款规定的资料交还给业主委员会。

物业服务合同终止时，业主大会选聘了新的物业服务企业的，物业服务企业之间应当做好交接工作。

2. **《不动产登记暂行条例实施细则》**

第三十六条 办理房屋所有权首次登记时，申请人应当将建筑区划内依法属于业主共有的道路、绿地、其他公共场所、公用设施和物业服务用房及其占用范围内的建设用地使用权一并申请登记为业主共有。业主转让房屋所有权的，其对共有部分享有的权利依法一并转让。

第二百七十五条　【车位、车库的归属规则】建筑区划内，规划用于停放汽车的车位、车库的归属，由当事人通过出售、附赠或者出租等方式约定。

占用业主共有的道路或者其他场地用于停放汽车的车位，属于业主共有。

【条文理解与适用】

一、本条的缘由

本条源于《物权法》第74条第2款、第3款。

二、本条规定的主要内容

本条是对车位、车库归属的规定。根据本条第1款的规定，对于规划用于停放汽车的车位、车库的归属，首先根据当事人的约定确定。约定的方式，可以通过出售、附赠或者出租等。出售，是指出售方将车位、车库卖给业主。附赠，是指出售方随着业主购买专有部分将车位、车库赠与业主。出租，是指出售方将车位、车库租给业主。对于约定的形式，因为车库、车位属于和房屋所有权密切相关的不动产，应当依法应当采取书面合同方式。

本条第2款规定了对占用业主共有的道路或者其他场地用于停放汽车的车位的归属：也属于业主共有。之所以如此规定，主要是因为道路、绿地、其他公共场所、公用设施和物业服务用房原则上属于业主共有，当然并不会因为占用了这些共有空间用作停车位就可以改变物权的归属，即由此形成的车位也应当属于业主共有。

三、本条规定特别评注

本条进一步明确了业主共有权的范围，旨在保护业主的合法权益。在业主购买商品房时，对于规划用于停放汽车的车位和车库的分配，当事人一般会在购房合同中或通过租房合同等方式作出具体约定，难以有统一的标准。因此，本条关于对车位、车库的归属应当根据约定确定的规定，体现了私法自治的要求，旨在尊重当事人的意思自治，由业主和开发商通过平等协商来充分体现自身的意志和利益，既有利于在纠纷发生时解决争议，也有利于物尽其用，通过市场机制分配资源。

【关联规范】

《最高人民法院关于审理建筑物区分所有权纠纷案件适用法律若干问题的解释》

第五条 建设单位按照配置比例将车位、车库，以出售、附赠或者出租等方式处分给业主的，应当认定其行为符合民法典第二百七十六条有关“应当首先满足业主的需要”的规定。

前款所称配置比例是指规划确定的建筑区划内规划用于停放汽车的车位、车库与房屋套数的比例。

第六条 建筑区划内在规划用于停放汽车的车位之外，占用业主共有道路或者其他场地增设的车位，应当认定为民法典第二百七十五条第二款所称的车位。

第二百七十六条 【车位、车库优先满足业主需求】 建筑区划内，规划用于停放汽车的车位、车库应当首先满足业主的需要。

【条文理解与适用】

一、本条的缘由

本条源于《物权法》第74条第1款。

二、本条规定的主要内容

本条是对建筑区划内的车位、车库应当优先满足业主需要的规定。建筑区划内规划的车位、车库，其本质是小区整体环境内容的组成部分，为服务于整个小区业主居住便利而建造。因此，其应当首先服从于业主购买专有部分的需要；同时，车位、车库问题亦属于业主成员权范畴的内容，其使用和转让应当服从于整个小区建筑物的使用和全体业主利益。

对于如何理解优先满足业主的需要，一般认为应当按照不同区划内的比例配置以购买或出租的方式优先处分给业主。① 这种方式并不是赋予业主优先购买权，而是指如果业主有能力购买，则应当出售给业主；如果业主没有能力购买，则应当出租给业主。相较于优先购买权是在同等价格下的优先权，业主对于车位、车库的优先权不受同等条件的约束，即不论其他人是否提出了更高的条件，都不能

---

① 王利明：《物权法研究》（第四版）（上下卷），中国人民大学出版社2016年版，第596页。

先卖给其他人。同时，确定是否满足业主的需要，还需要根据规划确定的配置比例确定。所谓配置比例，按照《建筑物区分所有权解释》第5条的规定，实践中一般认为，是指规划确定的建筑区划内规划用于停放汽车的车位、车库与房屋套数的比例。也就是说，开发商只有按照规定的配置比例修建了车位、车库，其建设行为才合法。这为将配置比例作为“应当首先满足业主的需要”的标准提供了法律依据。当然，如果在保证每位业主都享有车位的情况下，对于剩余的车位，法律允许建设单位自行处置。需要注意的是，并非业主的所有需要都应当得到满足。有观点认为，业主的需要应具备合理性，这具体体现为时间上的合理性和数量上的合理性。也就是说，只要满足业主基本的停车需要，就认为已经满足了业主的需要。①

三、本条规定特别评注

本条规定有两个问题值得关注：首先，对于在建设单位没有优先满足业主需要时的行为效力，理论上有不同观点。有学者认为，本条有“应当”的字样，应当认为是调整公共利益的强制性规定，违反这一规定的合同效力无效。② 根据该观点，如果开发商违反本条规定，将建筑区划内的车位、车库出卖或出租给业主以外的人，导致业主利益不能满足的，应当认为开发商签订的商品房预售合同或销售合同中的停车位、停车库条款无效。具体采怎样的观点符合我国各地实际，还需要进一步进行研究。

此外，与《物权法》相比，《民法典》将对车位、车库首先满足业主需要的规定列为单独的一条。其单独设置进一步彰显了《民法典》对业主权益优先保护的价值取向。同时，与前一条规定的是车位、车库的归属问题相比，本条针对车位、车库的分配顺序，单独设置也便于体系的清晰化。

【关联规范】

《最高人民法院关于审理建筑物区分所有权纠纷案件适用法律若干问题的解释》

第五条　建设单位按照配置比例将车位、车库，以出售、附赠或者出租等方式处分给业主的，应当认定其行为符合民法典第二百七十六条有关“应当首先满足业主的需要”的规定。

前款所称配置比例是指规划确定的建筑区划内规划用于停放汽车的车位、车

① 最高人民法院民事审判第一庭：《最高人民法院建筑物区分所有权、物业服务司法解释理解与适用》，人民法院出版社2009年版，第86~88页。

② 崔建远：《物权法》（第三版），中国人民大学出版社2014年版，第201页。

库与房屋套数的比例。

第六条 建筑区划内在规划用于停放汽车的车位之外，占用业主共有道路或者其他场地增设的车位，应当认定为民法典第二百七十五条第二款所称的车位。

第二百七十七条 【设立业主大会和选举业主委员会】 业主可以设立业主大会，选举业主委员会。业主大会、业主委员会成立的具体条件和程序，依照法律、法规的规定。

地方人民政府有关部门、居民委员会应当对设立业主大会和选举业主委员会给予指导和协助。

【条文理解与适用】

一、本条的缘由

本条是在《物权法》第75条基础上修改而成。相较于《物权法》第75条，《民法典》本条第1款增加了“业主大会、业主委员会成立的具体条件和程序，依照法律、法规的规定”，第2款增加了居民委员会应当提供协助和指导的规定。

二、本条规定的主要内容

本条是对业主大会和业主委员会的规定。根据本条第1款第1句的规定，业主可以设立业主大会，选举业主委员会。业主大会是业主的自治组织，是基于业主的建筑物区分所有权的行使产生的，由全体业主组成。业主的共同意志通过业主大会的决议表现出来，业主大会是有权决定业主共同事务的唯一合法机构。业主委员会是业主大会的执行机关。在业主大会闭会期间，业主委员会要依据业主大会的授权而具体执行业主大会的各项决定。业主通过设立业主大会和业主委员会召开业主会议，订立管理规约，管理日常事务，并解决因使用专有部分、共有部分而产生的纠纷，业主大会或是业主委员会的决议，对全体业主都产生效力。

本条第1款新增第2句规定，对于业主大会和业主委员会成立的具体条件和程序，依照法律和法规的规定，这进一步明确了成立业主大会和业主委员会的法律依据。如本法第278条第3项即规定，选举业主委员会或者更换业主委员会成员由业主共同决定，具体而言，应当由专有部分面积占比三分之二以上的业主且人数占比三分之二以上的业主参与表决，并应当经参与表决专有部分面积过半数的业主且参与表决人数过半数的业主同意。再如，《物业管理条例》中第10条规定："同一个物业管理区域内的业主，应当在物业所在地的区、县人民政府房地产行政主管部门或者街道办事处、乡镇人民政府的指导下成立业主大会，并选举产生业主委员会。但是，只有一个业主的，或者业主人数较少且经全体业主一致同意，决定不成立业主大会的，由业主共同履行业主大会、业主委员会职责。"通过在物业所在地的区、县人民政府房地产行政主管部门或者街道办事处、乡镇人民政府指导下成立业主大会并选举委员会，有利于监督其选举程序，保障业主的合法权益。

本条第2款规定了地方人民政府和居民委员会应当对设立业主大会和选举业主委员会给予指导和协助。业主大会和业主委员会的成立选举本应由业主自行筹备，自主组建。但随着近年来高楼耸立，常常出现业主们互不相识，难以召集业主大会的情形。因此本款规定，地方人民政府有关部门具有向准备成立业主大会和选举业主委员会的业主予以指导的义务，如应当向业主提供相关的法律、法规及规章，提供已成立业主大会的成立经验，帮助成立筹备组织，提供政府部门制定的业主大会议事规则、业主管理公约等示范文本，协调业主之间的不同意见，为业主大会成立前的相关活动提供必要的活动场所，以及积极主动参加业主大会的成立大会等。

三、本条规定特别评注

本条第2款新增了居民委员会对于成立业主大会和选举业主委员会的协助和指导义务。这是因为根据《城市居民委员会组织法》第2条和第3条的规定，居民委员会自我管理，自我教育，自我服务，享有办理本居住地区居民的公共事务和公益事业、调解民间纠纷、协助维护社会治安等职权，维护的是居住地区内的居民的利益，这与业主大会维护的是小区内业主的利益部分重合或者相似，即协助和指导业主大会的成立、选举业主委员会对于维护社会治安，实现自我管理有相当助益，也属于居民委员会的职权范围。

【关联规范】

《物业管理条例》

第八条　物业管理区域内全体业主组成业主大会。

业主大会应当代表和维护物业管理区域内全体业主在物业管理活动中的合法权益。

第九条　一个物业管理区域成立一个业主大会。

物业管理区域的划分应当考虑物业的共用设施设备、建筑物规模、社区建设等因素。具体办法由省、自治区、直辖市制定。

第十条 同一个物业管理区域内的业主，应当在物业所在地的区、县人民政府房地产行政主管部门或者街道办事处、乡镇人民政府的指导下成立业主大会，并选举产生业主委员会。但是，只有一个业主的，或者业主人数较少且经全体业主一致同意，决定不成立业主大会的，由业主共同履行业主大会、业主委员会职责。

第十二条 业主大会会议可以采用集体讨论的形式，也可以采用书面征求意见的形式；但是，应当有物业管理区域内专有部分占建筑物总面积过半数的业主且占总人数过半数的业主参加。

业主可以委托代理人参加业主大会会议。

业主大会决定本条例第十一条第（五）项和第（六）项规定的事项，应当经专有部分占建筑物总面积2/3以上的业主且占总人数2/3以上的业主同意；决定本条例第十一条规定的其他事项，应当经专有部分占建筑物总面积过半数的业主且占总人数过半数的业主同意。

业主大会或者业主委员会的决定，对业主具有约束力。

业主大会或者业主委员会作出的决定侵害业主合法权益的，受侵害的业主可以请求人民法院予以撤销。

第十三条 业主大会会议分为定期会议和临时会议。

业主大会定期会议应当按照业主大会议事规则的规定召开。经20%以上的业主提议，业主委员会应当组织召开业主大会临时会议。

第十四条 召开业主大会会议，应当于会议召开15日以前通知全体业主。

住宅小区的业主大会会议，应当同时告知相关的居民委员会。

业主委员会应当做好业主大会会议记录。

第十五条 业主委员会执行业主大会的决定事项，履行下列职责：

（一）召集业主大会会议，报告物业管理的实施情况；

（二）代表业主与业主大会选聘的物业服务企业签订物业服务合同；

（三）及时了解业主、物业使用人的意见和建议，监督和协助物业服务企业履行物业服务合同；

（四）监督管理规约的实施；

（五）业主大会赋予的其他职责。

第十六条 业主委员会应当自选举产生之日起30日内，向物业所在地的区、县人民政府房地产行政主管部门和街道办事处、乡镇人民政府备案。

业主委员会委员应当由热心公益事业、责任心强、具有一定组织能力的业主担任。

业主委员会主任、副主任在业主委员会成员中推选产生。

第十七条　管理规约应当对有关物业的使用、维护、管理，业主的共同利益，业主应当履行的义务，违反管理规约应当承担的责任等事项依法作出约定。

管理规约应当尊重社会公德，不得违反法律、法规或者损害社会公共利益。

管理规约对全体业主具有约束力。

第二百七十八条　【由业主共同决定的事项以及表决规则】 下列事项由业主共同决定：

（一）制定和修改业主大会议事规则；

（二）制定和修改管理规约；

（三）选举业主委员会或者更换业主委员会成员；

（四）选聘和解聘物业服务企业或者其他管理人；

（五）使用建筑物及其附属设施的维修资金；

（六）筹集建筑物及其附属设施的维修资金；

（七）改建、重建建筑物及其附属设施；

（八）改变共有部分的用途或者利用共有部分从事经营活动；

（九）有关共有和共同管理权利的其他重大事项。

业主共同决定事项，应当由专有部分面积占比三分之二以上的业主且人数占比三分之二以上的业主参与表决。决定前款第六项至第八项规定的事项，应当经参与表决专有部分面积四分之三以上的业主且参与表决人数四分之三以上的业主同意。决定前款其他事项，应当经参与表决专有部分面积过半数的业主且参与表决人数过半数的业主同意。

【条文理解与适用】

一、本条的缘由

本条在《物权法》第 76 条规定的基础上作出删减和添增，主要有六处修改：（1）将第 1 款第 2 项“制定和修改建筑物及其附属设施的管理规约”改为“制定和修改管理规约”；（2）将第 1 款第 5 项“筹集和使用建筑物及其附属设施的维修资金”单列“使用”“筹集”成为两项；（3）明确了业主共同决定事项参与表决的应达到专有部分面积和业主人数占比双三分之二以上；（4）将使用建筑物及其附属设施的维修资金的表决比例从双三分之二以上调整为双过半数；（5）将重大事项的表决比例从双过半数调整为双四分之三以上；（6）增加了“改变共有部分的用途或者利用共有部分从事经营活动”应当经参与表决专有部分面积和业主人数双四分之三以上比例同意的规定。

二、本条规定的主要内容

（一）补充规定了应当由业主共同决定的重大事项

本条第1款明确了建筑物区分所有权中成员权的具体内容，以列举的方式规定了应当由业主共同决定的重大事项。根据本款规定，可以将由业主共同决定的重大事项分为以下四类：

1. 关涉确定业主行使民主管理权利的方式和依据的事项。本款第1项“制定和修改业主大会议事规则”以及第2项“制定和修改管理规约”均属于确定业主行使民主管理权利的依据。其中，第1项“制定和修改业主大会议事规则”是业主的一项最基本的权利，业主大会议事规则主要用来确定业主大会的宗旨、议事方式、表决程序、业主委员会的组成和成员任期等内容，属于业主的自律性文件。该议事规则决定表决权行使的方式，也是业主行使表决权的基础和依据，应当由业主共同决定。

第2项“制定和修改管理规约”属于确定约束业主行为的基本规范。所谓管理规约，是业主对有关物业的使用、维护、管理，区分所有建筑物的共有部分以及专有部分的权利行使，业主义务的履行，业主共同利益的维护，违反管理规约应当承担的责任，以及其他重大事务管理的共同约定，属于业主进行自我管理、自我约束的规范，对全体业主具有约束力，故实质上也是业主行使民主管理权利方式的一种依据。鉴于管理规约涉及全体业主的利益，应当由全体业主共同讨论决定，且只要不违背法律的强制性规定，都会产生法律效力。

本款第3项“选举业主委员会或者更换业主委员会成员”以及第4项“选聘和解聘物业服务企业或者其他管理人”均属于确定业主行使民主管理权利的方式。其中，第3项的“业主委员会”是业主大会的执行机关，负责在闭会时处理小区事务，业主通过业主大会选举能够代表和维护自己利益的业主委员会委员，成立业主委员会，对不依法和依约定履行职责的委员予以更换。业主委员会成员能否积极履行职责，直接关涉业主的共同利益，因此选举业主委员会或者更换业主委员会成员均应当由全体业主共同决定，选出能够真正代表业主利益的业主委员会。对于如何管理物业，《民法典》第284条第1款规定：“业主可以自行管理建筑物及其附属设施，也可以委托物业服务企业或者其他管理人管理”；《民法典》第946条还规定：“业主依照法定程序共同决定解聘物业服务人的，可以解除物业服务合同。决定解聘的，应当提前六十日书面通知物业服务人，但是合同对通知期限另有约定的除外。依据前款规定解除合同造成物业服务人损失的，除不可归责于业主的事由外，业主应当赔偿损失。”物业服务企业作为法律和行政法规规定的专业的管理人，属于委托管理的范畴，服务于所有业主，如果物业服务企业不能按照业主的委托妥善的履行管理义务，就会直接影响到小区的管理秩序。为了切实保障业主所享有的选聘权和解聘权，本款第4项明确规定“选聘和解聘物业服务企业或者其他管理人”应当由业主共同决定。

2. 关涉对区分所有建筑物及其附属设施的维修资金的变动事项。本款第5项“使用建筑物及其附属设施的维修资金”以及第6项“筹集建筑物及其附属设施的维修资金”均属于这一类。这两项均针对维修资金的管理。所谓维修资金，一般是指应当由业主支付的专门用于业主专有部分以外的住宅共用部分、共用设施设备保修期满后的维修和更新、改造、维护所需的资金，如电梯、各种管道、楼顶防水、外墙面等共有部分的维修费用。维修资金是由业主按照一定比例进行缴付的，直接关涉业主的财产利益，同时维修资金属于共有财产，必须用于特定的目的。筹集维修资金关系业主的切身利益，为了保障筹集资金按照法定或是约定的比例，以及对于筹集资金的目的知情和监督，本条将是否筹集以及如何筹集等筹集维修资金的事项作为应当由业主共同决定的重大事项。同时，对于维修资金的使用必须实行专款专用，不能将维修资金挪作其他用途，维修资金的使用关系到全体业主的共同利益，一旦使用不当，就会对全体业主造成损失，故本条将使用维修资金也作为应当由业主共同决定的重大事项。

3. 改建、改变建筑物共有部分的用途或者利用共有部分从事经营活动。本款第7项“改建、重建建筑物及其附属设施”以及第8项“改变共有部分的用途或者利用共有部分从事经营活动”均属于这一类。无论是建筑物及其附属设施的改建、重建，还是改变共有部分的用途、利用共有部分从事经营性活动，均涉及业主建筑物区分所有权的行使，费用的负担，利益的分配，事关业主的重大利益，应当由业主共同决定。

4. 有关共有和共同管理权利的其他重大事项。本款第9项属于兜底条款。除前述所列事项外，对建筑区划内有关共有和共同管理权利的其他重大事项，如制定物业服务内容、标准以及物业服务收费方案等，也需要由业主共同决定。

（二）完善了业主共同决定的表决程序

本条第2款主要是对业主的表决权比例予以规定。对于参与表决的人数，本条明确规定应当参与的业主人数和业主专有部分所占面积比例均须达到三分之二以上。对于表决的比例，本条规定了过半数和四分之三两个标准：（1）对于特别重大的事项，需要四分之三以上表决比例同意才能通过，这些事项包括筹集建筑物及其附属设施的维修资金，改建、重建建筑物及其附属设施，改变共有部分的用途或者利用共有部分从事经营活动。也就是说，根据本条规定，这三类事项的决定必须同时具备两个条件：一是参与表决的业主的专有部分面积和业主人数占比均达三分之二以上；二是经参与表决的专有部分面积和业主人数占比均达四分之三以上的业主同意。之所以对于这三类事项要求需业主人数和专有部分面积都达到四分之三才可以通过，主要是因为这三类事项对业主利益关系更大，所以在表决权数上要求更为严格。（2）对于一般重大事项，需要半数以上表决比例同意即可以通过，这些事项主要包括制定和修改业主大会议事规则，制定和修改管理规约，选举业主委员会或者更换业主委员会成员，选聘和解聘物业服务企业或者其他管理人，使用建筑物及其附属设施的维修资金，以及有关共有和共同管理权利的其他重大事项。也就是说，根据本条规定，对于一般重大事项的决定，也必须同时具备两个条件：一是参与表决的业主的专有部分面积和业主人数占比均达三分之二以上；二是经参与表决的专有部分面积和业主人数占比均达半数以上的业主同意。

三、本条规定特别评注

对于建筑物区分所有人成员权的行使问题，多数国家和地区采取“多数决”原则，立法例上有采用半数以上“一般多数决”的，也有采用三分之二、四分之三或者五分之四以上“绝对多数决”的，也有在“多数决”原则之外规定例外情形的。《民法典》本条在承继《物权法》第76条“多数决”原则的基础上作出删减和添增。业主大会的决定之所以能够对全体业主产生拘束力，取决于业主大会所作出的决定是否符合法定的程序。对于表决的程序，有按照业主人数投票和按照专有部分面积决定两种方式。一般认为，对于按照业主人数投票，优点在于兼顾了广大业主特别是小业主的利益，并且在一定程度上充分体现了决策过程的民主性，按照专有部分面积投票，优点在于充分尊重了业主的财产权，这就强化了对物权的保护尤其是对大业主物权的保护。[①]《民法典》本条设置的目的即在于保护业主的财产权的基础上遵循利益平衡保护原则，因此本条结合这两种方式即“双重多数决”来设计投票程序应当说是一种合理的立法安排。在适用本条的过程中，需要注意下列四个问题：

---

① 王利明：《物权法研究》（第三版），中国人民大学出版社2013年版，第621页。

其一，《物权法》第 76 条第 2 款规定的业主共同决定的重大事项的表决权数要求较高，实践中很难达到法律规定的比例，导致业主共同作出决定通常十分困难。在《民法典》编纂过程中，有学者建议适当降低表决权数门槛。为解决物业管理活动中业主共同作出决定较为困难的问题，《民法典》本条降低了参与表决的标准，即增加了“业主共同决定事项，应当由专有部分面积占比三分之二以上的业主且人数占比三分之二以上的业主参与表决”的规定。

其二，《民法典》本条列举的由业主共同决定的“制定和修改管理规约”这一事项，实际上删除了《物权法》第 76 条中“建筑物及其附属设施的”这一对管理规约内容的限定字样。因为管理规约的内容既可以与建筑物及其附属设施有关，也可以单纯是对业主之间共同使用、共同管理、共同维护等基本要求的规定。显然，《民法典》本条的规定更符合现实需求。

其三，《民法典》本条将《物权法》第 76 条中作为一类事项处理的“筹集和使用维修资金”，修改为分设作为两项单独的规定，且分别规定了不同的表决权要求。一方面，将《物权法》第 76 条规定的“使用建筑物及其附属设施的维修资金”需要三分之二以上表决比例同意改为了需要半数以上表决比例同意即可；另一方面，对“筹集建筑物及其附属设施的维修资金”要求的表决比例提高至需要四分之三以上表决比例同意。之所以作如此修改，主要是基于在筹集维修资金的过程中，往往已经对资金的用途目的作了表决和限制，在现实生活中，在筹集了维修资金后，往往难以再召集三分之二以上的业主开会。故《民法典》本条在保障业主于筹集维修资金事项的表决权的同时，适当放宽了对维修资金使用的表决比例限制，这有利于方便业主委员会以及物业服务机构的管理，提高服务效率。

其四，相较于《物权法》第 76 条，《民法典》本条第 8 项属于新增规定。这一新增内容来源于《建筑物区分所有权解释》第 7 条第 1 款的规定，处分共有部分，以及业主大会依法决定或者管理规约依法确定应由业主共同决定的事项，应当认定为民法典第 278 条第 1 款第 9 项规定的有关共有和共同管理权利的“其他重大事项。”这一修改相当于是将这一内容从“其他重大事项”中提取了出来。如此调整主要是考虑到共有部分作为全体业主的共有财产，对于其用途的改变，如将空地改建为停车场，或是利用共有部分从事经营性活动，如通过租赁的方式将外墙面交给他人设置广告，都是处分业主财产的行为，且在社会实践中属于频频发生的事项，关涉业主的重大利益，有必要予以专门强调明示，避免实践中的歧义理解。

【关联规范】

1.《物业管理条例》

第十一条 下列事项由业主共同决定:

(一)制定和修改业主大会议事规则;

(二)制定和修改管理规约;

(三)选举业主委员会或者更换业主委员会成员;

(四)选聘和解聘物业服务企业;

(五)筹集和使用专项维修资金;

(六)改建、重建建筑物及其附属设施;

(七)有关共有和共同管理权利的其他重大事项。

第十二条 业主大会会议可以采用集体讨论的形式,也可以采用书面征求意见的形式;但是,应当有物业管理区域内专有部分占建筑物总面积过半数的业主且占总人数过半数的业主参加。

业主可以委托代理人参加业主大会会议。

业主大会决定本条例第十一条第(五)项和第(六)项规定的事项,应当经专有部分占建筑物总面积2/3以上的业主且占总人数2/3以上的业主同意;决定本条例第十一条规定的其他事项,应当经专有部分占建筑物总面积过半数的业主且占总人数过半数的业主同意。

业主大会或者业主委员会的决定,对业主具有约束力。

业主大会或者业主委员会作出的决定侵害业主合法权益的,受侵害的业主可以请求人民法院予以撤销。

2.《最高人民法院关于审理建筑物区分所有权纠纷案件适用法律若干问题的解释》

第七条 处分共有部分,以及业主大会依法决定或者管理规约依法确定应由业主共同决定的事项,应当认定为民法典第二百七十八条第一款第(九)项规定的有关共有和共同管理权利的“其他重大事项”。

第八条 民法典第二百七十八条第二款和第二百八十三条规定的专有部分面积可以按照不动产登记簿记载的面积计算;尚未进行物权登记的,暂按测绘机构的实测面积计算;尚未进行实测的,暂按房屋买卖合同记载的面积计算。

第九条 民法典第二百七十八条第二款规定的业主人数可以按照专有部分的

数量计算，一个专有部分按一人计算。但建设单位尚未出售和虽已出售但尚未交付的部分，以及同一买受人拥有一个以上专有部分的，按一人计算。

第二百七十九条 【业主将住宅转变为经营性用房应当遵循的规则】业主不得违反法律、法规以及管理规约，将住宅改变为经营性用房。业主将住宅改变为经营性用房的，除遵守法律、法规以及管理规约外，应当经有利害关系的业主一致同意。

【条文理解与适用】

一、本条的缘由

本条在《物权法》第77条的基础上略作文字修改而成，增加了“一致”两字，即业主将住宅改变为经营性用房的，应当经有利害关系的业主一致同意。

二、本条规定的主要内容

本条是关于建筑物区分所有权人即业主改变住宅用途限制条件问题的规定。具体来看，这一条文表达了三层含义。

首先，《民法典》不禁止业主将住宅改为经营性用房。这主要考虑到业主有不同的需求，对于所有权如何支配也属于业主专有所有权的内容，如果绝对禁止任何住宅都不能改为经营性用房，既不利于满足小区业主的需要，也不利于发挥房屋的效用。

其次，尽管本条没有对住宅改为经营性用房进行禁止，但因为可能会给其他业主带来影响，同时不便于物业的管理，因此本条还作出了两个限制性规定：其一，住宅改为经营性用房必须遵守法律、法规和管理规约的规定。前两者都是由针对所有民事主体做出的普遍性规定，而管理规约则是根据业主的意思共同制定的管理规范，如果管理规约规定有“业主不得随意改变住宅的居住用途”字样，则管理规约作为业主应当遵守的最基本准则，就无权将住宅改为经营性住房。其二，业主想要将住宅改为经营性用房，还必须经过有利害关系的业主的一致同意。对于这里的利害关系的判定，因改变住宅为经营性用房的用途不同，影响的范围、程度不同，需要具体情况具体分析。在司法实践中一般分为两类：如果是本栋建筑物内的业主，无须证明其受到影响，只需提供并证明其具有合法的业主身份即可；如果存有异议的业主是该建筑区划内的本栋建筑物之外的、有利害关系的业主，则需要其提供证明自己的居住利益或是房屋的经济利益因此业主将住宅改为经营性用房而受到了损害。对于利害关系人的同意规则，本条进一步明确了需利害关系人全体同意，这与《建筑物区分所有权解释》第10条第2款规定的“将住宅改变为经营性用房的业主以多数有利害关系的业主同意其行为进行抗辩的，人民法院不予支持”相一致，为利害关系人集体同意规则提供了规则依据，最大程度地保护了利害关系人的利益。

三、本条规定特别评注

业主对于自己的房屋，固然享有专有所有权，可以进行收益、处分，但由于专有房屋是建筑材料组成的四周上下封闭的、在构造和使用上具有独立性和经济价值的建筑空间，与共有部分紧密相连，因此专有部分和共有部分在业主的权利义务关系中经常相互交织，在行使权利时不能损害到其他业主的合法权益。在现实生活中，经常发生业主将住宅用途的房屋改作商业用房或者办公用房等经营性用房的情况。对于业主购买的作为住宅用途的房屋，一般都应当用作生活居住，以生活安宁，社区和谐为第一要义，而一旦转变为经营性用房，就会出现外来人员进入本小区的情形，在一定程度上可能影响社区秩序的稳定和邻里之间的和睦，甚至影响到其他业主的正常生活。因此，本条作出限制性规定，如果业主将住宅改为经营性住房的，除遵守相关法律、法规以及管理规约外，还需要征得利害关系人的一致同意。

【关联规范】

《最高人民法院关于审理建筑物区分所有权纠纷案件适用法律若干问题的解释》

第十条 业主将住宅改变为经营性用房，未依据民法典第二百七十九条的规定经有利害关系的业主一致同意，有利害关系的业主请求排除妨害、消除危险、恢复原状或者赔偿损失的，人民法院应予支持。

将住宅改变为经营性用房的业主以多数有利害关系的业主同意其行为进行抗辩的，人民法院不予支持。

第十一条 业主将住宅改变为经营性用房，本栋建筑物内的其他业主，应当认定为民法典第二百七十九条所称“有利害关系的业主”。建筑区划内，本栋建筑物之外的业主，主张与自己有利害关系的，应证明其房屋价值、生活质量受到或者可能受到不利影响。

第二百八十条　【业主大会、业主委员会决定的效力】 业主大会或者业主委员会的决定，对业主具有法律约束力。

业主大会或者业主委员会作出的决定侵害业主合法权益的，受侵害的业主可以请求人民法院予以撤销。

【条文理解与适用】

一、本条的缘由

本条在《物权法》第 78 条规定的基础上略作文字修改而成。

二、本条规定的主要内容

本条明确规定了业主大会与业主委员会的决定的效力。业主大会是由建筑区划内的全体业主参加，依法成立的自治组织。业主大会根据法律、法规按照法定程序成立并作出决策，业主委员会作为业主大会的执行机构，具体实施业主大会作出的决定。本条规定了两个方面的内容：

首先，根据本条第 1 款的规定，业主大会或者业主委员会的决定对业主具有法律约束力，这是由业主大会和业主委员会的性质决定的。业主大会或业主委员会作出决定的行为，在性质上属于共同行为，只要其依照法定程序召开业主大会并做出决议，即使个别业主不同意其决议，也对全体业主产生法律约束力。

其次，业主大会和业主委员会作出的决定，应当遵守法律和法规，不能违背公序良俗。根据本条第 2 款的规定，如果业主大会或是业主委员会未依法作出决策，进而侵害到业主合法权益时，业主可以通过请求人民法院撤销的方式进行救济。这一规定明确了业主撤销权的行使条件：一是业主大会或者业主委员会没有依照法定程序或是决议内容违反国家强制性规定。二是业主大会或者业主委员会的决定侵害了业主的合法权益。其中，这里的合法权益既包括损害了业主的实体利益，也包括所作出的决定的内容虽然并未侵害业主的合法权益，但未按照法律强制规定的程序表决，从而侵犯了业主的程序利益。三是撤销权的行使须通过诉讼的方式，即受侵害的业主请求人民法院撤销业主大会或者业主委员会的决定。

三、本条规定特别评注

根据本条规定，业主大会或者业主委员会作为自我管理的权力机关和执行机关，其作出的决定，对业主应当具有法律约束力。如果业主大会或者业主委员会作出的决定侵害业主合法权益的，本条赋予受侵害的业主撤销权。这一撤销权在性质上应属于形成权，应当受除斥期间的限制。对于这一除斥期间的起算，《民法典》没有作专门规定。根据《建筑物区分所有权解释》第 12 条的规定，应是从业主在知道或者应当知道业主大会或者业主委员会作出决定之日起一年之内。

【关联规范】

1.《物业管理条例》

第十二条 业主大会会议可以采用集体讨论的形式，也可以采用书面征求意见的形式；但是，应当有物业管理区域内专有部分占建筑物总面积过半数的业主且占总人数过半数的业主参加。

业主可以委托代理人参加业主大会会议。

业主大会决定本条例第十一条第（五）项和第（六）项规定的事项，应当经专有部分占建筑物总面积2/3以上的业主且占总人数2/3以上的业主同意；决定本条例第十一条规定的其他事项，应当经专有部分占建筑物总面积过半数的业主且占总人数过半数的业主同意。

业主大会或者业主委员会的决定，对业主具有约束力。

业主大会或者业主委员会作出的决定侵害业主合法权益的，受侵害的业主可以请求人民法院予以撤销。

2.《最高人民法院关于审理建筑物区分所有权纠纷案件适用法律若干问题的解释》

第十二条 业主以业主大会或者业主委员会作出的决定侵害其合法权益或者违反了法律规定的程序为由，依据民法典第二百八十条第二款的规定请求人民法院撤销该决定的，应当在知道或者应当知道业主大会或者业主委员会作出决定之日起一年内行使。

第二百八十一条 【建筑物及其附属设施维修资金的归属和处分】建筑物及其附属设施的维修资金，属于业主共有。经业主共同决定，可以用于电梯、屋顶、外墙、无障碍设施等共有部分的维修、更新和改造。建筑物及其附属设施的维修资金的筹集、使用情况应当定期公布。

紧急情况下需要维修建筑物及其附属设施的，业主大会或者业主委员会可以依法申请使用建筑物及其附属设施的维修资金。

【条文理解与适用】

一、本条的缘由

本条在《物权法》第79条规定的基础上修改而成。相较于《物权法》第79条，本条主要明确了维修资金应适用于“建筑物及其附属设施”，并增加了公布建筑物及其附属设施的维修资金的筹集、使用情况应当“定期”的要求。同时，在第2款增加了“紧急情况下需要维修建筑物及其附属设施的，业主大会或者业主委员会可以依法申请使用建筑物及其附属设施的维修资金”。

二、本条规定的主要内容

本条是关于建筑物及其附属设施的维修基金的归属、用途以及筹集与使用的规定。所谓维修资金，是指对于建筑物需要维修的共有部分，每一位业主在购买建筑物时需要预交一定数额的维修资金，以便于日后统一对建筑物共有部分进行维修。其中，根据本条规定，维修资金的使用范围不仅包括建筑物自身，还包括道路、车位、无障碍设施等附属设施。

对于维修资金的归属，本条第1款首先明确规定了应属于业主共有。既然维修资金属于业主的共有财产，因此维修资金必须用于特定的目的，如用于电梯、屋顶、外墙、无障碍设施等共有部分的维修、更新和改造。对于维修资金的筹集，因为直接关涉到业主的财产利益，本法第278条已经明确规定须经过专有部分占建筑物总面积四分之三以上的业主且占总人数四分之三以上的业主同意，才能决定维修基金的筹集；对于维修资金的使用，依本法第278条规定须经专有部分占建筑物面积半数以上且人数占半数以上的业主同意。同时，为便于业主查询、监督维修资金的使用情况，从而保证全体业主的知情权，本条第1款还规定了维修资金的筹集、使用情况应当定期公布。特别需要注意的是，其中对公布应当“定期”的要求，旨在防止物业服务企业或其他管理人怠于履行公布义务，从而更好地保障业主的知情权。

此外，根据实践中当事人普遍反映业主大会、业主委员会公共维修资金使用难的情况，特别规定了在紧急情况下需要维修建筑物及其附属设施的，业主大会或者业主委员会可以依法先申请使用维修资金，以保障管理的有效性。

三、本条规定特别评注

维修资金用于对区分所有建筑物进行有效以及不间断的管理，是对区分所有建筑物进行管理的必要的“财产”要素。在《民法典》制定过程中，在《物权法》第79条的基础上，本条第2款特别规定了“紧急情况下需要维修建筑物及其附属设施的，业主大会或者业主委员会可以依法申请使用维修资金”。这主要是考虑到现实中对于一些紧急的维修情况，需要在短时间内就修缮维护，否则可能会对业主的人身财产安全带来巨大损失。此时如果仍严格要求业主大会或是业主委员会按照法定程序过半数同意，短时间内难以召集全体业主，很可能耽误修缮时机，造成更大程度的损害。

【关联规范】

1.《物业管理条例》

第五十三条 住宅物业、住宅小区内的非住宅物业或者与单幢住宅楼结构相连的非住宅物业的业主，应当按照国家有关规定交纳专项维修资金。

专项维修资金属于业主所有，专项用于物业保修期满后物业共用部位、共用设施设备的维修和更新、改造，不得挪作他用。

专项维修资金收取、使用、管理的办法由国务院建设行政主管部门会同国务院财政部门制定。

2.《最高人民法院关于审理建筑物区分所有权纠纷案件适用法律若干问题的解释》

第十三条 业主请求公布、查阅下列应当向业主公开的情况和资料的，人民法院应予支持：

（一）建筑物及其附属设施的维修资金的筹集、使用情况；

（二）管理规约、业主大会议事规则，以及业主大会或者业主委员会的决定及会议记录；

（三）物业服务合同、共有部分的使用和收益情况；

（四）建筑区划内规划用于停放汽车的车位、车库的处分情况；

（五）其他应当向业主公开的情况和资料。

第二百八十二条 【业主共有部分产生收入的归属】建设单位、物业服务企业或者其他管理人等利用业主的共有部分产生的收入，在扣除合理成本之后，属于业主共有。

【条文理解与适用】

一、本条的缘由

本条是《民法典》新增条款。

二、本条规定的主要内容

本条是对因共有部分产生的收入属于业主共有的规定。根据本条规定，对利用业主共有部分产生的收入，原则上属于业主共有，但同时应当允许物业服务企业等管理人先扣除合理成本。

本法第273条规定，“业主对建筑物专有部分以外的共有部分，享有权利，承担义务”。建筑物的共有部分是业主的共有财产，物业服务企业等管理人是受业主委托进行管理，只是具有受托人的地位，并不享有共有权产生的收益。相应地，物业服务企业等管理人在管理期间利用共有部分产生的收益，在没有特别约定的情况下，除去管理人合理的成本后也应当归全体业主共有。当然，此种收益一般并不直接分配给每一个业主，而是被用来作为维修资金。例如，根据我国《物业管理条例》第54条的规定，利用物业共用部位、共用设施设备进行经营的，应当在征得相关业主、业主大会、物业服务企业同意后，按照规定办理有关手续。业主所得收益应当主要用于补充专项维修基金，也可以按照业主大会的决定使用。

需要注意的是，本条还规定了建设单位、物业服务企业等管理人等利用业主的共有部分产生的收入后，有权扣除一定的合理成本，以公平分配所获利益。

三、本条规定特别评注

本条是就现实中物业服务企业将共有部分用于收益，但其收入往往不能由业主享有的现象作出的针对性规定，以加强对业主权益的保障。在本条的司法适用过程中，还需要对这一规定中“利用”的方式、程序，“收入”的范围，具体由谁提出主张，以及如何界定“合理”等问题作出解释。

【关联规范】

《物业管理条例》

第五十四条 利用物业共用部位、共用设施设备进行经营的，应当在征得相关业主、业主大会、物业服务企业的同意后，按照规定办理有关手续。业主所得收益应当主要用于补充专项维修资金，也可以按照业主大会的决定使用。

第二百八十三条 【建筑物及其附属设施的费用分摊和收益分配确定规则】 建筑物及其附属设施的费用分摊、收益分配等事项，有约定的，按照约定；没有约定或者约定不明确的，按照业主专有部分面积所占比例确定。

【条文理解与适用】

一、本条的缘由

本条在《物权法》第80条规定的基础上略作文字修改而成。

二、本条规定的主要内容

本条是关于建筑物共有部分及其附属设施的费用分摊、收益分配的规定。建筑物共有部分及其附属设施，是为全体区分所有权人的共同利益而存在。对建筑物的共有部分及其附属设施，既需要定时进行养护、维修，从而需要支出费用；同时，也可能存在着经营收益如何分配的问题。其中，建筑物及其附属设施的费用，主要是指对建筑物共有部分及附属设施的修缮、管理、维护等费用，如共用的用水系统老化，需要进行改良所需要的费用。建筑物及其附属设施的收益，主要是指收取建筑物共有部分及附属设施的天然孳息及法定孳息，如在建筑物共有部分的空地上栽种果树所生的果实即天然孳息；将共有的外墙出租发布广告收取的广告租金，或者出租共有的地下室作为停车场而收取的租金等，即法定孳息。

业主对建筑物的共有部分及其附属设施享有权利，承担义务。根据本条规定，对于建筑物及其附属设施的费用分摊、收益分配等事项，如果业主之间有约定，法律尊重其意思自治，采用约定优先原则，按照约定承担费用，分配收益；如果没有约定或者约定不明确，则按照业主专有部分占建筑物总面积的比例确定。这里的约定，可以表现为管理规约，也可以表现为业主大会的决定。

在建筑物区分所有的状态下，业主所享有的共有权是以专有部分为主导，从属于专有部分的所有权，因此在没有约定或者约定不明确的情形下，基于共有权产生的权利义务，如因建筑物共有部分及其附属设施产生的费用及收益，应由业主专有权的比例，即专有部分面积所占建筑总面积的比例决定。一般认为，建筑物总面积，可能是指一栋区分所有的建筑物的面积之和，也可能是指整个建筑区划内的全部建筑物的面积之和。① 专有面积，则是指业主享有所有权的面积总和。对此，在司法实践中，根据《区分所有权解释》第8条的规定："民法典第二百七十八条第二款和第二百八十三条规定的专有部分面积可以按照不动产登记簿记载的面积计算；尚未进行物权登记的，暂按测绘机构的实测面积计算；尚未进行实测的，暂按房屋买卖合同记载的面积计算。"

---

① 崔建远：《物权法》(第三版)，中国人民大学出版社2014年版，第206页。

三、本条规定特别评注

对于业主应按照约定或按照业主专有部分面积比例承担费用，分配收益，在各国和地区立法例上多有规定。对于费用和收益应按照何种方式计算，一般认为，在建筑物区分所有的情况下，共同费用和负担的份额分担，应采用持有份的方式。[①] 例如，德国《住宅所有权法》第 16 条规定："各住宅所有权人享有与其应有部分相当的共有物的孳息。各住宅所有权人应按其应有部分的比例，对共有物予以保存、修缮等，并就因此而需要的费用负承担义务。"《意大利民法典》第 1118 条第 1 项规定："在权利证书未作相反规定的情况下，每个共有人对本法第 1117 条规定的共有物，根据楼层或者楼层各单位的价值，按比例享有权利。"第 1123 条规定："为养护、享用建筑物的共有部分支出的费用、为共同利益支出的劳务费、实施多数共有人通过的改造决议的费用由全体共有人根据各自享有的所有权的价值按比例承担，另有约定的除外。对于按照不同比例供共有人使用的物品，每个共有人按照实际使用的比例承担费用。"

【关联规范】

1.《物业管理条例》

第五十四条　利用物业共用部位、共用设施设备进行经营的，应当在征得相关业主、业主大会、物业服务企业的同意后，按照规定办理有关手续。业主所得收益应当主要用于补充专项维修资金，也可以按照业主大会的决定使用。

2.《最高人民法院关于审理建筑物区分所有权纠纷案件适用法律若干问题的解释》

第八条　民法典第二百七十八条第二款和第二百八十三条规定的专有部分面积可以按照不动产登记簿记载的面积计算；尚未进行物权登记的，暂按测绘机构的实测面积计算；尚未进行实测的，暂按房屋买卖合同记载的面积计算。

第九条　民法典第二百七十八条第二款规定的业主人数可以按照专有部分的数量计算，一个专有部分按一人计算。但建设单位尚未出售和虽已出售但尚未交付的部分，以及同一买受人拥有一个以上专有部分的，按一人计算。

第二百八十四条　【建筑物及其附属设施的管理】业主可以自行管理建筑物及其附属设施，也可以委托物业服务企业或者其他管

---

① 王利明：《物权法研究》（第四版），中国人民大学出版社 2016 年版，第 575 页。

理人管理。

对建设单位聘请的物业服务企业或者其他管理人，业主有权依法更换。

【条文理解与适用】

一、本条的缘由

本条源于《物权法》第81条。

二、本条规定的主要内容

本条是关于建筑物及其附属设施管理的规定，主要规定了两个方面的内容：

其一，对于建筑物及其附属设施，业主享有共同管理权。本条规定管理可以采用两种方式：一是业主委托物业服务企业或者其他管理人管理；二是由业主自行管理。其中，业主对建筑物及其附属设施自行管理，主要发生在只有一个业主或者业主人数较少的建筑区划内。随着经济的不断发展，建筑区划的范围也逐渐扩大，由业主自行管理较为复杂也具有难度，因此更提倡选择专业化、市场化、社会化的物业服务企业对建筑物及其附属设施进行管理。从社会发展趋势来看，委托专业化的物业服务企业进行物业管理的方式具有市场化的特点，这已经成为物业管理未来的发展方向。

其二，与业主基于自身专有所有权而产生的自治管理不同，如果业主委托物业服务企业或者其他管理人管理，则物业服务企业或者其他管理人的管理权来源于业主的授权或委托，管理权的内容主要包括对物业本身的管理和对业主等人的行为的管理。因此，业主委托管理人管理建筑物及其附属设施的，管理人的行为不能超过委托合同约定的权限。当物业服务企业或是其他管理人不能有效地提供专业化服务管理建筑物及其附属设施，无法全面履行合同义务，损害业主权利时，业主有权解除物业服务合同，依法更换物业服务企业。在依法更换物业服务企业后，之前的物业服务合同效力即告终止，原先的物业服务企业应当履行相应的交接义务。需要注意的是，选聘、解聘及监督物业服务企业以及其他管理人的权利是业主作为区分所有人所享有的一项重要权利。依本法规定，对于物业服务企业或者其他管理人的选择、聘任和更换，须由符合法定比例的参与表决的业主过半数表决决定。

三、本条规定特别评注

从现代各国的物业管理实务观察，日本、美国、新加坡基本采取自主管理与委托管理的双轨制方式。本条也是对双轨模式的肯定。同时，本条为维护业主的利益，也明确赋予业主对物业服务企业或者其他管理人的更换权。

【关联规范】

1.《物业管理条例》

第二十一条　在业主、业主大会选聘物业服务企业之前，建设单位选聘物业服务企业的，应当签订书面的前期物业服务合同。

第二十二条　建设单位应当在销售物业之前，制定临时管理规约，对有关物业的使用、维护、管理，业主的共同利益，业主应当履行的义务，违反临时管理规约应当承担的责任等事项依法作出约定。

建设单位制定的临时管理规约，不得侵害物业买受人的合法权益。

第二十三条　建设单位应当在物业销售前将临时管理规约向物业买受人明示，并予以说明。

物业买受人在与建设单位签订物业买卖合同时，应当对遵守临时管理规约予以书面承诺。

第二十四条　国家提倡建设单位按照房地产开发与物业管理相分离的原则，通过招投标的方式选聘物业服务企业。

住宅物业的建设单位，应当通过招投标的方式选聘物业服务企业；投标人少于3个或者住宅规模较小的，经物业所在地的区、县人民政府房地产行政主管部门批准，可以采用协议方式选聘物业服务企业。

第二十五条　建设单位与物业买受人签订的买卖合同应当包含前期物业服务合同约定的内容。

第二十六条　前期物业服务合同可以约定期限；但是，期限未满、业主委员会与物业服务企业签订的物业服务合同生效的，前期物业服务合同终止。

第二百八十五条　【物业服务企业或其他接受业主委托的管理人的管理义务】物业服务企业或者其他管理人根据业主的委托，依照本法第三编有关物业服务合同的规定管理建筑区划内的建筑物及其附属设施，接受业主的监督，并及时答复业主对物业服务情况提出的询问。

物业服务企业或者其他管理人应当执行政府依法实施的应急处置措施和其他管理措施，积极配合开展相关工作。

【条文理解与适用】

一、本条的缘由

本条在《物权法》第82条规定的基础上修改而成。相较于《物权法》第82条的规定，《民法典》本条规定增加了物业服务企业或者其他管理人应当“及时答复业主对物业服务情况提出的询问”的义务。本条第2款为新增内容，是对物业服务企业或者其他管理人应当积极配合政府相关工作的义务规定。

二、本条规定的主要内容

本条是关于物业服务企业或者其他管理人与业主关系的规定，明确了物业服务企业或者其他管理人享有的管理权以及相关义务。

物业服务企业或者其他管理人对建筑区划内的建筑物及其附属设施的管理主要包括两方面：其一，对物业本身享有管理权，包括对物业的维护、维修。需要注意的是，对于涉及有关建筑物共有部分的重大修缮和维修，还应当申请召开业主大会，由符合规定比例的业主共同表决决定。其二，物业服务企业和其他管理人有按照委托合同对业主的行为予以管理，以维护小区的治安秩序，保障业主的人身安全和财产安全。物业管理是否符合合同约定，涉及建筑区划内的建筑物及其附属设施能否正常有效的运转，涉及每个业主的切身利益，关系着社会的和谐与安定，因此，在履行物业服务合同的过程中，物业服务企业或者其他管理人应当接受业主的监督。如果物业服务企业或其他管理人擅自占用、处分业主共有部分、改变其使用功能或者进行经营性活动，业主有权请求排除妨害、恢复原状、确认处分行为无效或者赔偿损失。

由于在业主委托物业服务企业或者其他管理人进行管理后，业主很难全面地了解物业服务状况。在现实生活中也经常存在对业主的询问不回复或是不及时回复的现象，业主难以真正实现对该建筑区划的管理。因此，本条第2款通过强调物业服务企业的答复义务以保证知情权的实现，这一方面有利于加强对物业服务企业的监督，另一方面也有利于业主在了解情况的基础上及时召开业主大会或业主委员会对重要事项进行决策。

此外，本条第2款还规定了物业服务企业或者其他管理人应当执行政府依法实施的应急处置措施和其他管理措施，积极配合开展相关工作。本款规定主要源于我国抗击新冠疫情时的实践经验。

三、本条规定特别评注

根据本条规定，业主与物业服务企业或者其他管理人之间是一种委托合同关系。物业服务合同是物业的业主及其自治团体作为委托人和特定物业服务企业或者其他管理人作为受托人约定，由受托人处理委托人交办的物业管理事务的合同。

需要特别关注两个方面：其一，《民法典》本条特别规定了物业服务企业和其他管理人有及时答复业主询问的义务，这一规定旨在更全面地保障业主的知情权，便于业主维权。其二，本条第 2 款吸收了抗击疫情的积极经验，将物业服务企业或者其他管理人应当积极配合政府相关工作作为一项义务予以规定。在抗击新冠疫情过程中，物业服务企业和小区的其他管理人在协助政府采取紧急措施，保护业主安全方面取得积极成效，成为帮助政府开展工作的重要力量。

【关联规范】

1.《物业管理条例》

第四十九条 物业管理区域内按照规划建设的公共建筑和共用设施，不得改变用途。

业主依法确需改变公共建筑和共用设施用途的，应当在依法办理有关手续后告知物业服务企业；物业服务企业确需改变公共建筑和共用设施用途的，应当提请业主大会讨论决定同意后，由业主依法办理有关手续。

第五十条 业主、物业服务企业不得擅自占用、挖掘物业管理区域内的道路、场地，损害业主的共同利益。

因维修物业或者公共利益，业主确需临时占用、挖掘道路、场地的，应当征得业主委员会和物业服务企业的同意；物业服务企业确需临时占用、挖掘道路、场地的，应当征得业主委员会的同意。

业主、物业服务企业应当将临时占用、挖掘的道路、场地，在约定期限内恢复原状。

第五十一条 供水、供电、供气、供热、通信、有线电视等单位，应当依法承担物业管理区域内相关管线和设施设备维修、养护的责任。

前款规定的单位因维修、养护等需要，临时占用、挖掘道路、场地的，应当及时恢复原状。

第五十二条 业主需要装饰装修房屋的，应当事先告知物业服务企业。

物业服务企业应当将房屋装饰装修中的禁止行为和注意事项告知业主。

第五十五条 物业存在安全隐患，危及公共利益及他人合法权益时，责任人应当及时维修养护，有关业主应当给予配合。

责任人不履行维修养护义务的，经业主大会同意，可以由物业服务企业维修养护，费用由责任人承担。

2.《最高人民法院关于审理建筑物区分所有权纠纷案件适用法律若干问题的解释》

第十四条 建设单位、物业服务企业或者其他管理人等擅自占用、处分业主共有部分、改变其使用功能或者进行经营性活动，权利人请求排除妨害、恢复原状、确认处分行为无效或者赔偿损失的，人民法院应予支持。

属于前款所称擅自进行经营性活动的情形，权利人请求建设单位、物业服务企业或者其他管理人等将扣除合理成本之后的收益用于补充专项维修资金或者业主共同决定的其他用途的，人民法院应予支持。行为人对成本的支出及其合理性承担举证责任。

第二百八十六条 【业主守法义务和业主大会与业主委员会职责】 业主应当遵守法律、法规以及管理规约，相关行为应当符合节约资源、保护生态环境的要求。对于物业服务企业或者其他管理人执行政府依法实施的应急处置措施和其他管理措施，业主应当依法予以配合。

业主大会或者业主委员会，对任意弃置垃圾、排放污染物或者噪声、违反规定饲养动物、违章搭建、侵占通道、拒付物业费等损害他人合法权益的行为，有权依照法律、法规以及管理规约，请求行为人停止侵害、排除妨碍、消除危险、恢复原状、赔偿损失。

业主或者其他行为人拒不履行相关义务的，有关当事人可以向有关行政主管部门报告或者投诉，有关行政主管部门应当依法处理。

【条文理解与适用】

一、本条的缘由

本条在《物权法》第83条规定的基础上修改而成。相较于《物权法》第83条的规定，《民法典》本条除部分文字修改外，在第1款增加了对业主节约资源、保护生态义务的要求，即“相关行为应当符合节约资源、保护生态环境的要求”，同时增加了“对于物业服务企业或者其他管理人执行政府依法实施的应急处置措施和其他管理措施，业主应当依法予以配合”的义务的内容；第2款删除了《物权法》第 83 条中“业主对侵害自己合法权益的行为，可以依法向人民法院提起诉讼”的内容；增加了第 3 款，即对于行为人拒不履行相关义务的情形，当事人有权报告或投诉的规定。

二、本条规定的主要内容

本条规定了业主应履行的义务、业主大会或者业主委员会的管理权、在业主或者其他行为人拒不履行相关义务时有关当事人的权利。

（一）业主应履行的义务

鉴于业主因建筑物之构造、权利归属及使用上的不可分离而形成共同关系，立法一方面赋予业主基于其专有部分而享有对专有部分的所有权，但另一方面为防止业主侵害他人权利，立法也规定业主应当遵守一定的义务。本条第 1 款规定了业主的三项义务：

其一，业主应当遵守法律、法规以及管理规约。从社会实践来看，仅仅根据有关法律、法规关于单独所有权、共有、相邻关系的规定，不能有效解决各区分所有人对共有财产的管理问题。管理规约是由业主们共同决定的为维护建筑物公共安全等事宜要求业主遵守的准则规范。业主作为建筑物区分所有权人，遵守管理规约是其应承担的一项基本义务。为了保障管理规约的实施，立法允许全体业主成立业主大会或者选举业主委员会这样的组织，以借助该组织的力量，共同管理建筑物及附属设施等共有部分及处理其他相关的共同事务，从而维持区分所有权继续存在的机能。

其二，业主的相关行为应当符合环保要求，即应当符合节约资源、保护生态环境的要求。显然，本条规定与《民法典》总则编第 9 条“民事主体从事民事活动，应当有利于节约资源、保护生态环境”的规定相呼应，是绿色原则在物权编的具体体现。

其三，业主对于物业服务企业或者其他管理人执行政府依法实施的应急处置措施和其他管理措施应当依法予以配合。这一义务与本法第 285 条规定的物业服务企业和其他管理人应配合政府采取紧急措施的义务相呼应，也属于对我国抗击新冠疫情实践经验的民法反应。

（二）业主大会或者业主委员会的管理权

本条第 2 款规定了业主大会或者业主委员会的管理权。业主大会或者业主委员会是业主管理区分所有建筑物的自治组织。业主委员会由业主大会产生，作为业主大会的执行机关，执行业主大会的决议，业主作为业主大会的成员，当然应当遵守业主大会的决议，接受业主大会或者业主委员会的管理。根据本款规定，当业主或者其他行为人违反法律、法规、国家相关强制性标准、管理规约，或者违反业主大会、业主委员会依法作出的决定从事损害他人合法权益的行为时，业主大会和业主委员会有权予以制止，并有权依照法律、法规以及管理规约，请求行为人停止侵害、排除妨碍、消除危险、恢复原状、赔偿损失。至于业主或者其他行为人的哪些行为可以认定为“损害他人合法权益的行为”，本条采取了具体列举加抽象兜底的方式予以规定，如任意弃置垃圾、排放污染物或者噪声、违反规定饲养动物、违章搭建、侵占通道、拒付物业费等。此外，《建筑物区分所有权解释》第15条对此也作了分类具体补充性规定，有助于司法实践进行认定。

（三）在业主或者其他行为人拒不履行相关义务时有关当事人的权利

本条第3款再次强调了有关行政主管部门的管理权，明确规定业主或者其他行为人拒不履行相关义务的，有关当事人可以向有关行政主管部门报告或者投诉，而有关行政主管部门应当依法处理。这一规定主要是考虑到现实中存在业主维权难的问题，特别是存在在建筑区划内违反规定饲养动物、违章搭建、侵占通道等的行为人拒不履行相关义务时，凭借私人力量难以救济，提起诉讼成本又很高，此时权利人可以向有关行政主管部门报告或投诉，而这也属于有关行政主管部门的管理范畴，所以有关行政主管部门应当依法处理。这一规定旨在指引受侵害的当事人了解解决相关纠纷的途径和渠道，同时提醒相关行政主管部门积极履行职责。

三、本条规定特别评注

首先，本条第1款要求业主作为建筑物区分所有人在行使所有权时应当遵循绿色原则，这是所有权社会化趋势在建筑物区分所有权中的具体体现，有助于督促区分所有人以更有利于节约资源、保护生态环境的方式行使其物权。

其次，本条第2款虽然对业主大会和业主委员会的管理权作了规定，但对于在业主或者其他行为人违反法律、法规、国家相关强制性标准、管理规约，或者违反业主大会、业主委员会依法作出的决定从事损害他人合法权益的行为时，业主大会或者业主委员会能否具有诉讼主体资格，进而对管理事项享有诉权，本条未置可否。对于这一问题，理论和实务上历来存在争议。有观点认为，应赋予业主大会或者业主委员会诉讼主体资格，因为“如果业主大会和业主委员会不享有诉讼主体资格，不能提起诉讼，要求行为人停止侵害、消除危险、排除妨害、赔偿损失也就成为一句空话”。[①] 也有观点认为，业主大会和业主委员会没有独立的财产可以承担民事责任，因此不能代表业主向法院起诉并应诉。最高人民法院也有判决支持了这一观点，认为业主大会和业主委员会对其享有管理权的事项，并

① 屈茂辉：《物权法原理精要与实务指南》，人民法院出版社2008年版，第305页。

不当然享有诉权。在业主利益受到损害时，业主可以采用诉讼代表人等方式提起诉讼，进行解决。[①] 有鉴于理论和实务中未达成共识，《民法典》本条没有作出明确规定，在以后的司法适用中需要具体阐明，以避免同案或者类案不能同判。一个需要关注的现象是，为有效维护区分所有权人的共同利益，提升整体居住品质，管理团体法人化已然成为各国和地区立法与实务的共同倾向，这意味着赋予业主大会或者业委会主体资格已成为大势所趋。

【关联规范】

1.《物业管理条例》

第十七条 管理规约应当对有关物业的使用、维护、管理，业主的共同利益，业主应当履行的义务，违反管理规约应当承担的责任等事项依法作出约定。

管理规约应当尊重社会公德，不得违反法律、法规或者损害社会公共利益。

管理规约对全体业主具有约束力。

2.《最高人民法院关于审理建筑物区分所有权纠纷案件适用法律若干问题的解释》

第十五条 业主或者其他行为人违反法律、法规、国家相关强制性标准、管理规约，或者违反业主大会、业主委员会依法作出的决定，实施下列行为的，可以认定为民法典第二百八十六条第二款所称的其他"损害他人合法权益的行为"：

（一）损害房屋承重结构，损害或者违章使用电力、燃气、消防设施，在建筑物内放置危险、放射性物品等危及建筑物安全或者妨碍建筑物正常使用；

（二）违反规定破坏、改变建筑物外墙面的形状、颜色等损害建筑物外观；

（三）违反规定进行房屋装饰装修；

（四）违章加建、改建，侵占、挖掘公共通道、道路、场地或者其他共有部分。

第二百八十七条 【业主请求权】业主对建设单位、物业服务企业或者其他管理人以及其他业主侵害自己合法权益的行为，有权请求其承担民事责任。

---

① 参见最高人民法院（2005）年民一终字第12号民事裁定书。

【条文理解与适用】

一、本条的缘由

本条是《民法典》的新增规定，实质上是在《物权法》第 83 条第 2 款第 2 句的基础上的进一步具体化规定。

二、本条规定的主要内容

本条是关于当管理人或者其他业主侵权时受侵害业主的救济权的规定。根据本条规定，当建设单位、物业服务企业或者其他管理人以及其他业主侵害自己的合法权益时，业主有权请求承担侵害人承担民事责任。

首先，就建设单位、物业服务企业或者其他管理人侵犯业主权益的性质来看，既属于违约责任，也构成侵权责任。业主与管理人签订协议，授权委托管理人维护建筑区划内的秩序，保障业主的人身权益和财产权益。从主体方面看，物业服务合同是物业服务企业和全体业主之间签订的具有委托合同属性的合同。如果管理人违反了委托合同，没有履行相应义务进而造成业主损害的，即违反了物业服务合同的约定，应当承担违约责任；同时，管理人的行为也侵害了业主的人身权或者财产权，当然也应承担侵权责任。故业主可以选择行使请求权。在实务中，建设单位、物业服务企业或者其他管理人侵犯业主权益的方式，常表现为建设单位、物业服务企业或者其他管理人擅自改变、占用或者非法利用共有部分，擅自改变物业服务用房，挪用维修资金，非法侵占因利用公共建筑和共用设施而获取的收益等。

其次，除建设单位、物业服务企业或者其他管理人可能侵犯业主的合法利益外，部分业主也可能侵犯其他业主的合法利益。例如，有业主未经有利害关系的业主同意，私自将住宅改为经营性用房，或是任意弃置垃圾、排放污染物或者噪声、违反规定饲养动物、违章搭建、侵占通道等。在这种情形下，受侵害的业主可以请求建设单位、物业服务企业或者其他管理人行使管理权；也可以自行请求侵害人承担停止侵害、消除危险、排除妨碍、赔偿损失等民事责任。具体的行使请求权的方式，可以是向法院提起诉讼，也可以通过和解、调解、仲裁等非诉的方式。

三、本条规定特别评注

需要关注本条规定将《物权法》第 83 条第 2 款第 2 句中的“可以依法向人民法院提起诉讼”修改为“有权请求其承担民事责任”，不再强调提起诉讼，旨在明确业主维权并非只有诉讼一种方式可以进行，也可以通过非诉的方式。

【关联规范】

《民法典》

第一千一百六十七条　侵权行为危及他人人身、财产安全的，被侵权人有权请求侵权人承担停止侵害、排除妨碍、消除危险等侵权责任。

第一千二百五十二条　建筑物、构筑物或者其他设施倒塌、塌陷造成他人损害的，由建设单位与施工单位承担连带责任，但是建设单位与施工单位能够证明不存在质量缺陷的除外。建设单位、施工单位赔偿后，有其他责任人的，有权向其他责任人追偿。

因所有人、管理人、使用人或者第三人的原因，建筑物、构筑物或者其他设施倒塌、塌陷造成他人损害的，由所有人、管理人、使用人或者第三人承担侵权责任。

第一千二百五十三条　建筑物、构筑物或者其他设施及其搁置物、悬挂物发生脱落、坠落造成他人损害，所有人、管理人或者使用人不能证明自己没有过错的，应当承担侵权责任。所有人、管理人或者使用人赔偿后，有其他责任人的，有权向其他责任人追偿。

第七章 相邻关系

【本章导读】

相邻关系不是一种单独的物权，而是两个或两个以上的不动产的所有人或使用人因对不动产行使所有权或使用权时应当给予便利或接受限制而发生的权利义务关系。

本章是关于相邻关系的规定，共9个条文（第288～296条），内容主要包括相邻关系的处理原则；因土地、山岭等的使用和所有而产生的相邻关系；因用水、排水关系而产生的相邻关系；因修理施工、防险发生的相邻关系；因排污产生的相邻关系；因房屋漏水、采光与通风等各类相邻关系及其处理原则。理解本章的规则，应体会相邻关系是相邻不动产权利人之间对于彼此权利予以扩张或者限制的最低限度的调节制度。

第二百八十八条 【处理相邻关系的原则】不动产的相邻权利人应当按照有利生产、方便生活、团结互助、公平合理的原则，正确处理相邻关系。

【条文理解与适用】

一、本条的缘由

本条源于《物权法》第84条。

二、本条规定的主要内容

本条是关于处理相邻关系原则的规定。相邻关系，是指相互毗邻的两个以上不动产权利人，在用水、排水、通行、通风、采光等方面根据法律规定产生的权利义务关系。相邻权在实质上并非一种独立的物权，而是以相邻各方的不动产权利存在为前提。所谓相邻权，是对相邻各方中一方不动产权利的必要的延伸或者扩张，也是相邻方应当予以配合的最低限度或者对相邻方不动产权利的最低限制。需要注意的是，相邻关系的存在以不动产毗邻为条件，但这种毗邻既可能是地理意义上的连接，也可能是虽不动产之间并不相连，但因为污染、排水等原因而在自然环境上存在关联关系。

相邻权的实现需要邻人相互配合协作，因此为了保障邻里和睦，本条规定了处理相邻关系的原则，主要包括有利生产、方便生活、团结互助和公平合理。

1. 有利生产的原则。生产是人类创造社会财富的重要方式，也是社会发展的动力。当不动产权利人在自己的不动产上进行耕作、施工等行为时，既要顾全大局，把对生产的影响降低到最小限度，尽量不要造成停工停产；又要充分考虑相邻权利人的利益，尽量减少生产给相邻权利人造成妨碍和损害，并对遭受损害的相邻权利人及时给予赔偿。

2. 方便生活的原则。人类社会生活存在着相互依赖的关系。相邻关系的最大特点就是与人民群众的生活密切相关，处理得当，能够改善人类生存环境，提高生活质量。方便生活原则具体体现为三方面：一是保障邻人的生存权。对于危害身体健康和正常生活的行为，必须予以禁止。二是可以合理限制或者延伸自己的权利，方便邻人生活。对于一些日常可以接受的利益限制，权利人应当具有一定的容忍义务。三是合理安排，尽量减少给相邻权利人的生活带来不便，不得把自己的方便建立在相邻权利人的不便之上。

3. 团结互助的原则。不动产的相邻权利人应当按照团结互助的原则，正确处理相邻关系。因为相邻权是相互的，故在相邻权利人要求他人给予自己便利的同时，自己也应当为他人提供便利。也就是说，在相邻关系中，相邻权利人在获得便利时，也应当承担一定的义务。

4. 公平合理的原则。相邻权人行使权利应保持在合理限度内，避免或者排除不法妨害。要构建和谐的相邻关系，需要遇有纠纷时尽量友好协商解决，学会克制和忍让。有关部门在处理相邻关系纠纷时，也要兼顾各方的利益，从实际出发，适当考虑历史情况和习惯，公平合理地处理纠纷。对受到损失的相邻方，应当按照公平合理的原则给予适当的赔偿。

三、本条规定特别评注

确立相邻关系制度的出发点主要在于调和相邻各方的利益冲突，维护社会财产秩序。近代各国和地区民法大多沿袭罗马旧制，对相邻关系进行专门规定。例如，法国民法将相邻关系纳入“法定地役权”范畴，德国、日本等国也都分别在其民法中对相邻关系进行规范。相邻关系的类型不可能列举穷尽，《民法典》本条一方面可以为适用具体的相邻关系规范提供解释的基本原则，另一方面也可以为法律未能明确规定的相邻关系提供基本的裁判准则。

第二百八十九条　【处理相邻关系的依据】法律、法规对处理相邻关系有规定的，依照其规定；法律、法规没有规定的，可以按照当地习惯。

【条文理解与适用】

一、本条的缘由

本条源于《物权法》第85条。

二、本条规定的主要内容

本条是对处理相邻关系依据的规定。根据本条规定，处理相邻关系的依据包括法律、法规和当地习惯。

法律、法规作为调整人们行为的强制性规范，具有约束力。如果法律、法规对相邻关系作出了明确的规定，则必须依据法律、法规的规定处理相邻关系。需要注意的是，虽然法律、法规和当地习惯均可作为调整相邻关系的依据，但其效力层次和性质不同。根据本条规定，如果对于相邻关系调整有法律、法规规定的，必须优先适用法律、法规。在法律、法规对某种相邻关系均有规定的情况下，可以一并适用；在法律对相邻关系没有规定的情况下，可以单独适用法规；在几部法律、法规对同一相邻关系均有规定的情况下，应当综合适用。当然，在适用过程中，应遵循上位法的效力高于下位法、新法优于旧法、特别法优于一般法的适用原则。

本条还将当地习惯作为处理相邻关系的依据。一般而言，习惯对行为人没有约束力，很难作为处理纠纷的依据。本条之所以规定在法律、法规没有规定的情况下可以依当地习惯，主要是因为对于土地、房屋等不动产而言，我国地域广阔，不动产相邻关系较为复杂，法律无法对需要调整的相邻关系予以全部列举，因此针对许多相邻关系根植于地方生活的现实情况，本条以当地习惯作为填补法律空白的补救方法，故而将当地习惯也作为处理相邻关系的依据之一。本条也与《民法典》总则编第10条"处理民事纠纷，应当依照法律；法律没有规定的，可以适用习惯，但是不得违背公序良俗"这一关于民法法源的规定相呼应。需要注意的是，根据本条规定，当地习惯是没有法律、法规依据时的填补性依据，只有在无法律、法规的前提下才可以应用。同时，需要明确的是，本条所称的习惯，不是指生活意义上某个人具体的习惯。"习惯"是指在长期的社会实践中逐渐形成的被人们公认的行为准则。作为处理相邻关系依据的当地习惯，至少应具备以下两个条件：一是须当地多年实施且为当地多数人所遵从和认可的习惯，在当地已经成为一个群体中具有普遍性和认同性的调整社会关系的行为规范。即对于当地居民而言，此种习惯已经被人熟知且具有约束力，已经成为了行为准则。二是须为不违背公序良俗的习惯。

三、本条规定特别评注

因为不动产相邻关系产生的问题非常复杂，法律、法规难以穷尽规范不动产相邻关系所生的所有问题，难免有所疏漏。因此，在法律、法规没有相应规定的情况下，本条规定也可根据当地习惯予以处理。对此，立法例上也多认可。[①] 值得关注的是，本条规定处理相邻关系“可以”按照当地习惯而非“应当”遵守习惯。例如，如果按照“当地习惯”处理纠纷显失公平，司法者即可以不按“当地习惯”处理。这样的表达实际上赋予了司法者相当的自由裁量权，即司法者可以根据个案事实灵活把握是否适用当地习惯。

【关联规范】

《民法典》

第十条　处理民事纠纷，应当依照法律；法律没有规定的，可以适用习惯，但是不得违背公序良俗。

第二百九十条　【相邻用水、排水、流水关系】不动产权利人应当为相邻权利人用水、排水提供必要的便利。

对自然流水的利用，应当在不动产的相邻权利人之间合理分配。对自然流水的排放，应当尊重自然流向。

【条文理解与适用】

一、本条的缘由

本条源于《物权法》第 86 条。

---

① 例如，对于相邻关系中的土地所有人、使用人在变更水流或者宽度问题上，《日本民法典》第 219 条规定，沟渠及其他水流地的所有人，与对岸土地属于他人所有时，不得变更其水路或宽度；两岸土地均属于水流地所有人时，该所有人可以变更水路或宽度。但由于下游，应恢复自然水路；有不同于前两款规定的习惯时，从其习惯。

二、本条规定的主要内容

本条是对因用水、排水而产生的相邻权利义务关系的规定。相邻用水、排水关系是两种最常见的相邻关系，本条分两款对此予以规定。

本条第1款基于团结互助等原则，确立了用水和排水相邻关系的基本规则，明确规定不动产权利人具有为相邻各权利人用水、排水提供必要便利的义务。本款涉及义务主体、义务的确定和义务的限制。在我国，水流属于国家所有，相邻各方均有权利用自然流水，因此，不动产权利人不得堵塞河道或是擅自改变水流，影响到相邻不动产权利人的正常生产生活。同时，用水和排水是事物的两个方面，用水权常常发生在上游权利人应当为下游用水提供必要的便利，在旱季水源不足时，应当控制用量保障下游的用水；排水权则表现为如果上游相邻方必须通过另一方的土地排水，如汛期河水暴涨，需要下游的相邻权利人疏通河道，保持水流畅通。这都属于本条规定的不动产权利人向相邻权利人用水、排水提供"必要的便利"。当然，不动产权利人应尽可能提供"必要的便利"的义务也应当限制在合理范围内。一般而言，相邻各方要求不动产权利人提供的便利，不得影响不动产权利人的生产生活，提供便利的程度也不应超过不动产权利人所具有的能力范围。

本条第2款确立了对自然流水的利用和排放的基本规则。自然流水是水资源的重要组成部分，在我国，水流属于国家所有，农业集体经济组织所有的水塘、水库中的水，属于集体所有。自然流水包括江河、湖泊、水库的流水。根据本款第1句的规定，应当在相邻的不动产权利人之间合理分配自然流水的利用。所谓合理分配，就是应兼顾相邻各方的利益。这种合理分配，具体可以体现为在流水用途上，应当保障生活用水优先；在满足了居民生活需求时，统筹兼顾农业、工业用水和航运需要；在处理上下游用水比例上，上游的不动产权利人负有保障下游在合理范围内灌溉，供给牲畜饮水的义务；对于利用有限的自然流水灌溉农田，有用水协议的，按照协议办理：没有用水协议的，为节约用水并充分发挥其效益，应按照"先近后远，由高到低"的顺流原则处理。根据本款第2句的规定，对自然流水的排放，还需要尊重其自然流向。一般情况下，排水人应当对对方的土地等财产采取必要的保护措施，以防止给对方造成损害。为避免此类相邻关系纠纷发生，如果相邻一方认为确有必要改变自然流水流向的，应当与他方进行协商，达成排水协议；协议内容涉及社会公共利益的，还应报请水主管部门同意。

三、本条规定特别评注

水为日常生活和生产不可或缺。自然流水的流向往往是历史形成的，轻易改变流向不仅可能对相邻人造成困扰，还有可能影响到地形地貌，损害生态环境。故而对于关于自然流水的利用和排放，立法例上多会对相邻不动产权利人之间因此发生的权利义务关系予以规范。[①]《民法典》本条为解决相邻关系中的用水、排水纠纷提供了基本依据。

【关联规范】

《水法》

第二十八条 任何单位和个人引水、截（蓄）水、排水，不得损害公共利益和他人的合法权益。

第五十六条 不同行政区域之间发生水事纠纷的，应当协商处理；协商不成的，由上一级人民政府裁决，有关各方必须遵照执行。在水事纠纷解决前，未经各方达成协议或者共同的上一级人民政府批准，在行政区域交界线两侧一定范围内，任何一方不得修建排水、阻水、取水和截（蓄）水工程，不得单方面改变水的现状。

第五十七条 单位之间、个人之间、单位与个人之间发生的水事纠纷，应当协商解决；当事人不愿协商或者协商不成的，可以申请县级以上地方人民政府或者其授权的部门调解，也可以直接向人民法院提起民事诉讼。县级以上地方人民政府或者其授权的部门调解不成的，当事人可以向人民法院提起民事诉讼。

在水事纠纷解决前，当事人不得单方面改变现状。

第二百九十一条 【相邻关系中的通行权】 不动产权利人对相邻权利人因通行等必须利用其土地的，应当提供必要的便利。

【条文理解与适用】

一、本条的缘由

本条源于《物权法》第87条。

---

① 例如，《日本民法典》第214条规定，土地所有人不得妨碍自邻地自然流下来之水；《意大利民法典》第913条规定，低地应当接受自高地非人力的、自然流下之水。低地的所有人不得阻碍这一排放。如果为进行这块或那块土地的农业规划工程而必须改变水的自然流量，则必须对因改变流量而受到损害的土地所有人进行补偿。

二、本条规定的主要内容

本条是关于相邻关系中通行权的规定。

相邻通行关系是相邻关系中的重要内容，也是最常见的相邻纠纷的情形。所谓相邻通行关系，是指由于地理条件的限制，一方必须利用相邻一方所有或者使用的土地，取得通行等便利而形成的权利义务关系。由此可见，相邻通行关系实际上是在扩张自己土地权利的同时对他人土地权利行使的一种限制。正因如此，本条规定只有通行达到了“必须”的程度时，即如不通行会影响到一方正常的生产、生活时，相邻不动产权利人才有义务提供必要的便利，以供不动产权利人在相邻不动产上行使通行权。相邻通行权具有以下特点：

其一，邻地通行权一般是长期的，但并非对邻地固定、全面的占有，而仅是路过性质；

其二，邻地通行权一般不用订立合同；

其三，邻地通行权是不动产权利人行使所有权或者使用权的必要延伸，因此一般是无偿的，除非给不动产权利人造成损失，否则相邻不动产权利人不用付费。

此外还需要明确的是，虽然相邻不动产权利人享有通行权，但作为其不动产权利的延伸，对于相邻通行权的行使不得损害不动产权利人的合法权益。相邻不动产权利人即使确有通行的必要须利用他人土地的，也应当选择对相邻方造成妨害或损害最小的方式和路线，有老路的走老路，在通行过程中，应保持小心谨慎，注意保护邻地上的财产。

三、本条规定特别评注

从大陆法系国家和地区的立法例来看，多规定不动产相邻各方在必要时有为相邻不动产权利人的通行提供便利的义务。[①] 本条是对因邻地通行等引起的相邻关系的规定，用以解决土地使用权人对土地的任意支配权与排他权的冲突问题。

需要注意的是，理论上对本条中所谓的“必须”有不同解读。有学者认为，必须应是指不动产与公共交通网络无适宜的联络从而确有从邻地通行的必要，且与公共交通无适宜的联络非因相邻不动产通行权利人任意行为所致。[②] 也有学者认为：“只有在相邻一方的土地或房屋由于自然或其他原因的限制，处于相邻地方所有或使用的土地或房屋包围之中，致使其不通过他方不动产就不能通行或者

---

① 例如，依《法国民法典》第682条的规定，土地被他人土地包围，且在为工业、农业或商业利用其土地或为进行建筑或小块土地上的建筑作业而无任何出路或出路不足通至公共道路时，其所有人得要求在其邻人土地上取得足够的通道，以保证其土地的完全通达，但应负担与通道所造成的损害相当的赔偿。

② 崔建远：《物权法》（第三版），中国人民大学出版社2014年版，第228页。

虽可通行，但非常不便，且发生较高的费用”时，相邻方才可以主张并行使相邻通行权。[①] 对此，需要司法者在个案中根据具体案件事实行使自由裁量权。

第二百九十二条 【相邻土地的利用】不动产权利人因建造、修缮建筑物以及铺设电线、电缆、水管、暖气和燃气管线等必须利用相邻土地、建筑物的，该土地、建筑物的权利人应当提供必要的便利。

【条文理解与适用】

一、本条的缘由

本条源于《物权法》第 88 条。

二、本条规定的主要内容

本条是关于因建造、修缮建筑物以及管线安设等需要而利用相邻土地、建筑物的权利的规定。根据本条规定，因建造、修缮建筑物以及管线安设等必须利用相邻土地、建筑物的，该土地、建筑物的权利人有提供必要的便利的义务。适用本条需要把握三个方面：其一，此种利用应是必须的。对于“必须”的标准，一般是指这种利用具有必要性与合法性，利用相邻权利人的土地、建筑物的理由客观存在并且充分。其二，建造、修缮施工应按规定经过行政审批。其三，此种利用应为临时利用。临时利用的时间通常为建造、修缮施工期间，施工结束即应尽快撤出并恢复原状，不得无故拖延。因建造、修缮建筑物而利用邻地，利用相邻土地、建筑物的时间一般较为明确，即因特定事由在特定时间利用，排除永久利用。这与本法前一条规定的相邻通行权不同，相邻通行权的行使无须限定通行的期间。其四，邻地权利人提供的便利也限于其有能力提供的必要的范围内。

三、本条规定特别评注

如果不使用邻地，不动产权利人就无法完成建造、修缮建筑物的工作或者管线铺设工作，在这种情况下，邻地权利人就负有容忍使用其土地的义务。对此，立法例上多有规定。[②]《民法典》本条规定也旨在于此。法律如此规定的目的主要

---

① 屈茂辉：《物权法原理精要与实务指南》，人民法院出版社 2008 年版，第 320 页。

② 例如，《瑞士民法典》第 691 条第 1 款规定：“土地所有人已取得全部损害赔偿时，有许可水道、输水管、煤气管等类似管道及地上、地上电缆在其土地安设的义务。但以非经其土地不能安设，或需过大费用始能安设的为限。”

在于促进对土地的有效利用，便利社会经济的发展，否则不互相提供便利于邻人，则有碍土地的充分利用。当然，立法对于不动产权利人这一权利的行使也应有限制，以防止给邻地权利人造成损害。一般认为，不动产权利人行使这一权利，应当以损害邻地权利人最小的处所和方法安设，仍然造成损害的，应当给予赔偿。

第二百九十三条　【相邻建筑物通风、采光、日照】 建造建筑物，不得违反国家有关工程建设标准，不得妨碍相邻建筑物的通风、采光和日照。

【条文理解与适用】

一、本条的缘由

本条在《物权法》第89条规定的基础上略作文字修改而成。

二、本条规定的主要内容

随着现代工业文明的迅猛发展和城市化的加速，人口密集度增加，土地利用高度立体化，越来越多的居民生活在高层建筑之中，共用有限的土地资源。此时，建筑物与建筑物之间的距离间隔急剧缩小，相邻建筑物之间的通风、采光和日照时间等问题因此而生。同时，正如有学者所言，“通风、采光、日照不仅是维持人们基本生产生活的要求，也是最低限度的生活条件”。[①] 因此，各国和地区多在法律中规定了建造建筑物时基本的通风、采光、日照标准。[②] 本条是关于建造建筑物时因通风、采光而产生的相邻关系的规定。根据本条规定，建造建筑物，建造人应遵守两个方面的原则：其一，不得违反国家有关工程建设标准；其二，不得妨碍相邻建筑物的通风、采光和日照。

由本条规定可知，建造人有权在自己的土地上建造建筑物，但其建造的建筑物不应损害到他人的合法权益。本条之所以以是否违反国家工程建设标准作为相邻权的依据，“是因为这些建筑标准都是通过科学论证后得出的，按照这些标准建造的建筑物一般不会存在通风、采光和日照等问题”。[③] 也就是说，基于相邻关系制度的固有功能，相邻建筑物的所有人或利用人之间必须负有一定的容忍义

---

① 王利明：《物权法研究》（第三版）（上），中国人民大学出版社2013年版，第671页。

② 例如，《日本民法典》第234条、《瑞士民法典》第686条第1项以及《意大利民法典》第873条等，均规定建造建筑物时应与相邻建筑物保持一定的距离，不得妨碍相邻建筑物的通风和采光。

③ 王利明：《物权法研究》（第三版）（上），中国人民大学出版社2013年版，第671页。

务。只有在日照妨碍、采光妨害和通风妨碍超出必要的容忍限度，受害人排除妨碍和损害赔偿的主张才能够得到支持。我国《建筑采光设计标准》《工程建设标准强制性条文》《城市居住区规划设计规范》等规范性文件，都涉及有关建筑标准问题，应当可以作为判断建筑物是否妨碍通风、采光、日照的法律依据。

三、本条规定特别评注

适用本条规定需要注意的是，本条明确建造建筑物不得违反国家有关工程建设标准，但对于符合国家有关工程建设标准建造的建筑物，却仍可能妨碍相邻建筑物的通风、采光和日照的情况是否构成侵权的问题，本条并未明确，理论上对此存有争议。一般认为，通风、采光、日照应当属于自然人的固有权利，其权利是否得到实现应当依赖现实情形判断，不能完全以行政工程标准作为依据判断，更不能因行政规划的错误而丧失甚至被剥夺。因此，司法实践中对于在满足了工程建设标准但仍对权利人造成损害的，权利人也可以请求赔偿损失。

第二百九十四条　【相邻不动产之间不得排放、施放污染物】 不动产权利人不得违反国家规定弃置固体废物，排放大气污染物、水污染物、土壤污染物、噪声、光辐射、电磁辐射等有害物质。

【条文理解与适用】

一、本条的缘由

本条在《物权法》第90条规定的基础上修改而成。相较于《物权法》第90条，《民法典》本条增加了土壤污染物作为有害物质的一种，并将“光”明确为“光辐射”作为有害物质的一种，将“电磁波辐射”改为了“电磁辐射”。

二、本条规定的主要内容

维护安宁、舒适的居住环境日益成为包括民法在内的许多法律的重要目标。因固体废物、大气污染物、水污染物、土壤污染物、噪声、光辐射、电磁辐射等有害物质，侵入邻人的土地、建筑物等，给邻人生产或者生活造成妨害，也属于需要由法律进行调整的相邻关系类型。本条是关于因不动产权利人排放污染物以及施放噪声行为等产生的相邻关系的规定。

对于本条规定的不动产权利人排放或施放污染物的行为，大陆法系国家和地区通常以“不可称量物质侵入”总称。在日常生活中，往往都会不可避免地产生不可称量物给相邻权利人造成侵害，如果法律禁止任何侵害的产生，显然也是不符合社会现实情况的。因此，对于因不可称量物造成损害，应当是这种损害已经超过了可以或者应当容忍的必要限度，才需要启动法律武器予以规制。也就是说，如果侵害是轻微的，或者按地方习惯认为不构成损害的，则不能阻止相邻不动产权利人排放或施放污染物。为此，本条规定禁止的是不动产权利人违反国家规定排放或施放污染物的行为。根据本条规定，适用本条提出主张需要符合下列三个条件：其一，违反了国家有关规定，也即超过了必要的容忍限度；其二，不可量物侵害发生在相邻的不动产权利人之间；其三，造成了一定的妨害或损害后果，且这种损害后果不是轻微的，而是不能忍受的。当满足以上三个条件时，相邻不动产权利人可以要求行为人停止侵害、消除危险、排除妨害、恢复原状，还可以请求金钱损害赔偿。而且，根据我国《民法典》第1183条的规定，如果这种不可称量物造成人身权益的侵害并导致严重精神损害，受害人也可以依法请求精神损害赔偿。

三、本条规定特别评注

对于不可称量物质侵入，立法例上一般作出禁止性规定，作为相邻关系中不动产权利人的重要义务。例如，根据《德国民法典》第906条规定，在不损害或仅轻微损害的前提下，土地权利人不得禁止相邻不动产的煤气、蒸汽、臭气、烟气、煤烟、热气、噪声、振动或其他类似物质侵入自己的土地，但是如果此种妨害超出预期的程度时，可以向造成损害的相邻土地权利人请求相当数额的金钱作为赔偿。此外，法国法上的近邻妨害制度、英国普通法上的私人妨害制度也调整有关不可量物侵害引发的纠纷。[①]

需要注意的是，对于上述条件中何种程度的侵害可以获得救济，作为《民法典》也不宜作出过于绝对的规定，故而本条用了“国家规定”这样的引致条款，以适应社会的发展。在司法实践中，立法例的做法可资参考。例如，《德国民法典》采用了三个标准：一是侵害应为本质的侵害。所谓“本质”的判断，一般是通过法律法规明确规定或是鉴定机构进行检测所得的结果。二是侵害并非在该地域进行通常的土地利用而生，即不具有“场所的惯行性”。例如，如果不动产权利人生活的附近属于机场规划区域的，飞机起降所产生的噪音，在一定时限内具有场所上的惯性，受害方不得请求排除。三是侵害的防止应具有经济上可期待的措施。如果按照当前科技或是经济水平，具有防止的办法且该方法不至于对加害方产生无法承受的经济负担，那此种不可称量物入侵就应当被禁止。[②]

---

① 王利明：《侵权责任法研究》（下），中国人民大学出版社2011年版，第462页。

② 屈茂辉：《物权法原理精要与实务指南》，人民法院出版社2008年版，第326～328页。

【关联规范】

1.《环境保护法》

第二条 本法所称环境，是指影响人类生存和发展的各种天然的和经过人工改造的自然因素的总体，包括大气、水、海洋、土地、矿藏、森林、草原、湿地、野生生物、自然遗迹、人文遗迹、自然保护区、风景名胜区、城市和乡村等。

第十六条 国务院环境保护主管部门根据国家环境质量标准和国家经济、技术条件，制定国家污染物排放标准。

省、自治区、直辖市人民政府对国家污染物排放标准中未作规定的项目，可以制定地方污染物排放标准；对国家污染物排放标准中已作规定的项目，可以制定严于国家污染物排放标准的地方污染物排放标准。地方污染物排放标准应当报国务院环境保护主管部门备案。

2.《固体废物污染环境防治法》

第五条 固体废物污染环境防治坚持污染担责的原则。

产生、收集、贮存、运输、利用、处置固体废物的单位和个人，应当采取措施，防止或者减少固体废物对环境的污染，对所造成的环境污染依法承担责任。

第十一条 国家机关、社会团体、企业事业单位、基层群众性自治组织和新闻媒体应当加强固体废物污染环境防治宣传教育和科学普及，增强公众固体废物污染环境防治意识。

学校应当开展生活垃圾分类以及其他固体废物污染环境防治知识普及和教育。

第十七条 建设产生、贮存、利用、处置固体废物的项目，应当依法进行环境影响评价，并遵守国家有关建设项目环境保护管理的规定。

3.《大气污染防治法》

第八条 国务院生态环境主管部门或者省、自治区、直辖市人民政府制定大气环境质量标准，应当以保障公众健康和保护生态环境为宗旨，与经济社会发展相适应，做到科学合理。

第九条 国务院生态环境主管部门或者省、自治区、直辖市人民政府制定大气污染物排放标准，应当以大气环境质量标准和国家经济、技术条件为依据。

第十条 制定大气环境质量标准、大气污染物排放标准，应当组织专家进行审查和论证，并征求有关部门、行业协会、企业事业单位和公众等方面的意见。

第十一条 省级以上人民政府生态环境主管部门应当在其网站上公布大气环境质量标准、大气污染物排放标准，供公众免费查阅、下载。

4.《**水污染防治法**》

第十条 排放水污染物，不得超过国家或者地方规定的水污染物排放标准和重点水污染物排放总量控制指标。

第十二条 国务院环境保护主管部门制定国家水环境质量标准。

省、自治区、直辖市人民政府可以对国家水环境质量标准中未作规定的项目，制定地方标准，并报国务院环境保护主管部门备案。

第十三条 国务院环境保护主管部门会同国务院水行政主管部门和有关省、自治区、直辖市人民政府，可以根据国家确定的重要江河、湖泊流域水体的使用功能以及有关地区的经济、技术条件，确定该重要江河、湖泊流域的省界水体适用的水环境质量标准，报国务院批准后施行。

5.《**环境噪声污染防治法**》

第十一条 国务院生态环境主管部门根据国家声环境质量标准和国家经济、技术条件，制定国家环境噪声排放标准。

第十五条 产生环境噪声污染的企业事业单位，必须保持防治环境噪声污染的设施的正常使用；拆除或者闲置环境噪声污染防治设施的，必须事先报经所在地的县级以上地方人民政府生态环境主管部门批准。

第十六条 产生环境噪声污染的单位，应当采取措施进行治理，并按照国家规定缴纳超标准排污费。

征收的超标准排污费必须用于污染的防治，不得挪作他用。

第六十三条 本法中下列用语的含义是：

（一）“噪声排放”是指噪声源向周围生活环境辐射噪声。

（二）“噪声敏感建筑物”是指医院、学校、机关、科研单位、住宅等需要保持安静的建筑物。

（三）“噪声敏感建筑物集中区域”是指医疗区、文教科研区和以机关或者居民住宅为主的区域。

（四）“夜间”是指晚二十二点至晨六点之间的期间。

（五）“机动车辆”是指汽车和摩托车。

6.《**放射性污染防治法**》

第九条 国家放射性污染防治标准由国务院环境保护行政主管部门根据环境安全要求、国家经济技术条件制定。国家放射性污染防治标准由国务院环境保护行政主管部门和国务院标准化行政主管部门联合发布。

第十条 国家建立放射性污染监测制度。国务院环境保护行政主管部门会同国务院其他有关部门组织环境监测网络，对放射性污染实施监测管理。

第二百九十五条 【维护相邻不动产安全】 不动产权利人挖掘土地、建造建筑物、铺设管线以及安装设备等，不得危及相邻不动产的安全。

【条文理解与适用】

一、本条的缘由

本条源于《物权法》第91条的规定。

二、本条规定的主要内容

本条是关于维护相邻不动产安全义务，即相邻防险关系的规定。所谓相邻防险关系，是指"一方不动产权利人在行使不动产权利时，负有不得损害相邻不动产安全的义务，相应地，相邻他方不动产权利人得请求其不为一定行为或采取一定防免措施的权利"。[①] 例如，不动产权利人在自己的土地上挖掘土地、建造建筑物时，要注意避免使相邻土地的地基发生动摇或动摇之危险，致使相邻土地上的建筑物受到损害；在铺设管线、安装设备时，要预防土沙崩溃、水或污水渗漏到相邻不动产。如果因不动产权利人挖掘土地、建造建筑物、铺设管线以及安装设备等行为造成相邻不动产权利人的人身或不动产受到损害的，相邻不动产权利人可以请求行为人及时消除危险，并可以依法主张损害赔偿。在司法实践中，相邻不动产权利人根据本条规定获得救济需要具备下列三个条件：其一，相邻一方在自己的不动产上行使权利。所谓在自己的不动产上行使权利，既包括在自己所有的不动产上行使权利，也包括在自己享有他物权的不动产上行使权利，还应当包括对土地享有租赁等占有权者行使权利。其二，相邻一方在从事挖掘土地、建造建筑物、铺设管线以及安装设备等行为时，给另一方造成妨害或者可能造成妨害。其三，此种妨碍超越了能够容忍的限度，危及相邻不动产的安全。[②]

三、本条规定特别评注

在适用本条规定过程中，需要特别注意的是，在本条中规定的不动产权利人挖掘土地、建造建筑物、铺设管线以及安装设备等行为危及相邻不动产的安全的

---

① 屈茂辉：《物权法原理精要与实务指南》，人民法院出版社2008年版，第331页。

② 王利明：《物权法研究》（第四版）（上），中国人民大学出版社2016年版，第663～664页。

情形下，并不要求行为人具有过错，即使造成危险的原因并非因为不动产权利人，如因地震等自然原因造成，相邻不动产权利人都有权要求危险不动产的权利人消除此危险。

第二百九十六条　【相邻权的限度】不动产权利人因用水、排水、通行、铺设管线等利用相邻不动产的，应当尽量避免对相邻的不动产权利人造成损害。

【条文理解与适用】

一、本条的缘由

本条在《物权法》第92条规定的基础上修改而成。《民法典》本条删除了《物权法》第92条“造成损害的，应当给予赔偿”的字样。

二、本条规定的主要内容

本条是关于相邻不动产利用关系的规定。根据本条规定，在相邻关系中不动产权利人利用相邻不动产时应尽量避免对相邻不动产权利人造成损害。

本条中所谓的“尽量”，是指行为人在利用相邻不动产时，应选择对相邻不动产损害最小的方法。具体而言，因用水和排水利用相邻不动产，一般发生在人工取水和人工排水的场合。利用相邻不动产引水、排水可能无法避免给相邻不动产的权利人造成损失，但应选择损害最小的方法进行引水或者排水。因通行利用相邻不动产的，通行人应当选取对不动产损害最小的路线和方式。对于通行人要求不动产权利人提供必要的便利时，应当优先选择近路、老路，同时在通行的最低限度内不破坏原来不动产的原状，从而避免损害不动产权利人的利益。因铺设管线等方式利用相邻不动产的，是指土地所有人在安设电线、水管、煤气管、下水道、电缆等管线时，如果不通过他人的不动产就不能安设电线、水管、煤气管、下水道、电缆，或造成不合理的成本时，从而有必要利用他人的不动产。对于在他人的不动产上铺设管线的，相邻的不动产权利人负有容忍义务。但管线安设人应当选择对相邻的不动产权利人损害最小的线路和方法，尽量避免对相邻的不动产权利人造成损害。

三、本条规定特别评注

根据本法规定，处理相邻关系应当按照有利生产、方便生活、团结互助、公平合理的原则。不动产权利人在行使自己的不动产权利时对相邻不动产的利用，是所有权内容扩张和限制的直接体现。无论是本法“不动产权利人应当为相邻权利人用水、排水提供必要的便利”“不动产权利人因建造、修缮建筑物以及铺设电线、电缆、水管、暖气和燃气管线等必要利用相邻土地、建筑物，该土地，建筑物的权利人应当提供相应的便利”的规定，还是“不动产权利人对相邻权利人因通行等必须利用土地的，应当提供必要的便利”的规定，体现的都是法律对于不动产权利人合理延伸自己的权利的许可和保护。但毋庸置疑的是，即使为了满足行为人最低限度的需求，也可能造成对相邻不动产权利人的损害。故而立法也规定不动产权利人在行使自己的权利时，也应当尽量避免对相邻不动产权利人造成损害。

需要注意的是，虽然在利用相邻不动产时难以避免的会造成不动产权利人的损失，但此种损失通常也是相邻不动产权利人必须负担的义务，不一定构成法律上应当予以救济的损害。对此，我国《最高人民法院关于贯彻执行〈中华人民共和国民法通则〉若干问题的意见（试行）》（已失效，以下简称《民法通则意见》）曾经规定：“一方必须在相邻一方使用的土地上通行的，应当予以准许；因此造成损失的，应当给予适当补偿”，这里用的是“补偿”；而在《物权法》第92条的规定中，用的是“赔偿”，即因用水、排水、通行、铺设管线等行为，获得便利的一方应当对受损失的一方给予赔偿。本条规定则删除了《物权法》“造成损害的，应当给予赔偿”的字样。但是，删除的做法并非意味着造成损害的无需赔偿。对于《物权法》规定的“赔偿”的性质，一般认为是对于不动产权利人不合理或者非正常使用情形下造成的损害所应承担的侵权损害赔偿，这显然更适宜通过侵权责任编的规定予以救济，故无须再于物权编重复规定。同时，对于不构成侵权，不能通过损害赔偿的方式给予救济的情形，也不排除司法实践中基于公平的考量，由司法者依据实际情况裁判给予适当的补偿。[①]

---

① 陈甦主编：《中国社会科学院民法典分则草案建议稿》，中国社会科学出版社2019年版，第19页。

第八章 共 有

【本章导读】

财产的所有形式可分为单独所有和共有。单独所有是指财产所有权的主体是单一的，即单独享有对某项财产的所有权，而共有是指多个权利主体对一物共同享有所有权。各共有人之间因财产共有形成的权利义务关系，称为共有关系。

本章是关于共有关系的规定，共14个条文（第297～310条），规定的内容主要包括共有的类型，共有人的权利，共有物的管理、处分以及管理费用的负担，共有物的分割权以及分割方法，共有的内外部关系，按份共有及其应有份额，以及准共有等。理解本章，应特别注意掌握按份共有人优先购买权的行使规则，以及共有物致损情形下共有人的责任承担问题。

第二百九十七条　【共有及其形式】不动产或者动产可以由两个以上组织、个人共有。共有包括按份共有和共同共有。

【条文理解与适用】

一、本条的缘由

本条在《物权法》第93条规定的基础上略作文字修改而成。

二、本条规定的主要内容

本条是关于共有概念和共有形式的规定。主要规定了下列两个方面的内容：

1. 共有的概念。共有是随着所有权制度变迁和社会发展产生的一种所有权的联合体，是指多个权利主体对一物共同享有所有权。共有的主体称为共有人，客体称为共有财产或共有物。各共有人之间因财产共有形成的权利义务关系，称为共有关系。

共有法律关系作为一种物权法律关系，其性质属于所有权，同时与单独所有权的概念相对，对内按照共有关系行使所有权，对外则作为一个整体，享有的是一个权利。可见，共有权利义务包含对内对外两方面。具体来看，共有的法律特征主要包括：

其一，共有的主体不是单一的，而是两个或者两个以上的自然人、法人或者非法人组织。但这不意味着共有产生多个所有权，而是一个所有权由多个主体共同享有。因为共有客体的支配，共有权的多个主体间常形成一种联合团体的关系，按照一定的管理规则或协议进行使用、收益。

其二，共有权的客体特定。共有关系中，虽然主体是多数，但是客体仍然是特定的。共有权的客体，与单独所有并没有区别。不论共有关系的客体是独立的物还是集合物，共有人都及于物的整体享有所有权，而不是由各个共有人分别对某一部分共有物享有所有权，此即一物一权原则的体现。

其三，共有权的内容比较复杂。共有权的内容具有双重属性。有学者指出："共有关系不仅存在于共有人与共有人之外的其他任何人之间的财产所有关系，同时还具有共有人之间的，作为共有法律关系共同的权利主体之间的具有相对性的内部权利义务关系。"①

2. 共有的形式。本条将共有区分为按份共有和共同共有。

按份共有是指共有人按照确定的份额对共有财产分享权利和分担义务的共有。对于按份共有，各共有人分别享有确定的份额，并对其应有部分享有相当于所有权的权利。因此，享有的份额越大，共有人使用共有财产并获取共有物收益的权利也就越大；相应地，享有的份额越小，其使用共有财产并获取共有物收益的权利也就越小。同时，与共同共有相较，按份共有并非基于某种共同关系（如继承关系、合伙关系等）而成立，共有人之间的联系是偶然的。

共同共有是指共有人基于共同关系，不分份额地共享共有物所有权的共有。共同共有不分份额，也就不存在共有人权利义务比例大小的问题，共有人之间平等地享有权利、履行义务。同时，共同共有以共同关系的存在为前提，这种共同关系经常表现为特殊的身份关系，如夫妻关系、家庭关系、合伙关系等。如果作为共同共有之基础的共同关系消灭，共同共有关系一般也随之消灭。为此，本法后条还规定，共同共有人在共有基础丧失或有重大理由时可请求分割共有财产。

三、本条规定特别评注

需要注意的是，不同的共有关系，具有不同的内容。一方面，按份共有和共同共有对共有物所享有的权利及承担的义务各不相同。按份共有人按照各自的份

---

① 杨立新：《共有权理论与适用》，法律出版社 2007 年版，第 41 页。

额，对共有财产分享权利，分担义务。共同共有人对共有财产不分份额享有权利、承担义务。另一方面，虽然无论是按份共有还是共同共有，共有人均对整个共有财产享有权利并承担义务，但基于按份共有人依据份额享有权利，共同共有平等的享有权利，因此在行使共有权特别是处分共有物时，立法往往对反映共有人意志的程度有不同要求。对此，本条以下即作出相应具体规定。

第二百九十八条　【按份共有】按份共有人对共有的不动产或者动产按照其份额享有所有权。

【条文理解与适用】

一、本条的缘由

本条源于《物权法》第94条。

二、本条规定的主要内容

本条是对按份共有概念的规定。按份共有是和共同共有相对的概念，是指两个或者两个以上的民事主体按应有份额对共有物（动产或者不动产）共同享有权利和分担义务的共有。

在按份共有中，各共有人对共有物享有不同的份额，每个共有人的份额应是明确的。按份占有人依照其享有的份额享有权利和承担义务。份额不同，按份共有人对共有财产的权利义务也不同，这一特点区别于共同共有中共有人平等地享有权利，履行义务。

当然，需要注意的是，共有人按照份额享有权利并不意味着享有份额较大的共有人就当然可以决定财产的使用。因为按份共有不同于分别所有。在按份共有中，各个共有人的权利不是局限在共有财产的某一部分上，即使是集合物，也不能认为是就某一具体部分单独享有所有权，因此共有人也要对整个共有物履行义务。具体而言，按份共有人的权利主要体现在份额权上。份额权的最典型的形式即为对份额的所有权。既然按份共有人享有所有权，也因此享有共有物受侵害时的物权请求权。如在共有财产遭受侵害或妨害的情况下，按份共有人均享有返还原物请求权、排除妨害请求权和消除危险请求权。此外，按份共有人对应有份额具有所有权的效力，可以自由处分。但对于共有物，按份共有人并非当然有权处分。在不符合约定或者法律规定的情形下，擅自对共有财产进行法律上的处分的，在性质上属于无权处分。

三、本条规定特别评注

为维护全部共有人的利益，立法往往会规定优先考虑共有人按照约定共同管理共有物，相当于对共有财产的管理问题应由全体共有人协商决定。《民法典》第300条对此即明确规定：“共有人按照约定管理共有的不动产或者动产；没有约定或者约定不明确的，各共有人都有管理的权利和义务。”

第二百九十九条 【共同共有】 共同共有人对共有的不动产或者动产共同享有所有权。

【条文理解与适用】

一、本条的缘由

本条源于《物权法》第95条。

二、本条规定的主要内容

本条是关于共同共有概念的规定。共同共有，是指两个或两个以上的民事主体，根据某种共同关系而对某项财产不分份额地共同享有权利并承担义务。与按份共有相较，共同共有是两个或两个以上的民事主体基于某种共同关系而共有一物，正是因为共同关系这种牵连的紧密性，在共同共有中，共有人对共有物没有份额权，各共有人的权利和义务都是平等的，这与按份共有以份额享有权利并履行义务有所不同。具体而言，共同共有的法律特征主要体现在：

其一，共同共有是基于共同关系产生的。共同关系一般发生在互有特殊身份关系的当事人之间，如夫妻关系、家庭成员关系等。

其二，共同共有的财产权利不分份额。一般而言，只要共同共有存在，共有人对共有的财产就无法划分各人的份额或哪个部分属于哪个共有人所有，只有在共同共有关系终止、共有财产分割以后，才能确定各共有人的份额。或者说，共同共有期间存在潜在的份额，在共有关系存续期间，份额的作用一般不显现，共有人也不得随意处分；到共有关系结束时，份额才能显现。因此，在共同关系存续期间，共有人不得擅自划分财产或是处分财产，否则其处分行为无效。

其三，共同共有中，所有共有人不分份额，处于平等地位。也就是说只要共同关系存在，各共有人就平等地享有占有、使用、收益和处分的权利，且平等地履行义务。

共同共有主要基于夫妻关系、家庭成员关系、遗产继承关系等产生。对于夫妻共有财产，在我国夫妻财产共有是法律明确规定的。例如，《民法典》第1062条规定："夫妻在婚姻关系存续期间所得的下列财产，为夫妻的共同财产，归夫妻共同所有……"，可见除非夫妻双方选择了分别所有财产制或者明确约定按份共有，否则，都认定夫妻双方的财产属于夫妻双方共同共有。对于家庭共有财产，是指家庭成员在家庭共同生活关系存续期间共同创造、共同所得的共有财产，由所有家庭成员共有。家庭共有财产以家庭共同生活关系的存在为前提，如果不是家庭成员共同劳动所得的，应当属于家庭成员的个人财产。对于没有遗嘱确定份额而共同继承的财产，第一种情形是遗产继承开始至遗产分割之前，遗产作为整体存在，没有分割为继承人所有。此时，如果继承人为数人，各继承人对于该期间的遗产全部为共同共有。第二种情形是在遗产分割过程中，如果共同继承人约定共同继承遗产，也按照约定发生新的共同共有关系。

三、本条规定特别评注

理解本条特别需要注意的是，共同共有人对共有的不动产或者动产共同享有所有权。与按份共有人的份额权不同，共同共有人对共有财产平等地、不分份额地享有占有、使用、收益和处分权。任何一个共同共有人对共有财产都不享有超过其他共同共有人的权利，因此共同共有人也不享有转让份额的权利。而且，共同共有以共同关系的存在为基础，因此一旦共同关系不在，或者有重大理由需要分割时，就需要分割共同财产。对于共有财产的分割，有协议的，按照协议约定，无协议的，一般采用平等划分的原则。《民法典》本条以下对此有专门规定。

【关联规范】

1.《民法典》

第一千零六十二条 夫妻在婚姻关系存续期间所得的下列财产，为夫妻的共同财产，归夫妻共同所有：

（一）工资、奖金、劳务报酬；

（二）生产、经营、投资的收益；

（三）知识产权的收益；

（四）继承或者受赠的财产，但是本法第一千零六十三条第三项规定的除外；

（五）其他应当归共同所有的财产。

夫妻对共同财产，有平等的处理权。

第一千一百五十三条 夫妻共同所有的财产，除有约定的外，遗产分割时，应当先将共同所有的财产的一半分出为配偶所有，其余的为被继承人的遗产。

遗产在家庭共有财产之中的，遗产分割时，应当先分出他人的财产。

2.《最高人民法院关于适用〈中华人民共和国民法典〉婚姻家庭编的解释（一）》

第二十二条 被确认无效或者被撤销的婚姻，当事人同居期间所得的财产，除有证据证明为当事人一方所有的以外，按共同共有处理。

第三百条 【共有物的管理】共有人按照约定管理共有的不动产或者动产；没有约定或者约定不明确的，各共有人都有管理的权利和义务。

【条文理解与适用】

一、本条的缘由

本条源于《物权法》第96条。

二、本条规定的主要内容

本条是关于共有物管理的规定。在共有关系中，各共有人都对共有物的整体享有所有权，因此也需要共同承担管理共有物的义务。共有物的管理，是指为维持共有物的物理机能，进而使其充分发挥社会和经济功能，而对之所为的一切管理活动。本条主要规定了两种对共有物的管理方式：一是按照约定管理共有物；二是共同管理共有物。

对采用约定管理的，是通过分管协议进行管理，即共有人约定共有物的管理权专属于共有人中的一人或者数人或指定各共有人的管理范围。共有物分管协议主要有两个基本特点：其一，分管协议是在共有人之间通过协商产生的，不是共有人没有资格签订管理共有物的协议。其二，分管协议并不能改变共有的性质，即分管协议的内容不是对共有财产特定部分的分别所有，而是分别管理。也就是说，分管协议只是约定如何对共有人各自占有的特定部分进行使用、收益和管理。在签订分管协议后，如果此种共有是按份共有的，不享有管理权的共有人仍然按其份额享有共有权，如果此种共有是共同共有的，仍然平等地享有权利义务。在分管协议签订后，共有人对全部共有财产仍然享有的是全部管理权和全部所有权。[①]

对共有人没有约定或者约定不明确而采用共同管理形式的，依据不同的管理

---

① 杨立新：《共有权理论与适用》，法律出版社2007年版，第102～108页。

行为，可以分为保存行为、改良行为和利用行为。保存行为，是指以防止共有物的灭失、毁损或者其权利丧失、限制等为目的，而维持其现状的行为。根据保存的原因，保存行为又可以分为事实行为和法律行为。对共有物的简易修缮，一般认定为是保存行为，因为“共有物的保存及简易修缮，关系到全体共有人的利益，其维护必须迅速为之”。[①] 对共有物的改良行为，是指不变更共有物的性质而增加其效用或者价值的行为。由于改良行为需要的费用往往比较大，与各共有人的利益相关，因此，改良行为不可能像保存行为那样可以由任意一共有人单独决定。如对共有物的重大修缮，本法后条就规定需经占份额三分之二以上的按份共有人或者全体共同共有人同意。利用行为，是指以满足共有人的共同需要为目的，不变更共有物的性质，而决定其使用、收益方法的行为。对于共有物的利用，属于物的重要管理行为，因此各共有人不得单独作出决定，而需要协商一致。对于没有达成协议的，共有人可让与其应有部分，退出共有关系，或请求分割共有物。

三、本条规定特别评注

需要注意的是，本条所谓“共有物的管理”，不包括对共有物的处分。对于共有物的处分问题，《民法典》本条以下设有专门规定。

第三百零一条　【共有人对共有财产重大事项的表决权规则】 处分共有的不动产或者动产以及对共有的不动产或者动产作重大修缮、变更性质或者用途的，应当经占份额三分之二以上的按份共有人或者全体共同共有人同意，但是共有人之间另有约定的除外。

【条文理解与适用】

一、本条的缘由

本条在《物权法》第 97 条规定的基础上修改而成。

二、本条规定的主要内容

本条是关于共有物处分或者对共有物作重大修缮、变更性质或者用途的规定。共有物的处分，是指共有人依据法定的程序从事将共有物出卖、互易、赠与或是抵押等行为。共有物的重大修缮，是指对共有财产进行重大改良或重大维

---

① 杨立新：《共有权理论与适用》，法律出版社 2007 年版，第 108 页。

修。一般认为，对于共有物的简单修缮，属于共有物的保存行为而非改良行为，不属于本条所称的“重大修缮”。根据本条规定，共有人对共有物予以处分或者对共有物作重大修缮、变更性质或者用途，因按份共有和共同共有而有不同。

对于按份共有，本条规定需经占份额三分之二以上的按份共有人同意，即采用的是多数同意说。一方面，对共有物的处分很难要求全体共有人达成一致意见。另一方面，对于需要在短时间内及时作出处分和重大修缮决定的情形，如果要求全体按份共有人同意，物的处分利用效率可能会很低，易造成共有财产利益减损，反而会影响全体共有人的利益。因此，不论是对于共有物的处分，还是对共有物的重大修缮，我国都采用了“占份额三分之二以上”的标准，这一标准简单易行，容易操作，有利于共有物纠纷的解决。

对于共同共有，本条规定需由全体共有人作出决定。这是因为共同共有不分份额，共有人都平等地享有收益、处分的权利。由共同共有的特点所决定，对于属于共同共有的财产进行重大修缮，必须经全体共同共有人同意。

需要注意的是，本条附有但书条款，即如果共有人之间另有约定的，不适用本条规定，共有人可以自行约定处分或是重大修缮决定作出的程序。由此可见，本条属于任意性规范，如果共有人之间已经达成了协议，如分管协议，该协议可以优先于法律规定适用。

三、本条规定特别评注

不论是处分共有的不动产或者动产，还是对共有的不动产或者动产作重大修缮、变更性质或者用途，都直接影响了各共有人对共有物的利益，因此各共有人不可以不经其他共有人的同意而单独为之。在立法例上，一般对共有物的处分多规定须经全体共有人同意。[①]《民法典》本条遵循私法自治精神，首先明确可以由共有人按照约定的共有物的管理方法进行管理；在共有人没有约定或者约定不明确的情形下，区分了按份共有和共同共有，对共有物的处分或者重大修缮问题作出了不同的规定。

【关联规范】

1.**《最高人民法院关于适用〈中华人民共和国民法典〉婚姻家庭编的解释（一）》**

第八十二条 夫妻之间订立借款协议，以夫妻共同财产出借给一方从事个人

① 例如，《德国民法典》第747条规定：“整个共有物仅得由全体共有人共同处分。”

经营活动或者用于其他个人事务的，应视为双方约定处分夫妻共同财产的行为，离婚时可以按照借款协议的约定处理。

2. **《不动产登记暂行条例实施细则》**

第十条 处分共有不动产申请登记的，应当经占份额三分之二以上的按份共有人或者全体共同共有人共同申请，但共有人另有约定的除外。

按份共有人转让其享有的不动产份额，应当与受让人共同申请转移登记。

建筑区划内依法属于全体业主共有的不动产申请登记，依照本实施细则第三十六条的规定办理。

第三百零二条 【共有物管理费用的分担规则】 共有人对共有物的管理费用以及其他负担，有约定的，按照其约定；没有约定或者约定不明确的，按份共有人按照其份额负担，共同共有人共同负担。

【条文理解与适用】

一、本条的缘由

本条在《物权法》第98条规定的基础上修改而成。

二、本条规定的主要内容

本条是关于共有物管理费用负担的规定。共有人除对共有物享有物权外，同时也要承担对共有物的管理费用以及其他负担。共有物的管理费用，是指因保存、改良或利用行为所支付的费用。其他负担，主要是指因共有物的存在而产生的私法和公法上的费用。

对于管理费的内容，一般主要包括这样三类费用：一是共有物的保存费用，即为保持共有物免于毁损、灭失，处于良好安全状态或使用状态而支付的费用；二是共有物的修缮费用，即对共有物作简易修缮或者重大修缮所支出的费用；三是承担因共有物造成他人的损害所产生的责任而付出的费用。根据本条规定，对于以上费用，在按份共有中，对共有物的管理费用以及其他负担，有约定的，按照约定；没有约定或者约定不明确的，按份共有人按照其份额负担。在共同共有中，对共有物的管理费用以及其他负担，如无特别约定由共同共有人共同负担。

三、本条规定特别评注

对于管理费以及其他负担的分担原则，各国和地区多区分按份占有和共同占有，对于按份占有以其份额承担管理费用，对于共同共有，则由共同共有人一起负担。例如，《法国民法典》第 649 条第 1 款规定：“共有物及共有关系的管理费用、租税及其他负担，由各共有人按其应有部分的比例分摊。如果另有约定时，不在此限。”本条也同样区分了按份占有和共同占有，与《法国民法典》有相似之处。

需要注意的是，本条规定对于共有人之一支付的必要的管理费用超出其应当承担的份额时，是否有权向其他共有人请求偿还的问题未予明确。对此，《法国民法典》的规定可资实践参考。《法国民法典》第 649 条第 2 款规定：“……共有人中一人支付的费用超过其应负担的，对超出部分有向其他共有人请求补偿的权利。”具体而言，在按份共有情形下，每一个共有人的份额是确定的，因此其承担的管理费用应当与份额相当，如果超出份额的，应当有权向其他共有人追偿，从而最终实现承担的义务与份额大小相同的结果；在共同共有情形下，因为共有人对于共有物共同享有权利，共同承担义务，共有人之间并不存在份额，因此也不具有追偿的权利。

第三百零三条　【共有物的分割规则】共有人约定不得分割共有的不动产或者动产，以维持共有关系的，应当按照约定，但是共有人有重大理由需要分割的，可以请求分割；没有约定或者约定不明确的，按份共有人可以随时请求分割，共同共有人在共有的基础丧失或者有重大理由需要分割时可以请求分割。因分割造成其他共有人损害的，应当给予赔偿。

【条文理解与适用】

一、本条的缘由

本条在《物权法》第 99 条规定的基础上修改而成。

二、本条规定的主要内容

本条是对共有物分割请求权的规定，明确了共有财产分割原则、条件以及法律后果。共有物分割请求权，是指各共有人以单方的意思表示，请求其他共有人分割共有物的权利。

首先，对于共有物分割，本条明确了两个基本原则：一是尊重当事人的意思自治。如果当事人有禁止分割约定的，该禁止分割的约定对于各共有人均是有约束力的，优先于本条规定的法定分割条件而适用。二是有重大事由的可以请求分割。在共有人有约定禁止分割的前提下，原则上共有人不得提出分割请求，但共有基础丧失或有重大理由的除外。对于何为重大理由，本条没有明确，可以根据是否出现影响共有关系存续的情形出现或者严重影响共有人利益的情形出现等来判断。有学者提出，如果共有人请求分割是因为其经营活动中出现了小额资金周转不灵等情况，不应视为重大理由，但共有人本人或其家庭成员病重需要治疗费用等情况则应当被视为可以请求分割的“重大理由”。[①] 这种分割请求，既可以向其他共有人提出，也可以在遭到拒绝时向人民法院提出诉讼请求。

其次，本条区分按份共有和共同共有规定了不同的分割条件。对于按份共有而言，每个共有人的份额都是确定的，可以自行处分自己的份额。因此本条规定，按份共有人可以随时请求分割。这种请求不需要征得其他共有人的同意，只要共有人提出请求，就会产生分割的后果。同时，按份共有人应当及时告知其他共有人，其他共有人对其份额享有优先购买权。对于共同共有而言，因为其不存在份额，在共有人对共有财产的分割没有约定的情况下，通常共有人只有在共同共有关系消灭时才能协商确定各自的财产份额，对共有财产予以分割。因此，原则上只有共有基础丧失（如婚姻关系终止，家庭成员分家析产等）或有重大理由时才能分割。

此外，对于因分割造成的损害赔偿问题，本条最后一句规定，因分割对其他共有人造成损害的，应当给予赔偿。分割损害赔偿问题主要发生于全体共有人未协商一致的情形下。共有财产整体是一项特定的财产，其功能、价值是特定的，分割行为会影响甚至削弱其功能，降低其价值。因此，因共有物分割给其他共有人造成损害的，应当给予赔偿。

三、本条规定特别评注

对于本条中规定的分割请求权的性质，学界有请求权说和形成权说两种观点。请求权说认为，共有人行使分割请求权，只是向其他共有人表示不愿继续共有关系的意思，共有关系并不因此请求权的行使而消灭，如果对于此种请求不能达成协议的，应当起诉到法院裁决。[②] 相比之下，形成权为理论界通说。这种学说认为，分割请求权为相对人的单独行为，分割请求权不受时效限制，且为了贯彻分割自由原则，应允许共有人一旦提出分割共有物，就导致物权的变动。因此，分割请求权应为形成权，是针对分割物的请求，而非针对分割人的请求。[③]

---

① 朱岩、高圣平、陈鑫：《中国物权法评注》，北京大学出版社 2007 年版，第 318～322 页。
② 江平、李国光：《物权法疑难问题精答》，人民法院出版社 2007 年版，第 262 页。
③ 王泽鉴：《民法通则：物权·所有权》，自版 2001 年版，第 363 页。

立法例上多规定共有人分割共有物的请求权，只不过对于行使该请求权的具体条件，如对于分割请求权的限制条件等不完全相同。

【关联规范】

1.《合伙企业法》

第二十一条 合伙人在合伙企业清算前，不得请求分割合伙企业的财产；但是，本法另有规定的除外。

合伙人在合伙企业清算前私自转移或者处分合伙企业财产的，合伙企业不得以此对抗善意第三人。

2.《最高人民法院关于适用〈中华人民共和国民法典〉婚姻家庭编的解释(一)》

第三十八条 婚姻关系存续期间，除民法典第一千零六十六条规定情形以外，夫妻一方请求分割共同财产的，人民法院不予支持。

3.《最高人民法院关于适用〈中华人民共和国企业破产法〉若干问题的规定(二)》

第四条 债务人对按份享有所有权的共有财产的相关份额，或者共同享有所有权的共有财产的相应财产权利，以及依法分割共有财产所得部分，人民法院均应认定为债务人财产。

人民法院宣告债务人破产清算，属于共有财产分割的法定事由。人民法院裁定债务人重整或者和解的，共有财产的分割应当依据民法典第三百零三条的规定进行；基于重整或者和解的需要必须分割共有财产，管理人请求分割的，人民法院应予准许。

因分割共有财产导致其他共有人损害产生的债务，其他共有人请求作为共益债务清偿的，人民法院应予支持。

第三百零四条 【共有物分割的方式】共有人可以协商确定分割方式。达不成协议，共有的不动产或者动产可以分割且不会因分割减损价值的，应当对实物予以分割；难以分割或者因分割会减损价值的，应当对折价或者拍卖、变卖取得的价款予以分割。

共有人分割所得的不动产或者动产有瑕疵的，其他共有人应当分担损失。

【条文理解与适用】

一、本条的缘由

本条在《物权法》第100条规定的基础上略作文字修改而成。

二、本条规定的主要内容

本条是对共有物分割方式及共有物瑕疵担保责任的规定。根据本条第1款的规定，共有人间请求分割共有物的方法有协议分割和裁判分割两种。

1. 协议分割。对于共有物的分割，共有人可以协商确定分割方式。签订分割协议的，应当是全体共有人一致同意，而非少数服从多数的结果，经共有人一致同意的分割协议对全体共有人具有约束力。协议分割的方法，主要包括实物分割、变价分割及作价补偿。分割协议为债权协议，不能直接引起分割财产的物权变动，因此在订立分割协议后，仍然需要遵循一般的物权变动规则，交付分割物或是办理登记后才能转移所有权。如果有的共有人不按分割协议履行义务，其他共有人可以向人民法院起诉，请求该共有人履行义务。此种请求权受诉讼时效的限制。

2. 裁判分割。如果不能达成协议，就应当充分考虑对物的利用效率，发挥物的价值，可以以裁判分割方式分割财产。裁判分割是所有共有人在法院的主持下分割财产的方式。分割财产诉讼为必要共同诉讼，全体共有人都应该参加到诉讼中。原告是提出分割共有财产的部分共有人，包括同意分割的共有人，被告是反对分割的其余的所有共有人。

对于裁判分割的方式，本条规定了实物分割、变价分割和折价分割。首先，对于能够实物分割的财产应当首先进行实物分割。实物分割应当基于两个前提：一是从物理属性来看，共有财产可以进行实物分割；二是从经济价值来看，不会因实物分割减损共有财产的价值。实物分割一般是针对可分物的分割方式。

共有的不动产或者动产难以分割或者因分割会减损价值的，应当对拍卖、变卖取得的价款予以分割，这就涉及变价分割和折价分割。变价分割是指将共有物出卖，由共有人就取得的价金进行分割。一般而言，只有在无法实物分割的情况下，才考虑变价分割。变价分割一般适用于共有物难以分割或者因分割可能减损价值的，或是各共有人都不愿意接受共有物的情形。除变价分割外，还有折价分割的分割方式。所谓折价分割，是指部分共有人获得共有财产，同时根据共有财产的市场价值对其他共有人给予补偿，即由共有人中的一人或者数人取得共有财产，对其他共有人给予金钱、实物，或者金钱加实物。折价分割一般适用于部分共有人愿意取得共有物的情形。

根据本条第2款的规定，共有人分割所得的不动产或者动产有瑕疵的，其他共有人应当分担损失。这实质上是对物之瑕疵担保责任的规定。适用共有物瑕疵的担保规则，必须是此种瑕疵在分割时即已经存在，只有如此，分割后共有物部分的毁损、灭失风险及新设的物上负担应当由该部分所有权人独自承担。[①]

三、本条规定特别评注

关于共有物的分割以及分割方法，意大利、瑞士、日本的民法中都有比较成熟的规定。

为避免共有人事后发现因共有人共同的原因或其他共有人的原因产生的损失却只能由个别共有人独自承担，因此各共有人对于其他共有人因分割而得之物，按其应有部分负与出卖人相同的担保责任。这一关于共有物的瑕疵担保规则的规定，实质上是对共有权人能够在共有关系终止后仍能完满地享有份额权或是平等地享有共同共有权的保证。

【关联规范】

1.《最高人民法院关于适用〈中华人民共和国民法典〉婚姻家庭编的解释（一）》

第七十条 夫妻双方协议离婚后就财产分割问题反悔，请求撤销财产分割协议的，人民法院应当受理。

人民法院审理后，未发现订立财产分割协议时存在欺诈、胁迫等情形的，应当依法驳回当事人的诉讼请求。

第七十六条 双方对夫妻共同财产中的房屋价值及归属无法达成协议时，人民法院按以下情形分别处理：

（一）双方均主张房屋所有权并且同意竞价取得的，应当准许；

（二）一方主张房屋所有权的，由评估机构按市场价格对房屋作出评估，取得房屋所有权的一方应当给予另一方相应的补偿；

（三）双方均不主张房屋所有权的，根据当事人的申请拍卖、变卖房屋，就所得价款进行分割。

第八十一条 婚姻关系存续期间，夫妻一方作为继承人依法可以继承的遗产，在继承人之间尚未实际分割，起诉离婚时另一方请求分割的，人民法院应当告知当事人在继承人之间实际分割遗产后另行起诉。

---

① 朱岩、高圣平、陈鑫：《中国物权法评注》，北京大学出版社2007年版，第318～322页。

第八十三条 离婚后，一方以尚有夫妻共同财产未处理为由向人民法院起诉请求分割的，经审查该财产确属离婚时未涉及的夫妻共同财产，人民法院应当依法予以分割。

2.**《最高人民法院关于适用〈中华人民共和国企业破产法〉若干问题的规定(二)》**

第四条 债务人对按份享有所有权的共有财产的相关份额，或者共同享有所有权的共有财产的相应财产权利，以及依法分割共有财产所得部分，人民法院均应认定为债务人财产。

人民法院宣告债务人破产清算，属于共有财产分割的法定事由。人民法院裁定债务人重整或者和解的，共有财产的分割应当依据民法典第三百零三条的规定进行；基于重整或者和解的需要必须分割共有财产，管理人请求分割的，人民法院应予准许。

因分割共有财产导致其他共有人损害产生的债务，其他共有人请求作为共益债务清偿的，人民法院应予支持。

3.**《最高人民法院关于人民法院民事执行中查封、扣押、冻结财产的规定》**

第十二条 对被执行人与其他人共有的财产，人民法院可以查封、扣押、冻结，并及时通知共有人。

共有人协议分割共有财产，并经债权人认可的，人民法院可以认定有效。查封、扣押、冻结的效力及于协议分割后被执行人享有份额内的财产；对其他共有人享有份额内的财产的查封、扣押、冻结，人民法院应当裁定予以解除。

共有人提起析产诉讼或者申请执行人代位提起析产诉讼的，人民法院应当准许。诉讼期间中止对该财产的执行。

第三百零五条 【按份共有人的优先购买权】 按份共有人可以转让其享有的共有的不动产或者动产份额。其他共有人在同等条件下享有优先购买的权利。

【条文理解与适用】

一、本条的缘由

本条源于《物权法》第101条。

二、本条规定的主要内容

本条是对按份共有人享有优先购买权的规定。共有不同于单独共有，是共有人之间对共有物的共同享有，因此当一个共有人有偿转让其份额时，其他共有人依法享有优先购买的权利。本条第1句规定了在共有关系存续期间，按份共有人有权转让其享有的共有的不动产或者动产份额。第2句规定了在共有人转让份额时，其他共有人享有优先购买权。

1. 按份共有人可以转让其共有份额。这是因为在按份共有中，共有人的份额权属于所有权，且每个人的份额都是明确的。所有人对其所有物在法律规定的范围内可以自由转让，故而按份共有人对其份额在法律规定的范围内也应该可以自由转让。当然，如果共有人之间对共有份额的分出和转让进行了事先的禁止或者限制性约定，就意味着共有人自愿接受了该约定对于分出和转让其份额的权利的禁止或者限制，如果共有人在不符合协议约定的条件或不具备法律规定的重大理由而要求分出或转让其份额时，则构成对其他共有人的违约行为，需要依法承担赔偿责任。

2. 在按份共有人转让其共有份额时，其他共有人在同等条件下享有优先购买权。所谓优先购买权，是指特定的民事主体依照法律规定享有的先于他人购买某项特定财产的权利。优先购买权的出现，有利于有效配置资源，促进物尽其用。同时，通过优先购买权的行使，有可能使共有向单独所有转化，从而减少团体纠纷，维护团体利益，实现物的利用效率。

行使优先购买权必须具备两个条件：一是必须存在按份共有关系，如果当事人之间的共有关系已经丧失，也就不存在原共有人转让其份额的问题，其他原共有人也就不可能享有优先购买权；二是优先购买权在同等条件下才能主张。这主要是为了平衡拟转让份额的共有人和其他共有人的关系，防止想要转让份额的共有人的利益不受损害。对于何为同等条件，应当认为同等条件主要是价格条件，但也包括付款条件。当在价格相同时，如果共有关系以外的购买人的付款条件是立即支付，而其他共有人的条件是分期支付，也不宜认定为是同等条件。对于其他影响共有人转让的交易条件能否纳入考虑，主要看该条件是否影响到拟转让的共有人的利益。如果没有影响，则应认定为同等条件，其他共有人有优先购买的权利。如果影响了，则不能认定为同等条件，其他共有人就没有优先购买的权利。

需要注意的是，在司法实践中，对于按份共有人的优先购买权，还存在适用范围的限制，一般适用于有偿转让，而对于继承、遗赠等无偿转让的不适用优先购买权。例如，根据《最高人民法院关于适用〈中华人民共和国民法典〉物权编的解释（一）》第9条的规定："共有份额的权利主体因继承、遗赠等原因发生变化时，其他按份共有人主张优先购买的，不予支持，但按份共有人之间另有约定的除外。"之所以如此规定，主要是因为在共有人无偿让与其共有份额时，其与受让方之间往往具有一定的亲属、血缘关系或者其他道德上的联系，这些关系很难简单地通过金钱价值予以衡量。有学者早已指出，优先“购买”权也应当指向的是有偿转让，对于无偿转让的，既不符合购买的定义，也难以判断本句中“同等条件”的优劣。①

三、本条规定特别评注

本条是对共有人优先购买权的表达。对于优先购买权的性质，理论上一直存在分歧。学界就其属于形成权、债权、物权抑或一种物权化的债权性质的期待权等而有不同观点。目前期待权可以认为是通说。②

优先购买权是法律尽量保证共有物的整体性而对共有人的倾斜保护。《民法典》仅赋予按份共有人对于共有人转让份额时的优先购买权。这是因为在共同共有中，共有人不分份额，无法单独地转让其所有权，因此在共有关系存续期间，也不可能发生其他共有人对出让份额的优先购买权。对于共同共有关系终止后，共有人是否享有优先购买权，理论上具有不同意见。《民法通则意见》第 92 条曾规定：“共同共有财产分割后，一个或数个原共有人出卖自己分得的财产时，如果出卖的财产与其他原共有人分得的财产属于一个整体或者配套使用，其他原共有人主张优先购买权的，应当予以支持。”这一规定显然对共同共有关系结束后原共有人的优先购买权持肯定态度。但对此也有学者表示反对，认为优先购买权的基础在于特定关系的整体性，但在共有关系终止后，其他共有人主张优先购买权的基础关系已不复存在。同时，“由于共有财产因分割而转化的各个共有人的单独所有财产，如果允许原共有人再享有优先购买权，则可能会对原其他共有人个人财产所有权施加各种不合理的限制”。③

【关联规范】

1.《**合伙企业法**》

第二十二条 除合伙协议另有约定外，合伙人向合伙人以外的人转让其在合伙企业中的全部或者部分财产份额时，须经其他合伙人一致同意。

合伙人之间转让在合伙企业中的全部或者部分财产份额时，应当通知其他合伙人。

---

① 王利明：《判解研究》2015 年第 4 辑，总第 74 辑，人民法院出版社 2016 年版，第 3 页。

② 最高人民法院物权法研究小组：《〈中华人民共和国物权法〉条文理解与适用》，人民法院出版社 2007 年版，第 316 页。

③ 屈茂辉：《物权法原理精要与实务指南》，人民法院出版社 2008 年版，第 359 页。

第二十三条 合伙人向合伙人以外的人转让其在合伙企业中的财产份额的，在同等条件下，其他合伙人有优先购买权；但是，合伙协议另有约定的除外。

第二十四条 合伙人以外的人依法受让合伙人在合伙企业中的财产份额的，经修改合伙协议即成为合伙企业的合伙人，依照本法和修改后的合伙协议享有权利，履行义务。

第二十五条 合伙人以其在合伙企业中的财产份额出质的，须经其他合伙人一致同意；未经其他合伙人一致同意，其行为无效，由此给善意第三人造成损失的，由行为人依法承担赔偿责任。

2.《最高人民法院关于适用〈中华人民共和国民法典〉物权编的解释（一）》

第九条 共有份额的权利主体因继承、遗赠等原因发生变化时，其他按份共有人主张优先购买的，不予支持，但按份共有人之间另有约定的除外。

第十条 民法典第三百零五条所称的“同等条件”，应当综合共有份额的转让价格、价款履行方式及期限等因素确定。

第十一条 优先购买权的行使期间，按份共有人之间有约定的，按照约定处理；没有约定或者约定不明的，按照下列情形确定：

（一）转让人向其他按份共有人发出的包含同等条件内容的通知中载明行使期间的，以该期间为准；

（二）通知中未载明行使期间，或者载明的期间短于通知送达之日起十五日的，为十五日；

（三）转让人未通知的，为其他按份共有人知道或者应当知道最终确定的同等条件之日起十五日；

（四）转让人未通知，且无法确定其他按份共有人知道或者应当知道最终确定的同等条件的，为共有份额权属转移之日起六个月。

第十二条 按份共有人向共有人之外的人转让其份额，其他按份共有人根据法律、司法解释规定，请求按照同等条件优先购买该共有份额的，应予支持。其他按份共有人的请求具有下列情形之一的，不予支持：

（一）未在本解释第十一条规定的期间内主张优先购买，或者虽主张优先购买，但提出减少转让价款、增加转让人负担等实质性变更要求；

（二）以其优先购买权受到侵害为由，仅请求撤销共有份额转让合同或者认定该合同无效。

第十三条 按份共有人之间转让共有份额，其他按份共有人主张依据民法典第三百零五条规定优先购买的，不予支持，但按份共有人之间另有约定的除外。

第三百零六条　【按份共有人行使优先购买权的规则】按份共有人转让其享有的共有的不动产或者动产份额的，应当将转让条件及时通知其他共有人。其他共有人应当在合理期限内行使优先购买权。

两个以上其他共有人主张行使优先购买权的，协商确定各自的购买比例；协商不成的，按照转让时各自的共有份额比例行使优先购买权。

【条文理解与适用】

一、本条的缘由

本条是《民法典》的新增规定。其中，第2款主要源于《最高人民法院关于适用〈中华人民共和国物权法〉若干问题的解释（一）》（以下简称《物权法司法解释（一）》）第14条的规定："两个以上按份共有人主张优先购买且协商不成时，请求按照转让时各自份额比例行使优先购买权的，应予支持。"

二、本条规定的主要内容

本条是对按份共有人转让份额时的通知义务以及多个共有人主张优先购买权的行使方式的规定。

1. 按份共有人转让份额时的通知义务。为了保障想行使优先购买权的共有人及时获取信息，本条第1款对拟转让份额的按份共有人的通知义务作了规定。转让共有份额的共有人在转让共有份额前的通知义务是其他共有人行使优先购买权的关键。首先，只有就转让份额的事宜进行了通知，共有人才能知晓交易条件、行使优先购买权。对此，有学者曾指出："如没有收到通知，先买权无行使的可能；如收到通知后在法定期间内权利人不行使先买权，则视为弃权。"①

其次，通知的到达时点也是行使优先购买权时间计算的起点。为了促进物尽其用，便捷交易进行，法律对优先购买权的行使作了期限限制。超过了该期限，则意味着其他共有人的优先购买权丧失。此时，拟转让份额的共有人的通知义务就成为计算优先购买权起算点的合理时间。在《物权法》中，法律没有对通知义务作出明确规定，引发了实践中的种种问题，不利于共有人优先购买权的行使。本条新增这一内容，为转让份额的共有人应履行通知义务提供了法律依据，有利于解决因出卖人怠于通知造成其他共有人损害的纠纷。

---

① 王利明：《物权法研究》（第三版）（上），中国人民大学出版社2013年版，第755页。

对于通知作出的时间，一般认为应当在与第三人协商达成一致意见之前。如果已经与第三人达成转让协议后再通知，则面临向第三人承担违约责任的问题，同时也面临其他共有人以其优先购买权被侵害为由请求人民法院确认其优先购买权的问题。

2. 多个共有人主张优先购买权的行使方式。本条第 2 款是对多个按份共有人主张优先购买权时该如何转让问题的规定。对此，应当首先由共有权人进行协商。如果协商不成的，本条规定依份额进行购买。这一方面考虑到各个按份共有人的优先购买权同时存在，对于权利本身而言，并没有先后或优劣之分，因此如果只给予一方或是赋予转让人决定权，既不现实也可能损害到其他共有人的权利。因此本条借鉴了我国《公司法》中对股东优先购买权的规定，规定由共有人协商确定各自的购买比例；协商不成的，共有人按照转让时各自的出资比例行使优先购买权，从而确定了依份额比例行使优先购买权的规则。

三、本条规定特别评注

对于未履行通知义务导致共有人没有行使优先购买权的法律效果，本条未予明确。有学者认为，如果出卖人违反通知义务，在法定期间内权利人可以以优先购买权受侵害为由请求人民法院宣告出卖人与第三人的买卖行为无效。[①] 这样一刀切的观点值得商榷。对于未能行使优先购买权的法律效果，应当依照不动产和动产第三人的注意义务不同分别对待。对于不动产份额转让的，第三人一般能够通过登记簿了解不动产的共有状态，因此第三人在购买不动产份额时，没有尽到必要的注意义务，或明知其他共有人尚未行使优先购买权而违反了本条规定的，应该认定该转让不发生效力。如果转让的是共有的动产份额，由于动产所有权一般并不实行登记，因此，为了保护交易安全，除非能够证明第三人知道共有物处于共有状态，一般不应认定第三人与转让共有人之间的转让行为无效，其他共有人只能向转让的共有人主张损害赔偿。

【关联规范】

《最高人民法院关于适用〈中华人民共和国民法典〉物权编的解释（一）》

第十一条 优先购买权的行使期间，按份共有人之间有约定的，按照约定处理；没有约定或者约定不明的，按照下列情形确定：

（一）转让人向其他按份共有人发出的包含同等条件内容的通知中载明行使

① 王利明：《物权法研究》（第三版）（上），中国人民大学出版社 2013 年版，第 755 页。

期间的，以该期间为准；

（二）通知中未载明行使期间，或者载明的期间短于通知送达之日起十五日的，为十五日；

（三）转让人未通知的，为其他按份共有人知道或者应当知道最终确定的同等条件之日起十五日；

（四）转让人未通知，且无法确定其他按份共有人知道或者应当知道最终确定的同等条件的，为共有份额权属转移之日起六个月。

第三百零七条　【因共有产生的债权债务承担规则】因共有的不动产或者动产产生的债权债务，在对外关系上，共有人享有连带债权、承担连带债务，但是法律另有规定或者第三人知道共有人不具有连带债权债务关系的除外；在共有人内部关系上，除共有人另有约定外，按份共有人按照份额享有债权、承担债务，共同共有人共同享有债权、承担债务。偿还债务超过自己应当承担份额的按份共有人，有权向其他共有人追偿。

【条文理解与适用】

一、本条的缘由

本条在《物权法》第102条规定的基础上略作修改而成。

二、本条规定的主要内容

本条是关于因共有财产产生的债权债务关系的对外以及对内效力的规定。

1. 对外效力。所谓对外效力，是指共有人全体与第三人之间的关系。因共有财产产生的债权债务，是共有人对外承担连带债权债务的前提，这必须同时满足两个条件：其一，必须是因为共有财产所产生的债权债务。因为共有的动产或者不动产（共有物）产生的债权一般是指为因为共有物的有效利用而产生的收益等；因为共有物产生的债务主要表现为共有物的保存费用、修缮费用、基于共有物或者共有物的利用而产生的对第三人的损害赔偿责任，如共有的房屋倒塌致他人损害，某一共有人驾驶着共有的汽车撞伤他人等。其二，损害的发生必须与共有物存在因果联系。如果损害的发生纯粹是因人的行为发生，共有物并没有起到作用，当然不能认定为是因共有物产生的债权债务关系。

当然，对于满足共同债权债务条件的，其对外的法律效果是不论是按份占有还是共同占有，所有共有人均为连带债权债务关系，除非法律另有规定或者第三人知道共有人不具有连带债权债务关系。之所以这样规定，是为了保护善意第三人的权益，防止共有人以其内部约定推脱责任。对于第三人而言，很难获知共有人的共有关系的性质，如果法律不规定为连带债权债务关系，很容易造成善意相对人需要提起多次诉讼才能维护自己的合法权益的不合理情形。当然，如果第三人明知共有人存在共有关系和内部约定的，就不再享有信赖利益保护，此时按份共有人可以按照份额享有债权承担债务，共同共有人共同享有债权承担债务。这样处理，无论对共有人，还是第三人，都是公平的。

2. 对内效力。所谓因共有物产生债权债务后的内部关系，是指共有人之间的关系。对于内部关系，如果有约定的，约定优先。如果没有约定或者约定不明确，应当根据按份共有和共同共有的不同情况来确定共有人责任的分担。如果是按份占有，既然每个共有人都享有自己的份额，因此在最终的债权债务分配上也应当按照份额的比例计算。偿还债务超过自己应当承担份额的按份共有人，有权向其他共有人追偿。对于共同共有而言，因为共有人不享有份额，都是平等、共同地享有权利，因此共同共有人也就没有超出自己应当分担份额的问题，也就无所谓追偿的问题。

三、本条规定特别评注

对于因共有财产产生的债权债务的享有和承担，立法例上多有明确规定。本条规定了共有人对外关系上的责任承担原则，以及共有人内部的债权分配及债务承担方式。

【关联规范】

1. **《个人独资企业法》**

第十八条 个人独资企业投资人在申请企业设立登记时明确以其家庭共有财产作为个人出资的，应当依法以家庭共有财产对企业债务承担无限责任。

2. **《最高人民法院关于适用〈中华人民共和国民法典〉婚姻家庭编的解释(一)》**

第三十五条 当事人的离婚协议或者人民法院生效判决、裁定、调解书已经对夫妻财产分割问题作出处理的，债权人仍有权就夫妻共同债务向男女双方主张权利。

一方就夫妻共同债务承担清偿责任后，主张由另一方按照离婚协议或者人民法院的法律文书承担相应债务的，人民法院应予支持。

第三十六条 夫或者妻一方死亡的，生存一方应当对婚姻关系存续期间的夫妻共同债务承担清偿责任。

第三百零八条 【共有关系不明时对共有关系性质的推定】 共有人对共有的不动产或者动产没有约定为按份共有或者共同共有，或者约定不明确的，除共有人具有家庭关系等外，视为按份共有。

【条文理解与适用】

一、本条的缘由

本条源于《物权法》第103条。

二、本条规定的主要内容

本条是关于共有关系约定不明时对共有关系性质推定的规定。根据本条规定，共有人间对共有物享有的权利性质的判断，首先应当由共有人之间约定确定，如果共有人已经约定为共同共有的，法律尊重当事人的意思自治。共有人没有约定或者约定不明的，除共有人具有家庭关系等外，视为按份占有。

之所以作如此规定，一方面是因为共同共有具有特殊性，其存在的前提是各共有人之间存在共同关系，特别针对夫妻关系、家庭关系等，如果共有人之间对于共有的性质不存在约定或者约定不明，又没有这种共同关系而直接推定该共有财产为共同共有，就会破坏共同共有适用的基础，扩大共同共有财产的范围。另一方面，视为按份占有有利于促进物尽其用。共同共有是指共有人对全部共有财产不分份额地享受权利和承担义务的共有，因此在共有人没有约定或是约定不明确时，如果推定为共同共有，共有人对共有财产的份额还是不明确的。如果视为按份占有，则各个共有人的权利义务依份额而明确，各共有人按照份额享有债权，承担债务。同时，偿还债务超过自己应当承担份额的共有人，有权向其他共有人追偿，也便于赔偿责任的厘清。

当然，如果共有人具有家庭、夫妻或者合伙关系，就满足了共同共有成立的基础。此时依据此种共有关系的性质，或依特别法的相关规定，认定是否属于共同共有。

三、本条规定特别评注

在共有性质不明确的情况下，立法基于按份占有和共同占有的性质作出推定性规定，有利于保护共有人的权利，也便于责任划分。需要注意的是，本条中“除共有人具有家庭关系等外”中的“等”字，还有待实践进一步明确该“等”字包括的家庭关系之外的社会关系的范围。

第三百零九条　【按份共有人份额不明时份额的确定】按份共有人对共有的不动产或者动产享有的份额，没有约定或者约定不明确的，按照出资额确定；不能确定出资额的，视为等额享有。

【条文理解与适用】

一、本条的缘由

本条源于《物权法》第104条。

二、本条规定的主要内容

本条是关于按份共有人份额不明时份额的确定原则的规定。按份共有人依照份额对共有物享有所有权，原则上每个按份共有人的份额都应当是确定的。对于份额的确定，根据本条规定，应当首先保证依按份共有人之间的意思自治确定，即有约定的约定优先。对于没有约定或者约定不明确的情形，本条规定应当按照出资额确定。也就是说，出资额是多少，份额就是多少。

三、本条规定特别评注

立法例上多规定有按份共有人份额不明时份额的确定原则。《民法典》本条的立法安排符合在共有中决定份额的一般交易习惯，因为共有关系是基于有偿行为而发生的，按其出资比例来确定份额既符合按份共有的性质，也符合权利义务相一致的观念，是社会公平正义的体现。在不能确定出资额的情况下推定为等额享有的规则，便于实践操作，也能够简化当事人之间的法律关系。

第三百一十条　【准共有】两个以上组织、个人共同享有用益物权、担保物权的，参照适用本章的有关规定。

【条文理解与适用】

一、本条的缘由

本条在《物权法》第105条规定的基础上略作修改而成。

二、本条规定的主要内容

本条是关于用益物权和担保物权的准共有的规定。所谓准共有，是指数人按份共有或者共同共有所有权以外的财产权。对于准占有的共有规则，本条规定准用所有权共有的规定。

与一般共有相比，准共有是对所有权之外的权利的共有。对于准共有的行使规则，本条规定“参照”共有的行使规则。这就意味着在实践中具体能否适用共有的相关规则，需要结合准共有本身的性质决定，即并非所有的条款都可以适用于准共有。例如，关于共有的实物分割就不能适用于准共有，因为本条规定的准共有是对用益物权和担保物权的共有，不具有物的实体形态，不能进行实物分割。

与共有类似，准共有同样也可以分为准按份共有和准共同共有。对于具体属于何种共有方式，应当首先按照当事人的约定；如果没有约定的，应当属于准按份共有。准按份共有和按份共有一样，共有人都是根据份额独立享有权利，履行义务。可以按份行使的准共有权，主要包括按份额行使权利、请求分割的权利、使用收益的权利、对份额予以处分的权利。准共同共有可以依照当事人的约定或是婚姻、家庭等特殊关系成立。可以共同行使的准共有权，主要包括共同的使用收益权、共同的处分权、行使准共有权利产生的物上请求权等。①

三、本条规定特别评注

根据本条规定，准共有的客体可以是用益物权、担保物权。对于准共有的客体是否包括债权，理论上存在不同观点，一般认为债权不可以作为准共有的客体。这主要是因为债法上已经对多人享有债权债务作出了规定，且其规则与共有规则有较大差别，因此不能适用准共有的规则。②

准共有与共有存在诸多共性，故本条规定对于所有权以外的担保物权和用益物权的共有，参照所有权的共有的有关规定，一定程度上有助于避免立法的繁冗。

---

① 杨立新：《物权法》（第五版），中国人民大学出版社 2016 年版，第 127 页。

② 王利明：《物权法研究》（第三版）（上），中国人民大学出版社 2013 年版，第 732 页。

第九章　所有权取得的特别规定

【本章导读】

所有权的取得可分为一般取得和特别取得，基于法律行为的取得通常被认为是一般取得，其余取得方式，如善意取得、拾得遗失物、孳息物的归属等财产取得方式被认为是所有权的特别取得。

本章主要规定了善意取得、拾得遗失物、添附等所有权取得的特别方式，共12个条文（第311～322条），内容主要包括善意取得，遗失物、漂流物、埋藏物等的特别规定，主物、从物所有权的归属原则，天然孳息、法定孳息的归属规则，以及添附物的归属规则等。理解本章，尤其应关注关于添附物的归属规则。

第三百一十一条　【善意取得】无处分权人将不动产或者动产转让给受让人的，所有权人有权追回；除法律另有规定外，符合下列情形的，受让人取得该不动产或者动产的所有权：

（一）受让人受让该不动产或者动产时是善意；

（二）以合理的价格转让；

（三）转让的不动产或者动产依照法律规定应当登记的已经登记，不需要登记的已经交付给受让人。

受让人依据前款规定取得不动产或者动产的所有权的，原所有权人有权向无处分权人请求损害赔偿。

当事人善意取得其他物权的，参照适用前两款规定。

【条文理解与适用】

一、本条的缘由

本条在《物权法》第106条规定的基础上略作文字修改而成。

二、本条规定的主要内容

本条是对所有权的追及效力以及第三人善意取得的规定。本条第1款第1句是对所有权追及效力的规定。原则上，所有权人对其享有的不动产和动产具有绝对的物权效力，可以对物进行完整的支配。因此，当物被他人无权占有或处分时，所有人可以要求该侵占人返还占有，也可以在侵占人将物处分给第三人后，追及物的所在，向该第三人要求物的返还。这是法律对所有权人静态意义上的保护。同时，所有权的追及效力还有例外，即如果第三人构成善意取得的，原权利人对物的所有权消灭，受让人原始取得物的所有权。

所谓善意取得，是指财产占有人无权处分其占有的财产，如果他将该财产转让给第三人，受让人取得该财产时出于善意，则受让人将依法即时取得对该财产的所有权或其他物权。

1. 善意取得的适用范围。对此，本条沿用了《物权法》的规定，没有区分动产和不动产，原则上两者都能适用善意取得。

首先，动产能够适用善意取得，善意取得适用于动产是大陆法系多数国家和地区的立法予以肯认的。在我国，除法律禁止流转的动产和法律有特别规定的动产外，原则上各类动产都可以适用善意取得制度。对于有特别规定的，如货币，作为特殊的动产，适用占有即所有的规则，因此不适用善意取得制度。[①] 再如，对于票据的善意取得，《票据法》作出特别规定，依照不同的票据类型有其独特的善意取得条件。此外，对于采用登记对抗主义的特殊动产，因其具有占有和登记两种公示方法，因此学界对于特殊动产是否能适用善意取得存有争议。否定说主张因特殊动产以登记作为对抗要件，因此不能赋予占有公信力，也就不能适用善意取得制度。[②] 对此，《最高人民法院关于适用〈中华人民共和国民法典〉物权编的解释（一）》第19条明确了第三人因相信特殊动产占有公信力而实现物权变动可以适用善意取得。

其次，根据本条规定，不动产也可以适用善意取得。在大陆法系各国和地区的立法例中，善意取得一般不适用于不动产，因为不动产登记在登记簿中其具有公信力，因此第三人因相信登记簿而受让不动产的，不应归于善意取得调整，而受公信力原则调整。即“依据不动产登记的公信力，由善意的受让人因登记而取

---

① 对此，有学者指出：“不论让与人占有货币的原因是保管还是盗窃，其都取得了货币的所有权，其对当事人的让与是有权转让。因此，货币的原所有权人不享有返还原物请求权，而只能向转让人主张不当得利的债权请求权。”可参阅申卫星：《物权法原理》（第二版），中国人民大学出版社2016年版，第217页。

② 申卫星：《物权法原理》（第二版），中国人民大学出版社2016年版，第217页。

得所有权；在动产，则依对占有的信赖和物的交付，而由善意的受让人取得所有权”。[①]《物权法》和《民法典》考虑到我国的登记制度尚未完善，登记程序不可避免地会出现记载与当事人的意思表示不符的情况。在此情况下，只要登记权利被处分，就有善意取得适用的可能，因此，本条没有区分动产的善意取得和不动产的公信制度，而统一规定了两种所有权都可以适用善意取得制度。

最后，除所有权可以适用善意取得制度外，本条最后一款规定“当事人善意取得其他物权的，参照适用前两款规定”。可见，善意取得的适用范围也包括他物权，如动产和不动产所有权之外的抵押权、权利质权等。对于债权能否适用善意取得制度，是一个值得探讨的问题。一般认为债权因债的相对性原则所限没有一种对外可以公示的方法以表明债权的存在，因而不得适用善意取得制度。需要注意的是，对于现实中已经被证券化了的债权，在民法上通常视为动产，对于其中不记名或无须办理登记手续的，可适用善意取得制度。此外，仓单、提单和载货证券等物权证券所表示的动产，也可适用善意取得制度。

2. 善意取得的适用前提。善意取得的适用是建立在无权处分的基础上的，无权处分是善意取得的前提。根据我国《民法典》的规定，无权处分行为效力待定。对此应采用债权和物权区分原则理解。对于无权处分的债权行为，其法律效果应为有效，而对于处分行为则效力待定，须经处分权人追认或者由处分人事后取得处分权，处分行为才能发生效力。在此基础上，善意取得主要适用于即便未经追认或者处分人事后未取得处分权，只要其符合本条所规定的善意取得的各项要件，则受让人仍可直接取得标的物的所有权。有学者指出，从适用原则上来看，“善意取得相对于一般的物权变动规则属于特别规定，相对于无权处分更是一个物权法上的特别规定。故而，只要当事人的行为符合善意取得制度的规定，就要优先适用该特别规定”。[②]

3. 善意取得的构成要件。从价值衡量来看，善意取得是动的交易安全战胜了静的安全，为了保护第三人信赖利益而在无权处分之上法律特别规定的物权取得制度。在处分人为无权处分的前提下，《民法典》本条还规定了善意取得的下列构成要件：

首先，受让人应为善意。所谓“善意”，是指行为人的内在心理活动状况。对于善意的认定标准，应当区分动产和不动产分别来看。对于动产，因占有作为动产的公示方式，因此信赖出让人之占有可以作为善意的基础；而对于不动产而

---

① 刘家安：《物权法论》（第二版），中国政法大学出版社 2015 年版，第 103 页。

② 王利明：《合同法研究第一卷》（第三版），中国人民大学出版社 2015 年版，第 597 页。

言，其公示手段应为登记而非占有，因此对不动产的占有状态主张善意的不能成立，不动产的善意只能基于对不动产登记簿的信赖。需要注意的是，对于善意的理解是指相信出让人有处分权即满足善意的标准还是需要受让人无过失，在学界存有争议。一般认为，如果虽然受让人不知出让人无处分权，但按照一个理性人的思考，稍加注意就可以了解的，不应当认为其善意。换言之，应将善意的主观界定为“人明知或者因重大过失而不知”。正如有学者所言：“在受让人明知或者因重大过失而不知出让人非所有人之时，可认定受让人非善意，从而不受善意取得制度的保护。如依客观情势，在交易经验上一般人都可认定出让人无处分权而受让人未辨明的，则可认为受让人因‘重大过失’而不知。”① 此外，对于善意的认定时间，应当以动产或不动产取得行为完成之时作为认定时点，也就是说，在交付或登记后了解受让人无处分权的，不影响善意的成立。为了进一步保护善意第三人的利益，在判断受让人是否为善意时，应采取推定的方法，即推定受让人是善意的，应当由原权利人对受让人是否具有恶意进行举证，如果不能证明其为恶意，则推定其为善意。

其次，受让人以合理的对价受让。本条规定的善意取得以有偿取得为前提。如果转让的对价明显低于正常的市场价值，其本身可能就警示受让人，财产的来源可能是不正当的，而一个诚实的、不贪图便宜的受让人在受让财产时，应当查明财产的来源，如果不经调查就无偿受让财产，则本身是非善意的，或者说是有过失的。而且，既然财产是无偿接受的，受让人占有财产已经获得了一定的利益，因此返还财产并不会蒙受多少损失。

最后，转让财产依照法律规定应当登记的已经登记，不需要登记的已经交付给受让人。善意取得是物权取得的一种特殊方式，但同样应当遵循物权最基本的公示变动原则，转让动产的应当交付，转让不动产的应当登记。如果双方仅仅达成了合意，而并没有发生标的物的转移，那么双方当事人仍然只是一种债的关系，此时基于合同的相对性，受让人不得因主张善意而对抗第三人。

三、本条规定特别评注

善意取得是适应现代商品经济发展需要而产生的一项法律规则，其目的在于保护占有或是登记的公信力。在标的物被无权处分给善意第三人时，就涉及对原权利人所有权和善意第三人信赖利益保护平衡的问题。对此，现代民法普遍在交易市场中对善意相对人的信赖保护和对所有权人的物权利益保护中倾向于前者，以保护交易安全，鼓励交易，维护商品交易的正常秩序，促进市场经济的有序发展。

---

① 刘家安：《物权法论》（第二版），中国政法大学出版社2015年版，第103页。

值得关注的是，对于此处的动产交付是否包括观念交付的问题，学界一直存有争议，[①] 立法上也有不同做法[②]。本条规定并未进一步对交付的概念予以限定。

【关联规范】

1. 《最高人民法院关于适用〈中华人民共和国民法典〉物权编的解释（一）》

第十四条 受让人受让不动产或者动产时，不知道转让人无处分权，且无重大过失的，应当认定受让人为善意。

真实权利人主张受让人不构成善意的，应当承担举证证明责任。

第十五条 具有下列情形之一的，应当认定不动产受让人知道转让人无处分权：

（一）登记簿上存在有效的异议登记；

（二）预告登记有效期内，未经预告登记的权利人同意；

（三）登记簿上已经记载司法机关或者行政机关依法裁定、决定查封或者以其他形式限制不动产权利的有关事项；

（四）受让人知道登记簿上记载的权利主体错误；

（五）受让人知道他人已经依法享有不动产物权。

真实权利人有证据证明不动产受让人应当知道转让人无处分权的，应当认定受让人具有重大过失。

第十六条 受让人受让动产时，交易的对象、场所或者时机等不符合交易习惯的，应当认定受让人具有重大过失。

第十七条 民法典第三百一十一条第一款第一项所称的“受让人受让该不动产或者动产时”，是指依法完成不动产物权转移登记或者动产交付之时。

当事人以民法典第二百二十六条规定的方式交付动产的，转让动产民事法律行为生效时为动产交付之时；当事人以民法典第二百二十七条规定的方式交付动产的，转让人与受让人之间有关转让返还原物请求权的协议生效时为动产交付之时。

---

① 有学者认为：“除现实交付外，原则上也应包括几种观念交付在内。”刘家安：《物权法论》（第二版），中国政法大学出版社 2015 年版，第 103 页。

② 例如，《德国民法典》第 932 条、第 933 条、第 934 条则具体对简易交付、指示交付、占有改定的不同类型作了不同的规定：对简易交付，《德国民法典》认为其不具有权利外观，不能适用善意取得。对于指示交付，则区分让与处分人为间接占有人还是非间接占有人：于前者，取得人在请求权被让与时如果为善意即发生善意取得；于后者，须受让人自第三人处取得对让与物的占有时才发生善意取得，此时善意的判断时点为取得占有之时。依占有改定移转动产所有权的，《德国民法典》则规定须受让人自让与人处受让动产的交付，并且于交付之际为善意时，才能取得所有权，实际上也是否认了占有改定适用善意取得。另可参阅申卫星：《物权法原理》（第二版），中国人民大学出版社 2016 年版，第 217 页。

法律对不动产、动产物权的设立另有规定的，应当按照法律规定的时间认定权利人是否为善意。

第十八条 民法典第三百一十一条第一款第二项所称“合理的价格”，应当根据转让标的物的性质、数量以及付款方式等具体情况，参考转让时交易地市场价格以及交易习惯等因素综合认定。

第十九条 转让人将民法典第二百二十五条规定的船舶、航空器和机动车等交付给受让人的，应当认定符合民法典第三百一十一条第一款第三项规定的善意取得的条件。

第二十条 具有下列情形之一，受让人主张依据民法典第三百一十一条规定取得所有权的，不予支持：

（一）转让合同被认定无效；

（二）转让合同被撤销。

2.《最高人民法院关于适用〈中华人民共和国民法典〉有关担保制度的解释》

第三十七条 当事人以所有权、使用权不明或者有争议的财产抵押，经审查构成无权处分的，人民法院应当依照民法典第三百一十一条的规定处理。

当事人以依法被查封或者扣押的财产抵押，抵押权人请求行使抵押权，经审查查封或者扣押措施已经解除的，人民法院应予支持。抵押人以抵押权设立时财产被查封或者扣押为由主张抵押合同无效的，人民法院不予支持。

以依法被监管的财产抵押的，适用前款规定。

3.《最高人民法院关于适用〈中华人民共和国企业破产法〉若干问题的规定（二）》

第三十条 债务人占有的他人财产被违法转让给第三人，依据民法典第三百一十一条的规定第三人已善意取得财产所有权，原权利人无法取回该财产的，人民法院应当按照以下规定处理：

（一）转让行为发生在破产申请受理前的，原权利人因财产损失形成的债权，作为普通破产债权清偿；

（二）转让行为发生在破产申请受理后的，因管理人或者相关人员执行职务导致原权利人损害产生的债务，作为共益债务清偿。

第三十一条 债务人占有的他人财产被违法转让给第三人，第三人已向债务人支付了转让价款，但依据民法典第三百一十一条的规定未取得财产所有权，原权利人依法追回转让财产的，对因第三人已支付对价而产生的债务，人民法院应当按照以下规定处理：

（一）转让行为发生在破产申请受理前的，作为普通破产债权清偿；

（二）转让行为发生在破产申请受理后的，作为共益债务清偿。

4.《最高人民法院关于适用〈中华人民共和国公司法〉若干问题的规定（三）》

第七条　出资人以不享有处分权的财产出资，当事人之间对于出资行为效力产生争议的，人民法院可以参照民法典第三百一十一条的规定予以认定。

以贪污、受贿、侵占、挪用等违法犯罪所得的货币出资后取得股权的，对违法犯罪行为予以追究、处罚时，应当采取拍卖或者变卖的方式处置其股权。

第二十五条　名义股东将登记于其名下的股权转让、质押或者以其他方式处分，实际出资人以其对于股权享有实际权利为由，请求认定处分股权行为无效的，人民法院可以参照民法典第三百一十一条的规定处理。

名义股东处分股权造成实际出资人损失，实际出资人请求名义股东承担赔偿责任的，人民法院应予支持。

第二十七条　股权转让后尚未向公司登记机关办理变更登记，原股东将仍登记于其名下的股权转让、质押或者以其他方式处分，受让股东以其对于股权享有实际权利为由，请求认定处分股权行为无效的，人民法院可以参照民法典第三百一十一条的规定处理。

原股东处分股权造成受让股东损失，受让股东请求原股东承担赔偿责任、对于未及时办理变更登记有过错的董事、高级管理人员或者实际控制人承担相应责任的，人民法院应予支持；受让股东对于未及时办理变更登记也有过错的，可以适当减轻上述董事、高级管理人员或者实际控制人的责任。

第三百一十二条　【遗失物的善意取得】所有权人或者其他权利人有权追回遗失物。该遗失物通过转让被他人占有的，权利人有权向无处分权人请求损害赔偿，或者自知道或者应当知道受让人之日起二年内向受让人请求返还原物；但是，受让人通过拍卖或者向具有经营资格的经营者购得该遗失物的，权利人请求返还原物时应当支付受让人所付的费用。权利人向受让人支付所付费用后，有权向无处分权人追偿。

【条文理解与适用】

一、本条的缘由

本条在《物权法》第107条规定的基础上略作文字修改而成。

二、本条规定的主要内容

本条是对遗失物权利人的追及效力以及失权情形的规定。所谓遗失物，是指动产的所有人或占有人非基于其意愿而失去控制的物品。遗失物的认定，一般需要满足以下标准：首先，遗失物并非无主物，遗失物是有所有人的。因为不动产具有不可移动性，因此只有动产才会遗失，不动产不存在遗失问题，权利也不存在遗失的情形。其次，遗失物须占有人丧失占有。占有状态是否丧失，应依客观情形及社会观念决定，仅于一时不能实现有效控制，不能称为丧失占有。最后，遗失物应无人占有，即该物不为任何人所占有。如果权利人将物品遗失在出租车、宾馆等地方，此时出租车司机、宾馆就成为了占有人，不适用遗失物规则。

拾金不昧是中华文化的传统美德，因此本条明确规定所有权人等权利人有权追回遗失物，即使受让人通过拍卖或者向具有经营资格的经营者购得该遗失物的，权利人仍享有回复请求权，只是需要支付受让人所付的费用。这表明了我国更倾向于对遗失物所有权人利益的保护。

对于遗失物已经被他人占有的，本条规定，权利人有权向无处分权人请求损害赔偿，自知道或者应当知道受让人之日起二年内向受让人请求返还原物。权利人可以向无权处分人请求损害赔偿，这主要是考虑到无权处分人转让遗失人的财物的行为已构成对遗失人财产权利的侵害，因此可以直接要求无权处分人损害赔偿。同时，法律还给予了权利人行使权利时较为充分的选择空间，即也可以请求受让人返还原物。但需要注意的是，向受让人请求返还原物首先要基于遗失物没有毁损灭失的基础上，而且对于权利人而言，其只能在无权处分人和第三人中选择其中之一行使权利，不能同时行使这两项请求权。根据本条规定，如果权利人向受让人请求返还原物，但受让人通过拍卖或者向具有经营资格的经营者购得该遗失物的，权利人请求返还原物时应当支付受让人所付的费用。如此规定主要是为了平衡遗失物权利人和善意相对人的利益。在这两种情况下，第三人完全是善意的，此时，从维护交易安全考虑，失主领取遗失物后，应当向受让人依法返还受让人所付的费用。

需要注意的还有，本条还规定了如果权利人选择向受让人主张返还原物请求权的，应受两年期限限制。过了两年期限，则权利人丧失返还原物请求权。对于此期限应为诉讼时效、除斥期间抑或失权期间，一般认为基于平衡买受人和权利人利益的立法目的，两年期间应认定为除斥期间，该期限不宜中止、中断、延长。[①]

---

① 王利明：《物权法研究》（第三版）（上），中国人民大学出版社2013年版，第457页。

三、本条规定特别评注

各国和地区立法例对于遗失物的归属规则存在较大差异。[①] 对于遗失物是否适用善意取得的问题，我国理论和实务中有不同态度。通说不认可遗失物适用善意取得，认为本条规定遗失物转让被他人占有的，权利人有权在知道或者应当知道受让人起两年内请求返还，即说明遗失物原则上不适用善意取得，对拾得物，失主仍然享有回复请求权。因为遗失物被他人占有后，权利人并不丧失所有权；根据所有权具有对世性和绝对性的原理，所有权人对于遗失的财物可以向相对人主张所有物返还请求权，请求归还所占有的遗失物。通说的观点也值得商榷。因为如果遗失物不适用善意取得，一是在受让人善意受让遗失物后至原权利人决定是否追回遗失物之前的这一段时间（可能很漫长）里，受让人对该遗失物的权属状态不明，与物权立法追求物尽其用的精神背离。二是由原权利人决定追回与否来确定受让人能否以及何时取得遗失物所有权，不仅不利于保护交易安全，与现实状况不符，对受让人而言，也难谓公平。

第三百一十三条　【善意取得的动产上原有的权利负担消灭及其例外】善意受让人取得动产后，该动产上的原有权利消灭。但是，善意受让人在受让时知道或者应当知道该权利的除外。

【条文理解与适用】

一、本条的缘由

本条在《物权法》第 108 条规定的基础上略作文字修改而成。

二、本条规定的主要内容

本条是关于善意受让人取得动产后，该动产上原有权利消灭的规定。在同一

---

① 例如，《德国民法典》第 935 条规定：“从所有权人处盗窃的物、由所有权人遗失或者因其他原因丢失的物，不发生根据第 932 条到第 934 条的规定取得的所有权。所有权人为间接占有人的，物为占有人所丢失时，亦同。对于金钱或者无记名证券以及以公开拍卖方式出让的物，不适用上述规定。”《法国民法典》第 2279 条规定：“占有物如系遗失物或盗窃物时，其遗失人或被害人自遗失或被盗之日起 3 年内，得向占有人请求回复其物；但占有人得向其所由取得该物之人行使求偿的权利。”第 2280 条规定：“现实占有人如其占有的盗窃物或遗失物系由市场、公卖或贩卖同类物品的商人处买得者，其原所有人仅在偿还占有人所支付的价金时，始得请求回复其物。”《瑞士民法典》第 934 条规定：“因动产被窃、丢失或因其他违反本意而丧失占有的，得在丧失的 5 年内请求返还。但前款的动产被拍卖或经市场或经专营商人转卖的，对第一位及其后的善意取得人，非经赔偿已支付的价格，不得请求返还。前款以外的返还给付，亦适用有关善意占有人请求权的规定。”第 935 条规定：“货币及不记名证券，即使系未经所有人同意而丧失占有的，所有人亦不得向善意取得人请求返还。”

动产上，不可能同时存在两个所有权人。如果受让人可以通过善意取得来取得动产，其法律效果即在于受让人成为了新的所有权人。在善意取得的情况下，原权利人的所有权将因此消灭。通过善意取得从无权处分人处取得动产所有权，因其权利的取得并不是基于让与行为，而是基于法律的直接规定，因而善意取得属于原始取得。原始取得非因权利人的意志而取得标的物，因此相较于继受取得而言，原权利上的负担原则上应归于消灭，受让人对动产享有完全的所有权，除非受让人在善意取得时已经知晓或者应当知道此种负担的存在。

值得注意的是，本条只适用于动产而不适用不动产。这是因为不动产的物权变动原则上需要登记，即在不动产上负担的他物权都可以通过登记簿展现，具有公示效力。既然受让人在受让不动产时就知道或者应当知道不动产上的物权负担，此时就应当承受此种物权负担。同时，如果善意受让人在受让时知道或者应当知道动产上有负担的，就应承受该负担。这是因为，善意受让人知道该转让物上设有他项权利，表明其认可接受之物的权利限制，对所得之物的利益风险也有所预见。依据诚信原则，善意受让人负有协助该物的他项权利人实现权利的义务。

三、本条规定特别评注

善意取得制度系各国和地区法律为平衡各方利益而作的一种强制性规定。本条规定实际上体现了立法者在所有人权利、第三人权利与受让人权利之间的利益考量，以及对交易安全与静的安全保护的价值衡量。

【关联规范】

《最高人民法院关于适用〈中华人民共和国企业破产法〉若干问题的规定（二）》

第三十条 债务人占有的他人财产被违法转让给第三人，依据民法典第三百一十一条的规定第三人已善意取得财产所有权，原权利人无法取回该财产的，人民法院应当按照以下规定处理：

（一）转让行为发生在破产申请受理前的，原权利人因财产损失形成的债权，作为普通破产债权清偿；

（二）转让行为发生在破产申请受理后的，因管理人或者相关人员执行职务导致原权利人损害产生的债务，作为共益债务清偿。

第三百一十四条　【拾得遗失物的返还】 拾得遗失物，应当返还权利人。拾得人应当及时通知权利人领取，或者送交公安等有关部门。

【条文理解与适用】

一、本条的缘由

本条源于《物权法》第109条。

二、本条规定的主要内容

本条是关于拾得遗失物应当返还权利人的规定。遗失物是指他人遗失的动产。对于遗失物的处理，本条有两层含义。

其一，对于拾得的遗失物，应当返还权利人。我国对遗失物的归属并不采用取得所有权主义，即不可以由拾得人取得遗失物所有权。路不拾遗，拾金不昧作为中华传统美德，倡导了拾得人在拾得遗失物后应当归还给权利人。同时，从法理角度观察，权利人既然不因为动产的遗失而丧失所有权，因此拾得人有义务及时通知权利人领取。一般认为，拾得人的返还义务是一种法定义务，其并非道德上的义务，也不是任意性的义务，而是法律规定的必须履行的强制性义务。①

其二，法律规定拾得人拾得遗失物后有将遗失物返还权利人的义务，并由该义务派生出了拾得人对所有权人和遗失人的通知义务和送交有关部门保管遗失物的附从义务。根据本条规定，拾得人应当及时通知权利人领取，或者送交公安等有关部门。同时，与采取得所有权主义的国家和地区不同，我国法律规定，经过一定的期限后仍无人领取的，拾得人也不享有该遗失物的所有权，遗失物归国家所有。对于拾得人通知的对象，应为遗失物的权利人。如果拾得人不知道权利人的，应当将遗失物交给公安部门。

三、本条规定特别评注

拾得遗失物者负有通知或移送任务，几乎为各国和地区立法通例。② 本条关于拾得人有返还遗失物义务的法律规定，将我国拾金不昧的传统从道德层面上升到法律层面。

第三百一十五条　【有关部门收到遗失物的处理】 有关部门收到遗失物，知道权利人的，应当及时通知其领取；不知道的，应当及时发布招领公告。

---

① 王利明：《物权法研究》(第四版)，中国人民大学出版社2016年版，第448～449页。

② 例如，《德国民法典》第965条规定了拾得人的通知义务，第967条规定了交付义务；《瑞士民法典》第720条规定了遗失物的招领及上交义务；《日本遗失物法》第1条也规定了拾得他人物品的人应急速将其物品向遗失人、所有人或其他有物品回复请求权的人返还，或者将其物交给警察署长。

【条文理解与适用】

一、本条的缘由

本条源于《物权法》第110条。

二、本条规定的主要内容

本条是关于有关部门收到遗失物后的处理规则的规定，明确了有关部门在收到遗失物后有及时通知和发布招领公告的义务，这实际上是为有关部门设定了两项法定义务。两项义务的具体内容如下：

1. 有关部门的保管义务。本法前一条规定明确拾得人有义务将遗失物交给公安等有权部门。这既有利于遗失物及时归还原主，同时也有利于避免或减轻拾得人因拾得行为所产生的不必要的负担。当拾得人将拾得遗失物送交公安等有关部门后，公安等有关部门成为遗失物的保管人和责任人，如公安等有关部门没有通知权利人或者通知不及时，保管不力，导致遗失物毁损、灭失的，作为保管人和责任人的公安等有关部门要承担相应的民事责任。

2. 有关部门的及时通知义务。如果权利人明确的，收到遗失物的有关部门应当通知其直接领取；如果不知道权利人的确切地址或者不能直接通知权利人时，应当及时发布招领公告。对于有关部门是否履行了及时通知的义务，不仅对保护权利人的合法利益至关重要，也在确定当事人是否具有过错以及是否应当承担民事责任方面具有意义。对于通知义务“及时”的判断，应当根据个案情况予以认定。如果遗失物为易腐烂物或鲜活物品，有关部门原则上应尽量于当日通知权利人，如果遗失物为非易腐烂物或鲜活物品的，有关部门原则上应尽量于合理时间内通知权利人。

三、本条规定特别评注

在各国立法例中，多规定拾得人有保管遗失物、发布招领公告等义务。[①] 考虑到发布招领公告可能会加重拾得人的负担，而有关部门相比拾得人，在人、财、物等方面一般具有更多优势。因此我国《民法典》本条规定了有关部门对遗失物负有发布招领公告的义务，而没有规定拾得人负有此项义务。

---

① 例如，《德国民法典》第978条规定：“公立机关或交通工具中的遗失物在公立机关或为公共交通服务的交通机构的事务所或交通工具拾得并且占有某物的人，应立即将遗失物交存于该机关或交通机构或其职员。”《瑞士民法典》第720条规定：“在住宅内或公共场所拾得遗失物的人应将遗失物交与住户、承租人或有监督义务的人。（一）拾得遗失物的人应通知失主，如失主不明，应将遗失物交付警署或自行采取适宜的招领方法。（二）遗失物的价值明显超过10法郎的，拾得人有将遗失物交付警署的义务。”

第三百一十六条　【遗失物的妥善保管义务】拾得人在遗失物送交有关部门前，有关部门在遗失物被领取前，应当妥善保管遗失物。因故意或者重大过失致使遗失物毁损、灭失的，应当承担民事责任。

【条文理解与适用】

一、本条的缘由

本条源于《物权法》第111条。

二、本条规定的主要内容

本条是关于遗失物的保管规则的规定，明确了拾得人和有关部门的保管义务，以及未能妥善保管的责任承担问题。根据本条第1句的规定，拾得人在遗失物送交有关部门前，有关部门在遗失物被领取前，应当妥善保管遗失物。

根据本条第2句规定，如果保管人因故意或重大过失致使遗失物毁损、灭失的，应当承担民事法律责任。对于承担民事责任的主观要件，本条限定在了重大过失和故意。对于民事责任的承担方式，有过错责任和无过错责任两种。有过错才承担民事责任，这是民法中过错原则的基本内涵。过错又有故意与过失之分。故意是指当事人希望或者放任某结果的发生，重大过失则是指在极不合理的程度上疏忽了社会交往中应有的谨慎。一般而言，如果一个疏忽的人在通常情况下都会加以注意，而行为人没有注意的，就可以认定为重大过失。[①]故意或重大过失可以统称为重大过错。对于遗失物的毁损灭失，其原因既可能是人为因素所致，也可能是基于不可抗力原因所致。如果不分原因都让保管人承担责任，显然是对保管人的苛责。同时，因为拾得人和有关部门的保管均为无偿保管，因此不应要求其尽到善良管理人程度的注意义务，只需其尽到一般人的注意义务即可。举例而言，如果保管人明知遗失物易腐易烂，需要在特定条件下细心保管，而放置在不利环境下从而导致该物品变质或腐烂的，这就说明保管人有重大过错；如果上述易变质或易腐蚀物品是因为存放时间较长而发生了自然损耗和化学变化，这说明是基于物的自然性质原因所致，也就不能认定保管人有过错。

需要注意的是，对于保管人具有故意或者重大过失导致遗失物毁损、灭失时

---

① 周友军：《侵权法学》，中国人民大学出版社2011年版，第174页。

应当承担的民事责任的性质，应理解为侵权损害赔偿。具体而言，如果拾得人和有关部门都有重大过错，即可依据共同过错原则由双方共同承担民事责任，但因为此种过错因为不具有意思联络，因此应当属于分别侵权，按照拾得人和有关部门的过错程度，如果每一方都足以造成遗失物损害的，应承担连带责任，如果是分别造成部分损害的，承担按份责任。

三、本条规定特别评注

在拾得人没有将遗失物送交给有关部门前，拾得人是遗失物的保管人。在有关部门接收遗失物后，有关部门成为遗失物的保管人。本条以拾得人和有关部门接触遗失物的时间作为保管遗失物的法定起算时间，不仅符合情理，没有加重拾得人和有关部门的负担，同时对于遗失物毁损灭失后承担民事责任的分配也提供了法律依据。

【关联规范】

《民法典》

第一千一百七十一条 二人以上分别实施侵权行为造成同一损害，每个人的侵权行为都足以造成全部损害的，行为人承担连带责任。

第一千一百七十二条 二人以上分别实施侵权行为造成同一损害，能够确定责任大小的，各自承担相应的责任；难以确定责任大小的，平均承担责任。

第三百一十七条 【权利人领取遗失物时的费用支付义务】 权利人领取遗失物时，应当向拾得人或者有关部门支付保管遗失物等支出的必要费用。

权利人悬赏寻找遗失物的，领取遗失物时应当按照承诺履行义务。

拾得人侵占遗失物的，无权请求保管遗失物等支出的费用，也无权请求权利人按照承诺履行义务。

【条文理解与适用】

一、本条的缘由

本条源于《物权法》第112条。

二、本条规定的主要内容

本条是对拾得人返还遗失物时权利人应当履行的义务以及拾得人侵占遗失物的法律后果的规定。根据本条规定，所有权人等权利人领取遗失物时应支付保管费用，特定条件下拾得人无权请求支付保管费用，也无权请求权利人按照承诺履行义务。

根据本条第 1 款的规定，对于遗失物，一方面，权利人享有追回权；另一方面，在保管过程中，保管人可能会花费一定的时间成本和物力成本，这些费用不能由拾得人或有关部门承担，而只能由保管中的受益人，即领取遗失物的权利人支付。对于支付费用的性质，是无因管理请求权还是基于法律特别规定的请求权，因为我国未将拾得遗失物作为一种无因管理，因此也不会产生基于无因管理规则的请求权，一般认为保管人请求支付保管费用应来自法律的特别规定。[①] 对于何为“必要费用”，本条没有也很难进行具体规定，司法实践中应该结合个案的具体情况来判断。

本条第 2 款规定了权利人依悬赏寻找遗失物的，领取遗失物时应当按照承诺履行义务。悬赏广告，是指以广告的形式公开表示，对于完成一定行为或工作的人，给予一定报酬的意思表示。悬赏广告是针对不特定的主体而发出的，权利人发布悬赏广告，对权利人具有约束力。虽然法律没有直接认可拾得人的报酬请求权，但如果权利人在悬赏广告中答应支付一定报酬的，法律也当然尊重当事人的意思自治，悬赏人应当按照自己的广告中承诺的内容履行义务。

本条第 3 款规定了拾得人侵占遗失物的，既无权请求支付保管费用，也无权请求权利人按照承诺履行义务。在现实生活中，存在一些见利忘义的现象，拾得人在拾得遗失物后将遗失物据为己有，此种行为就将拾得遗失物的有权占有转变为了无权占有，侵犯了权利人的所有权。如果拾得人在保管期间产生了保管费用，但如果在权利人依法向拾得人支付了这些费用后拾得人仍不返还遗失物，此时，拾得人就丧失请求支付保管费用的权利。如果权利人是通过悬赏广告寻找遗失物，并承诺支付一定的费用，而拾得人仍然拒绝返还遗失物，此时拾得人也无权利要求权利人按照承诺履行支付悬赏报酬的义务。但应当特别注意的是，对于拾得人因权利人拒绝支付保管必要费用而拒不归还遗失物时是否享有留置权的问题，理论上有不同观点，但即便不承认拾得人享有留置权，实践中也不应简单地认定此时拾得人构成“侵占”。

---

① 王利明：《物权法研究》（第四版），中国人民大学出版社 2016 年版，第 448 页。

三、本条规定特别评注

大陆法系许多国家的立法规定了拾得人的报酬请求权。例如，《德国民法典》第971条规定："拾得人得向有权受领人请求拾得人的报酬；遗失物价值在1000马克以下者，其报酬为5%，超过此数部分，依价值3%，关于动物，依价值的3%；如果遗失物仅对受领人有价值的，拾得人的报酬应按公平原则衡量确定之。"《瑞士民法典》第722条规定："遗失物交与失主的，拾得人有请求赔偿全部费用及适当拾得报酬的权利。"《日本遗失物法》第4条规定："受物品返还的人，应向拾得者给付不少于物品价格5%，不多于物品价格20%的酬劳金。"相比之下，我国《民法典》倡导助人为乐、拾金不昧的优良传统，因此没有规定拾得人或是有关部门享有报酬请求权。但是，本条也肯定了拾得人在权利人发布悬赏广告情况下的报酬请求权，这样的规定不仅不会颠覆拾金不昧的传统美德，而且能更好地鼓励助人为乐。也就是说，在没有悬赏广告的情形下，拾得人在请求保管费用的基础上进一步要求支付一定报酬的，法院不予支持。

【关联规范】

《刑法》

第二百七十条 将代为保管的他人财物非法占为己有，数额较大，拒不退还的，处二年以下有期徒刑、拘役或者罚金；数额巨大或者有其他严重情节的，处二年以上五年以下有期徒刑，并处罚金。

将他人的遗忘物或者埋藏物非法占为己有，数额较大，拒不交出的，依照前款的规定处罚。

本条罪，告诉的才处理。

第三百一十八条 【无人认领的遗失物的处理规则】 遗失物自发布招领公告之日起一年内无人认领的，归国家所有。

【条文理解与适用】

一、本条的缘由

本条在《物权法》第113条规定的基础上修改而成，将发布招领公告期的时间从原来的六个月增加至一年。

二、本条规定的主要内容

本条确立了招领公告期满之后遗失物的归属规则。根据本条规定，遗失物自发布招领公告之日起一年内无人认领的，归国家所有。由此可知，遗失物归国家所有需要满足两个条件：

其一，拾得人或是有关部门必须发布招领公告。招领公告是权利人及时寻回遗失物，实现自己所有权的重要途径。如果不发布公告，就不能确定拾得物是属于遗失物还是属于无主物，也无法判断权利人是不知其遗失物去向还是放弃了认领遗失物的权利。因此，如未经发布招领公告通知权利人领取这一程序的，遗失物所有权不发生转移或改变的后果。

其二，必须自发布招领公告之日起一年内无人认领的，才能归国家所有。我国《民法典》将公告期从《物权法》的六个月改为一年，既与我国《民事诉讼法》中无主物的公告期间相适应，[①] 也考虑到毕竟遗失物是本属于权利人的财产，因此通过适当放宽认领期间，保护权利人的所有权有可能恢复。招领公告，在法律上起到了推定失主应该知道其物的所在的作用。在规定的一年期间内，如果失主及时认领的，遗失物仍属于权利人。对于始终无人认领的或超过该期限不行使认领权，则可以认为遗失人已经放弃了对该拾得物的所有权，所有权便归国家所有。

需要明确的是，一年的公告期间届满之前，遗失物始终归权利人所有。这一年为除斥期间，不发生中止，中断。值得特别注意的情形在于，如果一年时间届满后明确知悉原权利人的，应当如何判断该遗失物的归属问题。对此，实践中应遵循基本原则的基础上根据具体情形灵活把握。虽失主来领取遗失物，但毕竟超过了法律规定的一年期限，所以原则上应当认定失主丧失了领取遗失物的权利，该遗失物已经归国家所有。但同时，如果该遗失物是与权利人的身份或生活密切相关的物品，具有明显的个人特征，则应考虑从实际出发，将遗失物归还失主。当然，失主应向保管人支付相关的保管费用。

三、本条规定特别评注

对于招领公告期满后遗失物的归属问题，各国和地区立法例上有不同规定。如德国、法国、瑞士、日本等采遗失物之取得所有权主义的国家，一般都规定拾得遗失物者于履行相应的告知义务后，即可取得遗失物之所有权。我国并没有采遗失物之取得所有权主义，而是规定了超过招领期限的，应当归国家所有。对于

---

① 《民事诉讼法》第 192 条规定："人民法院受理申请后，经审查核实，应当发出财产认领公告。公告满一年无人认领的，判决认定财产无主，收归国家或者集体所有。"

已过招领期限的遗失物，本可以有三种处理方案，一是认定为无主物，由先占者取得该无主物的所有权；二是由拾得人取得所有权；三是由国家取得所有权。本条规定选择由国家取得所有权，主要是考虑到，一方面，返还遗失物是拾得人的法定义务。如果允许遗失物归拾得人所有，可能会助长不劳而获的社会风气，或促使拾得人借机不返还遗失物，故目前社会背景下暂不宜由拾得人取得所有权；另一方面，正如有学者指出的，我国作为社会主义国家，"在公有制下可归个人所有、可归国家所有的，往往首先考虑归国家所有"。①

第三百一十九条 【拾得漂流物、埋藏物或者隐藏物】拾得漂流物、发现埋藏物或者隐藏物的，参照适用拾得遗失物的有关规定。法律另有规定的，依照其规定。

【条文理解与适用】

一、本条的缘由

本条在《物权法》第114条规定的基础上修改而成。相较《物权法》第114条，本条在措辞上更加严谨，将"参照拾得遗失物的相关规定"改为了"参照适用拾得遗失物的有关规定"。同时，删除了"文物保护法等法律另有规定，依照其规定"的表述，改为"法律另有规定的，依照其规定"。

二、本条规定的主要内容

本条是关于拾得漂流物、发现埋藏物或者隐藏物的规定。根据本条规定，对于拾得漂流物、埋藏物或隐藏物，参照适用遗失物的规定。漂流物，主要是指漂流在水上的遗失物，埋藏物和隐藏物，是指埋藏于地下或者它物（如夹墙）中的物品。参照遗失物的规定，具体而言，即拾得漂流物、埋藏物或是隐藏物的，应当返还权利人，通知权利人及时领取，不知道权利人的，应当及时移交给有关部门；有关部门在收到漂流物、埋藏物或隐藏物的，应当发布招领公告，并在认领前妥善保管；在招领公告一年期届满无权利人认领的，应归国家所有；如果有权利人认领，应物归原主，同时拾得人或有关部门可以要求其支付保管漂流物、埋藏物或是隐藏物的必要费用；对于权利人以悬赏形式寻找漂流物、埋藏物或是隐藏物的，还应在返还后履行承诺的义务。

---

① 席志国：《中国物权法论》，中国政法大学出版社2016年版，第218页。

三、本条规定特别评注

本条规定没有具体明确漂流物、埋藏物和隐藏物的归属确定规则，而只是规定参照遗失物相关规定适用。对于这三种类型的物的归属问题，各国立法例有不同规定。①

【关联规范】

《刑法》

第二百七十条 将代为保管的他人财物非法占为己有，数额较大，拒不退还的，处二年以下有期徒刑、拘役或者罚金；数额巨大或者有其他严重情节的，处二年以上五年以下有期徒刑，并处罚金。

将他人的遗忘物或者埋藏物非法占为己有，数额较大，拒不交出的，依照前款的规定处罚。

本条罪，告诉的才处理。

第三百二十条 【从物随主物转让规则】 主物转让的，从物随主物转让，但是当事人另有约定的除外。

【条文理解与适用】

一、本条的缘由

本条在《物权法》第 115 条规定的基础上略作文字修改而成。

二、本条规定的主要内容

本条是对于从物所有权归属规则的规定。按照两物之间能否独立发挥效用，可将物分为主物和从物。主物是指能独立发挥其效用之物；从物是指虽与主物在物理上分离，但是需依赖主物才能发挥其效用之物。一般认为，从物具有以下法律特征：其一，从物是一个独立的物，而并非物的组成部分，也即从物应当能够和主物分离，具有独立的使用价值。其二，从物的作用在于提升主物的经济价值，也就是说，从物的存在是为了辅助主物更好地发挥效用。其三，从物与主物

---

① 如《日本遗失物法》第 12 条规定："准遗失物，关于因错误而占有的物品，他人遗忘的物品，或者逃逸的家畜，准用本法及民法第二百四十条的规定；但关于因错误而占有的物品，不得请求第三条的费用及第四条的酬劳金。"同法第 241 条规定了埋藏物的发现："关于埋藏物，依特别法规定进行公告后 6 个月内，其所有人不明时，拾得人取得其所有权。"

一般具有一定程度的场所结合关系。如果两个物分离甚远，一般二者难有主从关系的存在。其四，从物和主物应当归属于一人。因为从物的作用就在于辅助主物发挥效用，因此两者相互依存，不能归属于两人所有。如果两个物原本归属于不同的所有人，则也没有必要将两个物确定为主从物的关系。

正是基于从物的以上特征，有学者指出，“如果在处分时使其归属于不同的权利主体，势必减少其利用价值，对社会整体利益显然不利”，[①] 因此，本条规定原则上主物转让的，从物随主物转让。同时，从物随主物的转让而转让的规则是一种任意性规范，因为从物和主物在客观上毕竟是两个独立的物，可以构成不同的权利客体存在，因此本条还规定，当事人另有约定的，可以不适用“从随主”规则。例如，约定抵押主物，而从物并不相应地作为抵押标的，约定有效。

三、本条规定特别评注

根据私法自治的民法原则，对于从物与主物的归属，也应当尊重当事人的约定。但是，如果当事人对此并未另外约定，则主物所有权发生移转的，从物的所有权也发生移转。本条即遵循这一原则作的规定。

【关联规范】

1. **《民法典》**

第六百三十一条 因标的物的主物不符合约定而解除合同的，解除合同的效力及于从物。因标的物的从物不符合约定被解除的，解除的效力不及于主物。

2. **《最高人民法院关于适用〈中华人民共和国民法典〉有关担保制度的解释》**

第四十条 从物产生于抵押权依法设立前，抵押权人主张抵押权的效力及于从物的，人民法院应予支持，但是当事人另有约定的除外。

从物产生于抵押权依法设立后，抵押权人主张抵押权的效力及于从物的，人民法院不予支持，但是在抵押权实现时可以一并处分。

3. **《最高人民法院关于人民法院民事执行中查封、扣押、冻结财产的规定》**

第二十条 查封、扣押的效力及于查封、扣押物的从物和天然孳息。

第三百二十一条　【孳息的归属】 天然孳息，由所有权人取得；既有所有权人又有用益物权人的，由用益物权人取得。当事人

---

① 江平、李国光：《物权法疑难问题精答》，人民法院出版社 2007 年版，第 304 页。

另有约定的，按照其约定。

法定孳息，当事人有约定的，按照约定取得；没有约定或者约定不明确的，按照交易习惯取得。

【条文理解与适用】

一、本条的缘由

本条在《物权法》第116条规定的基础上略作文字修改而成。

二、本条规定的主要内容

本条是关于天然孳息及法定孳息归属规则的规定。孳息是指由原物所生的物或收益，根据孳息取得的不同方式，可以区分为天然孳息和法定孳息。

天然孳息，是指原物因自然规律而产生的，或者按照物的用法而收获的物。如树木的果实、母畜所生的子畜、土地上生长的粮食等。构成孳息的前提是其已经成为一个独立的物，如果果实尚在树上，幼崽还未脱离母体，此时就不是独立物，仍然是原物的成分，不构成孳息，不能单独成为物权的客体。根据本条规定，天然孳息由所有权人取得，既有用益物权人又有所有权人的，应当由用益物权人取得。这主要是基于用益物权作为所有权上的负担，其目的即在于发挥物的经济效益，占有、使用、利用该物。因此，对于天然孳息作为物的经济效益发挥的结果，也应当优先由用益物权人取得。同时，由用益物权人取得孳息也是私法自治的体现。在用益物权是所有权人和用益物权人依据法律行为而设定的情形中，当事人在合同中一般已经明确约定了由用益物权人占有不动产，所以，除法律另有规定和当事人另有约定的情况外，在不动产上产生的天然孳息只能由用益物权人取得。当然，需要注意的是，本条对于天然孳息的归属确定规则属于任意性规范，即如果当事人另有约定的，应当按照约定。

法定孳息，是指根据法律的规定，经由法律关系所产生的收益，如出租房屋的租金、借贷的利息等。法定孳息一般是由他人使用原物而产生的。而且，法定孳息作为个人收益，往往因租赁、借贷合同等法律行为产生，因此与用益物权人收取天然孳息一样，法定孳息的归属也往往由相应的合同加以约定，法律同样尊重此种意思自治。根据本条规定，如果双方对此没有约定，则可以按照交易习惯确定归属。

三、本条规定特别评注

对于天然孳息，“既有所有权人又有用益物权人的，由用益物权人取得”的规则，是我国立法的创造。用益物权，是指当事人依照法律规定，对他人所有的不动产和动产享有的使用和收益的权利，在我国主要包括土地承包经营权、建设用地使用权、宅基地使用权、居住权和地役权。用益物权权能中的收益权，往往也是指用益物权人对用益物有收取其所产生的孳息的权利。换言之，用益物权的设定目的就是对于标的物进行使用、收益，而收益的很重要的内容就是收取或获得物的孳息。

【关联规范】

《最高人民法院关于人民法院民事执行中查封、扣押、冻结财产的规定》

第二十条 查封、扣押的效力及于查封、扣押物的从物和天然孳息。

第三百二十二条 【添附】 因加工、附合、混合而产生的物的归属，有约定的，按照约定；没有约定或者约定不明确的，依照法律规定；法律没有规定的，按照充分发挥物的效用以及保护无过错当事人的原则确定。因一方当事人的过错或者确定物的归属造成另一方当事人损害的，应当给予赔偿或者补偿。

【条文理解与适用】

一、本条的缘由

本条为《民法典》的新增条款。

二、本条规定的主要内容

本条是对因加工、附合、混合而产生的添附物的归属确定规则的规定。添附，是指民事主体把不同所有人的物合并在一起使原物呈现新的状态或成为新物。添附包括附合、混合和加工。

加工，是指在他人动产上劳作，使其成为新物的法律事实。在各国立法例上，对加工物的归属的立法主要可以归纳为采材料主义和加工主义两种立法例。采材料主义的立法例，如法国、日本立法例即规定加工物所有权归属于原材料所有权人。这主要考虑到虽然材料经加工后形体甚至性状发生改变，但其作为材料的本质则未有任何变化，故而材料所有人并不丧失所有权。采加工主义的立法如德国，但在《德国民法典》对加工人取得加工物的所有权也有限制，即加工人取得所有权的前提是劳动的价值不明显少于材料的价值。采加工主义立法的理由是因材料经加工后已经改变形体或者性状而成为新物，原所有权已经消灭，故新物应归加工人所有。① 在我国学界，也有观点提出，对于加工物的归属，应当兼顾材料人和加工人的利益：如果加工物所增加的价值明显超过了材料的价值即材料在加工前的交易价值，则应当由加工人取得加工物的所有权；但如果加工物所增加的价值没有超过材料的价值，则加工物应当归材料所有人所有。而且，加工人一般出于善意才可以取得加工物的所有权。②

附合，是指动产与动产、动产与不动产结合的事实过程，结合后的物称为合成物。对于合成物的归属，各国和地区立法例上主要采三种原则：一是规定附合物的归属应以共有为原则，以单独所有为补充，如《德国民法典》《瑞士民法典》；二是以单独所有为原则，以共有为补充，如《日本民法典》；三是仅规定由主物所有人取得所有权，如《法国民法典》。我国学界则有观点提出，对于动产与动产的附合，原则上应按照各动产所有人在附合时的价值比例而按份共有；但如果对于这一附合的两个动产之间，在价值、效用或者性质等方面一方占有主导地位的，则不成立共有，应由价值高的动产所有权人所有；如果附合发生在动产与不动产之间，不论发生添附之动产与不动产的价值如何，一律由不动产所有权人取得添附物的所有权。③

混合同样是不同所有人财产之间的结合。混合与附合的区别主要在于混合的情况下，已无法识别原各所有人的财产；在附合的情况下，原各所有人的财产仍然能够识别。对混合的处理一般应根据原财产价值的大小来决定。混合后的新物一般归原财产价值大的一方所有，原财产价值小的一方可取得与原财产价值相当的补偿。

针对不同立法例和学界的不同意见以及现实中的复杂情况，《民法典》本条没有对加工、附合、混合后的添附物归属作出特别具体的规定，而只是规定了确定添附物归属的原则。

首先，如果当事人之间能够达成合意的，对于添附物的归属则由当事人的意思自治确定。

其次，在当事人之间不能达成合意的，如果有法律规定的，应当按照法律规定。如依《最高人民法院关于审理城镇房屋租赁合同纠纷案件具体应用法律若干问题的解释》第 8 条规定："承租人经出租人同意装饰装修，租赁期间届满或者合同解除时，除当事人另有约定外，未形成附合的装饰装修物，可由承租人拆

---

① 可参阅王利明：《物权法研究》（第四版），中国人民大学出版社 2016 年版，第 477 ~ 479 页。
② 王利明：《物权法研究》（第四版），中国人民大学出版社 2016 年版，第 477 页。
③ 刘家安：《物权法论》（第二版），中国政法大学出版社 2015 年版，第 100 页。

除。因拆除造成房屋毁损的，承租人应当恢复原状。”依该解释第9条规定：“承租人经出租人同意装饰装修，合同解除时，双方对已形成附合的装饰装修物的处理没有约定的，人民法院按照下列情形分别处理：（一）因出租人违约导致合同解除，承租人请求出租人赔偿剩余租赁期内装饰装修残值损失的，应予支持；（二）因承租人违约导致合同解除，承租人请求出租人赔偿剩余租赁期内装饰装修残值损失的，不予支持。但出租人同意利用的，应在利用价值范围内予以适当补偿；（三）因双方违约导致合同解除，剩余租赁期内的装饰装修残值损失，由双方根据各自的过错承担相应的责任；（四）因不可归责于双方的事由导致合同解除的，剩余租赁期内的装饰装修残值损失，由双方按照公平原则分担。法律另有规定的，适用其规定。”

此外，在既无约定又无规定的情况下，应当按照充分发挥物的效用以及保护无过错当事人的原则确定。所谓充分发挥物的效用，是指如果对于附合物、混合物，原来两物在价值上差别较大的，所有权应属于原财产价值较大的一方；对于加工物而言，如果加工所添加的价值明显高于材料的价值，则应当考虑由加工人所有。同时，为避免恶意通过添附取得他人财产的所有权，本条还规定了应保护无过错方当事人的原则，因为如果使恶意人取得所有权，从中获得利益，其结果就可能会纵容恶意行为。根据本条规定，在司法者确定物的归属时，应考虑当事人的主观过错，如果添附人主观上存在恶意的，可以考虑不赋予添附人所有权或者要求其给予损害赔偿，也即“因一方当事人的过错或者确定物的归属造成另一方当事人损害的，应当给予赔偿或者补偿”。这里的赔偿或者补偿的请求权基础，可能是不当得利，也可能是侵权行为等。

三、本条规定特别评注

本条规定确立了添附制度。添附后的物往往在物理上不可分离，或者如果分离在经济上不合理。添附制度的确立，是旨在解决基于数个不同所有人的物的结合，而有必要对呈现新状态的物或者新物的归属予以明确的问题。如果两物虽有结合但可以轻易分离的，也就不产生添附物权利归属的问题。添附可以发生于动产与不动产之间，也可以发生于动产与动产之间，鉴于我国对于房屋和土地的权属确定有明确的规则，故添附不发生于不动产与不动产之间。

在《物权法》立法过程中，曾在《物权法（草案）》中涉及添附。如《物权法（草案二审稿）》对添附制度规定了4个条文：（1）第119条规定，加工他人的动产的，加工物的所有权属于材料的所有权人。但是，因加工致使其价值显著大于原材料价值的，加工人取得该加工物的所有权。法律另有规定或者当事人另有约定的除外。（2）第120条规定，动产因附合而为不动产的重要成分，不动产所有权人取得该动产的所有权。法律另有规定或者当事人另有约定的除外。动产附合而为一合成物，各动产均为合成物重要成分的，各原所有权人为该合成物的共同所有权人，其份额可以按照原动产价值的比例确定，但各物中的一物为主物的，原主物所有权人取得该合成物的所有权。法律另有规定或者当事人另有约定的除外。数动产混合而不可分离的，参照适用前款规定。（3）第121条规定，依照本法第119条、第120条规定丧失权利而受损失的，可以请求赔偿损失。（4）第122条规定，本法第119条、第120条第2款、第3款的规定，不适用于恶意的加工、附合、混合。恶意加工、附合、混合情形下的动产，一般不应归属于恶意加工人、附合人、混合人；恶意加工人、附合人、混合人给权利人造成损害的，应当承担民事责任。在《物权法（草案三审稿）》和《物权法（草案四审稿）》中，对添附制度均只规定了1条，即“因加工、附合、混合而产生的物的归属，有约定的，按照约定；没有约定或者约定不明确的，依照法律规定；法律没有规定的，按照充分发挥物的效用以及保护无过错的当事人的原则确定。因一方当事人的过错或者确定物的归属给另一方当事人造成损失的，应当给予赔偿”。然而，在之后的审议稿以及颁布的《物权法》中则没有再保留对添附制度的规定。《民法典》本条又重新确立了添附制度，并且在立法内容上，参照了原《物权法（草案四审稿）》的表达方式。

【关联规范】

1.《最高人民法院关于审理城镇房屋租赁合同纠纷案件具体应用法律若干问题的解释》

第七条　承租人经出租人同意装饰装修，租赁合同无效时，未形成附合的装饰装修物，出租人同意利用的，可折价归出租人所有；不同意利用的，可由承租人拆除。因拆除造成房屋毁损的，承租人应当恢复原状。

已形成附合的装饰装修物，出租人同意利用的，可折价归出租人所有；不同意利用的，由双方各自按照导致合同无效的过错分担现值损失。

第八条　承租人经出租人同意装饰装修，租赁期间届满或者合同解除时，除当事人另有约定外，未形成附合的装饰装修物，可由承租人拆除。因拆除造成房屋毁损的，承租人应当恢复原状。

2.《最高人民法院关于适用〈中华人民共和国民法典〉有关担保制度的解释》

第四十一条　抵押权依法设立后，抵押财产被添附，添附物归第三人所有，抵押权人主张抵押权效力及于补偿金的，人民法院应予支持。

抵押权依法设立后，抵押财产被添附，抵押人对添附物享有所有权，抵押权人主张抵押权的效力及于添附物的，人民法院应予支持，但是添附导致抵押财产价值增加的，抵押权的效力不及于增加的价值部分。

抵押权依法设立后，抵押人与第三人因添附成为添附物的共有人，抵押权人主张抵押权的效力及于抵押人对共有物享有的份额的，人民法院应予支持。

本条所称添附，包括附合、混合与加工。

第三分编　用益物权

第十章　一般规定

【本章导读】

传统民法将独立于所有权以外的他物权，按其权利是以追求物之使用价值还是强调物之交换价值为基础，分为用益物权和担保物权。本编规定了用益物权法律制度。用益物权制度是通过建立一种利益确定和保障机制，来实现对物的有效利用的目的。通过用益物权法律制度的设置，用益物权人可以通过对他人之物的使用获得利益，从而在人们不能取得或不必取得某些物的所有权时，也能利用该物而获得利益。而所有权人通过设定用益物权，以取得一定利益为条件，将自己所有之物交他人使用收益，所有人可以不必直接或亲自使用其物也能获得利益。在物的所有人和使用人都取得利益的时候，说明物的使用价值得到了更有效的实现。在这样一种利益机制下，整个社会的物质资料会得到有效利用，社会的整体利益也会不断地提高。用益物权制度就是人们在对物的使用过程中，通过法律制度建立一个体现社会成员对效率与公平的追求并以法律保障实现的利益机制，这一机制包括利益主体的确定、利益取得与分配、利益成果的保障等，以此来促进、规范和保障人们在物的利用过程中对合理利益的追求，最终实现用益物权制度的促进物的有效利用的功能。

在外国法制史上，物权制度的发展经历了一个从重“所有”到重“利用”的变化。这样一种发展模式也符合我国现阶段财产法律制度的变化轨迹。本编分六章，除对用益物权的一般规定外，主要规定了土地承包经营权、建设用地使用权、宅基地使用权、居住权以及地役权。本编的立法结构主要体现了我国从20世纪80年代以来随着经济体制改革的深入与扩展，城市和农村对土地等重要不动产的利用和法律保护状况。通过《民法典》确认民事主体对土地等重要不动产的用益物权性质的民事权利，对土地等自然资源的充分利用和使用人利益的平衡无疑具有重要意义。

本章是关于用益物权的一般规定，共7条（第323～329条），主要内容包括用益物权人所享有的用益物权的内容，用益物权的客体，国家对于自然资源的有偿使用制度，用益物权人及所有权人所负的义务，用益物权的客体被征收、征用而引起的补偿制度以及几种特殊的用益物权，分别是海域使用权、探矿权和采矿权、取水权和从事养殖和捕捞的权利。理解本编本章内容，应体会用益物权是我国物权法中最能反映中国实际情况、并最能体现中国特色的物权制度。

第三百二十三条　【用益物权的定义】用益物权人对他人所有的不动产或者动产，依法享有占有、使用和收益的权利。

【条文理解与适用】

一、本条的缘由

本条源于《物权法》第117条。

二、本条规定的主要内容

本条主要是关于用益物权人享有的基本权利和用益物权的基本特征的规定。

用益物权，是指非所有人对他人所有的不动产或者动产依法所享有的占有、使用和收益的权利。用益物权的主要特征可以概括为以下三个方面：

1. 用益物权是一种他物权，其主体是所有人以外的其他民事主体。用益物权是从所有权中分离出来的一项物权，因此，所有人不可能成为在自己的物上享有他物权的人。也正因如此，用益物权往往有存续期限，即用益物权只能存续于一定的期限之内，不可能永久存续。相较所有权的存续具有无期限性而言，他物权是有期限的物权。

2. 用益物权是权利内容受到限制的物权。对于用益物权的权能，本条概括为占有、使用、收益三种。占有是对物的实际控制。用益物权作为以使用、收益为目的的物权，其前提必然是用益物权人对物的控制和支配，而对物的占有一般是通过占有实现的。使用，是指依物的自然属性、法定用途或者约定的方式，对物进行实际上的利用。收益，是指通过对物的利用而获取经济上的收入或者其他利益。用益物权内容的核心是使用和收益权。

3. 用益物权的客体可以是不动产或者动产，但一般为不动产。有学者指出，之所以用益物权的客体一般为不动产，主要是因为不动产具有固定性、永久性、非消耗性等特点，可以在其之上设立长期和稳定的使用权，而动产的价值相对较小，如果确实有使用的必要，通常会选择通过购买、借用、租赁等方式解决，而非在动产上设立复杂的他物权，否则他物权之间既无法通过占有区别，又不利于权利关系的长期稳定。①

三、本条规定特别评注

物权本质上就是对财富资源的分配，因此，根据一国的基本经济制度，用益物权制度也具有鲜明的本土化特色。在现代法中，无论是大陆法系的民法还是英美法系的财产法，都强调“物”的利用。用益物权地位的变化反映了现代物权法的一个重要发展趋势，即从过分强调物的所有到强调物的使用、收益。我国作为社会主义市场经济国家，国有制和集体制的地位举足轻重，因此反映到用益物权制度中，为便于物的利用，促进经济发展，以及基于建立和完善社会主义市场经济体制的要求，我国对于国有土地或是集体土地上也分别规定了探矿权、土地承包经营权、建设用地使用权、宅基地使用权等用益物权，允许组织，个人依法占有，使用，收益。理解本条需要特别注意以下两个方面：

首先，在设立方式上，我国目前仅承认以约定方式创设，不承认以法定方式创设用益物权。约定方式设立用益物权一般需要以合意加公示的方式，如建设用地使用权，但同时我国也存在依据批准或者合同即可设立用益物权的方式，如宅基地使用权需要申请和批准的程序，而地役权通过合同即可设立。

其次，不同于所有权可以享有占有、使用、收益、处分等权能，具有完满性，用益物权并不包含对标的物的处分权能。因此，用益物权人不能对标的物进行出卖、赠与等法律上的处分，也不能对标的物进行毁损等背离用益目的的事实上的处分。而且，在一物上既有所有权又有用益物权的，对于物的占有、使用、支配，用益物权人应当优于所有权人。也就是说，如果所有权人以某种方式行使处分权将妨碍用益物权人的权利，则所有权人不得对标的物进行该种方式的处分。所有权人只能在不妨碍用益物权人行使权利的条件下和范围内，来行使自己的所有权。

【关联规范】

《民法典》

第一百一十四条　民事主体依法享有物权。

---

① 王利明：《物权法研究》（第四版），中国人民大学出版社2016年版，第760页。

物权是权利人依法对特定的物享有直接支配和排他的权利，包括所有权、用益物权和担保物权。

第三百二十四条　【国家和集体所有的自然资源的使用规则】 国家所有或者国家所有由集体使用以及法律规定属于集体所有的自然资源，组织、个人依法可以占有、使用和收益。

【条文理解与适用】

一、本条的缘由

本条在《物权法》第118条的基础上修改而成。与《物权法》第118条相比较，本条将“单位”的表述改为了“组织”，在《民法典》体系上实现了表达上的统一。

二、本条规定的主要内容

本条是关于国有和集体所有的自然资源，单位和个人可以取得用益物权的规定。所谓自然资源，一般是指天然存在于自然界中的，在一定的生产力水平条件下人类可以直接取得并用于生产或生活的各种物质和能量的总称。因为自然资源具有稀缺性，因此法律一般规定，对于自然资源应由国家或者集体享有。本法明确规定，矿藏、水流、海域和城市的土地只能归国家所有；森林、山岭、草原、荒地、滩涂等自然资源，除法律规定由国家所有的，属于集体所有；农村土地和城市郊区的土地，除法律规定由国家所有的，归集体所有；宅基地和自留地、自留山，属于集体所有等等。在对自然资源的所有权进行明确后，就要面临如何合理，有效利用自然资源的问题。

为了便于社会生产和人民生活，本条规定，国家所有或者国家所有由集体使用以及法律规定属于集体所有的自然资源，组织、个人依法可以占有、使用和收益。本条规定具有三层含义：首先，可以占有、使用、收益国家所有或者集体所有的自然资源的主体，包括组织和个人。其次，组织和个人不能对自然资源享有处分权，只能进行占有、使用、收益。最后，组织、个人必须依法对自然资源行使用益物权。对于一些自然资源，必须符合一定资质，并先进行申请，只有经过国家批准后才能行使用益物权。例如，根据《矿产资源法》的规定，勘查、开采矿产资源，必须依法分别申请，经批准取得探矿权、采矿权，并办理登记；从事矿产资源勘查和开采，必须符合规定的资质条件；国家实行探矿权、采矿权有偿取得的制度；开采矿产资源，还必须按照国家有关规定缴纳资源税和资源补偿费。

三、本条规定特别评注

针对我国的具体情况，可以使用的自然资源的所有权依法分为三类：第一类为国家享有所有权的自然资源，包括城市土地和城市范围以外的国土资源，即森林、山岭、草原、荒地、滩涂、水面等自然资源和矿产资源；第二类为国家享有所有权而由集体使用的自然资源，如农村集体经济组织的水塘和由农村集体经济组织修建管理的水库中的水；第三类为法律规定由集体享有所有权的自然资源，如农村的土地及宅基地和自留地、自留山。在这三类自然资源之上均可依法设立用益物权，从而使得权利人享有占有、使用和收益自然资源的权利。本条即是对这一内容的明确规定。

【关联规范】

《土地管理法》

第十条　国有土地和农民集体所有的土地，可以依法确定给单位或者个人使用。使用土地的单位和个人，有保护、管理和合理利用土地的义务。

第三百二十五条　【自然资源有偿使用制度】国家实行自然资源有偿使用制度，但是法律另有规定的除外。

【条文理解与适用】

一、本条的缘由

本条在《物权法》第119条规定的基础上略作文字修改而成。

二、本条规定的主要内容

本条是对自然资源使用制度的规定，明确了对自然资源实施有偿使用的原则。我国的自然资源使用制度包括以作为原则的有偿使用为制度和作为例外的无偿利用两种方式。之所以原则上自然资源要采取有偿使用的制度，这主要考虑到在社会主义公有制条件下，只有实行自然资源有偿使用制度，才能使自然资源的国家所有权在经济上更充分地得到实现，从而真正保障社会主义公有制的主体地位。自然资源是巨大的社会财富，推行自然资源的有偿使用制度，国家代表全体人民掌握了自然资源的收益，就有了足够的财力进行宏观调控，组织社会生产。同时，自然资源具有稀缺性，因此应当按照物尽其用的原则，最大程度地发挥自然资源的价值，实现优化市场配置，公平竞争的目标，这同样是社会主义市场经济体制的要求。

需要注意的是，本条还特别规定了自然资源有偿使用的例外情形，即法律另有约定的，可以实行自然资源无偿使用。如此规定主要有两个方面的原因：一方面，通过划拨等方式无偿取得土地等自然资源使用权的情况仍然有存在的必要性。一些公益事业、公共建设不以营利为目的，需要国家相应的扶持。另一方面，对于矿藏、水流等自然资源，只能归国家所有，但农村集体经济组织和农民已有的使用水资源等自然资源的权益是促进农业和农村持续稳定的必需，也应当得到维护，因此国家在此种情况下也应当采取无偿使用原则，避免增加农民负担。

三、本条规定特别评注

实行自然资源的有偿使用制度主要是因为自然资源是人类赖以生存的物质基础，人类的生存繁衍，社会的发展进步，必然伴随着对自然资源的开发利用。长期以来，我国的自然资源实行的是行政授权、无偿、无期限的使用制度，这种制度不能发挥市场配置资源的作用，也是造成我国自然资源低效利用和浪费的重要原因之一。为了适应市场经济需要，实行自然资源的有偿、有期限使用是我国自然资源法律变革中的重要内容。

【关联规范】

1. **《土地管理法》**

第二条 中华人民共和国实行土地的社会主义公有制，即全民所有制和劳动群众集体所有制。

全民所有，即国家所有土地的所有权由国务院代表国家行使。

任何单位和个人不得侵占、买卖或者以其他形式非法转让土地。土地使用权可以依法转让。

国家为了公共利益的需要，可以依法对土地实行征收或者征用并给予补偿。

国家依法实行国有土地有偿使用制度。但是，国家在法律规定的范围内划拨国有土地使用权的除外。

2. **《城市房地产管理法》**

第三条 国家依法实行国有土地有偿、有限期使用制度。但是，国家在本法规定的范围内划拨国有土地使用权的除外。

3. **《矿产资源法》**

第五条 国家实行探矿权、采矿权有偿取得的制度；但是，国家对探矿权、采矿权有偿取得的费用，可以根据不同情况规定予以减缴、免缴。具体办法和实施步骤由国务院规定。

开采矿产资源，必须按照国家有关规定缴纳资源税和资源补偿费。

4.《水法》

第七条　国家对水资源依法实行取水许可制度和有偿使用制度。但是，农村集体经济组织及其成员使用本集体经济组织的水塘、水库中的水的除外。国务院水行政主管部门负责全国取水许可制度和水资源有偿使用制度的组织实施。

5.《城镇国有土地使用权出让和转让暂行条例》

第二条　国家按照所有权与使用权分离的原则，实行城镇国有土地使用权出让、转让制度，但地下资源、埋藏物和市政公用设施除外。

前款所称城镇国有土地是指市、县城、建制镇、工矿区范围内属于全民所有的土地（以下简称土地）。

6.《土地管理法实施条例》

第二十九条　国有土地有偿使用的方式包括：

（一）国有土地使用权出让；

（二）国有土地租赁；

（三）国有土地使用权作价出资或者入股。

第三百二十六条　【用益物权的行使规范】用益物权人行使权利，应当遵守法律有关保护和合理开发利用资源、保护生态环境的规定。所有权人不得干涉用益物权人行使权利。

【条文理解与适用】

一、本条的缘由

本条源于《物权法》第120条的规定。与《物权法》第120条相比较，《民法典》本条新增添了用益物权人行使权利应当保护生态环境的规定。

二、本条规定的主要内容

本条是关于用益物权人行使权利的界限以及所有权人不得干涉用益物权人行使权利的规定。

用益物权的客体主要为不动产，从本法规定来看，其客体大多为土地，属于自然资源。另外，本法中涉及的海域使用权、探矿权、采矿权、取水权，以及使用水域、滩涂从事养殖和捕捞的权利，也都属于为了调整自然资源利用关系而设置的权利。因此，在使用中保护和合理开发相关资源，避免造成生态环境的破坏就成为用益物权制度中的一项重要原则。在用益物权人行使权利的过程中，应当限定在当事人约定的权利范围内使用、收益，如果超出约定的范围，不仅违背当事人之间的合同约定，还可能对资源造成破坏和减损，所以本条第1句明确规定用益物权人行使权利，应当遵守法律有关保护和合理开发利用资源、保护生态环境的规定。

同时，本条还规定了所有权人不得干涉用益物权人行使权利。用益物权作为他物权、限制物权，是在所有权基础上设置的负担，其应当优先于所有权行使。正如有学者所言，“用益物权设立后，它就独立于所有权，对所有权形成一种限制。作为独立的物权类型，用益物权人旨在通过对他人之物的利用行为，实现自己的经济或其他目的，这与所有权人所追求的利益必然存在差异”。① 针对此种目的差异，本条第2句明确规定用益物权人在其权利范围内享有对物自由使用和收益的权利，所有权人不得干涉。而且，此种使用权和收益权优先于所有权人行使权利，即如果所有权人对物的占有、使用、收益与用益物权人的用益物权行使发生冲突，则由用益物权人优先占有、使用和收益；如果所有权人以某种方式行使处分权将妨碍用益物权人的权利行使，则所有权人不得对标的物进行该种方式的处分。也就是说，所有权人只能在不妨碍用益物权人行使权利的条件下和范围内，来行使自己的所有权。

三、本条规定特别评注

用益物权是支配他人之物的一种物权，这表明用益物权与他人之物的所有权之间存在着一种天然的联系。所有权确定财产归属的法律关系，只有在财产的归属关系明确的基础之上，财产的利用才有可能。否则，财产的利用也就不具有法律上的保障。因此，没有所有权的存在，用益物权也就丧失了存在的基础。由于用益物权是建立在所有权基础之上的权利，因此理论上一般认为用益物权具有派生性，即派生自所有权。本条规定实质上是明确用益物权人行使权利时所应当承担的义务，以及所有权人对用益物权人所应当承担的义务，以此使得所有权人与用益物权人之间的利益实现平衡。

【关联规范】

1. **《民法典》**

第九条 民事主体从事民事活动，应当有利于节约资源、保护生态环境。

---

① 王利明：《物权法研究》（第四版），中国人民大学出版社2016年版，第777页。

2.《土地管理法》

第三条　十分珍惜、合理利用土地和切实保护耕地是我国的基本国策。各级人民政府应当采取措施，全面规划，严格管理，保护、开发土地资源，制止非法占用土地的行为。

3.《农村土地承包法》

第十一条　农村土地承包经营应当遵守法律、法规，保护土地资源的合理开发和可持续利用。未经依法批准不得将承包地用于非农建设。

国家鼓励增加对土地的投入，培肥地力，提高农业生产能力。

4.《草原法》

第十四条　承包经营草原，发包方和承包方应当签订书面合同。草原承包合同的内容应当包括双方的权利和义务、承包草原四至界限、面积和等级、承包期和起止日期、承包草原用途和违约责任等。承包期届满，原承包经营者在同等条件下享有优先承包权。

承包经营草原的单位和个人，应当履行保护、建设和按照承包合同约定的用途合理利用草原的义务。

5.《矿产资源法》

第三条　矿产资源属于国家所有，由国务院行使国家对矿产资源的所有权。地表或者地下的矿产资源的国家所有权，不因其所依附的土地的所有权或者使用权的不同而改变。

国家保障矿产资源的合理开发利用。禁止任何组织或者个人用任何手段侵占或者破坏矿产资源。各级人民政府必须加强矿产资源的保护工作。

勘查、开采矿产资源，必须依法分别申请、经批准取得探矿权、采矿权，并办理登记；但是，已经依法申请取得采矿权的矿山企业在划定的矿区范围内为本企业的生产而进行的勘查除外。国家保护探矿权和采矿权不受侵犯，保障矿区和勘查作业区的生产秩序、工作秩序不受影响和破坏。

从事矿产资源勘查和开采的，必须符合规定的资质条件。

第三百二十七条　【被征收、征用时用益物权人的补偿请求权】因不动产或者动产被征收、征用致使用益物权消灭或者影响用益物权行使的，用益物权人有权依据本法第二百四十三条、第二百四十五条的规定获得相应补偿。

【条文理解与适用】

一、本条的缘由

本条在《物权法》第121条规定的基础上略作文字修改而成。

二、本条规定的主要内容

本条是关于用益物权人因征收、征用有权获得补偿的规定。依本法第243条的规定，征收集体所有的土地，组织、个人的房屋以及其他不动产的，应当给予合理补偿，以保护被征收人的合法权益。用益物权作为一项单独的物权，用益物权人是具有独立物权地位的权利人。因此，因他人的不动产或者动产被征收、征用致使用益物权消灭或者影响用益物权人行使权利的，用益物权人也有权依法获得相应的补偿。

《宪法》第13条第3款规定："国家为了公共利益的需要，可以依照法律规定对公民的私有财产实行征收或者征用并给予补偿。"征收和征用的主要区别有二：一是征收针对的是所有权，而征用则针对的是用益权；二是征收主要针对不动产，而征用则既针对不动产也包括动产。

征收和征用一般是基于公共利益需要的原则。同时，征收、征用必须严格依照法律规定的程序进行。在征收、征用之后，必须依法给予补偿。对于补偿的对象，不仅包括所有权人，还应当包括用益物权人。这是因为在征收的情形下，原土地上的用益物权也因为征收而消灭，损害了用益物权人的利益。因此，征收动产和不动产时，用益物权人有权要求补偿。同时，征用是对所有权人用益权能的剥夺，被征用人丧失对被征不动产或动产的用益权能，这直接与用益物权人拥有的占有、使用、收益权相冲突，因此势必也会影响用益物权人行使权利，甚至导致用益物权消灭。此时，国家也应当对用益物权人进行补偿，并在征用结束后及时返还用益物权人。

一般而言，补偿的方式应视财产类别的不同而加以区别。在征收过程中，征收的对象一般都是不动产，并且是所有权的改变，一般都要给予金钱补偿、相应的财产补偿或者其他形式的补偿。在征用过程中，如果是非消耗品，使用结束后，原物还存在的，应当返还原物，对于物的价值减少的部分要给予补偿；如果是消耗品，通常要给予金钱补偿。

对于补偿的规则，根据本条规定，应当按照本法第243条、第245条的规定获得相应补偿，即按照国家对集体土地的征收，以及对组织、个人房屋及其他不动产的征收和征用的补偿标准进行。此种补偿应为合理的补偿，在通常情形下，对于被征收的，其补偿应就标的物的价值进行合理补偿；被征用的，只有在用益物权人受到损失时才予以补偿。如果被征用物毁损灭失的，则需要就标的物给予补偿。如果自然人、法人或者非法人组织认为行政机关未依法征收、征用，或者征收、征用未予补偿、补偿不到位，可以通过提起行政诉讼维护自己的合法权益。

三、本条规定特别评注

关于不动产或者动产的征收、征用，各国和地区有不同的立法例，但几乎都肯定了将基于公共或社会利益并经事先补偿作为征收、征用的前提条件。由于征收、征用基本上是一种行政行为，且社会利益或公益事业是一个宽泛的概念，为了防止滥用征收、征用，需要对征收、征用的程序、补偿方式、法律补救途径等予以明确。

【关联规范】

1. **《土地管理法》**

第四十七条　国家征收土地的，依照法定程序批准后，由县级以上地方人民政府予以公告并组织实施。

县级以上地方人民政府拟申请征收土地的，应当开展拟征收土地现状调查和社会稳定风险评估，并将征收范围、土地现状、征收目的、补偿标准、安置方式和社会保障等在拟征收土地所在的乡（镇）和村、村民小组范围内公告至少三十日，听取被征地的农村集体经济组织及其成员、村民委员会和其他利害关系人的意见。

多数被征地的农村集体经济组织成员认为征地补偿安置方案不符合法律、法规规定的，县级以上地方人民政府应当组织召开听证会，并根据法律、法规的规定和听证会情况修改方案。

拟征收土地的所有权人、使用权人应当在公告规定期限内，持不动产权属证明材料办理补偿登记。县级以上地方人民政府应当组织有关部门测算并落实有关费用，保证足额到位，与拟征收土地的所有权人、使用权人就补偿、安置等签订协议；个别确实难以达成协议的，应当在申请征收土地时如实说明。

相关前期工作完成后，县级以上地方人民政府方可申请征收土地。

2. **《农业法》**

第七十一条　国家依法征收农民集体所有的土地，应当保护农民和农村集体经济组织的合法权益，依法给予农民和农村集体经济组织征地补偿，任何单位和个人不得截留、挪用征地补偿费用。

3.《草原法》

第三十九条 因建设征收、征用集体所有的草原的，应当依照《中华人民共和国土地管理法》的规定给予补偿；因建设使用国家所有的草原的，应当依照国务院有关规定对草原承包经营者给予补偿。

因建设征收、征用或者使用草原的，应当交纳草原植被恢复费。草原植被恢复费专款专用，由草原行政主管部门按照规定用于恢复草原植被，任何单位和个人不得截留、挪用。草原植被恢复费的征收、使用和管理办法，由国务院价格主管部门和国务院财政部门会同国务院草原行政主管部门制定。

4.《最高人民法院关于审理涉及农村土地承包纠纷案件适用法律问题的解释》

第二十条 承包地被依法征收，承包方请求发包方给付已经收到的地上附着物和青苗的补偿费的，应予支持。

承包方已将土地经营权以出租、入股或者其他方式流转给第三人的，除当事人另有约定外，青苗补偿费归实际投入人所有，地上附着物补偿费归附着物所有人所有。

第二十一条 承包地被依法征收，放弃统一安置的家庭承包方，请求发包方给付已经收到的安置补助费的，应予支持。

第二十二条 农村集体经济组织或者村民委员会、村民小组，可以依照法律规定的民主议定程序，决定在本集体经济组织内部分配已经收到的土地补偿费。征地补偿安置方案确定时已经具有本集体经济组织成员资格的人，请求支付相应份额的，应予支持。但已报全国人大常委会、国务院备案的地方性法规、自治条例和单行条例、地方政府规章对土地补偿费在农村集体经济组织内部的分配办法另有规定的除外。

第三百二十八条 【海域使用权】依法取得的海域使用权受法律保护。

【条文理解与适用】

一、本条的缘由

本条源于《物权法》第122条。

二、本条规定的主要内容

本条是关于海域使用权的规定。海域，是指中华人民共和国内水、领海的水面、水体、海床和底土。海域使用权，是指民事主体依法取得对国家所有的特定海域的排他性的使用权。海域使用权的客体是海域资源，海域使用权是支配、使用特定海域并获得其利益的权利。本条规定明确了海域使用权属于用益物权，同时规定了海域使用权必须依法取得。

对于海域使用权的取得方式，主要包括申请并审批取得、招标取得和拍卖取得。审批取得如《海域使用管理法》第16条第1款规定："单位和个人可以向县级以上人民政府海洋行政主管部门申请使用海域。"对于申请人的申请，根据《海域使用管理法》第19条规定："海域使用申请经依法批准后，国务院批准用海的，由国务院海洋行政主管部门登记造册，向海域使用申请人颁发海域使用权证书；地方人民政府批准用海的，由地方人民政府登记造册，向海域使用申请人颁发海域使用权证书。海域使用申请人自领取海域使用权证书之日起，取得海域使用权。"申请审批是取得海域使用权最主要的方式，但也存在弊端。有学者指出，"审批实际上并非民事法律行为，严格意义上是一种行政法律行为。这种完全通过行政行为核准海域使用权，容易滋生腐败"。[①] 基于此，我国对海域使用权的取得还加入了招标取得和拍卖取得两种方式，以通过市场加以比较与竞争，优化资源的配置。

《海域使用管理法》第20条对通过招标和拍卖取得海域使用权作了规定。根据该规定："海域使用权除依照本法第十九条规定的方式取得外，也可以通过招标或者拍卖的方式取得。招标或者拍卖方案由海洋行政主管部门制订，报有审批权的人民政府批准后组织实施。海洋行政主管部门制订招标或者拍卖方案，应当征求同级有关部门的意见。招标或者拍卖工作完成后，依法向中标人或者买受人颁发海域使用权证书。中标人或者买受人自领取海域使用权证书之日起，取得海域使用权。"

此外，海域使用权的取得还可以分为原始取得和继受取得。我国现行法中尚无依据法律直接规定的可以原始取得海域使用权的规定，只规定了可以继受取得的海域使用权。继受取得海域使用权，是指基于海域使用权人既有的权利，不变更其性质，而取得海域使用权。例如，海域使用权可以通过转让、互易而取得。此外，在海域使用权人为自然人的情况下，还存在着通过继承、遗赠而移转继受取得海域使用权的可能。[②] 例如，《不动产登记暂行条例实施细则》第57条规定："有下列情形之一的，申请人可以申请海域使用权转移登记：（一）因企业合并、分立或者与他人合资、合作经营、作价入股导致海域使用权转移的；

---

① 王洪亮：《自然资源物权法律制度研究》，清华大学出版社2017年版，第138页。

② 崔建远：《物权法》（第四版），中国人民大学出版社2017年版，第335页。

（二）依法转让、赠与、继承、受遗赠海域使用权的；（三）因人民法院、仲裁委员会生效法律文书导致海域使用权转移的；（四）法律、行政法规规定的其他情形。”

三、本条规定特别评注

21 世纪是海洋世纪，人类的发展很大程度上要依赖海洋。在这样的背景下，把物权制度扩展到海域，把海域作为不动产纳入物权立法的规制范围，创立海域物权制度，具有重要的现实意义。与此同时，随着市场经济的发展，海域的开发利用需要实现市场化的运营，海域使用权要进入市场，客观上需要受法律保护，确立海域使用权制度可以最大程度地激励各种开发者的积极性、创造性，使他们有序地、科学地、合理的、可持续地利用海域。本条规定将海域使用权作为一种用益物权予以明确，有利于体现和规范国家作为海域所有人与海域使用权人之间的关系。

【关联规范】

1.**《海域使用管理法》**

第二条 本法所称海域，是指中华人民共和国内水、领海的水面、水体、海床和底土。

本法所称内水，是指中华人民共和国领海基线向陆地一侧至海岸线的海域。

在中华人民共和国内水、领海持续使用特定海域三个月以上的排他性用海活动，适用本法。

第三条 海域属于国家所有，国务院代表国家行使海域所有权。任何单位或者个人不得侵占、买卖或者以其他形式非法转让海域。

单位和个人使用海域，必须依法取得海域使用权。

第六条 国家建立海域使用权登记制度，依法登记的海域使用权受法律保护。

国家建立海域使用统计制度，定期发布海域使用统计资料。

第二十三条 海域使用权人依法使用海域并获得收益的权利受法律保护，任何单位和个人不得侵犯。

海域使用权人有依法保护和合理使用海域的义务；海域使用权人对不妨害其依法使用海域的非排他性用海活动，不得阻挠。

第二十五条 海域使用权最高期限，按照下列用途确定：

（一）养殖用海十五年；

（二）拆船用海二十年；

（三）旅游、娱乐用海二十五年；

（四）盐业、矿业用海三十年；

（五）公益事业用海四十年；

（六）港口、修造船厂等建设工程用海五十年。

第二十七条 因企业合并、分立或者与他人合资、合作经营，变更海域使用权人的，需经原批准用海的人民政府批准。

海域使用权可以依法转让。海域使用权转让的具体办法，由国务院规定。

海域使用权可以依法继承。

2.《不动产登记暂行条例实施细则》

第五十四条 依法取得海域使用权，可以单独申请海域使用权登记。

依法使用海域，在海域上建造建筑物、构筑物的，应当申请海域使用权及建筑物、构筑物所有权登记。

申请无居民海岛登记的，参照海域使用权登记有关规定办理。

第五十五条 申请海域使用权首次登记的，应当提交下列材料：

（一）项目用海批准文件或者海域使用权出让合同；

（二）宗海图以及界址点坐标；

（三）海域使用金缴纳或者减免凭证；

（四）其他必要材料。

第五十六条 有下列情形之一的，申请人应当持不动产权属证书、海域使用权变更的文件等材料，申请海域使用权变更登记：

（一）海域使用权人姓名或者名称改变的；

（二）海域坐落、名称发生变化的；

（三）改变海域使用位置、面积或者期限的；

（四）海域使用权续期的；

（五）共有性质变更的；

（六）法律、行政法规规定的其他情形。

第五十七条 有下列情形之一的，申请人可以申请海域使用权转移登记：

（一）因企业合并、分立或者与他人合资、合作经营、作价入股导致海域使用权转移的；

（二）依法转让、赠与、继承、受遗赠海域使用权的；

（三）因人民法院、仲裁委员会生效法律文书导致海域使用权转移的；

（四）法律、行政法规规定的其他情形。

第五十八条 申请海域使用权转移登记的，申请人应当提交下列材料：

（一）不动产权属证书；

（二）海域使用权转让合同、继承材料、生效法律文书等材料；

（三）转让批准取得的海域使用权，应当提交原批准用海的海洋行政主管部门批准转让的文件；

（四）依法需要补交海域使用金的，应当提交海域使用金缴纳的凭证；

（五）其他必要材料。

第五十九条 申请海域使用权注销登记的，申请人应当提交下列材料：

（一）原不动产权属证书；

（二）海域使用权消灭的材料；

（三）其他必要材料。

因围填海造地等导致海域灭失的，申请人应当在围填海造地等工程竣工后，依照本实施细则规定申请国有土地使用权登记，并办理海域使用权注销登记。

第三百二十九条 【特许物权依法保护】依法取得的探矿权、采矿权、取水权和使用水域、滩涂从事养殖、捕捞的权利受法律保护。

【条文理解与适用】

一、本条的缘由

本条源于《物权法》第123条。

二、本条规定的主要内容

本条是关于探矿权、采矿权，取水权，使用水域、滩涂从事养殖、捕捞权利的规定。矿产资源、水资源、渔业资源作为重要的自然资源，原则上应当有偿取得。根据本条规定，矿产资源、水资源、渔业资源可以依法取得，这是对前述自然资源可以由民事主体享有用益物权的表达。需要注意的是，探矿权、采矿权、取水权和使用水域、滩涂从事养殖、捕捞的权利与一般的用益物权有所不同。用益物权一般是通过合同设立，但探矿权、采矿权、取水权和使用水域、滩涂从事养殖、捕捞的权利须经行政主管部门许可设立。权利人在取得这些权利后，即享有占有、使用和收益的权利，其权能与一般用益物权是一致的，同时也需要办理登记并进行公示，符合物权的公示的原则。

对于探矿权，采矿权，《民法通则》第81条第2款曾经规定“国家所有的矿藏，可以依法由全民所有制单位和集体所有制单位开采，也可以依法由公民采挖。国家保护合法的采矿权”。《矿产资源法》第3条明确规定国家保障矿产资源的合理开发利用。禁止任何组织或者个人用任何手段侵占或者破坏矿产资源。

对于取水权，《水法》第48条第1款规定：“直接从江河、湖泊或者地下取用水资源的单位和个人，应当按照国家取水许可制度和水资源有偿使用制度的规定，向水行政主管部门或者流域管理机构申请领取取水许可证，并缴纳水资源费，取得取水权……”

对于使用水域和滩涂从事养殖、捕捞权利，《渔业法》第11条第2款规定：“集体所有的或者全民所有由农业集体经济组织使用的水域、滩涂，可以由个人或者集体承包，从事养殖生产。”之所以在立法过程中本条没有将此权利概括为渔业权，主要考虑到有意见指出“渔业权”的内涵在理论上和立法上都是不确定的，其在本质上为一种经行政特许而从事特定活动的资格，而非实体权利，更不是用益物权。因此，本法在前一条规定了海域使用权，本条规定了对于使用水域和滩涂从事养殖、捕捞的权利，以更准确地保护渔民及其他合法权利人的利益。①

三、本条规定特别评注

《矿产资源法》《水法》《渔业法》等单行法律对本条所涉相关权利都作了规定，但这些单行法律多是从行政管理的角度对权利予以规制，并未明确这些权利的物权属性，也未对权利的内容以及民事救济措施作出明确规定。从这个意义上看，本条规定明确这些权利受物权以及相关法律的保护，可以起到衔接作用。

【关联规范】

1.《**矿产资源法**》

第三条 矿产资源属于国家所有，由国务院行使国家对矿产资源的所有权。地表或者地下的矿产资源的国家所有权，不因其所依附的土地的所有权或者使用权的不同而改变。

国家保障矿产资源的合理开发利用。禁止任何组织或者个人用任何手段侵占或者破坏矿产资源。各级人民政府必须加强矿产资源的保护工作。

勘查、开采矿产资源，必须依法分别申请、经批准取得探矿权、采矿权，并办理登记；但是，已经依法申请取得采矿权的矿山企业在划定的矿区范围内为本

① 最高人民法院物权法研究小组编著：《〈中华人民共和国物权法〉条文理解与适用》，人民法院出版社2007年版，第368页。

企业的生产而进行的勘查除外。国家保护探矿权和采矿权不受侵犯，保障矿区和勘查作业区的生产秩序、工作秩序不受影响和破坏。

从事矿产资源勘查和开采的，必须符合规定的资质条件。

2. **《水法》**

第七条 国家对水资源依法实行取水许可制度和有偿使用制度。但是，农村集体经济组织及其成员使用本集体经济组织的水塘、水库中的水的除外。国务院水行政主管部门负责全国取水许可制度和水资源有偿使用制度的组织实施。

第四十八条 直接从江河、湖泊或者地下取用水资源的单位和个人，应当按照国家取水许可制度和水资源有偿使用制度的规定，向水行政主管部门或者流域管理机构申请领取取水许可证，并缴纳水资源费，取得取水权。但是，家庭生活和零星散养、圈养畜禽饮用等少量取水的除外。

实施取水许可制度和征收管理水资源费的具体办法，由国务院规定。

3. **《渔业法》**

第十一条 国家对水域利用进行统一规划，确定可以用于养殖业的水域和滩涂。单位和个人使用国家规划确定用于养殖业的全民所有的水域、滩涂的，使用者应当向县级以上地方人民政府渔业行政主管部门提出申请，由本级人民政府核发养殖证，许可其使用该水域、滩涂从事养殖生产。核发养殖证的具体办法由国务院规定。

集体所有的或者全民所有由农业集体经济组织使用的水域、滩涂，可以由个人或者集体承包，从事养殖生产。

第二十三条 国家对捕捞业实行捕捞许可证制度。

到中华人民共和国与有关国家缔结的协定确定的共同管理的渔区或者公海从事捕捞作业的捕捞许可证，由国务院渔业行政主管部门批准发放。海洋大型拖网、围网作业的捕捞许可证，由省、自治区、直辖市人民政府渔业行政主管部门批准发放。其他作业的捕捞许可证，由县级以上地方人民政府渔业行政主管部门批准发放；但是，批准发放海洋作业的捕捞许可证不得超过国家下达的船网工具控制指标，具体办法由省、自治区、直辖市人民政府规定。

捕捞许可证不得买卖、出租和以其他形式转让，不得涂改、伪造、变造。

到他国管辖海域从事捕捞作业的，应当经国务院渔业行政主管部门批准，并遵守中华人民共和国缔结的或者参加的有关条约、协定和有关国家的法律。

第二十四条 具备下列条件的，方可发给捕捞许可证：

（一）有渔业船舶检验证书；

（二）有渔业船舶登记证书；

（三）符合国务院渔业行政主管部门规定的其他条件。

县级以上地方人民政府渔业行政主管部门批准发放的捕捞许可证，应当与上级人民政府渔业行政主管部门下达的捕捞限额指标相适应。

4.《矿产资源法实施细则》

第五条　国家对矿产资源的勘查、开采实行许可证制度。勘查矿产资源，必须依法申请登记，领取勘查许可证，取得探矿权；开采矿产资源，必须依法申请登记，领取采矿许可证，取得采矿权。

矿产资源勘查工作区范围和开采矿区范围，以经纬度划分的区块为基本单位。具体办法由国务院地质矿产主管部门制定。

5.《渔业法实施细则》

第十条　使用全民所有的水面、滩涂，从事养殖生产的全民所有制单位和集体所有制单位，应当向县级以上地方人民政府申请养殖使用证。

全民所有的水面、滩涂在一县行政区域内的，由该县人民政府核发养殖使用证；跨县的，由有关县协商核发养殖使用证，必要时由上级人民政府决定核发养殖使用证。

第十五条　国家对捕捞业，实行捕捞许可制度。

从事外海、远洋捕捞业的，由经营者提出申请，经省、自治区、直辖市人民政府渔业行政主管部门审核后，报国务院渔业行政主管部门批准。从事外海生产的渔船，必须按照批准的海域和渔期作业，不得擅自进入近海捕捞。

近海大型拖网、围网作业的捕捞许可证，由国务院渔业行政主管部门批准发放；近海其他作业的捕捞许可证，由省、自治区、直辖市人民政府渔业行政主管部门按照国家下达的船网工具控制指标批准发放。

内陆水域的捕捞许可证，由县级以上地方人民政府渔业行政主管部门批准发放。

捕捞许可证的格式，由国务院渔业行政主管部门制定。

第十六条　在中华人民共和国管辖水域，外商投资的渔业企业，未经国务院有关主管部门批准，不得从事近海捕捞业。

第十七条　有下列情形之一的，不得发放捕捞许可证：

（一）使用破坏渔业资源、被明令禁止使用的渔具或者捕捞方法的；

（二）未按国家规定办理批准手续，制造、更新改造、购置或者进口捕捞渔船的；

（三）未按国家规定领取渔业船舶证书、航行签证簿、职务船员证书、船舶户口簿、渔民证等证件的。

第十八条 娱乐性游钓和在尚未养殖、管理的滩涂手工采集零星水产品的，不必申请捕捞许可证，但应当加强管理，防止破坏渔业资源。具体管理办法由县级以上人民政府制定。

第十九条 因科学研究等特殊需要，在禁渔区、禁渔期捕捞，或者使用禁用的渔具、捕捞方法，或者捕捞重点保护的渔业资源品种，必须经省级以上人民政府渔业行政主管部门批准。

6. **《最高人民法院关于审理矿业权纠纷案件适用法律若干问题的解释》**

第一条 人民法院审理探矿权、采矿权等矿业权纠纷案件，应当依法保护矿业权流转，维护市场秩序和交易安全，保障矿产资源合理开发利用，促进资源节约与环境保护。

第十一章　土地承包经营权

【本章导读】

实行以家庭承包经营为基础、统分结合的双层经营体制，是我国农村土地改革的重要成果，对稳定农村基本经营制度，促进农业、农村经济的健康发展和农村社会的和谐稳定起到了重要作用。《民法典》作为民事基本法，当然应对农村土地承包经营权这一重要的用益物权予以规定。

本章是关于土地承包经营权的规定，共 14 个条文（第 330 ~ 343 条），主要内容包括土地承包经营权的制度基础，土地承包经营权人的权利内容，土地承包经营权的期限及期满后的延长，土地承包经营权的设立条件及确认，土地承包经营权的互换、转让及登记，发包人不得在承包期内调整承包地的义务，发包人不得在承包期内收回承包地的义务，承包地被征收之后对承包经营权人的补偿，土地经营权的流转及登记，通过竞价取得的土地经营权的流转，以及国家所有的农用地实行承包经营的特殊规定。2018 年 12 月，第十三届全国人民代表大会常务委员会第七次会议通过了《关于修改〈中华人民共和国农村土地承包法〉的决定》。理解本章，特别要注意本章围绕落实农村土地改革的要求，结合《农村土地承包法》的修改而对《物权法》既有规则进行的完善内容。

第三百三十条　【农村土地承包经营】农村集体经济组织实行家庭承包经营为基础、统分结合的双层经营体制。

农民集体所有和国家所有由农民集体使用的耕地、林地、草地以及其他用于农业的土地，依法实行土地承包经营制度。

【条文理解与适用】

一、本条的缘由

本条源于《物权法》第 124 条。

二、本条规定的主要内容

本条是关于农村集体经济组织实行双层经营体制与土地承包经营制度的规定。本条第1款规定了土地承包经营权的制度基础，即实行以家庭联产承包经营为基础、统分结合的双层经营体制。第2款规定了土地承包经营权的两类客体，即农民集体所有和国家所有由农民集体使用的各种土地，具体包括耕地、林地、草地及其他用于农业的土地。

1978年安徽省凤阳县小岗村农民打破土地公有制，在全国率先实行“包产到户”，成为农村经营体制改革的发端。所谓家庭承包方式，是指以农村集体经济组织的每一个农户家庭全体成员为一个生产经营单位，作为承包人与发包人建立承包关系，承包耕地、林地、草地等用于农业的土地。本条第2款规定了我国依法实行土地承包经营制度。毋庸置疑，通过给予农民的土地承包经营权以物权性的保护，使农户获得充分的经营自主权，能够极大地调动农民的生产积极性，解放和发展农村生产力，从而保障和促进农业发展、农村稳定和农民增收。①

三、本条规定特别评注

土地是农业最基本的生产要素，也是农民最基本的生活保障。实行家庭承包经营，不仅保障了农民可以长期拥有土地使用权，而且使农户获得充分的经营自主权，能够极大地调动农民的积极性，方便农民按照根据市场、气候、环境和农作物生长情况及时作出决策，保证生产顺利进行，也有利于农户自主安排剩余劳动力和剩余劳动时间，增加收入。实行以“家庭承包经营为基础、统分结合”的双层经营体制，是农村的基本政策，也是对农村生产关系作出的新的调整。

需要注意的是，家庭承包经营是集体经济组织内部的一个经营层次，是双层经营体制的基础。同时，在家庭承包经营之外，集体经营也是农村经济重要的经济体制，具有生产服务、组织协调和资产积累等功能，可以解决一家一户难以解决的问题。因此，不能把家庭承包经营与集体统一经营割裂开来，要切实保障农户的土地承包经营权、生产自主权和经营收益权，使之成为独立的市场主体。从实践情况看，在坚持家庭承包责任制长期稳定的基础上，还需要不断完善和健全双层经营体制，鼓励和引导集体经济组织逐步壮大经济实力，从而增强集体经济组织为农户提供生产、经营和技术服务的实力。②

---

① 江平、李国光：《物权法疑难问题精答》，人民法院出版社2007年版，第364页。

② 最高人民法院物权法研究小组编著：《〈中华人民共和国物权法〉条文理解与适用》，人民法院出版社2007年版，第371页。

【关联规范】

1.《**农村土地承包法**》

第二条　本法所称农村土地，是指农民集体所有和国家所有依法由农民集体使用的耕地、林地、草地，以及其他依法用于农业的土地。

第三条　国家实行农村土地承包经营制度。

农村土地承包采取农村集体经济组织内部的家庭承包方式，不宜采取家庭承包方式的荒山、荒沟、荒丘、荒滩等农村土地，可以采取招标、拍卖、公开协商等方式承包。

第十九条　土地承包应当遵循以下原则：

（一）按照规定统一组织承包时，本集体经济组织成员依法平等地行使承包土地的权利，也可以自愿放弃承包土地的权利；

（二）民主协商，公平合理；

（三）承包方案应当按照本法第十三条的规定，依法经本集体经济组织成员的村民会议三分之二以上成员或者三分之二以上村民代表的同意；

（四）承包程序合法。

2.《**农业法**》

第十条　国家实行农村土地承包经营制度，依法保障农村土地承包关系的长期稳定，保护农民对承包土地的使用权。

农村土地承包经营的方式、期限、发包方和承包方的权利义务、土地承包经营权的保护和流转等，适用《中华人民共和国土地管理法》和《中华人民共和国农村土地承包法》。

农村集体经济组织应当在家庭承包经营的基础上，依法管理集体资产，为其成员提供生产、技术、信息等服务，组织合理开发、利用集体资源，壮大经济实力。

第三百三十一条　**【土地承包经营权内容】**土地承包经营权人依法对其承包经营的耕地、林地、草地等享有占有、使用和收益的权利，有权从事种植业、林业、畜牧业等农业生产。

【条文理解与适用】

一、本条的缘由

本条源于《物权法》第125条。

二、本条规定的主要内容

本条是关于土地承包经营权人享有的基本权利的规定。土地承包经营权作为一种物权，是承包人依法对其承包经营的耕地、林地、草地等享有占有、使用和收益的权利。

1. 土地承包经营权具有特殊的权利主体。对于承包人的主体要求，《农村土地承包法》第5条第1款规定："农村集体经济组织成员有权依法承包由本集体经济组织发包的土地。"该法第16条第1款还规定："家庭承包的承包方是本集体经济组织的农户。"可见，土地承包经营权的权利主体应当是本集体经济组织成员，具有身份属性。

2. 土地承包经营权的客体。对于土地承包经营权的客体，我国《农村土地承包法》第2条规定："本法所称农村土地，是指农民集体所有和国家所有由农民集体使用的耕地、林地、草地，以及其他依法用于农业的土地。"

3. 土地承包经营权人享有的权利。具体体现为占有权、使用权和收益权。

占有权，是指土地承包经营权人对集体所有的土地直接支配和排他的权利。如果土地承包经营权人要实际利用集体土地从事农业生产，就必须要占有土地。对于土地的占有，是承包人依法对土地行使使用权和收益权的前提。

使用权，是指承包人按照土地的性质、用途自主决定如何生产的权利。需要注意的是，农村土地承包经营权中的使用权能是受限制的，即只能用于农业生产，法律规定土地承包经营权人不得利用土地建造房屋或从事其他非农业活动，也不得擅自改变农用地的用途。农村土地承包经营权设立的目的，就在于由承包人在集体的土地上从事种植业、林业、畜牧业等农业生产。当然，这里的使用，既可以是利用集体的土地从事种植业、林业、畜牧业等农业生产，也可以是利用承包的土地修建必要的附属设施。

收益权，是指从承包地种植的农产品中获取收益。收益权是农民赖以生存并获得收入的保障。收益权既包括收取由承包地产生的天然孳息，如果实、子畜等等，也包括收取法定孳息，如将土地出租，以及在土地上设置土地经营权流转获得的收益。承包人对承包地享有的收益权是承包经营权中的重要权利。对承包人的收益权应当依法保护，使其得到充分的实现。

三、本条规定特别评注

土地承包经营权是一种重要的用益物权。在很长一段时期，我国将土地承包经营权当作所有权的附属物，承包人的利益无法得到保护。本条专门规定承包人的农村土地承包经营权，有利于保护承包经营权人的利益，使土地关系得以稳定化和长期化，从而根本性地提升土地承包经营权的法律地位。

【关联规范】

1. **《民法典》**

第五十五条　农村集体经济组织的成员，依法取得农村土地承包经营权，从事家庭承包经营的，为农村承包经营户。

2. **《农村土地承包法》**

第二条　本法所称农村土地，是指农民集体所有和国家所有依法由农民集体使用的耕地、林地、草地，以及其他依法用于农业的土地。

第五条　农村集体经济组织成员有权依法承包由本集体经济组织发包的农村土地。

任何组织和个人不得剥夺和非法限制农村集体经济组织成员承包土地的权利。

第十七条　承包方享有下列权利：

（一）依法享有承包地使用、收益的权利，有权自主组织生产经营和处置产品；

（二）依法互换、转让土地承包经营权；

（三）依法流转土地经营权；

（四）承包地被依法征收、征用、占用的，有权依法获得相应的补偿；

（五）法律、行政法规规定的其他权利。

第十八条　承包方承担下列义务：

（一）维持土地的农业用途，未经依法批准不得用于非农建设；

（二）依法保护和合理利用土地，不得给土地造成永久性损害；

（三）法律、行政法规规定的其他义务。

第三十二条　承包人应得的承包收益，依照继承法的规定继承。

林地承包的承包人死亡，其继承人可以在承包期内继续承包。

第三百三十二条　【土地的承包期限】 耕地的承包期为三十年。草地的承包期为三十年至五十年。林地的承包期为三十年至七十年。

前款规定的承包期限届满，由土地承包经营权人依照农村土地承包的法律规定继续承包。

【条文理解与适用】

一、本条的缘由

本条在《物权法》第126条规定的基础上修改而成。与《物权法》第126条相比较，本条删除了原第1款中“特殊林木的林地承包期，经国务院林业行政主管部门批准可以延长”的表述；将原第2款中“按照国家有关规定继续承包”修改为“依照农村土地承包的法律规定继续承包”。

二、本条规定的主要内容

本条是关于土地承包经营权人承包期限的规定。土地承包经营权作为一种定限物权，其存续具有期限限制。

对于耕地的承包期，本条规定为30年。这主要是考虑到，如果承包期限过短，难以调动承包人增加投入、合理开发土地的积极性，甚至可能导致短期行为和对土地的掠夺式经营，如此最终会使得国家实行土地承包经营制度失去积极意义。

对于草地和林地的承包期，本条则规定了更长的承包期限，并且对于特殊林地的承包期，经国务院林业行政主管部门批准还可以延长。这主要是考虑到同耕地相比，草地的经营周期也比较长，规定较长的承包期符合草地利用的客观规律。同时，与耕地和草地相比，林地更有其特殊性。耕地主要是用于种植农作物，一般是一年一季或者两季，有的是三季，很少种植多年生植物。而林地上一般生长着多年生的乔木、竹类、灌木等，生长期长，投资成本大，只有经过几年甚至几十年的时间才能达到丰产期收取收益。此外，我国对森林实行限额采伐制度，林地上种植的林木不能任意采伐。采伐必须申请采伐许可证并按照要求完成更新造林，即承包人的生产经营和处置产品的权利受到一定的限制。

土地承包经营权在存续期间届满后消灭。为此，本条特别规定，承包期届满后，土地承包经营人按照国家有关规定可以继续承包。这一规定符合用益物权的基本特征，契合以“家庭承包经营为基础、统分结合”的双层经营体制必须长期坚持的要求，进一步体现了赋予农民长期而有保障的土地使用权的立法精神。同时，为了进一步保障农民的合法权益，根据我国惠民政策，在以家庭承包方式设立的土地承包经营权场合，承包人请求续期的，发包人负有必须同意的义务，除非出现了法律、法规规定土地承包经营权必须消灭的情形。①

三、本条规定特别评注

鉴于耕地、草地、林地的不同特点，本条规定了不同的承包期限，但总体而言，规定了较长的承包期限。如果承包期限过短，就不能保障广大承包经营权人的利益，也不利于鼓励承包人向承包地进行资金、劳力和农田基本建设等方面的投入。有学者指出，对于本条规定的承包期，应解释为强制性规定，其不仅是合同期限，也是物权的存续期限；在法律有明确的期限要求时，当事人不得任意变更该期限的规定，否则不发生合同效力。②

【关联规范】

1.《农村土地承包法》

第二十一条　耕地的承包期为三十年。草地的承包期为三十年至五十年。林地的承包期为三十年至七十年。

前款规定的耕地承包期届满后再延长三十年，草地、林地承包期届满后依照前款规定相应延长。

2.《最高人民法院关于审理涉及农村土地承包纠纷案件适用法律问题的解释》

第七条　承包合同约定或者土地承包经营权证等证书记载的承包期限短于农村土地承包法规定的期限，承包方请求延长的，应予支持。

第三百三十三条　【土地承包经营权的设立与登记】土地承包经营权自土地承包经营权合同生效时设立。

登记机构应当向土地承包经营权人发放土地承包经营权证、林权证等证书，并登记造册，确认土地承包经营权。

【条文理解与适用】

一、本条的缘由

本条在《物权法》第127条基础上修改而成的。与《物权法》第127条相比较，本条将发放土地承包经营权证、林权证等证书的主体从“县级以上地方人民

① 崔建远：《物权法》（第四版），中国人民大学出版社2017年版，第289页。
② 王利明：《物权法研究》（第四版），中国人民大学出版社2016年版，第819～820页。

政府”改为“登记机构”。登记机构是专门负责登记不动产，并发放权属证书的。本条这一修改便于物权的专门化管理，同时符合我国《物权法》颁布以来的现实情况。另外，将原第2款中的“等”具体化为了“草原使用权证”。

二、本条规定的主要内容

本条是关于土地承包经营权的设立和登记的规定。对于不动产物权，我国原则上采登记设立的方式，例外采意思主义模式。根据本条第1款规定，“土地承包经营权自土地承包经营权合同生效时设立”，可见我国对土地承包经营权的设立是采意思主义模式，一旦土地承包经营权合同生效，土地承包经营权就得以设立，而不需要进行登记。

本条第2款规定了登记机构应当向土地承包经营权人发放土地承包经营权证、林权证等证书，并登记造册，确认土地承包经营权。需要注意的是，此种登记造册并非土地承包经营权设立的公示方法，只是政府出于管理需要而对土地承包经营权的确认。而且，有学者指出，这种登记并不是基于当事人的申请而发生的，而是政府依法作出的一种职权行为。① 也就是说，为土地承包经营权人发放土地承包经营权等证书是人民政府的法定义务。使用权证的权属证书，可以作为证明土地承包经营权的一种依据。

三、本条规定特别评注

之所以规定土地承包经营权因合同生效而具有物权效力，主要是基于我国国情以及土地承包权经营性质的考虑。从我国农村实际出发，农村仍然是熟人社会，人们对土地承包的范围和用途，以及承包人是谁都极少发生争议，即使发生了争议，通过承包经营合同也不难有效确定当事人的权利义务关系。同时，土地承包经营权流转程度很低，即使没有登记，也基本上不会影响到交易安全。强制农民办理登记，反而会提高土地承包经营权的设立成本，增加农民负担。同时，从土地承包经营合同看，由于承包经营合同中已经明确了支配的范围和承包地的四至，这就明确了支配的范围，所以，在合同生效后，承包人可以支配特定的对象，并可以产生一定的排他性。基于种种考虑，我国在《物权法》立法中对农村土地承包经营权就确认了合同生效即成立物权的设立方式，在《民法典》编纂中考虑到目前农村承包权的流转基本还在本集体经济组织成员之间，流转速度仍不频繁，因此仍沿袭了《物权法》的规定，明确自合同生效即享有土地承包经营权。

由地方人民政府向土地承包经营权人发放权利证书并登记造册，以确认其土地承包经营权，这是真正落实党中央“赋予农民长期而有保障的土地使用权”的

---

① 王利明：《物权法研究》（第四版），中国人民大学出版社2016年版，第821~824页。

精神、稳定土地承包关系、切实保护农民土地承包经营权的一项重要措施，有利于鼓励承包方增加对土地的投入，提高农业生产水平，促进土地承包经营权依法、自愿、有偿流转。

【关联规范】

1.《农村土地承包法》

第二十三条 承包合同自成立之日起生效。承包方自承包合同生效时取得土地承包经营权。

第二十四条 国家对耕地、林地和草地等实行统一登记，登记机构应当向承包方颁发土地承包经营权证或者林权证等证书，并登记造册，确认土地承包经营权。

土地承包经营权证或者林权证等证书应当将具有土地承包经营权的全部家庭成员列入。

登记机构除按规定收取证书工本费外，不得收取其他费用。

2.《森林法》

第十四条 森林资源属于国家所有，由法律规定属于集体所有的除外。

国家所有的森林资源的所有权由国务院代表国家行使。国务院可以授权国务院自然资源主管部门统一履行国有森林资源所有者职责。

3.《草原法》

第十条 国家所有的草原，可以依法确定给全民所有制单位、集体经济组织等使用。

使用草原的单位，应当履行保护、建设和合理利用草原的义务。

第十一条 依法确定给全民所有制单位、集体经济组织等使用的国家所有的草原，由县级以上人民政府登记，核发使用权证，确认草原使用权。

未确定使用权的国家所有的草原，由县级以上人民政府登记造册，并负责保护管理。

集体所有的草原，由县级人民政府登记，核发所有权证，确认草原所有权。

依法改变草原权属的，应当办理草原权属变更登记手续。

第十二条 依法登记的草原所有权和使用权受法律保护，任何单位或者个人不得侵犯。

4.《最高人民法院关于审理涉及农村土地承包纠纷案件适用法律问题的解释》

第十九条 发包方就同一土地签订两个以上承包合同，承包方均主张取得土地经营权的，按照下列情形，分别处理：

（一）已经依法登记的承包方，取得土地经营权；

（二）均未依法登记的，生效在先合同的承包方取得土地经营权；

（三）依前两项规定无法确定的，已经根据承包合同合法占有使用承包地的人取得土地经营权，但争议发生后一方强行先占承包地的行为和事实，不得作为确定土地经营权的依据。

第三百三十四条　【土地承包经营权的互换、转让】土地承包经营权人依照法律规定，有权将土地承包经营权互换、转让。未经依法批准，不得将承包地用于非农建设。

【条文理解与适用】

一、本条的缘由

本条在《物权法》第128条规定的基础上修改而成。与《物权法》第128条相较，本条以“依照法律规定”替换了原“依照农村土地承包法的规定”，扩大了土地承包权流转的法律依据范围。对于流转的方式，本条删除了原有的通过“转包”流转的方式。对于流转的期限，本条取消了“流转的期限不得超过承包期的剩余期限”的规定。

二、本条规定的主要内容

本条是关于承包经营权流转的规定。土地承包经营权的流转是土地承包经营权变更的重要内容。

本条主要规定了互换和转让两种流转方式。互换，是指同一集体经济组织内部不同土地承包经营权人将各自的土地承包经营权进行互易。互换的性质应是由交换承包的土地引起的土地承包经营权本身的交换。互换只变更了土地承包经营权的权利主体，但不改变土地承包经营权的内容，有学者指出，“在互换以后，原土地承包经营权设立合同约定的权利、义务，应当由新的土地承包经营权人概括承受”。[①] 转让，是指土地承包经营权人将其拥有的未到期的土地承包经营权移转给他人的行为。土地承包经营权的受让对象可以是本集体经济组织的成员，也可以是本集体经济组织以外的农户。需要注意的是，转让不同于互换，互换土地承包经营权，承包人与发包人的关系虽有变化，但互换土地承包经营

① 王利明：《物权法研究》（第四版），中国人民大学出版社2016年版，第836页。

权的双方只是对土地承包经营权进行了置换，并未丧失该权利。而转让土地承包经营权，承包人与发包人的土地承包关系即行终止，转让人也不再享有该土地承包经营权。

一般认为，对于采用转让这种流转方式的，应当满足三个条件：第一，转让人有稳定的非农职业或者稳定的收入来源。土地承包经营权是农民最基本的生活保障，因此，有稳定的非农职业或者稳定的收入来源，才可以转让土地承包经营权。第二，经发包人同意。转让土地承包经营权，使得原有的承包关系终止，发包人与受让方需要确定新的承包关系。尤其是将土地承包经营权向本集体组织以外的农户转让，发包人与受让方的关系也不再是集体经济组织与其成员的关系，同时还关系到受让方是否符合法律规定的主体资格，是否具有承包经营的能力。第三，受让方须为从事农业生产经营的农户，即受让方必须从事农业生产的农户。

此外，需要注意的是，土地承包经营权设立的目的在于从事农业生产，因此本条最后规定流转非经依法批准不能从事非农建设，以保障土地的农业用途。

三、本条规定特别评注

《物权法》规定的土地承包经营权流转的方式包括转包、互换、转让等方式，《民法典》没有再将转包列为流转方式。转包，是指土地承包经营权人将自己承包的土地在承包期间内全部或部分地移转给其他农户耕种。一般认为，转包并不会导致承包关系的主体发生变更，只是承包经营权人将其享有的权利部分移转给了第三人，而发包人和承包人之间的承包关系并不因此改变。换言之，转包人和受转包人之间的内部关系为债权关系，并不影响土地承包权的外部关系，因此也不涉及主体的变更。有学者还指出，转包也不影响土地承包经营权的权利内容，其与出租具有类似性，只不过转包要求在本集体经济组织内部，而出租则在本集体经济组织之外，其本质都是租赁。[①] 随着农村市场化的发展，只适用于本集体经济组织内部的转包适用受限，因此本条取消了转包的流转方式，但在本法第339条规定了出租流转的方式，规范了流转方式的分类，这也与修改后的《农村土地承包法》中规定的流转方式相一致。

此外，本条还删除了《物权法》对流转期限不得超过承包期剩余期限的限制。一方面，考虑到《民法典》还规定了对土地承包经营权到期续包的问题；另一方面，也考虑到当事人之间约定的流转期限属于内部间的债权关系问题，其约定的期限不影响土地承包经营权的物权期限，故而也不具有物权效力。如果双方

---

① 韩松：《论民法典物权编对土地承包经营权的规定》，载《清华法学》2019年第1期。

约定的期限超过了承包期剩余期限，则超过的部分属于无权处分，双方约定的效力受合同立法的规制。为了避免实践中司法机关动辄认定流转合同无效，《民法典》删除了这一规定。

【关联规范】

1.《农村土地承包法》

第三十三条 承包方之间为方便耕种或者各自需要，可以对属于同一集体经济组织的土地的土地承包经营权进行互换，并向发包方备案。

第三十四条 经发包方同意，承包方可以将全部或者部分的土地承包经营权转让给本集体经济组织的其他农户，由该农户同发包方确立新的承包关系，原承包方与发包方在该土地上的承包关系即行终止。

2.《不动产登记暂行条例实施细则》

第四十七条 承包农民集体所有的耕地、林地、草地、水域、滩涂以及荒山、荒沟、荒丘、荒滩等农用地，或者国家所有依法由农民集体使用的农用地从事种植业、林业、畜牧业、渔业等农业生产的，可以申请土地承包经营权登记；地上有森林、林木的，应当在申请土地承包经营权登记时一并申请登记。

第四十八条 依法以承包方式在土地上从事种植业或者养殖业生产活动的，可以申请土地承包经营权的首次登记。

以家庭承包方式取得的土地承包经营权的首次登记，由发包方持土地承包经营合同等材料申请。

以招标、拍卖、公开协商等方式承包农村土地的，由承包方持土地承包经营合同申请土地承包经营权首次登记。

第四十九条 已经登记的土地承包经营权有下列情形之一的，承包方应当持原不动产权属证书以及其他证实发生变更事实的材料，申请土地承包经营权变更登记：

（一）权利人的姓名或者名称等事项发生变化的；

（二）承包土地的坐落、名称、面积发生变化的；

（三）承包期限依法变更的；

（四）承包期限届满，土地承包经营权人按照国家有关规定继续承包的；

（五）退耕还林、退耕还湖、退耕还草导致土地用途改变的；

（六）森林、林木的种类等发生变化的；

（七）法律、行政法规规定的其他情形。

第五十条　已经登记的土地承包经营权发生下列情形之一的，当事人双方应当持互换协议、转让合同等材料，申请土地承包经营权的转移登记：

（一）互换；

（二）转让；

（三）因家庭关系、婚姻关系变化等原因导致土地承包经营权分割或者合并的；

（四）依法导致土地承包经营权转移的其他情形。

以家庭承包方式取得的土地承包经营权，采取转让方式流转的，还应当提供发包方同意的材料。

第五十一条　已经登记的土地承包经营权发生下列情形之一的，承包方应当持不动产权属证书、证实灭失的材料等，申请注销登记：

（一）承包经营的土地灭失的；

（二）承包经营的土地被依法转为建设用地的；

（三）承包经营权人丧失承包经营资格或者放弃承包经营权的；

（四）法律、行政法规规定的其他情形。

3.《最高人民法院关于审理涉及农村土地承包纠纷案件适用法律问题的解释》

第十三条　承包方未经发包方同意，转让其土地承包经营权的，转让合同无效。但发包方无法定理由不同意或者拖延表态的除外。

第十四条　承包方依法采取出租、入股或者其他方式流转土地经营权，发包方仅以该土地经营权流转合同未报其备案为由，请求确认合同无效的，不予支持。

第三百三十五条　【土地承包经营权流转的登记对抗主义】土地承包经营权互换、转让的，当事人可以向登记机构申请登记；未经登记，不得对抗善意第三人。

【条文理解与适用】

一、本条的缘由

本条在《物权法》第129条规定的基础上进行文字修改而成，与《物权法》第128条相比较，本条的表达更精准流畅。

二、本条规定的主要内容

本条是关于互换、转让后的土地承包经营权需登记的规定。在土地承包经营权设立后，权利人可以通过互换、转让、出租等方式进行流转，其中，互换与转让，是将土地承包经营权换由或者转给他人行使，其区别在于互换是两个各有土地承包经营权的当事人之间互易土地承包经营权，而转让则是有土地承包经营权的一方将权利移转给他人，最终自己丧失土地承包经营权。互换和转让的法律后果都是土地承包经营权的主体发生了变更。

对于一般的不动产物权变动，公示直接决定着物权设定和变动效力的发生，如果当事人之间仅就物权的变动达成合意，但没有办理登记，也不影响合同的效力。但对于土地承包经营权的设立，本法规定无须办理登记，合同生效后即发生物权效力。同时，为了防止土地承包经营权在多次互换、转让后难以明确权利归属和内容，本条进一步规定，如果土地承包经营权以互换、转让的方式发生变动的，虽然土地承包合同成立即可发生物权变动，但是同时采纳登记对抗模式，即不进行登记的，该物权变动不得对抗善意第三人。

三、本条规定特别评注

登记是物权变动的公示方式。我国在土地承包经营权的物权变动方式上，选择了登记对抗主义而非登记生效主义，这主要考虑到我国农村土地承包经营权制度尚不健全，许多土地都没有记载到登记簿上，因此，对于农村土地承包经营权的登记将是一项非常细致而艰巨的工作，需要做大量工作，投入大量人力、财力、物力。在目前的情况下，要求土地承包经营权设立必须登记，不太现实。基于此，本条规定登记不是物权移转的必要条件，而只是产生对抗第三人效力的要件。这一方面缓解了登记带来的巨大压力，另一方面通过权利外观也保护了善意相对人的信赖利益，有利于交易安全。

【关联规范】

1. **《农村土地承包法》**

第三十五条 土地承包经营权互换、转让的，当事人可以向登记机构申请登记。未经登记，不得对抗善意第三人。

2. **《不动产登记暂行条例实施细则》**

第四十七条 承包农民集体所有的耕地、林地、草地、水域、滩涂以及荒山、荒沟、荒丘、荒滩等农用地，或者国家所有依法由农民集体使用的农用地从事种植业、林业、畜牧业、渔业等农业生产的，可以申请土地承包经营权登记；地上有森林、林木的，应当在申请土地承包经营权登记时一并申请登记。

第四十八条 依法以承包方式在土地上从事种植业或者养殖业生产活动的，可以申请土地承包经营权的首次登记。

以家庭承包方式取得的土地承包经营权的首次登记，由发包方持土地承包经营合同等材料申请。

以招标、拍卖、公开协商等方式承包农村土地的，由承包方持土地承包经营合同申请土地承包经营权首次登记。

第四十九条　已经登记的土地承包经营权有下列情形之一的，承包方应当持原不动产权属证书以及其他证实发生变更事实的材料，申请土地承包经营权变更登记：

（一）权利人的姓名或者名称等事项发生变化的；

（二）承包土地的坐落、名称、面积发生变化的；

（三）承包期限依法变更的；

（四）承包期限届满，土地承包经营权人按照国家有关规定继续承包的；

（五）退耕还林、退耕还湖、退耕还草导致土地用途改变的；

（六）森林、林木的种类等发生变化的；

（七）法律、行政法规规定的其他情形。

第五十条　已经登记的土地承包经营权发生下列情形之一的，当事人双方应当持互换协议、转让合同等材料，申请土地承包经营权的转移登记：

（一）互换；

（二）转让；

（三）因家庭关系、婚姻关系变化等原因导致土地承包经营权分割或者合并的；

（四）依法导致土地承包经营权转移的其他情形。

以家庭承包方式取得的土地承包经营权，采取转让方式流转的，还应当提供发包方同意的材料。

第五十一条　已经登记的土地承包经营权发生下列情形之一的，承包方应当持不动产权属证书、证实灭失的材料等，申请注销登记：

（一）承包经营的土地灭失的；

（二）承包经营的土地被依法转为建设用地的；

（三）承包经营权人丧失承包经营资格或者放弃承包经营权的；

（四）法律、行政法规规定的其他情形。

第三百三十六条　【承包地的调整】承包期内发包人不得调整承包地。

因自然灾害严重毁损承包地等特殊情形，需要适当调整承包的耕地和草地的，应当依照农村土地承包的法律规定办理。

【条文理解与适用】

一、本条的缘由

本条在《物权法》第130条规定的基础上修改而成。相较《物权法》第130条，本条以“农村土地承包的法律”代替了原有“农村土地承包法等”的说法，规范了法律依据，明确将其他涉及土地承包调整的法律，如《土地管理法》也涵括进来了。

二、本条规定的主要内容

本条是关于承包地调整问题的规定。本条第1款明确原则上承包期内发包人不得调整承包地。同时，本条第2款也作出例外规定，即在因自然灾害严重损毁承包地等特殊情形，根据相关法律规定，可以依法调整。如《农村土地承包法》第28条第2款就规定：“承包期内，因自然灾害严重毁损承包地等特殊情形对个别农户之间承包的耕地和草地需要适当调整的，必须经本集体经济组织成员的村民会议三分之二以上成员或者三分之二以上村民代表的同意，并报乡（镇）人民政府和县级人民政府农业农村、林业和草原等主管部门批准。承包合同中约定不得调整的，按照其约定。”这一规定确立了发包人调整承包地的法律依据。根据本条规定，调整承包地需要注意下列问题：

首先，允许进行调整的土地仅限于耕地和草地，对于林地，即使在上述特殊情形下，也不允许调整。这主要考虑到林业生产经营周期长，收益慢，风险大，稳定林地承包经营权，有利于调动承包人植树造林的积极性。同时，林地一般作为农民增收的手段，不像耕地那样，属于农民基本的生活保障。因此，对林地承包经营权不适用耕地和草地有关调整的规定。①

其次，对于依法调整的程序，法律规定需要村民会议三分之二以上成员和村民代表的同意，这是因为土地承包经营权的调整，不仅关系到个别农户，而且关系到整个集体经济组织的重大利益，所以，应当经过绝对多数的村民同意。而且，《农村土地承包法》还规定了应当报乡（镇）人民政府和县级人民政府农业农村、林业和草原等主管部门批准。②

---

① 屈茂辉：《物权法原理精要与实务指南》，人民法院出版社2008年版，第445～446页。

② 对此，有学者提出，对于承包地的调整，不应报批政府机构。因为“土地承包经营权毕竟是集体经济组织处分其财产的行为，集体经济组织应当享有自主权，如果将土地承包经营权的调整报乡和县批准，就会导致不恰当的行政干预，损害集体经济组织的权利”，从而主张应取消对报批的规定。这一观点值得关注。参见王利明：《物权法研究》（第四版），中国人民大学出版社2016年版，第850页。

三、本条规定特别评注

土地承包经营权是农民重要的物权，是农民进行农业活动的基础。如果频繁调整承包地，就会导致广大农民对土地缺乏预期，生产积极性不高，不愿意对土地进行长期投入。因此，为维护农村土地承包关系的长期稳定，消除人为因素对农村土地承包关系的干扰，法律必须明确规定承包期内不得随意调整承包地。

【关联规范】

1.《农村土地承包法》

第二十七条　承包期内，发包方不得收回承包地。

国家保护进城农户的土地承包经营权。不得以退出土地承包经营权作为农户进城落户的条件。

承包期内，承包农户进城落户的，引导支持其按照自愿有偿原则依法在本集体经济组织内转让土地承包经营权或者将承包地交回发包方，也可以鼓励其流转土地经营权。

承包期内，承包方交回承包地或者发包方依法收回承包地时，承包方对其在承包地上投入而提高土地生产能力的，有权获得相应的补偿。

第二十八条　承包期内，发包方不得调整承包地。

承包期内，因自然灾害严重毁损承包地等特殊情形对个别农户之间承包的耕地和草地需要适当调整的，必须经本集体经济组织成员的村民会议三分之二以上成员或者三分之二以上村民代表的同意，并报乡（镇）人民政府和县级人民政府农业农村、林业和草原等主管部门批准。承包合同中约定不得调整的，按照其约定。

第二十九条　下列土地应当用于调整承包土地或者承包给新增人口：

（一）集体经济组织依法预留的机动地；

（二）通过依法开垦等方式增加的；

（三）发包方依法收回和承包方依法、自愿交回的。

2.《土地管理法》

第十三条　农民集体所有和国家所有依法由农民集体使用的耕地、林地、草地，以及其他依法用于农业的土地，采取农村集体经济组织内部的家庭承包方式承包，不宜采取家庭承包方式的荒山、荒沟、荒丘、荒滩等，可以采取招标、拍卖、公开协商等方式承包，从事种植业、林业、畜牧业、渔业生产。家庭承包的耕地的承包期为三十年，草地的承包期为三十年至五十年，林地的承包期为三十年至七十年；耕地承包期届满后再延长三十年，草地、林地承包期届满后依法相应延长。

国家所有依法用于农业的土地可以由单位或者个人承包经营，从事种植业、林业、畜牧业、渔业生产。

发包方和承包方应当依法订立承包合同，约定双方的权利和义务。承包经营土地的单位和个人，有保护和按照承包合同约定的用途合理利用土地的义务。

3.《草原法》

第十三条 集体所有的草原或者依法确定给集体经济组织使用的国家所有的草原，可以由本集体经济组织内的家庭或者联户承包经营。

在草原承包经营期内，不得对承包经营者使用的草原进行调整；个别确需适当调整的，必须经本集体经济组织成员的村（牧）民会议三分之二以上成员或者三分之二以上村（牧）民代表的同意，并报乡（镇）人民政府和县级人民政府草原行政主管部门批准。

集体所有的草原或者依法确定给集体经济组织使用的国家所有的草原由本集体经济组织以外的单位或者个人承包经营的，必须经本集体经济组织成员的村（牧）民会议三分之二以上成员或者三分之二以上村（牧）民代表的同意，并报乡（镇）人民政府批准。

4.《最高人民法院关于审理涉及农村土地承包纠纷案件适用法律问题的解释》

第五条 承包合同中有关收回、调整承包地的约定违反农村土地承包法第二十七条、第二十八条、第三十一条规定的，应当认定该约定无效。

第六条 因发包方违法收回、调整承包地，或者因发包方收回承包方弃耕、撂荒的承包地产生的纠纷，按照下列情形，分别处理：

（一）发包方未将承包地另行发包，承包方请求返还承包地的，应予支持；

（二）发包方已将承包地另行发包给第三人，承包方以发包方和第三人为共同被告，请求确认其所签订的承包合同无效、返还承包地并赔偿损失的，应予支持。但属于承包方弃耕、撂荒情形的，对其赔偿损失的诉讼请求，不予支持。

前款第（二）项所称的第三人，请求受益方补偿其在承包地上的合理投入的，应予支持。

第三百三十七条　【承包地的收回】承包期内发包人不得收回承包地。法律另有规定的，依照其规定。

【条文理解与适用】

一、本条的缘由

本条在《物权法》第131条规定的基础上修改而成。与《物权法》第131条相比较，本条删除了“农村土地承包法等”的字样，规范并扩展了法律依据，明确将其他涉及收回承包地的法律也涵括进来。

二、本条规定的主要内容

本条是关于禁止发包人任意收回承包地的规定。为了保护农民的土地承包经营权，保证农村土地承包关系的稳定，本条规定，承包期内，发包人不得随意收回承包地。即使是对于承包方进镇落户的，根据《农村土地承包法》的规定，承包期内承包方全家进镇落户，承包方愿意土地承包经营权流转的，发包方应当允许承包方对其土地承包经营权进行流转；承包方全家进入小城镇落户，进入非农产业，并且具有稳定的非农业收入，愿意放弃承包地的，应允许农民自愿交回承包地。对于不得收回承包地的规定，还体现在对妇女权益的保护上。为此《农村土地承包法》还特别规定，承包期内，妇女结婚，在新居住地未取得承包地的，发包方不得收回其原承包地；妇女离婚或者丧偶，仍在原居住地生活或者在原居住地生活但在新居住地未取得承包地的，发包方不得收回其原承包地。

同时，本条还附有但书条款，即如果法律另有规定的，依照其规定。如《农村土地承包法》第30条规定，承包期内，承包方可以自愿将承包地交回发包方。承包方自愿交回承包地的，可以获得合理补偿，但是应当提前半年以书面形式通知发包方。承包方在承包期内交回承包地的，在承包期内不得再要求承包土地。对于发包方违法收回承包地的，承包方可以基于物权请求权保护自身利益，发包方违反土地承包法规定收回承包地，应当承担停止侵害、返还原物、恢复原状、排除妨害、消除危险、赔偿损失等民事责任。

三、本条规定特别评注

承包的土地不仅是农民的生产资料，也是他们的生活保障。同时，国家鼓励承包方和集体经济组织增加对土地的投入，培肥地力，提高农业生产能力。因此，发包方在承包期内不得随意收回承包地，是《农村土地承包法》的一个重要原则，是农村土地承包立法的核心内容。正反两方面经验教训表明，发包方随意收回承包地，是农村土地承包关系不稳定的主要因素，也是农村土地承包立法要解决的关键问题。这是本条规定的价值所在。而且，从学理上来看，承包经营权为用益物权，用益物权属于限制物权，用益物权人的权利行使是对所有权人权利的限制和约束。因此，在用益物权依法成立后，只有在具备法定事由时，所有权人才能终止用益物权，即便如此，也应当对提前收回用益物权标的物而对用益物权人所遭受的损害承担赔偿责任。

【关联规范】

1.《农村土地承包法》

第二十七条 承包期内，发包方不得收回承包地。

国家保护进城农户的土地承包经营权。不得以退出土地承包经营权作为农户进城落户的条件。

承包期内，承包农户进城落户的，引导支持其按照自愿有偿原则依法在本集体经济组织内转让土地承包经营权或者将承包地交回发包方，也可以鼓励其流转土地经营权。

承包期内，承包方交回承包地或者发包方依法收回承包地时，承包方对其在承包地上投入而提高土地生产能力的，有权获得相应的补偿。

第三十一条 承包期内，妇女结婚，在新居住地未取得承包地的，发包方不得收回其原承包地；妇女离婚或者丧偶，仍在原居住地生活或者不在原居住地生活但在新居住地未取得承包地的，发包方不得收回其原承包地。

2.《最高人民法院关于审理涉及农村土地承包纠纷案件适用法律问题的解释》

第五条 承包合同中有关收回、调整承包地的约定违反农村土地承包法第二十七条、第二十八条、第三十一条规定的，应当认定该约定无效。

第六条 因发包方违法收回、调整承包地，或者因发包方收回承包方弃耕、撂荒的承包地产生的纠纷，按照下列情形，分别处理：

（一）发包方未将承包地另行发包，承包方请求返还承包地的，应予支持；

（二）发包方已将承包地另行发包给第三人，承包方以发包方和第三人为共同被告，请求确认其所签订的承包合同无效、返还承包地并赔偿损失的，应予支持。但属于承包方弃耕、撂荒情形的，对其赔偿损失的诉讼请求，不予支持。

前款第（二）项所称的第三人，请求受益方补偿其在承包地上的合理投入的，应予支持。

第三百三十八条　【征收承包地的补偿规则】承包地被征收的，土地承包经营权人有权依据本法第二百四十三条的规定获得相应补偿。

【条文理解与适用】

一、本条的缘由

本条在《物权法》第132条规定的基础上略作文字修改而成。

二、本条规定的主要内容

本条规定了承包地被征收后对土地承包经营权人的补偿问题。本法第243条规定，征收是指国家基于公共利益的需要，将集体所有的土地强制性地收归国家所有的行为。土地征收作为非基于法律行为就可以发生物权变动的一种特殊形式，不以权利人的意志为转移即可使原权利人的用益物权消灭，是国家将集体所有土地转化为国家所有的一种方式。土地征收的结果是土地的所有权主体发生了变化，原有土地上的权利消灭，因此必然可能对土地权利人的财产权利造成损失。本法第327条规定因不动产或动产被征收、征用致使用益物权消灭或者影响用益物权行使的，用益物权人有权参照所有权被征收、征用的规定获得补偿。土地承包经营权作为一项用益物权，自然土地承包经营权人也应当获得补偿。

对于补偿的标准，应当给予合理补偿，以保障农民的利益。具体而言，根据《土地管理法》的规定，征收土地应当给予公平、合理的补偿，保障被征地农民原有生活水平不降低、长远生计有保障。

三、本条规定特别评注

土地征收具有正反两个方面的功能：从积极方面看，土地征收能够满足社会公共利益需求，增进社会公共福利；从消极方面看，由于土地征收是国家利用公权力将集体所有的土地强制收归国有，其实质上是对集体土地所有权和农民土地承包经营权的“剥夺”，其必然会造成对所有权人及使用权人的损害，特别是在土地征收不严格按照法律规定的条件和程序进行的情况下。因此，在农村土地征收的制度中为遏制有关部门利用权力非法征收土地并从中牟取暴利，应当以保护私人财产权基本法的形式严格规定土地征收的条件，明确征收必须严格依据法定程序，并且征收只能是为了发展公共利益的需要。同时，在土地征收过程中，应当注意正确处理好农村集体经济组织和农民之间的关系。我国农村土地的所有权属农民集体，在现实生活中经常会发生集体经济组织截流土地征收补偿款，这样的行为严重地损害了被征地农民的利益。因此，在土地征收补偿的过程中，要充分地保护农民的利益，确保土地补偿款能够及时、足额地分配到农民手中。

【关联规范】

1.《农村土地承包法》

第十七条 承包方享有下列权利：

（一）依法享有承包地使用、收益的权利，有权自主组织生产经营和处置产品；

（二）依法互换、转让土地承包经营权；

（三）依法流转土地经营权；

（四）承包地被依法征收、征用、占用的，有权依法获得相应的补偿；

（五）法律、行政法规规定的其他权利。

2.《土地管理法》

第四十八条 征收土地应当给予公平、合理的补偿，保障被征地农民原有生活水平不降低、长远生计有保障。

征收土地应当依法及时足额支付土地补偿费、安置补助费以及农村村民住宅、其他地上附着物和青苗等的补偿费用，并安排被征地农民的社会保障费用。

征收农用地的土地补偿费、安置补助费标准由省、自治区、直辖市通过制定公布区片综合地价确定。制定区片综合地价应当综合考虑土地原用途、土地资源条件、土地产值、土地区位、土地供求关系、人口以及经济社会发展水平等因素，并至少每三年调整或者重新公布一次。

征收农用地以外的其他土地、地上附着物和青苗等的补偿标准，由省、自治区、直辖市制定。对其中的农村村民住宅，应当按照先补偿后搬迁、居住条件有改善的原则，尊重农村村民意愿，采取重新安排宅基地建房、提供安置房或者货币补偿等方式给予公平、合理的补偿，并对因征收造成的搬迁、临时安置等费用予以补偿，保障农村村民居住的权利和合法的住房财产权益。

县级以上地方人民政府应当将被征地农民纳入相应的养老等社会保障体系。被征地农民的社会保障费用主要用于符合条件的被征地农民的养老保险等社会保险缴费补贴。被征地农民社会保障费用的筹集、管理和使用办法，由省、自治区、直辖市制定。

3.《草原法》

第三十九条 因建设征收、征用集体所有的草原的，应当依照《中华人民共和国土地管理法》的规定给予补偿；因建设使用国家所有的草原的，应当依照国务院有关规定对草原承包经营者给予补偿。

因建设征收、征用或者使用草原的，应当交纳草原植被恢复费。草原植被恢复费专款专用，由草原行政主管部门按照规定用于恢复草原植被，任何单位和个人不得截留、挪用。草原植被恢复费的征收、使用和管理办法，由国务院价格主管部门和国务院财政部门会同国务院草原行政主管部门制定。

4.《最高人民法院关于审理涉及农村土地承包纠纷案件适用法律问题的解释》

第二十条 承包地被依法征收，承包方请求发包方给付已经收到的地上附着物和青苗的补偿费的，应予支持。

承包方已将土地经营权以出租、入股或者其他方式流转给第三人的，除当事人另有约定外，青苗补偿费归实际投入人所有，地上附着物补偿费归附着物所有人所有。

第二十一条 承包地被依法征收，放弃统一安置的家庭承包方，请求发包方给付已经收到的安置补助费的，应予支持。

第二十二条 农村集体经济组织或者村民委员会、村民小组，可以依照法律规定的民主议定程序，决定在本集体经济组织内部分配已经收到的土地补偿费。征地补偿安置方案确定时已经具有本集体经济组织成员资格的人，请求支付相应份额的，应予支持。但已报全国人大常委会、国务院备案的地方性法规、自治条例和单行条例、地方政府规章对土地补偿费在农村集体经济组织内部的分配办法另有规定的除外。

第三百三十九条 【土地经营权的流转】土地承包经营权人可以自主决定依法采取出租、入股或者其他方式向他人流转土地经营权。

【条文理解与适用】

一、本条的缘由

本条属于《民法典》新增规定。《物权法》在规定了土地承包经营权可以以互换、转让方式流转后又明确使用了“等”的表述。2018 年修订的《农村土地承包法》第 36 条也规定承包方可以自主决定依法采取出租（转包）、入股或者其他方式向他人流转土地经营权，并向发包方备案。第 53 条还规定：“通过招标、拍卖、公开协商等方式承包农村土地，经依法登记取得权属证书的，可以依法采取出租、入股、抵押或者其他方式流转土地经营权。”

二、本条规定的主要内容

本条是关于以出租和入股或者其他方式向他人流转土地经营权的规定。土地经营权是在土地承包经营权基础上设立的一项具有物权性质的权利，土地承包经营权人有权对其获取收益或者进行处分。本条主要规定了出租和入股两种流转土地经营权的方式。与第334条规定的“互换、转让”方式会使原权利人的土地承包经营权丧失不同，本条则是调整的土地经营权的出租、入股等土地承包经营权的债权性流转方式。对此，有学者认为，这表明《民法典》将土地承包经营权“排除于‘三权分置’所引发的承包地产权结构调整之外”，而“三权分置”所欲调整的只有出租（转包）、入股等方式流转承包地的情形。[①]

所谓土地经营权的出租，是指土地承包经营权人作为出租人将自己承包经营的土地在一定期限内租给其他人从事农业生产并收取租金的行为。承包人出租的对象既可以是本集体经济组织内部成员，也可以是除“本集体经济组织的其他农户”外的经营主体。对于土地经营权，本条没有采纳以转包方式进行流转，而是选择了出租的表达方式。对于转包和出租这两者的关系，在《农村土地承包法》的制定和《民法典》编纂过程中，都存在一定争议。原土地承包经营权的转包，是指土地承包经营权人将部分或全部土地承包经营权以一定期限转给同一集体经济组织的其他农户从事农业生产经营。土地承包经营权的转包和出租一样，都不改变土地承包经营权的主体，而是属于一种债权性质的利用方式。二者的主要不同之处在于，转包仅限于同一集体经济组织内部成员之间，而出租可以是本集体经济组织之外的农户。随着农村经济市场化的趋势，法律允许了土地权利流转范围的扩大，对于土地经营权的流转，最终选择了在本条中以出租代替转包的方式予以规定。

入股同样是土地经营权流转方式之一。土地经营权的入股，是指土地承包经营权人以土地经营权作为出资加入合作社或公司等法人组织。有学者指出，“入股之后，有利于实现规模经营和专业化经营，从而提高土地的利用效率，并可以有效增加农民的收入”。[②] 对于入股的法律效果，也应当认为是一种债权性的转让而非物权性的转让，其实质上也是承包农户在其土地承包经营权之上为接受入股的主体设立土地经营权，入股后，原承包关系不发生改变，承包农户的土地承包经营权并不丧失。[③]

---

① 高圣平：《农地三权分置改革与民法典物权编编纂——兼评〈民法典各分编（草案）〉物权编》，载《华东政法大学学报》2019年第2期。

② 王利明：《物权法研究》（第三版）（下），中国人民大学出版社2013年版，第837页。

③ 高圣平：《论承包地流转的法律表达——以我国〈农村土地承包法〉的修改为中心》，载《政治与法律》2018年第2期。

三、本条规定特别评注

为保护农民权益以及发展经济的需要，“三权分置”被确定为新一轮农村土地制度改革的指导思想和相关法律修改的重要理论基础。根据本条规定，出租、转让的客体是土地经营权而非土地承包经营权，这与第 334 条所规定的互换、转让的流转方式具有本质不同。《民法典》第一次在土地承包经营权之上又创立了土地经营权的概念，旨在与 2018 年修订的《农村土地承包法》相衔接，也是我国在“三权分置”下的有益尝试。所谓三权分置，是指“土地所有权、土地承包权、土地经营权”三个层次的农地经营基本制度格局，其创立主要是针对目前需要大力发展规模化、集约化的现代农业经营模式，但土地承包经营权作为本集体经济组织成员才能享有的权利，其流转范围非常有限。

【关联规范】

《农村土地承包法》

第三十六条　承包方可以自主决定依法采取出租（转包）、入股或者其他方式向他人流转土地经营权，并向发包方备案。

第五十三条　通过招标、拍卖、公开协商等方式承包农村土地，经依法登记取得权属证书的，可以依法采取出租、入股、抵押或者其他方式流转土地经营权。

第三百四十条　【土地经营权人的基本权利】 土地经营权人有权在合同约定的期限内占有农村土地，自主开展农业生产经营并取得收益。

【条文理解与适用】

一、本条的缘由

本条属于《民法典》新增规定，其源于《农村土地承包法》第 37 条“土地经营权人有权在合同约定的期限内占有农村土地，自主开展农业生产经营并取得收益”之规定。

二、本条规定的主要内容

本条是对土地经营权权利内容的规定，明确了土地经营权人所拥有的权利。

作为“三权”分置之下新生的民事权利，土地经营权有其特定的含义。中央在《关于完善农村土地所有权承包权经营权分置办法的意见》中将土地经营权界定为“土地经营权人对流转土地依法享有在一定期限内占有、耕作并取得相应收益的权利”。从权利主体观察，土地经营权不同于土地承包经营权：土地经营权人是市场主体，没有身份限制，而土地承包经营权人仅限于本集体经济组织成员，具有身份属性。

2018年修订的《农村土地承包法》在此基础上，将土地经营权人享有的权利概括为“占有农村土地，自主开展农业生产经营并取得收益”，本条吸收了《农村土地承包法》的规定，规定土地经营权人享有占有权，生产经营权和收益权。占有农村土地，是指对于农村土地有事实上的管领控制之力，土地经营权不能脱离对农村土地的实际占有而存在。自主开展农业生产经营，是土地经营权的核心内容，是土地经营权人利用农村土地自行决定如何耕作、种植何种作物，自主决定经营过程的管理方式和方法，而不受承包人或其他人的干涉。收益权，是土地经营权人取得土地经营权的主要目的。需要说明的是，本条所称收益，仅指经营收益，即土地经营权人自主开展农业生产经营所取得的收益，如获取的实物形态的各种农作物，以及果实及其变价收益，不包括处分土地经营权所获得的收益。

三、本条规定特别评注

本条规定了土地经营权人的权利，但理论上对于这一权利的性质认定存在分歧。有学者主张土地经营权是一项概括、综合的权利，是包括土地承包经营权在内的各种农地使用权的总称；有学者主张土地经营权在性质上属于一种物权，其派生于土地承包经营权，从权利的稳定性和对抗性出发，应将其确立为物权；[①]还有学者主张应为一种债权，认为若将土地承包经营权中分离出的土地经营权定性为物权，则违反了“一物一权”原则，既然土地经营权是从合同中产生出来的，其性质就应当为一种债权。[②]

以上观点均有一定合理性。笔者赞同将土地经营权界定为债权，原则上其效力仅发生于土地经营合同当事人之间，但如赋予其登记资格，借助于登记技术，也可以使土地经营权明确化和相对独立化，使之可以对抗其他债权人和恶意第三人，这样也可以保障土地经营权人稳定的经营预期，实现政策目标。

---

① 崔建远：《民法分则物权编立法研究》，载《中国法学》2017年第2期。

② 吴兴国：《承包权与经营权分离框架下债权性流转经营权人权益保护研究》，载《江淮论坛》2014年第5期。

【关联规范】

《农村土地承包法》

第三十七条　土地经营权人有权在合同约定的期限内占有农村土地，自主开展农业生产经营并取得收益。

第三百四十一条　【土地经营权的设立与登记】流转期限为五年以上的土地经营权，自流转合同生效时设立。当事人可以向登记机构申请土地经营权登记；未经登记，不得对抗善意第三人。

【条文理解与适用】

一、本条的缘由

本条是《民法典》新增规定，其法律依据在于2018年新修订的《农村土地承包法》第41条“土地经营权流转期限为五年以上的，当事人可以向登记机构申请土地经营权登记。未经登记，不得对抗善意第三人”。

二、本条规定的主要内容

本条是对土地经营权的设立和登记的有关规定。根据本条规定，土地经营权的设立不以登记公示为必须，而是自流转合同生效时就设立。同时，土地经营权作为农村土地上一项重要的占有、使用、收益权，经不动产登记簿的记载，可明晰市场主体对于农村土地的利用关系，使得土地经营权确定化。因此，本条还规定经登记的土地经营权可以对抗善意第三人。一般认为，这意味着登记后的土地经营权不仅在当事人之间发生法律效力，而且还被赋予一定的支配和排他效力。[①]

需要注意的是，本条规定延续《农村土地承包法》的规则，将本条的适用范围限定在流转期限为五年以上的土地经营权中，这主要是因为土地经营权的流转期限不同，市场主体对稳定性的需求也不同。对于流转期限在五年以上的土地经营权，当事人更希望能够具有排他的效力，选择借由登记来保障自己的权利。

---

①　温世扬、吴昊：《集体土地“三权分置”的法律意蕴与制度供给》，载《华东政法大学学报》2017年第3期。

三、本条规定特别评注

首先，本条规定之所以没有强制要求设立土地经营权须经登记，主要考虑到实践中不同经营主体对土地经营权登记办证的需求存在差异，有的经营者希望能通过登记的方式获得长期稳定的土地经营权，而有的短期经营者则认为没有必要办理登记。因此本条给予了当事人选择权，从而根据自己的需求予以选择。

其次，本条的表述存在两种解释可能。一种观点认为，土地经营权有债权性和物权性之分，未登记的土地经营权是债权，包括流转期限低于五年的土地经营权和未登记的流转期限为五年以上的土地经营权；已登记的土地经营权是物权，仅包括已登记的流转期限为五年以上的土地经营权。另一种观点则认为，土地经营权在性质上属于债权，其登记资格只是为了加强交易安全，与性质无涉。“土地经营权”一语反映的是土地经营权人对农村土地的利用关系，在性质上不宜做不同的定性，否则法律上要同时规定物权性质的土地经营权和债权性质的土地经营权的内容，而且两种性质的土地经营权的内容基于其效力上的差异很难抽象。①显然，这一问题仍需留待日后通过法律或者司法解释予以明确。

【关联规范】

《农村土地承包法》

第四十一条 土地经营权流转期限为五年以上的，当事人可以向登记机构申请土地经营权登记。未经登记，不得对抗善意第三人。

第三百四十二条 【以其他方式承包取得的土地经营权流转】

通过招标、拍卖、公开协商等方式承包农村土地，经依法登记取得权属证书的，可以依法采取出租、入股、抵押或者其他方式流转土地经营权。

【条文理解与适用】

一、本条的缘由

本条源于《物权法》第133条，是关于以其他方式取得的土地承包经营权流

---

① 高圣平：《农地三权分置改革与民法典物权编编纂——兼评〈民法典各分编（草案）〉物权编》，载《华东政法大学学报》2019年第2期。

转的规定。虽然本条也是规定通过招标、拍卖、公开协商等方式承包农村土地后的流转方式，但其内容相较于《物权法》第133条，实质上有较大改动。具体而言，本条以“承包农村土地”替代了“承包荒地等农村土地”的表述；增加了对于流转土地经营权前必须“依法登记取得权属证书”的规定，并将依法“转让”的流转方式修改为了“出租”的流转方式。

二、本条规定的主要内容

本条是对于土地经营权流转方式的规定，明确通过招标、拍卖、公开协商等方式承包农村土地，经依法登记取得权属证书的，可以依法采取出租、入股、抵押或者其他方式流转土地经营权。

所谓招标，是指招标方通过发布招标公告或者向有意投标承包的集体经济组织内部成员或外部农业生产者发出招标邀请等方式，发出招标信息，列出招标条件，以各有意承包的农业承包经营者作为投标方，向招标方书面提出自己响应招标要求的条件，参加投标竞争。经招标方对各投标者的条件进行审查比较后，从中择优选定中标者，并与其签订土地承包合同。招标投标活动要依照法定程序公开进行，有利于集体经济组织成员的监督。

拍卖，是指以公开竞价的形式，将特定物或者财产权利转让给最高应价者的买卖方式。这种买卖方式由竞买人提出各种标价，通过公开竞争，由拍卖人通过落槌或者以其他公开表示买定的方式接受某项出价，而一经拍定，合同便告成立。以拍卖方式承包农村土地，有利于实现土地资源的优化配置，促进农业生产和农村经济的可持续发展。

公开协商的方式，包括协商的主体公开，协商的内容公开，协商议定的结果如承包的期限、承包费的数额及支付方式等都要公开。以此接受集体经济组织成员的监督，避免“暗箱操作”，保证公开、公平、公正地发包和承包。

通过招标、拍卖、公开协商等方式承包农村土地，均属于通过市场化的方式获得土地承包经营权，而非基于集体成员内部的分配，故而对于权利的归属也不像本集体经济组织成员内部间的分配一样清晰明确，因此本条规定，通过以上方式取得土地承包经营权的，需要先依法登记取得权属证书后，才能以出租、入股、抵押或者其他方式流转土地经营权。

三、本条规定特别评注

结合本法第341条规定可以得出，对于一般的土地承包经营权，无须登记，自承包合同生效后即可设立，未经登记也可以流转，但进行互换、转让的，不经登记不得对抗善意第三人；对于通过招标、拍卖、公开协商等方式承包农村土地的，即使转让的并非土地承包经营权，而是土地经营权，虽承包权的主体和权利内容均不发生变动，但是如果需要流转，也必须先依法登记取得权属证书。否则，其流转会因为违反本条的强制性规定而被宣告无效。从立法本意看，这样规定主要是因为采用市场化的原则承包和流转的土地经营权，如果在流转过程中没有以登记作为公示方式，则势必造成权属的混乱和流转市场交易成本过高。

【关联规范】

《农村土地承包法》

第五十三条 通过招标、拍卖、公开协商等方式承包农村土地，经依法登记取得权属证书的，可以依法采取出租、入股、抵押或者其他方式流转土地经营权。

第三百四十三条 【国有农用地承包经营的法律适用】 国家所有的农用地实行承包经营的，参照适用本编的有关规定。

【条文理解与适用】

一、本条的缘由

本条在《物权法》第134条的基础上略作文字修改而成。

二、本条规定的主要内容

本条是关于国有农用地实行承包经营法律适用问题的规定。

对于用于农业用途的土地，除集体所有的土地外，还可能包括国家所有的土地。《宪法》规定，城市的土地属于国家所有；农村和城市郊区的土地，除由法律规定属于国家所有的以外，属于集体所有；宅基地和自留地、自留山，也属于集体所有。《土地管理法》也规定，城市市区的土地属于国家所有。农村和城市郊区的土地，除由法律规定属于国家所有的以外，属于农民集体所有；宅基地和自留地、自留山，属于农民集体所有。

根据本条规定，对于国家所有的农用地，也可以通过承包经营的方式进行农业生产，从而成为土地承包经营权的客体。无论是在承包权的设立、发包人与承包人权利义务的认定、承包期限的确定、承包地的征收补偿、承包权的流转等方面，均可以参照适用本编的有关规定。

三、本条规定特别评注

从我国相关法律规定可以看出，农村和城市郊区的土地，大部分属于集体所有，但也有根据法律规定由国家所有的部分。本条规定有助于规范国家所有的农用地的承包经营问题。

【关联规范】

1.《**土地管理法**》

第四十一条　开发未确定使用权的国有荒山、荒地、荒滩从事种植业、林业、畜牧业、渔业生产的，经县级以上人民政府依法批准，可以确定给开发单位或者个人长期使用。

2.《**草原法**》

第十条　国家所有的草原，可以依法确定给全民所有制单位、集体经济组织等使用。

使用草原的单位，应当履行保护、建设和合理利用草原的义务。

3.《**不动产登记暂行条例实施细则**》

第五十二条　以承包经营以外的合法方式使用国有农用地的国有农场、草场，以及使用国家所有的水域、滩涂等农用地进行农业生产，申请国有农用地的使用权登记的，参照本实施细则有关规定办理。

国有农场、草场申请国有未利用地登记的，依照前款规定办理。

第五十三条　国有林地使用权登记，应当提交有批准权的人民政府或者主管部门的批准文件，地上森林、林木一并登记。

第十二章　建设用地使用权

【本章导读】

土地资源具有稀缺性和不可再生性，建设用地使用权制度有助于充分发掘土地的价值。出让人通过设立建设用地使用权，使建设用地使用权人对国家所有的土地享有了占有、使用和收益的权利，建设用地使用权人可以利用该土地建造建筑物、构筑物及其附属设施。

本章是关于建设用地使用权的规定，共18条（第344～361条），主要内容包括建设用地使用权人的权利内容，建设用地使用权的客体，建设用地使用权的设立方式，建设用地使用权出让合同，建设用地使用权的设立登记，建设用地使用权人合理利用土地、支付出让金的义务，建设用地使用权人建造的建筑物、构筑物及其附属设施的归属，建设用地使用权流转时当事人的权利和义务，附属于该土地上的建筑物、构筑物及其附属设施一并处分的规定，建设用地使用权因公共利益而提前收回时的补偿原则，建设用地使用权期间届满后的续期问题，建设用地使用权的注销登记以及集体所有的土地作为建设用地的原则性规定。理解本章，需要特别注意本章所规定的建设用地使用权，是指建设用地使用权人进行非农业建设依法使用国家所有土地的权利。建设用地使用权分为国有土地建设用地使用权和集体土地建设用地使用权。这两种土地使用权的不同不仅表现在土地所有权的性质上，还表现在城市建设用地使用权具有自由流转的属性，不具有强烈的身份属性，而集体建设用地使用权目前仍保留较强的身份属性。

第三百四十四条　【建设用地使用权的概念】建设用地使用权人依法对国家所有的土地享有占有、使用和收益的权利，有权利用该土地建造建筑物、构筑物及其附属设施。

【条文理解与适用】

一、本条的缘由

本条源于《物权法》第135条。

二、本条规定的主要内容

本条是对建设用地使用权的权利内容的规定。建设用地使用权是我国用益物权中的一项重要权利。根据《土地管理法》的规定，基于土地的不同用途，我国将土地分为农用地、建设用地和未利用地。建设用地是指为建造建筑物、构筑物的土地，包括城乡住宅和公共设施用地、工矿用地、交通水利设施用地、旅游用地、军事设施用地等。根据本条规定，建设用地使用权人依法对国家所有的土地享有占有、使用、收益的权利，有权建造建筑物、构筑物和附属设施。理解本条具体需要把握以下特点：

1. 建设用地使用权的客体为国家所有的土地。建设用地使用权人进行建设所使用的只能是城市国有土地，或者依据法律规定属于国家所有的农村或城市郊区的土地。

2. 建设用地使用权人享有的具体权利，首先表现为具有占有权。因为建设用地使用权设立的目的主要在于使权利人通过建设行为获得土地的使用价值，而实现这一目的就要求建设用地使用权人对特定的土地进行占有，这是进行利用活动的前提。建设用地使用权人有权建造建筑物、构筑物和附属设施。建设用地使用权人所享有的占有、使用和收益权都是以建设为目的的，从而达到对土地资源的有效利用。如果建设用地使用权人占有建设用地经过法定期限而没有从事任何建设，则将导致建设用地使用权被收回。因此，建设用地使用权人的使用权就体现于在特定的土地上进行建造各种建筑物、构筑物和其他附属设施等建设行为。建设用地使用权人的收益权主要体现为两个方面：一方面，建设用地使用权人通过建造建筑物、构筑物及其他附属设施，通过自己使用或者出售、出租等方式，以获得价金、租金等收益。这些都是收益权的主要内容。另一方面，建设用地使用权本身也可以作为交易的对象出让、转让、出租并获取收益。

3. 建设用地使用权作为一项他物权，必须在法律规定或合同约定的范围内，行使对土地的占用、使用、收益的权利，不得损害所有权人的利益。如果超出了合同约定或法律规定的范围，则其行为不受法律保护。

三、本条规定特别评注

在我国，建设用地使用权分为国有土地建设用地使用权和集体土地建设用地使用权。两种土地使用权不仅所基于的土地所有权的性质不同，还表现在国有土地建设用地使用权相对而言具有自由流转的属性，身份属性较弱，而集体建设用地使用权仍保留较强的身份属性。本条规定明确本章规定只适用于国有土地建设用地使用权。

【关联规范】

1.《土地管理法》

第四条 国家实行土地用途管制制度。

国家编制土地利用总体规划，规定土地用途，将土地分为农用地、建设用地和未利用地。严格限制农用地转为建设用地，控制建设用地总量，对耕地实行特殊保护。

前款所称农用地是指直接用于农业生产的土地，包括耕地、林地、草地、农田水利用地、养殖水面等；建设用地是指建造建筑物、构筑物的土地，包括城乡住宅和公共设施用地、工矿用地、交通水利设施用地、旅游用地、军事设施用地等；未利用地是指农用地和建设用地以外的土地。

使用土地的单位和个人必须严格按照土地利用总体规划确定的用途使用土地。

第九条 城市市区的土地属于国家所有。

农村和城市郊区的土地，除由法律规定属于国家所有的以外，属于农民集体所有；宅基地和自留地、自留山，属于农民集体所有。

2.《城镇国有土地使用权出让和转让暂行条例》

第二条 国家按照所有权与使用权分离的原则，实行城镇国有土地使用权出让、转让制度，但地下资源、埋藏物和市政公用设施除外。

前款所称城镇国有土地是指市、县城、建制镇、工矿区范围内属于全民所有的土地（以下简称土地）。

第三条 中华人民共和国境内外的公司、企业、其他组织和个人，除法律另有规定者外，均可依照本条例的规定取得土地使用权，进行土地开发、利用、经营。

第三百四十五条 【建设用地使用权的分层设立】 建设用地使用权可以在土地的地表、地上或者地下分别设立。

【条文理解与适用】

一、本条的缘由

本条源于《物权法》第136条第1句。

二、本条规定的主要内容

本条是对建设用地使用权分层设立的规定。

根据本条规定，建设用地使用权可以在土地的地表、地上或者地下分别设立。换言之，地表、地上、地下都可以单独作为建设用地使用权的客体，从而在各个层次上实现物尽其用的法律效果。同时，不管是对地表空间的利用，还是对地上、地下空间的利用，其用益物权的名称都叫作建设用地使用权，而没有独立的，如空间权的称谓。

有权分层设立建设用地使用权的权利人，应当是土地的所有权人。因此，对于城市土地，国家为设立建设用地使用权的权利人。由于建设用地使用权设立的目的在于建造建筑物、构筑物及其附属设施。因此，无论是对地表或对地上、地下空间的利用，都应以建设建筑物、构筑物及其附属设施为土地用途。如果非以建设为土地用途，例如，对地下矿产资源的开发利用等，则不属于本条调整范畴。

此外，需要说明的是，因为分层设立建设用地使用权，就意味着在同一幅土地上，基于各自权利范围的不同，可能存在多个独立的建设用地使用权及建设用地使用权人。因此，在设立中就必须更清晰地划分各自的权利界限，以避免纠纷的发生。在行使权利过程中，不同的建设用地使用权应当互不侵犯，不得影响他人权利地行使。

三、本条规定特别评注

土地作为自然资源，其客观存在的自然属性包括了地表、地下及空中。伴随着经济与社会的发展，对土地的需求量越来越大，如果仅限于对土地地表的利用，难以达到物尽其用的效果。实践中，高架桥、地下铁轨、地下商城、停车场等都是利用了地下和空中进行开发建设的事例。因此，出于对土地的纵向空间发展的需要，迫切要求法律对此类行为加以规范和保障。本条即因应这一需求而作出规定。

【关联规范】

《城乡规划法》

第三十三条　城市地下空间的开发和利用，应当与经济和技术发展水平相适应，遵循统筹安排、综合开发、合理利用的原则，充分考虑防灾减灾、人民防空和通信等需要，并符合城市规划，履行规划审批手续。

第三百四十六条　【建设用地使用权的设立原则】设立建设用地使用权，应当符合节约资源、保护生态环境的要求，遵守法律、行政法规关于土地用途的规定，不得损害已经设立的用益物权。

【条文理解与适用】

一、本条的缘由

本条在《物权法》第136条第2句规定的基础上修改而成，主要是增加了对建设用地使用权使用原则的规定。

二、本条规定的主要内容

本条是对建设用地使用权使用原则的规定，主要包括下列三个方面的内容：

首先，《民法典》第9条规定："民事主体从事民事活动，应当有利于节约资源、保护生态环境。"该条明确了民事主体在进行民事活动时，应当遵循绿色原则，节约资源、保护环境。在设立建设用地使用权时，保护和合理开发利用自然资源是社会公共利益的要求，同时，建设用地使用权作为权利人得以在城市土地上建造建筑物、构造物以及附属设施的权利基础，直接影响了城市的生态环境和城市面貌，因此本条特别规定设立建设用地使用权应当符合节约资源、保护生态环境的要求，应是《民法典》总则编精神在物权编的具体体现。

其次，设立建设用地使用权还应当遵守法律、行政法规关于土地用途的规定。如《城镇国有土地使用权出让和转让暂行条例》第12条即规定，根据不同的土地用途，建设用地使用权的设立也存在期限限制："土地使用权出让最高年限按下列用途确定：（一）居住用地七十年；（二）工业用地五十年；（三）教育、科技、文化、卫生、体育用地五十年；（四）商业、旅游、娱乐用地四十年；（五）综合或者其他用地五十年。"有学者指出，建设用地使用权人不得改变土地用途，是公法按照公共利益的要求和城市规划的需要对建设用地使用权的限制。[①]对于这种限制，必须在设立建设用地使用权时纳入考量，因此法律还特别规定，取得建设用地使用权后，还应当依法向城市规划行政部门取得建设用地规划许可证，才能依法行使建设用地使用权。

---

① 徐涤宇：《物权法热点问题讲座》，中国法制出版社2007年版，第178页。

最后，还需要注意的是，根据本条规定，新设立的建设用地使用权，不得损害已设立的用益物权。因为建设用地使用权可以分别设立于地上、地表、地下，故相较于其他用益物权，分层设立的不同建设用地使用权的权利的内容、土地用途、利用方式等相互之间必须相融，在设立权利过程中，不同的建设用地使用权应当互不侵犯，公平地分配各建设用地使用权人的权利义务。

三、本条规定特别评注

随着科学技术的发展，人们对土地的利用更为广泛，建设用地使用权不仅仅涉及对地表土地的使用，还涉及对土地的地上空间和地下空间的使用。本条规定实质上是对土地所有权限制的扩大，有助于城市的开发和建设，反映了现代物权立法对社会需求的回应。

【关联规范】

1. **《民法典》**

第九条 民事主体从事民事活动，应当有利于节约资源、保护生态环境。

2. **《土地管理法》**

第四条 国家实行土地用途管制制度。

国家编制土地利用总体规划，规定土地用途，将土地分为农用地、建设用地和未利用地。严格限制农用地转为建设用地，控制建设用地总量，对耕地实行特殊保护。

前款所称农用地是指直接用于农业生产的土地，包括耕地、林地、草地、农田水利用地、养殖水面等；建设用地是指建造建筑物、构筑物的土地，包括城乡住宅和公共设施用地、工矿用地、交通水利设施用地、旅游用地、军事设施用地等；未利用地是指农用地和建设用地以外的土地。

使用土地的单位和个人必须严格按照土地利用总体规划确定的用途使用土地。

第三百四十七条　【建设用地使用权的出让方式】设立建设用地使用权，可以采取出让或者划拨等方式。

工业、商业、旅游、娱乐和商品住宅等经营性用地以及同一土地有两个以上意向用地者的，应当采取招标、拍卖等公开竞价的方式出让。

严格限制以划拨方式设立建设用地使用权。

【条文理解与适用】

一、本条的缘由

本条在《物权法》第137条规定的基础上，进一步明确以“划拨方式”设立建设用地使用权的，必须遵守法律、行政法规关于土地用途的规定。

二、本条规定的主要内容

本条是关于建设用地使用权设立方式的规定。根据本条规定，无偿划拨和有偿出让是建设用地使用权的法定设立方式。其中，有偿出让，是指出让人将一定期限的建设用地使用权交付建设用地使用权人使用，建设用地使用权人向出让人支付一定的出让金的行为。有偿出让的方式主要包括拍卖、招标和协议等。划拨，是指经县级以上人民政府依法批准，在建设用地使用权人缴纳补偿、安置等费用后将该幅土地交付其使用，或者将建设用地使用权无偿交付给建设用地使用权人使用的行为。划拨土地没有期限的规定。

根据《土地管理法》的规定，国家依法实行国有土地有偿使用制度，但是国家在法律规定的范围内划拨国有土地使用权的除外。由此可见，有偿使用是我国国有土地使用制度的原则，建设单位使用国有土地，应当以出让等有偿使用方式取得，但是，对于国家机关用地、军事用地、公共设施等建设用地，可以通过划拨方式取得。

采取划拨方式是设立建设用地使用权的例外方式，因此需要严格限制，必须遵守法律、行政法规关于土地用途的规定。一般认为，划拨主要具有以下特点：其一，划拨设立的建设用地使用权往往是无偿的，是由于国家为了维护国家利益和社会公共利益需要，依照严格的法律程序授予用地者的土地使用权，本质上是一种非市场化的建设用地使用权设定方式。其二，与有偿出让相比，划拨具有无期限性。建设用地使用权的划拨因出于公共利益设立，因此没有最高年限的限制。其三，以划拨方式设立的建设用地使用权，原则上不得进入市场进行交易。以划拨方式设立建设用地使用权，转让房地产时，应当按照国务院规定，报有批准权的人民政府审批。①

需要注意的是，对于建设用地使用权出让合同的法律性质，学界观点一直存

① 王利明：《民法》（第六版），中国人民大学出版社2015年版，第227页。

在分歧。[①] 笔者认为，相较于划拨，采用出让方式设立建设用地使用权并非一种行政行为，而属于民事行为。正如有赞同兼具民事行为和行政行为的学者也认为，“各级政府的土地管理部门代表国家以土地所有人的身份与土地使用者订立合同，是以民事主体的身份与其他民事主体从事交易行为，他们之间发生的关系属于平等主体之间的民事关系”。[②] 因此，采用出让方式设立的，因属于交易行为，具有有偿性，因此必须缴纳土地出让金。出让的方式包括协议出让、招标出让、拍卖出让、挂牌出让等。采取出让方式设立建设用地使用权，当事人应当采取书面形式订立建设用地使用权出让合同。而且，根据法律规定，采用出让方式设立的建设用地使用权，具有期限的限制。出让合同约定的期限届满，土地所有权人就应收回建设用地使用权。

三、本条规定特别评注

土地是一种宝贵的自然资源。我国土地使用权制度改革的目的之一就在于设立有偿利用土地的机制，并在此基础上建立和完善土地市场，因此我国必须严格限制建设用地使用权的划拨使用，明确规定对于经营性用地必须适用招标、拍卖等公开竞价的方式。

【关联规范】

1. **《土地管理法》**

第五十四条 建设单位使用国有土地，应当以出让等有偿使用方式取得；但是，下列建设用地，经县级以上人民政府依法批准，可以以划拨方式取得：

（一）国家机关用地和军事用地；

（二）城市基础设施用地和公益事业用地；

（三）国家重点扶持的能源、交通、水利等基础设施用地；

---

① 有主张行政行为说者，认为政府在出让合同中代表公共利益，出让合同是政府进行行政管理的一种体现，且出让合同还为行政机关保留了作为平等民事主体所不能享有的特别权力，如监督指导合同的实际履行、单方面变更合同的条款、有权认定受让方利用土地的行为是否违法并给予行政制裁等，因此，土地使用权出让合同是行政合同（参见应松年：《行政合同不可忽视》，载《法制日报》1997 年 6 月 9 日）；有主张民事行为说者，认为政府代表国家管理土地，是以民事主体身份参加合同关系，出让合同确定的是平等的民事主体之间的权利义务关系，因此，土地出让合同是民事合同（可参阅王家福、黄明川：《土地法的理论与实践》，人民日报出版社 1991 年版，第 217 页）；有主张双重属性说者，认为政府在土地出让合同关系中既是行政管理者，又是土地所有者的代表人，既可以作为行政机关审查和批准用地人的用地申请，并核发土地使用证，又可以代表土地所有者与土地使用者签订土地使用权出让合同，约定双方的权利义务及各方违约的责任，故政府的双重身份导致出让合同既有行政合同性质，又有民事合同性质（可参阅王利明：《物权法论》，中国政法大学出版社 1997 年版，第 590 ~ 598 页）。

② 王利明：《民法》（第六版），中国人民大学出版社 2015 年版，第 227 页。

（四）法律、行政法规规定的其他用地。

2.《城市房地产管理法》

第八条 土地使用权出让，是指国家将国有土地使用权（以下简称土地使用权）在一定年限内出让给土地使用者，由土地使用者向国家支付土地使用权出让金的行为。

第九条 城市规划区内的集体所有的土地，经依法征收转为国有土地后，该幅国有土地的使用权方可有偿出让，但法律另有规定的除外。

第十条 土地使用权出让，必须符合土地利用总体规划、城市规划和年度建设用地计划。

第十一条 县级以上地方人民政府出让土地使用权用于房地产开发的，须根据省级以上人民政府下达的控制指标拟订年度出让土地使用权总面积方案，按照国务院规定，报国务院或者省级人民政府批准。

第十二条 土地使用权出让，由市、县人民政府有计划、有步骤地进行。出让的每幅地块、用途、年限和其他条件，由市、县人民政府土地管理部门会同城市规划、建设、房产管理部门共同拟定方案，按照国务院规定，报经有批准权的人民政府批准后，由市、县人民政府土地管理部门实施。

直辖市的县人民政府及其有关部门行使前款规定的权限，由直辖市人民政府规定。

第十三条 土地使用权出让，可以采取拍卖、招标或者双方协议的方式。

商业、旅游、娱乐和豪华住宅用地，有条件的，必须采取拍卖、招标方式；没有条件，不能采取拍卖、招标方式的，可以采取双方协议的方式。

采取双方协议方式出让土地使用权的出让金不得低于按国家规定所确定的最低价。

3.《城镇国有土地使用权出让和转让暂行条例》

第八条 土地使用权出让是指国家以土地所有者的身份将土地使用权在一定年限内让与土地使用者，并由土地使用者向国家支付土地使用权出让金的行为。

土地使用权出让应当签订出让合同。

第十二条 土地使用权出让最高年限按下列用途确定：

（一）居住用地七十年；

（二）工业用地五十年；

（三）教育、科技、文化、卫生、体育用地五十年；

（四）商业、旅游、娱乐用地四十年；

（五）综合或者其他用地五十年。

第十三条 土地使用权出让可以采取下列方式：

（一）协议；

（二）招标；

（三）拍卖。

依照前款规定方式出让土地使用权的具体程序和步骤，由省、自治区、直辖市人民政府规定。

第三百四十八条 【建设用地使用权出让合同】通过招标、拍卖、协议等出让方式设立建设用地使用权的，当事人应当采用书面形式订立建设用地使用权出让合同。

建设用地使用权出让合同一般包括下列条款：

（一）当事人的名称和住所；

（二）土地界址、面积等；

（三）建筑物、构筑物及其附属设施占用的空间；

（四）土地用途、规划条件；

（五）建设用地使用权期限；

（六）出让金等费用及其支付方式；

（七）解决争议的方法。

【条文理解与适用】

一、本条的缘由

本条在《物权法》第138条规定的基础上，在措辞表达上以“通过”招标、拍卖、协议等出让方式设立建设用地使用权，代替“采取”招标、拍卖、协议等出让方式设立建设用地使用权，并在出让合同内容的第四项“土地用途”后加上了“规划条件”，将出让合同内容的第五项“使用期限”明确为“建设用地使用权期限”。

二、本条规定的主要内容

本条是对以出让方式设定建设用地使用权的出让合同内容的规定。根据本条规定，通过招标、拍卖、协议等有偿出让方式设立建设用地使用权的，当事人应当采用书面形式订立建设用地使用权出让合同。招标，是指市、县人民政府国土资源行政主管部门发布招标公告，邀请特定或不特定的自然人、法人和非法人组织参加建设用地使用权投标，根据投标结果确定国有建设用地使用权人的行为，其属于一种公开竞价的方式。拍卖，是指出让人发布拍卖公告，由竞买人在指定时间、地点进行公开竞价，根据出价结果确定国有建设用地使用权人的行为。招标和拍卖都属于市场竞争、公开竞价的方式，比较容易实现物尽其用，开发建设的目的。与招标、拍卖相比，协议则是一种非公开出让的方式，是指出让人和受让人就出让建设用地使用权进行“一对一”的协商，最终达成出让建设用地使用权的协议，待登记完毕，由受让人取得建设用地使用权的行为。

根据本条规定，对于有偿出让的，应当采用书面形式订立出让合同。换言之，建设用地使用权出让合同的成立为要式行为。所谓书面形式，是指合同书、信件和数据电文（包括电报、电传、传真、电子数据交换和电子邮件）等可以有形的表现所载内容的形式。之所以要求建设用地使用权出让合同应当采用书面形式订立，主要是考虑到由于建设用地使用权的出让无论是对国家还是对受让人都具有很大的利益，只有书面的要式合同才有助于登记工作的顺利展开。①

对于建设用地使用权出让合同的主要条款，本条主要规定了七个方面的内容，分别是：第一，应当规定当事人的名称和住所。建设用地使用权出让合同的当事人，一方为代表国家出让建设用地使用权的市、县人民政府土地管理部门，合同另一方为受让土地的单位或个人。第二，土地界址、面积等。这一条款旨在确定建设用地使用权所指向的土地范围。由于建设用地使用权可以在土地的地表及地上、地下分别设立，因此对土地界址、面积等的约定不仅涉及地表的横向范围，还需要标明权利所及的土地的纵向范围。第三，建筑物、构筑物及其附属设施占用的空间。通常指与建筑物、构筑物及其附属设施的高度及所占用的基地，以及正常使用时必需的空间范围。第四，土地用途。双方在合同中约定的土地用途应是经批准的土地用途。第五，使用期限。即建设用地使用权人获得的可以使用土地的年限。使用期限由双方协商确定，但依法不得超过法律规定的最高年限。第六，出让金等费用及其支付方式。出让金的数额、支付方式及期限由双方通过协商或招标、投标等公开竞价的方式确定，并在合同中写明具体支付方式。第七，解决争议的方法，既可以选择仲裁，也可以选择诉讼等方式。需要注意的是，这七个方面的合同条款并非强行性规定。当然，其中的土地用途与使用期限是建设用地使用权出让合同必须包含的条款，否则无法确认设立的建设用地使用权的权利义务内容。

---

① 朱岩、高圣平、陈鑫：《中国物权法评注》，北京大学出版社 2007 年版，第 448 页。

三、本条规定特别评注

为了进一步加强对国有土地的管理，体现市场经济中的公开、公正、公平原则，在我国，除涉及国家安全和保密要求外，国有建设用地的流转都必须向社会公开。招标、拍卖出让国有建设用地使用权不仅集中体现了公开、公正、公平的原则，同时还可以实现政府按规划统一开发、统一供地，以供应、引导和制约需求，实现土地优化配置，有效防止土地出让中的不正之风和腐败行为，保障依法行政。

【关联规范】

1.《城市房地产管理法》

第十五条 土地使用权出让，应当签订书面出让合同。

土地使用权出让合同由市、县人民政府土地管理部门与土地使用者签订。

2.《城乡规划法》

第三十八条 在城市、镇规划区内以出让方式提供国有土地使用权的，在国有土地使用权出让前，城市、县人民政府城乡规划主管部门应当依据控制性详细规划，提出出让地块的位置、使用性质、开发强度等规划条件，作为国有土地使用权出让合同的组成部分。未确定规划条件的地块，不得出让国有土地使用权。

以出让方式取得国有土地使用权的建设项目，建设单位在取得建设项目的批准、核准、备案文件和签订国有土地使用权出让合同后，向城市、县人民政府城乡规划主管部门领取建设用地规划许可证。

城市、县人民政府城乡规划主管部门不得在建设用地规划许可证中，擅自改变作为国有土地使用权出让合同组成部分的规划条件。

第三十九条 规划条件未纳入国有土地使用权出让合同的，该国有土地使用权出让合同无效；对未取得建设用地规划许可证的建设单位批准用地的，由县级以上人民政府撤销有关批准文件；占用土地的，应当及时退回；给当事人造成损失的，应当依法给予赔偿。

3.《城镇国有土地使用权出让和转让暂行条例》

第八条 土地使用权出让是指国家以土地所有者的身份将土地使用权在一定年限内让与土地使用者，并由土地使用者向国家支付土地使用权出让金的行为。

土地使用权出让应当签订出让合同。

第十一条 土地使用权出让合同应当按照平等、自愿、有偿的原则，由市、县人民政府土地管理部门（以下简称出让方）与土地使用者签订。

第十二条 土地使用权出让最高年限按下列用途确定：

（一）居住用地七十年；

（二）工业用地五十年；

（三）教育、科技、文化、卫生、体育用地五十年；

（四）商业、旅游、娱乐用地四十年；

（五）综合或者其他用地五十年。

第十五条 出让方应当按照合同规定，提供出让的土地使用权。未按合同规定提供土地使用权的，土地使用者有权解除合同，并可请求违约赔偿。

第十六条 土地使用者在支付全部土地使用权出让金后，应当依照规定办理登记，领取土地使用证，取得土地使用权。

第十七条 土地使用者应当按照土地使用权出让合同的规定和城市规划的要求，开发、利用、经营土地。

未按合同规定的期限和条件开发、利用土地的，市、县人民政府土地管理部门应当予以纠正，并根据情节可以给予警告、罚款直至无偿收回土地使用权的处罚。

第十八条 土地使用者需要改变土地使用权出让合同规定的土地用途的，应当征得出让方同意并经土地管理部门和城市规划部门批准，依照本章的有关规定重新签订土地使用权出让合同，调整土地使用权出让金，并办理登记。

4.《最高人民法院关于审理涉及国有土地使用权合同纠纷案件适用法律问题的解释》

第一条 本解释所称的土地使用权出让合同，是指市、县人民政府自然资源主管部门作为出让方将国有土地使用权在一定年限内让与受让方，受让方支付土地使用权出让金的合同。

第二条 开发区管理委员会作为出让方与受让方订立的土地使用权出让合同，应当认定无效。

本解释实施前，开发区管理委员会作为出让方与受让方订立的土地使用权出让合同，起诉前经市、县人民政府自然资源主管部门追认的，可以认定合同有效。

第三条 经市、县人民政府批准同意以协议方式出让的土地使用权，土地使用权出让金低于订立合同时当地政府按照国家规定确定的最低价的，应当认定土地使用权出让合同约定的价格条款无效。

当事人请求按照订立合同时的市场评估价格交纳土地使用权出让金的，应予支持；受让方不同意按照市场评估价格补足，请求解除合同的，应予支持。因此造成的损失，由当事人按照过错承担责任。

第四条 土地使用权出让合同的出让方因未办理土地使用权出让批准手续而不能交付土地，受让方请求解除合同的，应予支持。

第五条 受让方经出让方和市、县人民政府城市规划行政主管部门同意，改变土地使用权出让合同约定的土地用途，当事人请求按照起诉时同种用途的土地出让金标准调整土地出让金的，应予支持。

第六条 受让方擅自改变土地使用权出让合同约定的土地用途，出让方请求解除合同的，应予支持。

第三百四十九条 【建设用地使用权的登记】设立建设用地使用权的，应当向登记机构申请建设用地使用权登记。建设用地使用权自登记时设立。登记机构应当向建设用地使用权人发放权属证书。

【条文理解与适用】

一、本条的缘由

本条在《物权法》第139条的基础上略作文字修改而成，将原“发放建设用地使用权证书”修改为“发放权属证书”。

二、本条规定的主要内容

本条是关于建设用地使用权应当自登记时设立的规定，即明确建设用地使用权的设立采登记要件主义。换言之，设立建设用地使用权的出让合同在当事人意思表示一致时就产生效力，但建设用地使用权自登记时设立。建设用地使用权登记，是指县级以上人民政府将土地的权属、用途、面积等基本情况登记在登记簿上，并向建设用地使用权人颁发使用权证书。建设用地使用权的登记行为既是一种认可，又是一种证明，对社会公众产生证明力、推定力和公示力。

根据本条规定，向建设用地使用权人颁发使用权证书是登记机构的法定义务。建设用地使用权证书是建设用地使用权人享有该建设用地使用权的证明。登记机构发放建设用地使用权证书的目的主要在于保证土地登记活动的秩序与安全。登记机构在完成建设用地使用权的登记事务后，将证书发放给权利人，表明登记机构已根据事实、法律和当事人的申请，完成了相应的建设用地使用权登记。此外，由登记机构颁发使用权证书，也有利于保证登记活动的安全。因为建设用地使用权的权属情况依据不动产登记簿的记载，而登记簿由登记机构所载并且由该机构保管，为防止登记簿上内容的不当变化，登记机构在进行建设用地使用权登记后，有必要再向权利人发放权属证书，该权属证书应当与登记簿记载的内容一致；如果记载不一致的，除有证据证明登记簿确有错误外，以不动产登记簿为准。这也意味着如果事后权利人发现存在相异之处，权利人只要有证据证明登记簿的错误，就可以权属证书的记载对抗登记机构，要求登记机构恢复原记载并承担相应责任。

需要注意的是，本条没有进一步区分出让和划分等不同方式，因此不仅适用于通过出让方式获得的建设用地使用权，以划拨方式取得的建设用地使用权也同样采用登记设立的规则。《城市房地产管理法》第 61 条第 1 款规定："以出让或者划拨方式取得土地使用权，应当向县级以上地方人民政府土地管理部门申请登记，经县级以上地方人民政府土地管理部门核实，由同级人民政府颁发土地使用权证书。"

三、本条规定特别评注

建设用地使用权作为一项物权，具有排他和对世的效力，因此必须通过公示的方式使社会知悉其权利的存在。建设用地使用权的客体为城市土地，不同于土地承包经营权的客体为农村土地，其权利取得建立在熟人社会之上，故建设用地使用权必须通过登记才能向公众展现其权利外观，因此本条规定建设用地使用权的设立采登记要件主义，建设用地使用权自登记时设立。

【关联规范】

1.《**土地管理法**》

第十一条 农民集体所有的土地依法属于村农民集体所有的，由村集体经济组织或者村民委员会经营、管理；已经分别属于村内两个以上农村集体经济组织的农民集体所有的，由村内各该农村集体经济组织或者村民小组经营、管理；已经属于乡（镇）农民集体所有的，由乡（镇）农村集体经济组织经营、管理。

2.《**城市房地产管理法**》

第六十条 国家实行土地使用权和房屋所有权登记发证制度。

第六十一条 以出让或者划拨方式取得土地使用权，应当向县级以上地方人民政府土地管理部门申请登记，经县级以上地方人民政府土地管理部门核实，由同级人民政府颁发土地使用权证书。

在依法取得的房地产开发用地上建成房屋的，应当凭土地使用权证书向县级以上地方人民政府房产管理部门申请登记，由县级以上地方人民政府房产管理部门核实并颁发房屋所有权证书。

房地产转让或者变更时，应当向县级以上地方人民政府房产管理部门申请房产变更登记，并凭变更后的房屋所有权证书向同级人民政府土地管理部门申请土地使用权变更登记，经同级人民政府土地管理部门核实，由同级人民政府更换或者更改土地使用权证书。

法律另有规定的，依照有关法律的规定办理。

3.《不动产登记暂行条例》

第五条　下列不动产权利，依照本条例的规定办理登记：

……

（五）建设用地使用权；

……

4.《城镇国有土地使用权出让和转让暂行条例》

第十六条　土地使用者在支付全部土地使用权出让金后，应当依照规定办理登记，领取土地使用证，取得土地使用权。

5.《不动产登记暂行条例实施细则》

第三十三条　依法取得国有建设用地使用权，可以单独申请国有建设用地使用权登记。

依法利用国有建设用地建造房屋的，可以申请国有建设用地使用权及房屋所有权登记。

第三十四条　申请国有建设用地使用权首次登记，应当提交下列材料：

（一）土地权属来源材料；

（二）权籍调查表、宗地图以及宗地界址点坐标；

（三）土地出让价款、土地租金、相关税费等缴纳凭证；

（四）其他必要材料。

前款规定的土地权属来源材料，根据权利取得方式的不同，包括国有建设用地划拨决定书、国有建设用地使用权出让合同、国有建设用地使用权租赁合同以及国有建设用地使用权作价出资（入股）、授权经营批准文件。

申请在地上或者地下单独设立国有建设用地使用权登记的，按照本条规定办理。

第三十五条　申请国有建设用地使用权及房屋所有权首次登记的，应当提交下列材料：

（一）不动产权属证书或者土地权属来源材料；

（二）建设工程符合规划的材料；

（三）房屋已经竣工的材料；
（四）房地产调查或者测绘报告；
（五）相关税费缴纳凭证；
（六）其他必要材料。

第三百五十条 【土地用途限定规则】建设用地使用权人应当合理利用土地，不得改变土地用途；需要改变土地用途的，应当依法经有关行政主管部门批准。

【条文理解与适用】

一、本条的缘由

本条源于《物权法》第140条。

二、本条规定的主要内容

本条是关于土地用途改变规则的规定。土地作为有限的自然资源，只有通过规划合理利用，才能发挥土地的最大经济效益，从而实现对土地的可持续利用。对于如何实现“合理使用”，具体来说，本条规定具有以下两层含义。

其一，建设用地使用权人行使权利必须按照法定或者约定的土地用途，不得擅自进行变更。这既体现在使用土地时应保护土地的自然属性，不得对土地资源造成损害；也体现在对于以出让合同规定了土地用途的，必须根据批准或合同约定的用途使用土地，未经批准无权自行决定改变土地用途。

其二，建设用地使用权人需要改变土地用途的，必须依法经有关行政主管部门批准。也就是说，并非土地用途完全不能改变。因为建设用地使用权的期限较长，且建设用地使用权可以依法通过转让等方式处分，新的权利人对土地可能有不同的利用目的，完全禁止改变土地用途不符合实际情况。因此本条规定在强调合理利用土地，禁止擅自改变土地用途的同时，还规定需要改变土地用途的，必须依法经有关行政部门批准。如果建设用地使用权人擅自改变建设用地使用权出让合同约定的土地用途的，则出让人有权请求解除合同。

三、本条规定特别评注

需要注意的是，有关行政机关对于建设用地使用权人申请改变土地用途的审批行为，性质上属于行政许可。对于这种具体行政行为，如果申请人的申请符合法律规定的条件，行政机关就负有在法律规定的期限内作出批准的义务，否则就属于行政上的不作为，由此给申请人造成的损失应当承担赔偿责任。

【关联规范】

1.《土地管理法》

第四条　国家实行土地用途管制制度。

国家编制土地利用总体规划，规定土地用途，将土地分为农用地、建设用地和未利用地。严格限制农用地转为建设用地，控制建设用地总量，对耕地实行特殊保护。

前款所称农用地是指直接用于农业生产的土地，包括耕地、林地、草地、农田水利用地、养殖水面等；建设用地是指建造建筑物、构筑物的土地，包括城乡住宅和公共设施用地、工矿用地、交通水利设施用地、旅游用地、军事设施用地等；未利用地是指农用地和建设用地以外的土地。

使用土地的单位和个人必须严格按照土地利用总体规划确定的用途使用土地。

第五十六条　建设单位使用国有土地的，应当按照土地使用权出让等有偿使用合同的约定或者土地使用权划拨批准文件的规定使用土地；确需改变该幅土地建设用途的，应当经有关人民政府自然资源主管部门同意，报原批准用地的人民政府批准。其中，在城市规划区内改变土地用途的，在报批前，应当先经有关城市规划行政主管部门同意。

2.《城市房地产管理法》

第十八条　土地使用者需要改变土地使用权出让合同约定的土地用途的，必须取得出让方和市、县人民政府城市规划行政主管部门的同意，签订土地使用权出让合同变更协议或者重新签订土地使用权出让合同，相应调整土地使用权出让金。

第四十四条　以出让方式取得土地使用权的，转让房地产后，受让人改变原土地使用权出让合同约定的土地用途的，必须取得原出让方和市、县人民政府城市规划行政主管部门的同意，签订土地使用权出让合同变更协议或者重新签订土地使用权出让合同，相应调整土地使用权出让金。

3.《城镇国有土地使用权出让和转让暂行条例》

第十八条　土地使用者需要改变土地使用权出让合同规定的土地用途的，应当征得出让方同意并经土地管理部门和城市规划部门批准，依照本章的有关规定重新签订土地使用权出让合同，调整土地使用权出让金，并办理登记。

第二十七条　土地使用权转让后，需要改变土地使用权出让合同规定的土地用途的，依照本条例第十八条的规定办理。

4.《最高人民法院关于审理涉及国有土地使用权合同纠纷案件适用法律问题的解释》

第五条 受让方经出让方和市、县人民政府城市规划行政主管部门同意，改变土地使用权出让合同约定的土地用途，当事人请求按照起诉时同种用途的土地出让金标准调整土地出让金的，应予支持。

第六条 受让方擅自改变土地使用权出让合同约定的土地用途，出让方请求解除合同的，应予支持。

第三百五十一条　【建设用地使用权人支付出让金等费用的义务】建设用地使用权人应当依照法律规定以及合同约定支付出让金等费用。

【条文理解与适用】

一、本条的缘由

本条源于《物权法》第141条。

二、本条规定的主要内容

本条是关于建设用地使用权人支付出让金等费用义务的规定。本条进一步明确了建设用地使用权人应当履行支付出让金等费用的义务，使支付出让金等费用成为作为用益物权人的建设用地使用权人的权利义务内容的组成部分。

我国对于城市土地，原则上实行有偿使用原则，故通过出让方式取得建设用地使用权的受让人必须缴纳出让金。支付出让金既是建设用地使用权人的法定义务，同样也是出让人和受让人在签订出让合同时约定的合同义务。具体而言，本条主要作了下列两个方面的规定：

其一，建设用地使用权人对出让金等费用的支付义务，应以法律以及合同约定为依据。出让金实际上是建设用地使用权的对价，一般取决于市场价格。对出让金的具体数额的确定，是通过协商、招标、投标等方式确定。有学者指出，如果出让合同约定的出让金低于订立合同时当地政府按照国家规定确定的最低价的，应当认定土地使用权出让合同约定的价格条款无效。①

其二，本条对于建设用地使用权人应当支付的费用，除出让金外，还以"等"字涵括了其他可能支付费用的情形。例如，建设用地使用权人须支付的补

---

① 王利明：《物权法研究》（第四版），中国人民大学出版社2016年版，第878页。

偿、安置等费用，实际上是由于国家收回原土地使用人的土地使用权，之后通过划拨方式再设立建设用地使用权时，对地上房屋所有人或租赁人等依法进行补偿、安置等所需支付的费用。

三、本条规定特别评注

本条没有规定出让金的适用范围，但是既然出让金是有偿取得建设用地使用权而应当付出的对价，因此通过行政划拨方式取得的建设用地使用权，权利人无须支付对价，也就不适用本条规定。

此外，需要注意的是，支付出让金是建设用地使用权出让合同所设定的义务，依合同之相对性，出让合同载明的权利与义务只对合同的当事人具有约束力，原则上不能用来对抗第三人。因此，政府不能以用地人未缴清出让金为由来对抗转让合同中的受让人。

【关联规范】

1.**《土地管理法》**

第五十五条　以出让等有偿使用方式取得国有土地使用权的建设单位，按照国务院规定的标准和办法，缴纳土地使用权出让金等土地有偿使用费和其他费用后，方可使用土地。

自本法施行之日起，新增建设用地的土地有偿使用费，百分之三十上缴中央财政，百分之七十留给有关地方人民政府。具体使用管理办法由国务院财政部门会同有关部门制定，并报国务院批准。

2.**《城市房地产管理法》**

第十六条　土地使用者必须按照出让合同约定，支付土地使用权出让金；未按照出让合同约定支付土地使用权出让金的，土地管理部门有权解除合同，并可以请求违约赔偿。

第十七条　土地使用者按照出让合同约定支付土地使用权出让金的，市、县人民政府土地管理部门必须按照出让合同约定，提供出让的土地；未按照出让合同约定提供出让的土地的，土地使用者有权解除合同，由土地管理部门返还土地使用权出让金，土地使用者并可以请求违约赔偿。

第十九条　土地使用权出让金应当全部上缴财政，列入预算，用于城市基础设施建设和土地开发。土地使用权出让金上缴和使用的具体办法由国务院规定。

3.**《城镇国有土地使用权出让和转让暂行条例》**

第十四条　土地使用者应当在签订土地使用权出让合同后六十日内，支付全部土地使用权出让金。逾期未全部支付的，出让方有权解除合同，并可请求违约赔偿。

第十五条 出让方应当按照合同规定，提供出让的土地使用权。未按合同规定提供土地使用权的，土地使用者有权解除合同，并可请求违约赔偿。

4. **《最高人民法院关于审理涉及国有土地使用权合同纠纷案件适用法律问题的解释》**

第三条 经市、县人民政府批准同意以协议方式出让的土地使用权，土地使用权出让金低于订立合同时当地政府按照国家规定确定的最低价的，应当认定土地使用权出让合同约定的价格条款无效。

当事人请求按照订立合同时的市场评估价格交纳土地使用权出让金的，应予支持；受让方不同意按照市场评估价格补足，请求解除合同的，应予支持。因此造成的损失，由当事人按照过错承担责任。

第三百五十二条 【建设用地使用权人建造的建筑物、构筑物及其附属设施的归属】 建设用地使用权人建造的建筑物、构筑物及其附属设施的所有权属于建设用地使用权人，但是有相反证据证明的除外。

【条文理解与适用】

一、本条的缘由

本条在《物权法》第142条规定的基础上略作文字修改而成。

二、本条规定的主要内容

本条是关于建设用地使用权人建造的建筑物、构筑物及其附属设施归属问题的规定。建设用地使用权是建设用地使用权人通过有偿出让或无偿划拨的方式，取得在国有土地上建设建筑物、构筑物及其附属设施的权利。建设用地使用权的权利内容即在土地上建造建筑物、构筑物及其附属设施。根据我国相关法律规定，建设用地使用权人在取得建设用地使用权后，凭建设用地使用权权属证书及立项许可等其他政府批准文件，向有关建设主管部门申请发放建设许可证、开工许可证等，取得对土地进行开发建设的合法手续后，即可以按照批准的用途，以该土地建设建筑物、构筑物及其附属设施。对于建造的房屋等的归属，建设用地使用权人有权凭借建设用地使用权权属证书，申请办理房屋等不动产所有权权属登记，取得房屋等不动产所有权，即法律推定建设用地使用权人享有该土地范围内建造的房屋等不动产所有权。本条规定体现出我国实行的是“房地一体”政策，即土地使用权与房屋等不动产所有权权利主体应当一致。

本条同样规定有但书条款，即原则上推定建设用地上的房屋归建设用地使用权人所有，但是有相反证据证明的除外。所谓相反证据，其举证责任在他人，而不在建设用地使用权人。因为建设用地使用权人只要合法取得了建设用地使用权，则法律就推定其对在该幅土地上建造的房屋等不动产享有所有权。他人若对建设用地使用权人取得房屋等不动产权属的资格有异议，必须提供证据加以证明。对于相反的证据，实践中主要包括以下三种情形：一是该地上建筑物等不是建设用地使用权人建造的；二是地上建筑物等是建设用地使用权人建造的，但基于与他人设立的其他法律关系，如合资、合作等，按约定建成后的建筑物等不动产权属应部分或全部归他人；三是建设用地使用权人已经将建造的建筑物等不动产转让于他人。

三、本条规定特别评注

对于建设用地使用权与建于其上的房屋等建筑物、构筑物及其附属设施的所有权之间的关系，各国和地区立法对此有不同的认识。本条规定实际上是对“房地一体”原则的表达。建设用地使用权人因取得建设用地使用权而进一步取得其上建造的房屋等不动产的所有权。建造属于一种事实行为，只要建设用地使用权人依法完成了建造行为，其作为房屋等不动产的建造者，就有权根据原始取得规则获得所建造的不动产的所有权，即便没有办理所有权初始登记，也可以取得其所建造的建筑物、构筑物及其附属设施的所有权。正如有学者所言，“如果建设用地使用权人只是有权利用土地建造建筑物，不能对其所建造的建筑物享有物权，则其建造建筑物的目的就不能实现”。①

【关联规范】

《最高人民法院关于审理涉及国有土地使用权合同纠纷案件适用法律问题的解释》

第二十一条　合作开发房地产合同约定提供土地使用权的当事人不承担经营风险，只收取固定利益的，应当认定为土地使用权转让合同。

---

① 王利明：《物权法研究》，中国人民大学出版社2013年版，第889页。

第二十二条 合作开发房地产合同约定提供资金的当事人不承担经营风险，只分配固定数量房屋的，应当认定为房屋买卖合同。

第二十三条 合作开发房地产合同约定提供资金的当事人不承担经营风险，只收取固定数额货币的，应当认定为借款合同。

第二十四条 合作开发房地产合同约定提供资金的当事人不承担经营风险，只以租赁或者其他形式使用房屋的，应当认定为房屋租赁合同。

第三百五十三条 【建设用地使用权的流转方式】建设用地使用权人有权将建设用地使用权转让、互换、出资、赠与或者抵押，但是法律另有规定的除外。

【条文理解与适用】

一、本条的缘由

本条在《物权法》第143条规定的基础上略作文字修改而成。

二、本条规定的主要内容

本条是关于建设用地使用权流转方式的规定。本条规定了建设用地使用权人有权进行建设用地使用权的流转，并列举了流转方式。具体来看，本条包括三个方面的内容：权利人有权流转建设用地使用权；流转建设用地使用权的方式有转让、互换、出资、赠与或者抵押；建设用地使用权流转时必须遵循法律规定，特别是有关限制性规定。

首先，建设用地使用权人有权流转建设用地使用权。建设用地使用权人作为用益物权人，享有对自己的用益物权进行处分的权利。建设用地使用权作为一种可以转让的财产权，当然可以由权利人加以处分。建设用地使用权流转后的法律效果是使权利主体发生变更，原权利人丧失建设用地使用权，同时受让人获得了建设用地使用权。

其次，建设用地使用权的流转方式，包括转让、互换、出资、赠与或者抵押。在建设用地使用权的流转中，最典型的形式是转让。对于转让的概念，从广义理解是指进行财产权转移的行为，包括互换、赠与等形式。但对本条规定中的转让，一般认为应采取狭义上的理解，是指权利人将其建设用地使用权转移给他人并获得价款的行为。[①] 建设用地使用权互换，是指建设用地使用权人以其享有

---

① 王利明：《物权法研究》（第三版）（下卷），中国人民大学出版社2013年版，第909页。

的建设用地使用权换取他人的建设用地使用权的行为。建设用地使用权互换后，原权利人丧失原有的建设用地使用权，取得换取的建设用地使用权。建设用地使用权出资，是指建设用地使用权人将其享有的建设用地使用权作价，作为其资本金投入某企业中，或者与他人合资、合作开发经营。建设用地使用权赠与，是指建设用地使用权人在使用期限内无偿将其依法享有的建设用地使用权移转给他人享有的行为。建设用地使用权抵押，是指以建设用地使用权作为债权的担保，当债务人不履行债务时，抵押权人有权依法以建设用地使用权变现所得的价款优先受偿。

此外，虽然对于建设用地使用权的处分属于建设用地使用权人的私权，但鉴于国有建设用地的特殊性，权利人权利的行使当然应遵循来自法律或合同所作的限定性或禁止性规定的约束。如《土地管理法》《城市房地产管理法》等有关法律，就明确规定了建设用地使用权流转的条件，并明确如果存在现行法律规定明文禁止转让等处分情形时，建设用地使用权人无权通过转让等方式处分其建设用地使用权。

三、本条规定特别评注

建设用地使用权作为一种典型的用益物权，本条规定允许权利人予以依法流转。建设用地使用权的依法流转，不仅是权利人实现自身利益最大化之考量的体现，而且权利在不同主体之间的重新配置，从经济上看也是一种资源的优化组合。当然，建设用地使用权在进行流转时应当合理利用土地，不得改变土地用途，对于建设用地的使用需要符合国家关于土地用途规划；如果需要改变土地用途的，应当依法经有关行政主管部门批准，并应当做好相应的变更登记，以保障交易安全。

【关联规范】

1.《土地管理法》

第二条 中华人民共和国实行土地的社会主义公有制，即全民所有制和劳动群众集体所有制。

全民所有，即国家所有土地的所有权由国务院代表国家行使。

任何单位和个人不得侵占、买卖或者以其他形式非法转让土地。土地使用权可以依法转让。

国家为了公共利益的需要，可以依法对土地实行征收或者征用并给予补偿。

国家依法实行国有土地有偿使用制度。但是，国家在法律规定的范围内划拨国有土地使用权的除外。

2.《城市房地产管理法》

第三十七条 房地产转让，是指房地产权利人通过买卖、赠与或者其他合法方式将其房地产转移给他人的行为。

第三十八条 下列房地产，不得转让：

（一）以出让方式取得土地使用权的，不符合本法第三十九条规定的条件的；

（二）司法机关和行政机关依法裁定、决定查封或者以其他形式限制房地产权利的；

（三）依法收回土地使用权的；

（四）共有房地产，未经其他共有人书面同意的；

（五）权属有争议的；

（六）未依法登记领取权属证书的；

（七）法律、行政法规规定禁止转让的其他情形。

第三十九条 以出让方式取得土地使用权的，转让房地产时，应当符合下列条件：

（一）按照出让合同约定已经支付全部土地使用权出让金，并取得土地使用权证书；

（二）按照出让合同约定进行投资开发，属于房屋建设工程的，完成开发投资总额的百分之二十五以上，属于成片开发土地的，形成工业用地或者其他建设用地条件。

转让房地产时房屋已经建成的，还应当持有房屋所有权证书。

第四十条 以划拨方式取得土地使用权的，转让房地产时，应当按照国务院规定，报有批准权的人民政府审批。有批准权的人民政府准予转让的，应当由受让方办理土地使用权出让手续，并依照国家有关规定缴纳土地使用权出让金。

以划拨方式取得土地使用权的，转让房地产报批时，有批准权的人民政府按照国务院规定决定可以不办理土地使用权出让手续的，转让方应当按照国务院规定将转让房地产所获收益中的土地收益上缴国家或者作其他处理。

第四十一条 房地产转让，应当签订书面转让合同，合同中应当载明土地使用权取得的方式。

第四十二条 房地产转让时，土地使用权出让合同载明的权利、义务随之转移。

第四十七条 房地产抵押，是指抵押人以其合法的房地产以不转移占有的方式向抵押权人提供债务履行担保的行为。债务人不履行债务时，抵押权人有权依法以抵押的房地产拍卖所得的价款优先受偿。

第四十八条　依法取得的房屋所有权连同该房屋占用范围内的土地使用权，可以设定抵押权。

以出让方式取得的土地使用权，可以设定抵押权。

第五十一条　设定房地产抵押权的土地使用权是以划拨方式取得的，依法拍卖该房地产后，应当从拍卖所得的价款中缴纳相当于应缴纳的土地使用权出让金的款额后，抵押权人方可优先受偿。

3.《城镇国有土地使用权出让和转让暂行条例》

第四条　依照本条例的规定取得土地使用权的土地使用者，其使用权在使用年限内可以转让、出租、抵押或者用于其他经济活动，合法权益受国家法律保护。

第六条　县级以上人民政府土地管理部门依法对土地使用权的出让、转让、出租、抵押、终止进行监督检查。

第七条　土地使用权出让、转让、出租、抵押、终止及有关的地上建筑物、其他附着物的登记，由政府土地管理部门、房产管理部门依照法律和国务院的有关规定办理。

登记文件可以公开查阅。

第十九条　土地使用权转让是指土地使用者将土地使用权再转移的行为，包括出售、交换和赠与。

未按土地使用权出让合同规定的期限和条件投资开发、利用土地的，土地使用权不得转让。

第二十八条　土地使用权出租是指土地使用者作为出租人将土地使用权随同地上建筑物、其他附着物租赁给承租人使用，由承租人向出租人支付租金的行为。

未按土地使用权出让合同规定的期限和条件投资开发、利用土地的，土地使用权不得出租。

第三十二条　土地使用权可以抵押。

4.《最高人民法院关于适用〈中华人民共和国民法典〉有关担保制度的解释》

第五十条　抵押人以划拨建设用地上的建筑物抵押，当事人以该建设用地使用权不能抵押或者未办理批准手续为由主张抵押合同无效或者不生效的，人民法院不予支持。抵押权依法实现时，拍卖、变卖建筑物所得的价款，应当优先用于补缴建设用地使用权出让金。

当事人以划拨方式取得的建设用地使用权抵押，抵押人以未办理批准手续为由主张抵押合同无效或者不生效的，人民法院不予支持。已经依法办理抵押登记，抵押权人主张行使抵押权的，人民法院应予支持。抵押权依法实现时所得的价款，参照前款有关规定处理。

第三百五十四条　【建设用地使用权流转的合同形式和期限】 建设用地使用权转让、互换、出资、赠与或者抵押的，当事人应当采用书面形式订立相应的合同。使用期限由当事人约定，但是不得超过建设用地使用权的剩余期限。

【条文理解与适用】

一、本条的缘由

本条在《物权法》第144条规定的基础上略作文字修改而成。

二、本条规定的主要内容

本条是关于建设用地使用权人流转建设用地使用权的合同形式和使用期限的规定。对于建设用地使用权的转让、互换、出让、赠与或者抵押，本条主要规定了以下三个方面的内容。

首先，建设用地使用权流转合同应当以书面形式订立，即对于合同的成立，采用要式成立的方式，这与本法第348条规定建设用地使用权的出让合同也必须采用书面形式订立相契合。之所以要求建设用地使用权流转合同也应当以书面形式订立，是因为建设用地使用权的流转直接涉及建设用地使用权的物权变动，而建设用地使用权作为重要的财产权，不仅涉及较大的财产价值，而且由于权利的延续期限较长，权利义务内容比较复杂，规定要求以书面形式订立合同便于明确当事人之间的权利义务关系，减少纠纷的发生，同时有利于合同双方当事人保存证据，在发生争议时也有利于纠纷的解决。[①]

其次，在建设用地使用权流转合同订立时，当事人可以约定流转后的使用期限。建设用地使用权可以按照期限进行分割，即权利人有权将一定期限的建设用地使用权再转让给他人，从而实现对土地的有效利用。如果建设用地使用权流转合同约定的期限少于建设用地使用权人本身拥有的期限，则流转期限届满后，建设用地使用权的权利主体就会重新归于原权利人。

最后，需要注意的是，虽然当事人双方可以自行约定建设用地使用权流转后的使用期限，但同时本条规定也作出了最长期限的限制，即双方约定的使用期限不得超出建设用地使用权的剩余期限。这是因为对于建设用地使用权的使用期限，属于建设用地使用权的权利义务内容范围，是建设用地使用权设立时由所有权人与建设

---

① 朱岩、高圣平、陈鑫：《中国物权法评注》，北京大学出版社2007年版，第459~464页。

用地使用权人通过约定或法律规定确立，建设用地使用权人必须在出让合同约定和法律法规规定的权利义务范围内对建设用地行使使用和收益的权利，并履行相关义务。建设用地使用权的移转，只是权利主体的变更，权利设立时所确定的相关权利义务内容一般不发生变化。因此，如果流转合同规定的期限超过了建设用地使用权的剩余期限，该剩余的部分就属于无权处分，不发生物权变动的法律效果。

其中，关于合同必须采用书面形式以及使用期限限于建设用地使用权的剩余期限的规定，属于法律的强制性规定，否则将直接影响转让行为的法律效果。

三、本条规定特别评注

建设用地使用权是一种用益物权，建设用地使用权的流转是这一权利的一种实现方式，是发生在平等民事主体之间的物权变动行为，具体就是建设用地使用权人在法定条件下把自己取得的剩余期限的建设用地使用权有偿转让给受让人的行为。本条旨在规制这一行为。

【关联规范】

1.《**城市房地产管理法**》

第四十三条　以出让方式取得土地使用权的，转让房地产后，其土地使用权的使用年限为原土地使用权出让合同约定的使用年限减去原土地使用者已经使用年限后的剩余年限。

2.《**城镇国有土地使用权出让和转让暂行条例**》

第二十条　土地使用权转让应当签订转让合同。

第二十一条　土地使用权转让时，土地使用权出让合同和登记文件中所载明的权利、义务随之转移。

第二十二条　土地使用者通过转让方式取得的土地使用权，其使用年限为土地使用权出让合同规定的使用年限减去原土地使用者已使用年限后的剩余年限。

第三百五十五条　【建设用地使用权流转登记】建设用地使用权转让、互换、出资或者赠与的，应当向登记机构申请变更登记。

【条文理解与适用】

一、本条的缘由

本条源于《物权法》第145条。

二、本条规定的主要内容

本条是关于建设用地使用权流转后办理变更登记的规定。建设用地使用权作为一种用益物权，属于绝对权、排他权、对世权，必须通过一定的公示方法以便社会知悉。根据本法第349条的规定，对于建设用地使用权的设立，我国采取登记要件主义。与此相衔接，本条规定建设用地使用权的流转也采取登记要件主义。也就是说，在当事人签订了转让、互换、出资、赠与等流转协议后，即使移转了建设用地的占有，也仅产生债权的效力，只有完成登记之时起，才意味着发生了建设用地使用权的物权变动。

对于建设用地使用权流转时要办理的登记，其性质应为变更登记。变更登记，是指因设立在不动产上的物权权利义务内容发生变化时应进行的登记。申请变更登记，应当由出让方和受让方共同向登记机构提出。根据《城市房地产管理法》第61条第3款的规定，房地产转让或者变更时，应当向县级以上地方人民政府房产管理部门申请房产变更登记，并凭变更后的房屋所有权证书向同级人民政府土地管理部门申请土地使用权变更登记，经同级人民政府土地管理部门核实，由同级人民政府更换或更改土地使用权证书。因此，自将变更事项登记在不动产登记簿上时起，原建设用地使用权人的权利才消灭，新登记的权利人成为合法的建设用地使用权人，对该土地享有占有、使用、收益的排他性权利。

三、本条规定特别评注

需要注意的是，由于建设用地使用权的流转时的登记不属于政府的行政审批行为，故而未办理流转登记的，虽然建设用地使用权不发生移转，但并不影响建设用地使用权流转合同的效力。也就是说，除非另有约定，建设用地使用权合同经各方当事人签署之后生效，未能办理流转登记的，负有办理登记义务的一方应向另一方承担违约责任。

【关联规范】

1.《城市房地产管理法》

第六十一条 以出让或者划拨方式取得土地使用权，应当向县级以上地方人民政府土地管理部门申请登记，经县级以上地方人民政府土地管理部门核实，由同级人民政府颁发土地使用权证书。

在依法取得的房地产开发用地上建成房屋的，应当凭土地使用权证书向县级以上地方人民政府房产管理部门申请登记，由县级以上地方人民政府房产管理部门核实并颁发房屋所有权证书。

房地产转让或者变更时，应当向县级以上地方人民政府房产管理部门申请房产变更登记，并凭变更后的房屋所有权证书向同级人民政府土地管理部门申请土地使用权变更登记，经同级人民政府土地管理部门核实，由同级人民政府更换或者更改土地使用权证书。

法律另有规定的，依照有关法律的规定办理。

2.《土地管理法实施条例》

第六条 依法改变土地所有权、使用权的，因依法转让地上建筑物、构筑物等附着物导致土地使用权转移的，必须向土地所在地的县级以上人民政府土地行政主管部门提出土地变更登记申请，由原土地登记机关依法进行土地所有权、使用权变更登记。土地所有权、使用权的变更，自变更登记之日起生效。

依法改变土地用途的，必须持批准文件，向土地所在地的县级以上人民政府土地行政主管部门提出土地变更登记申请，由原土地登记机关依法进行变更登记。

3.《城镇国有土地使用权出让和转让暂行条例》

第二十五条 土地使用权和地上建筑物、其他附着物所有权转让，应当依照规定办理过户登记。

土地使用权和地上建筑物、其他附着物所有权分割转让的，应当经市、县人民政府土地管理部门和房产管理部门批准，并依照规定办理过户登记。

4.《不动产登记暂行条例实施细则》

第三十七条 申请国有建设用地使用权及房屋所有权变更登记的，应当根据不同情况，提交下列材料：

（一）不动产权属证书；

（二）发生变更的材料；

（三）有批准权的人民政府或者主管部门的批准文件；

（四）国有建设用地使用权出让合同或者补充协议；

（五）国有建设用地使用权出让价款、税费等缴纳凭证；

（六）其他必要材料。

第三十八条 申请国有建设用地使用权及房屋所有权转移登记的，应当根据不同情况，提交下列材料：

（一）不动产权属证书；

（二）买卖、互换、赠与合同；

（三）继承或者受遗赠的材料；

（四）分割、合并协议；

（五）人民法院或者仲裁委员会生效的法律文书；

（六）有批准权的人民政府或者主管部门的批准文件；

（七）相关税费缴纳凭证；

（八）其他必要材料。

不动产买卖合同依法应当备案的，申请人申请登记时须提交经备案的买卖合同。

第三十九条 具有独立利用价值的特定空间以及码头、油库等其他建筑物、构筑物所有权的登记，按照本实施细则中房屋所有权登记有关规定办理。

第三百五十六条 【建设用地使用权流转之房随地走】 建设用地使用权转让、互换、出资或者赠与的，附着于该土地上的建筑物、构筑物及其附属设施一并处分。

【条文理解与适用】

一、本条的缘由

本条源于《物权法》第146条。

二、本条规定的主要内容

本条是关于建设用地使用权与地上不动产一并处分的规定。房屋等地上建筑物、构筑物及其附属设施都建立在土地之上，两者在自然属性上是联为一体的，离开了土地，房屋等地上建筑物、构筑物及其附属设施也就失去了其作为不动产的基础。基于土地和地上建筑物、构筑物及附属设施在自然属性上的关联关系，避免出现“空中楼阁”的尴尬情形，我国法律规定，建设用地使用权的权利主体和其上建造的建筑物、构筑物及其附属设施的权利主体应当同一。该原则体现在流转上，即为本条规定的“建设用地使用权转让、互换、出资或者赠与的，附着于该土地上的建筑物、构筑物及附属设施一并处分”。这一规定实现了维持地上建筑物等在自然属性上对土地的依附，避免了对地上建筑物、构筑物及附属设施的经济价值的破坏，并可以使物权关系清楚简明，避免因建设用地使用权与地上建筑物、构筑物及其附属设施所有权主体的不同，在权利行使时发生纠纷。需要注意的是，一般认为，本条“附着于该土地上的建筑物、构筑物及其附属设施一并处分”中的“附着于”，应当认为不仅仅限于地表之上的，还应当包括地上和地下空间之内的建筑物。[①]

---

① 王利明：《物权法研究》（第三版）（下），中国人民大学出版社2013年版，第920页。

对于本条规定的性质，应认为本条属于对建设用地使用权权利内容的强制性规定，当事人不得依意思自治约定房地的分离转让。否则，如果允许当事人之间作出相反约定的话，不仅不利于充分发挥建设用地使用权及地上建筑物等不动产的作用与价值，还会在权利行使的过程中产生很多不必要的纠纷，不利于社会稳定。物权法定不仅体现在物权类型的法定，还包括权利义务内容的法定。从不动产的自然属性考虑，赋予建设用地使用权和地上建筑物等一并处分的规定以强制性效力，更利于物权关系的简单明确，减少纠纷的发生。因此，本条规定具有一定的强制性约束力。

三、本条规定特别评注

建设用地使用权和房屋所有权是不同的物权类型，但是因为房屋必须建立在土地之上，两者在物权变动下又有着紧密的关联。对于两者是否可以分离、独自存在和转让，立法例上存在两种立法原则：一是吸收主义。在此种模式下，房屋被认为是土地的重要组成部分，或者被认为是地上权的组成部分。[①] 二是分离主义。在此种模式下，认为房屋和土地是分别的所有权客体，房屋不是土地的组成部分，而是独立的权利客体。[②] 在我国，《民法典》承认土地和房屋可以分别成为不同的物权客体，并可以分别登记。从这个意义上看，我国采用的是分离主义模式。同时，我国对于房、地的物权变动，采取了一体流转的原则，即所谓“房随地走、地随房走”。本条规定的就是“房随地走”的流转政策的立法表达。

【关联规范】

1.《**城镇国有土地使用权出让和转让暂行条例**》

第二十三条　土地使用权转让时，其地上建筑物、其他附着物所有权随之转让。

2.《**不动产登记暂行条例实施细则**》

第二条　不动产登记应当依照当事人的申请进行，但法律、行政法规以及本实施细则另有规定的除外。

---

① 如根据《法国民法典》第553条的规定，“地上或地下的任何建筑物、栽种物与工程，均推定是由土地所有权人以其费用所为并属于所有权人，但如有相反证据，不在此限”。《德国民法典》第94条也明确规定了“土地的主要组成部分，为定着于土地的物，特别是建筑物”，从而认为定着于土地之物以及与土地所有权结合形成的权利，都不是独立的不动产，而只是土地的重要组成部分。

② 如根据《日本民法典》第86条的规定，“土地以及固定在土地上的物叫作不动产”。但根据日本《不动产登记法》第14条的规定，土地和建筑物是分别登记的，因此学者一般认为建筑物是可与土地相分离的独立的不动产。

房屋等建筑物、构筑物和森林、林木等定着物应当与其所依附的土地、海域一并登记，保持权利主体一致。

3.《最高人民法院关于人民法院民事执行中查封、扣押、冻结财产的规定》

第二十一条 查封地上建筑物的效力及于该地上建筑物使用范围内的土地使用权，查封土地使用权的效力及于地上建筑物，但土地使用权与地上建筑物的所有权分属被执行人与他人的除外。

地上建筑物和土地使用权的登记机关不是同一机关的，应当分别办理查封登记。

第三百五十七条　【建设用地使用权流转之地随房走】 建筑物、构筑物及其附属设施转让、互换、出资或者赠与的，该建筑物、构筑物及其附属设施占用范围内的建设用地使用权一并处分。

【条文理解与适用】

一、本条的缘由

本条源于《物权法》第147条。

二、本条规定的主要内容

本条是关于建设用地使用权随建筑物、构筑物及其附属设施的流转而一并处分的规定，是对“地随房走”政策的表达。首先，实行“地随房走”，一并处分的物权变动原则，有利于维护交易安全。否则如果第三人取得了房屋所有权而没有取得建设用地使用权，极易造成权利冲突现象，助长欺诈发生的可能性。其次，“地随房走”有利于充分发挥土地的使用价值以及房屋的使用价值。基于两者自然属性的紧密性，在房屋所有权人实现对房屋的占有、使用、收益时，房屋所有权人就必然要占有、使用土地，如在土地上通行等，但如果房地分离，建设用地使用权人就有可能禁止房屋所有权人行使这一权利，甚至要求房屋所有人拆除房屋，而房屋所有人也可能禁止建设用地使用权人使用该土地，这就会产生权利行使上的冲突。最后，“地随房走”还有利于鼓励交易。有学者提出，当受让人获得房屋所有权时，其同时获得了相应的土地使用权，保证了所有权的完整性。在房屋所有权人出售其房屋或设定担保时，才能够顺利进行。①

需要特别注意的是，对于“地随房走”的政策，一并转让的建设用地范围只

① 王利明：《物权法研究》（第三版）（下），中国人民大学出版社2013年版，第920页。

限于被房屋占用的范围内，如果一建设用地上有多栋房屋的，仅仅被转让房屋占用的建设用地的使用权被一并转让，其余的建设用地使用权不受影响。当然，本条中所讲的建筑物、构筑物及附属设施占用范围内的建设用地使用权也有可能是共同享有的建设用地使用权中的份额。例如，在建筑物区分所有的情况下，业主取得一定范围内的房屋所有权，也就同时享有了与其房屋占用范围内比例相适应的建设用地使用权的份额。

三、本条规定特别评注

我国实行的是“房地一体”流转的物权变动规则，一体流转的物权变动规则主要表现为两个方面：一是建设用地使用权处分时，附着于该土地上的建筑物、构筑物及其附属设施一并处分。二是建筑物、构筑物及其附属设施处分时，其占用范围内的建设用地使用权一并处分。《民法典》第356条规定了“房随地走”的流转规则，本条则进一步规定了“地随房走”的流转规则。这两条实际上是一个整体，只要建设用地使用权和地上建筑物等不动产有一个发生了转让，另外一个就要随同转让。从法律后果上看，根据法律规定，我国不允许将“房”和“地”转让给分别不同的主体。

【关联规范】

1. **《城市房地产管理法》**

第三十二条　房地产转让、抵押时，房屋的所有权和该房屋占用范围内的土地使用权同时转让、抵押。

2. **《城镇国有土地使用权出让和转让暂行条例》**

第二十四条　地上建筑物、其他附着物的所有人或者共有人，享有该建筑物、附着物使用范围内的土地使用权。

土地使用者转让地上建筑物、其他附着物所有权时，其使用范围内的土地使用权随之转让，但地上建筑物、其他附着物作为动产转让的除外。

3. **《土地管理法实施条例》**

第六条　依法改变土地所有权、使用权的，因依法转让地上建筑物、构筑物等附着物导致土地使用权转移的，必须向土地所在地的县级以上人民政府土地行政主管部门提出土地变更登记申请，由原土地登记机关依法进行土地所有权、使用权变更登记。土地所有权、使用权的变更，自变更登记之日起生效。

依法改变土地用途的，必须持批准文件，向土地所在地的县级以上人民政府土地行政主管部门提出土地变更登记申请，由原土地登记机关依法进行变更登记。

4.《不动产登记暂行条例实施细则》

第二条 不动产登记应当依照当事人的申请进行，但法律、行政法规以及本实施细则另有规定的除外。

房屋等建筑物、构筑物和森林、林木等定着物应当与其所依附的土地、海域一并登记，保持权利主体一致。

第三百五十八条 【建设用地使用权的提前收回及其补偿】 建设用地使用权期限届满前，因公共利益需要提前收回该土地的，应当依据本法第二百四十三条的规定对该土地上的房屋以及其他不动产给予补偿，并退还相应的出让金。

【条文理解与适用】

一、本条的缘由

本条在《物权法》第148条的基础上略作文字修改而成。

二、本条规定的主要内容

本条是关于建设用地使用权提前收回及其补偿问题的规定。建设用地使用权人作为建设用地的合法权利主体，其对建设用地享有的物权原则上本不应受他人干涉，只有在建设用地使用权的期限届满时才可以被所有权人收回。但需要关注的是，立法例上，因公共利益的需要而对私人权利进行强行干预是世界各国和地区普遍奉行的基本准则。[①] 同样，在我国，建设用地使用权的效力也并非绝对的。例如，《城市房地产管理法》第20条就规定“国家对土地使用者依法取得的土地使用权，在出让合同约定的使用年限届满前不收回；在特殊情况下，根据社会公共利益的需要，可以依照法律程序提前收回，并根据土地使用者使用土地的实际年限和开发土地的实际情况给予相应的补偿”。本条中规定的收回，理论上的依据主要在于公共利益高于个体利益，个体利益必须服从公共利益的需要，这同样是宪法的基本原则。质言之，基于公共利益的需要，可以成为国家对私人权利进行强行干预，提前收回建设用地使用权的合法事由。

本条在允许国家为了公共利益需要提前收回建设用地使用权的基础上，还规定了必须应对该土地上的房屋及其他不动产给予补偿，并退还相应的出让金。我

① 屈茂辉：《物权法原理精要与实务指南》，人民法院出版社2008年版，第495～497页。

国实行的是“地随房走”“房随地走”的政策，如果建设用地使用权人丧失建设用地使用权，那其上定着的房屋和其他不动产也就归国家所有。这等于是在权利人非自愿的情形下放弃了用益物权，还一并丧失了其地上不动产的物权。虽然对建设用地使用权的收回从法律概念上不同于对土地的征收，但对地上财产权的剥夺实质上是一种国家对组织或者个人的财产征收行为。因此，本条规定，应当按照征收的相关规定，通过一定方式给予补偿，才符合公平原则，并保护权利人的合法权益。

三、本条规定特别评注

根据本条规定，作为建设用地所有权人的出让人，应当尊重建设用地使用权人所享有的建设用地使用权，非因正当理由及给予相应的补偿，不得收回建设用地使用权。这一规定是建设用地使用权人所享有的建设用地使用权作为物权具有的对世性或者对抗效力的重要体现。

此外，土地出让金在性质上是建设用地使用权人为了获得土地使用权而必须支付的对价，根据公平合理原则，出让人收取对价后就应当保障建设用地使用权人在约定期限内的使用。如果出现提前收回的情况，实质上属于违约，除了相应的补偿之外，出让人将建设用地使用权人已支付但未使用土地年限内的出让金退还给出让人，也是承担违约责任的一种体现。

【关联规范】

1.《土地管理法》

第五十八条　有下列情形之一的，由有关人民政府自然资源主管部门报经原批准用地的人民政府或者有批准权的人民政府批准，可以收回国有土地使用权：

（一）为实施城市规划进行旧城区改建以及其他公共利益需要，确需使用土地的；

（二）土地出让等有偿使用合同约定的使用期限届满，土地使用者未申请续期或者申请续期未获批准的；

（三）因单位撤销、迁移等原因，停止使用原划拨的国有土地的；

（四）公路、铁路、机场、矿场等经核准报废的。

依照前款第（一）项的规定收回国有土地使用权的，对土地使用权人应当给予适当补偿。

第六十六条　有下列情形之一的，农村集体经济组织报经原批准用地的人民政府批准，可以收回土地使用权：

（一）为乡（镇）村公共设施和公益事业建设，需要使用土地的；

（二）不按照批准的用途使用土地的；

（三）因撤销、迁移等原因而停止使用土地的。

依照前款第（一）项规定收回农民集体所有的土地的，对土地使用权人应当给予适当补偿。

收回集体经营性建设用地使用权，依照双方签订的书面合同办理，法律、行政法规另有规定的除外。

2.《城市房地产管理法》

第二十条 国家对土地使用者依法取得的土地使用权，在出让合同约定的使用年限届满前不收回；在特殊情况下，根据社会公共利益的需要，可以依照法律程序提前收回，并根据土地使用者使用土地的实际年限和开发土地的实际情况给予相应的补偿。

3.《城镇国有土地使用权出让和转让暂行条例》

第三十九条 土地使用权因土地使用权出让合同规定的使用年限届满、提前收回及土地灭失等原因而终止。

第四十二条 国家对土地使用者依法取得的土地使用权不提前收回。在特殊情况下，根据社会公共利益的需要，国家可以依照法律程序提前收回，并根据土地使用者已使用的年限和开发、利用土地的实际情况给予相应的补偿。

4.《国有土地上房屋征收与补偿条例》

第十三条 市、县级人民政府作出房屋征收决定后应当及时公告。公告应当载明征收补偿方案和行政复议、行政诉讼权利等事项。

市、县级人民政府及房屋征收部门应当做好房屋征收与补偿的宣传、解释工作。

房屋被依法征收的，国有土地使用权同时收回。

第三百五十九条 【建设用地使用权期限届满的处理规则】 住宅建设用地使用权期限届满的，自动续期。续期费用的缴纳或者减免，依照法律、行政法规的规定办理。

非住宅建设用地使用权期限届满后的续期，依照法律规定办理。该土地上的房屋以及其他不动产的归属，有约定的，按照约定；没有约定或者约定不明确的，依照法律、行政法规的规定办理。

【条文理解与适用】

一、本条的缘由

本条在《物权法》第 149 条的基础上修改而成。相较于《物权法》第 149 条，本条在第 1 款中增加了对于自动续期后费用缴纳的相关规定。

二、本条规定的主要内容

本条是关于建设用地使用权续期及土地上房屋及其他不动产归属规则的规定。建设用地使用权作为一项用益物权，具有期限限制。根据《城镇国有土地使用权出让和转让暂行条例》的规定，不同用途的建设用地使用权的使用最高年限不同，如居住用地 70 年；工业用地 50 年；教育、科技、文化、卫生、体育用地 50 年；商业、旅游、娱乐用地 40 年、综合或者其他用 50 年。在规定的使用年限期满后，根据本条第 1 款第 1 句的规定，对于用作住宅用途的建设用地使用权，期满后应当自动续期。

本条第 1 款第 2 句新增了对于自动续期费用的相关规定。关于住宅建设用地使用权续期后是否应支付土地使用费的问题，在《物权法》起草过程中就引发了激烈争议。《物权法》的立法者最终考虑到该问题关系到广大群众的切身利益，同时住宅建设用地使用权到期的情况还很少，问题还不突出，因此没有作出具体规定。在《民法典》编纂过程中，对于是否应当收费，有观点认为，不同性质和期限的土地使用权，最开始缴纳的出让费用不同，而这种费用又会计算到房价中，如果完全无偿，则期限长的就会受到损失。从这个角度来看，不宜一概无偿。《民法典》吸取了这一观点，进一步规定住宅建设用地使用权自动续期的，应当缴纳续期费用。其依据主要在于住宅建设用地使用权的出让金是和使用期限联系在一起的，续期者自然应当支付费用。如果不支付续期费用，对因为期限长而支付了较高房价的买主不公平。对此，我国《土地管理法》第 55 条也规定，“以出让等有偿使用方式取得国有土地使用权的建设单位，按照国务院规定的标准和办法，缴纳土地使用权出让金等土地有偿使用费和其他费用后，方可使用土地”。

本条第 2 款规定了非住宅建设用地使用权的续期规则。根据本款规定，只有住宅建设用地使用权才能适用自动续期原则，非住宅用地期限届满不能自动续期。一方面，是因为非住宅用地都是工业或商业用地，不涉及城市居民的居住和基本生活需要，没有特别保护的必要。另一方面，非住宅用地在设定上往往具有特定的目的，因此很可能期限届满，权利人就没有使用该土地的需要了。对此，我国《城市房地产管理法》第 22 条规定，“土地使用权出让合同约定的使用年限届满，土地使用者需要继续使用土地的，应当至迟于届满前一年申请续期，除根据社会公共利益需要收回该幅土地的，应当予以批准。经批准准予续期的，应当重新签订土地使用权出让合同，依照规定支付土地使用权出让金”。可见，我国对于非住宅建设用地使用权的续期确立的规则为：建设用地使用权人享有法定的申请续期的权利，且非因公共利益的需要，其申请不得被否决。关于建设用地使用权期限届满后建筑物归属的问题，根据《城镇国有土地使用权出让和转让暂行条例》的规定，土地使用权期间满，土地使用权及其地上建筑物、其他附着物所有权由国家无偿取得。

三、本条规定特别评注

本条规定了住宅建设用地使用权人在建设用地使用权期限届满后享有自动续期的法定权利，主要是考虑到住宅的使用期限较长，而且和老百姓的利益息息相关，许多人终身的积蓄就是其居住的房屋，而如果收回建设用地使用权，地上的建筑物也要一并返还给国家，不利于保护居住房屋的所有权。因此，为保障老百姓安居乐业，不宜规定自动收回。同时，明确规定建设用地使用权期满之后的续期问题，可以最大限度地利用现有资源，有利于稳定经济秩序。特别需要注意的是，对于住宅建设用地使用权，本条规定应采用的是自动续期原则而非申请续期，这主要考虑到如果规定住宅建设用地需要申请续期，要求成千上万的住户办理续期手续，不仅难以操作，加重老百姓的负担，也增加了行政管理的成本，不利于社会的安定。当然，鉴于我国实行的是“地随房走”的政策，因此自动续期的前提还在于建设用地上存在住宅，如果房屋不存在或者房屋的用途不再是住宅，那么建设用地使用权也就不复存在。

【关联规范】

1.《**土地管理法**》

第五十八条 有下列情形之一的，由有关人民政府自然资源主管部门报经原批准用地的人民政府或者有批准权的人民政府批准，可以收回国有土地使用权：

（一）为实施城市规划进行旧城区改建以及其他公共利益需要，确需使用土地的；

（二）土地出让等有偿使用合同约定的使用期限届满，土地使用者未申请续期或者申请续期未获批准的；

（三）因单位撤销、迁移等原因，停止使用原划拨的国有土地的；

（四）公路、铁路、机场、矿场等经核准报废的。

依照前款第（一）项的规定收回国有土地使用权的，对土地使用权人应当给予适当补偿。

2.《城市房地产管理法》

第二十二条　土地使用权出让合同约定的使用年限届满，土地使用者需要继续使用土地的，应当至迟于届满前一年申请续期，除根据社会公共利益需要收回该幅土地的，应当予以批准。经批准准予续期的，应当重新签订土地使用权出让合同，依照规定支付土地使用权出让金。

土地使用权出让合同约定的使用年限届满，土地使用者未申请续期或者虽申请续期但依照前款规定未获批准的，土地使用权由国家无偿收回。

3.《城镇国有土地使用权出让和转让暂行条例》

第三十九条　土地使用权因土地使用权出让合同规定的使用年限届满、提前收回及土地灭失等原因而终止。

第四十条　土地使用权期满，土地使用权及其地上建筑物、其他附着物所有权由国家无偿取得。土地使用者应当交还土地使用证，并依照规定办理注销登记。

第四十一条　土地使用权期满，土地使用者可以申请续期。需要续期的，应当依照本条例第二章的规定重新签订合同，支付土地使用权出让金，并办理登记。

第三百六十条　【建设用地使用权注销登记】建设用地使用权消灭的，出让人应当及时办理注销登记。登记机构应当收回权属证书。

【条文理解与适用】

一、本条的缘由

本条在《物权法》第150条的基础上略作文字修改而成，将“建设用地使用权证书”修改为“权属证书”。

二、本条规定的主要内容

本条是关于建设用地使用权注销登记的规定。建设用地使用权作为具有排他性、对世性的物权，其设立需要采用登记的方式，以便公众知悉物权变动，同样，当物权因某种原因消灭后，也需要通过注销登记使公众知悉其权利消灭。否则，权利已经消灭，但却公示其仍然存在，势必会对交易安全造成不利影响，不利于维护交易安全和交易秩序。

所谓注销登记，是指在发生法定消灭事由时，根据法定程序，将已经登记在不动产登记簿上的权利事项从该登记簿上清除，从而起到消灭建设用地使用权的公示作用。办理注销登记的前提在于建设用地使用权消灭。对于消灭的事由，根据我国《不动产登记暂行条例实施细则》第28条的规定，“有下列情形之一的，当事人可以申请办理注销登记：（一）不动产灭失的；（二）权利人放弃不动产权利的；（三）不动产被依法没收、征收或者收回的；（四）人民法院、仲裁委员会的生效法律文书导致不动产权利消灭的；（五）法律、行政法规规定的其他情形”。对于申请注销登记的主体，本条规定的法定义务主体为出让人。所谓出让人，是指代表国家通过出让或划拨方式设立建设用地使用权的相关市、县人民政府土地管理部门。

三、本条规定特别评注

本条规定了“建设用地使用权消灭的，出让人应当及时办理注销登记”，但对于本条中规定的“建设用地使用权消灭”与“注销登记”二者的关系问题，容易产生分歧解读。例如，容易产生“建设用地使用权是自该权利从不动产登记簿上被注销时发生消灭的效力”，抑或“建设用地使用权消灭后需要注销登记”的解读。进一步延伸的问题还有：如果建设用地使用权是因出让合同被宣告无效或者被撤销而需要注销的，当事人的建设用地使用权是否产生过？如果产生过，何时消灭？如果是被注销时消灭，那么在没有办理注销登记之前，善意第三人是否可以基于此登记而受到保护？这些问题均有待进一步研究。

此外，本条对于地上建筑物、构筑物等不动产在建设用地使用权消灭后的权利归属问题也未予规定，还需要进一步明确。

【关联规范】

1.《土地管理法实施条例》

第七条 依照《土地管理法》的有关规定，收回用地单位的土地使用权的，由原土地登记机关注销土地登记。

土地使用权有偿使用合同约定的使用期限届满，土地使用者未申请续期或者虽申请续期未获批准的，由原土地登记机关注销土地登记。

2.《不动产登记暂行条例实施细则》

第二十八条 有下列情形之一的，当事人可以申请办理注销登记：

（一）不动产灭失的；

（二）权利人放弃不动产权利的；

（三）不动产被依法没收、征收或者收回的；

（四）人民法院、仲裁委员会的生效法律文书导致不动产权利消灭的；

（五）法律、行政法规规定的其他情形。

不动产上已经设立抵押权、地役权或者已经办理预告登记，所有权人、使用权人因放弃权利申请注销登记的，申请人应当提供抵押权人、地役权人、预告登记权利人同意的书面材料。

第三百六十一条　【集体土地作为建设用地的法律适用】集体所有的土地作为建设用地的，应当依照土地管理的法律规定办理。

【条文理解与适用】

一、本条的缘由

本条在《物权法》第151条的基础上修改而成。与《物权法》第151条相比较，本条以“依照土地管理的法律规定”替代了“依照土地管理法等法律规定”。

二、本条规定的主要内容

本条是关于集体所有土地作为建设用地的法律适用问题的规定。我国的土地所有制形式分为国家所有和农村集体所有。对于农村集体所有的土地，对以建设为目的直接使用集体土地的，现行法律对权利主体、使用目的、取得程序及使用方式等都有严格限定。例如，根据《城市房地产管理法》第9条规定，“城市规划区内的集体所有的土地，经依法征收转为国有土地后，该幅国有土地的使用权方可有偿出让，但法律另有规定的除外”。

如本法第347条规定，在我国，建设用地使用权的取得原则上采用有偿出让的方式。可见，原则上，集体所有的土地不能直接转变为建设用地，如果因建设需要使用集体所有土地的，应通过依法征收的方式，将集体所有土地性质转变为国家所有，由国家作为土地所有权人，通过出让或划拨等有偿或无偿使用的方式，将征收的集体土地作为建设用地，交付组织或者个人使用。《土地管理法》第59条规定：“乡镇企业、乡（镇）村公共设施、公益事业、农村村民住宅等乡（镇）村建设，应当按照村庄和集镇规划，合理布局，综合开发，配套建设；建设用地，应当符合乡（镇）土地利用总体规划和土地利用年度计划，并依照本法第四十四条、第六十条、第六十一条、第六十二条的规定办理审批手续。”由上述规定可知，因乡镇企业、乡（镇）村公共设施、公益事业、农村村民住宅等乡（镇）村建设需要，可以直接通过集体经济组织批准的方式，使用集体所有的土地。

三、本条规定特别评注

目前，我国广大农村在发展农业生产的同时，还涉及农村乡（镇）村企业、公共设施、公益事业的发展。对此，往往需要取得建设用地使用权作为建设的基础。在关于集体建设用地的相关规定随社会变迁和政策变化，还需要进一步修改完善的背景下，本条原则性的法律适用规则在有利于保持《民法典》稳定性和灵活性的同时，也有助于保障农村建设事业的迅速发展。

【关联规范】

1.《土地管理法》

第四十四条 建设占用土地，涉及农用地转为建设用地的，应当办理农用地转用审批手续。

永久基本农田转为建设用地的，由国务院批准。

在土地利用总体规划确定的城市和村庄、集镇建设用地规模范围内，为实施该规划而将永久基本农田以外的农用地转为建设用地的，按土地利用年度计划分批次按照国务院规定由原批准土地利用总体规划的机关或者其授权的机关批准。在已批准的农用地转用范围内，具体建设项目用地可以由市、县人民政府批准。

在土地利用总体规划确定的城市和村庄、集镇建设用地规模范围外，将永久基本农田以外的农用地转为建设用地的，由国务院或者国务院授权的省、自治区、直辖市人民政府批准。

第四十五条 为了公共利益的需要，有下列情形之一，确需征收农民集体所有的土地的，可以依法实施征收：

（一）军事和外交需要用地的；

（二）由政府组织实施的能源、交通、水利、通信、邮政等基础设施建设需要用地的；

（三）由政府组织实施的科技、教育、文化、卫生、体育、生态环境和资源保护、防灾减灾、文物保护、社区综合服务、社会福利、市政公用、优抚安置、英烈保护等公共事业需要用地的；

（四）由政府组织实施的扶贫搬迁、保障性安居工程建设需要用地的；

（五）在土地利用总体规划确定的城镇建设用地范围内，经省级以上人民政府批准由县级以上地方人民政府组织实施的成片开发建设需要用地的；

（六）法律规定为公共利益需要可以征收农民集体所有的土地的其他情形。

前款规定的建设活动，应当符合国民经济和社会发展规划、土地利用总体规划、城乡规划和专项规划；第（四）项、第（五）项规定的建设活动，还应当纳入国民经济和社会发展年度计划；第（五）项规定的成片开发并应当符合国务院自然资源主管部门规定的标准。

第五十九条　乡镇企业、乡（镇）村公共设施、公益事业、农村村民住宅等乡（镇）村建设，应当按照村庄和集镇规划，合理布局，综合开发，配套建设；建设用地，应当符合乡（镇）土地利用总体规划和土地利用年度计划，并依照本法第四十四条、第六十条、第六十一条、第六十二条的规定办理审批手续。

第六十条　农村集体经济组织使用乡（镇）土地利用总体规划确定的建设用地兴办企业或者与其他单位、个人以土地使用权入股、联营等形式共同举办企业的，应当持有关批准文件，向县级以上地方人民政府自然资源主管部门提出申请，按照省、自治区、直辖市规定的批准权限，由县级以上地方人民政府批准；其中，涉及占用农用地的，依照本法第四十四条的规定办理审批手续。

按照前款规定兴办企业的建设用地，必须严格控制。省、自治区、直辖市可以按照乡镇企业的不同行业和经营规模，分别规定用地标准。

第六十一条　乡（镇）村公共设施、公益事业建设，需要使用土地的，经乡（镇）人民政府审核，向县级以上地方人民政府自然资源主管部门提出申请，按照省、自治区、直辖市规定的批准权限，由县级以上地方人民政府批准；其中，涉及占用农用地的，依照本法第四十四条的规定办理审批手续。

2.《城市房地产管理法》

第九条　城市规划区内的集体所有的土地，经依法征收转为国有土地后，该幅国有土地的使用权方可有偿出让，但法律另有规定的除外。

3.《土地管理法实施条例》

第十九条　建设占用土地，涉及农用地转为建设用地的，应当符合土地利用总体规划和土地利用年度计划中确定的农用地转用指标；城市和村庄、集镇建设占用土地，涉及农用地转用的，还应当符合城市规划和村庄、集镇规划。不符合规定的，不得批准农用地转为建设用地。

第二十条　在土地利用总体规划确定的城市建设用地范围内，为实施城市规划占用土地的，按照下列规定办理：

（一）市、县人民政府按照土地利用年度计划拟订农用地转用方案、补充耕地方案、征收土地方案，分批次逐级上报有批准权的人民政府。

（二）有批准权的人民政府土地行政主管部门对农用地转用方案、补充耕地方案、征收土地方案进行审查，提出审查意见，报有批准权的人民政府批准；其中，补充耕地方案由批准农用地转用方案的人民政府在批准农用地转用方案时一并批准。

（三）农用地转用方案、补充耕地方案、征收土地方案经批准后，由市、县人民政府组织实施，按具体建设项目分别供地。

在土地利用总体规划确定的村庄、集镇建设用地范围内，为实施村庄、集镇规划占用土地的，由市、县人民政府拟订农用地转用方案、补充耕地方案，依照前款规定的程序办理。

4.《不动产登记暂行条例实施细则》

第二十五条 市、县人民政府可以根据情况对本行政区域内未登记的不动产，组织开展集体土地所有权、宅基地使用权、集体建设用地使用权、土地承包经营权的首次登记。

依照前款规定办理首次登记所需的权属来源、调查等登记材料，由人民政府有关部门组织获取。

第四十四条 依法取得集体建设用地使用权，可以单独申请集体建设用地使用权登记。

依法利用集体建设用地兴办企业，建设公共设施，从事公益事业等的，可以申请集体建设用地使用权及地上建筑物、构筑物所有权登记。

第四十五条 申请集体建设用地使用权及建筑物、构筑物所有权首次登记的，申请人应当根据不同情况，提交下列材料：

（一）有批准权的人民政府批准用地的文件等土地权属来源材料；

（二）建设工程符合规划的材料；

（三）权籍调查表、宗地图、房屋平面图以及宗地界址点坐标等有关不动产界址、面积等材料；

（四）建设工程已竣工的材料；

（五）其他必要材料。

集体建设用地使用权首次登记完成后，申请人申请建筑物、构筑物所有权首次登记的，应当提交享有集体建设用地使用权的不动产权属证书。

第四十六条 申请集体建设用地使用权及建筑物、构筑物所有权变更登记、转移登记、注销登记的，申请人应当根据不同情况，提交下列材料：

（一）不动产权属证书；

（二）集体建设用地使用权及建筑物、构筑物所有权变更、转移、消灭的材料；

（三）其他必要材料。

因企业兼并、破产等原因致使集体建设用地使用权及建筑物、构筑物所有权发生转移的，申请人应当持相关协议及有关部门的批准文件等相关材料，申请不动产转移登记。

第十三章　宅基地使用权

【本章导读】

通过宅基地使用权制度，宅基地使用权人可依法对集体所有的土地享有占有和使用的权利，有权依法利用该土地建造住宅及其附属设施。这一制度仍然是解决我国农村居民基本居住问题的重要保障。

本章是关于宅基地使用权的规定，共4个条文（第362～365条），主要内容包括宅基地使用权人的权利内容，宅基地使用权的取得、行使和转让的法律适用问题，以及宅基地灭失后的重新分配等。宅基地使用权是本集体经济组织的农民基于其集体成员身份而享有的福利保障。与土地承包经营权一样，宅基地使用权由作为集体成员的农民无偿取得，无偿使用。理解本章，应体会宅基地使用权在我国作为一种带有社会福利性质的用益物权，是农民的安身之本，其保障居住功能是宅基地使用权制度的首要功能。因此，关于宅基地使用权的取得、行使和转让的规定，必须以保护农民的利益为根本，随社会发展变化而作出相应调整。

第三百六十二条　【宅基地使用权内容】宅基地使用权人依法对集体所有的土地享有占有和使用的权利，有权依法利用该土地建造住宅及其附属设施。

【条文理解与适用】

一、本条的缘由

本条源于《物权法》第152条。

二、本条规定的主要内容

本条是关于宅基地使用权权利内容的规定。根据本条规定，宅基地使用权，是指本集体经济组织成员对集体所有的土地享有的占有、使用的权利。

理解宅基地使用权，应把握以下四个方面的法律特征：首先，宅基地使用权的主体具有身份性。宅基地使用权的权利主体只能是本集体经济组织的成员。我国对于土地的用途具有严格的限制，因此宅基地作为有限、稀缺的资源，不能允许任何主体都享有，只能满足本集体经济组织成员的需要，农村集体经济组织以外的人员不能申请并取得宅基地使用权。其次，从权利客体方面看，宅基地使用权的客体限于集体所有的土地，且限于宅基地，这同样是我国实行土地用途规划的需要，宅基地使用权、土地承包经营权和建设用地使用权应依存于不同的客体。再次，宅基地使用权的取得具有无对价性，农村村民取得宅基地使用权基本上是无偿的，或者只交纳了很少的费用。宅基地使用权具有福利和社会保障功能，能够使农村居民享有基本的居住条件，从而维护农村的稳定。最后，从权利的存续期限方面看，宅基地使用权不具有期限性。

对于宅基地使用权的具体权能，本条规定了三项主要内容：其一，宅基地使用权人享有占有权。宅基地使用权用于建造房屋满足生活居住需要，而占有是使用和建造的基础，权利人只有在占有宅基地的基础之上，才能够实际利用宅基地建造住宅。其二，宅基地使用权人也享有对宅基地的使用权。对于这种使用权，由宅基地使用权的特殊性质决定，应限于以建设并保有住宅居住为目的，而不能进行其他商业性的利用。其三，宅基地使用权人有权依法利用该土地建造住宅及其附属设施。宅基地使用权设立的目的就在于使权利人利用该土地建造住宅及其附属设施，满足其基本的生活和生存需要。因此，只有规定宅基地使用权人的建造权，才能真正达到保障民生的目的。

三、本条规定特别评注

宅基地使用权是我国一种独特的派生于宅基地所有权上的用益物权形式，其权利的客体只能是集体所有的土地。根据我国法律规定，宅基地的所有权归集体。本条强调了宅基地使用权人只能利用宅基地建造住宅及其附属设施，不能作为非居住用途使用。如果宅基地作了非居住用途使用，相当于间接地改变了集体经济组织成员之间平等使用宅基地使用权的原则，容易激发成员之间的矛盾，影响社会安定。

【关联规范】

《土地管理法》

第九条 城市市区的土地属于国家所有。

农村和城市郊区的土地，除由法律规定属于国家所有的以外，属于农民集体所有；宅基地和自留地、自留山，属于农民集体所有。

第三百六十三条　【宅基地使用权的法律适用】宅基地使用权的取得、行使和转让，适用土地管理的法律和国家有关规定。

【条文理解与适用】

一、本条的缘由

本条在《物权法》第153条规定的基础上略作文字修改而成。与原法条相较，本条以“适用土地管理的法律和国家有关规定”替代了“适用土地管理法等法律和国家有关规定”的表述。

二、本条规定的主要内容

本条是关于宅基地使用权的取得、行使和转让适用法律的衔接性规定。

对于宅基地的取得，《土地管理法》第62条的规定，“农村村民一户只能拥有一处宅基地，其宅基地的面积不得超过省、自治区、直辖市规定的标准。人均土地少、不能保障一户拥有一处宅基地的地区，县级人民政府在充分尊重农村村民意愿的基础上，可以采取措施，按照省、自治区、直辖市规定的标准保障农村村民实现户有所居”。由于宅基地使用权为无偿使用，带有一定的社会福利或集体组织成员的团体福利性质，因此宅基地只能由本集体经济组织成员享有，且其设立不是通过交易行为，而是基于农民作为农村集体经济组织一员的成员权。

对于取得宅基地使用权的方式，目前的土地管理立法规定了以申请、审批为主要的原始取得方式。主要包括：（1）村民首先向所在的农村集体经济组织——村委会提出申请，村委会同意后将申请提交乡（镇）土地管理部门；（2）乡（镇）土地管理部门接到申请后到现场查看；（3）申请人填写“建房用地申请表”，经乡（镇）人民政府审核后报县级人民政府土地管理部门审批。

宅基地使用权的行使和转让，属于宅基地使用权人享有的权利内容。例如，宅基地使用权人可以利用宅基地建造住宅及附属设施、种植竹木，建造各种生活生产设施，如有多余房屋还可用于合法经营。宅基地使用权人也可以将地上建筑物以出售、赠与、继承、遗赠的方式移转与他人，当然，这种情形下宅基地使用权也随之转移。需要注意的是，对此，我国《土地管理法》明确规定，农村村民出卖、出租、赠与住宅后，再申请宅基地的，不予批准。

三、本条规定特别评注

考虑到我国幅员辽阔，地区之间差异较大，且宅基地问题较为具体，涉及农村政策问题，因此本条对于宅基地使用权的取得、行使和转让未予详细规定，而是转致适用土地管理的法律和国家有关规定来规范和调整。

因为宅基地土地用途的特殊性，宅基地使用权能否流转一直是学界争议的焦点。有观点认为，应当允许宅基地使用权的转让，否则，宅基地使用权将成为农民的“死产”，既不符合宅基地使用权作为用益物权的权利属性，也不利于真正保护农民利益。[①] 也有反对观点认为，宅基地使用权不能进行转让，否则既违反了宅基地使用权由农村集体经济组织成员无偿取得以保障农民安居乐业的初衷，也会使享有宅基地使用权的人可能不是本集体经济组织的成员，不符合现行的农村集体经济组织的管理体制。[②] 我国现行法律和国家有关政策也采取了严苛限制的态度，即宅基地使用权只能在本集体经济组织成员之间流转，而且受让人必须具备申请宅基地的条件。那么，如果农民将宅基地使用权转让给本集体经济成员以外的人，受让人能否获得宅基地使用权？出让合同是否有效？对此，司法实践中一直没有形成统一意见。究其原因，一方面，我国国家政策严格限制了城镇居民取得宅基地使用权，在立法态度上不认为向集体组织之外的人转让宅基地使用权的效力，如国务院办公厅《关于加强土地转让管理严禁炒卖土地的通知》规定：“农民的住宅不得向城市居民出售，也不得批准城市居民占用农民集体土地建住宅，有关部门不得为违法建造和购买的住宅发放土地使用证和房产证。”但另一方面，对于此类规定能否属于效力性强制规定从而影响转让合同的效力，我国《土地管理法》仅规定了“农村村民出卖、出租、赠与住宅后，再申请宅基地的，不予批准”，而没有明确禁止转让，或是规定转让合同无效。也就是说，目前对此仍缺乏明确的法律依据予以肯定或者否认，仍需要立法者进一步的明确和澄清。

【关联规范】

1.《土地管理法》

第四十四条 建设占用土地，涉及农用地转为建设用地的，应当办理农用地转用审批手续。

永久基本农田转为建设用地的，由国务院批准。

在土地利用总体规划确定的城市和村庄、集镇建设用地规模范围内，为实施该规划而将永久基本农田以外的农用地转为建设用地的，按土地利用年度计划分批次按照国务院规定由原批准土地利用总体规划的机关或者其授权的机关批准。

---

① 沐兰琼：《农村宅基地使用权之法律研究》，载《广西政法管理干部学院学报》2006 年第 1 期。

② 孟勤国：《物权法开禁农村宅基地交易之辩》，载《法学评论》2005 年第 4 期。

在已批准的农用地转用范围内，具体建设项目用地可以由市、县人民政府批准。

在土地利用总体规划确定的城市和村庄、集镇建设用地规模范围外，将永久基本农田以外的农用地转为建设用地的，由国务院或者国务院授权的省、自治区、直辖市人民政府批准。

第五十九条　乡镇企业、乡（镇）村公共设施、公益事业、农村村民住宅等乡（镇）村建设，应当按照村庄和集镇规划，合理布局，综合开发，配套建设；建设用地，应当符合乡（镇）土地利用总体规划和土地利用年度计划，并依照本法第四十四条、第六十条、第六十一条、第六十二条的规定办理审批手续。

第六十二条　农村村民一户只能拥有一处宅基地，其宅基地的面积不得超过省、自治区、直辖市规定的标准。

人均土地少、不能保障一户拥有一处宅基地的地区，县级人民政府在充分尊重农村村民意愿的基础上，可以采取措施，按照省、自治区、直辖市规定的标准保障农村村民实现户有所居。

农村村民建住宅，应当符合乡（镇）土地利用总体规划、村庄规划，不得占用永久基本农田，并尽量使用原有的宅基地和村内空闲地。编制乡（镇）土地利用总体规划、村庄规划应当统筹并合理安排宅基地用地，改善农村村民居住环境和条件。

农村村民住宅用地，由乡（镇）人民政府审核批准；其中，涉及占用农用地的，依照本法第四十四条的规定办理审批手续。

农村村民出卖、出租、赠与住宅后，再申请宅基地的，不予批准。

国家允许进城落户的农村村民依法自愿有偿退出宅基地，鼓励农村集体经济组织及其成员盘活利用闲置宅基地和闲置住宅。

国务院农业农村主管部门负责全国农村宅基地改革和管理有关工作。

2.《不动产登记暂行条例实施细则》

第二十五条　市、县人民政府可以根据情况对本行政区域内未登记的不动产，组织开展集体土地所有权、宅基地使用权、集体建设用地使用权、土地承包经营权的首次登记。

依照前款规定办理首次登记所需的权属来源、调查等登记材料，由人民政府有关部门组织获取。

第四十条　依法取得宅基地使用权，可以单独申请宅基地使用权登记。

依法利用宅基地建造住房及其附属设施的，可以申请宅基地使用权及房屋所有权登记。

第四十一条　申请宅基地使用权及房屋所有权首次登记的，应当根据不同情况，提交下列材料：

（一）申请人身份证和户口簿；

（二）不动产权属证书或者有批准权的人民政府批准用地的文件等权属来源材料；

（三）房屋符合规划或者建设的相关材料；

（四）权籍调查表、宗地图、房屋平面图以及宗地界址点坐标等有关不动产界址、面积等材料；

（五）其他必要材料。

3.《国务院办公厅关于严格执行有关农村集体建设用地法律和政策的通知》

二、严格规范使用农民集体所有土地进行建设

……

农村住宅用地只能分配给本村村民，城镇居民不得到农村购买宅基地、农民住宅或“小产权房”。单位和个人不得非法租用、占用农民集体所有土地搞房地产开发。农村村民一户只能拥有一处宅基地，其面积不得超过省、自治区、直辖市规定的标准。农村村民出卖、出租住房后，再申请宅基地的，不予批准。

第三百六十四条　【宅基地灭失后的重新分配】宅基地因自然灾害等原因灭失的，宅基地使用权消灭。对失去宅基地的村民，应当依法重新分配宅基地。

【条文理解与适用】

一、本条的缘由

本条在《物权法》第154条规定的基础上略作文字修改而成。

二、本条规定的主要内容

本条是关于宅基地灭失后重新分配问题的规定。宅基地可能因自然灾害等原因灭失。在宅基地灭失后，宅基地使用权人的宅基地使用权也就自动消灭。但是，根据我国实行的“一户一宅”的政策，宅基地往往是村民唯一可供建造住宅居住的土地，是农民安身立命的根本。因此本条特别规定，在宅基地灭失后，失去宅基地的农民，可以依法重新分配宅基地，以保障农民的居住权益。

需要注意的是，对于宅基地灭失而有权重新分配的情形，本条限定在因自然灾害导致宅基地灭失的情况，如地震、洪水等，这些都是非基于宅基地使用权人的意愿，因不可抗力发生灭失的情形。也就是说，如果是宅基地使用权人抛弃了宅基地，或者是将宅基地赠与或转让他人的，则不属于本条的适用情形。同时，重新分配宅基地的前提是宅基地已经灭失。如果是宅基地上的建筑物或其他附属物灭失的，则不影响宅基地使用权的存续，宅基地使用权人可以重新建造房屋而居住、使用，不会导致宅基地的重新分配。①

三、本条规定特别评注

在我国农村土地集体所有的制度下，农民往往将土地视为抗御社会风险，保障生存利益的最后一道安全屏障，从而使得农村宅基地使用权具有强烈的福利法色彩。尽管在一些经济发达地区，农民主要从事的已经是非农业生产经营，土地作为一种社会保障手段的作用也日益减弱，农村宅基地使用权在功能上开始由福利性向经济性发展，但农村宅基地使用权的生存保障功能并未完全消失。所以，对于失去宅基地的村民，应当依法重新分配宅基地。需要注意的是，本条特别强调了重新分配应当“依法”，即在重新分配宅基地时，同样必须经过法定的程序，且不能多占宅基地。

第三百六十五条　【宅基地使用权的变更登记与注销登记】 已经登记的宅基地使用权转让或者消灭的，应当及时办理变更登记或者注销登记。

【条文理解与适用】

一、本条的缘由

本条源于《物权法》第 155 条。

二、本条规定的主要内容

本条是关于宅基地使用权的变更登记和注销登记的规定。宅基地使用权作为一项用益物权，同样需要登记以向公众公示其权利状态。但与土地承包经营权和建设用地使用权不同的是，对于宅基地使用权的取得，我国采用申请分配取得，因此村民获得宅基地使用权必须先经有权部门审批，这就意味着宅基地使用权取得无须适用登记生效。

虽然宅基地的取得无须村民自行办理登记，但根据本条规定，宅基地使用权的转让或消灭，应进行变更登记和注销登记。

---

① 江平：《民法学》（第二版），中国政法大学出版社 2011 年版，第 332 页。

三、本条规定特别评注

本条只规定“已经登记的宅基地使用权转让或者消灭的，应当及时办理变更登记或者注销登记”。但本条规定并未明确登记是否为宅基地使用权转让或者消灭的成立要件。对此，有学者认为，本条没有明确规定只有进行了登记，才算发生了宅基地使用权的转让和消灭，因此登记应为对抗要件而非成立要件。① 这一观点值得商榷。因为如果宅基地使用权已经记载于不动产登记簿，但其变动和消灭不能从登记簿中体现的话，就会导致登记簿的记载与真实的宅基地使用权归属和内容不一致，显然不利于交易安全。② 笔者认同解释为不进行转让和消灭登记，就不发生宅基地使用权转让和消灭的法律后果的观点。当然，如果因为未及时办理登记而造成相对人损失的，义务人应当承担损害赔偿责任。

【关联规范】

1.《不动产登记暂行条例实施细则》

第四十二条 因依法继承、分家析产、集体经济组织内部互换房屋等导致宅基地使用权及房屋所有权发生转移申请登记的，申请人应当根据不同情况，提交下列材料：

（一）不动产权属证书或者其他权属来源材料；

（二）依法继承的材料；

（三）分家析产的协议或者材料；

（四）集体经济组织内部互换房屋的协议；

（五）其他必要材料。

第四十三条 申请宅基地等集体土地上的建筑物区分所有权登记的，参照国有建设用地使用权及建筑物区分所有权的规定办理登记。

2.《国土资源部关于进一步加快宅基地和集体建设用地确权登记发证有关问题的通知》

七、依法确定非本农民集体成员合法取得的宅基地使用权。

非本农民集体成员因扶贫搬迁、地质灾害防治、新农村建设、移民安置等按照政府统一规划和批准使用宅基地的，在退出原宅基地并注销登记后，依法确定新建房屋占用的宅基地使用权。

---

① 崔建远：《物权法》，中国人民大学出版社 2009 年版，第 353 页。

② 程啸：《不动产登记法研究》，法律出版社 2011 年版，第 397 页。

1982 年《村镇建房用地管理条例》实施前，非农业户口居民（含华侨）合法取得的宅基地或因合法取得房屋而占用的宅基地，范围在《村镇建房用地管理条例》实施后至今未扩大的，可按实际使用面积予以确权登记。1982 年《村镇建房用地管理条例》实施起至 1999 年《土地管理法》修订实施时止，非农业户口居民（含华侨）合法取得的宅基地或因合法取得房屋而占用的宅基地，按照批准面积予以确权登记，超过批准的面积在登记簿和权属证书附记栏中注明。

八、依法维护农村妇女和进城落户农民的宅基地权益。

农村妇女作为家庭成员，其宅基地权益应记载到不动产登记簿及权属证书上。农村妇女因婚嫁离开原农民集体，取得新家庭宅基地使用权的，应依法予以确权登记，同时注销其原宅基地使用权。

农民进城落户后，其原合法取得的宅基地使用权应予以确权登记。

第十四章 居住权

【本章导读】

居住权，是指居住权人对他人所有的住宅的全部或者部分及其附属设施，享有占有、使用的用益物权。居住权制度起源于罗马法，是社会发展到一定阶段的产物。作为人役权的一种形式，居住权制度最早产生于古罗马的婚姻家庭关系中，其产生与当时罗马社会的家庭状况及概括继承制度有密切联系。

为加快建立多主体供给、多渠道保障、租购并举的住房制度，发挥房屋的效用，同时更好地满足住宅所有权人意思自由的需求，我国《民法典》本章规定了居住权制度，共6个条文（第366~371条）。本章主要对居住权的概念、居住权合同的内容、居住权的设立、居住权的限制、居住权的消灭，以及以遗嘱方式设立居住权的问题作了规定。理解本章，应以居住权的设立为中心，把握居住权制度的功能。

第三百六十六条　【居住权的定义】居住权人有权按照合同约定，对他人的住宅享有占有、使用的用益物权，以满足生活居住的需要。

【条文理解与适用】

一、本条的缘由

本条是《民法典》新增规定。在《物权法》立法过程中，《物权法》（草案）曾在第十五章的第180条规定了居住权：“居住权人对他人享有所有权的住房及其他附着物享有占有、使用的权利。”

二、本条规定的主要内容

本条是对居住权概念的规定。居住权是随着物的利用日趋多样化，回应住宅所有利益与居住利益之分离趋势设计的一种新的用益物权。理解本条，应主要把握下列两个方面的内容：

1. 明确了居住权的含义及属性。根据本条规定，居住权是指居住权人对他人的住宅享有占有、使用的权利。居住权作为一项用益物权，居住权人可以之对抗所有权人，排斥他人的干预，实现其居住利益。需要注意的是，并非所有享有占有、使用他人住宅的权利都属于居住权。在当事人之间存在抚养、扶养、赡养、借用、租赁等法律关系的情形下，权利人也享有占有、使用他人住宅的权利，但此时权利人享有的权利不具有居住权的排他性，也不属于本条规定的居住权，不能适用本章的规定。

2. 居住权的主体、客体及内容。根据本条规定，居住权人可以按照合同约定，对他人的住宅享有占有、使用权，以满足生活居住的需要。

居住权的设立应当依据当事人的合同约定，居住权设立成功便意味着一定时间内居住权的主体和房屋所有权的主体相分离，居住权人应当为自然人。对于居住权的主体，有观点认为居住权具有伦理性质，因此权利人具有特定性，原则上只能包括家庭关系中确有居住需要的人员，具体来看，主要是指与所有权人具有家庭关系的人员或是与所有权人不具有家庭关系，但为居住权人及其家庭提供服务而与居住权人一起生活的人员，主要包括居住权人的配偶、受居住权人扶养的子女、其他应当由居住权人扶养的近亲属、为居住权人服务而与其居住在一起的人。[①] 对此，鉴于本条规定并未对居住权人的范围作特别限定，可见本条认可了居住权的社会功能，即作为社会上某些特殊群体的利益易遭受侵害而缺乏有效救济手段情形下的一种弥补手段，这也符合传统民法上各国和地区立法例对居住权的制度定位。同时，本条规定的居住权还具有投资功能，即满足权利人对财产的多样性需求，为非所有权人提供了通过法律行为比较稳定地使用他人财产的可能性，因此即使非房屋所有人的家庭成员或者有密切联系的相关人员，也可以通过合同约定设立居住权，成为居住权人。

居住权人对他人的住宅享有占有和使用的权利。由此可以看出，居住权的客体是他人所有的住宅，在其他类型的房屋上不能设立居住权。居住权的设立主要是为了他人的生活居住，因此居住权就必须建立在对他人住宅占有和使用的基础上。住宅所有权人可以根据自己的意志以自己所有的住宅的全部或者部分为他人设立居住权。

与其他用益物权相比，居住权属于限制性人役权，其以满足生活居住需要为目的，因此原则上不具有收益的内容。但本条属于任意性规定，如果双方在合同

---

① 鲁晓明：《论我国居住权立法之必要性及以物权性为主的立法模式——兼及完善我国民法典物权编草案居住权制度规范的建议》，载《政治与法律》2019 年 3 期。

中约定了居住权具有收益权能，同样具有合法效力。

三、本条规定特别评注

居住权滥觞于罗马法，其设立初衷在于解决无夫权婚姻中的妻和被解放的奴隶这些弱者的问题，给予其人文关怀，因此具有强烈的人身性、伦理性和无偿性。在罗马法上，居住权属于一种人役权，人役权是为了特定人的需要设立的，该权利仅就该特定的权利人存在，并且具有排他性。[①] 各国和地区立法例上，对于用益物权的类型具有不同的设计。《法国民法典》主要规定了用益权、使用权、居住权和地役权四种用益物权[②]；《德国民法典》规定的用益物权类型为地上权、先买权、役权（含地役权、用益权、人役权）和物上负担[③]；《瑞士民法典》则规定了役权（含地役权、用益权、居住权、地上权、对他人土地上水泉的权利）和土地负担两大类用益物权[④]；《意大利民法典》规定了六种用益物权：地上权、永佃权、用益权、使用权、居住权、地役权。[⑤] 我国历史上的用益物权，仅包括土地承包经营权、建设用地使用权、宅基地使用权、地役权四种用益物权，以及探矿权、海域使用权等有用益物权性质的一些权利，但未将居住权作为一项独立的用益物权，当事人签订居住权合同的，不发生物权效力。

本条规定第一次将居住权纳入用益物权的范畴，并以法典的形式予以确立，打破了我国传统的房屋所有权和租赁二元划分的房屋利用模式，为当事人利用房屋提供了更多可选择的模式，有助于充分发挥房屋的效用，回应了社会的现实需求，极具现实意义。首先，居住权制度是解决老年人、未成年人等社会弱势群体居住问题的有效途径之一，如通过居住权的设立实现老年人以房养老，在离婚财产分割中为离婚妇女提供基本住房保障等。其次，居住权制度还可以适当缓解住房紧张、实现千百年来人们追求的“居者有其屋”的理想，也有利于维护社会稳定。再次，居住权制度还赋予权利人最优化地对他人住房进行任何合理用益的权利，实现居住和投资双重功能，满足人们利用财产形式的多样化的要求。最后，居住权作为新增规定入典还具有体系价值，有利于缓和僵硬的物权法定主义。早在《民法典》颁布之前，司法实践中就已经大量存在在婚姻、继承案件中当事人设定居住权的案例，然而鉴于物权法定原则对物权种类、内容的严格限定，对于此种权利的性质认定难以有法律的强制力支撑。本次将居住权入

① 彼德罗·彭梵得：《罗马法教科书》，黄风译，中国政法大学出版社2005年版，第103～105页。

② 《法国民法典》第二至四章，罗洁珍译，北京大学出版社2010年版。

③ 《德国民法典》（第四版）第三编第二章、第四至六章，陈卫佐译注，法律出版社2016年版。

④ 《瑞士民法典》第四编之第二分编的第二章、第四至六章，于海涌译，法律出版社2016年版。

⑤ 《意大利民法典》第三至五章，中国人民大学出版社2010年版。

典，有助于缓和物权法定原则太过严苛的弊端，与整体开放物权体系的立法理念相吻合，也是《民法典》将符合私法理念的司法裁判规则上升为民法规范的有益尝试。

【关联规范】

《最高人民法院关于适用〈中华人民共和国民法典〉婚姻家庭编的解释（一）》

第二十七条　由一方婚前承租、婚后用共同财产购买的房屋，登记在一方名下的，应当认定为夫妻共同财产。

第三百六十七条　【居住权合同】设立居住权，当事人应当采用书面形式订立居住权合同。

居住权合同一般包括下列条款：

（一）当事人的姓名或者名称和住所；

（二）住宅的位置；

（三）居住的条件和要求；

（四）居住权期限；

（五）解决争议的方法。

【条文理解与适用】

一、本条的缘由

本条属于《民法典》新增规定。

二、本条规定的主要内容

本条确立了居住权合同的订立规则。理解本条应当把握以下两个方面的内容：

1. 设立居住权应当采用书面形式订立居住权合同。本条第 1 款规定了居住权合同应采要式主义，即必须采用书面的形式订立。这主要是出于保证当事人之间权利义务关系清晰明确的考虑。法律对于其他用益物权的内容具有明确的法律规定，而对于居住权仅表述为出于生活居住需要的考虑，当事人可以自行约定居住权的具体内容，即居住权法律关系的具体权利义务内容主要有赖于当事人之间的约定。因此为了避免纠纷的产生，本款规定应当采用书面形式。

2. 居住权合同的主要条款。本条第 2 款具体列举了居住权合同中的主要条款，旨在尽可能避免纠纷的发生，或者在发生纠纷时有明确的规则可供遵循。规定中的“一般”二字，体现出该规定的主要价值在于为当事人订立居住权合同提供一定的指引。

根据该规定，居住权合同的主要条款可以包括当事人的姓名和住所、住宅的位置、居住的条件和要求以及解决争议的方法等。从实践来看，对于这几项条款，并非全部内容都必须体现在居住权合同中，而应当区别对待。对于“当事人的姓名或者名称”“住宅的位置”，因为这两项直接涉及居住权的权利主体和客体，因此属于合同的必备条款，如果欠缺这两项不可能设立居住权。同时，在居住权合同中列明当事人的姓名或者名称，有利于确定居住权主体的同时，也有利于通过当事人的姓名和名称辅助观察该居住权的设立是否符合居住权的设立目的。对于其他三项条款，均非居住权合同的必备条款，如果当事人未作明确约定，可以根据本章或者其他法律的规定进行补充，不影响居住权的设立。例如，当事人没有约定居住权合同的居住期限，则依居住权设定的目的，可以解释为除非发生房屋倒塌等意外情形，否则应以居住权人终身作为居住权的期限。

三、本条规定特别评注

需要注意的是，与建设用地使用权的出让合同相比，本条没有列举居住权费用作为合同条款。这是因为居住权的设立具有保护弱者的社会保障功能，常常采用无对价的方式设立，因此不以有偿性为必须。

第三百六十八条　【居住权的设立】居住权无偿设立，但是当事人另有约定的除外。设立居住权的，应当向登记机构申请居住权登记。居住权自登记时设立。

【条文理解与适用】

一、本条的缘由

本条属于《民法典》新增规定。在《物权法》的立法过程中，《物权法（草案)》曾在第十五章第 181 条规定，设立居住权，可以根据遗嘱或者遗赠，也可以按照合同约定；设立居住权，应当向登记机构申请居住权登记。第 182 条还规定，居住权人应当合理使用住房及其附属设施。居住权人应当承担住房及其附属设施的日常维护费用和物业管理费用，可以不支付住房使用费，不承担重大维修费用，但遗嘱、遗赠另有表示或者合同另有约定的除外。

二、本条规定的主要内容

本条规定了居住权的设立原则。理解本条应当把握以下两个方面的内容：

1. 居住权设立以无偿性为原则。本条第 1 句是对居住权的设立原则上应当具有无偿性的规定。大陆法系国家和地区民法确立的居住权，属于人役权的一种，大多具有家庭成员之间扶危济困的性质，因此普遍都是无偿设立。对于我国居住权的设立是否具有对价性，有学者主张，《民法典》下的居住权应当去除附加在物权上的身份性和伦理性因素，将其单纯定位于满足对于房屋居住性需要的用益物权，从而以支付对价为原则，以无偿为例外。① 这一主张脱离了我国国情。就我国目前的现实情况而言，居住权设立的无偿性原则主要是由居住权的性质决定的。居住权具有社会保障性质，将居住权首先定位为社会性居住权，设立居住权主要是为了保护诸如老年人、未成年人等社会弱势群体，具有照顾、扶助的性质。因此，居住权的设立原则上不需要居住权人支付对价。

当然，鉴于居住权的设立有赖于居住权合同，而居住权合同是当事人意思自治的体现，如果当事人意欲有偿设立居住权，立法也无须强制禁止，即不宜将居住权的设立方式仅限于无偿设立，故本条有“当事人另有约定的除外”之但书规定。这样的制度设计既不违背居住权制度的初衷，也符合我国的社会生活实践，同时也使得居住权制度具有一定的前瞻性。首先，将居住权的设立严格限定为无偿，不符合居住权可以由当事人意定设立的宗旨。当事人设立居住权是通过订立合同的方式进行，根据合同设定用益物权本身也就决定了居住权的设立是否有偿应当取决于当事人的意思表示。为了满足个人的基本生活居住需要，当事人在设立居住权时，可约定为有偿，也可约定为无偿，从尊重意思自治的角度，只要是为了满足居住权人的居住需求，法律都应当允许。其次，将居住权的设立限于无偿，可能导致居住权的功能单一、适用面过分狭窄。居住权除具有社会保障功能外，是否具有投资功能，也是《民法典》编纂过程中学界激烈讨论的问题。对此，有学者认为，居住权仅是就社会性居住权而言的，并不涉及投资性居住权问题。在我国目前房地产市场还不十分成熟的大背景下，法律承认投资性居住权的空间有限。② 但更多的观点则认为，居住权的形态多种多样，同时居

---

① 鲁晓明：《论我国居住权立法之必要性及以物权性为主的立法模式——兼及完善我国民法典物权编草案居住权制度规范的建议》，载《政治与法律》2019 年第 3 期。

② 房绍坤：《民法典物权编用益物权的立法建议》，载《清华法学》2018 年 2 期。

住权的社会功能正在从保护弱者向促进财产的多样化利用演进。① 因此，为了便于当事人能够更自由地处分其居住利益，法律规定以有偿性为例外，可以由当事人约定。

2. 居住权设立以登记为生效要件。本条第 1 句规定了我国对居住权的设立采登记生效主义。我国对于不动产物权的设立，具有登记对抗主义和登记生效主义两种模式。对于居住权，有学者建议采用登记对抗主义，“鉴于彼此的熟人身份，居住权无论登记与否，事实上不会对居住权人构成太大影响，因此，登记并非居住权成立的条件，唯在涉及第三人时产生对抗效力”。② 考虑到居住权作为一项用益物权，具有排他性和支配性。同时，居住权的客体为他人房屋，是重要的不动产，居住权人通过居住权可以对他人房屋占有、使用，因此居住权应当以登记公示其权利状态。而且，登记对抗主义的规则较为复杂，不能清晰地反映权利状态，因此我国最终采用了登记生效主义的模式，即只有经登记居住权才发生物权效力。

三、本条规定特别评注

居住权的设立登记，是指将设立居住权的事实依法记载于不动产登记簿的行为。因而，不动产登记簿是确定居住权的根本依据，居住权未记载到登记簿的，居住权合同仅具有债权效力，不属于一种用益物权。

第三百六十九条　【居住权的限制性规定及例外】 居住权不得转让、继承。设立居住权的住宅不得出租，但是当事人另有约定的除外。

【条文理解与适用】

一、本条的缘由

本条是《民法典》新增规定。在《物权法》的立法过程中，《物权法》（草案）曾在第十五章第 183 条有相似规定：“居住权不得转让和继承。居住权人不得将居住的房屋出租，但遗嘱、遗赠另有表示或者合同另有约定的除外。”

二、本条规定的主要内容

---

① 申卫星：《视野拓展与功能转换：我国设立居住权必要性的多重视角》，载《中国法学》2005 年第 5 期。

② 鲁晓明：《论我国居住权立法之必要性及以物权性为主的立法模式——兼及完善我国民法典物权编草案居住权制度规范的建议》，载《政治与法律》2019 年 3 期。

本条规定是对居住权内容的限制。理解本条应当把握以下两个方面的内容：

1. 居住权不得转让和继承。这一规定反映出《民法典》将居住权的制度功能更多的限于社会性居住权而非投资性居住权之上。规定居住权不能转让和继承，其根本原因在于居住权的人役权属性。所谓人役权，是指为了特定人的需要设立的。该权利仅就该特定的权利人存在，故而人役权是不能让与的权利。居住权作为一项物权，其目的在于保障特定人的居住利益，而不在于通过转让进行收益、处分，也不能通过继承导致居住权权利主体的变更。因此原则上，居住权不得转让、继承。

2. 设立居住权的住宅原则上不得出租。虽然租赁权和居住权属于性质不同的权利，前者为债权，后者为用益物权，但两者在权利内容上具有一致性，都是以占有和使用为基础。居住权的设立也是立法者在房屋所有权和租赁权之间创设的过渡性权利。如果允许居住权人将房屋租赁，就意味着该房屋不仅居住权人能居住，居住权以外的任何人都有居住该房屋的可能，这显然有违确立居住权制度是为了满足相关个人居住需要的目的，而赋予了居住权人可以房屋获益的权利。因此，为了保障居住权目的的实现，立法者既不允许所有权人在设定居住权的住宅之上再将住宅进行出租，也不允许居住权人将自己居住的住宅进行出租，从而获得收益。

三、本条规定特别评注

需要注意的是，虽然本条主要针对的是社会性居住权，如果允许居住权人以居住的房屋获取收益就违背了居住权的设立初衷，但作为私法，立法者应该最大可能地尊重当事人的意思自治，故如果房屋所有权人允许居住权人以居住的房屋获取收益，立法也无须强制禁止。因此，本条还设有但书条款“当事人另有约定的除外”。也就是说，在尊重当事人意思自治的基础上，本条规定允许当事人通过意思表示将住宅出租，从而获得一定的收益。可见，不得出租的规定并非强制性规定，而是可以依据当事人的特别约定排除适用。例如，居住权人居住房屋面积较大，在其生活拮据的情形下，所有权人因此在设立居住权时允许居住权人出租部分房屋以解一时之需，这既有利于减轻居住权人的生活困难，也不会损害房屋所有权人的利益，法律自然没有禁止的必要。当然，该但书条款仅限于允许依特约出租，对于转让和继承，仍不允许当事人通过意思自治予以排除适用。

第三百七十条　【居住权的消灭】居住权期限届满或者居住权人死亡的，居住权消灭。居住权消灭的，应当及时办理注销登记。

【条文理解与适用】

一、本条的缘由

本条属于《民法典》新增条款。在《物权法》的立法过程中，《物权法》（草案）曾在第十五章第188条有类似规定：“有下列情形之一的，居住权消灭：（一）居住权人放弃居住权的；（二）居住权期限届满的；（三）解除居住权关系的条件成就的；（四）居住权被撤销的；（五）住房被征收的；（六）住房灭失的。”

二、本条规定的主要内容

本条是关于居住权消灭的规定。理解本条应当把握以下两个方面的内容：

1. 居住权消灭的事由。居住权作为一种他物权，其权利义务内容有赖于当事人的约定，本条主要规定了两种会导致居住权消灭的事由。其一，当事人可以约定居住权的期限，居住权期限届满后，居住权应当消灭。对于此种情形，居住权人在期限届满后具有返还房屋的义务。其二，居住权是人役权，是为特定人的居住目的而设立，因此如果权利人死亡，居住权应当消灭。

当然，从居住权法律关系的要素来看，除本条规定的导致居住权消灭的事由外，居住权人放弃居住权、解除居住权关系的条件成就、居住权被依法撤销、住房被征收或者灭失等，均可能导致居住权消灭。

2. 居住权消灭的程序及时点。对于居住权的消灭，本条第2句规定了应当及时办理注销登记。居住权作为一项物权，我国采取的是登记生效主义的立法模式。其不仅在设立时需要通过登记公示权利的享有，同时在权利消灭时，也需要通过登记予以公示。

三、本条规定特别评注

需要注意的是，本条并未明确由谁办理居住权注销登记。这里可以解释为房屋的所有权人、居住权人，以及其他利害关系人均可以作为注销居住权登记的申请人。

对于发生导致居住权消灭的事由时，居住权是自消灭事由发生时还是自申请注销登记时抑或完成注销登记时消灭的问题，本条规定未予明确。这里应解释为因具体的不同消灭事由而确定不同的消灭时间。例如，若当事人约定了居住权的存续期限，则居住权期限届满之时，居住权即应当消灭，注销登记只是确认一个居住权已经消灭的事实；若居住权因居住权人放弃居住权而消灭，则申请注销登记即为放弃居住权的表征，此时应自完成注销登记之时消灭。

第三百七十一条 【以遗嘱设立居住权的法律适用】 以遗嘱方式设立居住权的，参照适用本章的有关规定。

【条文理解与适用】

一、本条的缘由

本条属于《民法典》新增规定。在《物权法》的立法过程中，《物权法》(草案）曾在第十五章第181条规定：“设立居住权，可以根据遗嘱或者遗赠，也可以按照合同约定。设立居住权，应当向登记机构申请居住权登记。”

二、本条规定的主要内容

本条是对于因遗嘱设立居住权情形下法律适用问题的规定。理解本条应当把握以下两个方面的内容：

1. 允许以遗嘱方式设立居住权。本法第367条明确规定了通过合同即双方法律行为可以设立居住权。依本条规定，居住权还可以通过遗嘱这种单方法律行为设定。

立法允许以遗嘱方式设立居住权，主要目的之一即在于满足被继承人的双重意愿，既可让财产走向符合被继承人的意志，又保障了遗属的居住需求。在实践中，困扰我国老年人的一大问题，即死后的遗产处分。特别是再婚场合下，一方对另一方给予的财产权益既需要保护又应当予以限制。被继承人可能一方面希望将房屋所有权交给子女，另一方面又不想让遗属因受到子女的排挤而流离失所。此时最好的制度安排是在遗嘱中把房屋的所有权留给子女，同时为遗属设定居住权。此时，允许当事人通过遗嘱设立居住权就能够满足这种情形下老年人的需求。

在其他国家和地区的立法例上也存在相似规定，如德国的后位继承制度。所谓后位继承，是指在遗嘱继承中，被继承人先指定某继承人所继承的财产利益，因某种条件的成就或期限的到来而转移给另一继承人的特殊继承制度。有学者指出，在后位继承的场合，也可能存在设立居住权的情形。例如，遗嘱人在遗嘱中先指定其现任妻子为其房产的继承人；同时，又约定若妻子死亡或改嫁，则该房产转由其儿子继承。此时这种制度下先位继承人所获得的并非所有权，而是一种终身居住权。[①]

---

① 申卫星：《从“居住有其屋”到“住有所居”——我国民法典分则创设居住权制度的立法构想》，载《现代法学》2018年第2期。

2. 以遗嘱方式设立居住权情形下法律的参照适用。依该条对待，对于以遗嘱设立居住权的，可以参照以合同订立居住权的有关规定，如关于居住权的消灭、居住权的权利内容等规则。需要注意的是，对于居住权的设立方式，因为我国《民法典》已经规定了对于因遗嘱发生物权变动的，自被继承人死亡即发生物权变动的效力，故因遗嘱获得居住权的，居住权自遗嘱生效之日起产生，而非自登记之日起产生。

三、本条规定特别评注

适用本条规定的过程中，还需要立法和司法关注本条规定涉及的本章有关居住权设立的规则，本法物权编关于物权变动的一般规则，以及本法继承编有关遗嘱效力方面的规则，这些规则之间的关系问题是需要进一步厘清的。

第十五章 地役权

【本章导读】

在传统民法上，两个不动产权利人的不动产相邻，一方为自己不动产的利用方便，须使用他方不动产时，有两项制度可供利用：一项是不动产相邻关系制度，另一项是地役权制度。地役权概念源于罗马法，是最早的他物权制度。《民法通则》没有地役权的概念，《物权法》首次在我国确立了地役权制度，《民法典》在《物权法》的基础上完善了相关规则。

本章对地役权制度予以规定，共 14 个条文（第 372 ~ 385 条），内容主要涉及地役权的概念，地役权合同，地役权的设定及效力，供役地权利人的义务，地役权人的义务，地役权的期限，地役权与其上的土地承包经营权、宅基地使用权之间的关系，地役权的转让，地役权消灭的原因及程序。理解本章，要特别注意地役权的设定方法及效力，并体会地役权与相邻关系两个制度之间的区别与联系。

第三百七十二条　【地役权的定义】地役权人有权按照合同约定，利用他人的不动产，以提高自己的不动产的效益。

前款所称他人的不动产为供役地，自己的不动产为需役地。

【条文理解与适用】

一、本条的缘由

本条源于《物权法》第 156 条。

二、本条规定的主要内容

本条是关于地役权的一般规定。地役权是我国一项重要的用益物权，是指不动产的权利人，为了自己使用不动产的方便或者不动产利用价值的提高，通过约定而得以利用他人不动产的一种定限物权。在地役权中，一般存在两项不动产，需要利用他人不动产才能发挥效用的不动产，称需役地；提供给他人使用的不动产，称供役地。理解本条，需要把握地役权的下列法律特征：

首先，地役权是利用他人的不动产。地役权的客体是他人的不动产，也就是说不动产所有人不可能在自己的不动产上设定地役权。值得注意的是，我国是土地公有制国家，所有权归国家和集体所有，组织和个人只能成为土地的使用权人。因此，本条中“利用他人的不动产”中之“他人”，除了包括土地的所有权人，还可以是获得土地使用权的用益物权人以及其他不动产的权利人。而且，如果供役地和需役地同为一人所有，但不为同一人使用的情况下，也可以在其间设定地役权。①

其次，地役权的权利内容是通过当事人的约定为自己的不动产提供便利，以提高自己不动产的效益。地役权和相邻权的区别主要在于，相邻关系中，相邻人负有容忍义务，为邻人提供必要的生活、生产的便利属于相邻人的法定义务，无须当事人约定；而地役权法律制度的设立则是为了在原有基础上增加自己不动产的效益，这种效益的获得并非生活、生产之必须，而是最大限度地促进物尽其用。此种效益的获得，需要需役地权利人的配合，通过在他人不动产上设定负担才可以实现。而且，相邻关系制度的创设，更偏重于维持一种静态的秩序，是基于所有权价值实现而产生的最为基本的、最低限度的要求，否则无以维持其所有权的本质；而地役权制度则激发人们的想象力，鼓励创造性，最大限度地保障和实现个人在其财产上的利用空间、效率，促进资源财富的最大增长。正因如此，地役权的设立需要当事人通过合同约定，在协商一致的基础上才能为一方不动产设定负担。通过设定地役权，需役地权利人实现了自身不动产利益的最大化，供役地的权利人也从自己闲置的不动产上赚取了收益。

最后，地役权具有从属性。地役权虽然是一种独立的用益物权形态，但其本质上为从物权，必须从属于需役地所有权或者使用权而存在。如果地役权人不再享有对供役地的合法权利，或是需役地消灭，则地役权也就不复存在。同样的，地役权不得单独处分，在需役地上的使用收益权转让的情形下，如无特别约定，基于地役权的从属性，地役权也被一并转让。

三、本条规定特别评注

设定地役权的目的并不在于使用他人的不动产，而在于为自己不动产的使用提供便利，以增加自己不动产的效用，提高利用价值。但是，该“便利”的范围如何，本条对此并未明确规定。一般认为，便利的内容既可以是有财产价值的利

---

① 屈茂辉：《物权法原理精要与实务指南》，中国人民大学出版社2008年版，第520～524页。

益，也可以是非财产性的利益；既可以是为需役地提供现实利用不动产的利益，也可以是为需役地提供将来利用不动产的利益；既可以是为需役地的直接便利，也可以是为需役地的间接利益。通常情况下，因设置内容的不同而形成不同类型的地役权。

第三百七十三条　【地役权合同】设立地役权，当事人应当采用书面形式订立地役权合同。

地役权合同一般包括下列条款：

（一）当事人的姓名或者名称和住所；

（二）供役地和需役地的位置；

（三）利用目的和方法；

（四）地役权期限；

（五）费用及其支付方式；

（六）解决争议的方法。

【条文理解与适用】

一、本条的缘由

本条在《物权法》第157条的基础上略作文字修改而成，如将“采取”修改为“采用”，将地役权条款第4项“利用期限”修改为“地役权期限”。

二、本条规定的主要内容

本条是关于地役权的设立规则的规定。地役权是用益物权。地役权设立合同，是指需役地权利人与供役地权利人之间达成的以设立地役权为目的和内容的协议。对于地役权合同的订立规则和主要条款，需要注意以下两个方面：

1. 本条第1款规定设立地役权应当采取书面形式订立。当事人签订合同的目的，是在特定需役地和供役地上设立具体内容的地役权。同时，地役权合同具有要式性，必须以书面形式订立才会成立、生效。这是因为，地役权法律关系非常复杂，根据需役地人的不同需求可能设定权利内容不同的地役权，采用书面形式可以更好地明确记载当事人的真实意思表示，有效地防止当事人对合同内容产生争议，在纠纷发生后，也便于依据合同约定解决纠纷。同时，我国对地役权的设定采取合同生效、登记对抗主义的模式。因此地役权合同不仅要发生债的效果，而且产生物权设定的效力，更需要通过地役权合同来明确物权设立的内容。

2. 本条第2款列举了地役权合同中的主要条款。合同的条款是否齐备、准确，决定了合同能否顺利地履行、实现订立合同的目的。地役权合同条款主要包括当事人的姓名或者名称和住所、供役地和需役地的位置、利用目的和方法、利用期限、费用及其支付方式、解决争议的方法这六项内容：（1）当事人的姓名和名称条款旨在确定当事人，有利于明确地役权关系中权利义务的享有者和承担者。（2）供役地和需役地的位置是地役权成立的前提，地役权作为一种物权，其从属于供役地和需役地而存在，因此也就需要明确供役地和需役地的具体位置。（3）利用目的和方法是当事人意思自治的内容，通过合同约定，地役权才能满足权利人多样化的需要，最大限度地发挥供役地和需役地的利用效率。不同的利用方式导致地役权的类型也不同。（4）地役权合同应当注明地役权的利用期限。地役权是一个有期限的他物权。一方面，其约定的期限不能超过土地使用权人可以使用土地的合法期限；另一方面，也不能超过当事人约定的期限。（5）地役权和相邻关系相比，一般具有有偿性。地役权是利用他人的不动产以提高自己不动产的效益，地役权人获得了经济利益，就应当给对方当事人一定的经济补偿。（6）地役权合同还可以列明解决争议的方法，如仲裁或是诉讼。

三、本条规定特别评注

本条规定的地役权内容，只是一般地役权合同应当包括的条款，但并非强制性条款，只起到提示性与示范性的作用。这意味着地役权合同的设立尊重当事人的意思自治，因此地役权也可以被称为是“类型法定、内容意定”的权利。

第三百七十四条　【地役权的设立与登记】地役权自地役权合同生效时设立。当事人要求登记的，可以向登记机构申请地役权登记；未经登记，不得对抗善意第三人。

【条文理解与适用】

一、本条的缘由

本条源于《物权法》第158条。

二、本条规定的主要内容

本条是关于地役权效力的规定。根据我国一般的不动产物权变动规则，不动产物权的设立一般以登记作为其生效的条件，如果当事人未进行登记，则不能产生物权变动的法律效力。但本条规定的地役权变动则采取的是登记对抗主义，即地役权自地役权合同生效时成立。

换言之，设立地役权的双方当事人，可以自愿选择登记或者不登记，当事人不登记，不影响合同的成立和生效，也不影响地役权的设立，但未经登记的该地役权不能对抗善意第三人。也就是说，地役权只有经公示后才能取得对抗善意第三人的效力。地役权的登记通常是在供役地的登记簿上记载供役负担，记载完成，如果供役地的使用权人将土地使用权转让给他人，他人也能通过不动产登记簿记载了解其权利负担。否则，为了保护交易相对人的合理信赖，需役地地役权人与原供役地权利人签订的地役权合同不得要求善意受让的第三人履行。

三、本条规定特别评注

我国之所以规定地役权的变动采取登记对抗主义，主要具有以下三个方面的考量：

首先，地役权的客体是不动产，且往往是农村不动产，而我国目前尚未建立完善的农村土地承包经营权和宅基地使用权登记制度。因此，如果要求地役权的设立必须登记，则在广大农村很难设立地役权。

其次，地役权往往是农民在日常生活中和邻里之间确定的法律关系，如果强制性地要求办理登记，既无必要，更增添了邻里负担。

最后，我国农村基本上还是一个熟人社会，大家大都能够知悉彼此土地的权属状况。同时，地役权往往仅发生在供役地和需役地之间，农村土地使用权的流转性很差，即使不登记也基本不会影响交易安全。

【关联规范】

《不动产登记暂行条例实施细则》

第六十条　按照约定设定地役权，当事人可以持需役地和供役地的不动产权属证书、地役权合同以及其他必要文件，申请地役权首次登记。

第六十四条　地役权登记，不动产登记机构应当将登记事项分别记载于需役地和供役地登记簿。

供役地、需役地分属不同不动产登记机构管辖的，当事人应当向供役地所在地的不动产登记机构申请地役权登记。供役地所在地不动产登记机构完成登记后，应当将相关事项通知需役地所在地不动产登记机构，并由其记载于需役地登记簿。

地役权设立后，办理首次登记前发生变更、转移的，当事人应当提交相关材料，就已经变更或者转移的地役权，直接申请首次登记。

第三百七十五条　【供役地权利人的义务】供役地权利人应当按照合同约定，允许地役权人利用其不动产，不得妨害地役权人行使权利。

【条文理解与适用】

一、本条的缘由

本条在《物权法》第159条的基础上略作文字修改而成，主要将原条文中的“土地”修改为“不动产”。

二、本条规定的主要内容

本条规定了供役地权利人的义务。在地役权合同生效后，地役权设立，供役地权利人应当按照合同约定履行其义务，从而保证地役权权利的实现。本条规定的供役地权利人的义务主要表现为允许地役权人利用自己的不动产，同时不妨害地役权人行使权利。具体来看，供役地权利人的义务主要体现为容忍义务和不作为义务。

在地役权设立后，供役地人在所受限制范围内负有容忍与不作为义务。容忍义务主要体现在积极地役权中，供役地人应容忍地役权人在其供役地上从事一定的积极行为，如在供役地上实施通水挖渠、建设附属设施等，只要这种行为是根据合同约定，对供役地的使用方法、范围、使用程度等均在许可范围内实施的，供役地人就不得主张地役权人恢复原状、停止侵犯、排除妨害或是要求损害赔偿。供役地权利人的不作为义务主要体现在消极地役权中。例如，供役地人不得在供役地上从事妨害地役权行使的行为，如按照合同的约定，供役地所有人或使用权人在供役地一定范围内不能建筑一定高度的建筑物。

有学者提出，在地役权实践中，供役地权利人还可能负担某些附随义务，如设立通行地役权时，供役地权利人有交通安全保障义务。当然，这种义务也可以通过约定由地役权人承担。供役地权利人还应负担维持修理设施费用的分担义务。如果地役权人在供役地上建造了一些设施，供役地权利人也进行使用的，除非当事人之间另有约定，否则供役地权利人也应按其受益的程度分担维持修理设施的费用。①

① 崔建远：《物权法》（第二版），中国人民大学出版社2011年版，第357页。

三、本条规定特别评注

在立法例上，不少国家和地区的民法典中都明确规定供役地权利人的权利和义务。[①] 一方面，供役地权利人在不妨碍地役权人行使地役权的限度内，享有使用地役权人为行使地役权而在供役地上所建设施等权利；另一方面，基于地役权的设立在给予需役地权利人便利的同时，供役地权利人当然为此需要承担相应的义务。

第三百七十六条　【地役权人的权利义务】地役权人应当按照合同约定的利用目的和方法利用供役地，尽量减少对供役地权利人物权的限制。

【条文理解与适用】

一、本条的缘由

本条源于《物权法》第160条。

二、本条规定的主要内容

本条是关于地役权人权利义务的规定。由于地役权是存在于他人不动产上的物权，是在他人不动产上设立的负担。因此，在当事人合同约定中，地役权人可以对供役地的使用方法、范围和利用程度约定地役权的行使，同时也必须承担相应的义务。理解地役权人的权利义务，可以把握以下三个方面：

首先，地役权人享有对供役地的使用权。地役权的设立目的即在于为需役地的便利，因此，地役权人当然享有使用供役地的权利。地役权人对供役地使用的方法、范围及程度等，应依当事人的约定而定。同时，地役权人在行使使用权时，还要遵守一定的义务，即依据诚实信用原则，地役权人行使地役权时，应在能够满足自身需求的前提下，选择对供役地损害最小的方法行使权利。对于因行使地役权造成供役地损害的，即使在许可权限内，也应当在事后恢复原状并且给予适当的补偿。

其次，地役权人还享有为必要的附随行为，以及在供役地上设置附属设施的权利，如设置工作物，开挖管道等。地役权人设置附属设施的，应当采取适当的

---

① 如《日本民法典》第288条就规定，供役地的所有人，不妨碍地役权行使的范围内，可以使用为行使地役权而于供役地上设置的工作物，但供役地所有人应按其受益的比例分担工作物的设置及保管费用。再如，《瑞士民法典》第741条也规定，用于行使地役权的设施，应当由权利人维修，但对该设施供役地人也受益的，双方应以其受益程度分担维修费用。

方法，尽量减少对供役地权利人造成的损失。在地役权消灭时，地役权人应当拆除所有设置的附属设施，恢复供役地的原状。有学者指出，地役权作为一项物权，其“不具独占性，与其他用益物权均占有标的物不同，所以，应当特别强调为确保地役权的行使，地役权人享有所有权的物上请求权的权利”。[①] 地役权人有权在设立目的范围内，基于其享有的物权可准用所有权的物权请求权，以排除他人的不法侵害或妨害，恢复其权利的圆满支配状态。

最后，地役权人的义务主要包括：（1）支付费用的义务。不同于相邻关系，地役权的设定，双方可以约定为有偿，此时地役权人则负有支付约定费用的义务。（2）维护附属设施的义务。既然附属设施是地役权人为实现其权利而设置的，在附属设施所有权归属于地役权人的同时，地役权人当然应当保养维修该附属设施，因为地役权人未尽保养维护义务致使供役地权利人遭受损失或者伤害的，地役权人应当承担损害赔偿责任。（3）在地役权期限届满后，地役权消灭，此时地役权人应返还不动产并恢复原状，有附属设施的应当予以拆除。

三、本条规定特别评注

地役权人在地役权的目的范围内对供役地的使用，并非必须是独占性的使用，即在不妨碍地役权人在目的范围内行使权利的前提下，供役地人既可以与地役权人共同使用该供役地，比如通行地役权，在不妨碍地役权人通行的前提下，供役地所有人也可以通行；还可在同一供役地上设定新地役权或同种地役权，比如在不妨碍地役权人行使通行地役权的情形下，还可设定眺望地役权或新的通行地役权等。

第三百七十七条　【地役权的期限】 地役权期限由当事人约定；但是，不得超过土地承包经营权、建设用地使用权等用益物权的剩余期限。

【条文理解与适用】

一、本条的缘由

本条在《物权法》第161条规定的基础上略作文字修改而成。

二、本条规定的主要内容

本条是关于地役权期限的规定。地役权期限，是指在供役地和需役地上设立

---

① 杨立新：《物权法》（第四版），中国人民大学出版社2013年版，第178页。

地役权的持续时间。地役权作为一种有“类型法定、内容意定”特色的定限物权，其具有期限限制，且地役权的期限可以由当事人约定。

同时，本条但书规定，地役权的期限不得超过土地承包经营权、建设用地使用权等用益物权的剩余期限。这是因为，地役权的客体一般为土地。我国实行土地公有制，私人不能获得土地的所有权，只能享有土地的使用权：在农村土地上，一般表现为土地承包经营权，在城市土地上，则为建设用地使用权。在使用权期限届满后，这些用益物权就需要被国家或者集体收回。地役权虽然是一种独立的物权，但其具有从属性，需要依赖于需役地和供役地而存在。因此，如果作为供役地和需役地的使用权具有使用期限的限制，那么，从属于供役地和需役地而存在的地役权的期限，只能以前者的期限为限。地役权的期限如果超过供役地和需役地使用权的期限，就不可能发生地役权设定的效果。如我国《土地管理法》就规定，“农民集体所有和国家所有依法由农民集体使用的耕地、林地、草地，以及其他依法用于农业的土地，采取农村集体经济组织内部的家庭承包方式承包，不宜采取家庭承包方式的荒山、荒沟、荒丘、荒滩等，可以采取招标、拍卖、公开协商等方式承包，从事种植业、林业、畜牧业、渔业生产。家庭承包的耕地的承包期为三十年，草地的承包期为三十年至五十年，林地的承包期为三十年至七十年；耕地承包期届满后再延长三十年，草地、林地承包期届满后依法相应延长”。因此，超过法律规定的最高年限的，不发生地役权的效力。

三、本条规定特别评注

需要注意的是，鉴于我国的用益物权制度不应认可永久期限的地役权，所以，如果当事人设立地役权时没有约定期限，应解释为任意期限，而不是永久期限。同时，本条关于当事人约定地役权的期限不得超过建设用地使用权、土地承包经营权等用益物权的剩余期限的规定属于强制性法律规定。因此，当事人约定的期限如果超过了前述用益物权的剩余年限，则该约定超过的部分应当无效，但在期限范围内的仍有效。

第三百七十八条　【在享有或者负担地役权的土地上设立用益物权的规则】土地所有权人享有地役权或者负担地役权的，设立土地承包经营权、宅基地使用权等用益物权时，该用益物权人继续享有或者负担已经设立的地役权。

【条文理解与适用】

一、本条的缘由

本条在《物权法》第162条基础上略作文字修改而成。与《物权法》第162条相比较，本条在列举土地承包经营权、宅基地使用权的基础上作了概括性规定，改为“土地承包经营权、宅基地使用权等用益物权”，扩大了地役权的设立范围。

二、本条规定的主要内容

本条是关于在享有和负担地役权的土地上设立承包经营权、宅基地使用权的规定，反映了地役权具有从属性。根据本条规定，地役权除了由当事人订立地役权合同而设立之外，还可以因土地承包经营权和宅基地使用权这两种用益物权的设定而取得地役权。换言之，如果土地所有权人享有或者负担地役权的，在该土地上设立土地承包经营权、宅基地使用权时，该土地承包经营权人、宅基地使用权人继续享有和负担已设立的地役权。这主要是因为土地承包经营权、宅基地使用权属于用益物权，其设立目的即在于充分利用土地资源，因此地役权随之移转更有利于用益物权人充分发挥土地作用，从而方便生活、发展生产。

同样，在负担有地役权的土地上设立用益物权时，地役权也随之转移，这也是因为地役权具有从属性。这一原理也同时体现在需役地和供役地的物权变动过程中。在地役权设定以后，需役地的物权变动，必然导致地役权的变动。当需役地的所有权或者使用权发生转让时，地役权也随之转让。

三、本条规定特别评注

从各国或者地区的立法例来看，近现代各国或者地区在民法中一般允许在已经设立地役权的土地上再设定其他用益物权，但新设定的用益物权的权利人一般可以享有对该土地的地役权或者承受该土地上的地役权负担。本条规定实际上是遵从了各国或者地区的立法例。需要注意的是，在我国，地役权的从属性主要体现在对土地使用权的从属而非对土地所有权的从属。

第三百七十九条　【土地所有权人在已设立用益物权的土地上设立地役权的规则】土地上已经设立土地承包经营权、建设用地使用权、宅基地使用权等用益物权的，未经用益物权人同意，土地所有权人不得设立地役权。

【条文理解与适用】

一、本条的缘由

本条在《物权法》第163条规定的基础上修改而成。与《物权法》第163条相比较，本条在列举土地承包经营权、宅基地使用权的基础上作了概括性规定，改为“土地承包经营权、宅基地使用权等用益物权”，扩大了保护的用益物权人的范围。

二、本条规定的主要内容

本条是关于对土地所有权人设立地役权的限制的规定。土地承包经营权、建设用地使用权、宅基地使用权均属于在土地所有权基础上设立的用益物权。用益物权的权能主要在于占有、使用标的物，并在权利范围内对标的物进行收益。因此，在所有权之上设立用益物权的，就构成了对所有权的限制。所有权人在进行收益、处分时，用益物权是所有权上的负担，且用益物权效力优于所有权。土地所有权人不得干涉使用权人依法进行正常的生产经营活动，不再享有对土地的使用权能。

地役权的权利内容正是对土地进行占有和使用。因此，如果在土地所有权人已经负担了用益物权的基础上又设定地役权的，就可能与用益物权人的权利相冲突。基于用益物权优于所有权的原则，土地所有权人如果要在自己所有的土地上再设立地役权，必须得到用益物权人的同意，否则，其无权设立地役权，坚持设立的，所有权人属于无权处分。根据本条规定，对于土地所有权人的无权处分行为，如果用益物权人未予追认，则土地所有权人与第三人设立地役权的行为即应被认定为无效法律行为。

三、本条规定特别评注

立法例上对于已经在自己的不动产上设定用益物权的不动产所有人另行设定地役权的限制少有明文规定，但依据定限物权优先于所有权的法理，用益物权的设定即不动产所有人自愿在自己的不动产上设定的负担，如果其在设定用益物权后再行给他人设定地役权，实际上构成对用益物权人权利的干涉。因此，为保护用益物权人的利益，当然用益物权人可以排除所有人对其行使权利的干涉。本条规定旨在保护土地承包经营权、建设用地使用权、宅基地使用权等用益物权人的合法权益，防止土地所有权人滥用所有权的权能，从而避免损害用益物权人利益的情况出现。

第三百八十条　【地役权的转让规则】 地役权不得单独转让。土地承包经营权、建设用地使用权等转让的，地役权一并转让，但是合同另有约定的除外。

【条文理解与适用】

一、本条的缘由

本条在《物权法》第164条规定的基础上略作文字修改而成。

二、本条规定的主要内容

本条亦为对地役权从属性的规定，明确地役权不得与需役地分离而单独转让。地役权虽然是一种独立的用益物权，但地役权的成立必须有需役地与供役地同时存在，地役权的行使应当依附于需役地所有权或者使用权而存在。在我国，私人不具有土地所有权，所以一般体现为地役权依附于土地承包经营权、建设用地使用权等存在。

地役权的从属性重点体现在转让方式上。所谓地役权的转让，是指地役权人将地役权以让与、交换或者赠与等方式转移给他人的行为。地役权的转让实质上是地役权权利主体的变更。本条规定地役权不得单独转让，换言之，需役地人不能单独转让地役权，也不能仅转让对需役地的权利而不转让地役权，或者将需役地和地役权分别转让给不同的主体。

同时，本条还附有但书条款，即合同另有约定的除外。该但书中的“合同”，指的是转让土地承包经营权、建设用地使用权的合同。合同可以约定地役权不随同转让，但并非指需役权人可以将地役权单独转让，而是双方当事人可以特别约定地役权不随需役地权利的移转而移转，或者在需役地作为其他权利标的时，地役权并不包括在内。此时，因为地役权具有从属性，其不能独立于土地承包经营权、建设用地使用权等而存在，因此该约定会导致地役权消灭。

三、本条规定特别评注

各国和地区立法例上多规定了地役权的从属性，如《日本民法典》第281条规定：“（一）地役权作为需役地所有权的从权利，与之一起移转，或成为需役地上存在的其他权利的标的。但设定行为另有订定时，不在此限。（二）地役权，不得与需役地分离而让与或作为其他权利的标的。”

第三百八十一条　【地役权不得单独抵押】地役权不得单独抵押。土地经营权、建设用地使用权等抵押的，在实现抵押权时，地役权一并转让。

【条文理解与适用】

一、本条的缘由

本条在《物权法》第165条规定的基础上修改而成。本条将原法条的土地承包经营权抵押修改为了土地经营权抵押，这是我国“三权分置”立法政策在地役权制度下新的表达，对土地承包经营权的抵押处分具有限制，但允许权利人对土地经营权的抵押。

二、本条规定的主要内容

本条是关于地役权不得单独抵押的规定，同样是基于地役权从属性的特征。地役权本身并非可以独立存在的物权，而是为了提高不动产利用的便利而设立的，脱离建设用地使用权、土地经营权等基础权利，地役权也就失去了其存在的意义。根据本法前一条规定，地役权不得单独处分，只能与需役地上的使用收益权一并处分。同样的，抵押作为一种广义上的处分行为，在实现抵押权时也意味着对地役权的转让。因此，本条规定地役权也不得单独抵押，成为抵押权的标的，只能在需役地的所有权或者使用权抵押时，地役权一并被抵押。

三、本条规定特别评注

需要注意的是，本条以土地经营权转让代替了《物权法》中土地承包经营权转让的表达，这是在“三权分置”下法律强调保障农民的土地承包经营权，同时让土地经营权进入市场，可以进行流转处分的具体体现。

第三百八十二条　【需役地部分转让效果】需役地以及需役地上的土地承包经营权、建设用地使用权等部分转让时，转让部分涉及地役权的，受让人同时享有地役权。

【条文理解与适用】

一、本条的缘由

本条在《物权法》第166条规定的基础上略作文字修改而成。

二、本条规定的主要内容

本条主要是关于地役权不可分性在需役地分割时的具体规定。所谓地役权的不可分性的规定，是指地役权必须存在于全部的需役地和供役地上，而不能分割为各个部分或仅以一部分而单独存在。对此，有学者指出，“地役权的不可分性实际上是其从属性的延伸，因为既然地役权从属于需役地的所有权和使用权，因此应当及于全部的需役地之上而不能及于需役地的某一部分”。[①] 在需役地和需役地上的土地承包经营权、建设用地使用权等转让时，地役权的权利主体就会发生变更。根据本条规定，如果需役地的所有权或者使用权分割归属于不同主体的，地役权仍然全部存续于原先的需役地上，除非此时地役权仅与分割后的某部分需役地有关，否则地役权依然存续于分割后的各部分土地之上。

三、本条规定特别评注

这一规定实际上同时体现了地役权的从属性和不可分性。在传统民法上，地役权的不可分性主要存在于需役地或者供役地的所有权为共有时的情形。[②] 然而，在我国，由于不存在土地所有权的共有，这种情形下地役权的不可分性在我国不存在适用余地。但是，在我国存在着土地承包经营权、建设用地使用权、宅基地使用权的共有，也存在着需役地和供役地的分割，所以仍有地役权不可分性原理的适用空间。

【关联规范】

《不动产登记暂行条例实施细则》

第二十七条 因下列情形导致不动产权利转移的，当事人可以向不动产登记机构申请转移登记：

……

（九）因需役地不动产权利转移引起地役权转移的；

……

第六十二条 已经登记的地役权因土地承包经营权、建设用地使用权转让发生转移的，当事人应当持不动产登记证明、地役权转移合同等必要材料，申请地役权转移登记。

申请需役地转移登记的，或者需役地分割转让，转让部分涉及已登记的地役权的，当事人应当一并申请地役权转移登记，但当事人另有约定的除外。当事人

① 屈茂辉：《物权法原理精要与实务指南》，人民法院出版社2008年版，第523页。

② 如《日本民法典》第282条就规定：“土地共有人之一人，不得就其应有部分，使为该土地或于该土地上存在的地役权消灭……”

拒绝一并申请地役权转移登记的，应当出具书面材料。不动产登记机构办理转移登记时，应当同时办理地役权注销登记。

第三百八十三条 【供役地部分转让效果】供役地以及供役地上的土地承包经营权、建设用地使用权等部分转让时，转让部分涉及地役权的，地役权对受让人具有法律约束力。

【条文理解与适用】

一、本条的缘由

本条在《物权法》第167条规定的基础上略作文字修改而成。

二、本条规定的主要内容

本条是关于地役权不可分性在供役地分割时的具体规定。所谓地役权在供役地分割时的不可分性，是指地役权与供役地之间具有不可分离的关系，即使供役地被分割，地役权在分离后的供役地的各个部分上依然存在。

地役权的设立及于供役地的全部，从而为需役地提供方便。在供役地被分割后，地役权并不会因此消灭，这种为需役地的方便与利益而使用供役地的需要与权利依然存在，因此地役权也应当在供役地分割后的各个部分继续存在。当然，这种不可分性也存在例外。例如，如果地役权的行使被限制于供役地的特定部分，此时在供役地的其他部分上不再存在地役权。

三、本条规定特别评注

地役权同时存在于需役地和供役地之中，故而地役权的不可分性不仅体现在需役地分割之中，同样体现在供役地分割时。第382条规定了前者，而本条规定了后者。

需要注意的是，对于地役权的不可分性的规定，属于强制性规定，供役地权利人与受让人约定排除地役权的不可分性的，对受让人不具有约束力。

第三百八十四条 【供役地权利人的解除权】地役权人有下列情形之一的，供役地权利人有权解除地役权合同，地役权消灭：

（一）违反法律规定或者合同约定，滥用地役权；

（二）有偿利用供役地，约定的付款期限届满后在合理期限内经两次催告未支付费用。

【条文理解与适用】

一、本条的缘由

本条在《物权法》第168条规定的基础上略作文字修改而成。

二、本条规定的主要内容

本条是关于因供役地权利人解除地役权而导致地役权消灭的规定。本条规定的地役权消灭事由具有特殊性。首先，在行使主体上，根据本条规定，只能由供役地权利人提出解除地役权合同的请求，需役地权利人不能以本条作为地役权消灭的依据。其次，对于供役地权利人有权使地役权依法消灭的情形，由法律明确规定。只有发生本条规定的两种原因时，供役地权利人才能行使解除权，消灭地役权。需要注意的是，依此种消灭事由消灭地役权，属于民事权利的行使，事先无须经过批准。也就是说，只要符合法定的要件，供役地权利人就可以请求消灭地役权。本条规定是为了平衡供役地权利人与地役权人之间的利益而设，主要包含以下两种情形：

其一，地役权人违反法律规定或者合同约定，滥用地役权。地役权人享有权利的同时也应当履行相应义务。如在最低限度内为供役地造成干扰，按照合同约定的方式和用途使用供役地等。如不按照地役权合同规定的内容利用他人土地，地役权人就构成地役权的滥用，供役地人有权解除地役权合同。

其二，有偿利用供役地的，在约定的付款期间届满后未在合理期限内支付费用，经供役地人两次催告需役地权利人仍未支付费用。地役权的设定既可以是有偿的也可以是无偿的。如果地役权设定是有偿的，地役权人不支付费用就构成对地役权合同的违约。但是，根据本条规定，并非只要地役权人未按时支付费用，地役权即告消灭。只有达到根本违约的程度，供役地人不能实现合同的目的时，此时供役地权利人才有权依法解除合同。对于根本违约的标准，本条规定为“在合理期间内经两次催告未支付费用”，这意味着在约定的付款期限届满后，供役地人应当给予地役权人两次宽限期，经过两次催告以后，如果地役权人仍然不支付费用，此时供役地权利人才能单方行使解除权，从而消灭地役权。

三、本条规定特别评注

地役权的消灭事由有很多种，如双方约定的地役权期限届满、需役地或供役地灭失、需役地或供役地被征收、地役权人抛弃其权利等。同时，在发生一些特殊事由时，供役地权利人还有权解除地役权合同。因为我国实践中对物权变动采用的是债权形式主义原则，因此地役权合同解除的，地役权也就随之消灭。本条即为对通过解除地役权合同而消灭地役权的情形的规定。

第三百八十五条 【地役权变动后的登记】已经登记的地役权变更、转让或者消灭的，应当及时办理变更登记或者注销登记。

【条文理解与适用】

一、本条的缘由

本条源于《物权法》第169条。

二、本条规定的主要内容

本条是关于地役权变动后的登记问题的规定。地役权在设立之后，还可能发生变更和消灭。此时地役权作为一项物权，就需要办理变更登记和注销登记，以公示其权利变动。地役权变更，是指作为地役权主体的姓名、名称发生变化，或是作为地役权客体的供役地与需役地的土地内容等发生变化，又或是地役权本身的权利范围、存续期限等内容发生变化。地役权转让，是指通过买卖、互易、赠与地役权以及将地役权出资入股等形式由一个权利主体移转到另一个权利主体。地役权消灭，则是指供役地上不再具有地役权的权利负担。

需要注意的是，地役权变更、转让、消灭时，能够办理变更登记和注销登记的，应建立在地役权已经登记的基础之上，即地役权首先进行了设立登记。也就是说，由于当事人设立地役权办理了登记手续，因此根据登记的推定力，应认为不动产登记簿上的物权状态与真实物权一致。此时发生地役权变更、转让或消灭的，如果不及时办理变更或者注销登记，就会出现真实权利状态与登记权利状态不一致的情形，从而在交易中可能会危害交易安全。同时，因为我国对地役权的设立采取的是登记对抗主义而非登记生效主义，因此可能当事人在设立地役权时，并未办理设立登记。此时，由于变更登记与注销登记以设立登记为前提，所以在未完成设立登记的情形下，也无须办理变更或者注销登记。

三、本条规定特别评注

对于变更登记和注销登记的效力，本条未予明确规定，但应当参照地役权的设立登记，适用与地役权设立相同的规则。一般认为，地役权的变更、转让和消灭自变更或者转让合同生效或者解除时生效，但是未经登记的，不得对抗善意第三人。①

---

① 屈茂辉：《物权法原理精要与实务指南》，人民法院出版社2008年版，第531页。

此外，对于变更或者注销登记的申请人，本条也未予明确。依照一般法理，供役地权利人当然有资格作为申请人，此时地役权人应该负有协同变更或者注销登记的义务。

【关联规范】

《不动产登记暂行条例实施细则》

第六十一条 经依法登记的地役权发生下列情形之一的，当事人应当持地役权合同、不动产登记证明和证实变更的材料等必要材料，申请地役权变更登记：

（一）地役权当事人的姓名或者名称等发生变化；

（二）共有性质变更的；

（三）需役地或者供役地自然状况发生变化；

（四）地役权内容变更的；

（五）法律、行政法规规定的其他情形。

供役地分割转让办理登记，转让部分涉及地役权的，应当由受让人与地役权人一并申请地役权变更登记。

第六十三条 已经登记的地役权，有下列情形之一的，当事人可以持不动产登记证明、证实地役权发生消灭的材料等必要材料，申请地役权注销登记：

（一）地役权期限届满；

（二）供役地、需役地归于同一人；

（三）供役地或者需役地灭失；

（四）人民法院、仲裁委员会的生效法律文书导致地役权消灭；

（五）依法解除地役权合同；

（六）其他导致地役权消灭的事由。

第六十四条 地役权登记，不动产登记机构应当将登记事项分别记载于需役地和供役地登记簿。

供役地、需役地分属不同不动产登记机构管辖的，当事人应当向供役地所在地的不动产登记机构申请地役权登记。供役地所在地不动产登记机构完成登记后，应当将相关事项通知需役地所在地不动产登记机构，并由其记载于需役地登记簿。

地役权设立后，办理首次登记前发生变更、转移的，当事人应当提交相关材料，就已经变更或者转移的地役权，直接申请首次登记。

第四分编　担保物权

第十六章　一般规定

【本章导读】

担保物权以确保债权受偿为目的，注重对物之交换价值的利用，与用益物权共同列于他物权这一上位概念之下。我国的担保物权制度起始于《民法通则》第89条规定的抵押权和留置权。之后，在最高人民法院颁布的《民法通则意见》第112～117条规定的基础上，《担保法》[①]《最高人民法院关于适用〈中华人民共和国担保法〉若干问题的解释》[②]（以下简称《担保法解释》）以及《物权法》不断完善担保物权制度。本次《民法典》编纂过程中，将担保物权作为《民法典》物权编的第四分编，对担保物权的类型、内容以及功能等重要问题均予以规定，这对于规范和完善我国的担保制度，优化营商环境，推动和保障商业交易以及融资等经济生活具有积极作用。

担保物权分编分一般规定、抵押权、质权和留置权四章。其中，担保物权的一般规定主要是对各具体类型的担保物权所共同存在的一般性问题进行概括和抽离而形成的总括性规定，对担保物权分编的其他各章规定具有提纲挈领的作用。

本章是担保物权的一般规定，共8个条文（第386～393条），主要内容包括担保物权的定义、担保物权的适用范围、反担保、担保合同、担保物权的担保范围、担保物权的物上代位性、第三人担保、同一债权上同时存在物的担保与保证

① 已于2021年1月1日废止。

② 已于2021年1月1日废止。

担保时二者的适用关系、担保物权的消灭等。理解本章，应特别注意对于本章第388条规定中“其他具有担保功能的合同”的体系解读。

第三百八十六条　【担保物权的定义】担保物权人在债务人不履行到期债务或者发生当事人约定的实现担保物权的情形，依法享有就担保财产优先受偿的权利，但是法律另有规定的除外。

【条文理解与适用】

一、本条的缘由

本条在《物权法》第170条规定的基础上略作文字修改而成。

二、本条规定的主要内容

本条是对担保物权含义的规定，表达了担保物权的权利内容。担保物权同样是他物权的一种，与用益物权不同，担保物权设立的目的主要在于保障债权的实现。我国物权立法将物权分为所有权、用益物权和担保物权：所有权，是指权利人对特定财产的全面支配，即对该特定财产享有占有、使用、收益和处分的权利；用益物权，强调的是权利人对特定财产的直接使用和收益，用益物权人所享有的是对特定财产使用价值的支配权；而担保物权的权利人对特定财产原则上没有直接使用、收益和处分的权利，其享有的是对特定财产交换价值的支配权。也正因为债权人设立担保物权并不以使用担保财产为目的，而是以取得该财产的交换价值为目的，担保物权不因价值形态载体的改变而丧失，从而有利于充分保障担保物权人的利益。即使担保财产灭失、毁损，但代替该财产的交换价值还存在的，担保物权的效力仍存在，此所谓担保物权的物上代位性。理解本条应把握以下四个方面。

首先，担保物权是为了担保债权实现设立的，因此担保物权具有从属性。担保物权从属于其所担保的主债权，传统民法中要求担保物权的成立以债权的成立为前提，并因债权的移转而移转，因债权的消灭而消灭。随着社会的发展，目前我国法上对于担保物权的从属性，并不要求担保物权随债权的成立而成立，但在行使担保物权时，需要有被担保债权的存在。

其次，担保物权具有附条件性。对于担保物权的实现条件，我国规定了两种情形，一是债务履行期届满时，债务人不履行债务的；二是发生当事人约定的可以实现担保物权的情形的。

再次，担保物权具有优先受偿的效力。所谓优先受偿，是指当出现债务人不履行到期债务或者发生当事人约定的实现担保物权的情形时，担保物权人就担保财产拍卖或者变卖等所得价款，在担保财产所担保的债权范围内优先于其他普通债权受清偿。担保物权的优先受偿性主要体现在两个方面：一是优先于其他不享有担保物权的普通债权；二是优先于后顺位的担保物权。

最后，本条还规定了但书条款，主要针对某些法律特别规定的情形下可能出现担保物权人不能优先受偿的情况，如《海商法》规定船舶优先权人优先于担保物权人受偿。

三、本条规定特别评注

本条文旨在对担保物权进行概括性的定义描述。有两个方面需要特别予以关注：

其一，本条规定用的是“债务人不履行到期债务”的表述，而非“债务人未履行债务时”。如果是后者，就意味着扩大了可以实现担保物权的情形，即只要存在债务没有履行的事实状态，担保物权人即可主张担保物权。事实上，在债务的履行期限届至之前，债务人可能随时履行债务，如果赋予担保物权人只要在债务没有履行的情形发生时就可以主张担保物权，对于提供担保财产的债务人和第三人而言未免过于苛刻，也不符合担保物权的基本法理。相较而言，前者的表述更加准确。

其二，本条规定延续《物权法》允许担保物权人在“发生当事人约定的实现担保物权的情形”下享有就担保财产优先受偿的权利。担保物权的实现情形，除法定担保物权依法定情形而当然发生的情况下需要立法作出明确规定外，在意定担保物权的设立过程中排除当事人对该事项进行自行约定，缺乏正当化的理由，为此《物权法》即允许当事人对该事项进行约定。这样的立法设计既符合担保物权设立的一般规则，有利于充分保障了担保物权人的利益，也尊重了当事人的意思自治。

【关联规范】

1.《**民法典**》

第一百零九条　自然人的人身自由、人格尊严受法律保护。

第一百一十条　自然人享有生命权、身体权、健康权、姓名权、肖像权、名誉权、荣誉权、隐私权、婚姻自主权等权利。

法人、非法人组织享有名称权、名誉权和荣誉权。

第一百一十四条　民事主体依法享有物权。

物权是权利人依法对特定的物享有直接支配和排他的权利，包括所有权、用益物权和担保物权。

2.《最高人民法院关于适用〈中华人民共和国民法典〉有关担保制度的解释》

第三十八条 主债权未受全部清偿，担保物权人主张就担保财产的全部行使担保物权的，人民法院应予支持，但是留置权人行使留置权的，应当依照民法典第四百五十条的规定处理。

担保财产被分割或者部分转让，担保物权人主张就分割或者转让后的担保财产行使担保物权的，人民法院应予支持，但是法律或者司法解释另有规定的除外。

第三十九条 主债权被分割或者部分转让，各债权人主张就其享有的债权份额行使担保物权的，人民法院应予支持，但是法律另有规定或者当事人另有约定的除外。

主债务被分割或者部分转移，债务人自己提供物的担保，债权人请求以该担保财产担保全部债务履行的，人民法院应予支持；第三人提供物的担保，主张对未经其书面同意转移的债务不再承担担保责任的，人民法院应予支持。

第四十五条 当事人约定当债务人不履行到期债务或者发生当事人约定的实现担保物权的情形，担保物权人有权将担保财产自行拍卖、变卖并就所得的价款优先受偿的，该约定有效。因担保人的原因导致担保物权人无法自行对担保财产进行拍卖、变卖，担保物权人请求担保人承担因此增加的费用的，人民法院应予支持。

当事人依照民事诉讼法有关“实现担保物权案件”的规定，申请拍卖、变卖担保财产，被申请人以担保合同约定仲裁条款为由主张驳回申请的，人民法院经审查后，应当按照以下情形分别处理：

（一）当事人对担保物权无实质性争议且实现担保物权条件已经成就的，应当裁定准许拍卖、变卖担保财产；

（二）当事人对实现担保物权有部分实质性争议的，可以就无争议的部分裁定准许拍卖、变卖担保财产，并告知可以就有争议的部分申请仲裁；

（三）当事人对实现担保物权有实质性争议的，裁定驳回申请，并告知可以向仲裁机构申请仲裁。

债权人以诉讼方式行使担保物权的，应当以债务人和担保人作为共同被告。

3.《最高人民法院关于人民法院民事执行中拍卖、变卖财产的规定》

第二十八条 拍卖财产上原有的担保物权及其他优先受偿权，因拍卖而消灭，拍卖所得价款，应当优先清偿担保物权人及其他优先受偿权人的债权，但当事人另有约定的除外。

拍卖财产上原有的租赁权及其他用益物权，不因拍卖而消灭，但该权利继续存在于拍卖财产上，对在先的担保物权或者其他优先受偿权的实现有影响的，人民法院应当依法将其除去后进行拍卖。

4.《最高人民法院关于人民法院执行工作若干问题的规定（试行）》

31. 人民法院对被执行人所有的其他人享有抵押权、质押权或留置权的财产，可以采取查封、扣押措施。财产拍卖、变卖后所得价款，应当在抵押权人、质押权人或留置权人优先受偿后，其余额部分用于清偿申请执行人的债权。

第三百八十七条　【担保物权适用范围及反担保】债权人在借贷、买卖等民事活动中，为保障实现其债权，需要担保的，可以依照本法和其他法律的规定设立担保物权。

第三人为债务人向债权人提供担保的，可以要求债务人提供反担保。反担保适用本法和其他法律的规定。

【条文理解与适用】

一、本条的缘由

本条源于《物权法》第171条。

二、本条规定的主要内容

本条是关于担保物权适用范围及反担保的规定。

本条的第1款规定了担保物权的适用范围。担保物权并不调整所有的社会关系，从本条款规定来看，担保物权可以适用于在借贷、买卖等民事活动中产生的社会关系。适用本条款，需要注意以下三个方面：首先，担保物权可以适用于平等主体之间发生的债权关系。对于一些非民事关系，如在行政活动中产生的某些债权债务关系，如税务机关责令纳税人提供纳税担保，或是司法关系中当事人向法院申请诉讼财产保全时，法院要求申请人提供的担保等，都不属于担保物权的适用范畴。其次，本条虽然列举的民事活动主要包括借贷、买卖等债权债务关系，但这一列举旨在引导当事人判断是否以及如何采用担保物权作为保障债权实现的手段，而非限定可以适用担保物权的民事活动的范围。当然，对于因身份关系而产生的民事权利义务，不适用担保物权。最后，本条在第1款还规定了可以依照本法和其他法律的规定设定担保物权。这主要是指其他调整民事关系的法律，如《民法典》之外的《海商法》《民用航空法》等民事特别法。同时，本句也可以起到柔化“物权法定原则”的功能，为将来通过单行立法创设新的担保物权预留了空间。

本条第 2 款是对反担保的特别规定。反担保设立的目的主要在于保障担保人对债务人的追偿权，为担保人在提供担保时减少后顾之忧，这既可以促进融资和商品流通，又可以保障债权实现和交易安全。所谓反担保，是指第三人为债务人向债权人提供担保的情形下，债务人应该第三人的要求为该第三人所提供的担保。从实质上看，反担保也是一种担保，与一般的担保相比，其具有两方面的法律特征。首先，反担保以担保的存在为前提，故反担保的适用前提是第三人先为债务人向债权人提供了有效担保。因此，如果担保不成立、无效或被撤销的，则反担保同样不成立、无效或被撤销。其次，反担保和担保的担保人与被担保人是相互的，反担保人可以是债务人或债务人以外的第三人，也可以是债务人与第三人共同作为反担保人。鉴于反担保和担保并无实质差别，因此，本款特别规定，反担保的设立适用本法和其他法律对担保的有关规定。

三、本条规定特别评注

本条保留了《物权法》第 171 条对于反担保的规定，其立法意图应该在于提示担保人可以通过设立反担保来保障自己的利益不受损害。《物权法》第 171 条来源于《担保法》第 4 条。《担保法》规定了抵押权、质权、留置权、保证和定金五种担保方式，其第 4 条作为一般规定，理论上应当适用该五种担保方式。现本条虽然规定在《民法典》物权编，但由于反担保具有从属性，必须依赖于担保而产生，因此反担保责任只可能在担保人承担担保责任后，担保人享有对债务人的追偿权时，才会产生。

【关联规范】

《最高人民法院关于适用〈中华人民共和国民法典〉有关担保制度的解释》

第十九条 担保合同无效，承担了赔偿责任的担保人按照反担保合同的约定，在其承担赔偿责任的范围内请求反担保人承担担保责任的，人民法院应予支持。

反担保合同无效的，依照本解释第十七条的有关规定处理。当事人仅以担保合同无效为由主张反担保合同无效的，人民法院不予支持。

第三百八十八条　【担保合同及其与主合同的关系】设立担保物权，应当依照本法和其他法律的规定订立担保合同。担保合同包括抵押合同、质押合同和其他具有担保功能的合同。担保合同是主债权债务合同的从合同。主债权债务合同无效的，担保合同无效，但是法律另有规定的除外。

担保合同被确认无效后，债务人、担保人、债权人有过错的，应当根据其过错各自承担相应的民事责任。

【条文理解与适用】

一、本条的缘由

本条在《物权法》第172条规定的基础上修改而成，是关于担保合同从属性以及担保合同无效后法律责任承担问题的规定。与《物权法》第172条相比较，《民法典》本条第1款通过列举方式规定了担保合同的类型，具体包括“抵押合同、质押合同和其他具有担保功能的合同”。

二、本条规定的主要内容

1. 规定设立担保物权应当订立担保合同。担保物权有法定担保物权和意定担保物权之分。法定担保物权如留置权，我国现行法肯定的担保物权，除留置权外，均依当事人意思自治设立。本条规定要求设立担保物权应当订立担保合同。所谓担保合同，是指担保权人和担保人之间就担保物权的设立所订立的协议。根据本条第1款的规定，担保合同包括抵押合同、质押合同和其他具有担保功能的合同。根据《民法典》第400条第1款以及第427条第1款的规定，无论是抵押合同还是质押合同，均为要式合同，即应当采用书面形式订立。

2. 明确了担保合同的从属性本质及例外。担保法法理认为，担保具有从属性，本条对此予以明确。根据本条规定，除法律另有规定外，担保合同是主债权债务合同的从合同。主债权债务合同无效的，担保合同无效。所谓从合同，是指不能独立存在，而是必须从属于其他合同即主合同而存在的合同。担保合同作为从合同，其主要具有以下法律特征：（1）在成立上具有从属性。在传统民法上，从订立时间上看，一般主合同订立在先，先有主合同的存在，而后有担保合同，也可以是二者同时订立，但一般不能在主合同前先订立担保合同。当然，随着经济社会的发展，目前在成立上的从属性一般理解为在担保权人要求实现担保权时，必须有主合同存在。（2）在效力上具有从属性。从合同的效力以主合同的效力为前提，主合同无效，担保合同即无效，但如果担保合同无效，则不一定影响主合同的效力。（3）从转让、消灭等处分上来看，当事人转让、消灭主合同的，担保合同不能与主合同相分离而单独转让或者保留。

3. 规定了担保合同无效后的法律责任承担规则。本条第 2 款规定了担保合同无效后的法律责任承担问题。担保合同无效的原因，既可能是因主合同的无效而无效，也可能是因担保合同主体不适格，或内容违反法律、行政法规的强制性规定，违反社会公共利益，违反公序良俗原则等而无效。担保合同无效并不意味着相关当事人不承担任何法律后果。对于担保合同被确认无效后的法律责任，本条规定“债务人、担保人、债权人有过错的，应当根据其过错各自承担相应的民事责任”。对具体如何“根据其过错各自承担”的问题，在《最高人民法院关于适用〈中华人民共和国民法典〉有关担保制度的解释》（以下简称《担保制度解释》）中，用第 17 条分两种情形对此予以规制：

首先，在主合同有效而第三人提供的担保合同无效的情形，人民法院应当区分三种不同情形确定担保人的赔偿责任：（1）债权人与担保人均有过错的，担保人承担的赔偿责任不应超过债务人不能清偿部分的二分之一；（2）担保人有过错而债权人无过错的，担保人对债务人不能清偿的部分承担赔偿责任；（3）债权人有过错而担保人无过错的，担保人不承担赔偿责任。

其次，在主合同无效导致第三人提供的担保合同无效的情形，担保人无过错的，不承担赔偿责任；担保人有过错的，其承担的赔偿责任不应超过债务人不能清偿部分的三分之一。

此外，该解释也对合同无效后的追偿问题作了规定。根据该解释第 18 条和第 19 条的规定，下列三种担保人主张追偿权的情形人民法院都应予以支持：其一，承担了担保责任或者赔偿责任的担保人，在其承担责任的范围内向债务人追偿的；其二，同一债权既有债务人自己提供的物的担保，又有第三人提供的担保，承担了担保责任或者赔偿责任的第三人，主张行使债权人对债务人享有的担保物权的；其三，担保合同无效，承担了赔偿责任的担保人按照反担保合同的约定，在其承担赔偿责任的范围内请求反担保人承担担保责任的。

三、本条规定特别评注

本条第 1 款规定设立担保物权的担保合同包括抵押合同、质押合同和其他具有担保功能的合同。其中，“其他具有担保功能的合同”是《民法典》的新增规定。理论上将担保分为典型担保和非典型担保。一般认为，所谓典型担保，是指法律上明确规定为担保且规则明确的担保方式，如《民法典》物权编明确规制的抵押权、质权和留置权。相应的，非典型担保，是指法律上未明确规定为担保、不具有典型意义的担保方式，如所有权保留买卖，让与担保，以及我国《民法典》合同编新增设的保理合同等。《民法典》本条将典型担保和非典型担保都纳入了担保合同的范围，符合比较法上的通常做法。以动产为例，各国和地区在动产担保交易制度改革中主要采行三种模式：第一种是继续维系既有的典型担保和非典型担保制度，但规定不论是典型担保还是非典型担保，所有非移转占有型动产担保交易均须登记；第二种是构建统一的动产担保权概念，但将非典型担保排除在外，如比利时的立法就规定所有权保留买卖、融资租赁等不是动产担保交易，无须登记，但其他具体规则与动产担保交易规则颇为类似；第三种是彻底采行功能主义立法方法，但凡具有担保功能的权利，均由一元化的"动产担保权"所涵盖，适用相同的交易规则，如美国、加拿大普通法域、新西兰、澳大利亚等国家或地区的立法。[①] 毋庸置疑，本条这一新增内容实际上为非典型担保交易准用典型担保交易的相关规则提供了解释空间，可以将随着社会发展出现的新型非典型担保都纳入《民法典》的调整范畴。

此外，还需要注意的是，担保合同具有从属性是原则，随着经济社会的发展，目前担保合同的从属性日益出现例外情形。例如，在成立的从属性问题上，现代法上一般理解为在担保权人要求实现担保权时，须有主合同存在即可。另外，最高额抵押权制度的出现也是对担保从属性原则的重大突破。在最高额抵押权中，在连续的交易关系中，交易链条上其中一个债权债务的无效并不影响整个最高额抵押合同的效力。因此，本条第 1 款同时规定"但是法律另有规定的除外"，这实质上是规定了担保从属性的例外情形，既是对独立担保类型的肯定，也为以后担保物权制度的发展预留了解释空间。所谓独立担保，包括独立保证和独立担保物权，在担保实务中经常体现为见索即付的担保、见单即付的担保、无条件不可撤销的担保，以及放弃先诉抗辩权和主合同一切抗辩权的担保形式等。一般认为，之所以规定担保从属性的例外，主要是尊重当事人的意思自治，便于交易的快捷进行以及对债权人的利益保护。[②] 当然，尽管本条但书条款实现了对从属性的一定突破，但将突破的根据只限于法律规定，即不允许由当事人约定排除担保从属性原则的适用。

【关联规范】

《最高人民法院关于适用〈中华人民共和国民法典〉有关担保制度的解释》

第二条　当事人在担保合同中约定担保合同的效力独立于主合同，或者约定

---

① 高圣平：《民法典动产担保权优先顺位规则的解释论》，载《清华法学》2020 年第 3 期。

② 刘保玉：《民法典物权编（草案）担保物权部分的修改建议》，载《法学杂志》2019 年第 3 期。

担保人对主合同无效的法律后果承担担保责任，该有关担保独立性的约定无效。主合同有效的，有关担保独立性的约定无效不影响担保合同的效力；主合同无效的，人民法院应当认定担保合同无效，但是法律另有规定的除外。

因金融机构开立的独立保函发生的纠纷，适用《最高人民法院关于审理独立保函纠纷案件若干问题的规定》。

第三条 当事人对担保责任的承担约定专门的违约责任，或者约定的担保责任范围超出债务人应当承担的责任范围，担保人主张仅在债务人应当承担的责任范围内承担责任的，人民法院应予支持。

担保人承担的责任超出债务人应当承担的责任范围，担保人向债务人追偿，债务人主张仅在其应当承担的责任范围内承担责任的，人民法院应予支持；担保人请求债权人返还超出部分的，人民法院依法予以支持。

第十六条 主合同当事人协议以新贷偿还旧贷，债权人请求旧贷的担保人承担担保责任的，人民法院不予支持；债权人请求新贷的担保人承担担保责任的，按照下列情形处理：

（一）新贷与旧贷的担保人相同的，人民法院应予支持；

（二）新贷与旧贷的担保人不同，或者旧贷无担保新贷有担保的，人民法院不予支持，但是债权人有证据证明新贷的担保人提供担保时对以新贷偿还旧贷的事实知道或者应当知道的除外。

主合同当事人协议以新贷偿还旧贷，旧贷的物的担保人在登记尚未注销的情形下同意继续为新贷提供担保，在订立新的贷款合同前又以该担保财产为其他债权人设立担保物权，其他债权人主张其担保物权顺位优先于新贷债权人的，人民法院不予支持。

第十七条 主合同有效而第三人提供的担保合同无效，人民法院应当区分不同情形确定担保人的赔偿责任：

（一）债权人与担保人均有过错的，担保人承担的赔偿责任不应超过债务人不能清偿部分的二分之一；

（二）担保人有过错而债权人无过错的，担保人对债务人不能清偿的部分承担赔偿责任；

（三）债权人有过错而担保人无过错的，担保人不承担赔偿责任。

主合同无效导致第三人提供的担保合同无效，担保人无过错的，不承担赔偿责任；担保人有过错的，其承担的赔偿责任不应超过债务人不能清偿部分的三分之一。

第十九条 担保合同无效，承担了赔偿责任的担保人按照反担保合同的约定，在其承担赔偿责任的范围内请求反担保人承担担保责任的，人民法院应予支持。

反担保合同无效的，依照本解释第十七条的有关规定处理。当事人仅以担保合同无效为由主张反担保合同无效的，人民法院不予支持。

第二十一条 主合同或者担保合同约定了仲裁条款的，人民法院对约定仲裁条款的合同当事人之间的纠纷无管辖权。

债权人一并起诉债务人和担保人的，应当根据主合同确定管辖法院。

债权人依法可以单独起诉担保人且仅起诉担保人的，应当根据担保合同确定管辖法院。

第四十九条 以违法的建筑物抵押的，抵押合同无效，但是一审法庭辩论终结前已经办理合法手续的除外。抵押合同无效的法律后果，依照本解释第十七条的有关规定处理。

当事人以建设用地使用权依法设立抵押，抵押人以土地上存在违法的建筑物为由主张抵押合同无效的，人民法院不予支持。

第六十八条 债务人或者第三人与债权人约定将财产形式上转移至债权人名下，债务人不履行到期债务，债权人有权对财产折价或者以拍卖、变卖该财产所得价款偿还债务的，人民法院应当认定该约定有效。当事人已经完成财产权利变动的公示，债务人不履行到期债务，债权人请求参照民法典关于担保物权的有关规定就该财产优先受偿的，人民法院应予支持。

债务人或者第三人与债权人约定将财产形式上转移至债权人名下，债务人不履行到期债务，财产归债权人所有的，人民法院应当认定该约定无效，但是不影响当事人有关提供担保的意思表示的效力。当事人已经完成财产权利变动的公示，债务人不履行到期债务，债权人请求对该财产享有所有权的，人民法院不予支持；债权人请求参照民法典关于担保物权的规定对财产折价或者以拍卖、变卖该财产所得的价款优先受偿的，人民法院应予支持；债务人履行债务后请求返还财产，或者请求对财产折价或者以拍卖、变卖所得的价款清偿债务的，人民法院应予支持。

债务人与债权人约定将财产转移至债权人名下，在一定期间后再由债务人或者其指定的第三人以交易本金加上溢价款回购，债务人到期不履行回购义务，财产归债权人所有的，人民法院应当参照第二款规定处理。回购对象自始不存在的，人民法院应当依照民法典第一百四十六条第二款的规定，按照其实际构成的法律关系处理。

第六十九条 股东以将其股权转移至债权人名下的方式为债务履行提供担

保，公司或者公司的债权人以股东未履行或者未全面履行出资义务、抽逃出资等为由，请求作为名义股东的债权人与股东承担连带责任的，人民法院不予支持。

第三百八十九条　【担保范围】担保物权的担保范围包括主债权及其利息、违约金、损害赔偿金、保管担保财产和实现担保物权的费用。当事人另有约定的，按照其约定。

【条文理解与适用】

一、本条的缘由

本条在《物权法》第173条规定的基础上略作文字修改而成。与《物权法》第173条相比较，本条将“按照约定”改为“按照其约定”，明确了意思自治的主体范围。

二、本条规定的主要内容

本条是关于担保物权的担保范围的规定。担保物权的设定目的在于保障债权之实现，因此有必要确定担保物权所担保的债权范围。本条分为两部分，本条第1句规定了担保物权的法定担保范围。第2句则明确了当事人有权另行约定担保物权的担保范围，即意定的担保范围。[①]

首先，当事人有约定的，按照约定确定担保范围。无论当事人特别约定的担保范围是大于法律规定的范围还是小于法律规定的范围，都是有效的，法律不做干涉。

其次，在当事人没有约定的情况下，担保物权的法定范围包括主债权及其利息、违约金、损害赔偿金、保管担保财产和实现担保物权的费用。所谓主债权，是指使担保物权得以成立的原本债权，担保物权既然是为主债权清偿而设，因此应首先保障主债权的实现。依债权内容的不同，主债权可区分为金钱之债和非金钱之债。一般认为，本条规定中的主债权仅指金钱债权，而不包括非金钱债权。[②]本条规定中的利息既包括约定利息，也包括法定利息。所谓违约金，是指主债务人不履行或不适当履行主合同时，为违约行为支付的带有惩罚性或者补偿性的金钱。所谓损害赔偿金，是指债务人不履行债务时，为补偿债权人因此受到的损害应向债权人支付的赔偿款项。所谓保管担保财产的费用，是指在转移担保物占有之担保场合，为保管担保物而产生的费用。此外，担保物权的范围还包括实现担

① 程啸：《担保物权研究》中国人民大学出版社2017年版，第83页。
② 申卫星：《物权法原理》（第二版），中国人民大学出版社2016年版，第301页。

保物权的费用。实现担保物权的费用，是指债权人于债务人不履行债务时依法实现抵押权而支出的必要费用。

三、本条规定特别评注

担保物权的担保范围，是指担保物权人依法实行其担保物权时，所能获得优先受偿的范围，也是担保人依法应当进行清偿的范围。在担保合同中，当事人最好明确约定所担保的债权种类、债权名称以及债权金额。这不仅是担保物权人最后就担保物实行担保物权时据以确定优先受偿范围的基础，而且也是当存在多个担保物权时据以确定其清偿顺位的依据。

【关联规范】

《最高人民法院关于适用〈中华人民共和国民法典〉有关担保制度的解释》

第三条　当事人对担保责任的承担约定专门的违约责任，或者约定的担保责任范围超出债务人应当承担的责任范围，担保人主张仅在债务人应当承担的责任范围内承担责任的，人民法院应予支持。

担保人承担的责任超出债务人应当承担的责任范围，担保人向债务人追偿，债务人主张仅在其应当承担的责任范围内承担责任的，人民法院应予支持；担保人请求债权人返还超出部分的，人民法院依法予以支持。

第十五条　最高额担保中的最高债权额，是指包括主债权及其利息、违约金、损害赔偿金、保管担保财产的费用、实现债权或者实现担保物权的费用等在内的全部债权，但是当事人另有约定的除外。

登记的最高债权额与当事人约定的最高债权额不一致的，人民法院应当依据登记的最高债权额确定债权人优先受偿的范围。

第二十二条　人民法院受理债务人破产案件后，债权人请求担保人承担担保责任，担保人主张担保债务自人民法院受理破产申请之日起停止计息的，人民法院对担保人的主张应予支持。

第三百九十条　【担保物权的物上代位性】担保期间，担保财产毁损、灭失或者被征收等，担保物权人可以就获得的保险金、赔偿金或者补偿金等优先受偿。被担保债权的履行期限未届满的，也可以提存该保险金、赔偿金或者补偿金等。

【条文理解与适用】

一、本条的缘由

本条在《物权法》第174条规定的基础上略作文字修改而成。

二、本条规定的主要内容

本条是关于担保物权物上代位性的规定。所谓物上代位性，是指在担保物权存续期间，担保财产的价值转化为其他形态时，担保物权仍然及于该财产的变形物或变价物等。物权的存在一般以物的存在为前提，物权客体消灭的，物权也就随之消灭。但是，担保物权因为具有物上代位性，即使在担保财产毁损、灭失以及被征收时，也能就其担保财产的交换价值获得优先受偿。理解本条需要把握下列两个方面：

首先，适用物上代位性应具有以下条件：其一，其担保财产已经毁损、灭失或者被征收，即担保人丧失了担保财产实体上的价值利益。其二，担保财产的毁损、灭失等情形应当是在担保期间发生的。如果担保物权没有设立，或者担保物权已经消灭，此时，担保物权人就不能享有就担保财产优先受偿的权利。其三，因为担保财产的毁损、灭失或被征收等而出现了替代物。如果在担保期间担保财产发生了物理意义上的灭失，但并没有替代物，则担保物权随之消灭，当然也就不会发生物上代位的问题。根据本条规定，替代物包括保险金、赔偿金或者补偿金等。保险金，是指担保人对担保财产投保的，因保险事故发生而致使担保财产毁损、灭失时，担保人可以请求保险人支付保险金。赔偿金，是指因第三人的侵权行为或者其他原因毁损、灭失时，担保人所获得的损害赔偿金。补偿金，是指担保财产被国家征收时，担保人从国家得到的补偿金。

其次，本条第2句规定了被担保债权的履行期未届满时的提存规则。在债务履行期未届满前，债务人享有期限利益，因此不能要求就替代物直接受偿，而只能请求提存相应金钱。提存，是指提存人为履行清偿义务或者担保义务而将提存标的交给提存机关保存的民事法律行为。对于提存后的法律效力，在被担保债权履行期限届满之前，提存人保留对提存标的物的所有权，债权人不得要求主张提存物的所有权；若被担保债权履行期限届满后未履行债务，担保债权人可以从与提存人约定的第三人处领取保险金、赔偿金或补偿金等提存标的物，从而消灭其与债务人之间的债权债务关系。

三、本条规定特别评注

担保物权旨在担保债权的清偿，因此担保物的价值维持和财产安全对担保物权人的担保利益是否能够实现影响重大。在担保物权存续期间，担保物发生毁损、灭失或者被征用等情形，法律应当对担保物权人提供救济途径，物上代位即为一项重要的法律救济制度。之所以赋予担保物权物上代位性，是因为担保物权是价值权，与用益物权不同，其利用的是担保财产的交换价值，而非担保财产的实体和物理形态。因此，即使担保财产实体灭失，也不应当影响担保物权的存在。担保物权不因载体的改变而丧失，无疑有利于充分保障担保物权人的利益。

【关联规范】

《最高人民法院关于适用〈中华人民共和国民法典〉有关担保制度的解释》

第四十二条　抵押权依法设立后，抵押财产毁损、灭失或者被征收等，抵押权人请求按照原抵押权的顺位就保险金、赔偿金或者补偿金等优先受偿的，人民法院应予支持。

给付义务人已经向抵押人给付了保险金、赔偿金或者补偿金，抵押权人请求给付义务人向其给付保险金、赔偿金或者补偿金的，人民法院不予支持，但是给付义务人接到抵押权人要求向其给付的通知后仍然向抵押人给付的除外。

抵押权人请求给付义务人向其给付保险金、赔偿金或者补偿金的，人民法院可以通知抵押人作为第三人参加诉讼。

第四十六条　不动产抵押合同生效后未办理抵押登记手续，债权人请求抵押人办理抵押登记手续的，人民法院应予支持。

抵押财产因不可归责于抵押人自身的原因灭失或者被征收等导致不能办理抵押登记，债权人请求抵押人在约定的担保范围内承担责任的，人民法院不予支持；但是抵押人已经获得保险金、赔偿金或者补偿金等，债权人请求抵押人在其所获金额范围内承担赔偿责任的，人民法院依法予以支持。

因抵押人转让抵押财产或者其他可归责于抵押人自身的原因导致不能办理抵押登记，债权人请求抵押人在约定的担保范围内承担责任的，人民法院依法予以支持，但是不得超过抵押权能够设立时抵押人应当承担的责任范围。

第三百九十一条　【债务转让对担保物权的效力】第三人提供担保，未经其书面同意，债权人允许债务人转移全部或者部分债务的，担保人不再承担相应的担保责任。

【条文理解与适用】

一、本条的缘由

本条源于《物权法》第175条。

二、本条规定的主要内容

本条是关于未经担保人同意发生债务承担后的法律后果的规定。所谓债务承担，是指债务人通过合同行为将其债务全部或者部分转让给其他人的情形。之所以规定债务转移需要担保人的书面同意，主要考虑到担保人愿意担保债务人债务的履行，一般是基于其与债务人之间的特殊信任关系或者对债务人的资产信誉有所了解，如果不经担保人同意擅自转移债务，将可能给担保人带来较大风险。[①]

根据本条规定，对于未经担保人同意擅自转移债务的，担保人不再承担相应的担保责任。要产生这一法律效果，需要满足以下条件：其一，只有担保人是第三人时，才可以免除其相应的担保责任。如果担保财产是由债务人自己提供的，则债权人同意债务人转移债务的行为并不意味着债务人担保责任的免除。其二，本条规定要求需提供担保的第三人书面同意才有效。如果采取其他形式，视为不存在担保人的同意。其三，债务人将债务移转给他人的，不但包括债务人将债务全部转移给他人，也包括将部分债务转移给他人，此时担保人均可以免除相应的担保责任。需要特别注意的是，如果债务人全部转让债务的，担保人即不再承担担保责任；如果债务人转让其部分债务的，对于未转让部分的债务，担保人仍需就该部分承担担保责任。

三、本条规定特别评注

在没有担保物权的情形下，债权人与债务人约定的债务人是否可以实现全部或是部分债务的移转属于合同意思自治的范畴，但在第三人已经提供了担保的情况下，这种债务的转让就与第三人的担保责任有着密切的联系，故而必须经过担保人的同意。而且，根据本条规定，第三人的同意应当是书面的，法律上之所以作此形式要求，主要是为了敦促当事人对自己的意思表示予以慎重的考虑，同时也具有为事后纠纷提供证据的法律意义。

---

① 刘玉民：《抵押担保与债权行使》，中国人民法制出版社2014年版，第15页。

【关联规范】

《最高人民法院关于适用〈中华人民共和国民法典〉有关担保制度的解释》

第三十九条 主债权被分割或者部分转让，各债权人主张就其享有的债权份额行使担保物权的，人民法院应予支持，但是法律另有规定或者当事人另有约定的除外。

主债务被分割或者部分转移，债务人自己提供物的担保，债权人请求以该担保财产担保全部债务履行的，人民法院应予支持；第三人提供物的担保，主张对未经其书面同意转移的债务不再承担担保责任的，人民法院应予支持。

第三百九十二条 【人保和物保并存时的处理规则】 被担保的债权既有物的担保又有人的担保的，债务人不履行到期债务或者发生当事人约定的实现担保物权的情形，债权人应当按照约定实现债权；没有约定或者约定不明确，债务人自己提供物的担保的，债权人应当先就该物的担保实现债权；第三人提供物的担保的，债权人可以就物的担保实现债权，也可以请求保证人承担保证责任。提供担保的第三人承担担保责任后，有权向债务人追偿。

【条文理解与适用】

一、本条的缘由

本条源于《物权法》第176条。与《物权法》第176条相较，本条未作实质性修改，只是将“也可以要求保证人承担保证责任”修改为“也可以请求保证人承担保证责任”，这一用字修改更符合民法请求权规范的表达。

二、本条规定的主要内容

本条明确规定了被担保债权既有物的担保又有人的担保的混合担保情形下的担保权实现规则。本条首先尊重当事人的意思自治，即在债务人不履行到期债务或者发生当事人约定的实现担保物权的情形时，债权人应当按照约定实现债权。在当事人没有约定或者约定不明确的情形下，遵从下列规定：

1. 本条区分了物的担保是由债务人作出的还是由第三人作出而规定了不同的担保权实现规则：如果是债务人自己提供物的担保的，债权人应当先就该物的担保实现债权；但如果是第三人提供物的担保的，债权人可以就物的担保实现债权，也可以要求保证人承担保证责任，即采物保、人保平等原则。之所以规定债务人提供的物保优先，一方面是基于物保相对于人保而言，担保价值更为确定，也有利于对债权人的利益进行保护，但更重要的另一方面是考虑到债务人本就是债务的终局承担者。既然保证人在履行保证责任后，还需要向债务人追偿，如果担保权人先行使对物的担保权，就可能实现债权从而消灭担保权，通常也就可以减少权利实现的成本和费用。

2. 本条规定了“提供担保的第三人承担担保责任后，有权向债务人追偿”，明确了担保人对债务人的追偿权。对于追偿规则，学理上存在着不同的观点，有相互追偿说、只能向债务人追偿说和连带关系说等。需要注意的是，本条只明确规定了担保人对债务人享有追偿权。至于物保人和保证人的内部追偿问题，如前所述，本条采取尊重意思自治的原则，但对于当事人未作约定情形下担保人之间可否相互追偿的问题，未置可否，既未采纳《担保法解释》第 38 条明确承认担保人相互之间按份额追偿的规则，也未明确否定。直至《担保制度解释》第 13 条分情形给出处理办法（见下文评注）。

当然，不论是否认可担保人之间的追偿权，担保人都可以向债务人追偿，这是因为物上担保人对债权人负担的责任为物的责任，仅以其提供的担保财产为限。在债务人不履行债务时，如果担保人代为清偿的，在其清偿债务的限度内取得债权人对债务人所享有的权利，得以债权人的债权受让人之地位，对债务人行使求偿权。

三、本条规定特别评注

在同一债权既有人的担保又有物的担保时，如何实现担保物权是自《担保法》颁行以来即备受关注的问题。人的担保和物的担保的区分，是根据担保的标的决定的。物的担保主要指担保物权，是指担保人提供一定的物作为担保物，在债务人不履行到期债务或者发生当事人约定的实现担保物权的情形时，担保权人可以从该担保物变价后的价款优先受偿。人的担保，是指以第三人的信用以及责任财产作为债权实现的担保。保证是最典型的人的担保。人的担保属于债权请求权担保，担保权人不享有担保物权的优先受偿地位，故债权人不能直接支配担保人的特定财产，只能在债务人不履行债务或者发生当事人约定的实现担保权的情形时，请求担保人承担担保责任。

既有物的担保又有人的担保时，应当如何处理两者关系，立法例上有三种不同的做法：（1）保证人绝对优待主义，又称为物保绝对优先主义。此种立法例是指债权人只能先行使担保物权以受偿债权，在行使担保物权后仍不能完全受偿时，才能就未得清偿的部分向保证人主张，即保证人仅对物的担保以外的债权额承担保证责任。其理由主要基于物权优先于债权实现的规则，物保属于物权的范畴，而人保属于债权的范畴。（2）保证人相对优待主义，以德国法、法国法为代表。相对优待主义，是指债权人可根据需要选择行使担保权利，保证人在承担责任之后可以向债务人求偿，并代位行使债权人享有的担保物权。（3）平等主义，即债权人可以选择行使担保物权或保证债权，已承担担保责任的担保人可以向其他担保人追偿其应承担的份额。日本法即采此种模式。①

我国对于混合担保情形下的担保权实现规则，《担保法》《担保法解释》与《物权法》均采取了不同的态度。《担保法》第28条规定："同一债权既有保证又有物的担保的，保证人对物的担保以外的债权承担保证责任。债权人放弃物的担保的，保证人在债权人放弃权利的范围内免除保证责任"，很显然这一规定采取的是保证人绝对优待主义。《物权法》第176条和本条的规定模式完全一致，均未采取《担保法》的立法态度，而是明确确定在当事人没有约定的情形下，第三人提供物的担保的，债权人可以就物的担保实现债权，也可以请求保证人承担保证责任。之前的《担保法解释》第38条也改变了《担保法》的立法规则，规定："同一债权既有保证又有第三人提供物的担保的，债权人可以请求保证人或者物的担保人承担担保责任。当事人对保证担保的范围或者物的担保的范围没有约定或者约定不明的，承担了担保责任的担保人，可以向债务人追偿，也可以要求其他担保人清偿其应当分担的份额……"这一规定采取的显然是平等主义的规制模式。就本条规定来看，一方面可以说本条和《担保法解释》采取了相同的担保权实现规则，主要体现有二：一是均尊重当事人的意思自治，即如果在担保合同中约定了担保人承担责任的顺序，则债权人应当受该约定顺序之约束；二是均未采取保证人绝对优待主义的模式。但是，另一方面本条并未如《担保法解释》第38条一样明确规定采取平等主义的规制模式，而是既未肯定承担了担保责任的担保人可以向其他担保人清偿其应当分担的份额，但也未作否定，留下了很大的司法解释空间。值得注意的是，《担保制度解释》第13条似乎有盖棺论定的目的。根据该条规定，除非下列三种情形，否则担保人之间的追偿权将不能得到支持：其一，担保人之间约定相互追偿及分担份额；其二，担保人之间约定为连带共同担保，或者约定相互追偿但是未约定分担份额；其三，同一债务有两个以上第三人提供担保，担保人之间未对相互追偿作出约定且未约定为连带共同担保，但是各担保人在同一份合同书上签字、盖章或者按指印。对此，笔者从《物权法》通过

① 朱岩、高圣平、陈鑫：《中国物权法评注》，北京大学出版社2007年版，第551～554页。

之后的司法实践观察，认为认可担保人之间的追偿权更具妥适性，不应只局限于上述三种情形。①

【关联规范】

1.《企业破产法》

第五十一条 债务人的保证人或者其他连带债务人已经代替债务人清偿债务的，以其对债务人的求偿权申报债权。

债务人的保证人或者其他连带债务人尚未代替债务人清偿债务的，以其对债务人的将来求偿权申报债权。但是，债权人已经向管理人申报全部债权的除外。

第九十二条 经人民法院裁定批准的重整计划，对债务人和全体债权人均有约束力。

债权人未依照本法规定申报债权的，在重整计划执行期间不得行使权利；在重整计划执行完毕后，可以按照重整计划规定的同类债权的清偿条件行使权利。

债权人对债务人的保证人和其他连带债务人所享有的权利，不受重整计划的影响。

第一百零一条 和解债权人对债务人的保证人和其他连带债务人所享有的权利，不受和解协议的影响。

2.《最高人民法院关于适用〈中华人民共和国民法典〉有关担保制度的解释》

第十三条 同一债务有两个以上第三人提供担保，担保人之间约定相互追偿及分担份额，承担了担保责任的担保人请求其他担保人按照约定分担份额的，人民法院应予支持；担保人之间约定承担连带共同担保，或者约定相互追偿但是未约定分担份额的，各担保人按照比例分担向债务人不能追偿的部分。

同一债务有两个以上第三人提供担保，担保人之间未对相互追偿作出约定且未约定承担连带共同担保，但是各担保人在同一份合同书上签字、盖章或者按指印，承担了担保责任的担保人请求其他担保人按照比例分担向债务人不能追偿部分的，人民法院应予支持。

除前两款规定的情形外，承担了担保责任的担保人请求其他担保人分担向债务人不能追偿部分的，人民法院不予支持。

---

① 刘智慧：《混合担保中担保人之间的追偿权证成—〈民法典〉第392条的实证解释论》，载《贵州省党校学报》2020年第5期。

第十八条 承担了担保责任或者赔偿责任的担保人，在其承担责任的范围内向债务人追偿的，人民法院应予支持。

同一债权既有债务人自己提供的物的担保，又有第三人提供的担保，承担了担保责任或者赔偿责任的第三人，主张行使债权人对债务人享有的担保物权的，人民法院应予支持。

第二十四条 债权人知道或者应当知道债务人破产，既未申报债权也未通知担保人，致使担保人不能预先行使追偿权的，担保人就该债权在破产程序中可能受偿的范围内免除担保责任，但是担保人因自身过错未行使追偿权的除外。

3.《最高人民法院关于适用〈中华人民共和国民事诉讼法〉的解释》

第三百六十五条 依照民法典第三百九十二条的规定，被担保的债权既有物的担保又有人的担保，当事人对实现担保物权的顺序有约定，实现担保物权的申请违反该约定的，人民法院裁定不予受理；没有约定或者约定不明的，人民法院应当受理。

第三百九十三条 【担保物权消灭的情形】 有下列情形之一的，担保物权消灭：

（一）主债权消灭；

（二）担保物权实现；

（三）债权人放弃担保物权；

（四）法律规定担保物权消灭的其他情形。

【条文理解与适用】

一、本条的缘由

本条源于《物权法》第177条。

二、本条规定的主要内容

本条是关于担保物权消灭的规定，主要规定了导致担保物权消灭的原因。担保物权的消灭既可以基于法律规定的原因，也可基于当事人约定的原因。根据本条规定，具体可以包括四种情形：

1. 主债权消灭。担保物权的目的在于担保主债权的清偿，在效力上具有从属性，因此如果主债权已经消灭，担保物权也就没有必要存在。主债权消灭的原因很多，包括清偿、提存、抵销、主合同无效、主合同被撤销等。

2. 担保物权的实现。是指担保人已经在债务人不能履行债务时将担保财产变价，使债权人得到了优先受偿。担保物权的实现是债权实现的一种方式，担保物权实现，担保物权自然随之消灭。

3. 债权人放弃担保物权，即对物权的抛弃。担保物权属于一种财产权，债权人既可以实现担保物权，也可以放弃行使。一般认为，债权人放弃其担保物权的行为属于有相对人的单方法律行为，该法律行为一旦向相对人作出，无须任何人同意，便产生担保物权放弃的效果。①

4. 法律规定的其他情形。可以导致担保物权消灭的原因很多，且不同类型担保物权的消灭原因也有差异。例如，留置权人对留置财产丧失占有或者留置权人接受债务人另行提供担保的，留置权消灭；抵押权或质权因抵押物或者质物灭失且没有代位物。再如，《担保制度解释》第16条规定的“以新贷偿还旧贷”也可能导致担保物权的消灭。

三、本条规定特别评注

担保物权系以担保财产的交换价值来担保特定债权受偿的从属性物权。因此，当法律规定的情形发生时，担保物权即归于消灭。本条对各个具体担保物权消灭的共同原因作了统一规定，各项具体的担保物权只需要规定特殊的消灭原因即可，而对本条规定的共同适用的原因不必再作重复性规定，如此既可以实现法典编排的集约化追求，也有利于法律适用。

【关联规范】

《最高人民法院关于适用〈中华人民共和国民法典〉有关担保制度的解释》

第十六条 主合同当事人协议以新贷偿还旧贷，债权人请求旧贷的担保人承担担保责任的，人民法院不予支持；债权人请求新贷的担保人承担担保责任的，按照下列情形处理：

（一）新贷与旧贷的担保人相同的，人民法院应予支持；

（二）新贷与旧贷的担保人不同，或者旧贷无担保新贷有担保的，人民法院不予支持，但是债权人有证据证明新贷的担保人提供担保时对以新贷偿还旧贷的事实知道或者应当知道的除外。

---

① 当然，鉴于担保物权的类型不同，构成担保物权放弃的要件也有差异。例如，抛弃动产抵押权，抛弃的意思到达抵押人时，即构成抛弃；但抛弃不动产抵押权，则不仅需要抛弃的意思到达抵押人，还需要办理抵押权的注销登记才构成抛弃。如果抛弃质权或留置权，则除了抛弃的意思到达出质人或债务人，还需要向出质人或债务人返还质物或留置物的占有，才构成抛弃。

主合同当事人协议以新贷偿还旧贷，旧贷的物的担保人在登记尚未注销的情形下同意继续为新贷提供担保，在订立新的贷款合同前又以该担保财产为其他债权人设立担保物权，其他债权人主张其担保物权顺位优先于新贷债权人的，人民法院不予支持。

第十七章 抵押权

【本章导读】

抵押权是指为担保债务的履行，债务人或者第三人不转移财产的占有，将该财产抵押给债权人，债务人不履行到期债务或者发生当事人约定的实现抵押权的情形，债权人有权就该财产优先受偿。

本章是关于抵押权的规定，共31个条文（第394～424条），分为一般抵押权和最高额抵押权两节。第一节主要规定了抵押权的定义，抵押权的客体，抵押权合同，浮动抵押，流押条款的效力，抵押权的设立，抵押权的实现顺位，价金超级优先权，抵押人转让抵押财产，抵押权的保全，抵押权人放弃抵押权、抵押权顺位以及变更抵押权的效力，抵押权的实现，抵押权的存续期间等内容。第二节主要规定了最高额抵押权，具体包括最高额抵押权的定义、最高额抵押权从属性限制、最高额抵押权所担保的债权变更、最高额抵押权所担保债权的确定，以及最高额抵押权的法律适用等内容。理解本章，应特别关注价金超级优先权、动产抵押权的对抗效力等围绕动产抵押相关问题的体系安排，以及对于流押条款的效力、抵押人转让抵押财产时对于抵押权的影响、抵押权和质押权发生权利冲突时的实现顺位等问题的实质性修改。

第一节 一般抵押权

第三百九十四条 【抵押权的定义】 为担保债务的履行，债务人或者第三人不转移财产的占有，将该财产抵押给债权人的，债务人不履行到期债务或者发生当事人约定的实现抵押权的情形，债权人有权就该财产优先受偿。

前款规定的债务人或者第三人为抵押人，债权人为抵押权人，提供担保的财产为抵押财产。

【条文理解与适用】

一、本条的缘由

本条源于《物权法》第179条。

二、本条规定的主要内容

本条是关于抵押权人基本权利内容的规定。抵押权，是指为担保债务的履行，债务人或者第三人不转移财产的占有，将该财产抵押给债权人，债务人不履行到期债务或者发生当事人约定的实现抵押权的情形，债权人有权就该财产优先受偿的权利。理解本条规定，需要把握抵押权的下列法律特征：

首先，抵押权不以转移占有为要件。抵押权属于非占有担保物权，这与质权、留置权不同。不转移占有也体现出了抵押权的优越性：对于债务人来说，其符合“物尽其用”的物权法基本原则，设定抵押权后，不影响债务人对物的使用、收益和处分；同时就抵押权人而言，也可因此免去管理抵押物而发生的费用、劳务支出及承担抵押物灭失的风险。

其次，抵押权具有特定性。抵押人既可以是债务人，也可以是第三人，抵押权是在债务人或第三人的特定财产上所设立的物权。抵押物也应当具有特定性，只有抵押物特定，才能在抵押权实行时将抵押物变价。当然，现代法上所谓抵押物的特定性，要求在抵押权实现时抵押物是特定的即可，并不要求在设定抵押权时抵押物必须特定。此外，抵押权的特定性还表现为抵押权所担保的债权是特定的。担保的债权既可以由法律规定也可以由当事人约定，但不能泛指一切债权。通过担保范围的确定，以此确定特定债权人的利益范围，并保护其他第三人的合法权益。

再次，抵押权的实行以债务人不履行到期债务或发生约定情形为要件。抵押权在债务履行期未届满之前无法实现，只能是一种期待权。如果抵押担保的债权到期得到完全清偿，则抵押权自行消灭，抵押权人不得再行使抵押权。

最后，抵押权具有优先受偿性。抵押权作为一种物权，具有优先效力。在债务人届期不履行债务或者发生当事人约定的实现抵押权的情形时，抵押权人可以抵押物折价或者从该抵押物的变价中优先于一般债权人而获得优先清偿。

【关联规范】

《最高人民法院关于适用〈中华人民共和国民法典〉有关担保制度的解释》

第一条　因抵押、质押、留置、保证等担保发生的纠纷，适用本解释。所有权保留买卖、融资租赁、保理等涉及担保功能发生的纠纷，适用本解释的有关规定。

第三百九十五条　【可抵押财产的范围】债务人或者第三人有权处分的下列财产可以抵押：

（一）建筑物和其他土地附着物；

（二）建设用地使用权；

（三）海域使用权；

（四）生产设备、原材料、半成品、产品；

（五）正在建造的建筑物、船舶、航空器；

（六）交通运输工具；

（七）法律、行政法规未禁止抵押的其他财产。

抵押人可以将前款所列财产一并抵押。

【条文理解与适用】

一、本条的缘由

本条在《物权法》第180条规定的基础上修改而成。与《物权法》第180条相比较，本条删除了“以招标、拍卖、公开协商等方式取得的荒地等土地承包经营权”，新增“海域使用权”。

二、本条规定的主要内容

本条是关于抵押财产范围的规定。抵押权具有特定性。这种特定性要求抵押权的客体应为法律规定范围内的特定财产。对于这种财产，根据本条规定，需满足两个条件：第一，债务人或者第三人对抵押财产有处分权；第二，非法律、行政法规禁止抵押的财产。

首先，对于抵押的财产，应是抵押人有权处分的财产。如果处分人以自己没有处分权的财产进行抵押的，构成无权处分，除非债权人满足善意取得的构成要件，否则不能对该抵押财产行使抵押权。所谓有权处分，可以表现为三种情形：一是债务人或者第三人是抵押财产的所有权人，所有权人对其所有的财产享有完满的权能，可以进行自由处分；二是债务人或者第三人对抵押财产享有用益物权，法律规定该用益物权可以抵押，如本条规定的建设用地使用权等；三是债务人或者第三人根据法律、行政法规的规定，或者经过政府主管部门批准，可以将其占有、使用的财产抵押。

其次，本条规定例举了六类可以抵押的财产，可以抽象概括为不动产、不动产权利、动产，以及特定的未来财产。其中，以土地以及土地之上的不动产作为抵押财产的，称为不动产抵押权；以建设用地使用权、海域使用权等不动产权利作为抵押财产的，称为不动产权利抵押权；以动产作为抵押权客体的，称为动产抵押权。这里的动产，包括船舶、航空器、交通运输工具等特殊动产，也包括生产设备、原材料等普通动产。同时，本条还做出概括性规定，即除明确列举的可以抵押的财产外，只要是法律、行政法规规定未禁止抵押的财产，即便未在列举的范围之内，也可以作为抵押财产。这充分体现了民事活动领域中“法律不禁止即为自由”的精神。

需要注意的是，本条第3款规定了一并抵押规则。所谓一并抵押，是指将多个动产和不动产统一设立一个抵押权，以动产、不动产和财产权利的结合体为标的设定的抵押权，可以称之为集合财产抵押权，集合抵押的数项抵押财产对于所担保的债权各负全部担保责任。

三、本条规定特别评注

本条扩大了可以设立抵押的财产范围，有利于融资渠道的拓展，值得肯定。但是，必须采取配套措施，才不至于使得立法者试图通过扩大抵押财产范围来促进资金融通的良好意图无法实现，甚至危及社会交易安全。

【关联规范】

1. **《城市房地产管理法》**

第五十一条　设定房地产抵押权的土地使用权是以划拨方式取得的，依法拍卖该房地产后，应当从拍卖所得的价款中缴纳相当于应缴纳的土地使用权出让金的款额后，抵押权人方可优先受偿。

2. **《最高人民法院关于适用〈中华人民共和国民法典〉有关担保制度的解释》**

第四十九条　以违法的建筑物抵押的，抵押合同无效，但是一审法庭辩论终结前已经办理合法手续的除外。抵押合同无效的法律后果，依照本解释第十七条的有关规定处理。

当事人以建设用地使用权依法设立抵押，抵押人以土地上存在违法的建筑物为由主张抵押合同无效的，人民法院不予支持。

第五十条　抵押人以划拨建设用地上的建筑物抵押，当事人以该建设用地使用权不能抵押或者未办理批准手续为由主张抵押合同无效或者不生效的，人民法院不予支持。抵押权依法实现时，拍卖、变卖建筑物所得的价款，应当优先用于补缴建设用地使用权出让金。

当事人以划拨方式取得的建设用地使用权抵押，抵押人以未办理批准手续为由主张抵押合同无效或者不生效的，人民法院不予支持。已经依法办理抵押登记，抵押权人主张行使抵押权的，人民法院应予支持。抵押权依法实现时所得的价款，参照前款有关规定处理。

第三百九十六条 【浮动抵押】 企业、个体工商户、农业生产经营者可以将现有的以及将有的生产设备、原材料、半成品、产品抵押，债务人不履行到期债务或者发生当事人约定的实现抵押权的情形，债权人有权就抵押财产确定时的动产优先受偿。

【条文理解与适用】

一、本条的缘由

本条在《物权法》第181条规定的基础上略作修改而成。主要将《物权法》第181条中的“实现抵押权时的动产”修改为了“抵押财产确定时的动产”，这一修改使得浮动抵押权人在实现抵押权时有权支配的客体更加确定。

二、本条规定的主要内容

本条是关于浮动抵押的规定。浮动抵押，是指权利人以现有和将有的全部财产或者部分财产为其债务提供担保。理解本条，须把握以下浮动抵押与固定抵押相比的独特法律特征：

首先，浮动抵押的主体限于企业、个体工商户、农业生产经营者。

其次，设立浮动抵押的主体的财产具有流动性。浮动抵押的财产在抵押权设定时并不确定，而是处于变动的状态。对于固定抵押而言，一旦特定财产被确定为抵押权的客体，则抵押人就不能再处分，抵押财产的范围不应再发生变动。而在浮动抵押中却并非如此，正如有学者所言，浮动抵押中的“抵押人在其正常生产经营活动中处分抵押财产的，抵押财产即逸出抵押权的效力范围，抵押财产的范围因之减少；抵押人新增加的同类财产亦自动归入抵押权的效力范围，抵押财产的范围因之增加”。[①]

再次，浮动抵押人对抵押财产享有自由处分权。浮动抵押权设定后，浮动抵

---

① 高圣平：《物权担保新制度新问题理解与适用》，人民法院出版社2013年版，第216页。

押人对抵押财产的处分仍然属于有权处分，抵押权人对抵押财产无追及效力。浮动抵押人的自由处分权也正是其区别于固定抵押制度的最本质的特征。浮动抵押设立的目的在于促进抵押财产能自由地流通，达到物尽其用的效果。在固定抵押中，尽管《民法典》修改了《物权法》规定的抵押人处分抵押物须取得抵押权人同意的要求，已经允许抵押人在抵押期间处分抵押物，但仍然保留了抵押人转让抵押物时的若干义务性要求（第406条），这不仅增加了当事人的负担，不利于降低成本，提高效率，也阻碍了整个社会的生产与流通。

最后，浮动抵押具有休眠期。所谓休眠期，是指抵押财产确定之前，抵押权人没有支配具体抵押财产的权利。只有在发生法定或者约定的事由时，休眠期结束，浮动抵押转化为固定抵押，浮动抵押的财产范围才确定。浮动抵押财产的确定，又被称为浮动抵押的“结晶”。浮动抵押财产确定的情形主要规定在《民法典》第411条，主要包括债务履行期届满，债权未实现的；抵押人被宣告破产或者被解散；发生当事人约定的实现抵押权的情形的以及发生严重影响债权实现的其他情形。

三、本条规定特别评注

浮动抵押最初来源于英格兰衡平法，是在商业融资和借贷中发展出的一种特别的担保制度。与固定抵押相对，浮动抵押是以不特定的财产作为抵押权的客体。这些现有或者将来的财产作为一个集合整体抵押给债权人，使债权人因此获得担保。与此同时，债务人并不丧失对其财产的管领处分之权能，其日常业务经营并不因浮动抵押之设定而受到影响，这使财产的价值得到了最大化利用。在司法实践中，判断浮动抵押权与其他权利的实现顺位是个难题，对此，《担保制度解释》第57条针对担保人在设立动产浮动抵押并办理抵押登记后又购入或者以融资租赁方式承租新的动产后可能导致的权利冲突问题，明确规定了实现顺位，值得关注。

【关联规范】

《最高人民法院关于适用〈中华人民共和国民法典〉有关担保制度的解释》

第五十七条 担保人在设立动产浮动抵押并办理抵押登记后又购入或者以融资租赁方式承租新的动产，下列权利人为担保价款债权或者租金的实现而订立担保合同，并在该动产交付后十日内办理登记，主张其权利优先于在先设立的浮动抵押权的，人民法院应予支持：

（一）在该动产上设立抵押权或者保留所有权的出卖人；

（二）为价款支付提供融资而在该动产上设立抵押权的债权人；

（三）以融资租赁方式出租该动产的出租人。

买受人取得动产但未付清价款或者承租人以融资租赁方式占有租赁物但是未付清全部租金，又以标的物为他人设立担保物权，前款所列权利人为担保价款债权或者租金的实现而订立担保合同，并在该动产交付后十日内办理登记，主张其权利优先于买受人为他人设立的担保物权的，人民法院应予支持。

同一动产上存在多个价款优先权的，人民法院应当按照登记的时间先后确定清偿顺序。

第三百九十七条　【建筑物和相应的建设用地使用权一并抵押规则】以建筑物抵押的，该建筑物占用范围内的建设用地使用权一并抵押。以建设用地使用权抵押的，该土地上的建筑物一并抵押。

抵押人未依据前款规定一并抵押的，未抵押的财产视为一并抵押。

【条文理解与适用】

一、本条的缘由

本条在《物权法》第182条规定的基础上略作文字修改而成。

二、本条规定的主要内容

本条是关于建筑物与建设用地使用权一并抵押的限制规则。实现抵押权，就必然意味着抵押物的权属发生转移。本法第356～357条已经明确我国实行的是“房地一体转让”规则，即所谓“地随房走、房随地走”。本条则明确在设定抵押权时，房屋的所有权和建设用地使用权应当一并抵押，这样规定的目的主要在于保证实现抵押权时，房屋所有权和建设用地使用权可以同时转让。

需要注意的是，本条的适用也有限制。首先，能够进行“地随房走”的仅适用于国有土地上的房屋抵押，即只有建筑物下的土地是国有建设用地使用权的，才能一并抵押。本条不适用集体所有土地上的其他房屋抵押。同时，随同抵押的土地使用权限于房屋等建筑物所占有范围内的建设用地使用权，不得随意扩大范围。一般认为，对于占用范围的认定，应当认为如果抵押一栋房屋的，则占用范围为该房屋实际占用土地上的建设用地使用权。如果以区分所有的建筑物抵押，则该建筑物所占用的相应比例的建设用地使用权一并抵押。[①]

---

① 王利明：《物权法研究》（上、下卷），中国人民大学出版社2013年版，第1187页。

其次，关于建设用地使用权单独抵押的问题。根据本法第353条规定，可以将建设用地使用权设定抵押。但是，应当区分不同情形判别该建设用地上的建筑物是否一并抵押。如果在抵押权生效时该建设用地上不存在可以抵押的建筑物或其他附着物的，则抵押权的效力不及于抵押权设定后新增的地上建筑物或附着物；如果抵押权生效时，建设用地使用权上已经存在地上建筑物，则应当将地上建筑物一并抵押。《担保制度解释》第50条即对这一点予以进一步肯定。此外，根据本条第2款规定，如果抵押人未将抵押的建设用地使用权范围内的地上建筑物抵押的，则未抵押的地上建筑物视为一并抵押。对于一并抵押规则，应当理解为不论抵押权人办理的是建设用地使用权的登记还是建筑物的抵押登记，都认为是以房和地为一体进行了登记，因此如果抵押人对不同抵押权人分别设定了建筑物抵押权和该建筑物占用范围内建设用地使用权的抵押权时，应当认定为重复抵押，并按照登记的先后顺序决定抵押权实现的顺位。

三、本条规定特别评注

我国法律将建筑物所有权与建设用地使用权视为两个独立的不动产，但为了明确不动产权利归属，并简化我国不动产权利体系，立法上对于建筑物所有权与建设用地使用权进行一体化处理。本条即对在抵押权的效力中也实行“房地一体”原则的表达。当然，在实行不动产统一登记以及“房地一体转让”的背景下，是否还有必要在抵押权设立中强制将建设用地使用权与地上房屋所有权一并抵押，值得继续研究斟酌。

【关联规范】

1. **《城市房地产管理法》**

第三十二条　房地产转让、抵押时，房屋的所有权和该房屋占用范围内的土地使用权同时转让、抵押。

2. **《城镇国有土地使用权出让和转让暂行条例》**

第三十三条　土地使用权抵押时，其地上建筑物、其他附着物随之抵押。

地上建筑物、其他附着物抵押时，其使用范围内的土地使用权随之抵押。

3. **《最高人民法院关于适用〈中华人民共和国民法典〉有关担保制度的解释》**

第五十条　抵押人以划拨建设用地上的建筑物抵押，当事人以该建设用地使用权不能抵押或者未办理批准手续为由主张抵押合同无效或者不生效的，人民法院不予支持。抵押权依法实现时，拍卖、变卖建筑物所得的价款，应当优先用于补缴建设用地使用权出让金。

当事人以划拨方式取得的建设用地使用权抵押，抵押人以未办理批准手续为由主张抵押合同无效或者不生效的，人民法院不予支持。已经依法办理抵押登记，抵押权人主张行使抵押权的，人民法院应予支持。抵押权依法实现时所得的价款，参照前款有关规定处理。

第五十一条 当事人仅以建设用地使用权抵押，债权人主张抵押权的效力及于土地上已有的建筑物以及正在建造的建筑物已完成部分的，人民法院应予支持。债权人主张抵押权的效力及于正在建造的建筑物的续建部分以及新增建筑物的，人民法院不予支持。

当事人以正在建造的建筑物抵押，抵押权的效力范围限于已办理抵押登记的部分。当事人按照担保合同的约定，主张抵押权的效力及于续建部分、新增建筑物以及规划中尚未建造的建筑物的，人民法院不予支持。

抵押人将建设用地使用权、土地上的建筑物或者正在建造的建筑物分别抵押给不同债权人的，人民法院应当根据抵押登记的时间先后确定清偿顺序。

第三百九十八条 【乡镇、村企业的建设用地使用权与房屋一并抵押规则】 乡镇、村企业的建设用地使用权不得单独抵押。以乡镇、村企业的厂房等建筑物抵押的，其占用范围内的建设用地使用权一并抵押。

【条文理解与适用】

一、本条的缘由

本条源于《物权法》第183条。

二、本条规定的主要内容

本条是关于乡镇、村企业的建筑物和建设用地使用权一并抵押的规定，明确了对于乡镇、村企业的建设用地使用权抵押的限制。首先，乡镇、村企业不能仅以集体所有的建设用地进行抵押。我国对乡镇、村企业等集体建设用地使用权抵押一直采取严格限制的态度，这主要是因为乡镇、村的土地由集体所有，是农民赖以生存的生产资料。若允许单独抵押，则农民可能失去土地使用权，不利于农村经济的发展。但与此同时，为了乡镇、村企业的经济发展，有时需要设定抵押权以融通资金，因此本条进一步规定，允许将乡镇、村企业的厂房等建筑物抵押，以厂房等建筑物抵押的，其占用范围内的建设用地使用权一并抵押。。

三、本条规定特别评注

需要注意的是，即使乡镇、村企业的建设用地使用权随厂房等建筑物一并抵押，其土地仍然属于农村集体所有。如果该土地原为工业用途，未经有关部门批准，买受人不能将该土地用于商业、旅游或住宅建设等。

【关联规范】

《土地管理法》

第六十三条　土地利用总体规划、城乡规划确定为工业、商业等经营性用途，并经依法登记的集体经营性建设用地，土地所有权人可以通过出让、出租等方式交由单位或者个人使用，并应当签订书面合同，载明土地界址、面积、动工期限、使用期限、土地用途、规划条件和双方其他权利义务。

前款规定的集体经营性建设用地出让、出租等，应当经本集体经济组织成员的村民会议三分之二以上成员或者三分之二以上村民代表的同意。

通过出让等方式取得的集体经营性建设用地使用权可以转让、互换、出资、赠与或者抵押，但法律、行政法规另有规定或者土地所有权人、土地使用权人签订的书面合同另有约定的除外。

集体经营性建设用地的出租，集体建设用地使用权的出让及其最高年限、转让、互换、出资、赠与、抵押等，参照同类用途的国有建设用地执行。具体办法由国务院制定。

第三百九十九条　**【禁止抵押的财产范围】**下列财产不得抵押：

（一）土地所有权；

（二）宅基地、自留地、自留山等集体所有土地的使用权，但是法律规定可以抵押的除外；

（三）学校、幼儿园、医疗机构等为公益目的成立的非营利法人的教育设施、医疗卫生设施和其他公益设施；

（四）所有权、使用权不明或者有争议的财产；

（五）依法被查封、扣押、监管的财产；

（六）法律、行政法规规定不得抵押的其他财产。

【条文理解与适用】

一、本条的缘由

本条在《物权法》第184条规定的基础上修改而成。与《物权法》第184条规定相比较，除部分文字修改外，本条第2项删除了“耕地”，以与三权分置政策相契合；第3项则以“非营利法人”代替了“事业单位、社会团体”的表述，这与我国《民法典》中对法人的分类相一致。

二、本条规定的主要内容

本条是关于禁止抵押的财产范围的规定。基于社会公共利益以及立法政策的考虑，各国和地区法律都会规定一些禁止抵押的财产。本条通过列举加概括的方式，规定了不得抵押的财产。如果以法律禁止设定抵押的财产为抵押物，可能影响抵押合同或者抵押权设定的效力。

第一，土地所有权不得抵押。我国实行土地公有制，土地归国家和集体所有，土地所有权的只能通过两种方式变更，一是农民集体因互换、土地调整等原因导致集体土地所有权转移，二是国家通过征收集体土地而取得土地所有权。同时，抵押也是对土地所有权的一种处分，根据物权法定原则，我国现行法律没有规定国有土地所有权可以处分，因此以土地所有权作为抵押权客体的，不发生抵押的效力。

第二，宅基地、自留地、自留山等集体所有的土地使用权。对于此种集体所有但由私人享有土地使用权的土地，私人可以在法律允许的权利范围内占有、使用。因为集体土地是农民发展生产和安居立业的根本，关系到农村经济的发展、农民收入的提高和农民生活水平的提高；若允许以集体所有的土地使用权随意设定抵押，将不利于国家利益和社会安定。因此本条规定原则上对于宅基地、自留地、自留山等集体所有土地的使用权等不允许抵押。但同时规定，法律允许可以抵押的除外。如依本法第342条规定，通过招标、拍卖、公开协商等方式承包的农村土地，经依法登记取得权属证书的，可以依法采取抵押方式流转土地，从而便于融通资金，促进经济发展。

第三，学校、幼儿园、医疗机构等为公益为目的成立的非营利法人的教育设施、医疗卫生设施和其他社会公益设施。非营利法人主要包括事业单位法人、社会团体法人以及捐助法人等。此种规定是基于公共福利的考量，学校、幼儿园、医疗机构等事业单位、社会团体直接关涉国家、集体和私人的利益，因此本条禁止学校、幼儿园、医疗机构等以其教育设施、医疗卫生设施和其他公益设施进行抵押。除此之外，其他以公益为目的的非营利法人一般还包括公共图书馆、科学技术馆、博物馆、美术馆、少年宫、工人文化宫、敬老院、残疾人福利基金会等。①

第四，所有权、使用权不明或者有争议的财产。抵押行为是一种处分行为，需要处分人享有处分权。如果一项财产的所有权归属或者使用权不明确，在抵押权实现时就容易存在很大的争议，可能侵犯真正的财产所有权人或者使用权人的合法权利，故本项规定所有权、使用权不明或者有争议的财产不得抵押。但是，需要注意的是，根据《担保制度解释》第 37 条第 1 款的规定，如果善意第三人满足善意取得条件的，作为无权处分下的例外情形，第三人也可以善意取得抵押权。

第五，依法被查封、扣押、监管的财产。查封、扣押和监管分别是我国司法机关和行政机关对个人财产采取强制措施，进行管理和监督的手段，对于依法被采取查封、扣押或者监管等强制措施的财产，虽然所有权仍然属于财产所有权人，但其所有权或处分权的行使受到了法律的限制，因此本项规定不得以这些财产设定抵押。但是，需要注意的是，如果当事人以这类财产设定了抵押，该抵押人也无权以抵押权设立时财产被查封或者扣押为由主张抵押合同无效。根据《担保制度解释》第 37 条第 1 款的规定，如果当事人以依法被查封或者扣押的财产抵押，抵押权人请求行使抵押权时，若经审查查封或者扣押措施已经解除的，则人民法院应予支持该主张。

第六，法律、行政法规规定不得抵押的其他财产。本条是概括性规定，对于本条虽未列举，但满足其他法律、行政法规对于抵押财产范围的禁止性规定的，也属于禁止抵押的财产。

三、本条规定特别评注

抵押权是通过赋予抵押权人在法律规定的情形成就时，就抵押财产享有优先受偿权的方式来担保债权的清偿。因此，抵押财产应当是依法可以变价处分和流通的财产。但基于一定的公共政策或者国家基于公共利益的考虑，立法往往会禁止或者限制某些财产充当抵押财产。需要注意的是，对于以规定不得抵押的财产设定了抵押的情形，应当区分不同情况判断抵押的效力，而不能“一刀切”地认定抵押无效。

---

① 程啸：《担保物权研究》，中国人民大学出版社 2017 年版，第 209 页。

【关联规范】

1.《文物保护法》

第二十四条 国有不可移动文物不得转让、抵押。建立博物馆、保管所或者辟为参观游览场所的国有文物保护单位，不得作为企业资产经营。

第二十五条 非国有不可移动文物不得转让、抵押给外国人。

非国有不可移动文物转让、抵押或者改变用途的，应当根据其级别报相应的文物行政部门备案。

2.《海关法》

第三十七条 海关监管货物，未经海关许可，不得开拆、提取、交付、发运、调换、改装、抵押、质押、留置、转让、更换标记、移作他用或者进行其他处置。

海关加施的封志，任何人不得擅自开启或者损毁。

人民法院判决、裁定或者有关行政执法部门决定处理海关监管货物的，应当责令当事人办结海关手续。

3.《最高人民法院关于适用〈中华人民共和国民法典〉有关担保制度的解释》

第六条 以公益为目的的非营利性学校、幼儿园、医疗机构、养老机构等提供担保的，人民法院应当认定担保合同无效，但是有下列情形之一的除外：

（一）在购入或者以融资租赁方式承租教育设施、医疗卫生设施、养老服务设施和其他公益设施时，出卖人、出租人为担保价款或者租金实现而在该公益设施上保留所有权；

（二）以教育设施、医疗卫生设施、养老服务设施和其他公益设施以外的不动产、动产或者财产权利设立担保物权。

登记为营利法人的学校、幼儿园、医疗机构、养老机构等提供担保，当事人以其不具有担保资格为由主张担保合同无效的，人民法院不予支持。

第三十七条 当事人以所有权、使用权不明或者有争议的财产抵押，经审查构成无权处分的，人民法院应当依照民法典第三百一十一条的规定处理。

当事人以依法被查封或者扣押的财产抵押，抵押权人请求行使抵押权，经审查查封或者扣押措施已经解除的，人民法院应予支持。抵押人以抵押权设立时财产被查封或者扣押为由主张抵押合同无效的，人民法院不予支持。

以依法被监管的财产抵押的，适用前款规定。

第四十九条 以违法的建筑物抵押的，抵押合同无效，但是一审法庭辩论终结前已经办理合法手续的除外。抵押合同无效的法律后果，依照本解释第十七条的有关规定处理。

当事人以建设用地使用权依法设立抵押，抵押人以土地上存在违法的建筑物为由主张抵押合同无效的，人民法院不予支持。

第四百条　【抵押合同】设立抵押权，当事人应当采用书面形式订立抵押合同。

抵押合同一般包括下列条款：

（一）被担保债权的种类和数额；

（二）债务人履行债务的期限；

（三）抵押财产的名称、数量等情况；

（四）担保的范围。

【条文理解与适用】

一、本条的缘由

本条在《物权法》第185条规定的基础上修改而成。与《物权法》第185条相比较，本条将第2款第3项“抵押财产的名称、数量、质量、状况、所在地、所有权归属或者使用权状况”改为“抵押财产的名称、数量等情况”。

二、本条规定的主要内容

本条是关于抵押权设立的规定，明确了抵押合同的法律形式和抵押合同的条款内容。抵押合同需要由债权人和债务人或第三人签订，是双方就特定财产设定抵押权的合意。抵押人是指以自己的财产为他人的债权设立抵押担保的人。抵押权人是享有抵押权的债权人，须为抵押权所担保的主债权的债权人。[①] 本条第1款规定了设立抵押权的抵押合同具有要式性，必须以书面形式订立。这主要考虑到抵押合同所涉及的财产数额一般较大、法律关系比较复杂、抵押合同存续的时间比较长，因此为了使法律关系清晰明确，并保全证据而使抵押权能顺利实现，本款规定要求当事人采取书面形式。

本条第2款列举了抵押合同中应当具备的主要条款：（1）被担保债权的种类和数额。该项体现了担保的债权特定化的原则。抵押权设立的目的在于担保主债

① 房绍坤：《民法》（第三版），中国人民大学出版社2014年版，第236页。

权的实现，因此只有在抵押合同中明确规定被担保债权的种类、数额，才能明确担保的对象。一般认为，此项为抵押合同的必备条款，如果欠缺则不能成立。[①]（2）债务人履行债务的期限。抵押合同生效后，抵押权人只享有期待权，抵押权只有在债务人到期不履行债务或者当事人约定的实现抵押权的情形出现时，才得以行使，因此，主债务的履行期限对抵押人的利益而言至关重要，有必要在抵押合同中载明债务人履行债务的期限，抵押人也可以根据债务期限清楚地预见到自己提供抵押的财产上抵押负担的存续期限，从而便于抵押人对抵押财产有预期地安排他用，如出租、再次设定抵押等。不仅如此，实现抵押权，也必须等到债务履行期届满且债务人没有履行债务或者当事人约定的实现抵押权的情形出现时才能进行。因此抵押合同一般应明确规定债务人履行债务的期限。同时，主债务期限还对抵押权实现的诉讼时效的起算具有决定性作用。（3）抵押财产的名称、数量等基本情况。这是衡量抵押财产价值的标准，也是实现抵押权的重要因素。本条以“等”字概括了其他对于抵押权具有意义的抵押财产特征。如抵押财产的所在地，是指订立抵押合同时抵押物所处的地理位置。根据抵押权的权利性质，抵押权的成立不转移抵押财产之占有，因此为了保障抵押权人的权益，方便抵押权人了解抵押财产的动向，抵押合同中一般应明确规定抵押财产所在地。（4）担保的范围。这是确定抵押人承担责任限度的依据，如主债权、利息、违约金、损害赔偿金、实现抵押权的费用等。

三、本条规定特别评注

本条规定抵押权主要通过当事人订立书面合同的方式而取得，由此可知我国所确定的抵押权主要是意定抵押权。在立法例上，各国和地区在抵押权的取得方式上除了依约定设立抵押权之外，还规定有其他方式，如因时效取得、因法院的裁判设立，还有依法律规定而设立等。

抵押合同虽然以设立抵押权为目的，但是其本质上仍然是合同，当事人得按照意思自治原则自行约定抵押合同的条款。立法者只要对抵押合同中不可或缺的条款予以列明并引导当事人订立合同时应当予以考虑即可。因此，本条采取的不予强制的立场颇值肯定。

第四百零一条　【流押条款的效力】抵押权人在债务履行期限届满前，与抵押人约定债务人不履行到期债务时抵押财产归债权人所有的，只能依法就抵押财产优先受偿。

---

① 崔建远：《物权法》（第二版），中国人民大学出版社2011年版，第439页。

【条文理解与适用】

一、本条的缘由

本条在《物权法》186条规定的基础上修改而成。《物权法》第186条规定“抵押权人在债务履行期届满前，不得与抵押人约定债务人不履行到期债务时抵押财产归债权人所有”，但本条则没有再严格否认流押合同的效力，而是规定双方约定流押的，不论合同约定为何，只能依法就抵押财产优先受偿。

二、本条规定的主要内容

本条是对流押合同的规定。流押合同或者流押条款，是指债权人在订立抵押合同时与抵押人约定，债务不履行债务时抵押物转移为债权人所有。流押合同或流押条款主要具有以下法律特征：其一，流押往往是由当事人约定的，如果是直接根据法律规定产生的物权，一般不会出现流押条款。其二，流押合同是在债务履行期届满前就规定的，如果是在担保物权实现时，当事人约定担保物折价协议并不属于流押条款。其三，流押条款通常规定担保物的所有权完全归债权人所有，而非对抵押财产的价值优先受偿。①

需要注意的是，流押与非典型担保下的让与担保也有区别。一般认为，让与担保是指债务人或第三人为担保债务人的债务，将担保标的物的权利事先移转给担保权人，在债务清偿后，标的物的权利应返还给债务人或第三人，当债务人不履行债务时，担保权人可以就该标的物受偿。② 根据让与担保的概念，让与担保权人与担保人之间往往会以交付、登记等方式完成所有权的移转，而流押合同仅是当事人约定在债务到期时抵押财产由债权人所有，但并没有进行登记或交付以实现所有权的转移，同时流押合同并非约定由债权人可以就抵押财产优先受偿优先受偿，而是债权人与抵押人约定由债权人直接获得抵押财产。

本条规定没有绝对否认流押合同或流押条款的效力，而是强调流押作为一种担保，必须遵守担保变价清偿的本质，只能依法就抵押财产优先受偿。如果当事人约定了抵押财产归债权人所有的，该约定因为违反了本条的强制性规定，因此不发生由债权人取得抵押财产所有权的效力，而是按照本条规定发生由债权人可以就抵押财产优先受偿的法律效果，从而兼顾了债权人和抵押人的利益。

---

① 屈茂辉：《物权法原理精要与实务指南》，人民法院出版社2008年版，第584～586页。

② 王利明：《民法典物权编的修改与完善》，载《清华法学》2018年第2期。

三、本条规定特别评注

从《物权法》到《民法典》，我国对流押合同和流押条款的效力从完全禁止到一定程度的承认，逐渐放宽了对当事人约定的流押合同的限制。《物权法》第186条曾严格禁止了流押合同，如果当事人约定流押合同的，流押合同自始不发生效力。《物权法》曾严格禁止的理由主要基于两个方面的考虑：首先，流押合同违反民法的公平、等价有偿原则，可能会导致债务人为经济上的困难所迫，以高价值的抵押财产担保价值较小的债权，而债权人可能乘人之危，迫使债务人订立流质合同，从中获取暴利，损害债务人或第三人之权益。其次，流质合同禁止也是抵押权的本质属性的要求。抵押权是一种变价受偿权，而流押合同预先约定抵押财产移转于抵押权人所有，违背抵押权的本质属性。

在《民法典》编纂过程中，有学者主张应当适度放宽对流押合同的限制。一方面，在大陆法系国家和地区，立法已经趋向于不再僵硬地否认流押，而是在权衡各方利益之后采取开放的态度。另一方面，承认流押合同有效，也有利于简化担保物权的实现程序，尊重当事人的意思自治，同时充分发挥物的经济效用。[①]本条规定即采纳了这一放宽限制的观点。

【关联规范】

《最高人民法院关于适用〈中华人民共和国民法典〉时间效力的若干规定》

第七条 民法典施行前，当事人在债务履行期限届满前约定债务人不履行到期债务时抵押财产或者质押财产归债权人所有的，适用民法典第四百零一条和第四百二十八条的规定。

第四百零二条　【不动产抵押登记】 以本法第三百九十五条第一款第一项至第三项规定的财产或者第五项规定的正在建造的建筑物抵押的，应当办理抵押登记。抵押权自登记时设立。

【条文理解与适用】

一、本条的缘由

本条在《物权法》第187条规定的基础上略作文字修改而成。

---

① 程啸：《担保物权研究》，中国人民大学出版社2017年版，第124页。

二、本条规定的主要内容

本条是关于不动产抵押登记的规定。对于本条规定的财产，应当进行登记，抵押权自登记时设立。以上规定的财产主要是建筑物和其他土地附着物、建设用地使用权和海域使用权，以及正在建造的建筑物。这些抵押物可以概括为不动产和不动产用益物权。我国对于不动产抵押权的设立采取登记生效主义。

根据本条规定，以上述财产设定抵押权的，只有在登记完成时才发生效力，如果当事人仅仅订立了抵押合同而没有登记，抵押权不能有效设立。但是，需要注意的是，抵押权是否设立不影响抵押合同的效力，抵押合同仍然可以在当事人之间发生债的效力。同时，登记记载的内容也直接决定抵押权的内容，如果抵押合同的内容与登记记载的内容不同，原则上应当以登记记载的内容为准。

三、本条规定特别评注

抵押登记有利于强化担保功能和维护交易安全。通过抵押登记，不论抵押财产的所在，债权人都可以行使追及权，使其债权得以实现，具有对抗第三人的效力，这大大地强化了抵押的担保功能。同时，抵押权是设定在他人之物上的物权，为了保护利害关系人的利益，也必须把与该权利有关的必要内容向社会公众展现出来。

【关联规范】

1.**《不动产登记暂行条例》**

第十九条 属于下列情形之一的，不动产登记机构可以对申请登记的不动产进行实地查看：

（一）房屋等建筑物、构筑物所有权首次登记；

（二）在建建筑物抵押权登记；

（三）因不动产灭失导致的注销登记；

（四）不动产登记机构认为需要实地查看的其他情形。

对可能存在权属争议，或者可能涉及他人利害关系的登记申请，不动产登记机构可以向申请人、利害关系人或者有关单位进行调查。

不动产登记机构进行实地查看或者调查时，申请人、被调查人应当予以配合。

2.**《最高人民法院关于适用〈中华人民共和国民法典〉有关担保制度的解释》**

第十五条 最高额担保中的最高债权额，是指包括主债权及其利息、违约金、损害赔偿金、保管担保财产的费用、实现债权或者实现担保物权的费用等在内的全部债权，但是当事人另有约定的除外。

登记的最高债权额与当事人约定的最高债权额不一致的，人民法院应当依据登记的最高债权额确定债权人优先受偿的范围。

第五十条 抵押人以划拨建设用地上的建筑物抵押，当事人以该建设用地使用权不能抵押或者未办理批准手续为由主张抵押合同无效或者不生效的，人民法院不予支持。抵押权依法实现时，拍卖、变卖建筑物所得的价款，应当优先用于补缴建设用地使用权出让金。

当事人以划拨方式取得的建设用地使用权抵押，抵押人以未办理批准手续为由主张抵押合同无效或者不生效的，人民法院不予支持。已经依法办理抵押登记，抵押权人主张行使抵押权的，人民法院应予支持。抵押权依法实现时所得的价款，参照前款有关规定处理。

第五十一条 当事人仅以建设用地使用权抵押，债权人主张抵押权的效力及于土地上已有的建筑物以及正在建造的建筑物已完成部分的，人民法院应予支持。债权人主张抵押权的效力及于正在建造的建筑物的续建部分以及新增建筑物的，人民法院不予支持。

当事人以正在建造的建筑物抵押，抵押权的效力范围限于已办理抵押登记的部分。当事人按照担保合同的约定，主张抵押权的效力及于续建部分、新增建筑物以及规划中尚未建造的建筑物的，人民法院不予支持。

抵押人将建设用地使用权、土地上的建筑物或者正在建造的建筑物分别抵押给不同债权人的，人民法院应当根据抵押登记的时间先后确定清偿顺序。

3.**《最高人民法院关于审理商品房买卖合同纠纷案件适用法律若干问题的解释》**

第二十二条 买受人未按照商品房担保贷款合同的约定偿还贷款，亦未与担保权人办理不动产抵押登记手续，担保权人起诉买受人，请求处分商品房买卖合同项下买受人合同权利的，应当通知出卖人参加诉讼；担保权人同时起诉出卖人时，如果出卖人为商品房担保贷款合同提供保证的，应当列为共同被告。

第二十三条 买受人未按照商品房担保贷款合同的约定偿还贷款，但是已经取得不动产权属证书并与担保权人办理了不动产抵押登记手续，抵押权人请求买受人偿还贷款或者就抵押的房屋优先受偿的，不应当追加出卖人为当事人，但出卖人提供保证的除外。

第四百零三条 【动产抵押的效力】以动产抵押的，抵押权自抵押合同生效时设立；未经登记，不得对抗善意第三人。

【条文理解与适用】

一、本条的缘由

本条在《物权法》第188条以及第189条第1款规定的基础上修改而成。相较于《物权法》第188条和第189条第1款，本条对一般动产抵押和浮动抵押一体规定，统一明确了动产抵押的设立和登记效力规则。

二、本条规定的主要内容

本条是关于动产抵押的规定。主要包含以下两层含义。

首先，以动产抵押的，采取意思主义的物权变动模式，自抵押合同生效时设立。依《民法典》第400条的规定，设立抵押权应当以书面形式订立抵押合同，即抵押合同具有要式性。由此，以动产抵押的，自书面抵押合同订立时，抵押权发生效力。我国之所以对动产抵押采意思主义的模式，主要是因为动产在生活中种类繁多，如果要求以登记公示设立，当事人很容易不胜其烦。

其次，抵押权作为一种担保物权，如果完全没有任何公示方法以让社会公众知悉，也不利于法律关系的明晰与交易安全，因此本条规定，动产抵押未经登记的，不得对抗善意第三人。采取登记对抗主义的模式既有利于维护交易便捷和尊重当事人意愿，也有利于加速动产抵押交易的进行，发挥动产抵押制度的价值。同时，这样的制度设计也可以保护善意第三人的正当利益和交易安全。

三、本条规定特别评注

本条是对于动产抵押设立实行登记对抗主义的规定，兼顾考虑了意思主义和登记生效主义容易产生的问题。采取动产抵押的登记对抗主义，一方面赋予当事人一定的意思自治空间，是否登记可由当事人自己酌情考虑；另一方面也可以避免法律适用上的冲突。

对于本条中的“第三人”的范围，学界一直存有争议。有学者主张，这里的第三人是指任何第三人，包括普通债权人。只要第三人不知道也不应当知道抵押权已经设立，此种抵押权都不能对抗该第三人。[①] 也有学者主张，不论债权人是否善意，都不包括在本条第三人的范畴中，若连一般债权人都不能对

---

① 马特：《物权变动》，中国法制出版社2007年版，第152页。

抗，抵押权的存在也就没有任何意义和价值。① 还有学者进一步认为，根据物权的优先性原则，在同一客体上既有债权又有物权的，物权应当优于债权实现，尽管抵押权未经登记，但其性质仍属于一种物权，因此第三人是指合法交易中已经登记的物权人。② 对此，鉴于未经登记的动产抵押权不具有排他的效力，笔者认为第一种观点更值得赞同，且《担保制度解释》第54条的规定也采纳了这一观点。

【关联规范】

1. **《民用航空法》**

第十六条 设定民用航空器抵押权，由抵押权人和抵押人共同向国务院民用航空主管部门办理抵押权登记；未经登记的，不得对抗第三人。

2. **《海商法》**

第十三条 设定船舶抵押权，由抵押权人和抵押人共同向船舶登记机关办理抵押权登记；未经登记的，不得对抗第三人。

船舶抵押权登记，包括下列主要项目：

（一）船舶抵押权人和抵押人的姓名或者名称、地址；

（二）被抵押船舶的名称、国籍、船舶所有权证书的颁发机关和证书号码；

（三）所担保的债权数额、利息率、受偿期限。

船舶抵押权的登记状况，允许公众查询。

3. **《最高人民法院关于适用〈中华人民共和国民法典〉有关担保制度的解释》**

第十五条 最高额担保中的最高债权额，是指包括主债权及其利息、违约金、损害赔偿金、保管担保财产的费用、实现债权或者实现担保物权的费用等在内的全部债权，但是当事人另有约定的除外。

登记的最高债权额与当事人约定的最高债权额不一致的，人民法院应当依据登记的最高债权额确定债权人优先受偿的范围。

第五十四条 动产抵押合同订立后未办理抵押登记，动产抵押权的效力按照下列情形分别处理：

（一）抵押人转让抵押财产，受让人占有抵押财产后，抵押权人向受让人请求行使抵押权的，人民法院不予支持，但是抵押权人能够举证证明受让人知道或

---

① 席志国：《中国物权法论》，中国政法大学出版社2016年版，第358页。

② 王利明：《物权法研究》，中国人民大学出版社2013年版，第1192页。

者应当知道已经订立抵押合同的除外；

（二）抵押人将抵押财产出租给他人并移转占有，抵押权人行使抵押权的，租赁关系不受影响，但是抵押权人能够举证证明承租人知道或者应当知道已经订立抵押合同的除外；

（三）抵押人的其他债权人向人民法院申请保全或者执行抵押财产，人民法院已经作出财产保全裁定或者采取执行措施，抵押权人主张对抵押财产优先受偿的，人民法院不予支持；

（四）抵押人破产，抵押权人主张对抵押财产优先受偿的，人民法院不予支持。

第四百零四条　【动产抵押权对抗效力的限制】以动产抵押的，不得对抗正常经营活动中已经支付合理价款并取得抵押财产的买受人。

【条文理解与适用】

一、本条的缘由

本条在《物权法》第189条第2款规定的基础上修改而成。与《物权法》第189条第2款相比，本条将买受人优先权的范围不再局限于浮动抵押，而是扩大到了全部动产抵押。

二、本条规定的主要内容

本条是对于买受人优先权的规定。对于买受人优先权，又称为“正常买受人经营规则”，其目的在于保护从相关经营者处购买动产的买受人，使其在动产交易时无须耗费过多的审核成本，就能够获得不附带任何担保权的动产标的物，从而保证交易安全和市场流通。

适用本条规定需满足四个条件。首先，应当在正常的经营活动中取得。该条件是适用买受人优先权的前提，“正常经营活动”应就出卖人而言，即出卖人必须依法具有从事相关商业活动的经营资格，对于买受人，既可以是正常经营者，也可以是市场交易中的消费者。其次，买受人必须是已支付合理价款。所谓“合理”，应当是参照市场价格，按照具体情况和交易习惯综合判断。需要注意的是，和善意取得构成中要求的“合理价格”不同，本条不仅要求买卖双方约定应当支付合理价款，而且规定必须“已支付”。对此，有学者认为，在各国和地区立法上均没有对已经支付价款的要求，在此要求买受人已经支付价款，也与一般善意取得制度中的合理对价要件不相协调，因此应当取消这一限制。[①] 再次，买受人已经取得了抵押财产，这是指买受人基于动产所有权移转的规则取得动产抵押物之所有权。虽在正常经营活动中但未支付合理的价款或者虽支付合理价款但于抵押权固定时该动产仍为抵押人占有的，买受人不得主张对抗抵押权人的抵押效力。最后，有学者认为，本条规定实际上还隐藏了对买受人主观需为善意的规定。“正常经营买受人规则本质上是一种特殊的善意取得，其当然应要求买受人的善意。只是在此受让人的善意，并非指其不知且不应知转让标的物上担保权的存在，而是指其不知且不应知担保权人不允许担保人无负担地转让担保物。”[②]

本条规定的意义主要在于保护正常交易中的买受人。现实中动产不胜枚举，如果所有动产的买受人在交易前都必须查阅登记资料并且必须征得担保物权人的同意，就将使动产交易活动变得极其滞重，不能适应现代商业的需要。因此，本条规定在抵押权原则上具有追及效力之外还赋予了买受人无负担取得抵押物的例外，使抵押权人仍可以就买受人支付的合理对价优先受偿，同时也不损害买受人的合理信赖利益。

三、本条规定特别评注

正常经营买受人规则是对抵押权追及效力的突破。此规则首先源于英国衡平法，并应用于动产浮动抵押中，其正当性基础来源于浮动抵押的特点，即抵押人在正常经营活动下享有抵押物的自由处分权。有学者指出，“抵押人所享有的此种限制性自由处分权，恰为买受人取得清洁所有权之前提，因而就本质来看，‘正常经营买受人规则’体现的是抵押人、抵押权人与买受人三者之间的利益平衡”。[③]《物权法》第 189 条也在浮动抵押的范围内确立了买受人优先权，《民法典》则进一步将其扩大为整个动产抵押范围上。

对于这一适用范围的扩张，学界有不同观点，有学者持否定态度，认为其从立法逻辑上与抵押权追及效力制度的体系相违反[④]，也有学者赞同这一改动，认为本条将“正常经营买受人规则”上升为动产抵押权效力的一般规则，从而明确

① 纪海龙、张玉涛：《〈民法典物权编（草案）〉中的“正常经营买受人规则”》，载《云南社会科学》2019 年第 5 期。

② 纪海龙、张玉涛：《〈民法典物权编（草案）〉中的“正常经营买受人规则”》，载《云南社会科学》2019 年第 5 期。

③ 朱良敏：《论“正常经营买受人规则”——以〈民法典（草案）〉第 404 条为切入点》，载《中南财经政法大学研究生学报》2020 年第 1 期。

④ 邹海林：《论〈民法典各分编（草案）〉“担保物权”的制度完善——以〈民法典各分编（草案）〉第一编物权为分析对象》，载《比较法研究》2019 年第 2 期。

了动产抵押权和动产抵押物取得人之间的权利顺位规则，值得赞同。[①] 笔者认为，动产抵押下正常经营买受人的优先权，其正当性基础应当和浮动抵押是一致的。抵押权作为一种变价受偿权，不以支配抵押财产的实体作为权利内容，因此抵押权的设立不以转移占有为特征，在财产被抵押后，抵押人仍享有占有、使用、收益、处分的权利，故善意第三人在相信抵押人占有公信力外观下购买抵押物的行为就值得法律的特别保护。

【关联规范】

《最高人民法院关于适用〈中华人民共和国民法典〉有关担保制度的解释》

第五十六条 买受人在出卖人正常经营活动中通过支付合理对价取得已被设立担保物权的动产，担保物权人请求就该动产优先受偿的，人民法院不予支持，但是有下列情形之一的除外：

（一）购买商品的数量明显超过一般买受人；

（二）购买出卖人的生产设备；

（三）订立买卖合同的目的在于担保出卖人或者第三人履行债务；

（四）买受人与出卖人存在直接或者间接的控制关系；

（五）买受人应当查询抵押登记而未查询的其他情形。

前款所称出卖人正常经营活动，是指出卖人的经营活动属于其营业执照明确记载的经营范围，且出卖人持续销售同类商品。前款所称担保物权人，是指已经办理登记的抵押权人、所有权保留买卖的出卖人、融资租赁合同的出租人。

第四百零五条 【抵押权和租赁权的关系】 抵押权设立前，抵押财产已经出租并转移占有的，原租赁关系不受该抵押权的影响。

【条文理解与适用】

一、本条的缘由

本条在《物权法》第190条规定的基础上修改而成。相较于《物权法》第

---

① 高圣平：《民法典担保物权制度修正研究——以〈民法典各分编（草案）〉为分析对象》，载《江西社会科学》2018年第10期。

190 条，本条有三处较大调整，一是将租赁关系的时间点从“订立抵押合同前”改为“抵押权设立前”；二是在《物权法》第 190 条前半句的基础上增加了“转移占有”的条件；三是删除了《物权法》第 190 条的后半段“抵押权设立后抵押财产出租的，该租赁关系不得对抗已登记的抵押权”的规定。

二、本条规定的主要内容

本条是关于抵押权和租赁权关系的规定。适用本条应当注意以下三个方面：

首先，与《物权法》第 190 条相比较，《民法典》本条明确规定在租赁权和抵押权的实现相冲突时，衡量比较的时点为“抵押权设立”前，而非《物权法》第 190 条规定的“抵押合同订立”之时。之所以作此修改，主要是因为在订立抵押合同时，抵押权并不一定也随之设立。例如，不动产就必须在办理抵押权登记后抵押权才作为担保物权被设立，进而涉及抵押权实现和租赁权发生冲突时何者优先被保护的效力判断问题。而且，即使动产抵押权不需要通过登记作为设立条件，也可能出现合同附条件、附期限生效的情形。因此，如果债权人和抵押人双方仅有抵押合同，则在双方之间可能仅具有债权效力，在抵押权未设立之前，也不可能影响原租赁关系。

其次，本条适用于标的物先被出租再被抵押的情形。租赁权作为债权能够被给予物权化保护的原因，主要在于承租人不能预料和干涉租赁物将来会做何种处分，因此如果在标的物出租之后，法律规定抵押权人实现抵押权即可以解除租赁关系不利于对承租人利益的保护。但是，在标的物上先设定抵押权后再被出租的情形下，租赁权毕竟仍是一种债权，即使具有物权的部分效力，也是后成立的用益性的权利，根据前手权利优先于后手权利实现的一般原则，通常解释上应认可先设定的抵押权可以对抗后成立的租赁权。同时，在出租人将标的物租给承租人时，承租人也完全应当注意到租赁财产上存在抵押权的事实，如果其仍愿意承租，应解释为其自愿地接受了因抵押权实现而可能使租赁权终止的风险，在此场合就不应再适用“买卖不破租赁”规则。

最后，要实现原租赁关系不受影响的结果，需要符合抵押权设立前抵押财产已经转移占有给承租人这一条件，即要求在租赁关系中只有完成了承租和转移占有两个行为，该租赁关系才能对抗后成立的抵押权。这种限制实际是赋予了租赁权以一定公示性的要求，只有在租赁物由承租人取得占有，才可能让第三人从外部知道该标的物上的权利负担，法律才认可租赁权具有对抗抵押权的效力，以保障交易安全。同时，要求承租人需已经占有租赁物，还考虑到抵押权人追求的是抵押物的交换价值，而租赁权人追求的是租赁物的使用价值，在承租人还没有占有租赁物，没有发挥租赁物的使用价值的情形下，即使抵押权人拍卖、变卖标的物受偿，也不会影响到承租人既有的租赁利益。因此，本条明确规定只有当承租人已经占有该房屋时，原租赁关系才不受抵押权实现的影响。

三、本条规定特别评注

本条明确了抵押权设立前抵押财产上已经成立的租赁关系的保护规则。租赁权，是指承租人依租赁合同的约定对租赁物为使用、收益的权利。租赁权虽然属于一种债权，但是鉴于在租赁关系中承租人往往处于劣势地位，法律为稳定社会关系、维护承租人的利益，对租赁权给予物权化的保护，即所谓“买卖不破租赁”。“买卖不破租赁”意味着对于租赁物的处分，原则上不影响租赁关系的存续，如我国《民法典》第725条就规定了“租赁物在承租人依据租赁合同占有期间发生所有权变动的，不影响租赁合同的效力”。抵押同样作为对物的处分，因此本条规定“抵押权设立前抵押财产已经出租并转移占有的，原租赁关系不受该抵押权的影响”。

在抵押权和抵押财产租赁的关系问题上，不少国家和地区的相关立法也采取了类似的立场。如《日本民法典》第605条规定，不动产租赁实行登记后，对以后就该不动产取得物权者，亦发生效力。第395条规定，不超过第602条所定期间的租赁，虽于抵押权登记后进行登记，亦可以之对抗抵押权人。但是，其租赁害及抵押权人时，法院因抵押人请求，可以命令解除该租赁。

【关联规范】

1.《民法典》

第七百二十五条　租赁物在承租人按照租赁合同占有期限内发生所有权变动的，不影响租赁合同的效力。

2.《最高人民法院关于适用〈中华人民共和国民法典〉有关担保制度的解释》

第五十四条　动产抵押合同订立后未办理抵押登记，动产抵押权的效力按照下列情形分别处理：

（一）抵押人转让抵押财产，受让人占有抵押财产后，抵押权人向受让人请求行使抵押权的，人民法院不予支持，但是抵押权人能够举证证明受让人知道或者应当知道已经订立抵押合同的除外；

（二）抵押人将抵押财产出租给他人并移转占有，抵押权人行使抵押权的，租赁关系不受影响，但是抵押权人能够举证证明承租人知道或者应当知道已经订立抵押合同的除外；

（三）抵押人的其他债权人向人民法院申请保全或者执行抵押财产，人民法院已经作出财产保全裁定或者采取执行措施，抵押权人主张对抵押财产优先受偿的，人民法院不予支持；

（四）抵押人破产，抵押权人主张对抵押财产优先受偿的，人民法院不予支持。

3.《最高人民法院关于人民法院民事执行中拍卖、变卖财产的规定》

第二十八条 拍卖财产上原有的担保物权及其他优先受偿权，因拍卖而消灭，拍卖所得价款，应当优先清偿担保物权人及其他优先受偿权人的债权，但当事人另有约定的除外。

拍卖财产上原有的租赁权及其他用益物权，不因拍卖而消灭，但该权利继续存在于拍卖财产上，对在先的担保物权或者其他优先受偿权的实现有影响的，人民法院应当依法将其除去后进行拍卖。

4.《最高人民法院关于人民法院办理执行异议和复议案件若干问题的规定》

第三十一条 承租人请求在租赁期内阻止向受让人移交占有被执行的不动产，在人民法院查封之前已签订合法有效的书面租赁合同并占有使用该不动产的，人民法院应予支持。

承租人与被执行人恶意串通，以明显不合理的低价承租被执行的不动产或者伪造交付租金证据的，对其提出的阻止移交占有的请求，人民法院不予支持。

第四百零六条 【抵押期间抵押财产转让应当遵循的规则】 抵押期间，抵押人可以转让抵押财产。当事人另有约定的，按照其约定。抵押财产转让的，抵押权不受影响。

抵押人转让抵押财产的，应当及时通知抵押权人。抵押权人能够证明抵押财产转让可能损害抵押权的，可以请求抵押人将转让所得的价款向抵押权人提前清偿债务或者提存。转让的价款超过债权数额的部分归抵押人所有，不足部分由债务人清偿。

【条文理解与适用】

一、本条的缘由

本条脱胎于多年来广受学界诟病的《物权法》第 191 条，[①] 但作了实质性

---

① 《物权法》第 191 条规定，抵押期间，抵押人经抵押权人同意转让抵押财产的，应当将转让所得的价款向抵押权人提前清偿债务或者提存。转让的价款超过债权数额的部分归抵押人所有，不足部分由债务人清偿。抵押期间，抵押人未经抵押权人同意，不得转让抵押财产，但受让人代为清偿债务消灭抵押权的除外。

修改。

对于抵押期间抵押人是否可以转让抵押财产的问题，我国立法例上的沿革历经多次反复。最高人民法院《民法通则意见》第 115 条第 1 款曾经规定："抵押物如由抵押人自己占有并负责保管，在抵押期间，非经债权人同意，抵押人将同一抵押物转让他人，或者就抵押物价值已设置抵押部分再作抵押的，其行为无效。"这些显然是禁止抵押人在抵押期间转让抵押物，如此规定的目的主要在于防止抵押人的处分行为侵害债权人的利益。

之后的《担保法》第 49 条[①]虽然肯定了抵押人享有转让抵押物的权利，但规定有若干限制，诸如：（1）抵押人在抵押期间有权予以转让的仅限于已经办理登记的抵押物；（2）抵押人欲转让其抵押物的，必须通知抵押权人并且告知受让人转让物已经抵押的情况，并且以抵押人于转让时是否通知抵押权人或者是否告知受让人作为抵押人与第三人之间转让行为的生效要件；（3）对于转让价款明显低于抵押物价值情形，抵押权人还可以要求抵押人提供担保，抵押人不提供担保的情形，即不得转让抵押物；（4）就转让后所得价款，应当向债权人提前清偿债权或者予以提存。

鉴于《担保法》第 49 条规定的法理备受质疑，后《担保法解释》第 67 条[②]对《担保法》的规定做了解释性修正。依该解释第 67 条的规定，抵押人未通知抵押权人或者未告知受让人而在抵押期间内转让抵押物的，转让行为并非因此无效，但是根据转让的抵押物是否进行抵押登记而发生不同的法律后果：其一，如果抵押已登记，抵押权人仍可行使抵押权，受让人可以代替债务人清偿债务以消灭债权，再向抵押人追偿；其二，如果抵押未登记，抵押权不得对抗受让人，而只能向抵押人主张损害赔偿。因此，根据《担保法解释》的这一规定，事实上已经允许所有的抵押物均可转让，而不再限于登记的抵押物，只是登记与否在法律效果上存在差别而已；未通知抵押权人或者未告知受让人，并不导致转让行为无效；在特定情形下承认了抵押权的追及效力。

---

① 《担保法》第 49 条规定，抵押期间，抵押人转让已办理登记的抵押物的，应当通知抵押权人并告知受让人转让物已经抵押的情况；抵押人未通知抵押权人或者未告知受让人的，转让行为无效。

转让抵押物的价款明显低于其价值的，抵押权人可以要求抵押人提供相应的担保；抵押人不提供的，不得转让抵押物。

抵押人转让抵押物所得的价款，应当向抵押权人提前清偿所担保的债权或者向与抵押权人约定的第三人提存。超过债权数额的部分，归抵押人所有，不足部分由债务人清偿。

② 《担保法解释》第 67 条规定，抵押权存续期间，抵押人转让抵押物未通知抵押权人或者未告知受让人的，如果抵押物已经登记的，抵押权人仍可以行使抵押权；取得抵押物所有权的受让人，可以代替债务人清偿其全部债务，使抵押权消灭。受让人清偿债务后可以向抵押人追偿。如果抵押物未经登记的，抵押权不得对抗受让人，因此给抵押权人造成损失的，由抵押人承担赔偿责任。

《物权法》第191条规定仍然承继了我国之前立法约束抵押人转让抵押物的处分权的立场，但与《担保法》相比，该规定有三个方面的重大变化：其一，扩大了抵押期间可以转让的抵押物范围，即不再限于“已经办理登记的抵押物”，而是所有的抵押物均可适用本条规定。其二，加强了对抵押人转让抵押物的处分权的约束，以抵押权人的同意作为允许抵押人在抵押期间转让抵押物的条件。《物权法》“取得抵押权人的同意”的条件显然比《担保法》“通知抵押权人或者告知受让人”要严苛得多。其三，在抵押人未经抵押权人同意而处分抵押物的情形中，规定了受让人的涤除权制度，即受让人为了避免因抵押权人之主张而丧失其转让合同项下的利益，可以向抵押权人就抵押权所担保的债务进行清偿，以消灭抵押权，借此以缓和未经抵押权人同意的抵押物转让行为一律无效的严厉做法。

与前述《担保法解释》的规定相比，对于抵押人在抵押期间转让抵押物的效力判断，《物权法》第191条的规定明显保守和严格得多。尽管不能从本条第2款“抵押期间，抵押人未经抵押权人同意的，不得转让抵押财产，但是受让人代为清偿债务消灭抵押权的除外”直接得出“若抵押人未经抵押权人同意而转让抵押财产的，应当认定为无效，除非受让人代为清偿的情形”这样的结论，但立法者的意图明显有此倾向。而《担保法解释》则对违反《担保法》的规定，即未通知抵押权人或者未告知受让人的抵押物转让行为并不认定为无效，只是规定抵押登记与否对抵押权的影响不同而已。《物权法》之所以如此规定，旨在避免因抵押人转让抵押物而影响债权人实现抵押权，但如此规定实际上没有考虑抵押权作为物权的追及效力这一因素，有杞人忧天之嫌。

由上述可知，现《民法典》第197条就抵押人在抵押期间转让抵押物的规定又有相当大的变化。

二、本条规定的主要内容

本条是关于抵押人转让抵押财产的规定。本条第1款的用词为转让“抵押财产”。我国允许抵押权可以在不动产、动产和不动产权利上设定。需要注意的是，民法中对有体物有不动产和动产之分，且两者适用的规则有巨大差异，故而尽管该条在文义上可以适用于对动产、不动产以及不动产权利等抵押财产转让情形的调整，但在具体适用中应注意区分不同类型的抵押财产结合适用相关不同规则进行综合判断。本条“转让抵押财产”中的转让，立法并未明确限定仅指会导致所有权变动的处分行为，应理解为也包括仅产生债权债务效力的负担行为，故在具体适用该条判断“转让抵押财产”的行为的效力时，应注意区分不同类型的行为结合相关不同规则予以判断。

抵押期间抵押人有权转让抵押财产，这源于抵押人对抵押财产的处分权。但由于抵押财产上存在抵押权负担，该转让行为将可能影响到抵押权人以及受让人的权利状态，因此各国和地区立法例多对抵押人转让抵押财产予以专门规定，从而明确抵押财产转让后，抵押人、抵押权人以及受让人三者之间的权利义务关系。本条规定对于抵押人转让抵押财产作了以下三个方面的规定。

1. 抵押人在抵押期间转让抵押财产的通知义务

根据该条规定的第 2 款第 1 句，在抵押期间，抵押人转让抵押财产的，应当通知抵押权人。也即在抵押期间抵押人转让抵押财产的，抵押人有义务通知抵押权人。不过，依据第 1 款第 2 句的规定，对于上述通知义务，抵押人与抵押权人另有无须通知的约定的，抵押人即无须将转让抵押财产的事宜通知抵押权人。这是尊重当事人意思自治的体现。

相较之前《担保法》第 49 条，该款规定与《担保法》第 49 条有共性，即均要求将转让抵押财产的情形“通知抵押权人”，但该条未若《担保法》第 49 条规定要求“告知受让人”，也未规定“抵押人未通知抵押权人……的，转让行为无效”。

相较《物权法》第 191 条的规定，该款也不再要求抵押人在抵押期间转让抵押财产需要“经抵押权人同意”，也未规定“受让人代为清偿债务消灭抵押权的”法律后果，这一变化说明立法已经放宽了对于抵押人在抵押期间转让抵押物的限制，也不再强制受让人代为清偿债务消灭抵押权。这主要是因为，若抵押人为抵押财产的所有权人，即使抵押人已经将抵押财产设定抵押给抵押权人，只要不影响抵押权人的利益，立法无须限制抵押人作为抵押财产所有人而对其抵押财产行使占有、使用、收益和处分权能。

2. 抵押人在抵押期间转让抵押财产的效力

该条第 1 款第 1 句旨在明确抵押人在抵押期间转让抵押财产的效力：抵押财产转让的，抵押权不受影响。抵押人以抵押财产为抵押权人设立抵押权担保债务的履行，而抵押权通常是通过抵押财产的交换价值实现。所以，即使在抵押人在抵押期间处分其抵押财产的情形，只要抵押权的设定经过法定的公示方式，依据抵押权作为物权的追及效力，抵押权人仍有权追及抵押财产之所在，而主张其抵押权，此所谓抵押权不受影响。

纵观各国和地区立法例，在抵押人在抵押期间转让抵押财产后，无论如何处理抵押人、抵押权人以及受让人三者的权利义务关系，[①] 但都是在承认抵押权的追及效力之下，再对抵押人、抵押权人以及受让人三者的权利义务关系进行调整和规范。由于抵押权的追及效力已经能够为抵押权人的担保利益提供周全的保护，因此对于抵押人处分抵押财产的自由便无须加以严格限制。相较之前《担保法》和《物权法》的规定，本规定显然恢复了通过抵押权追及效力来保护抵押权人的担保利益不致落空的路径，值得肯定。

3. 对抵押人转让抵押财产所得价款的处理

根据该条第2款第2句的规定，对抵押人转让抵押财产所得价款，如果抵押权人能够证明抵押财产转让可能损害抵押权的，可以请求抵押人将转让所得的价款向抵押权人提前清偿债务或者提存。

对抵押人转让抵押财产所得价款的处理问题，《物权法》延续了《担保法》第49条的做法，即抵押人应当将所得价款提前清偿债权或者提存，即要求抵押人将转让抵押财产所得价款提前清偿债权，实际上是请求提前实现抵押权。这显然与法律规定的抵押权实现条件相矛盾，即与只有当债务人不履行到期债务或者发生当事人约定的实现抵押权的事由时，债权人才能依法实现其抵押权的规则相矛盾。毋庸置疑，在抵押权实现前的期限利益应当归属于抵押人，抵押人可以放弃该期限利益而要求债权人提前实现抵押权，但法律规定强制抵押人放弃期限利益则是不适当的。更何况此时债务人是否实际不履行到期债务尚未可知，若规定债权人此时即可提前主张实现抵押权，尤其是抵押人为第三人的情形，显然过度偏于保护债权人却忽视了抵押人的利益。事实上，只要将转让抵押财产所得价款予

---

① 大致可以归纳为四种立法例：一是以《德国民法典》为代表。依《德国民法典》规定，在抵押期间抵押人可以转让抵押财产，但抵押权人基于抵押权的追及效力可以追及于抵押财产之所在，即抵押财产上之抵押权负担并不消灭。抵押财产转让后，抵押权关系主体转换成抵押权人与受让人，抵押权人可以追及向受让人主张抵押权。而受让人为了消灭抵押财产上之负担，可以向抵押权人代为清偿债务人的债务，如此则受让人替代抵押权人的法律地位，可以向债务人进行追偿。若受让人在受让抵押财产时不知道该财产上存在抵押权负担，则受让人可以依据《德国民法典》第435条关于权利瑕疵的规定，向债务人主张权利瑕疵担保责任。二是以《法国民法典》为代表。依《法国民法典》的规定，即抵押权人基于抵押权的追及效力，其抵押权不因抵押人转让抵押不动产而受影响；对于抵押财产的受让人而言，应当作为不动产持有人以该不动产承担设有抵押权的全部债务，同时享有对原债务人给予的清偿期限与延缓期限。受让人为了保有该抵押物，则必须履行如下义务：（1）支付可追索的债务的原本和全部利息，无论其上升至何数额；或者（2）放弃设定有抵押权的不动产，不带任何保留。受让人未履行上述义务的，则享有抵押权的债权人有权诉请出卖该宗设有抵押权的不动产，债权人得为买受人。三是以《日本民法典》为代表。依《日本民法典》的规定，抵押财产受让人可以依法定程序请求消灭抵押权：购买了抵押不动产所有权或地上权的第三人，应抵押权人请求清偿其代价后，抵押权因该第三人而消灭；在已登记的所有债权人对抵押不动产的受让人提供的代价或金额做出承诺，而且抵押不动产的受让人已将得到承诺的代价或金额支付或提存时，抵押权消灭。另外，依《日本民法典》的规定，抵押权可以适用先取特权的物上代位之规定，即抵押权人的物上代位权及于抵押财产转让后所得的价款。因此，抵押权人的追及效力和物上代位权二者可以同时存在。四是以《瑞士民法典》为代表。依《瑞士民法典》的规定，抵押财产的受让人可以代替债务人承担债务以消灭抵押权。

以提存即可充分保护债权人的利益，而不必强制要求将该价款提前清偿债权。当然，立法也无须禁止抵押人自愿请求提前清偿债权。基于上述理由，本款规定作了一些变化，即不再笼统规定“抵押人应当将所得价款提前清偿债权或者提存”，而是加上了“如果抵押权人能够证明抵押财产转让可能损害抵押权的”这一条件。对于抵押财产转让后所得价款，作为抵押财产价值形态上的替代物，作为抵押权人的债权担保予以提存是合理的。

应当说，这样的变化有助于平衡抵押人和抵押权人的利益，但考虑犹嫌不足。

至于抵押人也可以向抵押权人请求提前清偿债权，这里的债权数额的确定，在当事人另有约定时应当按照其约定，未约定时，应当包括主债权、债权利息、以及违约金、损害赔偿金、担保财产的保管费用、实现担保权的费用等内容。

根据该条第 2 款第 3 句的规定，抵押财产转让所得价款在清偿债权之后仍有剩余的，属于抵押人所有。若抵押财产转让所得价款仍不足以清偿债权的，不足部分应当由债务人进行清偿，当然这部分债权已经属于不附有担保物权的一般债权。

三、本条规定特别评注

1. 相较之前《担保法》和《物权法》的规定，本规定在利益平衡方面有长足进步：之前抵押人在抵押期间转让抵押财产的效力问题的整个制度设计，都是立足于对债权人担保利益的保护，这一方面体现在对抵押人处分抵押物的行为加以严格限制；另一方面体现在处处显示出侧重保护债权人利益的倾向，而弱化了对抵押财产受让人、抵押人的利益保护。本条规定则已经注意到通过恢复抵押权追及效力来平衡抵押权人与受让人、抵押人与抵押权人之间的利益关系。

2. 本条规定原则性有余而可操作性不足，有赖于法官在具体司法中进行体系解释和漏洞补充：

（1）该条虽然规定了抵押人在抵押期间转让抵押财产有通知抵押权人的义务，但并未规定抵押人在抵押期间转让抵押财产，却未尽通知抵押权人的义务的情形下，转让行为的效力如何判断。

（2）未规定通知义务是必须在转让前完成，抑或是转让后亦可。

（3）该规定未区分动产和不动产抵押权，也未区分抵押权公示与否对于当事人之间权利义务关系的影响。

（4）该规定未明确如何判断“抵押权人能够证明抵押财产转让可能损害抵押权”。

【关联规范】

《最高人民法院关于适用〈中华人民共和国民法典〉有关担保制度的解释》

第三十八条 主债权未受全部清偿，担保物权人主张就担保财产的全部行使担保物权的，人民法院应予支持，但是留置权人行使留置权的，应当依照民法典第四百五十条的规定处理。

担保财产被分割或者部分转让，担保物权人主张就分割或者转让后的担保财产行使担保物权的，人民法院应予支持，但是法律或者司法解释另有规定的除外。

第四十三条 当事人约定禁止或者限制转让抵押财产但是未将约定登记，抵押人违反约定转让抵押财产，抵押权人请求确认转让合同无效的，人民法院不予支持；抵押财产已经交付或者登记，抵押权人请求确认转让不发生物权效力的，人民法院不予支持，但是抵押权人有证据证明受让人知道的除外；抵押权人请求抵押人承担违约责任的，人民法院依法予以支持。

当事人约定禁止或者限制转让抵押财产且已经将约定登记，抵押人违反约定转让抵押财产，抵押权人请求确认转让合同无效的，人民法院不予支持；抵押财产已经交付或者登记，抵押权人主张转让不发生物权效力的，人民法院应予支持，但是因受让人代替债务人清偿债务导致抵押权消灭的除外。

第四百零七条 【抵押权的从属性】抵押权不得与债权分离而单独转让或者作为其他债权的担保。债权转让的，担保该债权的抵押权一并转让，但是法律另有规定或者当事人另有约定的除外。

【条文理解与适用】

一、本条的缘由

本条在《物权法》第192条规定的基础上略作文字修改而成。

二、本条规定的主要内容

本条是关于抵押权转让或是作为其他债权担保的限制性规定。本条规定的是抵押权在处分时应当随主债权一并转让。

首先，抵押权不得与债权分离而单独转让或者作为其他债权的担保。所谓不得单独转让，主要包括三种情形：抵押权人不得以抵押权单独让与他人而自己保留被担保的主债权；抵押权人不得将被担保的主债权单独让与他人而自己保留抵押权；抵押权人不得将其主债权与抵押权分别让与不同的主体。同时，抵押权不得与主债权分离而单独成为其他债权的担保，即抵押权人不得单独以抵押权为其他债权设定权利质权。例如，如果抵押权人对第三人负有债务，希望以抵押权为担保时，须连同债权一并设定担保，成立附随抵押权的债权质权，而不能仅以抵押权设立质权。①

不仅抵押权人仅让与抵押权的，该抵押权的让与不生效力，本条还规定了仅让与债权的，除非法律另有规定或者当事人另有约定，其效力还应当及于抵押权。但是，随着社会经济的不断发展，抵押权的从属性也在逐渐呈现缓和的趋势。本条同时还有但书规定“法律另有规定或者当事人另有约定的除外”，即并不再要求抵押权与债权自始至终地伴随存在，而只是要求在抵押权实现时须有债权存在即可。其中，所谓法律另有规定，如《民法典》对于最高额抵押担保就规定“最高额抵押担保的债权确定前，部分债权转让的，最高额抵押权不得转让”；而且当事人也可以约定，在抵押权人转让债权时，不涉及担保该债权的抵押权的转让。

三、本条规定特别评注

抵押权作为一种担保物权，具有从属性。这种从属性原则上是指抵押权的发生、移转及消灭，均应从属于其所担保的债权。正如有学者指出的，既然抵押权设定的目的就在于担保债权的实现，因此其与所担保之债权的关系属于从权利与主权利之间的关系。② 当然，对于抵押权的从属性问题，也需要关注担保物权从属性的缓和趋势。

第四百零八条 【抵押财产价值减少时抵押权人的保护措施】

抵押人的行为足以使抵押财产价值减少的，抵押权人有权请求抵押人停止其行为；抵押财产价值减少的，抵押权人有权请求恢复抵押财产的价值，或者提供与减少的价值相应的担保。抵押人不恢复抵押财产的价值，也不提供担保的，抵押权人有权请求债务人提前清偿债务。

---

① 申卫星：《物权法原理》（第二版），中国人民大学出版社 2016 年版，第 317 页。

② 刘家安：《物权法论》，中国政法大学出版社 2015 年版，第 162 页。

【条文理解与适用】

一、本条的缘由

本条在《物权法》第193条规定的基础上略作文字修改而成。与《物权法》第193条相比，主要是将规定中的“要求”修改为了“请求”。

二、本条规定的主要内容

本条是关于抵押财产减少时如何进行保全的规定。分三种情形规定了抵押物价值减少时抵押权人的保全权利。

情形一：如果抵押人的行为足以使抵押财产的价值减少的，抵押权人享有财产价值减少防止权。即这种情形下抵押权人有请求抵押人停止侵害行为或排除妨害的权利。满足此种权利的行使，一般需要两个条件：第一，必须是在抵押人的行为造成抵押物价值减少的情况下行使。根据抵押权的不可分性，如果是抵押财产价值自然增值或是贬值的，不会造成所担保债权范围的变化，也无需抵押人另行提供其他担保，但如果是抵押人的行为足以造成抵押财产价值减少的，就应当由抵押人弥补此种损害。抵押人的行为既包括抵押人的积极行为致使抵押财产价值减少，也包括抵押人的消极行为致使抵押财产价值减少。而且，对于此种行为，抵押人是故意还是过失，都在所不问。第二，必须达到了足以使财产价值减少的程度。抵押权在设立之后，抵押人仍然享有占有、使用、收益和处分的权利，抵押人正当利用抵押财产并不属于对抵押权造成侵害的情形，同时抵押财产在市场上正常的价值波动也不能认为是足以使抵押财产价值减少的行为，否则会过度限制抵押人的正常活动。对于这里的判断标准，有学者认为必须达到了“足以”的程度，且是否达到“足以”应由抵押权人举证证明，抵押人的行为会明显造成抵押物价值的减少。[1]

情形二：抵押财产价值已经减少时，抵押权人享有恢复价值和提供新的担保请求权。如果在抵押人的行为已经使抵押财产的价值减少的情形下，抵押权人的抵押权在客观上就受到了侵害，有可能债权到期不能实现或不能充分实现，因此本条赋予抵押权人有恢复抵押财产的价值，或者提供与减少的价值相应的担保的权利。同样，该权利的行使也必须满足两个条件：第一，抵押财产的价值在客观上已经减少，而并非仅有减少的危险。第二，抵押人自身没有及时恢复抵押物的价值或者提供相应的担保。如果抵押财产的价值在客观上已经减少，但抵押人已经及时采取了措施来恢复抵押财产的价值，抵押权人的利益未受影响，也就无须

① 王利明：《物权法研究》，中国人民大学出版社2013年版，第1244页。

再要求恢复价值或者提供担保。对于满足以上两个条件的，抵押权人有权要求抵押人恢复抵押财产的价值，即恢复到抵押权设定时的状态；抵押权人也有权要求抵押人提供与减少的价值相当的担保。

情形三：如果抵押人既不恢复抵押财产的价值也不提供与减少价值相应的担保，法律赋予抵押权人提前清偿债权的请求权。这一规定在一定程度上剥夺了债务人的期限利益，但因为抵押人的行为已经造成了抵押权人的利益受到严重威胁，因此法律对此予以特殊的保护。

三、本条规定特别评注

因抵押权的设定并不转移占有，就有可能出现抵押人的行为导致抵押财产的价值减少，抵押权人难以以抵押财产的变价款优先受偿的情形。本条规定即在于保障抵押权人的抵押权不因抵押财产的价值减少而受到影响。

当然，赋予抵押权人请求抵押人恢复抵押财产的价值，或者提供与减少的价值相应的担保的请求权，实际上是法律强制抵押人用其责任财产保全抵押权人的抵押权，如此也可能会因届期抵押权人行使优先受偿权而损害抵押人的其他债权人的权益。这也是立法者在权衡抵押人、抵押权人以及第三人利益的基础上作出价值选择的结果。

第四百零九条　【抵押权人放弃抵押权或抵押权顺位的法律后果】抵押权人可以放弃抵押权或者抵押权的顺位。抵押权人与抵押人可以协议变更抵押权顺位以及被担保的债权数额等内容。但是，抵押权的变更未经其他抵押权人书面同意的，不得对其他抵押权人产生不利影响。

债务人以自己的财产设定抵押，抵押权人放弃该抵押权、抵押权顺位或者变更抵押权的，其他担保人在抵押权人丧失优先受偿权益的范围内免除担保责任，但是其他担保人承诺仍然提供担保的除外。

【条文理解与适用】

一、本条的缘由

本条在《物权法》第 194 条规定的基础上略作文字修改而成。

二、本条规定的主要内容

本条是关于抵押权人放弃抵押权、抵押权的顺位以及变更抵押权效力问题的规定。

本条第 1 款规定抵押权人对抵押权的放弃和对顺位的变更，以及相应的法律效果。

首先，明确了抵押权人放弃抵押权或抵押权顺位的效力规则。抵押权人直接放弃抵押权的，是抵押权人行使其处分权的体现。一般而言，对权利的放弃不会对第三人造成损害，因此，放弃抵押权自放弃抵押权的抵押权人与因放弃而受利益的抵押权人达成合意时就发生效力，无需其他抵押权人的同意。对于抵押权顺位的放弃，是指在先顺位的抵押权人放弃了其在先的抵押权顺位。与抵押权的放弃不同，抵押权人对抵押权顺位的放弃，只意味着其抵押权的受偿顺序的变更，抵押权仍然存在，抵押权人并不会因为放弃抵押权顺位就转变为普通债权人。对于抵押权顺位的放弃，既包括绝对放弃也包括相对放弃。抵押权顺位的相对放弃，是指同一抵押物上先顺位抵押权人为了特定后顺位抵押权人的利益而将自己的优先受偿利益加以放弃的行为。由此，相对放弃不能影响到中间顺位的抵押权人利益，而是使放弃抵押权顺位的抵押权人与因放弃而受利益的抵押权人处于同一顺位，原则上二者应依各自的债权比例受偿。抵押权顺位的绝对放弃，是指抵押权人为了全体后顺位抵押权人的利益而将自己的优先受偿利益加以放弃。对于绝对放弃抵押权顺位后的法律效果，有顺位固定主义与顺位升进主义两种立法模式。所谓抵押权的顺位固定主义，是指先顺位的抵押权所担保的债权因实行抵押权以外的原因而消灭时，后顺位的抵押权不会因此升位，而是顺位固定不变，原有的顺位空缺。相对应的，顺位升进主义，是指先顺位的抵押权所担保的债权因实行抵押权以外的原因而消灭时，该抵押权也消灭，后顺位的抵押权在顺位上相应地提升。鉴于我国担保立法强调担保物权的从属性，学界通说将我国的立法模式解读为顺位升进主义，即在绝对放弃抵押权顺位后，后顺位的抵押权人的顺位依次升进，而放弃者成为最后顺位的抵押权人。[①]

其次，明确了抵押权变更的效力规则。抵押权的变更既包括被担保的债权数额等内容的变更，也包括抵押权顺位的变更，即当事人通过协商变更各抵押权的优先受偿顺序，或者对数个抵押权之间的先后顺位进行互换。抵押权人对顺位的变更同样是处分其利益的体现，只是因为抵押权顺位的变更可能涉及第三人的利益，因此本条规定在对抵押权顺位变更予以承认的前提下又作了限制性规定：一是要求可以通过协议变更抵押权；二是明确抵押权的变更，未经其他抵押权人书面同意，不得对其他抵押权人产生不利影响。抵押权的变更形式有多种，根据本

---

① 崔建远：《物权编如何设计抵押权顺位规则》，载《法学杂志》2017 年第 10 期。

条规定，如果不损害其他抵押权人利益，如将先顺位改为后顺位，则不需要经过后顺位抵押权人的同意；但如果是属于对其他抵押权人产生不利的变更，则只有经过其他抵押权人的书面同意，抵押权顺位的变更才可以约束全体抵押权人，发生绝对的效力。

本条第 2 款则明确了在债务人以自己的财产设定抵押，抵押权人放弃该抵押权、抵押权顺位或者变更抵押权的情形下，对共同担保人的影响。根据该规定，这种情形下，其他担保人在抵押权人丧失优先受偿权益的范围内原则上免除担保责任。在债务人自己提供抵押担保的情形下，由于债务人应当是最终的债务承担者，如果抵押权人先就债务人的抵押财产实行抵押权，则债权消灭，其他担保人本就无须承担担保责任了，也避免了日后追偿的诉累。这里的其他担保人，包括提供物上担保的第三人或者保证债务中的保证人。但是，如果抵押权人放弃对债务人提供的抵押物的抵押权，或者放弃抵押权顺位或者变更抵押权的，抵押权人在其放弃的抵押权范围内就丧失了对债务人提供的抵押物的优先受偿权，就可能使得本来应由债务人承担的责任转嫁给其他担保人，从而加重其他担保人的责任或者增加其他担保人之后行使追偿权的风险，甚至可能刺激债务人和抵押权人恶意串通损害其他担保人的利益的情形发生。为此，本条款作了上述限制性规定。需要注意的是，本条款附有但书条款，即其他担保人承诺仍然提供担保的除外。由此可见，本条第 2 款并非强制性规定，当事人之间可以通过意思表示排除其适用。

三、本条规定特别评注

本条是对于抵押权抛弃、抵押权顺位抛弃和变更的规定。抵押权作为一项民事权利，抵押权人当然可以放弃行使抵押权。所谓抵押权的顺位，是指为了担保两个或者两个以上的债权，在同一财产上设定了多个抵押之后，各个抵押权人就该抵押财产所具有的可以优先受偿的先后顺序。这种先后顺序也是抵押权人享有的一项利益，抵押权人当然也可以放弃。同理，抵押权也可以协议变更。与此同时，立法也需要规制因抵押权人这种自由意志的行使而影响到其他利害关系人利益的情形。本条规定在尊重当事人意思自治的基础上，对抵押权人的自由处分权进行了一定的限制，以实现债务人、债权人以及各担保人之间的利益平衡。

【关联规范】

《不动产登记暂行条例实施细则》

第六十七条 同一不动产上设立多个抵押权的，不动产登记机构应当按照受理时间的先后顺序依次办理登记，并记载于不动产登记簿。当事人对抵押权顺位另有约定的，从其规定办理登记。

第四百一十条　【抵押权实现的方式和程序】债务人不履行到期债务或者发生当事人约定的实现抵押权的情形，抵押权人可以与抵押人协议以抵押财产折价或者以拍卖、变卖该抵押财产所得的价款优先受偿。协议损害其他债权人利益的，其他债权人可以请求人民法院撤销该协议。

抵押权人与抵押人未就抵押权实现方式达成协议的，抵押权人可以请求人民法院拍卖、变卖抵押财产。

抵押财产折价或者变卖的，应当参照市场价格。

【条文理解与适用】

一、本条的缘由

本条在《物权法》第195条规定的基础上略作修改而成，主要是删除了《物权法》规定的撤销权“可以在知道或者应当知道撤销事由之日起一年内”行使的规定。

二、本条规定的主要内容

本条是关于抵押权实现的条件、方式和程序的规定。在债务人不履行到期债务或者发生当事人约定的事项后，抵押权人就可以行使抵押权。抵押权的实现，即就抵押物行使优先受偿权。对于抵押权的实现条件，本条主要规定了应具备两个条件：首先，抵押权人应享有抵押权。抵押权的有效性一方面体现为主债权的有效性。抵押权具有从属性，因此如果主合同被宣告无效或被撤销，则抵押权自然不能有效成立，抵押权人也就不能主张抵押权的实现。另一方面，对于不动产抵押权，我国采登记要件主义，因此如果未完成物权变动的，抵押权未成立，也就不发生优先受偿的问题。其次，抵押权实现应当满足债务人的债务已届清偿期或发生当事人约定的事由两种情形之一，其中最常见的即为债权已达清偿期。如果主债权尚未到清偿期，债权人无权请求债务人履行，抵押权人当然不能实现抵押权。只有在履行期到来或发生了约定事由以后，债务人不履行债务时，抵押权人才能要求实现其抵押权。需要注意的是，在债权届满之前，在例外情形下也可能提前实现抵押权，如抵押人的行为足以使抵押财产价值减少，抵押权人请求恢复抵押财产的价值或者提供相应担保遭到拒绝，要求债务人提前清偿而债务人不清偿等。

对于实现抵押权的方法，本条规定了当事人协议折价、变卖、拍卖这三种，当事人可以约定选择其中之一，行使抵押权。首先，当事人可以通过协议折价的方式实现抵押权。所谓协议折价，是指双方通过协商的方式约定抵押财产归抵押权人所有，以折抵债务人所欠的债务。折价协议与流押条款的订立不同：流押条款的订立是在债务清偿期届满前双方通过协商约定如果到期无法清偿就将抵押物的所有权归属于债权人，使得抵押财产直接归抵押权人所有；而折价协议的订立，根据本条第 3 款的规定，应当参照市场价格，因此最后折算的价格往往与市场价格的差距不会过大，对于协议的抵押物的价格高于担保债权范围的，抵押权人应当将担保债权之外的价款返还给抵押人，即先进行清算再转移抵押财产所有权。其次，除了当事人自己协商外，抵押权人还可以以拍卖、变卖的方式就价款优先受偿。所谓拍卖，是指众多的购买者通过竞争，与出卖人进行买卖、购买相关财产。拍卖以公开竞价的方式出卖标的物，因此能够最大限度地体现拍卖财产的价值，既有利于维护抵押人的利益，也有利于抵押权人价值权的实现。变卖是以拍卖方式以外的生活中一般的买卖形式来出卖抵押财产以实现债权的方式。变卖较为简便易行，但因为不是公开标价市场竞争，因此本条第 3 款也规定了抵押财产变卖的，应当参照市场价格。对于以上三种方式的实现顺序，本条第 2 款规定抵押权人与抵押人未就抵押权实现方式达成协议的，抵押权人可以请求人民法院拍卖、变卖抵押财产。可见，申请人民法院拍卖、变卖的前提应是抵押人和抵押权人双方未就抵押权实现方式达成协议，此时抵押权人可以直接请求法院实现抵押权，而无须通过诉讼程序进行实体判决来实现抵押权。

最后，本条第 2 款还规定了如果协议损害其他债权人利益的，其他债权人可以请求撤销。此种撤销权的性质应为形成权，是指在抵押权人和抵押人之间订立的实现抵押权的协议，在内容上因损害其他债权人的利益，其他债权人有权请求法院予以撤销。值得特别注意的是，受损害的债权人起诉撤销的对象应为实现抵押权的协议，而非主债权或抵押合同本身。撤销权的行使必须通过诉讼的方式。对于撤销权行使的期间，《民法典》删除了《物权法》中撤销权必须在知道或者应当知道撤销事由之日起的一年之内起行使的规定，但这并非意味着该撤销权不受除斥期间的限制，而是按照体系解释的规则，该撤销权的除斥期间可以适用《民法典》合同编第五章“合同的保全”中撤销权诉讼的除斥期间规则。

三、本条规定特别评注

在债务人不履行到期债务或者发生当事人约定的情形时，抵押权人得以实行其抵押权，将抵押物进行变价处分并就价款优先受偿，这是抵押权旨在担保债权清偿的制度功能所在。

【关联规范】

1. **《民法典》**

第五百四十一条 撤销权自债权人知道或者应当知道撤销事由之日起一年内行使。自债务人的行为发生之日起五年内没有行使撤销权的，该撤销权消灭。

2. **《最高人民法院关于适用〈中华人民共和国民法典〉有关担保制度的解释》**

第四十五条 当事人约定当债务人不履行到期债务或者发生当事人约定的实现担保物权的情形，担保物权人有权将担保财产自行拍卖、变卖并就所得的价款优先受偿的，该约定有效。因担保人的原因导致担保物权人无法自行对担保财产进行拍卖、变卖，担保物权人请求担保人承担因此增加的费用的，人民法院应予支持。

当事人依照民事诉讼法有关“实现担保物权案件”的规定，申请拍卖、变卖担保财产，被申请人以担保合同约定仲裁条款为由主张驳回申请的，人民法院经审查后，应当按照以下情形分别处理：

（一）当事人对担保物权无实质性争议且实现担保物权条件已经成就的，应当裁定准许拍卖、变卖担保财产；

（二）当事人对实现担保物权有部分实质性争议的，可以就无争议的部分裁定准许拍卖、变卖担保财产，并告知可以就有争议的部分申请仲裁；

（三）当事人对实现担保物权有实质性争议的，裁定驳回申请，并告知可以向仲裁机构申请仲裁。

债权人以诉讼方式行使担保物权的，应当以债务人和担保人作为共同被告。

第四百一十一条　【浮动抵押财产的确定】 依据本法第三百九十六条规定设定抵押的，抵押财产自下列情形之一发生时确定：

（一）债务履行期限届满，债权未实现；

（二）抵押人被宣告破产或者解散；

（三）当事人约定的实现抵押权的情形；

（四）严重影响债权实现的其他情形。

【条文理解与适用】

一、本条的缘由

本条在《物权法》第196条规定的基础上修改而成。与《物权法》第196条相比，本条第二项，以“抵押人被宣告破产或者解散”代替了原规定“抵押人被宣告破产或者被撤销”。

二、本条规定的主要内容

本条是对浮动抵押财产何时“结晶”的规定，明确了何种情形下浮动抵押财产确定。浮动抵押财产确定，又叫作浮动抵押财产的“结晶”。在浮动抵押设定之后，浮动抵押所覆盖之财产在抵押期间处于浮动状态，浮动抵押权进入休眠期，只要抵押人按照正常的规则占有、使用、收益、处分，抵押财产就尚未确定。但如果出现法定或约定的事件，浮动抵押权的休眠期结束，抵押物形态及价值特定，浮动抵押就转为了固定抵押，抵押权人可就结晶后的抵押财产主张优先受偿权。本条即对抵押财产确定，从浮动抵押转为固定抵押的事由做出了规定。

第一，债务履行期届满而债权未实现的。在此种情形下，抵押权的担保功能就显现出来。一般认为，无论抵押权人是否向抵押人提出实现抵押权的要求，抵押财产均从债务履行期届满之日起自动确定，抵押人不得再处分抵押财产。[①]

第二，抵押人被宣告破产或者解散。根据《民法典》第68条规定“有下列原因之一并依法完成清算、注销登记的，法人终止：（一）法人解散；（二）法人被宣告破产；（三）法律规定的其他原因。法人终止，法律、行政法规规定须经有关机关批准的，依照其规定”，作为抵押人的法人终止主要有被宣告破产和解散两种方式。本条以抵押人解散代替了原有被撤销的表述，明确了抵押人终止后应清理并消灭法人的全部财产关系。在抵押人破产或是解散后，抵押人的民事主体即将被消灭，此时对抵押权的实现造成极大威胁，因此浮动抵押财产应当确定，进入抵押权实现程序。

第三，当事人约定的实现抵押权的情形。法律尊重当事人之间的意思自治，对于何时需要确定抵押财产的范围，抵押人与抵押权人往往更了解真实情形，因此当事人之间可以协商确定。例如，出现抵押人从事关联交易等情形时就可以将抵押财产特定化，从而进入抵押权实现程序。

第四，出现严重影响债权实现的其他情形。本项是兜底性规定，将其他严重

① 屈茂辉：《物权法原理精要与实务指南》，人民法院出版社2008年版，第620页。

影响债权实现的情形纳入规制范围。例如，抵押人经营状况恶化或者严重亏损、逃避债务而隐匿、转移财产等，有学者建议可以参照《民法典》中合同当事人行使不安抗辩权的条件,① 此时抵押权人可以向抵押人请求确定抵押财产，以实现抵押权。抵押人对抵押权人的请求有异议的，抵押权人可以向人民法院请求确定抵押财产。

三、本条规定特别评注

浮动抵押财产的确定是浮动抵押权制度的一项重要环节设计，因其属于浮动抵押权人实行抵押权的前提条件。只有抵押财产停止浮动，浮动抵押权的抵押标的物才得以确定下来，抵押权人方能就抵押财产进行优先受偿。因此，各国和地区立法例上对于浮动抵押的确定事由均予以明文规定。本条规定借鉴了国外的相关立法例，对浮动抵押财产的确定做出明确规定，同时还允许当事人事先约定浮动抵押财产的确定事由，体现了立法者尊重当事人意思自治的立场。

第四百一十二条　【抵押财产孳息归属】债务人不履行到期债务或者发生当事人约定的实现抵押权的情形，致使抵押财产被人民法院依法扣押的，自扣押之日起，抵押权人有权收取该抵押财产的天然孳息或者法定孳息，但是抵押权人未通知应当清偿法定孳息义务人的除外。

前款规定的孳息应当先充抵收取孳息的费用。

【条文理解与适用】

一、本条的缘由

本条在《物权法》第197条规定的基础上略作文字修改而成。

二、本条规定的主要内容

本条是对抵押财产被扣押后孳息归属的规定。抵押财产的孳息，是指由抵押财产产生的收益，又可以包括天然孳息和法定孳息。天然孳息，是指依自然规律所产生的收益，法定孳息是指依法律关系所产生的收益。对于抵押财产孳息的归属，依抵押财产是否被扣押而有区别。

在抵押财产被扣押之前，尽管抵押权人在抵押财产上设定了抵押权，但抵押

---

① 王利明:《物权法研究》(第三版)(下)，中国人民大学出版社2013年版，第1286页。

权人仅具有变价受偿的效力，抵押人并未因此丧失所有权，也同样可以对抵押财产收取利益。因此，抵押权原则上不及于孳息。扣押是指人民法院对抵押物采取强制执行措施。只有在抵押财产被扣押后，抵押财产所生的孳息收取权才归属于抵押权人。依抵押财产是否被扣押而进行区别规定的主要原因在于，当抵押财产被扣押后，抵押财产进入实行程序，抵押人无法再行利用抵押财产，丧失了对物的占有、使用、收益、处分权能，不能再收取抵押财产的孳息。而抵押权人却可以对抵押财产的孳息加以现实的支配，因此，为切实有效的保障抵押权人债权的实现，一般认为孳息也应纳入抵押权的效力范围。① 需要特别说明的是，对于法定孳息，在抵押财产被扣押后，抵押权人已经通知应当给付法定孳息的义务人才能获得孳息的收取权。这是因为法定孳息一般为第三人支付，因此，抵押权人必须将扣押抵押财产的事实通知负有清偿法定孳息义务之人，否则第三人没有向抵押权人支付法定孳息的义务，抵押权的效力也就无法及于该孳息。②

本条第 2 款规定了孳息应当先抵充收取孳息的费用。由于收取孳息可能要付出一些费用，这些费用应当首先得到满足，也就是说，孳息应当先充抵收取孳息的费用，再用于清偿抵押权人的债权。

三、本条规定特别评注

抵押权系以抵押物的交换价值为债权人设定就该抵押物范围内的优先受偿权。该抵押物所生孳息，自然应当纳入抵押物范围内为抵押权人提供担保。但是，由于抵押权的存续并不转移抵押物的占有，因此即使设立了抵押权，抵押人仍然保有对抵押财产的占有、使用、收益和处分的权利，该抵押物所生的孳息作为基于抵押物的收益，自然也应抵押人所有。为此，本条依抵押财产是否被扣押而将孳息收取权作了区别规定，即当抵押权实行的条件成就，即在债务人不履行到期债务或者发生当事人约定的实现抵押权的情形，抵押权人依法申请法院予以强制执行时，该抵押物自扣押之后所产生的孳息，得转由抵押权人收取。

【关联规范】

《最高人民法院关于人民法院民事执行中查封、扣押、冻结财产的规定》

第二十条　查封、扣押的效力及于查封、扣押物的从物和天然孳息。

---

① 王利明：《物权法研究》（第三版）（下），中国人民大学出版社 2013 年版，第 1233 页。

② 屈茂辉：《物权法原理精要与实务指南》，人民法院出版社 2008 年版，第 663 ~664 页。

第四百一十三条　【抵押财产变价款的归属原则】抵押财产折价或者拍卖、变卖后，其价款超过债权数额的部分归抵押人所有，不足部分由债务人清偿。

【条文理解与适用】

一、本条的缘由

本条源于《物权法》第198条。

二、本条规定的主要内容

本条是关于抵押财产变现后如何清偿的规定，明确了抵押财产变现后，其价款超过债权数额或者不足清偿债权时如何处理的问题。抵押财产在折价或者拍卖、变卖后，所变现的价款可能超出其所担保的债权数额，因此本条规定，超出的部分应归抵押人所有，不足部分应由债务人清偿。

抵押权作为担保物权，其最终目的在于实现债权。因此，在抵押财产折价或者拍卖、变卖所得的价款超过债权数额时，抵押权人的利益已经得到实现，债权已经得到清偿，剩余的价款应当归抵押财产的原所有人即抵押人所有。同时，抵押权是物的担保，其担保范围以物的全部价值为限，在抵押物变价所得价款不足以清偿债权时，由于抵押人已就其抵押财产承担了担保责任，此时剩余的债权作为普通债权与其他普通债权一样，均应当由债务人清偿，抵押人对剩余的债权不再承担担保责任。

三、本条规定特别评注

抵押物变价处分所得价款的分配和归属，是与抵押权属于担保物权的性质相关的。抵押权人依法享有将抵押物进行变价的处分权和就所得价款的优先受偿权。因此，本条规定依照抵押权人的优先受偿权与抵押人的所有权二者之间的关系来确定抵押物的变价所得的归属，符合物权法的基本原理和公平原则。

【关联规范】

《企业破产法》

第一百一十条　享有本法第一百零九条规定权利的债权人行使优先受偿权利未能完全受偿的，其未受偿的债权作为普通债权；放弃优先受偿权利的，其债权作为普通债权。

第四百一十四条　【同一财产上多个抵押权的效力顺序】同一财产向两个以上债权人抵押的，拍卖、变卖抵押财产所得的价款依照下列规定清偿：

（一）抵押权已经登记的，按照登记的时间先后确定清偿顺序；

（二）抵押权已经登记的先于未登记的受偿；

（三）抵押权未登记的，按照债权比例清偿。

其他可以登记的担保物权，清偿顺序参照适用前款规定。

【条文理解与适用】

一、本条的缘由

本条源于《物权法》第 199 条。与《物权法》第 199 条相比，本条第 1 项将“抵押权已登记的，按照登记的先后顺序清偿；顺序相同的，按照债权比例清偿。”改为了“抵押权已经登记的，按照登记的时间先后确定清偿顺序”，并在最后增设了“其他可以登记的担保物权，清偿顺序参照适用前款规定”的规定。

二、本条规定的主要内容

本条是对同一财产向两个以上债权人抵押时抵押权清偿顺序的规定。对于一物数押的清偿规则，本条规定按照三种方式处理。

其一，抵押权已登记的，按照登记的时间先后顺序清偿。我国区分不动产和动产，对抵押权是否需要登记生效作了不同规定。对于不动产来说，采取登记设立主义，抵押权自登记时发生效力。对于动产而言，采用登记对抗主义，动产抵押权自抵押合同生效时设立，但是不登记不得对抗善意第三人。本条规定的按照抵押权登记时间的先后顺序确定清偿顺序的原则，对动产和不动产均可适用。值得特别注意的是，本条改变了《物权法》对同一顺序下按债权比例清偿的规则。依《物权法》的规定，抵押权在同一天登记的，不区分具体时间的差别，都认定为同一顺序，也就是说，无论是不动产抵押权抑或动产抵押权，只要是同一天登记，各抵押权所担保的债权按照债权之比例优先于没有担保的债权受偿，同一天登记的抵押权没有优先顺序。而本条规定，应当严格地按照登记时间顺序确定，即使是同一天登记的，抵押权受偿顺序也不相同，登记在先的优先于登记在后的抵押权受偿。

其二，抵押权已登记的先于未登记的受偿。这主要是对于动产而言，因为不动产不登记的，不发生抵押权设立的效力，因此也就不存在优先受偿的问题。而当事人以动产抵押的，可以自愿办理抵押登记，而不要求必须办理登记。但是，因为我国采用登记对抗主义，当事人是否办理抵押登记决定了得否对抗善意第三人。办理登记的，其他债权人就可以通过查阅登记资料知道该财产已经设定抵押的情况，公示性较强，因此可以优先受偿，而没有办理抵押登记的，其他债权人一般很难知道该财产是否已经设定了抵押，所以本条规定，已登记的动产应当优于未登记的动产受偿抵押财产的价值。

其三，都未登记的，抵押权受偿顺序相同，按照债权比例清偿。这同样是针对以动产作为抵押财产的情形。如果所有动产抵押权均未办理登记，则无论各抵押权设立先后，其相互间均不得对抗，因此，各抵押权人对抵押财产拍卖、变卖所得的价款应当享有同等的权利，按照各债权的比例受清偿。

需要注意的是，本条第 2 款还对本条的适用范围做出了扩充，规定“其他可以登记的担保物权”可以准用第 1 款规定的清偿规则。所谓其他可以登记的担保物权，如权利质权中的没有可交付权利凭证的汇票、本票、支票、债券、存款单、仓单、提单质权；基金份额、股权质权；知识产权质权；应收账款质权等等。同时，有学者认为，除了典型担保外，《民法典》合同编所规定的所有权保留买卖中出卖人对标的物的所有权、融资租赁交易中出租人对租赁物的所有权等，也可以适用或准用于本条的清偿顺序规则。[①] 总体而言，学界认为本款弥补了原有《物权法》对登记动产担保物权受偿顺位一般规则的缺失，意义重大。[②] 除了抵押权的清偿顺序依照此种规则确定外，对于其他可以登记的担保物权，如浮动抵押权、权利质权等，其清偿顺序也参照本条规定进行。

三、本条规定特别评注

关于抵押权清偿顺位的确定，以抵押权登记与否、登记的时间先后作为标准，不仅合理公平，而且实务操作简单易行，因此为各国和地区立法例所采纳。

【关联规范】

1.《最高人民法院关于适用〈中华人民共和国民法典〉有关担保制度的解释》

第十六条 主合同当事人协议以新贷偿还旧贷，债权人请求旧贷的担保人承担担保责任的，人民法院不予支持；债权人请求新贷的担保人承担担保责任的，按照下列情形处理：

---

① 高圣平：《民法典动产担保权优先顺位规则的解释论》，载《清华法学》2020 年第 3 期。

② 谢鸿飞：《民法典担保规则的再体系化——以〈民法典各分编（草案）二审稿〉为分析对象》，载《社会科学研究》2019 年第 6 期。

（一）新贷与旧贷的担保人相同的，人民法院应予支持；

（二）新贷与旧贷的担保人不同，或者旧贷无担保新贷有担保的，人民法院不予支持，但是债权人有证据证明新贷的担保人提供担保时对以新贷偿还旧贷的事实知道或者应当知道的除外。

主合同当事人协议以新贷偿还旧贷，旧贷的物的担保人在登记尚未注销的情形下同意继续为新贷提供担保，在订立新的贷款合同前又以该担保财产为其他债权人设立担保物权，其他债权人主张其担保物权顺位优先于新贷债权人的，人民法院不予支持。

第四十二条 抵押权依法设立后，抵押财产毁损、灭失或者被征收等，抵押权人请求按照原抵押权的顺位就保险金、赔偿金或者补偿金等优先受偿的，人民法院应予支持。

给付义务人已经向抵押人给付了保险金、赔偿金或者补偿金，抵押权人请求给付义务人向其给付保险金、赔偿金或者补偿金的，人民法院不予支持，但是给付义务人接到抵押权人要求向其给付的通知后仍然向抵押人给付的除外。

抵押权人请求给付义务人向其给付保险金、赔偿金或者补偿金的，人民法院可以通知抵押人作为第三人参加诉讼。

第五十一条 当事人仅以建设用地使用权抵押，债权人主张抵押权的效力及于土地上已有的建筑物以及正在建造的建筑物已完成部分的，人民法院应予支持。债权人主张抵押权的效力及于正在建造的建筑物的续建部分以及新增建筑物的，人民法院不予支持。

当事人以正在建造的建筑物抵押，抵押权的效力范围限于已办理抵押登记的部分。当事人按照担保合同的约定，主张抵押权的效力及于续建部分、新增建筑物以及规划中尚未建造的建筑物的，人民法院不予支持。

抵押人将建设用地使用权、土地上的建筑物或者正在建造的建筑物分别抵押给不同债权人的，人民法院应当根据抵押登记的时间先后确定清偿顺序。

2.《最高人民法院关于适用〈中华人民共和国企业破产法〉若干问题的规定（三）》

第二条 破产申请受理后，经债权人会议决议通过，或者第一次债权人会议召开前经人民法院许可，管理人或者自行管理的债务人可以为债务人继续营业而借款。提供借款的债权人主张参照企业破产法第四十二条第四项的规定优先于普通破产债权清偿的，人民法院应予支持，但其主张优先于此前已就债务人特定财产享有担保的债权清偿的，人民法院不予支持。

管理人或者自行管理的债务人可以为前述借款设定抵押担保，抵押物在破产申请受理前已为其他债权人设定抵押的，债权人主张按照民法典第四百一十四条规定的顺序清偿，人民法院应予支持。

3.《不动产登记暂行条例实施细则》

第六十七条 同一不动产上设立多个抵押权的，不动产登记机构应当按照受理时间的先后顺序依次办理登记，并记载于不动产登记簿。当事人对抵押权顺位另有约定的，从其规定办理登记。

第四百一十五条 【既有抵押权又有质权的财产的清偿顺序】 同一财产既设立抵押权又设立质权的，拍卖、变卖该财产所得的价款按照登记、交付的时间先后确定清偿顺序。

【条文理解与适用】

一、本条的缘由

本条是《民法典》的新增规定，彻底改变了《担保法解释》第 79 条第 1 款规定的内容。

二、本条规定的主要内容

本条具体规定了抵押权和质权在同一财产上并存时的清偿顺序。根据我国担保立法的规定，设立动产质权以转移占有为要件，设立质权的客体应为动产或者法律规定的权利，不动产不能设立质权，因此本条的适用只能发生在同一动产之上。同时，虽然动产抵押权和质权同为担保物权，都以实现担保物的价值以清偿债权为功能，但两者的构成要件不同，动产抵押权的设立无需以转移占有为要件，而质权则需转移占有，因此会存在同一动产上既有抵押权又有质权的情形。

当同一动产上抵押权与质权并存时，本条规定依照登记和交付的时间顺序确定清偿顺序。其中，设立质权的，应以交付时间作为质权成立的时间，对于动产抵押权而言，其既可以办理登记也可以不办理登记，但办理登记的抵押权可以优先于未办理登记的抵押权受偿。同时，因为本法前一条确定了依登记时间顺序确定清偿顺序的原则，因此也不存在顺序相同的抵押权按照各自担保的债权比例清偿规则的适用，统一按照时间顺序确定。既然抵押权的公示方式是抵押登记，动产质权的公示方式是对质物的占有，那确定抵押权与质权的实现顺位，可以对比动产抵押登记时间与出质动产交付时间，以此确定先后顺序。

此外，因为登记作为动产抵押权的对抗要件，不登记不得对抗善意第三人，因此对于未办理登记的动产抵押权，其既不能对抗已经办理登记的抵押权人，也不能对抗已经交付质物的质权人，其清偿顺序应当是在已经办理登记的抵押权和质物已经完成交付的质权之后，按照前一条规定，所有未登记的动产抵押权按照债权比例清偿。

三、本条规定特别评注

《担保法解释》第79条第1款规定：“同一财产法定登记的抵押权与质权并存时，抵押权人优先于质权人受偿。”而《全国法院民商事审判工作会议纪要》第65条则规定“同一动产上同时设立质权和抵押权的，应当参照适用《物权法》第199条的规定，根据是否完成公示以及公示先后情况来确定清偿顺序：质权有效设立、抵押权办理了抵押登记的，按照公示先后确定清偿顺序；顺序相同的，按照债权比例清偿；质权有效设立，抵押权未办理抵押登记的，质权优先于抵押权；质权未有效设立，抵押权未办理抵押登记的，因此时抵押权已经有效设立，故抵押权优先受偿。根据《物权法》第178条规定的精神，《担保法解释》第79条第1款不再适用。”《民法典》本条进一步坚持了上述《会议纪要》的精神，以法律规范的形式确认了抵押权和质权竞存时按照公示先后确定受偿顺序的标准。

【关联规范】

《最高人民法院关于适用〈中华人民共和国民法典〉有关担保制度的解释》

第五十九条 存货人或者仓单持有人在仓单上以背书记载“质押”字样，并经保管人签章，仓单已经交付质权人的，人民法院应当认定质权自仓单交付质权人时设立。没有权利凭证的仓单，依法可以办理出质登记的，仓单质权自办理出质登记时设立。

出质人既以仓单出质，又以仓储物设立担保，按照公示的先后确定清偿顺序；难以确定先后的，按照债权比例清偿。

保管人为同一货物签发多份仓单，出质人在多份仓单上设立多个质权，按照公示的先后确定清偿顺序；难以确定先后的，按照债权比例受偿。

存在第二款、第三款规定的情形，债权人举证证明其损失系由出质人与保管人的共同行为所致，请求出质人与保管人承担连带赔偿责任的，人民法院应予支持。

第四百一十六条　【价金担保优先权】 动产抵押担保的主债权是抵押物的价款，标的物交付后十日内办理抵押登记的，该抵押权人优先于抵押物买受人的其他担保物权人受偿，但是留置权人除外。

【条文理解与适用】

一、本条的缘由

本条属于《民法典》的新增条款。

二、本条规定的主要内容

本条是对于价金担保优先权的规定。按照担保物权实现顺位的一般规定，在同一财产上设有多个担保物权的，应当按照公示的先后顺序决定清偿顺序。但根据本条规定，如果抵押担保的债权是抵押物的价款，并且在抵押物交付后十日内办理抵押权登记的，该抵押权具有绝对优先性，即该抵押权优先于在该抵押物上存在的除留置权外的其他担保物权实现。适用本条需要满足以下三个条件。

首先，抵押担保的债权应为抵押物的价款。之所以这样规定，主要是针对现实中第三人的价金担保权的情形。例如，在买受人欲从出卖人处购置动产且不具有充足价金时，如果第三人代替其支付全部或部分价金，那么为了担保此笔债务的履行，买受人可以在该动产之上为第三人设定抵押权，此时抵押财产的价值就正等于第三人的债权。

其次，抵押物在交付后十日内应办理抵押登记。此项条件是指在债权人交付货物后，应在10日内办理抵押登记。这是价金担保权取得超优先顺位的程序要件。一般而言，登记并非动产抵押权设立的生效要件，但因为超级优先权的存在与实现增加了担保物权是否存在的查询负担，对债务人和抵押财产上的其他担保人可能产生重大影响，同时也为了抵押人融资的便利和促进交易的顺利完成，法律作出严格的限制，要求价金担保权人与债务人应在一个合适的期间进行必要的公示登记。相较于《美国统一商法典》将宽限期定为20日的规定，我国《民法典》的立法者主要考虑到如果法律规定的宽限期过长，可能会严重影响到其他利害关系人的利益，侵害善意第三人对动产权利的信赖预期，因此规定了以10日作为期限，如果自标的物交付后10日内仍不办理抵押权登记的，抵押权人仍不享有绝对优先权。①

最后，本条规定了价金担保权与留置权竞存时的顺位问题。在不同的担保物权中，留置权往往能够优先于其他担保物权受偿。这是因为相较于其他物权

---

① 张玉涛：《民法典编纂视野下动产抵押登记对抗规则的解释适用》，载《上海法学研究》集刊2019年第19卷（总第19卷）。

可以由当事人协商设立，留置权属于法定的担保物权，其担保的债权通常产生于加工承揽、货物运输、仓储保管等合同关系。在这些合同中，留置权人为了完成加工、运输和保管等义务，通常会预先支付一笔费用，留置权担保的债权价值一般也低于其提升的留置物的价值，同时在留置权实现的情形下，所担保的债权也往往是关涉留置权人的生活来源，因此即使是在本条规定的情形下，价金担保权人仍不能优先于留置权人受偿。

三、本条规定特别评注

本条规定借鉴了比较法上关于"价金担保权"的法律制度，旨在缓和"公示在先，权利在先"原则的僵化。有学者指出，本条的立法目的主要在于，"在承认未来财产之上的动产担保权依登记时间而确定其优先顺位的情形之下，为防止所有的新增财产自动'流入'已设定的动产担保权，促进为担保人（债务人）购置资产提供新的信贷支持，拓宽再融资渠道，有必要承认购买价金担保权的超优先顺位"。[①] 赋予价金担保权以超级优先效力，既有利于债务人继续扩大融资，促进财产在市场经济中自由流转；同时，也能够有效地保障债务人和在后价金担保权人的利益，从而合理地平衡了各方当事人的权利配置，符合公平的价值考量。[②]

【关联规范】

《最高人民法院关于适用〈中华人民共和国民法典〉有关担保制度的解释》

第五十七条 担保人在设立动产浮动抵押并办理抵押登记后又购入或者以融资租赁方式承租新的动产，下列权利人为担保价款债权或者租金的实现而订立担保合同，并在该动产交付后十日内办理登记，主张其权利优先于在先设立的浮动抵押权的，人民法院应予支持：

（一）在该动产上设立抵押权或者保留所有权的出卖人；

（二）为价款支付提供融资而在该动产上设立抵押权的债权人；

（三）以融资租赁方式出租该动产的出租人。

买受人取得动产但未付清价款或者承租人以融资租赁方式占有租赁物但是未付清全部租金，又以标的物为他人设立担保物权，前款所列权利人为担保价款债权或者租金的实现而订立担保合同，并在该动产交付后十日内办理登记，主张其权利优先于买受人为他人设立的担保物权的，人民法院应予支持。

---

① 高圣平：《民法典动产担保权优先顺位规则的解释论》，载《清华法学》2020 年第 3 期。

② 邹海林：《论〈民法典各分编（草案）〉"担保物权"的制度完善——以〈民法典各分编（草案）〉第一编物权为分析对象》，载《比较法研究》2019 年第 2 期。

同一动产上存在多个价款优先权的，人民法院应当按照登记的时间先后确定清偿顺序。

第四百一十七条　【抵押权对新增建筑物的效力】建设用地使用权抵押后，该土地上新增的建筑物不属于抵押财产。该建设用地使用权实现抵押权时，应当将该土地上新增的建筑物与建设用地使用权一并处分。但是，新增建筑物所得的价款，抵押权人无权优先受偿。

【条文理解与适用】

一、本条的缘由

本条在《物权法》第200条规定的基础上略作文字修改而成。

二、本条规定的主要内容

本条是关于建设用地使用权抵押的特别规定。对于此种建设用地使用权抵押的特别情形，本条规定具有三层含义。

首先，新增加的建筑物不应当属于抵押财产的范围。在抵押权设定时，抵押权的客体也应当随之确定，既然设立抵押权时，该建筑物并不存在，所以新增建筑物也不可能纳入抵押财产的范围之中，否则将不恰当地增加了抵押人的负担。

其次，尽管新增建筑物不属于抵押范畴，但是在实现抵押权时，新增的建筑物与建设用地使用权应一并处分。这是因为新增的建筑物与土地不可分离，只有将建筑物与建设用地使用权一并处分，才能实现建设用地使用权现实的使用价值和交换价值。有学者指出这一规则也有利于防止抵押人利用新增房屋损害抵押权人的利益，在某种程度上有利于遏制抵押人通过新增房屋来牟取利益从而损害抵押权人的行为。①

最后，对于新增建筑物所得的价款，因为不属于抵押财产，因此抵押权人无权优先受偿。换言之，在“房地”一并拍卖、变卖后，抵押权人并不能就所得的全部价款优先受偿，而只能以其中建设用地使用权价值的部分优先受偿。

三、本条规定特别评注

依本法第356条、第357条的规定，我国对于建设用地使用权和其上的不动

---

① 王利明：《物权法研究》，中国人民大学出版社2013年版，第1235页。

产采取一并处分原则，即“房随地走，地随房走”，以避免“空中楼阁”现象的产生。但对于建设用地使用权抵押后在该建设用地上新增的房屋及其他建筑物，其不在抵押合同约定的抵押财产的范围内，因此不属于抵押财产。

【关联规范】

1.《城市房地产管理法》

第五十二条 房地产抵押合同签订后，土地上新增的房屋不属于抵押财产。需要拍卖该抵押的房地产时，可以依法将土地上新增的房屋与抵押财产一同拍卖，但对拍卖新增房屋所得，抵押权人无权优先受偿。

2.《最高人民法院关于适用〈中华人民共和国民法典〉有关担保制度的解释》

第五十条 抵押人以划拨建设用地上的建筑物抵押，当事人以该建设用地使用权不能抵押或者未办理批准手续为由主张抵押合同无效或者不生效的，人民法院不予支持。抵押权依法实现时，拍卖、变卖建筑物所得的价款，应当优先用于补缴建设用地使用权出让金。

当事人以划拨方式取得的建设用地使用权抵押，抵押人以未办理批准手续为由主张抵押合同无效或者不生效的，人民法院不予支持。已经依法办理抵押登记，抵押权人主张行使抵押权的，人民法院应予支持。抵押权依法实现时所得的价款，参照前款有关规定处理。

第五十一条 当事人仅以建设用地使用权抵押，债权人主张抵押权的效力及于土地上已有的建筑物以及正在建造的建筑物已完成部分的，人民法院应予支持。债权人主张抵押权的效力及于正在建造的建筑物的续建部分以及新增建筑物的，人民法院不予支持。

当事人以正在建造的建筑物抵押，抵押权的效力范围限于已办理抵押登记的部分。当事人按照担保合同的约定，主张抵押权的效力及于续建部分、新增建筑物以及规划中尚未建造的建筑物的，人民法院不予支持。

抵押人将建设用地使用权、土地上的建筑物或者正在建造的建筑物分别抵押给不同债权人的，人民法院应当根据抵押登记的时间先后确定清偿顺序。

第四百一十八条 【集体所有土地使用权抵押权的实现效果】 以集体所有土地的使用权依法抵押的，实现抵押权后，未经法定程序，不得改变土地所有权的性质和土地用途。

【条文理解与适用】

一、本条的缘由

本条在《物权法》第201条规定的基础上修改而成。与《物权法》第201条相比，本条将“通过招标、拍卖、公开协商等方式取得的荒地等土地承包经营权以及乡镇、村企业的厂房等建筑物占用范围内的建设用地使用权”扩张为“集体所有土地的使用权”。

二、本条规定的主要内容

本条是关于集体所有土地使用权抵押的特别规定。对于集体所有的土地，私人可以享有土地使用权，并且在一定范围内可以进行处分和抵押。但同时，集体所有的土地往往有着特定的用途，事关农村经济的发展和农民集体的利益，因此本条规定，在集体土地的使用权实现抵押权后，未经法定程序，土地的所有权不得转移，仍归国家所有或者集体所有，也不得擅自改变土地的原有用途。我国《土地管理法》第25条第1款也规定，“经批准的土地利用总体规划的修改，须经原批准机关批准；未经批准，不得改变土地利用总体规划确定的土地用途。”

三、本条规定特别评注

我国集体土地大多为农业用地，为了贯彻我国保护耕地、发展农业的立国大计，必须严格实行土地利用总体规划，以防止非农业用地侵占耕地等农业用地，影响我国农业发展。此外，我国农村社会保障体系还没有建立，农村集体土地是农民的立身之本，若放松对农村集体土地使用权转让的限制，可能导致人们因为短期商业利益的驱动，而将农村集体土地进行非农业化利用，导致农民丧失基本的生活保障。因此，近年来我国农村集体土地使用权流转制度虽然出现了一些松动，但是对于集体土地使用权性质和用途仍然进行严格管制。

【关联规范】

《土地管理法》

第四条　国家实行土地用途管制制度。

国家编制土地利用总体规划，规定土地用途，将土地分为农用地、建设用地和未利用地。严格限制农用地转为建设用地，控制建设用地总量，对耕地实行特殊保护。

前款所称农用地是指直接用于农业生产的土地，包括耕地、林地、草地、农田水利用地、养殖水面等；建设用地是指建造建筑物、构筑物的土地，包括城乡住宅和公共设施用地、工矿用地、交通水利设施用地、旅游用地、军事设施用地等；未利用地是指农用地和建设用地以外的土地。

使用土地的单位和个人必须严格按照土地利用总体规划确定的用途使用土地。

第二十五条 经批准的土地利用总体规划的修改，须经原批准机关批准；未经批准，不得改变土地利用总体规划确定的土地用途。

经国务院批准的大型能源、交通、水利等基础设施建设用地，需要改变土地利用总体规划的，根据国务院的批准文件修改土地利用总体规划。

经省、自治区、直辖市人民政府批准的能源、交通、水利等基础设施建设用地，需要改变土地利用总体规划的，属于省级人民政府土地利用总体规划批准权限内的，根据省级人民政府的批准文件修改土地利用总体规划。

第四百一十九条 【抵押权的存续期间】 抵押权人应当在主债权诉讼时效期间行使抵押权；未行使的，人民法院不予保护。

【条文理解与适用】

一、本条的缘由

本条源于《物权法》第202条。

二、本条规定的主要内容

本条是关于抵押权行使期间的规定。主要规定了以下三个方面的内容：

首先，根据本条规定，抵押权人应当在主债权诉讼时效期间行使抵押权，因此行使抵押权的最长期限原则上不超过主债权的诉讼时效期限，如果当事人约定超过主债权诉讼时效的期间的，不发生约定的效力。

其次，对于抵押权的行使期间，应当理解为与主债权的诉讼时效一致。之所以如此规定，仍然是因为抵押权具有从属性，因此从权利的法定期限也应当从属于主债权，主债权的诉讼时效期间届满，抵押权的效力也相应地受到影响。因此，本条规定了抵押权的存续期间与主债权的诉讼时效期间原则上应当相同。当然，如果主债权诉讼时效期间发生中止、中断或延长，抵押期限也应当相应地发生变化。

此外，对于主债权已过诉讼时效的抵押权的效力，理论上存在“抵押权消灭说”和“抵押权不受公权力保护说”两种分歧观点，笔者赞同前者，即一旦主债权的诉讼时效经过，抵押权即因此而消灭。

三、本条规定特别评注

作为绝对权的物权，除非当事人有约定、标的物毁损且没有代位物，本应不受存续期间的限制。但考虑到抵押权本身具有从属性，是为了担保债权的实现才存在的，因此，如果在债权消灭后抵押权一直存续，就可能会使抵押权人怠于行使抵押权，不利于发挥抵押财产的经济效用，制约经济的发展，更可能会导致债权人规避诉讼时效的限制。因此，本条规定了抵押权的行使期间。而且，对于抵押权的行使期间，应为法律的强制性规定，不允许当事人约定或者以约定变更。

此外，对于主债权已过诉讼时效的抵押权的效力，本条表述为“不受法院保护”。对于这一表达，是理解为直接导致抵押权消灭，还是理解为仅使抵押人产生抗辩权，如果抵押人以此作为抗辩，抵押权人不再受法律强制力保护，笔者认为，如果本条规定的目的主要在于明确确立抵押权存续期限，促使抵押权人积极地及时行使抵押权，迅速了结债权债务关系，避免抵押权人长期怠于行使其权利，则本条所规定的行使期限就应解读为抵押权的存续期限，而不应理解为抵押权受到法律强制力保护的期限。

【关联规范】

1. **《民法典》**

第一百八十八条 向人民法院请求保护民事权利的诉讼时效期间为三年。法律另有规定的，依照其规定。

诉讼时效期间自权利人知道或者应当知道权利受到损害以及义务人之日起计算。法律另有规定的，依照其规定。但是，自权利受到损害之日起超过二十年的，人民法院不予保护，有特殊情况的，人民法院可以根据权利人的申请决定延长。

第一百八十九条 当事人约定同一债务分期履行的，诉讼时效期间自最后一期履行期限届满之日起计算。

第一百九十二条 诉讼时效期间届满的，义务人可以提出不履行义务的抗辩。

诉讼时效期间届满后，义务人同意履行的，不得以诉讼时效期间届满为由抗辩；义务人已经自愿履行的，不得请求返还。

2. **《最高人民法院关于适用〈中华人民共和国民法典〉有关担保制度的解释》**

第四十四条 主债权诉讼时效期间届满后，抵押权人主张行使抵押权的，人民法院不予支持；抵押人以主债权诉讼时效期间届满为由，主张不承担担保责任的，人民法院应予支持。主债权诉讼时效期间届满前，债权人仅对债务人提起诉讼，经人民法院判决或者调解后未在民事诉讼法规定的申请执行时效期间内对债务人申请强制执行，其向抵押人主张行使抵押权的，人民法院不予支持。

主债权诉讼时效期间届满后，财产被留置的债务人或者对留置财产享有所有权的第三人请求债权人返还留置财产的，人民法院不予支持；债务人或者第三人请求拍卖、变卖留置财产并以所得价款清偿债务的，人民法院应予支持。

主债权诉讼时效期间届满的法律后果，以登记作为公示方式的权利质权，参照适用第一款的规定；动产质权、以交付权利凭证作为公示方式的权利质权，参照适用第二款的规定。

第二节　最高额抵押权

第四百二十条　【最高额抵押规则】为担保债务的履行，债务人或者第三人对一定期间内将要连续发生的债权提供担保财产的，债务人不履行到期债务或者发生当事人约定的实现抵押权的情形，抵押权人有权在最高债权额限度内就该担保财产优先受偿。

最高额抵押权设立前已经存在的债权，经当事人同意，可以转入最高额抵押担保的债权范围。

【条文理解与适用】

一、本条的缘由

本条源于《物权法》第 203 条。

二、本条规定的主要内容

本条是关于最高额抵押概念的规定。最高额抵押是一种特殊的担保形式，其是指抵押人在最高额限度内，以抵押财产对将来一定期间连续发生的不特定债权提供的抵押担保。与一般的抵押权相比，最高额抵押有以下法律特征：

首先，最高额抵押在从属性上呈现缓和特征。所谓抵押权的从属性，是指抵押权作为从权利跟随主债权产生、转让、消灭，不能单独存在和处分。但对于最高额抵押，因其担保的是将来发生的不特定的债权，因此在成立上，可能出现最高额抵押权成立在先，而债权可能成立在后的情形。在转让上，最高额抵押权不随某一具体债权的转让而转让，而只能随基础法律关系一同转让。在抵押权消灭上，抵押存续期间内，最高额抵押权不因某一具体债权的消灭而消灭，哪怕某一时间点内，其担保的具体债权已经全部因清偿、抵销等方式消灭，最高额抵押权也不因此消灭。对于此种特殊性是否实际上违背了抵押权从属性的性质，通说认为，最高额抵押权所从属的是由债权人和债务人间一定的法律关系所产生的不特定债权，而非某特定债权，也并非产生债权的基本合同，[①] 因此如果最高额抵押权确定时，全部债权都归于消灭，则最高额抵押权自然也不能存在。

其次，最高额抵押权具有特定性。相较于一般抵押权的特定性包括抵押财产特定和抵押担保债权特定两个方面，最高额抵押权并不具有债权特定性的特征。正如有学者指出的，最高额抵押是担保不特定债权，因此相较于一般抵押权，最高额抵押债权自该抵押权设立时起至确定时止不断地发生或消灭，处于变动状态，具有流动性、替代性。[②] 这是最高额抵押权不同于普通抵押权的一个方面。最高额抵押权是在最高额限度内，担保属于一定范围的不特定债权的抵押权。最高额是指抵押权人和抵押人约定的、能够优先受偿的债权的最高限度数额。只有在最高额的限度之内的债权才是最高额抵押权担保的债权。在最高额抵押权实现时，如果实际发生的债权额高于最高债权限额的，以最高限额为限，超过部分不具有优先受偿的效力。如果实际发生的债权额低于预定的最高债权限额，则以实际存在的债权额为实际担保债权数额。

此外，最高额抵押权在抵押权适用范围上具有特殊性。根据本条规定，最高额抵押权所担保的将来不特定的债权，必须是一定期间内连续发生的债权。其中，“一定期间”指的是最高额抵押权的存续期或决算期，只有在该时点存在的且不超过最高债权限额的债权，才可能依法优先受偿。“连续发生”是指最高额抵押权所担保的债权是因特定的、具有继续性的法律关系而产生，不仅如此，所有债权之间应当源于同一基础法律关系，如借贷、买卖、租赁等等。

根据本条第 2 款的规定，在最高额抵押权设立前的债权经当事人同意也可以纳入担保范围。原则上，最高额抵押是对将要发生的债权提供担保，但既然当事人是为不特定的债权设定最高额抵押权，因此，解释上也可以允许双方协商将过去发生的债权纳入最高额抵押权的担保范围，只要最终实际发生的债权总额不超过双方约定的最高债权额，也就不会对第三人产生不利影响。

三、本条规定特别评注

最高额抵押权制度是随着经济生活的发展，为了迎合连续性交易所提出的简化担保程序和成本的要求而出现的一类特殊抵押权制度。本条规定虽然指出了最高额抵押权所担保的债权是在“一定期间内将要连续发生的债权”，但并未明确

---

① 崔建远：《物权法》（第二版），中国人民大学出版社 2013 年版，第 495 页。
② 崔建远：《物权法》（第二版），中国人民大学出版社 2013 年版，第 495 页。

所担保的债权必须限定于因特定的基础关系而产生的债权，也没有要求最高债权限额须为在最高额抵押权设立合同中就已经预先确定的数额，这可能会给实务造成理解和适用上的分歧。

【关联规范】

《最高人民法院关于适用〈中华人民共和国民法典〉有关担保制度的解释》

第十五条　最高额担保中的最高债权额，是指包括主债权及其利息、违约金、损害赔偿金、保管担保财产的费用、实现债权或者实现担保物权的费用等在内的全部债权，但是当事人另有约定的除外。

登记的最高债权额与当事人约定的最高债权额不一致的，人民法院应当依据登记的最高债权额确定债权人优先受偿的范围。

第四百二十一条　【最高额抵押权担保的部分债权转让效力】 最高额抵押担保的债权确定前，部分债权转让的，最高额抵押权不得转让，但是当事人另有约定的除外。

【条文理解与适用】

一、本条的缘由

本条在《物权法》第204条规定的基础上略作文字修改而成。

二、本条规定的主要内容

本条是关于最高额抵押所担保的主债权以及最高额抵押权转让的规定，反映了最高额抵押权在转让上对从属性的要求趋于缓和。在最高额抵押权的转让上，其从属性表现为对同一法律关系下不特定债权的从属，而非从属于具体的某个或某些债权。因此，在最高额抵押担保的债权确定前，债权总额是不确定的且连续发生的，尽管某一具体债权转让了，但将来还有发生债权的可能。基于抵押权的不可分性，本条规定，最高额抵押担保的债权确定前，部分债权转让的，最高额抵押权不随之转让。同时，本条也设有但书条款，如果当事人约定部分债权转让、最高额抵押权也随之转让的，法律尊重当事人之间的意思自治。①

本条的适用前提首先是债权转让的时间应在最高额抵押担保债权的确定之

---

① 崔建远：《物权法》（第二版），中国人民大学出版社2013年版，第495页。

前，此时债权数额还处于波动之中，一旦最高额抵押权所担保的债权确定后，最高额抵押权就转化为一般抵押权，应当严格地遵守抵押权的从属性。此时，一般抵押权应随同被担保债权的让与而转让。其次，转让的债权应为部分债权，而非全部债权关系。此时才会强调最高额抵押权的独立性，规定在决算前最高额抵押权不随被担保债权的转让而转让。

三、本条规定特别评注

在最高额抵押权所担保的债权确定之前，主债权部分转让，最高额抵押权并不随之转让的规定，是各国和地区的立法通例。这也是最高额抵押权制度适用于特定基础关系所产生的不特定连续债权的特点所决定的。

【关联规范】

《不动产登记暂行条例实施细则》

第七十四条 最高额抵押权发生转移的，应当持不动产登记证明、部分债权转移的材料、当事人约定最高额抵押权随同部分债权的转让而转移的材料等必要材料，申请办理最高额抵押权转移登记。

债权人转让部分债权，当事人约定最高额抵押权随同部分债权的转让而转移的，应当分别申请下列登记：

（一）当事人约定原抵押权人与受让人共同享有最高额抵押权的，应当申请最高额抵押权的转移登记；

（二）当事人约定受让人享有一般抵押权、原抵押权人就扣减已转移的债权数额后继续享有最高额抵押权的，应当申请一般抵押权的首次登记以及最高额抵押权的变更登记；

（三）当事人约定原抵押权人不再享有最高额抵押权的，应当一并申请最高额抵押权确定登记以及一般抵押权转移登记。

最高额抵押权担保的债权确定前，债权人转让部分债权的，除当事人另有约定外，不动产登记机构不得办理最高额抵押权转移登记。

第四百二十二条　【最高额抵押合同条款变更】最高额抵押担保的债权确定前，抵押权人与抵押人可以通过协议变更债权确定的期间、债权范围以及最高债权额。但是，变更的内容不得对其他抵押权人产生不利影响。

【条文理解与适用】

一、本条的缘由

本条源于《物权法》第205条。

二、本条规定的主要内容

本条是关于抵押权人与抵押人协议变更最高额抵押有关内容的规定。最高额抵押的特点在于抵押财产确定，而所担保的债权在确定之前经常处于变动之中，甚至债权额远低于抵押财产的价值。在这种情况下，抵押权人就可以不确定的债权额而对抵押财产持续地享有抵押权，这可能导致抵押财产的剩余担保价值无法利用，从而影响了抵押物经济价值的实现。为了克服此种弊端，本条规定，当事人可以通过意思自治，对最高额抵押的内容予以变更。同时，最高额抵押除涉及双方当事人的利益外，还会涉及第三人的利益，因此，本条还设有但书规定，在对最高额抵押内容进行变更时，应保护当事人及利害关系人的利益，维护正常的交易安全。

根据本条规定，对于最高额抵押的有关内容，抵押权人与抵押人只能在最高额抵押担保的债权确定前才能变更。有学者指出，在债权确定以后，抵押权的客体已经特定化，如果当事人仍希望变更，就应当适用普通抵押权变更的规则，而不属于本条的调整范畴。[①] 具体来看，抵押人和抵押权人可以协议确定债权确定的期间、债权范围以及最高债权额。变更债权确定的期间，是指变更当事人约定的决算期。当事人变更债权期间，直接影响到了最高额抵押权何时转化为普通抵押权，从而使抵押权人可以优先受偿。变更债权范围，是指当事人约定增加或减少债权的类型，如在不改变最高额抵押权存在基础的前提下，当事人改变某一或部分债权，以满足当事人的利益需要。变更最高债权额，是指当事人约定变更最高额抵押担保的债权总额，因为债权总额对同一顺序抵押权的债权人以及普通债权人的影响很大，故不允许当事人一方单独加以变更，除非最高额抵押权人放弃权利。

此外，变更的内容不得对其他抵押权人产生不利影响。如果同一财产之上设立了多个抵押权，抵押权人和抵押人变更最高额抵押的内容时，就可能对其他抵押权人造成损害。因此本条特别规定，除非其他抵押权人同意，否则变更的内容不得对其他抵押权人产生不利影响。

---

① 王利明：《物权法研究》，中国人民大学出版社2013年版，第1298页。

三、本条规定特别评注

对于最高额抵押的变更，本条不仅对当事人在债权确定之前协议变更最高额抵押的意思自治予以认可，而且还进一步扩大了最高额抵押变更事项的范围，除了债权确定的期间、债权额可以加以变更之外，当事人还可以协议变更最高额抵押权所担保的债权范围，值得肯定。

【关联规范】

1. **《最高人民法院关于适用〈中华人民共和国民法典〉有关担保制度的解释》**

第十五条 最高额担保中的最高债权额，是指包括主债权及其利息、违约金、损害赔偿金、保管担保财产的费用、实现债权或者实现担保物权的费用等在内的全部债权，但是当事人另有约定的除外。

登记的最高债权额与当事人约定的最高债权额不一致的，人民法院应当依据登记的最高债权额确定债权人优先受偿的范围。

2. **《不动产登记暂行条例实施细则》**

第七十二条 有下列情形之一的，当事人应当持不动产登记证明、最高额抵押权发生变更的材料等必要材料，申请最高额抵押权变更登记：

（一）抵押人、抵押权人的姓名或者名称变更的；

（二）债权范围变更的；

（三）最高债权额变更的；

（四）债权确定的期间变更的；

（五）抵押权顺位变更的；

（六）法律、行政法规规定的其他情形。

因最高债权额、债权范围、债务履行期限、债权确定的期间发生变更申请最高额抵押权变更登记时，如果该变更将对其他抵押权人产生不利影响的，当事人还应当提交其他抵押权人的书面同意文件与身份证或者户口簿等。

第四百二十三条 【最高额抵押所担保债权的确定事由】有下列情形之一的，抵押权人的债权确定：

（一）约定的债权确定期间届满；

（二）没有约定债权确定期间或者约定不明确，抵押权人或者抵押人自最高额抵押权设立之日起满二年后请求确定债权；

（三）新的债权不可能发生；

（四）抵押权人知道或者应当知道抵押财产被查封、扣押；

（五）债务人、抵押人被宣告破产或者解散；

（六）法律规定债权确定的其他情形。

【条文理解与适用】

一、本条的缘由

本条在《物权法》第206条规定的基础上修改而成。与《物权法》第206条相比，本条第4项由原来的“抵押财产被查封、扣押”改为了“抵押权人知道或者应当知道抵押财产被查封、扣押”；第5项由原来的“债务人、抵押人被宣告破产或者被撤销”改为了“债务人、抵押人被宣告破产或者解散”。

二、本条规定的主要内容

本条是关于最高额抵押权所担保债权确定事由的规定。对于最高额抵押权的债权确定事由，本条具体规定为五项情形。

首先，如果当事人直接按约定了债权决算期，则约定的债权期限届满前，最高额抵押权的数额也就可以自行确定。

其次，如果没有约定债权确定期间或约定不明确，则抵押权人或抵押人自最高额抵押权设立之日起满二年后请求确定债权。有学者指出，之所以法律规定了两年期限，主要是考虑到，如果在没有约定确切的期限时，任凭最高额抵押权存续，就意味着抵押财产的处分权能将一直受到限制，作为抵押人的第三人就不能摆脱担保责任，处于极为不利的境地。因此法律规定一个确定债权额的期间，使最高额抵押权的地位因法定期间的存在而明确，抵押权人不必顾虑抵押人行使确定请求权。① 需要注意的是，本条具体规定了法定期限应为自最高额抵押权设立之日起满三年，且本条属于强制性规定，不允许当事人以特约加以排除，且该二年属于固定期间，不存在中止、中断。②

第三，新的债权不可能再发生。如果最高额抵押权所担保的债权已没有发生新债权的可能性，那么抵押的范围也就在此时确定。最高额抵押权所担保的债权不可能再发生新债权的原因可能是基础关系上的一定种类交易的终结、继续性交易合同的终止或是最高额抵押权所担保的债权决定标准变更等等。

---

① 朱岩、高圣平、陈鑫：《中国物权法评注》，北京大学出版社2010年版，第689页。

② 崔建远：《物权法》（第二版），中国人民大学出版社2013年版，第495页。

第四，抵押财产被查封、扣押。如果抵押财产被查封、扣押的，最高额抵押人和最高额抵押权人对抵押财产的影响也可能被中断。此时为了保护最高额抵押权人、其他债权人的利益，一般应在此时，确定最高额抵押所担保的债权额。①

第五，债务人、抵押人被宣告破产或者解散的。如果债务人和抵押人被宣告破产或者解散，该民事主体也即将消灭，抵押财产一并进入了清算程序，此时，最高额抵押权所担保的债权若不确定，依然变动，必然损害其他破产债权人的合法权益。最高额抵押所担保的债权于债务人或者抵押人被破产宣告或者被解散起，抵押权人的债权得以确定。

最后，本条还规定了兜底条款，对于法律规定债权确定的其他情形，也可以根据实践需要依法确定担保债权。

三、本条规定特别评注

最高额抵押权所担保的债权的确定期，又称最高额抵押权决算期。在最高额抵押权决算期之前，抵押物所担保的债权具体数额尚未确定，某一债权的变动不影响抵押权的成立，而在最高额抵押权所担保债权确定后，不特定债权变为特定债权，最高额抵押权转变为一般抵押权，严格遵循抵押权的从属性，并适用一般抵押权的规则。债权确定是最高额抵押权制度最重要的环节之一，本条明文规定了确定债权的事由。

【关联规范】

1. **《最高人民法院关于适用〈中华人民共和国民法典〉有关担保制度的解释》**

第三十条 最高额保证合同对保证期间的计算方式、起算时间等有约定的，按照其约定。

最高额保证合同对保证期间的计算方式、起算时间等没有约定或者约定不明，被担保债权的履行期限均已届满的，保证期间自债权确定之日起开始计算；被担保债权的履行期限尚未届满的，保证期间自最后到期债权的履行期限届满之日起开始计算。

前款所称债权确定之日，依照民法典第四百二十三条的规定认定。

2. **《最高人民法院关于人民法院民事执行中查封、扣押、冻结财产的规定》**

第二十五条 人民法院查封、扣押被执行人设定最高额抵押权的抵押物的，应当通知抵押权人。抵押权人受抵押担保的债权数额自收到人民法院通知时起不

① 朱岩、高圣平、陈鑫：《中国物权法评注》，北京大学出版社2010年版，第689页。

再增加。

人民法院虽然没有通知抵押权人，但有证据证明抵押权人知道或者应当知道查封、扣押事实的，受抵押担保的债权数额从其知道或者应当知道该事实时起不再增加。

第四百二十四条　【最高额抵押的法律适用】最高额抵押权除适用本节规定外，适用本章第一节的有关规定。

【条文理解与适用】

一、本条的缘由

本条在《物权法》第207条规定的基础上略作文字修改而成。

二、本条规定的主要内容

本条是关于最高额抵押权适用一般抵押权规则的规定。最高额抵押权作为一种特殊的抵押类型，具有不同于一般抵押权的特征，因此本章第二节对最高额抵押予以专门规定。同时，最高额抵押作为财产抵押的一部分，也具有一般财产抵押的共性。因此本条规定，如果本节未作特殊规定，最高额抵押权适用第一节一般抵押权的规定，避免了法律适用的矛盾和重复。

三、本条规定特别评注

最高额抵押权公示方式以及权利实现等内容，均与一般抵押权相同，因此有适用一般抵押权规则的空间。

第十八章　质　　权

【本章导读】

质权，是指债务人或者第三人将其财产移转给债权人占有或者控制作为债权的担保，当债务人不履行到期债务或者当事人约定的实现质权的情形出现时，债权人享有以该质押财产折价或者就拍卖、变卖该质押财产的价款优先受偿的权利。对于哪些财产可以作为质权的客体，立法例上的规定不尽相同：有规定各种财产上均可以设立质权，也有规定质权的客体只能限于动产。我国法律只允许动产质权和权利质权，不允许在不动产上设立质权。

本章是关于动产质权的规定，共22个条文（第425~446条），分为动产质权与权利质权两节。第一节主要规定了动产质权的定义、质权的客体、质押合同、流质条款的效力、动产质权的设立、质权人的孳息收取权、对处分质押财产的限制、质权人保管质物的义务、质押财产的保全、转质、质权的放弃、质押财产的返还、质押财产变价款归属原则，以及质权的实现、最高额质权等内容。第二节主要规定了权利质权的客体、不同类型客体的质权的设立、出质人处分权利质权客体的限制、权利质权的适用条款等内容。理解本章，应特别关注《物权法》入《民法典》时对于相关规则的实质性修改，如对于流质条款的效力、权利质权的客体规定的变化。

第一节　动产质权

第四百二十五条　【动产质权概念】为担保债务的履行，债务人或者第三人将其动产出质给债权人占有的，债务人不履行到期债务或者发生当事人约定的实现质权的情形，债权人有权就该动产优先受偿。

前款规定的债务人或者第三人为出质人，债权人为质权人，交付的动产为质押财产。

【条文理解与适用】

一、本条的缘由

本条源于《物权法》第208条。

二、本条规定的主要内容

本条是关于动产质权概念的规定，明确了动产质权的基本法律特征。质权是担保物权的一种形式，是指债务人或者第三人将动产作为债权的担保并移交给债权人占有，在债务人不履行到期债务时，债权人所具有的依照本法规定以该动产折价或者以拍卖、变卖该动产的价款优先受偿的权利。理解本条规定，应把握动产质权的下列法律特征：

首先，动产质权是以他人的动产作为标的。作为动产质权客体的动产应当具有可转让性、特定性和适于留置性，因此一般认为法律、行政法规禁止流通的物、物的一部分以及经济上不适于留置的物，如航空器、船舶等不能成为质权的客体。①

其次，动产质权是他物权，因此作为质权支配的动产，应当属于债务人或者第三人所有，债权人自己的财产不得为质权的标的。

此外，动产质权以转移占有为标志。动产质权的客体是动产，因为动产流动性较大，权利变动频繁，故法律为保障动产质权的公示效力，规定动产质权的成立必须以标的物的移转占有为条件，而标的物是否移转占有也成为动产质权区别于抵押权的基本特征。

在质权法律关系中，存在出质人和质权人双方当事人。出质人，即指质权合同中将其动产交付于质权人作为其债权担保的人。出质人一般为债务人或拥有质物的第三人。同样，质权中还存在质权人，质权人是质权合同中享有质权的一方当事人，质权人为主债权的债权人。质权作为担保物权，同样是就质物价值优先受偿的权利。在债务履行期届满但债务人不履行债务或者出现债务人与债权人约定的实现质权的情形时，质权人有权就质物折价或者拍卖、变卖该动产的价款优先受偿。

三、本条规定特别评注

在理论上，质权因出质财产的性质不同可以分为动产质权、不动产质权和权利质权。根据物权法定原则，在我国未规定不动产质权的情况下，当事人不得在不动产之上创设质权。

---

① 杨立新：《物权法》，中国人民大学出版社2010年版，第340页。

【关联规范】

《最高人民法院关于适用〈中华人民共和国民法典〉有关担保制度的解释》

第一条 因抵押、质押、留置、保证等担保发生的纠纷，适用本解释。所有权保留买卖、融资租赁、保理等涉及担保功能发生的纠纷，适用本解释的有关规定。

第三十八条 主债权未受全部清偿，担保物权人主张就担保财产的全部行使担保物权的，人民法院应予支持，但是留置权人行使留置权的，应当依照民法典第四百五十条的规定处理。

担保财产被分割或者部分转让，担保物权人主张就分割或者转让后的担保财产行使担保物权的，人民法院应予支持，但是法律或者司法解释另有规定的除外。

第五十三条 当事人在动产和权利担保合同中对担保财产进行概括描述，该描述能够合理识别担保财产的，人民法院应当认定担保成立。

第五十五条 债权人、出质人与监管人订立三方协议，出质人以通过一定数量、品种等概括描述能够确定范围的货物为债务的履行提供担保，当事人有证据证明监管人系受债权人的委托监管并实际控制该货物的，人民法院应当认定质权于监管人实际控制货物之日起设立。监管人违反约定向出质人或者其他人放货、因保管不善导致货物毁损灭失，债权人请求监管人承担违约责任的，人民法院依法予以支持。

在前款规定情形下，当事人有证据证明监管人系受出质人委托监管该货物，或者虽然受债权人委托但是未实际履行监管职责，导致货物仍由出质人实际控制的，人民法院应当认定质权未设立。债权人可以基于质押合同的约定请求出质人承担违约责任，但是不得超过质权有效设立时出质人应当承担的责任范围。监管人未履行监管职责，债权人请求监管人承担责任的，人民法院依法予以支持。

第七十条 债务人或者第三人为担保债务的履行，设立专门的保证金账户并由债权人实际控制，或者将其资金存入债权人设立的保证金账户，债权人主张就账户内的款项优先受偿的，人民法院应予支持。当事人以保证金账户内的款项浮动为由，主张实际控制该账户的债权人对账户内的款项不享有优先受偿权的，人民法院不予支持。

在银行账户下设立的保证金分户，参照前款规定处理。

当事人约定的保证金并非为担保债务的履行设立，或者不符合前两款规定的情形，债权人主张就保证金优先受偿的，人民法院不予支持，但是不影响当事人依照法律的规定或者按照当事人的约定主张权利。

第四百二十六条 【禁止出质的动产范围】法律、行政法规禁止转让的动产不得出质。

【条文理解与适用】

一、本条的缘由

本条源于《物权法》第209条。

二、本条规定的主要内容

本条是关于禁止出质的动产的规定。质押财产应为动产，但并非所有的动产都可以成为质押的客体。一般而言，可以出质的财产应当具有可转让性，如果以法律、行政法规禁止转让的财产设定质权，则质权因为违反国家强制性规定而不能设立，也就不能产生变价受偿实现债权的效果。

根据动产是否可以转让流通，可以分为流通物、限制流通物以及禁止流通物。限制流通物是指法律、行政法规对流通范围和程度有一定限制的物，而禁止流通物是指法律、行政法规明令禁止流通和转让的物。本条中规定法律、行政法规禁止转让的动产不得出质，即规定了禁止流通物不能成为质权的客体。需要注意的是，本条限定了能够作出禁止流通物的规范，应当只包括全国人民代表大会及其常务委员会颁布的狭义上的法律和行政法规，地方性法规和部门规章则不能作为援引的依据。

三、本条规定特别评注

本条将有利于明确适于出质的动产应当符合的要件，指导当事人充分利用自有资产作为担保工具，利用质权制度提高自己的信用，促进债权债务清结。

【关联规范】

1.《文物保护法》

第五十二条 国家鼓励文物收藏单位以外的公民、法人和其他组织将其收藏的文物捐赠给国有文物收藏单位或者出借给文物收藏单位展览和研究。

国有文物收藏单位应当尊重并按照捐赠人的意愿，对捐赠的文物妥善收藏、保管和展示。

国家禁止出境的文物，不得转让、出租、质押给外国人。

2.《保险法》

第三十四条 以死亡为给付保险金条件的合同，未经被保险人同意并认可保险金额的，合同无效。

按照以死亡为给付保险金条件的合同所签发的保险单，未经被保险人书面同意，不得转让或者质押。

父母为其未成年子女投保的人身保险，不受本条第一款规定限制。

3.《海关法》

第三十七条 海关监管货物，未经海关许可，不得开拆、提取、交付、发运、调换、改装、抵押、质押、留置、转让、更换标记、移作他用或者进行其他处置。

海关加施的封志，任何人不得擅自开启或者损毁。

人民法院判决、裁定或者有关行政执法部门决定处理海关监管货物的，应当责令当事人办结海关手续。

第四百二十七条　【质押合同形式及内容】设立质权，当事人应当采用书面形式订立质押合同。

质押合同一般包括下列条款：

（一）被担保债权的种类和数额；

（二）债务人履行债务的期限；

（三）质押财产的名称、数量等情况；

（四）担保的范围；

（五）质押财产交付的时间、方式。

【条文理解与适用】

一、本条的缘由

本条在《物权法》第210条规定的基础上修改而成。与《物权法》第210条相比较，除了非实质性的文字修改外，本条第2款第3项以“质押财产的名称、数量等情况”替代了原第3项“质押财产的名称、数量、质量、状况”，给予了当事人按照具体情形标注质押财产不同特征的自由。

二、本条规定的主要内容

本条是关于质押合同形式和内容的规定。质权合同，是指出质人和债权人之间订立的以设立质权为内容的合同。根据本条第 1 款规定，质权合同应为要式合同，应当以书面形式订立，这也与我国担保物权合同订立的原则相一致。对于担保物权的设立，为提醒担保人慎重考虑，防止将来可能出现的各种争议，并起到证据保存的作用，本法要求设立抵押权与质权均应当以书面形式订立担保合同。

对于质权合同的主要内容，本条第 2 款总结为以下五项：第一，质权合同应当包含被担保债权的种类和数额。被担保债权的种类，是质押所担保的类型，而被担保的债权数额，则是指以金钱价值计算的具体债权额。需要说明的是，在担保实践中，被担保债权的数额不一定为债权人的债权数额，当事人可以约定担保债权的全部，也可以约定担保债权的部分。[①] 第二，债务人履行债务的期限。债务人履行债务的期限是指债务人承担债务的时间。质权作为担保物权，在质权设立后，质权人不会立刻享有变价受偿的权利，而是必须等到债务履行期届满且债务人没有履行债务，或者出现了当事人在合同中约定的实现质权的情形实际发生时才能进行。由此可以看出，债务履行期作为质权实现的先决条件，应当在质押合同中明确作出约定。第三，质押财产的名称、数量等情况。在债务人未依约履行债务或者发生当事人约定的实现质权的情形，质权人有权将质押财产变价受偿，因此质押财产的性质和特征是质押合同中的重要内容，质押合同中应当详细规定质押财产的状况，包括名称、数量等。在质押合同中，明确指明质押财产的状况有助于减少各种不必要的纠纷。第四，担保的范围。担保的范围，即是质权人得以优先受偿的债权范围。质权合同中应当载明主债权的数额，以及是否包括担保利息、违约金、损害赔偿金等。一般认为，质权合同对担保范围约定不明的，质权担保的范围为全部债权。[②] 最后，质权合同还应当载明质权财产交付的时间和方式。质权的设立以质物占有的转移作为生效时间，当事人应于合同中明确。

三、本条规定特别评注

需要注意的是，本条列明的五项合同内容，并非法律的强制性规定。因此，除上述事项外，当事人根据现实情况可以就其他事项在合同中约定。当事人订立的质权合同中不完全具有上述内容的，合同也并不因此无效，当事人可以予以补充、修正。

---

① 可参阅郭明瑞、房绍坤：《担保法》（第二版），中国政法大学出版社 2012 年版，第 156 页。
② 郭明瑞、房绍坤：《担保法》（第二版），中国政法大学出版社 2012 年版，第 156 页。

第四百二十八条　【流质条款的效力】质权人在债务履行期限届满前，与出质人约定债务人不履行到期债务时质押财产归债权人所有的，只能依法就质押财产优先受偿。

【条文理解与适用】

一、本条的缘由

本条在《物权法》第211条规定的基础上修改而成，与《物权法》第211条相比较，除了非实质性的文字修改外，本条在对流质契约的效力态度上有较大变化，从规定“不得与出质人约定债务人不履行到期债务时质押财产归债权人所有”改为“与出质人约定债务人不履行到期债务时质押财产归债权人所有的，只能依法就质押财产优先受偿”。

二、本条规定的主要内容

本条是对流质契约的规定。流质契约，是指在质权设立时至债务履行期届满前，质权人和出质人关于在主债权已届清偿期未受清偿时，质押财产的所有权即移转为债权人所有的约定。相较于一般的质权合同，流质契约的特征主要在于在债务履行期届满前，双方就约定到期不履行债务质押财产归债权人所有，而非一般情形下在债务期限届满后双方再通过折价、拍卖等方式优先受偿，实现担保财产的价值。同时，流质契约一般没有清算条款，而是直接转移质物所有权。一般认为，如果当事人约定到期不履行债务采用担保物折抵的同时，又约定了清算程序的，则不构成流质契约，而是属于让与担保的约定。[①]

三、本条规定特别评注

流质契约和流押契约在性质和内容上具有一致性。对于流质流押合同的效力，各国和地区根据不同的立法政策具有不同的规定。有的国家和地区仅仅禁止流质契约，如《德国民法典》《法国民法典》，也有国家和地区既允许流质契约的存在，也允许流押契约的存在，如《西班牙民法典》。总体观察，在大陆法系国家和地区，除少数立法例如《意大利民法典》外，很少同时禁止流质与流抵，且近年来域外立法关于流担保条款的效力也有了缓和的趋势。[②] 也因为如此，本条规定不再坚持认定流质、流押条款绝对无效的态度，而是规定债权人能依法就质押财产优先受偿。

---

① 高圣平：《物权担保新制度新问题理解与适用》，人民法院出版社2013年版，第293页。

② 孟强：《〈民法典物权编〉应允许流质流抵》，载《当代法学》2018年第4期；刘保玉：《民法典物权编（草案）担保物权部分的修改建议》，载《法学杂志》2019年第3期。

【关联规范】

《最高人民法院关于适用〈中华人民共和国民法典〉时间效力的若干规定》

第七条 民法典施行前，当事人在债务履行期限届满前约定债务人不履行到期债务时抵押财产或者质押财产归债权人所有的，适用民法典第四百零一条和第四百二十八条的规定。

第四百二十九条 【质权的设立】质权自出质人交付质押财产时设立。

【条文理解与适用】

一、本条的缘由

本条源于《物权法》第212条。

二、本条规定的主要内容

本条是关于动产质权设立的规定。质权合同属于债权合同，因此在双方订立质权合同后，只能在当事人之间发生效力，质权合同作为质权设立的原因，不能直接引起物权的变动。质权作为一项物权，具有对世性和绝对性，因此质权若要创设并生效，必须经过转移质物占有和公示。交付质物，既是质权公示的方式，也是质权生效的条件。

对于交付的方式，我国既规定了现实交付，也规定了观念交付，如简易交付、指示交付和占有改定。有观点认为，对于质押财产的交付，不局限于现实交付，以观念上的交付亦可。[①] 现实交付为最典型的交付形式，即出质人直接将质物的直接占有转移给质权人，自直接占有转移之时，质权设立。同时，现实中也可能存在不转移直接占有，而是通过观念交付的方式认定发生了占有的移转。观念交付具体包括简易交付、指示交付和占有改定三种情形。所谓简易交付，是指质押财产已经由质权人占有的情形，此时出质人无须现实交付，质权自出质人与质权人双方达成质权设立的合意时即设立。指示交付，是指如果质押财产被双方之外的第三人占有的，也可以将其享有的针对第三人的返还请求权让与给受让人，以代替现实交付，此即为指示交付。对于采取指示交付方式的，应当认为在

---

① 屈茂辉：《物权法原理精要与实务指南》，人民法院出版社2008年版，第704~705页。

双方达成质权设定的物权合意时即发生质权设立的效力；同时，为便于第三人知晓返还请求权之让与，也应当通知质押财产的占有人，质权自通知到达时对第三人产生效力。对于占有改定是否可以作为动产质权设立中的交付，司法实践中一般持否定态度。

三、本条规定特别评注

理论和实务中不认可以占有改定的方式设立动产质权的原因，主要有两方面考虑。一方面，动产质权以占有作为公示要件，而占有改定以出质人代质权人占有质物，完全不能对质权的变动向外界加以公示，因此会危害交易安全。另一方面，由于出质人仍直接占有质物，因而质权人无法对质物加以留置，质权的留置效力也丧失殆尽。[①] 对此，我国《担保法解释》第87条第1款第1句曾经明确否认过以占有改定方式完成质权交付的效力。该解释被废止后，目前暂无法律规则对此予以明确。

【关联规范】

《最高人民法院关于适用〈中华人民共和国民法典〉有关担保制度的解释》

第五十五条 债权人、出质人与监管人订立三方协议，出质人以通过一定数量、品种等概括描述能够确定范围的货物为债务的履行提供担保，当事人有证据证明监管人系受债权人的委托监管并实际控制该货物的，人民法院应当认定质权于监管人实际控制货物之日起设立。监管人违反约定向出质人或者其他人放货、因保管不善导致货物毁损灭失，债权人请求监管人承担违约责任的，人民法院依法予以支持。

在前款规定情形下，当事人有证据证明监管人系受出质人委托监管该货物，或者虽然受债权人委托但是未实际履行监管职责，导致货物仍由出质人实际控制的，人民法院应当认定质权未设立。债权人可以基于质押合同的约定请求出质人承担违约责任，但是不得超过质权有效设立时出质人应当承担的责任范围。监管人未履行监管职责，债权人请求监管人承担责任的，人民法院依法予以支持。

第四百三十条 **【质权人的孳息收取权】**质权人有权收取质押财产的孳息，但是合同另有约定的除外。

前款规定的孳息应当先充抵收取孳息的费用。

---

① 程啸：《担保物权研究》，中国人民大学出版社2017年版，第486页。

【条文理解与适用】

一、本条的缘由

本条在《物权法》第213条规定的基础上略作文字修改而成。

二、本条规定的主要内容

本条是关于质押期间质押财产孳息收取的规定。在质押期间，质押财产可能会产生孳息。孳息又可分为天然孳息和法定孳息，所谓天然孳息，是指质物因自然原因由自身分离出来的利益，而法定孳息，则指依一定法律关系由质物所产生的利益，如根据合同产生的租金、利息等。

对于孳息的归属，本条规定除合同另有约定外，质权人有权收取质押财产的孳息。孳息属于个人利益，因此对于利益的分配首先应当尊重当事人意思自治，如果当事人约定质权人无权收取质押财产的孳息，则质权人不能收取孳息作为债权的担保。有学者指出，在没有特别约定的情形下，法律之所以规定应由质权人收取孳息，主要是考虑到在质押期间，质权人占有了质物，因此由质权人收取既可以降低收取孳息的成本，也有利于以孳息担保债权的实现。①

本条第2款规定，前款规定的孳息应当先充抵收取孳息的费用。这具有两层含义：首先，本条所涉孳息并非是归属于质权人，而是归属于出质人。这是因为，虽然质押财产由质权人占有，但质权人不享有收益权，质押财产的所有人也未丧失对财产的收益权，因此按照孳息所有权归属于原物所有人的规则，质权人只是有权收取孳息，并将其作为质权的客体，而不能取得对孳息的所有权。其次，对于孳息的分配，首先用于冲抵收取孳息的费用。在冲抵后，如果仍有孳息余额的，按照相关司法解释，可以充抵主债权利息，再次可以充抵主债权。还有剩余的，应返还出质人，由出质人所有。②

三、本条规定特别评注

质权人虽然依据质权得以占有质押财产，但是质权人并非该动产的所有人，因此对于质押财产所产生的孳息依法不享有所有权。但是，由于质押财产处于质权人的占有和保管之下，赋予质权人以孳息收取权，主要是出于便利的考虑。

---

① 王利明：《物权法研究》，中国人民大学出版社2013年版，第1320页。

② 最高人民法院物权法研究小组编著：《〈中华人民共和国物权法〉条文理解与适用》，人民法院出版社2007年版，第632页。

第四百三十一条　【质权人对质押财产处分的限制及其法律责任】质权人在质权存续期间，未经出质人同意，擅自使用、处分质押财产，造成出质人损害的，应当承担赔偿责任。

【条文理解与适用】

一、本条的缘由

本条在《物权法》第 214 条规定的基础上略作文字修改而成。

二、本条规定的主要内容

本条是关于质权人对质物使用、处分的限制及法律责任的规定。质权以转移占有作为成立的要件，因此在质权存续期间，应当由质权人对质物进行保管。但同时，质权属于担保物权而非用益物权，出质人也并不因为占有的移转而丧失收益、处分的权能，因此如果允许质权人擅自使用或者处分质押财产，违反设定质权的目的。

对于质权人擅自使用质押财产，给出质人造成损害的，应当承担赔偿责任。如果质权人擅自转让了质物，因其不具有处分权而属于无权处分，不因此而发生物权变动的效果。需要注意的是对质权人使用了质物但没有造成损害的情形，本条没有规定损害赔偿责任。应当认为，此时虽然没有规定损害赔偿责任，但质权性质上属于担保物权，而非用益物权，权利人无权对质押财产进行使用，因此擅自使用的，属于获得了不正当利益。此时，出质人可以请求返还不当得利。此外，当事人之间存在质权合同的，质权人擅自使用质押财产的行为构成违约，出质人可要求质权人承担违约责任。

三、本条规定特别评注

质权担保最大的特征在于出质人须向质权人转移质押财产的占有，一方面对出质人造成心理压力以促使其尽快履行债务；另一方面质权人直接占有和管领质押财产也有利于其顺利实现质权。但是对于出质人而言，丧失了对质押财产的占有和用益，即面临着因质权人的行为而导致质押财产受有损害的风险。因此法律为了平衡二者的利益关系，特别赋予质权人以妥善保管质物的责任，同时配之以质权人擅自处分质押财产的损害赔偿责任。

第四百三十二条　【质物保管义务】质权人负有妥善保管质押财产的义务；因保管不善致使质押财产毁损、灭失的，应当承担赔偿责任。

质权人的行为可能使质押财产毁损、灭失的，出质人可以请求质权人将质押财产提存，或者请求提前清偿债务并返还质押财产。

【条文理解与适用】

一、本条的缘由

本条在《物权法》第 215 条规定的基础上略作修改而成。主要是将“要求”改为了“请求”。

二、本条规定的主要内容

本条是关于质权人妥善保管质物义务的规定。所谓妥善保管，是指质权人应当尽到相应的注意义务。一般认为，民法上的注意义务有三种，由轻到重分别为：一般第三人的注意义务、如同对待自己的事务一样的注意义务和善良管理人的注意义务。① 对于质权人所应达到的注意义务程度，学界有不同观点。有学者认为，“所规定的出质人保管标的物的义务应当解释为如同对待自己的事务般的义务，因为债权人本来就不愿意接受质押财产来担保其债权，若再将其对保管标的物的义务定为善良管理人的注意义务，债权人就更不愿意接受质权了”。② 对此，主流观点认为，应将此种注意义务定义为善良管理人的注意义务，即质权人对质押财产的管理，应以具有相当经验或知识及诚实信用之人所用的注意，承担一种比处理自己事务须尽更多注意的义务。之所以要求质权人具有保管义务，一方面是因为质权人直接控制和占有质物，质物本身即具有留置效力，因此为了保障将来债权的实现，质权人应当妥善保管质物。另一方面，质物是出质人的财产，依诚信原则，为避免出质人的损害，质权人也应负担此种义务。③ 对于质权人未尽到妥善保管义务，致使质押财产毁损、灭失的，就侵犯了出质人的所有权，应当承担损害赔偿责任。

本条第 2 款则规定了质押财产面临毁损时的补救措施。因为此时仅仅是发生了可能毁损的危险，而并非质押财产已实际遭受毁损或灭失，因此出质人并不能向质权人提起损害赔偿的请求。在此种情形下，法律为了保护出质人的利益，赋予出质人两项权利：第一项是请求质权人将质押财产提存的权利。出质人有权请

---

① 席志国：《中国物权法论》，中国政法大学出版社 2016 年版，第 408 页。
② 席志国：《中国物权法论》，中国政法大学出版社 2016 年版，第 408 页。
③ 王利明：《物权法研究》，中国人民大学出版社 2013 年版，第 1327 页。

求质权人提存质物。提存的目的在于维护质押财产交易价值的稳定，在质物提存之后，质权并不因占有转移而消灭。在债权履行期届至时，如果债务人已经履行了债务，则出质人可以从提存机关取回质押财产。如果债权履行期届至而债权未受清偿的，质权人即可行使质权，以质押财产优先受偿。第二项权利即为请求提前清偿债务并返还质押财产的权利。对于此权利的行使，必须以提前清偿债务为前提，此时债务人自愿放弃期限利益，不会给债权人带来损害。在债务清偿之后，债务归于消灭，作为从权利的质权也归于消灭。所以，出质人可以请求返还质押财产。

三、本条规定特别评注

本条规定质权人负有妥善保管义务，但对于如何才算达到妥善保管的程度，本条未予明确。依据法理，质权人在保管质物时应当尽到善良管理人的注意义务。所谓善良管理人的注意义务，是指以交易上的一般观念认为具有相当知识经验的人，对于一定事件所用的注意作为标准。这是民法上要求程度最高的注意义务。违反善良管理人的注意义务，构成抽象轻过失，依法质权人应当对出质人承担侵权责任，就造成的质押财产毁损、灭失，承担损害赔偿责任。

第四百三十三条　【质押财产保全】因不可归责于质权人的事由可能使质押财产毁损或者价值明显减少，足以危害质权人权利的，质权人有权请求出质人提供相应的担保；出质人不提供的，质权人可以拍卖、变卖质押财产，并与出质人协议将拍卖、变卖所得的价款提前清偿债务或者提存。

【条文理解与适用】

一、本条的缘由

本条在《物权法》第216条规定的基础上略作文字修改而成。

二、本条规定的主要内容

本条是关于质物保全的规定。本法前一条规定了质权人在未尽到妥善管理义务时出质人的请求权，本条规定的目的即在于保障质权人的质权不因质押财产的毁损或价值减少而受到影响。具体来看，本条主要需注意以下两个方面：

首先，本条的适用前提在于“因不能归责于质权人的事由，可能使质押财产毁损或者价值明显减少的”。换言之，此种毁损或者价值减少不是由于质权人的过错，且这种危险具有现实存在性，必然造成对质权人利益的危害。此时，质权人即有权请求出质人提供相应的担保。但如果质物虽经毁损或是价值减少，仍可以担保债权的数额，不会导致质权人的权利受损的，不能行使这项请求权。同时，本条规定应当提供“相应的担保”，所谓“相应”，是指新提供的担保的价值应当与原质押财产毁损或者价值减少的部分价值相当。

对于出质人不提供担保的，本条允许质权人拍卖、变卖质押财产，并与出质人通过协议将拍卖、变卖所得的价款提前清偿债务或者提存。一般而言，在债务履行期届满前，担保物权不能实现，质权人无权就质押财产受偿，是不能提前进行拍卖、变卖的。但因为此时存在质押财产毁损或者价值明显减少的可能，而出质人又拒不提供担保，表明出质人此时处于不诚信的主观状态。因此，为了避免危及债权人的利益，法律赋予质权人不必征得出质人的同意而拍卖或变卖质押财产的权利。这时的拍卖或变卖质押财产，是在债权未届满清偿期前对质权的一种保障措施。但因为债权尚未到期，因此为了平衡质权人的利益和债务人的期限利益，质权人对拍卖、变卖的价款不能直接优先受偿。对拍卖、变卖后所得的价款，本条规定质权人应与出质人协商具体的处置方式。如果出质人同意提前清偿的，可以以价款提前清偿所担保的债权，如果出质人不同意提前清偿的，则应将质押财产的变价款向与出质人约定的第三人提存。

三、本条规定特别评注

质权主要是通过出质财产的交换价值来担保债权的清偿。因此，在质权存续期间，质押财产的价值应当保持在适于出质或者与债权金额大致相当的状态，才能确实起到担保债权实现的作用。在质权存续期间，如果出现其他非质权人造成的原因而致质押财产发生毁损或者价值明显减少的，质权人依法行使保全质物的权利，这实际上是赋予质权人在质押财产状况明显恶化从而危及质权担保利益的情形时的自力救济请求权。

第四百三十四条　【转质】质权人在质权存续期间，未经出质人同意转质，造成质押财产毁损、灭失的，应当承担赔偿责任。

【条文理解与适用】

一、本条的缘由

本条在《物权法》第217条规定的基础上略作文字修改而成。

二、本条规定的主要内容

本条是关于质权人转质的规定。

转质，是指质权人在质权存续期间，为了担保自己的或他人的债务，将质物移交给第三人，在该质物上设立新质权的行为。根据转质成立的条件，可以分为责任转质和承诺转质。责任转质，是指质权人在质权存续期间，未经出质人同意而依自己的意思将质物转质于第三人的行为。承诺转质，是指质权人征得出质人的同意，为担保自己或者他人的债务而将质物转质于第三人的行为。

本条延续了《物权法》第 217 条的设计，没有明确区分责任转质和承诺转质，仅规定质权人在质权存续期间，未经出质人同意转质，造成质押财产毁损、灭失的，应当承担赔偿责任。具体来看，责任转质后，出质人要想清偿债务并取回质物，应当先向转质权人清偿，如果清偿转质权所担保的债务有剩余的，则应再向质权人清偿。否则，其清偿对于转质权人不生效力。对于转质人而言，如果因转质造成质押财产毁损灭失的，转质人应当承担其损害，且不具有不可抗力免责的例外。这是因为责任转质是未征得出质人的同意而以自己的意思进行的，因此应当加重其责任。而且，责任转质对于转质权人而言，转质权人可以对质物取得新质权，也可以行使质物的变价权。但因为转质权是在原质权基础上的再设定，因此这项权利的行使不仅需要自己的债权已经届至清偿期，而且需要原质权所担保的债权也已经届至清偿期。

三、本条规定特别评注

《担保法解释》第 94 条第 1 款规定：“质权人在质权存续期间，为担保自己的债务，经出质人同意，以其所占有的质物为第三人设定质权的，应当在原质权所担保的债权范围之内，超过的部分不具有优先受偿的效力，转质权的效力优于原质权”。可见，该规定明确认可承诺转质并明确其法律效力。同时，该条第 2 款规定，“质权人在质权存续期间，未经出质人同意，为担保自己的债务，在其所占有的质物上为第三人设定质权的无效。质权人对因转质而发生的损害承担赔偿责任。”这实际上是否认了责任转质，但同时规定了责任转质的法律效果，即如果造成质押财产毁损、灭失的，应当向出质人承担赔偿责任。本条源于《物权法》第 217 条，但对于我国《物权法》第 217 条规定，学界历来有不同解读：有学者认为我国没有规定承诺转质，这只是对责任转质的规定；[①] 也有学者主张，该规定既承认了责任转质，也承认了承诺转质。[②] 本条延续了《物权法》的设计，仅规定质权人在质权存续期间，未经出质人同意转质，造成质押财产毁损、灭失的，应当承担赔偿责任。从这个意义上看，对于转质，《民法典》既未提倡，也

① 江平、李国光：《物权法疑难问题精答》，人民法院出版社 2007 年，第 609 页。
② 王利明、尹飞、程啸：《中国物权法教程》，人民法院出版社 2007 年版，第 515 页。

未予禁止。

毋庸置疑，对于出质人同意转质的，质权人除受转质权人的质权优先效力制约之外，并不因转质而加重责任，因此法律对承诺转质没有必要进行限制或者禁止。对于责任转质，鉴于承认责任转质可以利用质押物实现再次融资，发挥质押物的融资功能，而且即便不承认责任转质，第三人也可因善意取得而取得质权，故立法也无禁止的必要。

第四百三十五条 【放弃质权】 质权人可以放弃质权。债务人以自己的财产出质，质权人放弃该质权的，其他担保人在质权人丧失优先受偿权益的范围内免除担保责任，但是其他担保人承诺仍然提供担保的除外。

【条文理解与适用】

一、本条的缘由

本条在《物权法》第 218 条规定的基础上略作文字修改而成。

二、本条规定的主要内容

本条规定了质权人放弃质权的法律后果。质权人放弃质权，是指质权人放弃其因享有质权而优先于普通债权人就质物受清偿的权利的行为。质权作为质权人的一项权利，可以依单方意思予以抛弃，这是质权人行使处分权的表现。

在质权人放弃质权后，法律规定不得损害其他利害关系人的利益。此种考量主要是因为如果债务人自身提供了担保的，债务人作为最终的债务承担者，法律规定在债权不能实现时，应当先以债务人的财产清偿，而其他物的担保人及保证人是在债务人承担物的担保责任之后就剩余债权再承担担保责任。在其他担保人承担了担保责任后，还会就其承担的部分对债务人享有求偿权，因此，在质权人放弃债务人担保的情形中，无疑会加大其他担保人的担保责任。对此，有学者指出“为避免其他担保人与债务人之间繁琐的追偿程序，以及平衡债务人和其他担保人之间的利益，在质权人放弃质权时，其通常会丧失优先受偿权”。①

当然，法律也尊重当事人之间的意思自治，因此本条规定“其他担保人承诺仍然提供担保的除外”。如果在质权人表示放弃债务人提供的质押时，其他担保

---

① 屈茂辉：《物权法原理精要与实务指南》，人民法院出版社 2008 年版，第 712 页。

人作出特别承诺，即使在债务人提供质押的情况下，自己仍对整个债务承担担保责任，则该承诺有效，其他担保人仍然就债权人放弃优先受偿的范围承担原来约定的担保责任。

三、本条规定特别评注

质权在性质上是质权人的权利，依法可以抛弃，这本来属于质权人意思自治的范围，但是，如果质权人处分其质权将影响到其他相关利害关系人的利益时，本条旨在贯彻公平和诚信原则，对其他利害关系人的担保权益予以调整和平衡。

第四百三十六条　【质物返还与质权实现】 债务人履行债务或者出质人提前清偿所担保的债权的，质权人应当返还质押财产。

债务人不履行到期债务或者发生当事人约定的实现质权的情形，质权人可以与出质人协议以质押财产折价，也可以就拍卖、变卖质押财产所得的价款优先受偿。

质押财产折价或者变卖的，应当参照市场价格。

【条文理解与适用】

一、本条的缘由

本条源于《物权法》第219条。

二、本条规定的主要内容

本条是关于质物返还及质权实现的规定。由质权人占有质物是质权留置效力的体现。然而，在债务人履行债务或者出质人提前清偿所担保的债权时，债权人的权利已经得到实现，此时债权消灭，作为从权利的质权自然也随之消灭，因此质权人丧失了继续占有质押财产的法律依据，质权人应当返还质押财产。

如果债务人不履行到期债务或者发生当事人约定的实现质权情形时，质权人就有权以质物变价受偿，以实现被担保的债权。质权人以质物变价受偿的前提在于债务人不履行到期债务或者发生当事人约定的实现质权的情形。有学者认为，对于此种不履行到期债务的情形，应指的是债务履行期届满后，债务人尚未清偿，而不包括在履行期限到来之前，债务人公开、明确地表明不履行债务。如果是预期违约，质权人不能实现质权。[①] 在出现了债务人不履行到期债务或者发生

① 王利明：《物权法研究》（第三版）（下），中国人民大学出版社2013年版，第1382页。

当事人约定的实现质权的情形时，本条规定质权人可以与出质人协议以质押财产折价，也可以就拍卖、变卖质押财产所得的价款优先受偿。所谓折价，是指质权人与出质人协议，参考质押财产的市场价格，把质押财产的所有权由出质人转移给质权人，从而实现质权的情形。折价与流质条款的不同之处，主要在于质权人和出质人的折价协议是在债务履行期届满之后双方就质物的所有权转移达成的合意。拍卖是以公开竞价的方式把质押财产卖给出价最高的人。变卖方式是以拍卖方式以外的生活中一般的买卖形式来出卖质押财产以实现债权的方式。对于折价或是变卖的情形，因为并非采取公开竞价的方式，为了保证变价价格公允，保护出质人和其他担保人的利益，本条第3款规定，质押财产折价变卖的，应当参照市场价格。

三、本条规定特别评注

对在债权实现后，质权人负有返还质押财产义务这一问题上，各国和地区通行的立法例基本达成共识，但是在质权实现方式的规定上，各国和地区的具体做法却不尽相同。

第四百三十七条　【出质人请求质权人及时行使质权】 出质人可以请求质权人在债务履行期限届满后及时行使质权；质权人不行使的，出质人可以请求人民法院拍卖、变卖质押财产。

出质人请求质权人及时行使质权，因质权人怠于行使权利造成出质人损害的，由质权人承担赔偿责任。

【条文理解与适用】

一、本条的缘由

本条在《物权法》第220条规定的基础上略作文字修改而成。

二、本条规定的主要内容

本条是关于出质人及时行使质权请求权及怠于行使质权的责任的规定。根据本条规定，在债务人履行期届满后，质权人应当及时行使质权。如果质权人不行使质权，本条规定出质人可请求人民法院拍卖、变卖质押财产。此项规定包括两方面的含义：首先，出质人只有在债务期届满后才能提出请求，且质权人怠于行使权利。此时为了实现出质人和质权人双方利益的均衡，促进双方利益的最大化，法律允许出质人享有请求权。其次，出质人必须请求法院拍卖、变卖，而不得自行处分质物并就价款对质权人受偿。这是因为，质押财产虽处于质权人占有之下，但质权人不享有自行处分的权利，如果允许出质人直接拍卖、变卖，则难免导致纠纷，也难以保障质权人的利益。

本条第2款还规定了因质权人怠于行使质权造成损害时出质人的损害赔偿请求权。对于质权人怠于行使质权，应当认为是质权人对造成出质人的损害具有过错：对于出质人的损害，只包括履行期届满以后，质权人怠于行使质权给出质人造成的损害，而不包括债务履行期届满以前的损害。损害赔偿的性质应为侵权损害赔偿。

三、本条规定特别评注

虽然质权是质权人的一项私权，但法律仍规定质权人应当及时行使。有学者指出，这样规定的原因主要在于质权存续期间，质权人占有质物，且质权人收取孳息。如果质权人不及时行使质权，有可能使质物的价值降低，造成出质人的损失。①

【关联规范】

1.**《最高人民法院关于适用〈中华人民共和国民法典〉有关担保制度的解释》**

第四十四条　主债权诉讼时效期间届满后，抵押权人主张行使抵押权的，人民法院不予支持；抵押人以主债权诉讼时效期间届满为由，主张不承担担保责任的，人民法院应予支持。主债权诉讼时效期间届满前，债权人仅对债务人提起诉讼，经人民法院判决或者调解后未在民事诉讼法规定的申请执行时效期间内对债务人申请强制执行，其向抵押人主张行使抵押权的，人民法院不予支持。

主债权诉讼时效期间届满后，财产被留置的债务人或者对留置财产享有所有权的第三人请求债权人返还留置财产的，人民法院不予支持；债务人或者第三人请求拍卖、变卖留置财产并以所得价款清偿债务的，人民法院应予支持。

主债权诉讼时效期间届满的法律后果，以登记作为公示方式的权利质权，参照适用第一款的规定；动产质权、以交付权利凭证作为公示方式的权利质权，参照适用第二款的规定。

2.**《最高人民法院关于适用〈中华人民共和国民事诉讼法〉的解释》**

第三百六十七条　申请实现担保物权，应当提交下列材料：

（一）申请书。申请书应当记明申请人、被申请人的姓名或者名称、联系方式等基本信息，具体的请求和事实、理由；

---

① 参见王利明：《物权法研究》（第三版）（下），中国人民大学出版社2013年版，第1382页。

（二）证明担保物权存在的材料，包括主合同、担保合同、抵押登记证明或者他项权利证书，权利质权的权利凭证或者质权出质登记证明等；

（三）证明实现担保物权条件成就的材料；

（四）担保财产现状的说明；

（五）人民法院认为需要提交的其他材料。

第四百三十八条　【质押财产变价款归属原则】 质押财产折价或者拍卖、变卖后，其价款超过债权数额的部分归出质人所有，不足部分由债务人清偿。

【条文理解与适用】

一、本条的缘由

本条源于《物权法》第221条。

二、本条规定的主要内容

本条是关于质物变价款归属原则的规定。在实现质权时，质权人有权将质物予以折价、拍卖、变卖，但质物的价值往往不能恰好等于所担保的债权，此时就涉及了质物拍卖后的价款归属以及质权实现后不能清偿全部债务时的情形。

如果质押财产在折价、拍卖、变卖后，价款超出了债权数额的，多出部分应当归出质人所有。质物虽然被设立了担保，但是其所有权仍归属于出质人，因此，多出的部分仍应归还出质人。质押人是债务人本人的，质押财产变价超过债权数额的部分亦应归属于出质人即债务人本人。

如果质物变价后，仍不足以清偿债务的，出质人也不再承担责任，而由债务人继续承担清偿责任。出质人对质权人承担的是一种物的担保责任，而非连带或者按份责任，因此当担保财产已经用于清偿之后，不论是否能够清偿全部债务，出质人均不再承担责任，剩余债务应由债务人清偿。同时，债权人享有的剩余债权成为普通债权，不再享有被担保债权的优先受偿权利。债务人以自己的财产出质的，质押财产变价超过债权数额的部分仍归属于出质人即债务人本人，但不足以清偿债权的余额，仍然转为债权人对债务人的普通债权。

三、本条规定特别评注

质权系通过质押财产的交换价值来担保债权的清偿。因此，在质权人依法行使质权，将质押财产折价或者拍卖、变卖之后的价款所得，除当事人另有约定外，应当先用于清偿质权人的债权。

第四百三十九条　【最高额质权】 出质人与质权人可以协议设立最高额质权。

最高额质权除适用本节有关规定外，参照适用本编第十七章第二节的有关规定。

【条文理解与适用】

一、本条的缘由

本条在《物权法》第222条规定的基础上略作文字修改而成。

二、本条规定的主要内容

本条是关于最高额质权的规定。

最高额质权，是指为担保债务的履行，债务人或者第三人对一定期间内将要连续发生的债权提供质押担保的，如果债务人不履行到期债务或者发生当事人约定的实现质权的情形，质权人有权在最高债权额限度内就该担保财产优先受偿的权利。

最高额质押属于质权的一种特殊类型。一般认为，与动产质权相比，最高额质权的特征主要体现于四方面：首先，最高额质权是为将来发生的债权提供的担保，且是为不特定债权提供的担保。换言之，在设立最高额质权担保时，债权的具体数额是不确定的，但其都属于同一连续时间内基于某一基础关系所发生的债权关系。其次，最高额质权在债权确定前与被担保债权无从属关系，不随主债权的转让而转让，也不随主债权的消灭而消灭。再次，最高额质权对债权的总额应有最高额的限定。最后，最高额质权在发生债权确定的事由后，最高额质权转化为普通质权，从而对质押财产优先受偿。[①] 除了最高额质权独特的特征外，最高额质权的设立、最高额质权的实现、质物的保全等内容都可以适用本法关于动产质权的相关规定。

三、本条规定特别评注

最高额质权与最高额抵押权具有许多相同之处：两者相对于主债权都具有一定的独立性、所担保的债权都是不特定债权、均有最高担保额的限制以及都有转化为普通抵押权或是质权，从而对确定的债权清偿的过程。基于以上相同点，本

---

① 杜豫苏：《物权纠纷裁判依据新释新解》，人民法院出版社2014年版，第383页。

条规定，最高额质权可以参照本法本编第十七章第二节关于最高额抵押权的规定。但同时应注意，因为质权和抵押权分属不同的担保物权，因此只宜“参照”，不宜直接适用。

【关联规范】

《最高人民法院关于适用〈中华人民共和国民法典〉有关担保制度的解释》

第十五条 最高额担保中的最高债权额，是指包括主债权及其利息、违约金、损害赔偿金、保管担保财产的费用、实现债权或者实现担保物权的费用等在内的全部债权，但是当事人另有约定的除外。

登记的最高债权额与当事人约定的最高债权额不一致的，人民法院应当依据登记的最高债权额确定债权人优先受偿的范围。

第二节 权利质权

第四百四十条 【可出质的权利的范围】 债务人或者第三人有权处分的下列权利可以出质：

（一）汇票、本票、支票；

（二）债券、存款单；

（三）仓单、提单；

（四）可以转让的基金份额、股权；

（五）可以转让的注册商标专用权、专利权、著作权等知识产权中的财产权；

（六）现有的以及将有的应收账款；

（七）法律、行政法规规定可以出质的其他财产权利。

【条文理解与适用】

一、本条的缘由

本条在《物权法》第223条规定的基础上修改而成。与《物权法》第223条相比，本条第6项规定以应收账款设立质权的，强调可以为“现有的以及将有的”应收账款。

二、本条规定的主要内容

本条是关于可以出质的权利范围的规定。权利质权，是指以出质人提供的财产权利为标的而设定的质权。和动产质权一样，权利质权的功能同样是为担保债务履行和债权实现，在债务届期不能清偿后可以就其变价受偿。同时，权利质权又具有特殊性。这主要表现在权利质权的客体是所有权之外的财产权利。民事主体享有的人格权和身份权不得作为权利质权的标的。不仅如此，此种财产权利应当不具有人身上的专属性，且法律、行政法规也不禁止转让。如果作为质押财产的财产权利不具有可转让性，则质权人的优先受偿权就无法实现。[①] 本条主要通过列举的方式明确了权利质权客体的范围。具体包括：

（1）汇票、本票、支票。汇票，是指出票人签发的，委托付款人在见票时或者在指定日期无条件支付确定的金额给收款人或者持票人的票据。本票，是指出票人签发的，承诺自己在见票时无条件支付确定的金额给收款人或者持票人的票据。支票，是指出票人签发的，委托办理支票存款业务的银行或者其他金融机构在见票时无条件支付确定的金额给收款人或者持票人的票据。

（2）债券、存款单。债券，是指由政府、金融机构或者企业为了筹措资金而依照法定程序向社会发行的，约定在一定期限内还本付息的有价证券，包括政府债券、金融债券和企业债券。存款单，也称存单，是指存款人在银行或者储蓄机构存了一定数额的款项后，由银行或者储蓄机构开具的到期还本付息的债权凭证。

（3）仓单、提单。仓单，是指仓库保管人应存货人的请求而填发的有价证券。根据《民法典》第908条的规定，存货人交付仓储物的，保管人应当给付仓单、入库单等凭证。仓单是提取仓储物的凭证。存货人或者仓单持有人在仓单上背书并经保管人签字或者盖章的，可以转让提取仓储物的权利。提单，是指用以证明海上货物运输合同和货物已经由承运人接收或者装船，以及承运人保证据以交付货物的单证。

（4）可以转让的基金份额、股权。基金份额是指向投资者公开发行的，表示持有人按其所持份额对基金财产享有收益分配权、清算后剩余财产取得权和其他相关权利，并承担相应义务的凭证。

股权，是指股东因向公司直接投资而享有的权利。在我国，公司包括有限责任公司和股份有限公司。有限责任公司股东的股权是通过公司签发的出资证明书来证明，股份有限公司股东的股权是通过公司签发的股票来体现。根据本条规

---

① 杨立新：《物权法》，中国人民大学出版社2013年版，第227页。

定，可以设立权利质权的只有可以转让的基金份额和股权，对于法律、行政法规限制转让的基金份额和股权，则不能设立。例如，依《公司法》规定，发起人持有的本公司股份，自公司成立之日起一年内不得转让；公司公开发行股份前已发行的股份，自公司股票在证券交易所上市交易之日起一年内不得转让。

（5）可以转让的注册商标专用权、专利权、著作权等知识产权中的财产权。知识产权，是指人们对于自己的创造性智力活动成果和经营管理中的标记所依法享有的权利，包括注册商标专用权、专利权和著作权等。所谓注册商标专用权，是指注册商标所有人依法对注册商标享有的独占使用权。所谓专利权，是指由国家专利主管机关授予专利申请人或其继受人在一定期限内实施其发明创造的专有权，它包括发明专利权、实用新型专利权及外观设计专利权。所谓著作权，是指文学、艺术和科学作品的创作者对其创作完成的作品所享有的权利。根据《著作权法》的规定，著作权可分为人身权和财产权两部分。人身权包括发表权、署名权、修改权和保护作品完整权。财产权，是指著作权人对作品的使用权和获得报酬权。本条特别强调，只有知识产权中可以转让的财产权才可以成为质权的标的，而知识产权中的人身权利则不能成为质权的客体。

（6）现有的以及将有的应收账款。应收账款是指权利人因提供一定的货物、服务或者设施而获得的要求义务人付款的权利，不包括因票据或者其他有价证券而产生的付款请求权。值得注意的是，《民法典》特别强调了将来的应收账款也可以作为质权的客体。所谓现有的应收账款，是指已到期的债权。在债权到期以后，债务人未清偿债权，债权人可以将其享有的债权设置质押。而将有的应收账款则属于未到期的债权，以及虽尚未订立合同但是有合理理由可以期待的未来债权。将有的应收账款体现了一定的财产利益，应当是一种未来收益。因此，可以作为设定质押的客体。①

除此之外，本条第 7 项还做了兜底规定，法律、行政法规规定的可以出质的其他财产权利也可以成为质权的客体。但同时为了保证物权客体确定，因此只有法律、行政法规才可以规定可以出质的权利，地方性法规、部门规章则无此权限。

三、本条规定特别评注

关于权利质权的标的范围的规定，各国和地区立法例上大都采取了总括性规定的方式，这与我国采取列举式规定不同。

---

① 参见王利明：《物权法研究》（第三版）（下），中国人民大学出版社 2013 年版，第 1371 页。

【关联规范】

1.《票据法》

第三十五条 背书记载“委托收款”字样的，被背书人有权代背书人行使被委托的汇票权利。但是，被背书人不得再以背书转让汇票权利。

汇票可以设定质押；质押时应当以背书记载“质押”字样。被背书人依法实现其质权时，可以行使汇票权利。

2.《海商法》

第七十一条 提单，是指用以证明海上货物运输合同和货物已经由承运人接收或者装船，以及承运人保证据以交付货物的单证。提单中载明的向记名人交付货物，或者按照指示人的指示交付货物，或者向提单持有人交付货物的条款，构成承运人据以交付货物的保证。

3.《最高人民法院关于适用〈中华人民共和国民法典〉有关担保制度的解释》

第一条 因抵押、质押、留置、保证等担保发生的纠纷，适用本解释。所有权保留买卖、融资租赁、保理等涉及担保功能发生的纠纷，适用本解释的有关规定。

第五十三条 当事人在动产和权利担保合同中对担保财产进行概括描述，该描述能够合理识别担保财产的，人民法院应当认定担保成立。

第六十条 在跟单信用证交易中，开证行与开证申请人之间约定以提单作为担保的，人民法院应当依照民法典关于质权的有关规定处理。

在跟单信用证交易中，开证行依据其与开证申请人之间的约定或者跟单信用证的惯例持有提单，开证申请人未按照约定付款赎单，开证行主张对提单项下货物优先受偿的，人民法院应予支持；开证行主张对提单项下货物享有所有权的，人民法院不予支持。

在跟单信用证交易中，开证行依据其与开证申请人之间的约定或者跟单信用证的惯例，通过转让提单或者提单项下货物取得价款，开证申请人请求返还超出债权部分的，人民法院应予支持。

前三款规定不影响合法持有提单的开证行以提单持有人身份主张运输合同项下的权利。

第六十一条 以现有的应收账款出质，应收账款债务人向质权人确认应收账款的真实性后，又以应收账款不存在或者已经消灭为由主张不承担责任的，人民法院不予支持。

以现有的应收账款出质，应收账款债务人未确认应收账款的真实性，质权人以应收账款债务人为被告，请求就应收账款优先受偿，能够举证证明办理出质登记时应收账款真实存在的，人民法院应予支持；质权人不能举证证明办理出质登记时应收账款真实存在，仅以已经办理出质登记为由，请求就应收账款优先受偿的，人民法院不予支持。

以现有的应收账款出质，应收账款债务人已经向应收账款债权人履行了债务，质权人请求应收账款债务人履行债务的，人民法院不予支持，但是应收账款债务人接到质权人要求向其履行的通知后，仍然向应收账款债权人履行的除外。

以基础设施和公用事业项目收益权、提供服务或者劳务产生的债权以及其他将有的应收账款出质，当事人为应收账款设立特定账户，发生法定或者约定的质权实现事由时，质权人请求就该特定账户内的款项优先受偿的，人民法院应予支持；特定账户内的款项不足以清偿债务或者未设立特定账户，质权人请求折价或者拍卖、变卖项目收益权等将有的应收账款，并以所得的价款优先受偿的，人民法院依法予以支持。

第四百四十一条　【有价证券质权】以汇票、本票、支票、债券、存款单、仓单、提单出质的，质权自权利凭证交付质权人时设立；没有权利凭证的，质权自办理出质登记时设立。法律另有规定的，依照其规定。

【条文理解与适用】

一、本条的缘由

本条在《物权法》第 224 条规定的基础上修改而成。与《物权法》第 224 条相比较，本条删除了“当事人应当订立书面合同”的规定，且不再强调到“有关部门”登记；增加了引致性条款“法律另有规定的，依照其规定”。

二、本条规定的主要内容

本条是关于以汇票、支票、本票、债券、存款单、仓单、提单出质的权利质权设立的规定。对于以汇票等有价证券出质的，本条取消了当事人必须先订立书面合同的要求，而直接规定了质权自权利凭证交付质权人时设立，如果没有权利凭证的，则自办理出质登记时设立。之所以分情况进行规定，主要是考虑到权利质权同样需要以公众可知悉的方式就权利状态予以公示。权利作为难以被知悉的无形物，当存在权利凭证时，权利凭证即为权利的象征物，交付权利凭证的就视为权利的移转。而对于没有权利凭证的，就只能以登记作为生效要件。

值得特别注意的是，在特别法中，存在对有价证券处分的特别规定。如依《票据法》的规定，票据质押时，应当背书质押。我国《民法典》第910条对仓单也做出规定："仓单是提取仓储物的凭证。存货人或者仓单持有人在仓单上背书并经保管人签字或者盖章的，可以转让提取仓储物的权利。"又如我国《公司法》规定："记名公司债券，由债券持有人以背书方式或者法律、行政法规规定的其他方式转让；转让后由公司将受让人的姓名或者名称及住所记载于公司债券存根簿。无记名公司债券的转让，由债券持有人将该债券交付给受让人后即发生转让的效力。"对于应当如何理解登记和背书等特别法规定的转让方式之间的关系，《民法典》新增引致性规定，即法律另有规定的，依照其规定。一般认为，本条规定的是以汇票等有价证券设立质权的生效要件。同时，特别法中以汇票等方式出质的特别规定应同时作为物权变动的要件，如背书、记载的特别规定等应为对抗要件，没有完成背书的，不能对抗善意第三人。[①]

三、本条规定特别评注

质权设立的基本原理即在于出质人向质权人转移对作为质物的标的物的占有，质权人得以控制质物，进而依法保障自己的债权能够得到清偿。而权利系无体物，如何表征对权利占有的转移属于权利质权中非常重要的问题。票据等有价证券中的权利通过书面凭证加以表征，权利凭证即代表权利本身。因此，法律规定对有权利凭证的权利设质，以凭证的交付作为质权的生效要件；此外还规定了无凭证加以表征的权利设质，则通过登记的方式进行。

【关联规范】

1. **《民法典》**

第九百一十条 仓单是提取仓储物的凭证。存货人或者仓单持有人在仓单上背书并经保管人签名或者盖章的，可以转让提取仓储物的权利。

2. **《公司法》**

第一百六十条 记名公司债券，由债券持有人以背书方式或者法律、行政法规规定的其他方式转让；转让后由公司将受让人的姓名或者名称及住所记载于公司债券存根簿。

---

① 杨立新：《物权法》（第四版），中国人民大学出版社2014年版，第227页。

无记名公司债券的转让，由债券持有人将该债券交付给受让人后即发生转让的效力。

3.《票据法》

第二十七条 持票人可以将汇票权利转让给他人或者将一定的汇票权利授予他人行使。

出票人在汇票上记载“不得转让”字样的，汇票不得转让。

持票人行使第一款规定的权利时，应当背书并交付汇票。

背书是指在票据背面或者粘单上记载有关事项并签章的票据行为。

第三十四条 背书人在汇票上记载“不得转让”字样，其后手再背书转让的，原背书人对后手的被背书人不承担保证责任。

第三十五条 背书记载“委托收款”字样的，被背书人有权代背书人行使被委托的汇票权利。但是，被背书人不得再以背书转让汇票权利。

汇票可以设定质押；质押时应当以背书记载“质押”字样。被背书人依法实现其质权时，可以行使汇票权利。

4.《最高人民法院关于适用〈中华人民共和国民法典〉有关担保制度的解释》

第五十八条 以汇票出质，当事人以背书记载“质押”字样并在汇票上签章，汇票已经交付质权人的，人民法院应当认定质权自汇票交付质权人时设立。

第五十九条 存货人或者仓单持有人在仓单上以背书记载“质押”字样，并经保管人签章，仓单已经交付质权人的，人民法院应当认定质权自仓单交付质权人时设立。没有权利凭证的仓单，依法可以办理出质登记的，仓单质权自办理出质登记时设立。

出质人既以仓单出质，又以仓储物设立担保，按照公示的先后确定清偿顺序；难以确定先后的，按照债权比例清偿。

保管人为同一货物签发多份仓单，出质人在多份仓单上设立多个质权，按照公示的先后确定清偿顺序；难以确定先后的，按照债权比例受偿。

存在第二款、第三款规定的情形，债权人举证证明其损失系由出质人与保管人的共同行为所致，请求出质人与保管人承担连带赔偿责任的，人民法院应予支持。

第六十条 在跟单信用证交易中，开证行与开证申请人之间约定以提单作为担保的，人民法院应当依照民法典关于质权的有关规定处理。

在跟单信用证交易中，开证行依据其与开证申请人之间的约定或者跟单信用证的惯例持有提单，开证申请人未按照约定付款赎单，开证行主张对提单项下货物优先受偿的，人民法院应予支持；开证行主张对提单项下货物享有所有权的，人民法院不予支持。

在跟单信用证交易中，开证行依据其与开证申请人之间的约定或者跟单信用证的惯例，通过转让提单或者提单项下货物取得价款，开证申请人请求返还超出债权部分的，人民法院应予支持。

前三款规定不影响合法持有提单的开证行以提单持有人身份主张运输合同项下的权利。

5.《最高人民法院关于审理票据纠纷案件若干问题的规定》

第四十六条 因票据质权人以质押票据再行背书质押或者背书转让引起纠纷而提起诉讼的，人民法院应当认定背书行为无效。

第四十七条 依照票据法第二十七条的规定，票据的出票人在票据上记载“不得转让”字样，票据持有人背书转让的，背书行为无效。背书转让后的受让人不得享有票据权利，票据的出票人、承兑人对受让人不承担票据责任。

第四十八条 依照票据法第二十七条和第三十条的规定，背书人未记载被背书人名称即将票据交付他人的，持票人在票据被背书人栏内记载自己的名称与背书人记载具有同等法律效力。

第四十九条 依照票据法第三十一条的规定，连续背书的第一背书人应当是在票据上记载的收款人，最后的票据持有人应当是最后一次背书的被背书人。

第五十条 依照票据法第三十四条和第三十五条的规定，背书人在票据上记载“不得转让”“委托收款”“质押”字样，其后手再背书转让、委托收款或者质押的，原背书人对后手的被背书人不承担票据责任，但不影响出票人、承兑人以及原背书人之前手的票据责任。

第五十一条 依照票据法第五十七条第二款的规定，贷款人恶意或者有重大过失从事票据质押贷款的，人民法院应当认定质押行为无效。

第五十二条 依照票据法第二十七条的规定，出票人在票据上记载“不得转让”字样，其后手以此票据进行贴现、质押的，通过贴现、质押取得票据的持票人主张票据权利的，人民法院不予支持。

第五十三条 依照票据法第三十四条和第三十五条的规定，背书人在票据上记载“不得转让”字样，其后手以此票据进行贴现、质押的，原背书人对后手的被背书人不承担票据责任。

第五十四条 依照票据法第三十五条第二款的规定，以汇票设定质押时，出质人在汇票上只记载了“质押”字样未在票据上签章的，或者出质人未在汇票、粘单上记载“质押”字样而另行签订质押合同、质押条款的，不构成票据质押。

第五十五条 商业汇票的持票人向其非开户银行申请贴现，与向自己开立存款账户的银行申请贴现具有同等法律效力。但是，持票人有恶意或者与贴现银行恶意串通的除外。

第五十六条　违反规定区域出票，背书转让银行汇票，或者违反票据管理规定跨越票据交换区域出票、背书转让银行本票、支票的，不影响出票人、背书人依法应当承担的票据责任。

第五十七条　依照票据法第三十六条的规定，票据被拒绝承兑、被拒绝付款或者超过提示付款期限，票据持有人背书转让的，背书人应当承担票据责任。

第五十八条　承兑人或者付款人依照票据法第五十三条第二款的规定对逾期提示付款的持票人付款与按照规定的期限付款具有同等法律效力。

6.《最高人民法院关于审理存单纠纷案件的若干规定》

第八条　对存单质押的认定和处理

存单可以质押。存单持有人以伪造、变造的虚假存单质押的，质押合同无效。接受虚假存单质押的当事人如以该存单质押为由起诉金融机构，要求兑付存款优先受偿的，人民法院应当判决驳回其诉讼请求，并告知其可另案起诉出质人。

存单持有人以金融机构开具的、未有实际存款或与实际存款不符的存单进行质押，以骗取或占用他人财产的，该质押关系无效。接受存单质押的人起诉的，该存单持有人与开具存单的金融机构为共同被告。利用存单骗取或占用他人财产的存单持有人对侵犯他人财产权承担赔偿责任，开具存单的金融机构因其过错致他人财产权受损，对所造成的损失承担连带赔偿责任。接受存单质押的人在审查存单的真实性上有重大过失的，开具存单的金融机构仅对所造成的损失承担补充赔偿责任。明知存单虚假而接受存单质押的，开具存单的金融机构不承担民事赔偿责任。

以金融机构核押的存单出质的，即便存单系伪造、变造、虚开，质押合同均为有效，金融机构应当依法向质权人兑付存单所记载的款项。

第四百四十二条　【有价证券质权人行使权利的特别规定】汇票、本票、支票、债券、存款单、仓单、提单的兑现日期或者提货日期先于主债权到期的，质权人可以兑现或者提货，并与出质人协议将兑现的价款或者提取的货物提前清偿债务或者提存。

【条文理解与适用】

一、本条的缘由

本条源于《物权法》第225条。

二、本条规定的主要内容

本条是关于以汇票、支票、本票、债券、存款单、仓单、提单出质的权利质权人行使权利的特别规定。有价证券不同于普通的动产，其往往具有一定的行使时间，从而涉及了权利日期截止和主债权期限的问题。当出质债权先于主债权到期时，比较立法例上一般存在两种做法，一是提存，二是提前清偿。[①] 根据本条规定，我国同样采取了提前清偿债务或者提存的做法。

对于汇票、支票、本票、债券、存款单，质权人有权予以兑现。对于仓单、提单，质权人有权按照记载的交付物品的日期予以提货，以避免质押财产的灭失。汇票、支票、本票、债券、存款单、仓单、提单的兑现或者提货日期届至时，也是第三人或是债务人的清偿届至日期。在质权人兑现或提货后，不能直接以其价款优先受偿，本条规定在此情况下，质权人应与出质人协商，是否将兑现的价款或提取的货物用于提前清偿质权所担保的债务。有学者指出，这样规定的原因主要是考虑到，在兑换和提货时，债务履行期尚未到来，出质人仍享有期限利益，受法律保护。因此此时质权人应与出质人协商，如果出质人愿意提前清偿，则质权将因提前清偿而消灭；如果其不愿意提前清偿，则应向双方约定的第三人提存，质权将及于提存物，一旦债务到期而债务人不能履行债务，则质权人应以提存物优先受偿。[②] 此外值得特别注意的是，本条只适用于兑现或提货日期早于债务履行期的情形。如果有价证券的兑现或提货日期晚于债务履行期，而被担保的债权又未获清偿的，质权人则无权提前兑现或者提货，以避免第三人提前清偿。

三、本条规定特别评注

立法例上，可以看出质权人对设质债权的收取权的规定是适用于所有以债权设质的情形。虽然法律规定的切入点不甚相同，但是都是为了保全质权，促进债权债务关系的清结，可谓是殊途同归。

第四百四十三条　【基金份额质权、股权质权】 以基金份额、股权出质的，质权自办理出质登记时设立。

基金份额、股权出质后，不得转让，但是出质人与质权人协商同意的除外。出质人转让基金份额、股权所得的价款，应当向质权人提前清偿债务或者提存。

---

① 王利明：《物权法研究》，中国人民大学出版社 2013 年版，第 1379 页。
② 王利明：《物权法研究》，中国人民大学出版社 2013 年版，第 1360 页。

【条文理解与适用】

一、本条的缘由

本条在《物权法》第 226 条规定的基础上修改而成。相较于《物权法》第 226 条，除了非实质性文字修改外，本条取消了应当订立书面合同的规定，并且不再区分是否是证券登记结算机构登记的股权，也不再强调区分具体登记部门。

二、本条规定的主要内容

本条是关于以基金份额、股权出质的权利质权设立和出质人处分基金份额、股权的限制的规定。对于质权的设立，《民法典》取消了对不同股权采取设立标准不同的方式，而统一以登记作为生效要件。这是因为基金份额和股权具备较强的流通性和可变现性，设定质权与实现质权都极为方便，但同时又缺乏像动产质权一样依占有就可以明确的权利外观，因此本条规定，以基金份额和股权设立质权的，必须采用登记的方式，只有如此，第三人才可以依查询登记簿的方式获得该质押的情况，从而使该质押的事实为社会公众所知悉，该质权才具有相当的公示力和公信力。

本条第 2 款规定了基金份额和股权出质后，非经质权人同意不得转让。这是因为，在出质后，虽然基金份额、股权的所有权仍为出质人所有，但其因负担了担保责任而有必要对处分权作出限制，否则会损害质权人的利益。当然，法律尊重当事人之间的意思自治，因此，如果出质人和质权人协商允许转让的，转让行为有效，但出质人转让基金份额、股权所得的价款，应当向质权人提前清偿债权或者提存，从而保护债权人在债务人不履行时的债权利益实现。

三、本条规定特别评注

出质基金份额、股权的转让都是在债务清偿期届至前进行的，债务人此时仍享有期限利益，因此质权人不得以转让所得价款先行清偿债权。出质人未经质权人同意转让基金份额、股权的，应认为属于无权处分，因此给质权人或者第三人造成损失的，出质人应当承担赔偿责任。

【关联规范】

《最高人民法院关于审理外商投资企业纠纷案件若干问题的规定（一）》

第十三条 外商投资企业股东与债权人订立的股权质押合同，除法律、行政法规另有规定或者合同另有约定外，自成立时生效。未办理质权登记的，不影响股权质押合同的效力。

当事人仅以股权质押合同未经外商投资企业审批机关批准为由主张合同无效或未生效的，人民法院不予支持。

股权质押合同依照民法典的相关规定办理了出质登记的，股权质权自登记时设立。

第四百四十四条　【知识产权质权】以注册商标专用权、专利权、著作权等知识产权中的财产权出质的，质权自办理出质登记时设立。

知识产权中的财产权出质后，出质人不得转让或者许可他人使用，但是出质人与质权人协商同意的除外。出质人转让或者许可他人使用出质的知识产权中的财产权所得的价款，应当向质权人提前清偿债务或者提存。

【条文理解与适用】

一、本条的缘由

本条在《物权法》第227条规定的基础上修改而成。与《物权法》第227条相较，除了非实质性的文字修改外，《民法典》本条删除了质权合同应以书面形式订立的规定，并不再强调到有关主管部门登记。

二、本条规定的主要内容

本条是关于注册商标专用权、专利权、著作权等知识产权中的财产权出质的权利质权设立和出质人处分知识产权的限制的规定。知识产权中的财产权同样因不具有人身专属性而可以流通和变现，能够成为权利质权的客体。本条规定，对于以知识产权中的财产权设立质权的，无须订立书面合同，并统一以登记作为生效要件。这同样是考虑到对于此种财产权缺乏像动产质权移转占有一样的权利外观，因此为了便于公众知悉，只有以登记的方式才可以方便第三人查阅，以实现权利公示效果。

本条第2款规定的是对出质人处分知识产权中财产权的限制。在此种权利被质押后，虽然财产所有权仍归属出质人，但未经出质人与质权人协商同意，出质人不得转让或者许可他人使用出质的注册商标专用权、专利权、著作权等知识产权中的财产权。当然，如果质权人同意出质人转让或许可他人使用，则法律尊重当事人的意思自治。如果质权人同意出质人转让或者许可他人使用出质的注册商标专用权、专利权、著作权等知识产权中的财产权，其所得的价款，应当向质权人提前清偿或提存。之所以不允许质权人直接用于清偿，因为此时债务清偿期尚未届至，尚未符合实现质权的条件。因此出质人应当与质权人协商，如果出质人不同意提前清偿的，应将所得的价款提存。在出质人转让或允许他人使用的情形，出质人只能在提前清偿债权和提存中选择，不能既不同意提前清偿债权，也不同意提存。

三、本条规定特别评注

知识产权作为一项有关智力劳动者对其智力创造性劳动成果依法所享有的权利，有别于一般的财产权，具体而言知识产权具有以下特点：①权利的双重性，既包含了财产权又包含了人身权的内容；②专有性，即权利人依法在一定期限内对其智力成果享有排他的、独占性的权利，任何人未经权利人同意或在法律规定的情况下均不得占有、使用他人的智力成果并获取收益；③知识产权具有地域性和时间性；④知识产权是一系列权利的集合性概念。正是基于知识产权以上特性，以知识产权为标的设立质权，除了应当符合物权立法的一般性规定外，还应当符合各部门法的特别规定。

【关联规范】

1.《著作权法》

第十条　著作权包括下列人身权和财产权：

（一）发表权，即决定作品是否公之于众的权利；

（二）署名权，即表明作者身份，在作品上署名的权利；

（三）修改权，即修改或者授权他人修改作品的权利；

（四）保护作品完整权，即保护作品不受歪曲、篡改的权利；

（五）复制权，即以印刷、复印、拓印、录音、录像、翻录、翻拍等方式将作品制作一份或者多份的权利；

（六）发行权，即以出售或者赠与方式向公众提供作品的原件或者复制件的权利；

（七）出租权，即有偿许可他人临时使用电影作品和以类似摄制电影的方法创作的作品、计算机软件的权利，计算机软件不是出租的主要标的的除外；

（八）展览权，即公开陈列美术作品、摄影作品的原件或者复制件的权利；

（九）表演权，即公开表演作品，以及用各种手段公开播送作品的表演的权利；

（十）放映权，即通过放映机、幻灯机等技术设备公开再现美术、摄影、电影和以类似摄制电影的方法创作的作品等的权利；

（十一）广播权，即以无线方式公开广播或者传播作品，以有线传播或者转播的方式向公众传播广播的作品，以及通过扩音器或者其他传送符号、声音、图像的类似工具向公众传播广播的作品的权利；

（十二）信息网络传播权，即以有线或者无线方式向公众提供作品，使公众可以在其个人选定的时间和地点获得作品的权利；

（十三）摄制权，即以摄制电影或者以类似摄制电影的方法将作品固定在载体上的权利；

（十四）改编权，即改变作品，创作出具有独创性的新作品的权利；

（十五）翻译权，即将作品从一种语言文字转换成另一种语言文字的权利；

（十六）汇编权，即将作品或者作品的片段通过选择或者编排，汇集成新作品的权利；

（十七）应当由著作权人享有的其他权利。

著作权人可以许可他人行使前款第（五）项至第（十七）项规定的权利，并依照约定或者本法有关规定获得报酬。

著作权人可以全部或者部分转让本条第一款第（五）项至第（十七）项规定的权利，并依照约定或者本法有关规定获得报酬。

2.《专利法》

第二条 本法所称的发明创造是指发明、实用新型和外观设计。

发明，是指对产品、方法或者其改进所提出的新的技术方案。

实用新型，是指对产品的形状、构造或者其结合所提出的适于实用的新的技术方案。

外观设计，是指对产品的形状、图案或者其结合以及色彩与形状、图案的结合所作出的富有美感并适于工业应用的新设计。

第四百四十五条 【应收账款质权】 以应收账款出质的，质权自办理出质登记时设立。

应收账款出质后，不得转让，但是出质人与质权人协商同意的除外。出质人转让应收账款所得的价款，应当向质权人提前清偿债务或者提存。

【条文理解与适用】

一、本条的缘由

本条在《物权法》第228条规定的基础上修改而成。相较于《物权法》第228条，除了非实质性的文字修改外，本条同样取消了对订立质押合同要式性的要求，也不再强调到信贷征信机构进行登记。

二、本条规定的主要内容

本条是关于以应收账款出质的权利质权设立和出质人转让应收账款的限制的规定。根据本法第440条规定，应收账款既包括现有的已经发生的应收账款，也包括将来发生的应收账款，这主要考虑到实践中多数应收账款是不断发生的，而对企业和银行来说，这种不断发生的应收账款恰恰是最有担保价值的，因此应当允许以将来发生的应收账款作担保。以应收账款作为质权客体的，同样以登记作为生效要件，未经登记的，不发生质权设立的效力。

同时，和本法前条的权利质权一样，以应收账款设立了质权负担之后，出质人的处分权就受到了限制，除非出质人和质权人协商同意，否则不得转让。这主要是为了保护质权人的利益，防止出质人随意处置应收账款。同时，如果双方协商允许转让应收账款的，对于转让应收账款所得的价款，因尚未到债务清偿期，因此出质人应当与质权人协商，将所得的价款提前清偿所担保的债权或者提存，而非当然清偿债务。提前清偿债权的，质权消灭。提存的，质权继续存在于提存的价款上。

三、本条规定特别评注

关于权利质权的设立，现行法大多采取书面协议与公示制度相结合的方式进行，应收账款出质亦概莫能外。由于应收账款出质，本质上是在一般债权之上设立质权，而一般债权没有权利凭证可以加以表征和固定，因此本条要求以登记为质权生效要件。

【关联规范】

《最高人民法院关于适用〈中华人民共和国民法典〉有关担保制度的解释》

第六十一条 以现有的应收账款出质，应收账款债务人向质权人确认应收账款的真实性后，又以应收账款不存在或者已经消灭为由主张不承担责任的，人民法院不予支持。

以现有的应收账款出质，应收账款债务人未确认应收账款的真实性，质权人以应收账款债务人为被告，请求就应收账款优先受偿，能够举证证明办理出质登记时应收账款真实存在的，人民法院应予支持；质权人不能举证证明办理出质登记时应收账款真实存在，仅以已经办理出质登记为由，请求就应收账款优先受偿的，人民法院不予支持。

以现有的应收账款出质，应收账款债务人已经向应收账款债权人履行了债务，质权人请求应收账款债务人履行债务的，人民法院不予支持，但是应收账款债务人接到质权人要求向其履行的通知后，仍然向应收账款债权人履行的除外。

以基础设施和公用事业项目收益权、提供服务或者劳务产生的债权以及其他将有的应收账款出质，当事人为应收账款设立特定账户，发生法定或者约定的质权实现事由时，质权人请求就该特定账户内的款项优先受偿的，人民法院应予支持；特定账户内的款项不足以清偿债务或者未设立特定账户，质权人请求折价或者拍卖、变卖项目收益权等将有的应收账款，并以所得的价款优先受偿的，人民法院依法予以支持。

第四百四十六条　【权利质权的法律适用】权利质权除适用本节规定外，适用本章第一节的有关规定。

【条文理解与适用】

一、本条的缘由

本条在《物权法》229条规定的基础上略作文字修改而成。

二、本条规定的主要内容

本条是关于权利质权适用动产质权有关规定的法律适用规则。权利质权就是质权的一种类型，之所以作为专章规定，是因为其以权利作为标的设立质权，有别于质权以有形的物作为标的的情形。在传统物权法中是以有形的物作为客体来建立物权体系，其权利义务关系的建立也是以物为重点。当出现以权利为客体的情形时，传统理论通过拟制的方式，视之为动产，除依其性质而有特别规定外，适用有关动产质权的规定。例如，关于质押合同条款的规定、流质禁止的规定、质押担保范围的规定以及质权人孳息收取权的规定和质权人妥善保管质物的规定等都同样适用于权利质权。为了实现法律适用上的统一性和避免立法资源的浪费，本条规定，除了一些特殊问题之外，准用动产质权的规定。

三、本条规定特别评注

权利质权和普通动产质权的差异主要体现在质权客体上。权利质权的客体为无体物，难以被外界识别，因此权利质权又被称为准质权，其在权利客体与设立方式上有自己的独特性。但同时，权利质权与动产质权的目的一样，都是为了担保债权的清偿，就债务人或者第三人的财产权利或动产而设定质权，以保证在债务人不履行到期债务时，质权人即可行使质权，以出质人出质的财产权利或动产折价或者拍卖、变卖后优先受清偿。因此，两者在质权人的孳息收取权、质权人的处分权及限制，转质和流质等内容的规制上都具有相似性。

第十九章　留 置 权

【本章导读】

对于留置权，立法例上有债权性留置权和物权性留置权两种不同的安排。我国《民法典》在《民法典》物权编设专章，将留置权规定为担保物权。立法上确立留置权制度，旨在维护公平原则，督促债务人及时履行义务。

本章关于留置权的规定共11个条文（第447～457条），主要规定了留置权的定义、留置权的发生条件、留置权的适用范围及限制、留置权人对留置物的支配力、留置权人的保管义务、留置权人的孳息收取权、留置权的实现、留置权与其他担保权的冲突及效力、留置权的消灭等内容。理解本章，应同时关注《民法典》合同编中对于承揽合同、运输合同和保管合同等合同中债权人享有的留置权的规定。

第四百四十七条　【留置权的定义】债务人不履行到期债务，债权人可以留置已经合法占有的债务人的动产，并有权就该动产优先受偿。

前款规定的债权人为留置权人，占有的动产为留置财产。

【条文理解与适用】

一、本条的缘由

本条源于《物权法》第230条。

二、本条规定的主要内容

本条是关于留置权的一般规定，主要规定了留置权的权利内容。留置权是担保物权的一种形式，是指在债务人不履行到期债务时，债权人有权依照法律规定留置已经合法占有的债务人的动产，并就该动产优先受偿的权利。此时，债权人为留置权人，占有的动产为留置财产。作为担保物权，留置权同样具有从属性、不可分性和物上代位性等法律特征。

（1）从属性，是指留置权的成立从属于其担保的债权。一方面，留置权的成立以主债权的成立为前提。如果主债权不成立或无效，则留置权当然不能成立。同时，留置权随主债权的消灭而消灭。如果主债权人放弃债权、债务人履行了全部债务，留置权即宣告消灭。需要注意的是，《担保制度解释》第44条第2款规定："主债权诉讼时效期间届满后，财产被留置的债务人或者对留置财产享有所有权的第三人请求债权人返还留置财产的，人民法院不予支持；债务人或者第三人请求拍卖、变卖留置财产并以所得价款清偿债务的，人民法院应予支持。"依该规定，在主债权诉讼时效届满的情形下，留置权人仍可以行使留置权。

（2）留置权具有不可分性。留置权的设立是担保债权的全部，留置权的效力原则上及于债权人所留置的全部留置财产，因此即便担保的是部分债权，只要债权人在其债权未得到全部清偿以前，就可以以留置财产的全部行使留置权。但同时，《民法典》第450条也规定："留置财产为可分物的，留置财产的价值应当相当于债务的金额。"对此，理论上一般解释为意味着如果留置权人占有的财产为可分物的，债权人留置占有的财产的价值应当相当于债务的金额。①

（3）留置权具有物上代位性。留置权是价值权，其实现有赖于留置物的交换价值，因此即使留置物灭失或毁损的，如果其可以获得赔偿金、保险金等，留置权人同样享有优先受偿的权利。

三、本条规定特别评注

留置权相较于抵押权、质权还具有特殊性。与抵押权和质权的设立可以依当事人的意思自治不同，留置权是依法律规定直接产生的担保物权，属于法定担保物权。只要债务人不履行到期债务满足行使留置权的条件时，无论债务人是否同意，债权人可以"留置"并依法变价留置财产，以确保自身权利的实现。

【关联规范】

1. **《民法典》**

第七百八十三条 定作人未向承揽人支付报酬或者材料费等价款的，承揽人对完成的工作成果享有留置权或者有权拒绝交付，但是当事人另有约定的除外。

第八百三十六条 托运人或者收货人不支付运费、保管费或者其他费用的，承运人对相应的运输货物享有留置权，但是当事人另有约定的除外。

---

① 朱岩、高圣平、陈鑫：《中国物权法评注》，北京大学出版社2007年版，第741~744页。

第九百五十九条 行纪人完成或者部分完成委托事务的，委托人应当向其支付相应的报酬。委托人逾期不支付报酬的，行纪人对委托物享有留置权，但是当事人另有约定的除外。

2.《**最高人民法院关于适用〈中华人民共和国民法典〉有关担保制度的解释**》

第一条 因抵押、质押、留置、保证等担保发生的纠纷，适用本解释。所有权保留买卖、融资租赁、保理等涉及担保功能发生的纠纷，适用本解释的有关规定。

第三十八条 主债权未受全部清偿，担保物权人主张就担保财产的全部行使担保物权的，人民法院应予支持，但是留置权人行使留置权的，应当依照民法典第四百五十条的规定处理。

担保财产被分割或者部分转让，担保物权人主张就分割或者转让后的担保财产行使担保物权的，人民法院应予支持，但是法律或者司法解释另有规定的除外。

第六十二条 债务人不履行到期债务，债权人因同一法律关系留置合法占有的第三人的动产，并主张就该留置财产优先受偿的，人民法院应予支持。第三人以该留置财产并非债务人的财产为由请求返还的，人民法院不予支持。

企业之间留置的动产与债权并非同一法律关系，债务人以该债权不属于企业持续经营中发生的债权为由请求债权人返还留置财产的，人民法院应予支持。

企业之间留置的动产与债权并非同一法律关系，债权人留置第三人的财产，第三人请求债权人返还留置财产的，人民法院应予支持。

第四百四十八条 【留置财产与债权的关系】债权人留置的动产，应当与债权属于同一法律关系，但是企业之间留置的除外。

【条文理解与适用】

一、本条的缘由

本条在《物权法》第231条规定的基础上略作修改而成。

二、本条规定的主要内容

本条是关于留置财产与债权的关系的规定。根据本条规定，债权人留置的动产，原则上应和债权属于同一法律关系。之所以法律做出此种限定，是为了防止债权人为使自己的债权得到实现，就任意留置所占有的债务人的动产以迫使债务人清偿其债务，损害交易安全，也有违公正原则。对于同一法律关系的认定，一般可以通过以下几个标准判断：

首先，留置财产和债权应当存在于法律关系中，而非一般的生活关系。所谓法律关系，是指受法律调整的，以权利义务为内容的社会关系。同时，两者应基于同一法律关系。对此，有学者提出可以从四个方面来判定：其一，该债权是由标的物本身所引起的，留置的财产是构成债权发生的事实之一。其二，留置的财产是导致债权发生的工具。在因侵权而形成的侵权之债中，留置动产可以是直接因其侵权发生的物。在保管、修理合同之中，留置财产一般是保管人、修理人所保管修理的对象。其三，留置的财产与债权的发生之间具有相当因果关系。所谓相当因果关系，是指按照社会一般观念确实存在留置的必要。其四，动产的返还义务与债权属于同一法律关系的内容。①

需要注意的是，本条还附有但书条款，即对企业之间留置的情形，本条放松了对“同一法律关系”的要求。这主要是因为对于企业之间的商业活动而言，其往往涉及多次交易，因此为了追求交易效率，如果严格要求留置财产必须与债权的发生具有同一法律关系，则很难实现企业对自身利益的维护，也有悖交易迅捷和交易安全原则。②

三、本条规定特别评注

对于同一法律关系的含义，学界有单一标准说和两项标准说两种观点。单一标准说认为，判断可留置的标的物是否与债权为同一法律关系，应该有一个统一的标准。对于此种单一标准的判断，有学者主张只有标的物是构成债权发生的法律要件事实的，才认定为同一法律关系。也有学者认为，标的物必须是债权发生的基础或者是发生原因中的一项基础，而且两者之间具有因果关系，才能认为有同一法律关系。相对的，支持两项标准说的学者则认为，此种同一关系，既可以表现为动产是债权发生的直接原因，也可以是债权发生的间接原因，均可以认为有同一法律关系。③ 本条规定应属于采用单一标准说观点的结果。

【关联规范】

《最高人民法院关于适用〈中华人民共和国民法典〉有关担保制度的解释》

第六十二条　债务人不履行到期债务，债权人因同一法律关系留置合法占有的第三人的动产，并主张就该留置财产优先受偿的，人民法院应予支持。第三人

---

① 王利明：《物权法研究》（第三版）（下），中国人民大学出版社2013年版，第1404页。

② 申卫星：《物权法原理》（第二版），中国人民大学出版社2016年版，第364～365页。

③ 王利明：《物权法研究》（第三版）（下），中国人民大学出版社2013年版，第1404页。

以该留置财产并非债务人的财产为由请求返还的，人民法院不予支持。

企业之间留置的动产与债权并非同一法律关系，债务人以该债权不属于企业持续经营中发生的债权为由请求债权人返还留置财产的，人民法院应予支持。

企业之间留置的动产与债权并非同一法律关系，债权人留置第三人的财产，第三人请求债权人返还留置财产的，人民法院应予支持。

第四百四十九条　【留置权适用范围的限制性规定】法律规定或者当事人约定不得留置的动产，不得留置。

【条文理解与适用】

一、本条的缘由

本条源于《物权法》第232条。

二、本条规定的主要内容

本条是关于留置权适用范围的限制性规定，从反面限制了留置权的适用范围，规定了不得留置的两种情形，一是法律禁止留置的财产，二是当事人约定不得留置的财产。

所谓法律禁止留置的财产，一般是指进行留置将有违公序良俗或者经济秩序的财产。对于作出禁止规定的“法律”，应当是指全国人民代表大会及其常务委员会制定的法律中所规定的内容，不包括行政法规、地方性法规和行政规章等广义上的“法律”。[①] 对于法律禁止的情形，一方面是法律直接规定不得留置的情况，另一方面是禁止流通物。对于当事人约定不得留置的情形，一般是指当事人在合同中约定排除行使留置权的情形，也包括当事人的约定与留置权行使直接冲突的情形。留置权虽然是法定担保物权，但是并不排除当事人的意思自治，因此当事人约定排除留置权适用的，当然不得成立留置权。

三、本条规定特别评注

本法前一条规定了可以留置的物须为债权人合法占有的动产，但对留置权适用的债权反而没有作严格限制，不仅是合同之债，侵权、无因管理等法律关系也都可以适用。可以说，我国对留置权采取的是广义的概念，并有意扩大留置权的适用范围，以减少债务不履行时不恰当的私人救济。[②]

---

① 王胜明：《中华人民共和国物权法解读》，中国法制出版社2007年版，第498～499页。

② 王利明：《物权法研究》（第三版）（下），中国人民大学出版社2013年版，第1393页。

【关联规范】

《海关法》

第三十七条 海关监管货物，未经海关许可，不得开拆、提取、交付、发运、调换、改装、抵押、质押、留置、转让、更换标记、移作他用或者进行其他处置。

海关加施的封志，任何人不得擅自开启或者损毁。

人民法院判决、裁定或者有关行政执法部门决定处理海关监管货物的，应当责令当事人办结海关手续。

第四百五十条 【可分留置物】 留置财产为可分物的，留置财产的价值应当相当于债务的金额。

【条文理解与适用】

一、本条的缘由

本条源于《物权法》第233条。

二、本条规定的主要内容

本条是关于可分物作为留置财产的特殊规定。留置权原则上具有不可分性，即留置权的效力应当及于留置财产的全部，部分债权消灭的，不影响对留置财产所享有的留置权。本条则是对此原则做出的特别规定，对于留置财产属于可分物的，留置权的不可分性有一定程度的缓和，留置财产的价值应当相当于债务的金额。此条规定的目的主要在于留置权是以留置效力来担保债权的实现，在债权不能实现时就留置物予以优先受偿。因此只要留置财产的价值相当于债务金额，就能够保证其债权得到实现，没有必要留置过多的财产。正如有学者指出的，如果过分强调留置权的不可分性，不仅对债务人不公平，有损其合法权益，也违背了物权立法所追求的物尽其用的立法原则。[①]

本条仅适用于可分物。可分物是指经分割而不损害其经济用途或者失去其价值的物。如果留置财产为不可分物的，为了避免对留置财产的分割会减损其价值，不适用本条的规定。

---

① 胡康生主编：《中华人民共和国物权法释义》，法律出版社2007年版，第501页。

三、本条规定特别评注

留置权作为一项法定担保物权，在法律规定的要件成就时当然发生，因此留置物的价值与其所担保的债权之间往往并不相当，而债权人与债务人双方亦无法像设立抵押权或者质权那样可以事先约定。一旦发生留置权，坚持留置权的不可分性，对债务人的利益影响甚巨。而且，对于留置物可分的情形，留置权人保留与其债权价值相当的留置物，并不会影响其债权实现。而且，在留置物可分的场合，突破不可分性，也有助于物尽其用。

【关联规范】

《最高人民法院关于适用〈中华人民共和国民法典〉有关担保制度的解释》

第三十八条 主债权未受全部清偿，担保物权人主张就担保财产的全部行使担保物权的，人民法院应予支持，但是留置权人行使留置权的，应当依照民法典第四百五十条的规定处理。

担保财产被分割或者部分转让，担保物权人主张就分割或者转让后的担保财产行使担保物权的，人民法院应予支持，但是法律或者司法解释另有规定的除外。

第四百五十一条　【留置权人保管义务】留置权人负有妥善保管留置财产的义务；因保管不善致使留置财产毁损、灭失的，应当承担赔偿责任。

【条文理解与适用】

一、本条的缘由

本条源于《物权法》第234条。

二、本条规定的主要内容

本条是关于留置权人保管义务的规定。根据本条规定，留置权人在依法实际占有留置物时，同时负担对留置物的保管义务。此种保管义务，以留置权为前提，因此只要留置权消灭，留置权人的保管义务也就消灭。对此，有学者指出，如果留置权消灭后留置财产仍由留置权人占有的，则留置权人仍具有保管义务。[①]

---

① 郭明瑞、房绍坤、张平华：《担保法》，中国人民大学出版社2005年版，第176页。

本条第2句规定了因留置权人保管不善而导致的损害赔偿责任。此种损害赔偿责任的性质应属于侵权责任。对于损害赔偿责任的构成要件，有无过错责任和过错责任或是过错推定责任两种观点。应当认为，本句强调是因“保管不善”导致留置物的毁损、灭失，其意味着留置权人主观上应当具有过错。如果留置权人已经尽到了妥善保管义务，但由于不可抗力、意外事件的发生，出现了留置财产的毁损、灭失，留置权人应当被免除责任。同时，一般认为，此种过错的举证责任应当归于留置权人，如果留置权人不能证明其没有过错，则应当承担损害赔偿责任。①

三、本条规定特别评注

对于留置权人的保管义务标准，本条表述为“妥善保管”，何为妥善保管的注意义务，学界具有争议。有学者认为，对于留置权人的保管义务可适用有偿保管的规定，即“在留置期间，留置财产发生毁损、灭失的，留置权人须证明自己没有过错，已尽妥善保管的责任，否则留置财产的毁损、灭失就为保管不善所致，留置权人应负赔偿责任”。② 对此，通说则认为，此种注意义务应当是民法中以善良管理人的注意义务来保管留置物。善良管理人的注意义务，是依一般交易上的观念，此注意是指有相应知识经验及诚意之人所应具有的一种注意，所以对是否已尽到此种注意义务，应当依抽象的标准来确定，即以一个合理的、具有保管能力的诚实的保管人的标准来保管。具体而言，留置权人的保管义务一般针对保护财产的安全，防止留置财产的毁损、灭失和价值的非正常降低等。

第四百五十二条　【留置财产的孳息收取】留置权人有权收取留置财产的孳息。

前款规定的孳息应当先充抵收取孳息的费用。

【条文理解与适用】

一、本条的缘由

本条源于《物权法》第235条。

二、本条规定的主要内容

本条是关于留置权人孳息收取权的规定。在以转移占有为要素的担保物权

① 王利明：《物权法研究》（第三版）（下），中国人民大学出版社2013年版，第1423页。
② 郭明瑞、房绍坤、张平华：《担保法》，中国人民大学出版社2005年版，第176页。

中，法律往往规定占有担保物的人可以享有收取孳息的权利。根据本条规定，留置权人可以收取留置物所生的孳息。所谓孳息，是指因标的物而产生的收益。对于本条规定中的孳息是既包括天然孳息，也包括法定孳息，还是仅包括天然孳息，理论上有不同看法。通说认为本条中的孳息不仅包括天然孳息，也包括法定孳息，如果孳息为金钱，在充抵收取孳息的费用后，可直接以其充抵债务。[①]

值得注意的是，留置权人虽有收取孳息的权利，但债务人既然不因留置权成立而丧失对留置物的所有权，所以因该留置物产生的孳息的所有权也自然应归留置物的所有人，而非归留置权人。只不过留置权人收取的孳息也应当作为担保财产，留置权人有权从孳息中优先受偿。收取孳息是留置权人的权利，对于该孳息如何收取的问题，有学者提出“留置权人用留置财产的孳息充抵债权，实际上是为债务人的利益行使权利，对债务人有利。因而留置权人的这项权利实际上也是义务”。[②] 如果将收取孳息置于义务的角度观察，留置权人自然可以以一个善良管理人的身份，在权限范围内选择自己收取孳息的方式。

对于孳息的抵充问题，立法例上一般都明确一定的抵充顺序。[③] 根据本条第 2 款的规定，孳息应当先抵充收取孳息的费用，同时根据抵充的一般规则，若在抵充收取孳息的费用后仍有剩余，可以再抵充原债权的利息，然后再抵充原债权。

三、本条规定特别评注

留置财产基于物的自然属性或者基于特定法律关系，会产生额外的收益，而收取留置财产的权益，也可能需要承担一定的费用。为此，法律应当明确留置财产孳息收取过程中的权利义务，合理平衡各方利益。立法之所以将收取留置财产的孳息的权利配置给债权人，主要基于三个方面的考虑：一是债权人占有留置财产，由其收取留置财产的孳息更为便利，且成本较低；二是债权人有妥善保管留置财产的义务，由其收取留置财产的孳息与其保管义务相契合，同时也符合权利义务相一致的原则；三是债权人收取留置物的孳息，可以在抵充收取孳息的费用后用于清偿债务，从而有利于保障债权的实现，而且由于这些孳息仍然用于担保债务的履行，所以也不会因此损害债务人的利益。

---

① 杨立新：《物权法》，中国人民大学出版社 2013 年版，第 244 页。也有学者认为本条规定中的孳息应限为天然孳息，“因为如果孳息是金钱，则可以直接以其充抵债务；如果孳息是其他财产，留置权人有权将其折价或变价，并优先受偿。”可参阅王利明：《物权法研究》（第三版）（下），中国人民大学出版社 2013 年版，第 1423 页。

② 杨立新：《物权法》，中国人民大学出版社 2013 年版，第 244 页。

③ 例如，《日本民法典》第 297 条规定：“（1）留置权人可以收取由留置物产生的孳息，先于其他债权人，以孳息抵充其债权的清偿。（2）前款孳息，应先抵充债权的利息，尚有剩余时，再抵充原本。”

第四百五十三条　【留置权的实现】留置权人与债务人应当约定留置财产后的债务履行期限；没有约定或者约定不明确的，留置权人应当给债务人六十日以上履行债务的期限，但是鲜活易腐等不易保管的动产除外。债务人逾期未履行的，留置权人可以与债务人协议以留置财产折价，也可以就拍卖、变卖留置财产所得的价款优先受偿。

留置财产折价或者变卖的，应当参照市场价格。

【条文理解与适用】

一、本条的缘由

本条在《物权法》第236条规定的基础上修改而成。与《物权法》第236条相比较，本条将“两个月”改为了“六十日”，这与《民法典》对期限的表述方式相一致，将月数改为具体天数，也有利于避免不同月份日期不同而引发的纠纷，统一了宽限期的计算方式。

二、本条规定的主要内容

本条是关于实现留置权的一般规定。留置权的实现是指留置权人对留置财产进行折价、拍卖、变卖等，以优先受偿其债权的行为。本条主要规定了留置权的实现条件和实现方法。本条对留置权的实现条件主要规定了两个方面：

首先，留置权的实现应当给予债务人一定的宽限期。之所以法律规定了宽限期，主要是为了保护债务人的利益。留置权作为担保物权，本就是在债务人到期不履行到期债务时起到留置效果，以督促债务人及时清偿，如果留置之后就可以立即实现留置权，则留置权就起不到担保的作用。另外，在适用留置的债权关系中，往往是基于保管、运输等合同，留置的财产的价值一般高于债务的价值，一旦没有宽限期而允许债权人迅速实现留置权，则债务人损失了留置物，也会造成更大的损失，所以在法律上有必要给债务人一定的宽限期，使其可以筹集资金、履行义务。对于宽限期的具体期限，本条规定应当先由双方约定，对于约定的期限，法律不做最低期限的限制，既可以高于60日，也可以少于60日。但没有约定或者约定不明确的，留置权人应当给债务人60日以上履行债务的期间，从而使债务人筹集资金，履行债务。需要注意的是，鲜活易腐等不易保管的动产不需要给予60日以上的宽限期。有学者指出，之所以对鲜活易腐等不易保管的动产做出特别约定，是因为这些不易保管的鲜活易腐的财产，如果不及时拍卖、变卖，将导致其价值减损，损害债务人的利益，也可能使得留置权人的权利无法得到保障。①

如果在宽限期内债务人及时履行债务的，债权得到了实现，债权人不能实现留置权。如果债权人未给予债务人宽限期，直接变价处分留置物的，债权人同样应当承担损害赔偿责任。如果在宽限期届满后，债务人虽然没有履行债务，但另行提供担保的，留置权人也不能行使留置权。有学者指出，如果宽限期届满债务人仍未履行的，此时说明债务人或者已无履行义务的能力，或者缺乏履行义务的诚意，留置权人唯有实现留置权，才能确保其债权的实现。②

在债务人逾期不履行时，留置权人可以实现留置权。对于留置权的实现方式，本条规定可以协商折价，也可以拍卖、变卖。折价是指留置权人与债务人协议确定留置财产的价格，留置权人取得留置财产的所有权以清偿债权。拍卖是指依照拍卖法规定的拍卖程序，以公开竞价的方式出卖留置财产的方式。变卖是指以一般的买卖形式出卖留置财产的方式。在这三种方式中，拍卖是市场竞争最强，透明度最高的一种方式，其拍卖价格往往会高于市场价格，因此不会出现损害债务人利益的情形，但在折价或是变卖中，为了避免留置权人随意以较低的价格折价，变卖留置财产，损害债务人利益，本条第 2 款规定，对于折价或是变卖的，应当参照市场价格。

三、本条规定特别评注

留置权是法定担保物权，法律不仅规定了留置权发生的要件，还对留置权的实现规定了程序要件。留置权与其他的担保物权不同，在债务人于债务履行期限届满未履行债务时，仅是成立留置权，不能立即实现，必须经过一定的期间后才能实现留置权。

【关联规范】

《企业破产法》

第七十五条　在重整期间，对债务人的特定财产享有的担保权暂停行使。但是，担保物有损坏或者价值明显减少的可能，足以危害担保权人权利的，担保权人可以向人民法院请求恢复行使担保权。

在重整期间，债务人或者管理人为继续营业而借款的，可以为该借款设定担保。

---

① 王利明：《物权法研究》（第三版）（下），中国人民大学出版社 2013 年版，第 1432 页。

② 郭明瑞、房绍坤、张平华：《担保法》，中国人民大学出版社 2005 年版，第 177～178 页。

第四百五十四条　【债务人请求留置权人行使留置权】债务人可以请求留置权人在债务履行期限届满后行使留置权；留置权人不行使的，债务人可以请求人民法院拍卖、变卖留置财产。

【条文理解与适用】

一、本条的缘由

本条源于《物权法》第237条。

二、本条规定的主要内容

本条是关于债务人可请求留置权人行使留置权的规定。留置权作为担保物权，具有从属性，只要所担保的债权不消灭，留置权原则上也应当一直存在。但是，留置权人占有留置动产期间，留置权人也不得使用留置动产，因此如果在满足实现条件下长期不行使留置权，也不符合物尽其用的原则。为此本条规定，不仅留置权人可以主动地实现留置权，债务人也可以在债务履行期满后请求留置权人及时行使权利，从而避免留置财产因自然损耗或者贬值而价值会受影响，对债务人不利。

若债务人请求留置权人行使留置权，而留置权人不行使的，本条进一步规定，债务人可以请求人民法院拍卖、变卖。此时之所以不能采取折价的方式，是因为折价需要债权人和债务人双方协商，而债权人又不积极行使留置权，不与债务人协商，双方无法达成折价协议。

三、本条规定特别评注

本条规定最大的意义在于通过向债务人赋权的形式来约束和限制留置权人的权利，以敦促留置权人及时行使权利以清结债权债务关系。这是法律对留置权人与债务人进行利益权衡的结果。

【关联规范】

《最高人民法院关于适用〈中华人民共和国民法典〉有关担保制度的解释》

第四十四条　主债权诉讼时效期间届满后，抵押权人主张行使抵押权的，人民法院不予支持；抵押人以主债权诉讼时效期间届满为由，主张不承担担保责任的，人民法院应予支持。主债权诉讼时效期间届满前，债权人仅对债务人提起诉讼，经人民法院判决或者调解后未在民事诉讼法规定的申请执行时效期间内对债务人申请强制执行，其向抵押人主张行使抵押权的，人民法院不予支持。

主债权诉讼时效期间届满后，财产被留置的债务人或者对留置财产享有所有权的第三人请求债权人返还留置财产的，人民法院不予支持；债务人或者第三人请求拍卖、变卖留置财产并以所得价款清偿债务的，人民法院应予支持。

主债权诉讼时效期间届满的法律后果，以登记作为公示方式的权利质权，参照适用第一款的规定；动产质权、以交付权利凭证作为公示方式的权利质权，参照适用第二款的规定。

第四百五十五条　【留置权实现方式】留置财产折价或者拍卖、变卖后，其价款超过债权数额的部分归债务人所有，不足部分由债务人清偿。

【条文理解与适用】

一、本条的缘由

本条源于《物权法》第238条。

二、本条规定的主要内容

本条是关于留置权实现后对价款的分配和不足部分的清偿问题。在债务人届期不能清偿债务的情形，留置权人就可以依法处分留置财产，以实现被担保的债权。将留置财产折价或者拍卖、变卖后，所得价款不一定正好等于被担保的债权数额，即所得价款或者会超过债权数额，或者低于债权数额以致不足以清偿全部债务。对此，根据本条规定，如果其价款超过债权数额的，因为留置物仍属于债务人的财产，因此剩余部分也应当归债务人所有。如果债权人受领了该余额，应当及时将该余额归还给债务人，否则将构成不当得利。相反，如果将留置财产折价或者拍卖、变卖后，价款不足以使债权获得完全清偿的，因为留置物已经被处分，留置权已经消灭，故此时债权人只能以普通债权人的身份就不足部分继续向债务人求偿。

三、本条规定特别评注

债权人留置债务人财产的根本目的就是要实现自己的债权。在留置财产不能完全满足留置权人的债权时，留置权实现就无法使得留置权人与债务人之间的债权债务关系消灭，故而留置权人仍可以就留置财产不足以清偿的部分向债务人求偿，只不过此时剩余债权就成为无担保物权的普通债权了。

第四百五十六条　【留置权优先于其他担保物权效力】同一动产上已经设立抵押权或者质权，该动产又被留置的，留置权人优先受偿。

【条文理解与适用】

一、本条的缘由

本条在《物权法》第239条规定的基础上略作文字修改而成。

二、本条规定的主要内容

本条是对留置权与其他担保物权竞存时实现顺序的规定。不论是抵押权、质权还是留置权，都是以担保物的交换价值担保债权的实现，因此可能出现在同一标的物上存在两个以上同种或者不同种类的担保物权的情形，即担保物权的竞存。在同一动产上多个担保物权竞存时，根据本条规定，同一动产上已经设立抵押权或者质权，该动产又被留置的，留置权人优先受偿。

对于担保物权竞存时的实现规则，学界有三种不同的观点：第一种观点认为，根据物权的优先性原则，设立在先的担保物权应当优先于设立在后的担保物权；第二种观点认为，应当以担保物权的实现顺序判定，哪一个担保物权实现在前，其就享有优先权；第三种观点持留置权优先说，认为在抵押权、质权和留置权竞存的情况下，留置权作为一种法定的担保物权应当优先于意定的物权。①

根据本条规定，我国采用的是第三种观点。之所以对留置权人加以特别保护，主要是考虑到相比于抵押权人和质权人而言，留置权人往往更处于弱势地位。留置权的适用情形往往是在保管、运输、维修合同之中，留置权人对留置物预付了一定的物力和人力成本，同时，所担保的债权范围多是留置权人的劳动报酬，或者是依合同发生的违约损害赔偿请求权。有学者还指出，相较于债务人而言，留置权人往往是依靠此种债权生活的劳动者，留置物价值的提升也是因为债权人的劳动和其投入的材料，因此法律为保护债权人的利益，而特别赋予其优于其他担保物权人的权利，以达到保护劳动者利益和鼓励创造社会财富的政策目的。②

三、本条规定特别评注

需要注意的是，担保物权竞存时留置权优先的情形应为先设立抵押权和质

---

① 王利明：《物权法研究》（第三版）（下），中国人民大学出版社2013年版，第1437页。

② 高圣平：《物权担保新制度新问题理解与适用》，人民法院出版社2013年版，第418页。

权，然后债务人又在同一财产上成立了留置权，此时留置权具有优先受偿的效力。而如果是先成立的留置权，此时仍应分情况考虑：若是留置物所有人将留置物抵押，此时在留置物上又成立了抵押权或是质权，此时因留置权成立在先，留置权的效力当然优先于抵押权。但如果是留置权成立后，留置权人为自己的债务履行又将留置物抵押或质押的，原则上属于无权处分，这种情形下若是经留置物所有权人的同意，留置权人的抵押、质押行为有效，此时应当是抵押权、质权的效力应优先于留置权，因为留置权人是抵押权、质押权所担保债权的债务人，债务人的权利不能优先于债权人的权利。

【关联规范】

《海商法》

第二十五条 船舶优先权先于船舶留置权受偿，船舶抵押权后于船舶留置权受偿。

前款所称船舶留置权，是指造船人、修船人在合同另一方未履行合同时，可以留置所占有的船舶，以保证造船费用或者修船费用得以偿还的权利。船舶留置权在造船人、修船人不再占有所造或者所修的船舶时消灭。

第四百五十七条 【留置权消灭】 留置权人对留置财产丧失占有或者留置权人接受债务人另行提供担保的，留置权消灭。

【条文理解与适用】

一、本条的缘由

本条源于《物权法》第240条。

二、本条规定的主要内容

本条是关于留置权消灭的特殊原因规定。留置权的消灭，是指留置权人对留置物不再享有支配权。留置权可以因债务人清偿债务或是留置权的实现而自然消灭，也可以因某些特殊的原因而消灭，本条主要规定了两种导致留置权消灭的特殊原因。

首先，如果留置权人对留置物丧失占有的，留置权消灭。债权人对留置物的占有是留置权成立的必要条件，留置权人丧失对留置物的占有的，会导致留置权的消灭。丧失对留置物的占有，是指丧失对留置物事实上的支配力。根据丧失占有的原因不同，可以分为自愿丧失占有和非自愿丧失占有。对于自愿放弃占有，是指留置权人基于其自己的意愿，主动将留置物交与第三人或债务人或者抛弃留置物，或者因留置权人保管不善，导致留置的财产灭失。对于留置权人自愿放弃占有的，意味着留置权人也放弃了行使留置权，留置权消灭当无疑问。值得特别注意的是，如果是留置物灭失的，留置权并不当然消灭，而是还具有物上代位性，即如留置物灭失有保险金、赔偿金、补偿金等替代物的，留置权继续存在于替代物之上。若留置物灭失而无替代物，则留置权因客体的灭失而发生消灭。[①]与之相对的是留置权人非自愿丧失占有。这可能是占有被他人侵夺，也可能是由于国家根据法定程序进行强制征收、征用，或者因司法强制执行等，导致留置权人丧失占有。对于在占有非基于留置权人的意思而丧失的情形下是否导致留置权消灭，学界则有不同的看法。有学者主张，留置权没有追及效力，因此不论因何种原因，留置权人对留置财产占有的丧失，留置权都归于消灭。即使留置权人得依据占有的保护规定如请求返还占有物，也仅仅是留置权的再生，而不是原留置权的存续。[②] 相对的，我国大多数学者主张，本条中的丧失占有从狭义上作限缩解释，仅限于自愿丧失占有的情形。[③] 一方面，留置权人对留置物的占有同样受法律占有诉权的保护。留置物被第三人非法侵夺甚至由第三人造成物的毁损、灭失，在此种情况下，留置权人可以通过行使物权请求权请求返还原物，因此其对留置物的占有并非确定性的丧失。[④] 另一方面，如果留置权人被他人侵夺留置物就认为留置权就此消灭，对于留置权人显然有失公平，且剥夺了留置权所应有的对抗第三人的效力。应当认为，在非自愿丧失占有的情况下，不管是从法理角度还是从对债权人的利益保护角度，都不应当简单认定留置权的消灭。如果留置权人享有返还请求权的，于该请求权不能实现之前，仍应认为留置权人享有占有权利，其留置权并未消灭。

其次，留置权还可能因为留置权人另行接受债务人的担保而消灭。对于此种情形，一般认为在债务人另行提供担保后，留置权人有义务予以接受。一方面，留置权作为法定担保物权，目的在于实现债权，而不是确保债权人控制特定的财产。因此，如果债务人愿意通过意定担保的方式担保债权的实现，留置权人就没有必要再留置该物。另一方面，留置物的价值远远高于债务金额，如果不允许债务人另行提供担保，可能给债务人造成重大损害，不利于物尽其用。因此，只要

① 刘家安:《物权法论》(第二版)，中国政法大学出版社 2015 年版，第 189 页。
② [日] 近江幸治:《担保物权法》，祝娅等译，法律出版社 2000 年版，第 29 页。
③ 王利明:《物权法研究》(第三版)(下)，中国人民大学出版社 2013 年版，第 1435 页。
④ 刘家安:《物权法论》(第二版)，中国政法大学出版社 2015 年版，第 189 页。

债务人另行提供的担保足以保障债权，债权人就应当接受，这不仅对于债权人是无害的，也可以避免债务人因突然不能用益其物所可能招致的意外损失。①

三、本条规定特别评注

留置权作为一种价值权，其存在的意义即为确保债务的受偿。因此，如果债权人已经提供了担保，债权人的债权仍然可以优先受偿，留置权人没有继续留置其物的理由，留置权消灭。

【关联规范】

1.《最高人民法院关于人民法院民事执行中查封、扣押、冻结财产的规定》

第十一条 查封、扣押、冻结担保物权人占有的担保财产，一般应当指定该担保物权人作为保管人；该财产由人民法院保管的，质权、留置权不因转移占有而消灭。

2.《最高人民法院关于适用〈中华人民共和国企业破产法〉若干问题的规定(二)》

第二十五条 管理人拟通过清偿债务或者提供担保取回质物、留置物，或者与质权人、留置权人协议以质物、留置物折价清偿债务等方式，进行对债权人利益有重大影响的财产处分行为的，应当及时报告债权人委员会。未设立债权人委员会的，管理人应当及时报告人民法院。

① 王利明：《物权法研究》（第三版）（下），中国人民大学出版社 2013 年版，第 1435 页。

第五分编　占　有

第二十章　占　有

【本章导读】

占有，是指对不动产或者动产事实上的控制与支配。占有可因享有所有权、他物权、债权或者其他权利而发生，也可因某种缺乏权利依据的行为以及单纯的自然事实而发生。占有保护为大陆法系国家或者地区普遍设立的一项物权法上的制度。在英美法上，虽然没有成文的占有制度，但对于占有也给予保护。多数国家或者地区将占有规定为一种事实，但确定占有可以发生一定的法律效果。一般认为，设立占有制度的目的主要在于维护物的事实秩序而非维护物的法律秩序，即维护对物的占有状态，禁止他人以私力加以破坏，从而维护社会的安宁与和平。

本编只有一章，主要对占有制度作了规定，共 5 个条文（第 458 ~ 462 条），主要规定了占有制度的适用范围，回复请求权人与占有人的权利和义务，以及占有的保护。理解和适用本章，应注意本章规定对占有的保护与对于各种基于本权的占有的保护的异同。

第四百五十八条　【有权占有的法律适用】基于合同关系等产生的占有，有关不动产或者动产的使用、收益、违约责任等，按照合同约定；合同没有约定或者约定不明确的，依照有关法律规定。

【条文理解与适用】

一、本条的缘由

本条源于《物权法》第241条。

二、本条规定的主要内容

本条主要是关于本章适用范围的限定性规定。根据本条规定，基于合同关系等产生的占有，有关不动产或者动产的使用、收益、违约责任等，按照合同约定；合同没有约定或者约定不明确的，依照有关法律规定。

基于合同关系等产生的占有或者依其他法律规定产生的占有，为有权占有。对于有权占有，因其背后具有占有的权源，故而受到法律的更加完善的保护，且此种权源往往受到特别法的规制。因此，对于物的使用、收益和违约责任等规则，有权占有除受占有制度的保护外，还受其他法律制度如所有权制度、他物权制度及合同法规定的保护。如果当事人对物的占有另有约定的，当然应尊重当事人的意思自治，适用当事人的约定。

三、本条规定特别评注

占有，是指人对物事实上的支配。各国或者地区立法例上多对占有的概念作出规定。有规定占有为事实的，比如，《法国民法典》第2228条前段规定，对于物件或权利的持有或享有，称为占有；《德国民法典》第854条也规定，物的占有，因对物有实际的控制而取得；《瑞士民法典》则规定，凡对某物有实际支配权的，为该物的占有人；也有称占有权的，如《日本民法典》第180条规定，占有权，因以为自己的意思，事实上支配物而取得；《意大利民法典》第1140条第1款则规定："占有是一种以行使所有权或他物权的形式表现出的对物的权利。"不过，无论将占有认为是事实抑或是权利，其在法律上应受保护是毋庸置疑的。我国《物权法》对占有的性质没有明确规定，《民法典》也未着笔墨。

依占有是否具有本权为标准，可以将占有区分为有权占有与无权占有，本权即在法律上对物可以进行占有的权利。占有和本权虽然是分离的，且分别受法律保护，但两者在被占有的不动产或者动产的使用、收益以及损害赔偿责任该如何确定的问题上，均存在差别。本条规定形式上有旨在保护有权占有之意，但如此理解不仅使得本条之后的条文无用武之地，还可能会使得占有制度的功能丧失殆尽。因为如果占有人无本权，而仅仅处于作为一种事实状态时，因其既不受合同的拘束，也无特别法予以保护，此时才更有必要据其占有事实及状态受占有制度的保护。

第四百五十九条　【恶意占有人的损害赔偿责任】占有人因使用占有的不动产或者动产，致使该不动产或者动产受到损害的，恶意占有人应当承担赔偿责任。

【条文理解与适用】

一、本条的缘由

本条源于《物权法》第242条。

二、本条规定的主要内容

本条是关于无权占有人因使用占有的不动产或者动产致使该不动产或者动产受到损害而产生的赔偿责任承担问题的规定。

根据本条规定，恶意占有人承担的赔偿责任应当是一种无过错责任，即只要占有人因使用占有的不动产或者动产致使该不动产或者动产受到损害的，恶意占有人即应当承担赔偿责任，不考虑其对于损害的发生是否存在过错。如此规定的目的主要在于加重恶意占有人的责任，从而遏制非法占有他人财产的行为。而且，恶意占有人的赔偿责任即使是在占有的动产、不动产毁损、灭失后也仍然存在。对此，《民法典》第461条有规定。

三、本条规定特别评注

根据占有是否基于本权可以将占有分为有权占有和无权占有。对于有权占有致不动产或者动产损害的责任承担问题，依本法第458条规定应当先由当事人间的约定规制，因此区分善意、恶意在有权占有的情形下没有意义。但对于无权占有而言，当占有的物受到损害时，其权责的确定及损害赔偿问题就需要特别规定。因此，本条对恶意占有人的赔偿责任的规定是以规制无权占有为前提的。

根据占有人的主观状态可以将无权占有分为两类，即善意占有与恶意占有。善意占有，是指无权占有人在占有财产时，不知或不应当知道其不具有占有的权利而仍然占有该财产。相对应的，恶意占有人是指无权占有人在占有他人财产时明知或者应当知道其占有行为属于非法但仍然继续占有。在占有人因使用不动产或者动产造成损害的情况下，区分无权占有人的主观状态的意义主要在于，如果占有人主观上是善意的，则其不知道自己对占有物无处分权能，而是将自己立于物的所有人的地位来对物进行使用、收益，基于所有权对物的全面支配力，不宜要求其对物的损害承担赔偿责任。但是，恶意占有人在知道或者应当知道自己是无权占有人的情形下，本不应当对物进行任何使用或处分，故本条规定恶意占有人在占有期间因使用占有物导致损害的，应当承担赔偿责任。

第四百六十条　【权利人的返还请求权和占有人的费用求偿权】不动产或者动产被占有人占有的，权利人可以请求返还原物及其孳息；但是，应当支付善意占有人因维护该不动产或者动产支出的必要费用。

【条文理解与适用】

一、本条的缘由

本条在《物权法》第243条规定的基础上略作文字和标点修改而成。

二、本条规定的主要内容

本条是关于占有人与回复请求权人的关系的规定。根据本条规定，不动产或者动产被占有人占有的，权利人可以请求返还原物及其孳息，但应当支付善意占有人因维护该不动产或者动产支出的必要费用。

在无权占有情形下，无论是善意占有人还是恶意占有人都不享有本权，当有权占有与无权占有发生冲突时，有权占有更值得保护。当占有人没有或丧失了占有不动产或者动产的法律依据，构成不当得利，故此时占有人负有向权利人返还原物及其孳息的义务。需要注意的是，根据本条规定，即使是善意占有人，也不享有对物的收益权，故无论是天然孳息还是法定孳息，都应当返还权利人。

本条同时还规定了善意占有人的必要费用返还请求权。这主要考虑到善意占有人对于其无权占有没有过错，法律为平衡善意占有人和权利人的利益，规定善意占有人对于在占有期间因维护动产或不动产支出的必要费用，可以请求权利人返还。需要特别注意的是，善意占有人有权请求的，仅为必要费用。根据费用支出的不同用途，费用大致可分为三种，必要费用、有益费用和奢侈费用。必要费用，是指为保存或管理占有物而支出的费用；有益费用，是指因改良占有物所支出的费用；除了必要费用、有益费用以外，善意占有人对占有物所投入之费用皆为奢侈费用。至于占有人支出的费用的属性判断，一般应依当时的情况根据客观标准认定是否必要。本条将返还请求权的范围限定在必要费用，因此为了改良占有物或是增加占有物价值的，善意占有人都无权要求权利人返还。对于恶意占有人是否也有权请求返还必要费用的问题，我国目前理论上通说持否定态度，主要是基于恶意占有人明知其不享有占有的本权，法律不应保护其利益。

三、本条规定特别评注

占有人与回复请求权人的关系是近现代占有制度上的重要问题之一，主要涉及回复请求权人请求占有人返还占有物时所涉及的权利义务关系。

按照近现代各国或者地区的民法，占有人和回复请求权人的权利义务关系主要包括两个方面：一是善意占有人与回复请求权人的权利义务关系；二是恶意占有人与回复请求权人的权利义务关系。其中，各国或者地区的民法多赋予善意占有人以使用、收益占有物的权利、收取占有物孳息并据为己有的权利、在回复请求权人请求回复其物时请求偿还就占有物所支出的必要费用与有益费用的权利等；而恶意占有人则没有使用、收益占有物的权利，也没有收取占有物孳息并据为己有的权利、在回复请求权人请求回复其物时也没有请求偿还就占有物所支出的有益费用的权利，而仅有请求偿还就占有物所支出的必要费用的权利。比如，《瑞士民法典》第 939 条规定，“权利人请求交还动产时，善意占有人得请求赔偿用益支付的费用，在未给付赔偿金前，占有人得拒绝交还动产。占有人对欠款以外的费用无请求赔偿的权利。但权利人未赔偿上述费用时，占有人在交还动产前，得扣除其为用益花费的金额。但仅以动产本身未因此受损害为限。占有人已受益的孳息，应计算入费用的请求权。”我国《物权法》就没有采纳各国或者地区民法的这些做法，而《民法典》物权编则延续了《物权法》的设计。

第四百六十一条　【占有物毁损或者灭失时占有人的责任】 占有的不动产或者动产毁损、灭失，该不动产或者动产的权利人请求赔偿的，占有人应当将因毁损、灭失取得的保险金、赔偿金或者补偿金等返还给权利人；权利人的损害未得到足够弥补的，恶意占有人还应当赔偿损失。

【条文理解与适用】

一、本条的缘由

本条直接源于《物权法》第 244 条。

二、本条规定的主要内容

本条规定了被占有的不动产或者动产毁损、灭失时占有人的责任承担问题。根据本条规定，在占有的不动产或者动产毁损、灭失后，该不动产或者动产的权利人请求赔偿的，占有人应当将因占有物毁损、灭失取得的保险金、赔偿金或者补偿金等返还给权利人；如果权利人的损害并未因此得到足够弥补的，恶意占有人还应当赔偿损失。

尽管本条并未明确这种情形下善意占有人不承担赔偿损失的责任，但解释上一般认为立法者的意图是不课以善意占有人这种情形下的赔偿责任。

三、本条规定特别评注

对于占有人的损害赔偿责任问题，各国或者地区民法一般规定，对于应当归责于占有人自己的事由而使占有物灭失（不仅包含物的自然灭失，而且也包含由于售与第三人而返还不能）或毁损时，恶意占有人应当对请求权人（请求返还被占有之物人）负赔偿全部损失的责任；善意占有人应对恢复人只在所受利益的限度内，负损害赔偿责任。[①] 由此可见，立法例上确定占有人的损害赔偿责任一般考虑两个因素：一是损害是否因可归责于占有人的事由导致；二是区分善意占有人和恶意占有人而作出不同规定。善意占有人只是在所受利益限度内承担损害赔偿责任，即即使回复请求权人有损害，但只要善意占有人未受利益就当然不负赔偿责任；而恶意占有人则不考虑其是否受益，需就回复请求权人的全部损害承担赔偿责任。一般认为，在恶意占有人致占有物毁损、灭失的情形下，如果恶意占有人因毁损、灭失取得替代物的，除应将代位侵权损害赔偿的替代物返还给占有人外，在不能弥补原占有人损害的情形下，恶意占有人还应当进一步承担其他损害赔偿责任，直至占有人所遭受的损害完全被弥补。[②]

对于《民法典》本条规定中“权利人的损害未得到足够弥补的，恶意占有人还应当赔偿损失”，通说的解释是，这种情形下善意占有人无须赔偿损失。这一解释的主要理由在于：因为善意占有人将占有物当作自己的物进行使用、处分，因此法律对善意占有人作出特别优待，占有人为善意的情况下，不承担赔偿损失的责任；但如果占有人的占有为恶意，则占有人不能获得优待，须对权利人因物的毁损、灭失所遭受的损害负完全赔偿责任，即在替代物不能弥补损失时，应当由恶意占有人以自己的财产予以赔偿。

需要说明的是，本条规定并未对善意占有人和恶意占有人的赔偿责任范围作出区分，也没有确定承担赔偿责任的是否需要以可归责为条件。实际上，为贯彻法律对于善意占有人的保护，应依照不当得利的返还原则，减轻善意占有人的责任，即只有善意占有人因占有物的灭失或毁损受有利益时，才对物的权利人承担赔偿责任，如果其未受利益，则不必赔偿。其赔偿的数额，应以其所受利益为

---

① 如根据《日本民法典》第 191 条规定，占有物因可归责于占有人的事由而灭失或毁损的，善意占有人在因灭失或毁损而现受利益限度内，负赔偿义务……

② 朱岩、高圣平、陈鑫：《中国物权法评注》，北京大学出版社 2007 年版，第 803 页。

限，如物的毁损灭失系由第三人造成时，赔偿应为占有人所得到的赔偿金或者替代物。

第四百六十二条　【占有保护的方法】占有的不动产或者动产被侵占的，占有人有权请求返还原物；对妨害占有的行为，占有人有权请求排除妨害或者消除危险；因侵占或者妨害造成损害的，占有人有权依法请求损害赔偿。

占有人返还原物的请求权，自侵占发生之日起一年内未行使的，该请求权消灭。

【条文理解与适用】

一、本条的缘由

本条在《物权法》第 245 条规定的基础上略作文字调整。与《物权法》第 245 条相比较，本条强调了占有人请求损害赔偿应“依法”进行。

二、本条规定的主要内容

本条是关于占有保护请求权的规定，确立了占有保护请求权制度。占有虽然是一种事实状态，但法律同样给予保护，且不论是有权占有人还是无权占有人都享有占有保护请求权。本条主要对下列三个方面作了规定：

1. 占有保护请求权的内容

占有保护请求权以排除对占有的侵害为目的，主要包括占有物返还请求权，排除妨害请求权、预防妨害请求权。

占有物返还请求权，是指占有被侵夺时占有人恢复其占有的权利。满足占有返还请求权，需具备四个条件：其一，占有物仍然存在。如果占有物已经灭失，返还占有物客观上已经不可能，占有人就只能要求赔偿损失，占有物返还请求权不复存在。其二，应存在侵夺占有的事实。所谓侵夺，是指占有人对物的管领和控制被他人以法律所禁止的私力剥夺。需要注意的是，如果占有人是基于自己的意思而将物交付他人的，不属于“侵夺”，一般不能适用占有物返还请求权。其三，请求权人必须为占有人。占有人包括直接占有人和间接占有人，但占有辅助人因不是为自己而占有，不具有占有人的地位，因此占有辅助人并不享有占有物返还请求权。其四，被请求权人应为现实的占有人，如果侵夺之人已经丧失了对物的占有，则无法再向侵夺人主张占有物返还请求权。

排除妨害请求权，是指占有被他人妨害时，占有人可以请求妨害人除去妨害。妨害除去请求权的相对人，为妨害占有的人。行使排除妨害请求权的，需为已经存在现实的妨害。

预防妨害请求权，是指虽然尚未造成占有的侵害，但是已经具有侵害占有的现实危险，为了预防此种侵害占有的结果发生，占有人可以请求相关行为人排除此种现实危险。此处的危险，应为具体的可能侵害占有的事实上的危险，且危险必须持续存在，如果请求权行使之时危险已经消失的，不得主张预防妨害请求权。

2. 占有受到侵害的损害赔偿责任

因侵害或是妨害造成损害的，占有人还享有损害赔偿请求权，可以向侵害人主张损害赔偿。需要注意的是，此种请求权的性质为债权请求权，可以适用诉讼时效的相关规定。

3. 占有人返还原物的请求权的行使期间

根据本条第 2 款的规定，占有人返还原物的请求权，自侵占发生之日起一年内未行使的，该请求权消灭。需要注意的是，解释上认为这一期间不应发生中断或中止或者延长。之所以如此规定，是因为占有并非一种权利，而仅为一种事实状态，如果占有人为有权占有，即使占有人的返还原物请求权在一定期间后消灭，权利人的实体权利仍有救济途径，其对物享有的实体权利不会受到损害；而在无权占有的情形下，赋予返还原物请求权太长的行使期间，也容易因占有关系迟迟不稳定而不利于对占有的保护，因此本条对于返还原物请求权规定了较短的行使期间。

三、本条规定特别评注

对于占有保护请求权的权利人行使权利的期间，各国或地区立法例对此多设有限制。[①] 比如，《德国民法典》第 864 条第 1 款规定，基于占有物返还和占有妨害规定的请求权，如未以起诉的方式实行主张时，自禁止的擅自行为发生后因一年间不行使而消灭。占有保护请求权的行使在于保护占有现状，维持占有公信力，以安定社会秩序。但是，如果占有人在其占有被侵害或有被侵害的危险时，不迅速行使占有保护请求权救济，则不仅不能保护占有的安全，同时也使彼此权利状态陷于久悬不决，无法维系占有公信力和安定社会秩序。所以，对于占有保护请求权的行使一般给予期间限制。事实上，规定占有保护请求权行使期间的立法本意，同确认占有的合法性一样，都是出于对社会经济秩序的维护而对某一事实状态在法律上予以认可和保护，使法律关系迅速了结。占有人在他人侵害其占有物时不及时行使请求权，既表明其对权利的懈怠，又表明另一占有事实状态随

① 参见《德国民法典》第 864 条、《瑞士民法典》第 929 条以及《日本民法典》第 201 条的规定。

时间的推移而形成。在法定时效期间经过之后，再保护这种请求权则必然会破坏业已形成的新的占有事实状态，这就有悖于法律保护的本旨。不过，这一期间又不宜过短，故一般规定自侵夺或妨害占有或危险发生后一年内不行使而消灭，以维护社会秩序的安全。如果占有人久不行使权利，法律也无永远保护的必要。

对于占有保护请求权行使期间的性质，不仅在立法例上有不同规定，理论上也主要有诉讼时效和除斥期间两种观点，但无论将这一期间归入诉讼时效还是除斥期间，均存在理论上的困境。因为如果认定为除斥期间，虽然可以促使占有人及时行使权利，使社会秩序即时稳定下来，但占有物返还请求权作为一种请求权，与除斥期间的适用范围不符；如果认定为诉讼时效，由于诉讼时效可以中断、中止甚至延长，而且诉讼时效的起算原则上从权利人知道或者应当知道之日起计算，而占有保护请求权的保护期间也这样拖延，不利于社会秩序的稳定，所以也不应认定为诉讼时效。因此，占有保护请求权行使的期间限制应该为一种既不是除斥期间也不是诉讼时效的一种特殊期间，不妨作为一种失权期间，即因一定期间经过而使得权利丧失。

此外，从各国或者地区的民法规定来看，占有保护请求权的行使期间的起算点，一般因请求权种类的不同而有区别。例如，对于占有物返还请求权，一般自占有物被侵夺时起算；对于占有妨害排除请求权，一般自妨害占有时起算；对于占有物妨害防止请求权，一般自存在妨害占有的危险时起算。当然，占有保护请求权的行使期间因经过而消灭后，占有人如有本权，仍可依本权提出请求。

需要说明的是，《民法典》本条第 2 款并未统一规定占有保护请求权的行使期间，而仅仅对占有人返还原物的请求权的行使期间做了规定。之所以规定“占有人返还原物的请求权，自侵占发生之日起一年内未行使的，该请求权消灭”，是因为占有并非一种权利，而仅为一种事实状态，如果占有人为有权占有，即使占有人的返还原物请求权在一定期间后消灭，权利人的实体权利仍有救济途径，其对物享有的实体权利不会因此受到损害；而在无权占有的情形下，赋予返还原物请求权太长的行使期间，也容易因占有关系迟迟不稳定而不利于对占有的保护，因此本条对于返还原物请求权规定了较短的 1 年行使期间，且自侵占发生之日起算。

【关联规范】

《民法典》

第一百九十六条　下列请求权不适用诉讼时效的规定：

（一）请求停止侵害、排除妨碍、消除危险；

（二）不动产物权和登记的动产物权的权利人请求返还财产；

（三）请求支付抚养费、赡养费或者扶养费；

（四）依法不适用诉讼时效的其他请求权。

图书在版编目（CIP）数据

中华人民共和国民法典物权编释义／刘智慧著．—北京：中国法制出版社，2021.4

（民法典权威解读丛书／龙卫球主编）

ISBN 978－7－5216－1119－9

Ⅰ.①中… Ⅱ.①刘… Ⅲ.①物权法－法律解释－中国 Ⅳ.①D923.25

中国版本图书馆 CIP 数据核字（2020）第 086688 号

策划编辑 王熹　　责任编辑 王熹 孙静　　封面设计 李宁

中华人民共和国民法典物权编释义

ZHONGHUA RENMIN GONGHEGUO MINFADIAN WUQUANBIAN SHIYI

著者/刘智慧

经销/新华书店

印刷/三河市国英印务有限公司

开本/730 毫米×1030 毫米 16 开　　印张/35.75 字数/486 千

版次/2021 年 4 月第 1 版　　2021 年 4 月第 1 次印刷

中国法制出版社出版

书号 ISBN 978－7－5216－1119－9　　定价：148.00 元

北京西单横二条 2 号

邮政编码 100031　　传真：010－66031119

网址：http：//www.zgfzs.com　　**编辑部电话：010－66010493**

市场营销部电话：010－66033393　　**邮购部电话：010－66033288**

（如有印装质量问题，请与本社印务部联系调换。电话：010－66032926）